아랍어 동사 학습 사전

قاموس تصريف الأفعال العربية

하루에 한 개씩 365일에 끝내는

아랍어 동사 학습 사전

김동환 편저

365개 동사로 아랍어 완전 정복

각 동사 뜻풀이 · 활용형 · 예문 수록

HU:iNE

머리말

국제 연합(UN)의 공식 언어인 아랍어는 22개국 4억 아랍인의 모국어이며, 20억 무슬림의 종교 언어이다. 최근 아랍 지역과의 활발한 교류와 해당 지역에 대한 관심이 증가하면서 아랍어 학습을 희망하는 국내 인구 역시 늘어나고 있다.

생소한 문자와 문장 구조에 대한 어려움을 견뎌낸 아랍어 초급 학습자가 중급 과정에 진입하면서 동사의 파생형과 각 파생 동사의 인칭 변화에 다른 어려움을 겪게 되며, 아랍어 학습을 포기하는 사례가 대부분 이 부분에서 발생한다고 생각된다.

약 20년간의 직장생활 후에 학교에서 강의를 시작하면서 아랍어를 공부하는 학생들에게 도움을 줄 수 있는 책 집필을 마음에 담았던 것이 2012년이었다. 어떤 책을 집필해야 할까 고민하면서 과거 저자의 학창 시절을 되새겨 보니, 변변한 아랍어-한국어 사전도 없이 아랍어-영어 사전에 기대여 학습하던 생각이 났다. 또한 아랍어 동사 변화를 익히는 데 고생했던 기억이 있어 예문이 들어 있는 아랍어 동사 변화를 학습할 수 있는 사전을 집필하기로 마음먹었다.

그러나, 사전 집필 작업은 시작부터 난항이었다. 우선 표제어 선정의 기준부터 문제였다. 대학교 초급이나 중급 과정에 적용되는 선별된 기본 어휘에 대한 자료가 없었고, 참고할 만한 학술적 데이터도 없었다. 그래서 강의에서 만나는 수강생들을 대상으로 설문 조사를 실시하기도 했으나, 가시적인 결과를 얻지는 못했다. 결국 한국외국어대학교 아랍어과에서 교재로 사용되는 '종합 아랍어'의 원전인 Elementary Modern Standard Arabic part 1과 al-Kitāb al-Asāsī part 1에서 사용되는 동사를 본 사전의 표제어로 정했다.

본 사전에 사용될 예문 확보를 위해, 위의 두 권의 서적을 포함해 모두 11권의 서적의 본문을 분절하고, 문장 중 동사문을 발췌하여 2만 개 이상의 문장을 확보하는 지난한 작업을 진행했다. 취합된 문장 중 표제어 동사가 활용된 문장을 다시 선별했으며 그중에서 적합하다고 판단되는 문장을 본 사전의 예문으로 제시했으며, 정확한 용례

제공을 위해 *The Hans Wehr Dictionary of Modern Written Arabic*과 온라인의 al-Maʿānī 사전을 참고했다. 또한 본 사전에서 제시하는 동사 변화표는 Marjiʿ al-Tullāb fi Taṣrīf al-Afʿāl을 참고했다. 저자는 많은 용례와 예문을 학습자들에게 제공하고자 했으나, 지면과 편집 작업의 한계가 있어 제한된 용례와 예문을 제공하게 되어 매우 안타깝다. 본 사전이 학습자들의 기본 동사 습득과 활용 능력에 도움이 되길 바란다.

저자의 게으름 때문에 집필 기간이 10년 이상으로 길어지면서 본 사전의 집필에 도움을 주신 분들이 많아졌다. 그 중에서 예문 준비 작업에 도움을 준 아랍어과의 장준호, 이효은, 김호년, 백숙현 학생과 동사변화표와 예문의 오류를 바로잡아 주신 Salaheldin Abdelaziz Ali Elgebily 교수님과 Reham AbdelSalam 박사님께 감사의 말씀을 드리고 싶다. 그리고 본 사전 출판에 협조해 주신 한국외국어대학교 지식출판콘텐츠원과 관계자님들께도 감사함을 전한다. 끝으로 항상 옆에서 저자를 응원해 주는 가족들에게도 고마움을 표하고 싶다.

2024. 4

편저자 김동환

المقدمة

تُعد اللغة العربية من أعرق اللغات وأكثرها انتشارًا، فهي إحدى اللغات الرسمية الست للأمم المتحدة، ويتحدث بها أكثر من ٤٠٠ مليون نسمة في ٢٢ دولة. كما أنها لغة القرآن الكريم، ويستخدمها أكثر من ملياري مسلم حول العالم للعبادة وأداء المناسك الدينية.

ومع ازدياد التبادلات الثقافية والتجارية بين العالم العربي وكوريا الجنوبية، أصبح اهتمام الكوريين بتعلم اللغة العربية في تزايد مستمر. إلا أنّ متعلمي اللغة العربية، خاصةً في المستوى المتوسط، يواجهون العديد من الصعوبات في استيعاب تصريفات الأفعال واشتقاقاتها، فضلًا عن الصعوبات التي قد واجهوها بالفعل عند تعلم الأبجدية العربية وتركيب الجملة. مما يقلّل من دافعيتهم نحو مواصلة التعلم. ونظرًا لندرة الكتب والمواد التعليمية المُساعدة في هذا المجال، فقد رأيت أن هناك حاجة ماسة إلى قاموسٍ يعمل على تسهيل فهم واستيعاب تصريفات الأفعال العربية.

وقد استوحيتُ فكرة هذا القاموس من تجربتي الشخصية في تعلّم اللغة العربية. ففي مرحلة دراستي الجامعية، كنت أَعتمد في دراسة العربية على قاموس عربي-إنجليزي لعدم وجود قاموس عربي-كوري مناسب. وقد واجهتُ العديد من الصعوبات في فهم تصريفات الأفعال، ممّا دفعني إلى التفكير بجدية في تأليف قاموس يُساعد المتعلّمين على دراسة واستيعاب الأفعال العربية بسهولة ويسر. وقد بدأت هذه الفكرة تتبلور في ذهني عندما قررت تغيير مسيرتي المهنية بعد ٢٠ عامًا من العمل في المجال التجاري، فشغفي بالتعليم دفعني إلى التفرّغ لتدريس العربية في قسم اللغة العربية بجامعة هانكوك للدراسات الأجنبية منذ عام ٢٠١٢، وحينها رأيت بنفسي مدى صعوبة استيعاب قواعد تصريف الأفعال على طلابي.

وعلى الرغم من أن تأليف هذا القاموس قد استغرق أكثر من ١٠ سنوات، نظرًا لصعوبة جمع المادة العلمية، ووضع معايير اختيار الأفعال المناسبة للمتعلمين في المستويين المبتدئ والمتوسط، إلا أنني قد وُفقت بفضل الله تعالى في تأليف هذا القاموس، الذي تم جمع مادته العلمية من الأفعال المستخدمة في نصوص الكتب التعليمية المعتمدة في قسم اللغة العربية بجامعة هانكوك للدراسات الأجنبية وهي: الجزء الأول من Elementary Modern Standard Arabic والجزء الأول من الكتاب الأساسي. أما عن الأمثلة التوضيحية، فقد تمت تجزئة نصوص ١١ كتابًا من كتب تعليم اللغة العربية، ثم استخراج الجمل

الفعلية منها، ليصل عدد الجمل إلى أكثر من ٢٠٠٠٠ جملة. ولتوفير أمثلة توضيحية دقيقة تمت إعادة النظر في تلك الجمل واختيار المناسب منها للمستويين المبتدئ والمتوسط. كما تمت الاستعانة بقاموس *The Hans Wehr Dictionary of Modern Written Arab* وقاموس المعاني على شبكة الإنترنت.

ويتميز هذا القاموس بأنه يقدّم للمتعلم فعلًا واحدًا في اليوم على مدار عامٍ كامل، ممّا يُساعد على فهم وترسيخ تصريفات الأفعال لدى المتعلم. كما يشتمل القاموس على جداول تصريفات شاملة لكل الأفعال الأساسية مع العديد من الأمثلة التوضيحية التي تمّ استخراجها من نصوص عربية حديثة كالكتب التعليمية والمواقع الإلكترونية. فضلًا عن تصميمه المنظم، حيث تمّ ترتيب الأفعال فيه حسب ترتيب حروف اشتقاق الفعل وليس حسب جذر الفعل، ممّا يُسهّل عملية البحث على المتعلم. كما أن جداول تصريفات الأفعال الموجودة في هذا القاموس يمكن اعتبارها مرجعًا للمتعلم في تصريف الأفعال.

وفي الختام، أودّ أن أتقدّم بالشكر الجزيل لكل من ساعدني في إنجاز هذا العمل، وأخص بالشكر الذين ساعدوني في كتابة هذا القاموس من قسم اللغة العربية بجامعة هانكوك للدراسات الأجنبية، وأ.د. صلاح الدين عبد العزيز علي الجبيلي، ود. ريهام حمادة محمد محمد عبد السلام؛ لما كان لهما من فضل في مراجعة وتصحيح محتوى القاموس. كما أتقدّم بالشكر لعائلتي التي دعمتني وساندتني خلال رحلة تأليف هذا القاموس.

وشكرًا

أبريل ٢٠٢٤

حامد كيم دونغ هوان

일러두기

본 사전은 아랍어 학습의 초급 단계에서 중급 단계로 진입하는 학습자들이 1년 동안 매일 동사 1개를 학습하도록 365개의 동사로 구성하였다.

1) 표제어의 배열은 어근 순서가 아닌 동사 파생형의 자모 순서로 배열되어 있다.

2) 사전의 구성은 크게 동사 변화표와 뜻풀이 그리고 예문으로 구성되어 있다.

3) 표는 상단의 명사 부분과 하단의 동사 부분으로 나뉜다.

4) 명사 부분의 표는 표제어 동사의 동명사, 능동분사, 수동분사를 제시한다.

5) 동사 부분의 표는 표제어 동사의 활용형을 제시한다.

6) 뜻풀이 부분에서는 학습자들의 이해를 돕기 위해 목적어를 (누구를), (무엇을)과 같이 구분했다.

예) (누구를) 만나다, (무엇을) 먹다,

(누구를) 심문하다, (누구 또는 무엇을) 정지시키다

7) 전치사가 사용될 경우에는 목적어 뒤에 해당 전치사를 표시했다.

예) 무엇을(ب) 가져오다, 어디로(إلى) 빨리 가다

(누구를) 무엇에(إلى) 눈뜨게 하다,

6) 예문은 내용에 있어 마침표가 없는 용례와 마침표가 있는 예문으로 구성되어 있다.

예) 준비를 갖추다, 무엇을 할 채비를 하다,

선생님은 수업 준비를 했다.

차례

1

أَبْكَى

수동분사 اَلْمَفْعُولُ	능동분사 اَلْفَاعِلُ	동명사 اَلْمَصْدَرُ
مُبْكًى	مُبْكٍ	إِبْكَاء

수동 اَلْمَجْهُولُ		능동 اَلْمَعْلُومُ			اَلضَّمَائِرُ 인칭 대명사	
اَلْمُضَارِعُ 미완료	اَلْمَاضِي 완료	اَلْأَمْرُ 명령	اَلْمُضَارِعُ 미완료	اَلْمَاضِي 완료		
			أُبْكِي	أَبْكَيْتُ	أَنَا	اَلْمُتَكَلِّمُ 1인칭
			نُبْكِي	أَبْكَيْنَا	نَحْنُ	
		أَبْكِ	تُبْكِي	أَبْكَيْتَ	أَنْتَ	اَلْمُخَاطَبُ 2 남
		أَبْكِيَا	تُبْكِيَانِ	أَبْكَيْتُمَا	أَنْتُمَا	
		أَبْكُوا	تُبْكُونَ	أَبْكَيْتُمْ	أَنْتُمْ	
		أَبْكِي	تُبْكِينَ	أَبْكَيْتِ	أَنْتِ	اَلْمُخَاطَبَةُ 2 여
		أَبْكِيَا	تُبْكِيَانِ	أَبْكَيْتُمَا	أَنْتُمَا	
		أَبْكِينَ	تُبْكِينَ	أَبْكَيْتُنَّ	أَنْتُنَّ	
يُبْكَى	أُبْكِيَ		يُبْكِي	أَبْكَى	هُوَ	اَلْغَائِبُ 3 남
			يُبْكِيَانِ	أَبْكَيَا	هُمَا	
			يُبْكُونَ	أَبْكَوْا	هُمْ	
			تُبْكِي	أَبْكَتْ	هِيَ	اَلْغَائِبَةُ 3 여
			تُبْكِيَانِ	أَبْكَتَا	هُمَا	
			يُبْكِينَ	أَبْكَيْنَ	هُنَّ	

뜻풀이

- (누구를) 울리다, 울게 하다

예문

لَا تُبْكِ زَوْجَتَكَ.

네 부인을 울리지 마라.

أَخْشَى أَنْ أُبْكِيَكِ.

나는 내가 너를 울릴까 봐 걱정이야.

أَبْكَاهَا أَمَامَ النَّاسِ.

그는 사람들 앞에서 그녀를 울렸다.

لَا شَيْءَ يُبْكِيهِ أَبَدًا.

결코 어떤 것도 그를 울릴 수 없다.

لَكِنَّكَ أَبْكَيْتَنِي هَذِهِ الْمَرَّةَ.

그런데 이번에는 네가 나를 울렸다.

أَبْكَتِ الطِّفْلَ إِذْ لَمْ تُرْضِعْهُ.

그녀는 아이에게 젖을 주지 않아 아이를 울렸다.

수동분사 اَلْمَفْعُولُ	능동분사 اَلْفَاعِلُ	동명사 اَلْمَصْدَرُ	أَبْلَغَ
مُبْلَغ	مُبْلِغ	إِبْلَاغ	

수동 اَلْمَجْهُولُ		능동 اَلْمَعْلُومُ			اَلضَّمَائِرُ 인칭 대명사	
اَلْمُضَارِعُ 미완료	اَلْمَاضِي 완료	اَلْأَمْرُ 명령	اَلْمُضَارِعُ 미완료	اَلْمَاضِي 완료		
			أُبْلِغُ	أَبْلَغْتُ	أَنَا	اَلْمُتَكَلِّمُ 1인칭
			نُبْلِغُ	أَبْلَغْنَا	نَحْنُ	
		أَبْلِغْ	تُبْلِغُ	أَبْلَغْتَ	أَنْتَ	اَلْمُخَاطَبُ 2 남
		أَبْلِغَا	تُبْلِغَانِ	أَبْلَغْتُمَا	أَنْتُمَا	
		أَبْلِغُوا	تُبْلِغُونَ	أَبْلَغْتُمْ	أَنْتُمْ	
		أَبْلِغِي	تُبْلِغِينَ	أَبْلَغْتِ	أَنْتِ	اَلْمُخَاطَبَةُ 2 여
		أَبْلِغَا	تُبْلِغَانِ	أَبْلَغْتُمَا	أَنْتُمَا	
		أَبْلِغْنَ	تُبْلِغْنَ	أَبْلَغْتُنَّ	أَنْتُنَّ	
يُبْلَغُ	أُبْلِغَ		يُبْلِغُ	أَبْلَغَ	هُوَ	اَلْغَائِبُ 3 남
			يُبْلِغَانِ	أَبْلَغَا	هُمَا	
			يُبْلِغُونَ	أَبْلَغُوا	هُمْ	
			تُبْلِغُ	أَبْلَغَتْ	هِيَ	اَلْغَائِبَةُ 3 여
			تُبْلِغَانِ	أَبْلَغَتَا	هُمَا	
			يُبْلِغْنَ	أَبْلَغْنَ	هُنَّ	

뜻풀이

- (누구 또는 무엇을) 어디에(إلى) 다다르게 하다, 도달하게 만들다
- (양이나 금액 등을) 어디까지(إلى) 올리다, 인상하다, 높이다
- 무엇을(عن 또는 ب) 누구에게 전하다, 알리다, 알려주다
- (무엇을) 발표하다, 공개하다
- 누구를(عن) 고발하다
- 무엇을(عن) 신고하다

예문

أَبْلَغَتْ عَنْ سَرِقَةِ السَّيَّارَةِ.

그녀는 차량 도난을 신고했다.

سَنُبْلِغُكُمْ قَرَارَنَا الْأُسْبُوعَ الْقَادِمَ.

다음 주에 우리의 결정을 알려드리겠습니다.

مَنْ أَبْلَغَ عَنْ سَرِقَةِ الْهَاتِفِ الْجَوَّالِ؟

누가 핸드폰 도난을 신고했나요?

أَبْلَغْتُ الْبُولِيسَ (الشُّرْطَةَ) بِالْحَادِثِ.

나는 경찰에 사건을 신고했다.

أَبْلَغَهَا بِأَنَّ أَخَاهَا قَدْ وَصَلَ إِلَى بَيْتِهَا.

그는 그녀에게 그녀의 오빠가 이미 그녀의 집에 도착했음을 알려줬다.

يُرِيدُ أَنْ يُبْلِغَ عَنْ ضِيَاعِ جَوَازِ سَفَرِهِ.

그는 여권 분실을 신고하길 원한다.

수동분사 اَلْمَفْعُولُ	능동분사 اَلْفَاعِلُ	동명사 اَلْمَصْدَرُ	اِتَّبَعَ
مُتَّبَع	مُتَّبِع	اِتِّبَاع	

수동 اَلْمَجْهُولُ		능동 اَلْمَعْلُومُ			اَلضَّمَائِرُ 인칭 대명사	
اَلْمُضَارِعُ 미완료	اَلْمَاضِي 완료	اَلْأَمْرُ 명령	اَلْمُضَارِعُ 미완료	اَلْمَاضِي 완료		
			أَتَّبِعُ	اِتَّبَعْتُ	أَنَا	اَلْمُتَكَلِّمُ 1인칭
			نَتَّبِعُ	اِتَّبَعْنَا	نَحْنُ	
		اِتَّبِعْ	تَتَّبِعُ	اِتَّبَعْتَ	أَنْتَ	اَلْمُخَاطَبُ 2 남
		اِتَّبِعَا	تَتَّبِعَانِ	اِتَّبَعْتُمَا	أَنْتُمَا	
		اِتَّبِعُوا	تَتَّبِعُونَ	اِتَّبَعْتُمْ	أَنْتُمْ	
		اِتَّبِعِي	تَتَّبِعِينَ	اِتَّبَعْتِ	أَنْتِ	اَلْمُخَاطَبَةُ 2 여
		اِتَّبِعَا	تَتَّبِعَانِ	اِتَّبَعْتُمَا	أَنْتُمَا	
		اِتَّبِعْنَ	تَتَّبِعْنَ	اِتَّبَعْتُنَّ	أَنْتُنَّ	
يُتَّبَعُ	أُتُّبِعَ		يَتَّبِعُ	اِتَّبَعَ	هُوَ	اَلْغَائِبُ 3 남
			يَتَّبِعَانِ	اِتَّبَعَا	هُمَا	
			يَتَّبِعُونَ	اِتَّبَعُوا	هُمْ	
			تَتَّبِعُ	اِتَّبَعَتْ	هِيَ	اَلْغَائِبَةُ 3 여
			تَتَّبِعَانِ	اِتَّبَعَتَا	هُمَا	
			يَتَّبِعْنَ	اِتَّبَعْنَ	هُنَّ	

뜻풀이

- (누구 또는 무엇을) 뒤따르다
- (무엇이) 다른 것의(بِ) 뒤를 따르게 하다
- (누구를) 기소하다, 고소하다
- (무엇을) 명심하다, 유념하다, 따르다
- (무엇을) 뒤쫓다, 추구하다, 추적하다
- (무엇을) 검사하다, 조사하다

예문

اِتَّبَعَ أَثَرَهُ

누구의 뒤를 따르다

اِتَّبَعَ قَانُونًا

법을 준수하다

اِتَّبَعَ خُطَى وَالِدِهِ.

그는 아버지의 방식을 따랐다.

اِتَّبِعْ هَذَا الْخَطَّ الْأَحْمَرَ.

이 붉은 선을 따라 가시오.

لَا تَتَّبِعُوا خُطُوَاتِ الشَّيْطَانِ.

너희들은 악마의 길을 따르지 말라.

اِتَّبِعْ هَذِهِ النَّصَائِحَ لِلْحِفَاظِ عَلَى قَلْبٍ سَلِيمٍ!

건강한 심장을 유지하기 위해 이 충고들을 따르시오!

اِتَّجَهَ

수동분사 اَلْمَفْعُولُ	능동분사 اَلْفَاعِلُ	동명사 اَلْمَصْدَرُ
مُتَّجَه	مُتَّجِه	اِتِّجَاه

수동 اَلْمَجْهُولُ		능동 اَلْمَعْلُومُ			اَلضَّمَائِرُ 인칭 대명사	
اَلْمُضَارِعُ 미완료	اَلْمَاضِي 완료	اَلْأَمْرُ 명령	اَلْمُضَارِعُ 미완료	اَلْمَاضِي 완료		
			أَتَّجِهُ	اِتَّجَهْتُ	أَنَا	اَلْمُتَكَلِّمُ 1인칭
			نَتَّجِهُ	اِتَّجَهْنَا	نَحْنُ	
		اِتَّجِهْ	تَتَّجِهُ	اِتَّجَهْتَ	أَنْتَ	اَلْمُخَاطَبُ 2 남
		اِتَّجِهَا	تَتَّجِهَانِ	اِتَّجَهْتُمَا	أَنْتُمَا	
		اِتَّجِهُوا	تَتَّجِهُونَ	اِتَّجَهْتُمْ	أَنْتُمْ	
		اِتَّجِهِي	تَتَّجِهِينَ	اِتَّجَهْتِ	أَنْتِ	اَلْمُخَاطَبَةُ 2 여
		اِتَّجِهَا	تَتَّجِهَانِ	اِتَّجَهْتُمَا	أَنْتُمَا	
		اِتَّجِهْنَ	تَتَّجِهْنَ	اِتَّجَهْتُنَّ	أَنْتُنَّ	
يُتَّجَهُ	أُتُّجِهَ		يَتَّجِهُ	اِتَّجَهَ	هُوَ	اَلْغَائِبُ 3 남
			يَتَّجِهَانِ	اِتَّجَهَا	هُمَا	
			يَتَّجِهُونَ	اِتَّجَهُوا	هُمْ	
			تَتَّجِهُ	اِتَّجَهَتْ	هِيَ	اَلْغَائِبَةُ 3 여
			تَتَّجِهَانِ	اِتَّجَهَتَا	هُمَا	
			يَتَّجِهْنَ	اِتَّجَهْنَ	هُنَّ	

뜻풀이

- 어느 쪽으로(نحو 또는 إلى) 향하다, 가다, 겨냥하다
- 누구 쪽으로(نحو 또는 إلى) 고개를 돌리다, 바라보다
- 관심을 돌리다, 시선을 돌리다
- (기차가) 어느 쪽으로(إلى) 가다, 이동하다
- (길이) 어디로(نحو 또는 إلى) 나다, 통하다, 이르다
- (이정표가) 어디를(نحو 또는 إلى) 가리키다
- (생각, 아이디어 등이) 누구의 머리에(لـ) 떠오르다, 생각나다

예문

اِتَّجَهَتِ الطَّائِرَةُ جَنُوبَ الْبِلَادِ.

그 비행기는 남쪽으로 향했다.

اِتَّجَهَ الصَّارُوخُ بِدِقَّةٍ نَحْوَ الْهَدَفِ.

미사일이 정확하게 목표를 향했다.

إِلَى أَيْنَ يَتَّجِهُ مُؤْتَمَرُ الْقِمَّةِ، إِذَنْ؟

그렇다면, 정상회담은 어디로 가는가?

اِتَّجَهْتُ إِلَى الْبَيْتِ بَعْدَ انْتِهَاءِ الْعَمَلِ.

나는 업무 후에 집으로 향했다.

عِنْدَمَا تَخْرُجُ مِنْ هَذَا الْبَابِ، اِتَّجِهْ يَسَارًا.

이 문을 나가면 왼쪽으로 가시오.

اِتَّفَقَتْ سُو مِينْ مَعَ أَصْدِقَائِهَا الْجُدُدِ بِأَنْ يَتَّجِهُوا فِيمَا بَعْدُ إِلَى الصَّحْرَاءِ.

수민은 새로운 친구들과 나중에 사막에 가기로 합의했다.

اِتَّصَلَ

수동분사 اَلْمَفْعُولُ	능동분사 اَلْفَاعِلُ	동명사 اَلْمَصْدَرُ
مُتَّصَل	مُتَّصِل	اِتِّصَال

수동 اَلْمَجْهُولُ		능동 اَلْمَعْلُومُ			اَلضَّمَائِرُ 인칭 대명사	
اَلْمُضَارِعُ 미완료	اَلْمَاضِي 완료	اَلْأَمْرُ 명령	اَلْمُضَارِعُ 미완료	اَلْمَاضِي 완료		
			أَتَّصِلُ	اِتَّصَلْتُ	أَنَا	اَلْمُتَكَلِّمُ 1인칭
			نَتَّصِلُ	اِتَّصَلْنَا	نَحْنُ	
		اِتَّصِلْ	تَتَّصِلُ	اِتَّصَلْتَ	أَنْتَ	اَلْمُخَاطَبُ 2 남
		اِتَّصِلَا	تَتَّصِلَانِ	اِتَّصَلْتُمَا	أَنْتُمَا	
		اِتَّصِلُوا	تَتَّصِلُونَ	اِتَّصَلْتُمْ	أَنْتُمْ	
		اِتَّصِلِي	تَتَّصِلِينَ	اِتَّصَلْتِ	أَنْتِ	اَلْمُخَاطَبَةُ 2 여
		اِتَّصِلَا	تَتَّصِلَانِ	اِتَّصَلْتُمَا	أَنْتُمَا	
		اِتَّصِلْنَ	تَتَّصِلْنَ	اِتَّصَلْتُنَّ	أَنْتُنَّ	
يُتَّصَلُ	أُتُّصِلَ		يَتَّصِلُ	اِتَّصَلَ	هُوَ	اَلْغَائِبُ 3 남
			يَتَّصِلَانِ	اِتَّصَلَا	هُمَا	
			يَتَّصِلُونَ	اِتَّصَلُوا	هُمْ	
			تَتَّصِلُ	اِتَّصَلَتْ	هِيَ	اَلْغَائِبَةُ 3 여
			تَتَّصِلَانِ	اِتَّصَلَتَا	هُمَا	
			يَتَّصِلْنَ	اِتَّصَلْنَ	هُنَّ	

뜻풀이

- ~에(بـ) 연결되다, 이어지다, 붙어있다
- ~와(بـ) 합치다, 결합하다
- 누구와(بـ) 연락하다, 접촉하다
- 누구 또는 무엇과(بـ) 합류하다, 가담하다, 함께 하다
- 누구 또는 어떤 장소와(بـ) 인접하다, 붙어있다
- 누가(بـ) (무엇을) 알게 되다, 누구에게(بـ) 알려지다
- 계속되다, 연속되다, 지속되다
- 누구와(إلى) 인척 관계가 되다, 친인척 관계이다
- 어디에(إلى) 기원을 두다, 유래를 찾다
- 어디에(إلى) 도달하다, 다다르다

예문

قَدِ اتَّصَلَ بِنَا أَنَّ

우리가 알게 된 것은 … 이다

بِمَنْ تُحِبِّينَ أَنْ تَتَّصِلِي فِي سِيُول؟

당신은 서울에서 누구와 연락하고 싶습니까?

لَا تَتَّصِلْ بِي إِلَّا فِي الْحَالَاتِ الطَّارِئَةِ.

응급 상황이 아니면 나에게 전화하지 말아라.

هَلْ أَسْتَطِيعُ أَنْ أَتَّصِلَ بِسِيوُل هَاتِفِيًّا مِنْ هُنَا؟

제가 여기서 서울로 전화할 수 있습니까?

اِتَّصَلَ مِين سُو هَاتِفِيًّا بِالْمُرَاقِبِ الْمَالِيِّ لِلشَّرِكَةِ.

민수는 회사의 재무 관리자에게 전화했다.

اِتَّصَلَ بِي فِي السَّاعَةِ الثَّامِنَةِ صَبَاحًا حَتَّى يُذَكِّرَنِي بِمَوْعِدِنَا.

그는 우리의 약속을 상기시키기 위하여 나에게 아침 8시에 연락했다.

수동분사 اَلْمَفْعُولُ	능동분사 اَلْفَاعِلُ	동명사 اَلْمَصْدَرُ	أَتْعَبَ
مُتْعَب	مُتْعِب	إِتْعَاب	

수동 اَلْمَجْهُولُ		능동 اَلْمَعْلُومُ			اَلضَّمَائِرُ 인칭 대명사	
اَلْمُضَارِعُ 미완료	اَلْمَاضِي 완료	اَلْأَمْرُ 명령	اَلْمُضَارِعُ 미완료	اَلْمَاضِي 완료		
			أُتْعِبُ	أَتْعَبْتُ	أَنَا	اَلْمُتَكَلِّمُ 1인칭
			نُتْعِبُ	أَتْعَبْنَا	نَحْنُ	
		أَتْعِبْ	تُتْعِبُ	أَتْعَبْتَ	أَنْتَ	اَلْمُخَاطَبُ 2 남
		أَتْعِبَا	تُتْعِبَانِ	أَتْعَبْتُمَا	أَنْتُمَا	
		أَتْعِبُوا	تُتْعِبُونَ	أَتْعَبْتُمْ	أَنْتُمْ	
		أَتْعِبِي	تُتْعِبِينَ	أَتْعَبْتِ	أَنْتِ	اَلْمُخَاطَبَةُ 2 여
		أَتْعِبَا	تُتْعِبَانِ	أَتْعَبْتُمَا	أَنْتُمَا	
		أَتْعِبْنَ	تُتْعِبْنَ	أَتْعَبْتُنَّ	أَنْتُنَّ	
يُتْعَبُ	أُتْعِبَ		يُتْعِبُ	أَتْعَبَ	هُوَ	اَلْغَائِبُ 3 남
			يُتْعِبَانِ	أَتْعَبَا	هُمَا	
			يُتْعِبُونَ	أَتْعَبُوا	هُمْ	
			تُتْعِبُ	أَتْعَبَتْ	هِيَ	اَلْغَائِبَةُ 3 여
			تُتْعِبَانِ	أَتْعَبَتَا	هُمَا	
			يُتْعِبْنَ	أَتْعَبْنَ	هُنَّ	

뜻풀이

- (누구에게) 폐를 끼치다,
- (누구를) 곤란하게 하다
- (누구를) 지치게 하다, 피곤하게 하다,
- (누구를) 귀찮게 하다

예문

أَتْعَبَنِي كَثِيرًا.

그는 나를 많이 힘들게 한다.

إِنَّ هَذِهِ الْمُشْكِلَةَ تُتْعِبُنِي.

이 문제가 정말로 나를 힘들게 한다.

لِمَاذَا تُتْعِبُ رَأْسَكَ بِالسِّيَاسَةِ؟

왜 너는 정치 때문에 골머리를 썩히냐?

يُتْعِبُ نَفْسَهُ أَكْثَرَ مِنَ اللَّازِمِ.

그는 필요 이상으로 자신을 힘들게 한다.

أَتْعَبَ النَّاسَ بِأَسْئِلَتِهِ الْكَثِيرَةِ.

그는 많은 질문으로 사람들을 귀찮게 한다.

قُلْتُ لَهَا بِأَلَّا تُتْعِبَ نَفْسَهَا بِالْعَوْدَةِ إِلَيَّ.

나는 그녀에게 나에게 돌아오려고 애쓸 것 없다고 말했다.

수동분사 اَلْمَفْعُولُ	능동분사 اَلْفَاعِلُ	동명사 اَلْمَصْدَرُ	أَتَى
مَأْتِيّ	آتٍ	إِتْيَان، أَتْي، مَأْتَاة	

수동 اَلْمَجْهُولُ		능동 اَلْمَعْلُومُ			اَلضَّمَائِرُ 인칭 대명사	
اَلْمُضَارِعُ 미완료	اَلْمَاضِي 완료	اَلْأَمْرُ 명령	اَلْمُضَارِعُ 미완료	اَلْمَاضِي 완료		
أُوْتَى	أُتِيتُ		آتِي	أَتَيْتُ	أَنَا	اَلْمُتَكَلِّمُ 1인칭
نُؤْتَى	أُتِينَا		نَأْتِي	أَتَيْنَا	نَحْنُ	
تُؤْتَى	أُتِيتَ	اِئْتِ، اِيتِ	تَأْتِي	أَتَيْتَ	أَنْتَ	اَلْمُخَاطَبُ 2 남
تُؤْتَيَانِ	أُتِيتُمَا	اِئْتِيَا	تَأْتِيَانِ	أَتَيْتُمَا	أَنْتُمَا	
تُؤْتَوْنَ	أُتِيتُمْ	اِئْتُوا	تَأْتُونَ	أَتَيْتُمْ	أَنْتُمْ	
تُؤْتَيْنَ	أُتِيتِ	اِئْتِي	تَأْتِينَ	أَتَيْتِ	أَنْتِ	اَلْمُخَاطَبَةُ 2 여
تُؤْتَيَانِ	أُتِيتُمَا	اِئْتِيَا	تَأْتِيَانِ	أَتَيْتُمَا	أَنْتُمَا	
تُؤْتَيْنَ	أُتِيتُنَّ	اِئْتِينَ	تَأْتِينَ	أَتَيْتُنَّ	أَنْتُنَّ	
يُؤْتَى	أُتِيَ		يَأْتِي	أَتَى	هُوَ	اَلْغَائِبُ 3 남
يُؤْتَيَانِ	أُتِيَا		يَأْتِيَانِ	أَتَيَا	هُمَا	
يُؤْتَوْنَ	أُتُوا		يَأْتُونَ	أَتَوْا	هُمْ	
تُؤْتَى	أُتِيَتْ		تَأْتِي	أَتَتْ	هِيَ	اَلْغَائِبَةُ 3 여
تُؤْتَيَانِ	أُتِيَتَا		تَأْتِيَانِ	أَتَتَا	هُمَا	
يُؤْتَيْنَ	أُتِينَ		يَأْتِينَ	أَتَيْنَ	هُنَّ	

뜻풀이

- 어디로([목] 또는 بـ) 오다, 도착하다
- (기분 또는 감정 등이) 누구에게(على) 밀려오다
- 무엇을(بـ) 내다, 제출하다
- 무엇을(بـ) 누구에게 가져다 주다, 건네다
- (행위나 행동을) 하다, 실행하다
- (죄 또는 범죄를) 행하다, 저지르다
- 무엇을(على) 끝내다, 마치다, 처리하다
- 무엇을(على) 파괴하다, 없애다, 제거하다
- 무엇을(على) 소모하다, 고갈시키다
- 무엇을(على) 상세히 설명하다, 자세히 다루다

예문

أَتَى بِهِ إِلَى

(어떤 장소 또는 상황으로) 누구를 이끌다, 이르게 하다, 유도하다

أَتَى عَلَى الْأَخْضَرِ وَالْيَابِسِ

모든 것을 다 파괴하다, 전멸시키다

لَمْ تُخْبِرْ بَاسِمَةَ مَتَى تَأْتِي.

너는 바시마에게 네가 언제 오는지 알려주지 않았다.

هَلْ تُرِيدُ أَنْ تَأْتِيَ مَعِي إِلَى الْمَسْرَحِ؟

당신은 나와 극장에 가고 싶습니까?

قُلْتُ إِنَّهُمْ أَرَادُوا أَنْ يَأْتُوا إِلَى الْحَفْلَةِ.

나는 그들이 파티에 가고 싶어 한다고 말했다.

يَنْبَغِي أَنْ تُنْهِيَ دِرَاسَتَكَ قَبْلَ أَنْ تَأْتِيَ أُمُّكَ إِلَى الْمَنْزِلِ.

너는 네 엄마가 집에 오시기 전에 네 공부를 마쳐야 한다.

أَثَّرَ

수동분사 اَلْمَفْعُولُ	능동분사 اَلْفَاعِلُ	동명사 اَلْمَصْدَرُ
مُؤَثَّر	مُؤَثِّر	تَأْثِير

수동 اَلْمَجْهُولُ		능동 اَلْمَعْلُومُ			اَلضَّمَائِرُ 인칭 대명사	
اَلْمُضَارِعُ 미완료	اَلْمَاضِي 완료	اَلْأَمْرُ 명령	اَلْمُضَارِعُ 미완료	اَلْمَاضِي 완료		
			أُؤَثِّرُ	أَثَّرْتُ	أَنَا	اَلْمُتَكَلِّمُ 1인칭
			نُؤَثِّرُ	أَثَّرْنَا	نَحْنُ	
		أَثِّرْ	تُؤَثِّرُ	أَثَّرْتَ	أَنْتَ	اَلْمُخَاطَبُ 2 남
		أَثِّرَا	تُؤَثِّرَانِ	أَثَّرْتُمَا	أَنْتُمَا	
		أَثِّرُوا	تُؤَثِّرُونَ	أَثَّرْتُمْ	أَنْتُمْ	
		أَثِّرِي	تُؤَثِّرِينَ	أَثَّرْتِ	أَنْتِ	اَلْمُخَاطَبَةُ 2 여
		أَثِّرَا	تُؤَثِّرَانِ	أَثَّرْتُمَا	أَنْتُمَا	
		أَثِّرْنَ	تُؤَثِّرْنَ	أَثَّرْتُنَّ	أَنْتُنَّ	
يُؤَثَّرُ	أُثِّرَ		يُؤَثِّرُ	أَثَّرَ	هُوَ	اَلْغَائِبُ 3 남
			يُؤَثِّرَانِ	أَثَّرَا	هُمَا	
			يُؤَثِّرُونَ	أَثَّرُوا	هُمْ	
			تُؤَثِّرُ	أَثَّرَتْ	هِيَ	اَلْغَائِبَةُ 3 여
			تُؤَثِّرَانِ	أَثَّرَتَا	هُمَا	
			يُؤَثِّرْنَ	أَثَّرْنَ	هُنَّ	

뜻풀이

- 누구 또는 무엇에(في 또는 على) 효과를 주다, 인상을 남기다, 느낌을 주다
- 누구 또는 무엇에(في 또는 على) 영향을 미치다
- <물리> (전기나 자기 등을) 유도하다

예문

يُؤَثِّرُ مَا قَرَأَ عَلَى آرَائِهِ.

그가 읽은 것이 그의 의견에 영향을 줄 것이다.

أَثَّرَ عَلَيَّ تَأْثِيرًا عَظِيمًا.

그는 나에게 엄청난 영향을 주었다.

ضَرَبْتُهُ وَأَثَّرَتْ قَبْضَتِي فِي وَجْهِهِ.

나는 그를 때렸고 주먹으로 그의 얼굴에 한 방을 먹였다.

يُؤَثِّرُ التَّلَوُّثُ عَلَى جَمِيعِ أَجْزَاءِ الْبِيئَةِ.

오염은 환경의 모든 요소에 영향을 미친다.

أَثَّرَتِ الْمُشْكِلَةُ عَلَى صِنَاعَةِ السَّيَّارَاتِ.

그 문제는 자동차 산업에 영향을 주었다.

قَدْ أَثَّرَتِ الْحَضَارَةُ الْأُورُوبِيَّةُ عَلَى مِصْرَ تَأْثِيرًا كَبِيرًا فِي زَمَنِ مَحَمَّدِ عَلِيٍّ.

무함마드 알리 시대에 유럽 문명이 이집트에 크게 영향을 미쳤다.

أَجَابَ	اَلْمَصْدَرُ 동명사	اَلْفَاعِلُ 능동분사	اَلْمَفْعُولُ 수동분사
	إِجَابَة	مُجِيب	مُجَاب

اَلضَّمَائِرُ 인칭 대명사		اَلْمَعْلُومُ 능동			اَلْمَجْهُولُ 수동	
		اَلْمَاضِي 완료	اَلْمُضَارِعُ 미완료	اَلْأَمْرُ 명령	اَلْمَاضِي 완료	اَلْمُضَارِعُ 미완료
اَلْمُتَكَلِّمُ 1인칭	أَنَا	أَجَبْتُ	أُجِيبُ			
	نَحْنُ	أَجَبْنَا	نُجِيبُ			
اَلْمُخَاطَبُ 2남	أَنْتَ	أَجَبْتَ	تُجِيبُ	أَجِبْ		
	أَنْتُمَا	أَجَبْتُمَا	تُجِيبَانِ	أَجِيبَا		
	أَنْتُمْ	أَجَبْتُمْ	تُجِيبُونَ	أَجِيبُوا		
اَلْمُخَاطَبَةُ 2여	أَنْتِ	أَجَبْتِ	تُجِيبِينَ	أَجِيبِي		
	أَنْتُمَا	أَجَبْتُمَا	تُجِيبَانِ	أَجِيبَا		
	أَنْتُنَّ	أَجَبْتُنَّ	تُجِبْنَ	أَجِبْنَ		
اَلْغَائِبُ 3남	هُوَ	أَجَابَ	يُجِيبُ		أُجِيبَ	يُجَابُ
	هُمَا	أَجَابَا	يُجِيبَانِ			
	هُمْ	أَجَابُوا	يُجِيبُونَ			
اَلْغَائِبَةُ 3여	هِيَ	أَجَابَتْ	تُجِيبُ			
	هُمَا	أَجَابَتَا	تُجِيبَانِ			
	هُنَّ	أَجَبْنَ	يُجِبْنَ			

뜻풀이

- 누구([목] 또는 إلى) 또는 무엇에(عن 또는 على) 대답하다
- (요청이나 요구 등에) 응하다, 따르다
- (자극, 초청, 도전 등에) 적극적으로 반응하다
- (소원을) 성취하다, 이루다
- 무엇에 대해(إلى) 동의하다, 의견을 일치하다

예문

أَجَابَ إِلَى طَلَبِهِ

누구의 부탁을 들어주다

أَنْتَ تَسْأَلُ وَأَنَا أُجِيبُ.

네가 묻고, 내가 대답한다.

كَمْ سُؤَالًا أَجَبْتَ عَنْهُ؟

몇 개의 질문에 대답했습니까?

كَمْ سُؤَالًا لَمْ تُجِبْ عَنْهُ؟

몇 개의 질문에 대답하지 않았습니까?

أَجِبْ عَنِ الْأَسْئِلَةِ كَافَّةً.

질문에 모두 답하시오.

لِمَ لَا تُجِيبِينَ عَنِ السُّؤَالِ؟

왜 당신(여)은 답하지 않았습니까?

إِجْتَمَعَ	اَلْمَصْدَرُ 동명사	اَلْفَاعِلُ 능동분사	اَلْمَفْعُولُ 수동분사
	اِجْتِمَاع	مُجْتَمِع	مُجْتَمَع

اَلضَّمَائِرُ 인칭 대명사		اَلْمَعْلُومُ 능동			اَلْمَجْهُولُ 수동	
		اَلْمَاضِي 완료	اَلْمُضَارِعُ 미완료	اَلْأَمْرُ 명령	اَلْمَاضِي 완료	اَلْمُضَارِعُ 미완료
اَلْمُتَكَلِّمُ 1인칭	أَنَا	اِجْتَمَعْتُ	أَجْتَمِعُ			
	نَحْنُ	اِجْتَمَعْنَا	نَجْتَمِعُ			
اَلْمُخَاطَبُ 2 남	أَنْتَ	اِجْتَمَعْتَ	تَجْتَمِعُ	اِجْتَمِعْ		
	أَنْتُمَا	اِجْتَمَعْتُمَا	تَجْتَمِعَانِ	اِجْتَمِعَا		
	أَنْتُمْ	اِجْتَمَعْتُمْ	تَجْتَمِعُونَ	اِجْتَمِعُوا		
اَلْمُخَاطَبَةُ 2 여	أَنْتِ	اِجْتَمَعْتِ	تَجْتَمِعِينَ	اِجْتَمِعِي		
	أَنْتُمَا	اِجْتَمَعْتُمَا	تَجْتَمِعَانِ	اِجْتَمِعَا		
	أَنْتُنَّ	اِجْتَمَعْتُنَّ	تَجْتَمِعْنَ	اِجْتَمِعْنَ		
اَلْغَائِبُ 3 남	هُوَ	اِجْتَمَعَ	يَجْتَمِعُ		أُجْتُمِعَ	يُجْتَمَعُ
	هُمَا	اِجْتَمَعَا	يَجْتَمِعَانِ			
	هُمْ	اِجْتَمَعُوا	يَجْتَمِعُونَ			
اَلْغَائِبَةُ 3 여	هِيَ	اِجْتَمَعَتْ	تَجْتَمِعُ			
	هُمَا	اِجْتَمَعَتَا	تَجْتَمِعَانِ			
	هُنَّ	اِجْتَمَعْنَ	يَجْتَمِعْنَ			

뜻풀이

- 서로 가까이 있다
- 함께 모이다, 만나다
- ~와(ب) 합치다, 결합하다
- (기구 또는 위원회 등이) 회의를 소집하다, 모이다, 집합하다
- 누구와(ب 또는 مع) 회의를 갖다, 만나다, 만나서 대화를 하다.
- 무엇에(على) 동의하다, 찬성하다

예문

أَجْتَمِعُ مَعَهُ فَوْرًا.

나는 즉시 그를 만날 것이다.

اِجْتَمَعَ بِأَنْوَاعٍ مُخْتَلِفَةٍ مِنَ النَّاسِ.

그는 다양한 종류의 사람들을 만났다.

اِجْتَمَعَتْ بِصَدِيقِي فِي مَكْتَبِ الْبَرِيدِ.

그녀는 우체국에서 나의 친구를 만났다.

سَيَجْتَمِعُونَ غَدًا لِكَيْ يَنْتَخِبُوا مُرَشَّحَهُمْ.

그들은 내일 그들의 후보를 선발하기 위해 모일것이다.

اِجْتَمَعْتُ بِمُوَظَّفِي الْمَصْرِفِ فِي الْمَكْتَبَةِ.

나는 도서관에서 은행 직원들을 만났다.

سَتَجْتَمِعُ اللَّجْنَةُ لِلاِخْتِيَارِ مِنْ بَيْنِ الْخِيَارَاتِ الْمَطْرُوحَةِ.

위원회는 제시된 선택지들을 고르기 위해 모일 것이다.

أَجَّلَ

اَلْمَفْعُولُ 수동분사	اَلْفَاعِلُ 능동분사	اَلْمَصْدَرُ 동명사
مُؤَجَّل	مُؤَجِّل	تَأْجِيل

اَلْمَجْهُولُ 수동		اَلْمَعْلُومُ 능동			اَلضَّمَائِرُ 인칭 대명사	
اَلْمُضَارِعُ 미완료	اَلْمَاضِي 완료	اَلْأَمْرُ 명령	اَلْمُضَارِعُ 미완료	اَلْمَاضِي 완료		
			أُؤَجِّلُ	أَجَّلْتُ	أَنَا	اَلْمُتَكَلِّمُ 1인칭
			نُؤَجِّلُ	أَجَّلْنَا	نَحْنُ	
		أَجِّلْ	تُؤَجِّلُ	أَجَّلْتَ	أَنْتَ	اَلْمُخَاطَبُ 2 남
		أَجِّلَا	تُؤَجِّلَانِ	أَجَّلْتُمَا	أَنْتُمَا	
		أَجِّلُوا	تُؤَجِّلُونَ	أَجَّلْتُمْ	أَنْتُمْ	
		أَجِّلِي	تُؤَجِّلِينَ	أَجَّلْتِ	أَنْتِ	اَلْمُخَاطَبَةُ 2 여
		أَجِّلَا	تُؤَجِّلَانِ	أَجَّلْتُمَا	أَنْتُمَا	
		أَجِّلْنَ	تُؤَجِّلْنَ	أَجَّلْتُنَّ	أَنْتُنَّ	
يُؤَجَّلُ	أُجِّلَ		يُؤَجِّلُ	أَجَّلَ	هُوَ	اَلْغَائِبُ 3 남
			يُؤَجِّلَانِ	أَجَّلَا	هُمَا	
			يُؤَجِّلُونَ	أَجَّلُوا	هُمْ	
			تُؤَجِّلُ	أَجَّلَتْ	هِيَ	اَلْغَائِبَةُ 3 여
			تُؤَجِّلَانِ	أَجَّلَتَا	هُمَا	
			يُؤَجِّلْنَ	أَجَّلْنَ	هُنَّ	

뜻풀이

- 언제까지(إِلَى) 무엇을 미루다, 연기하다

예문

سَيُؤَجِّلُ ذَلِكَ إِلَى الْغَدِ.

그는 그것을 내일로 미룰 것이다.

أَجَّلَ الْقَاضِي الْمُحَاكَمَةَ.

판사는 재판을 연기했다.

لَا تُؤَجِّلْ عَمَلَ الْيَوْمِ إِلَى الْغَدِ.

오늘의 일을 내일로 미루지 마라.

سَنُؤَجِّلُ الاِجْتِمَاعَ إِلَى الشَّهْرِ الْقَادِمِ.

우리들은 그 회의를 다음 달로 연기할 것이다.

مِنَ الْمُفَضَّلِ أَلَّا يُؤَجَّلَ بَحْثُ الْمُشْكِلَةِ.

그 문제에 대한 검토가 지연되지 않는 것이 더 낫다.

أَجَّلَتِ الْحُكُومَةُ تَحْصِيلَ ضَرِيبَةِ الْمَبِيعَاتِ.

정부는 영업세 징수를 연기했다.

أَجْلَسَ

اَلْمَصْدَرُ 동명사	اَلْفَاعِلُ 능동분사	اَلْمَفْعُولُ 수동분사
إِجْلَاس	مُجْلِس	مُجْلَس

اَلْمَجْهُولُ 수동 اَلْمُضَارِعُ 미완료	اَلْمَجْهُولُ 수동 اَلْمَاضِي 완료	اَلْمَعْلُومُ 능동 اَلْأَمْرُ 명령	اَلْمَعْلُومُ 능동 اَلْمُضَارِعُ 미완료	اَلْمَعْلُومُ 능동 اَلْمَاضِي 완료	اَلضَّمَائِرُ 인칭 대명사	
			أُجْلِسُ	أَجْلَسْتُ	أَنَا	اَلْمُتَكَلِّمُ 1인칭
			نُجْلِسُ	أَجْلَسْنَا	نَحْنُ	
		أَجْلِسْ	تُجْلِسُ	أَجْلَسْتَ	أَنْتَ	اَلْمُخَاطَبُ 2 남
		أَجْلِسَا	تُجْلِسَانِ	أَجْلَسْتُمَا	أَنْتُمَا	
		أَجْلِسُوا	تُجْلِسُونَ	أَجْلَسْتُمْ	أَنْتُمْ	
		أَجْلِسِي	تُجْلِسِينَ	أَجْلَسْتِ	أَنْتِ	اَلْمُخَاطَبَةُ 2 여
		أَجْلِسَا	تُجْلِسَانِ	أَجْلَسْتُمَا	أَنْتُمَا	
		أَجْلِسْنَ	تُجْلِسْنَ	أَجْلَسْتُنَّ	أَنْتُنَّ	
يُجْلَسُ	أُجْلِسَ		يُجْلِسُ	أَجْلَسَ	هُوَ	اَلْغَائِبُ 3 남
			يُجْلِسَانِ	أَجْلَسَا	هُمَا	
			يُجْلِسُونَ	أَجْلَسُوا	هُمْ	
			تُجْلِسُ	أَجْلَسَتْ	هِيَ	اَلْغَائِبَةُ 3 여
			تُجْلِسَانِ	أَجْلَسَتَا	هُمَا	
			يُجْلِسْنَ	أَجْلَسْنَ	هُنَّ	

뜻풀이

• (누구에게) 자리를 권유하다
• (누구를) 앉히다, 착석 시키다

예문

أَجْلَسَتْنِي بِجَانِبِهَا.

그녀는 나를 그녀의 옆에 앉도록 했다.

أَجْلَسَهَا إِلَى جَانِبِ الشَّجَرَةِ.

그는 그녀에게 나무 옆에 자리를 권했다.

أَجْلَسَتْنِي فِي الْمِقْعَدِ الْأَمَامِيِّ.

그녀는 나를 앞쪽 의자에 앉게 했다.

أَجْلَسَ أُسْتَاذَهُ مَكَانَهُ فِي الْحَفْلِ.

그는 파티에서 그의 교수를 자신의 자리에 앉혔다.

أَجْلَسْتُ الْمَرِيضَ عَلَى الْكُرْسِيِّ.

나는 환자를 의자에 앉혔다.

يُجْلِسُ الْوُفُودَ فِي الْغُرْفَةِ بِحَسْبِ التَّرْتِيبِ الْأَبْجَدِيِّ.

그는 대표단들에게 방에서 가나다 순으로 앉도록 권유한다.

أَحَبَّ	동명사 اَلْمَصْدَرُ	능동분사 اَلْفَاعِلُ	수동분사 اَلْمَفْعُولُ
	حُبّ، مَحَبَّة	مُحِبّ	مُحَبّ

اَلضَّمَائِرُ 인칭 대명사		능동 اَلْمَعْلُومُ			수동 اَلْمَجْهُولُ	
		اَلْمَاضِي 완료	اَلْمُضَارِعُ 미완료	اَلْأَمْرُ 명령	اَلْمَاضِي 완료	اَلْمُضَارِعُ 미완료
اَلْمُتَكَلِّمُ 1인칭	أَنَا	أَحْبَبْتُ	أُحِبُّ			
	نَحْنُ	أَحْبَبْنَا	نُحِبُّ			
اَلْمُخَاطَبُ 2 남	أَنْتَ	أَحْبَبْتَ	تُحِبُّ	أَحْبِبْ، أَحِبَّ		
	أَنْتُمَا	أَحْبَبْتُمَا	تُحِبَّانِ	أَحِبَّا		
	أَنْتُمْ	أَحْبَبْتُمْ	تُحِبُّونَ	أَحِبُّوا		
اَلْمُخَاطَبَةُ 2 여	أَنْتِ	أَحْبَبْتِ	تُحِبِّينَ	أَحِبِّي		
	أَنْتُمَا	أَحْبَبْتُمَا	تُحِبَّانِ	أَحِبَّا		
	أَنْتُنَّ	أَحْبَبْتُنَّ	تُحْبِبْنَ	أَحْبِبْنَ		
اَلْغَائِبُ 3 남	هُوَ	أَحَبَّ	يُحِبُّ		أُحِبَّ	يُحَبُّ
	هُمَا	أَحَبَّا	يُحِبَّانِ			
	هُمْ	أَحَبُّوا	يُحِبُّونَ			
اَلْغَائِبَةُ 3 여	هِيَ	أَحَبَّتْ	تُحِبُّ			
	هُمَا	أَحَبَّتَا	تُحِبَّانِ			
	هُنَّ	أَحْبَبْنَ	يُحْبِبْنَ			

뜻풀이

- (누구 또는 무엇을) 좋아하다
- ~하는 것을(أن) 원하다, 바라다

예문

أُحِبُّكَ لِلْغَايَةِ.

나는 너를 정말 사랑한다.

لَقَدْ أَحْبَبْتُ الْعَمَلَ.

저는 그 일을 좋아했습니다.

مَنْ أَخْبَرَكِ أَنَّ وَسِيمًا يُحِبُّكِ؟

누가 와씸이 당신을 좋아한다고 알려주었습니까?

إِنَّنِي لَا أُحِبُّ التَّارِيخَ وَالْجُغْرَافِيَا.

나는 역사와 지리를 좋아하지 않는다.

كُلَّ يَوْمٍ يَقُولُ الْحَبِيبُ لِحَبِيبَتِهِ إِنَّهُ يُحِبُّهَا.

남자는 그의 애인에게 매일 사랑한다고 말한다.

مُعْظَمُ النَّاسِ يُحِبُّونَ الْبَقَاءَ دَاخِلَ بُيُوتِهِمْ عِنْدَمَا يَكُونَ الطَّقْسُ بَارِدًا جِدًّا.

대부분의 사람들은 날씨가 매우 추울 때 집안에 있는 것을 좋아한다.

수동분사 اَلْمَفْعُولُ	능동분사 اَلْفَاعِلُ	동명사 اَلْمَصْدَرُ	اِحْتَاجَ
مُحْتَاج	مُحْتَاج	اِحْتِيَاج	

수동 اَلْمَجْهُولُ		능동 اَلْمَعْلُومُ			اَلضَّمَائِرُ 인칭 대명사	
اَلْمُضَارِعُ 미완료	اَلْمَاضِي 완료	اَلْأَمْرُ 명령	اَلْمُضَارِعُ 미완료	اَلْمَاضِي 완료		
			أَحْتَاجُ	اِحْتَجْتُ	أَنَا	اَلْمُتَكَلِّمُ 1인칭
			نَحْتَاجُ	اِحْتَجْنَا	نَحْنُ	
		اِحْتَجْ	تَحْتَاجُ	اِجْتَجْتَ	أَنْتَ	اَلْمُخَاطَبُ 2 남
		اِحْتَاجَا	تَحْتَاجَانِ	اِحْتَجْتُمَا	أَنْتُمَا	
		اِحْتَاجُوا	تَحْتَاجُونَ	اِحْتَجْتُمْ	أَنْتُمْ	
		اِحْتَاجِي	تَحْتَاجِينَ	اِحْتَجْتِ	أَنْتِ	اَلْمُخَاطَبَةُ 2 여
		اِحْتَاجَا	تَحْتَاجَانِ	اِحْتَجْتُمَا	أَنْتُمَا	
		اِحْتَجْنَ	تَحْتَجْنَ	اِحْتَجْتُنَّ	أَنْتُنَّ	
يُحْتَاجُ	أُحْتِيجَ		يَحْتَاجُ	اِحْتَاجَ	هُوَ	اَلْغَائِبُ 3 남
			يَحْتَاجَانِ	اِحْتَاجَا	هُمَا	
			يَحْتَاجُونَ	اِحْتَاجُوا	هُمْ	
			تَحْتَاجُ	اِحْتَاجَتْ	هِيَ	اَلْغَائِبَةُ 3 여
			تَحْتَاجَانِ	اِحْتَاجَتَا	هُمَا	
			يَحْتَجْنَ	اِحْتَجْنَ	هُنَّ	

뜻풀이

- (무엇을) 필요로 하다
- 누구 또는 무엇을(إِلَى 또는 لِ) 필요로 하다

예문

هَلْ تَحْتَاجُ إِلَى سَيَّارَةِ أُجْرَةٍ، سَيِّدِي؟

택시가 필요하십니까, 선생님?

لِمَ لَنْ تُقْرِضَنِي النُّقُودَ الَّتِي أَحْتَاجُهَا؟

내가 필요한 돈을 빌려주지 않을 이유가 무엇입니까?

إِنَّنَا نَحْتَاجُ هَذِهِ الْمُنْتَجَاتِ لِحَيَاتِنَا الْيَوْمِيَّةِ.

우리는 일상 생활을 위해 이 생산품들이 필요하다.

كَمَا تَعْرِفُونَ، يَحْتَاجُ التَّصْنِيعُ دَائِمًا إِلَى وَقْتٍ طَوِيلٍ.

알다시피 산업화는 언제나 긴 시간이 필요하다.

إِنَّ أُمَّتَنَا تَحْتَاجُ إِلَى الْكَثِيرِ مِنَ الْوَقْتِ وَالْجَهْدِ لِتَتَقَدَّمَ.

우리나라는 발전하기 위해 많은 시간과 노력을 필요로 한다.

ذَاتَ يَوْمِ الصَّيْفِ الْمَاضِي قَابَلْتُ سَائِحًا أَمْرِيكِيًّا احْتَاجَ مُسَاعَدَتِي.

지난 여름 어느 날 나는 나의 도움을 필요로 하는 미국인 관광객을 만났다.

اِحْتَرَمَ	اَلْمَصْدَرُ 동명사	اَلْفَاعِلُ 능동분사	اَلْمَفْعُولُ 수동분사
	اِحْتِرَام	مُحْتَرِم	مُحْتَرَم

اَلْمَجْهُولُ 수동		اَلْمَعْلُومُ 능동			اَلضَّمَائِرُ 인칭 대명사	
اَلْمُضَارِعُ 미완료	اَلْمَاضِي 완료	اَلْأَمْرُ 명령	اَلْمُضَارِعُ 미완료	اَلْمَاضِي 완료		
			أَحْتَرِمُ	اِحْتَرَمْتُ	أَنَا	اَلْمُتَكَلِّمُ 1인칭
			نَحْتَرِمُ	اِحْتَرَمْنَا	نَحْنُ	
		اِحْتَرِمْ	تَحْتَرِمُ	اِحْتَرَمْتَ	أَنْتَ	اَلْمُخَاطَبُ 2 남
		اِحْتَرِمَا	تَحْتَرِمَانِ	اِحْتَرَمْتُمَا	أَنْتُمَا	
		اِحْتَرِمُوا	تَحْتَرِمُونَ	اِحْتَرَمْتُمْ	أَنْتُمْ	
		اِحْتَرِمِي	تَحْتَرِمِينَ	اِحْتَرَمْتِ	أَنْتِ	اَلْمُخَاطَبَةُ 2 여
		اِحْتَرِمَا	تَحْتَرِمَانِ	اِحْتَرَمْتُمَا	أَنْتُمَا	
		اِحْتَرِمْنَ	تَحْتَرِمْنَ	اِجْتَرَمْتُنَّ	أَنْتُنَّ	
يُحْتَرَمُ	أُحْتُرِمَ		يَحْتَرِمُ	اِحْتَرَمَ	هُوَ	اَلْغَائِبُ 3 남
			يَحْتَرِمَانِ	اِحْتَرَمَا	هُمَا	
			يَحْتَرِمُونَ	اِحْتَرَمُوا	هُمْ	
			تَحْتَرِمُ	اِحْتَرَمَتْ	هِيَ	اَلْغَائِبَةُ 3 여
			تَحْتَرِمَانِ	اِحْتَرَمَتَا	هُمَا	
			يَحْتَرِمْنَ	اِحْتَرَمْنَ	هُنَّ	

뜻풀이

- (누구 또는 무엇을) 존경하다, 공경하다

예문

اِحْتَرَمَ نَفْسَهُ

자존심이 있다

إِنَّهُ لَا يَحْتَرِمُ الْآخَرِينَ.

그는 다른 사람을 존중하지 않는다.

اِحْتَرِمِ الَّذِي يَحتَرِمُ نَفْسَهُ.

스스로를 존경하는 사람을 존경해라.

عَلَيْهِمْ أَنْ يَحْتَرِمُوا آرَاءَ بَعْضِهِمْ.

그들은 서로의 의견을 존중해야 한다.

أَحْتَرِمُ الْأُسْتَاذَ الَّذِي دَرَّسَنِي الْعَرَبِيَّةَ.

나는 나에게 아랍어를 가르쳤던 그 교수를 존경한다.

يُحْتَرَمُ نَجِيبُ مَحْفُوظٌ احْتِرَامًا كَبِيرًا.

나집 마흐푸즈는 매우 존경받는다.

수동분사 اَلْمَفْعُولُ	능동분사 اَلْفَاعِلُ	동명사 اَلْمَصْدَرُ	أَحْضَرَ
مُحْضَر	مُحْضِر	إِحْضَار	

수동 اَلْمَجْهُولُ		능동 اَلْمَعْلُومُ			اَلضَّمَائِرُ 인칭 대명사	
اَلْمُضَارِعُ 미완료	اَلْمَاضِي 완료	اَلْأَمْرُ 명령	اَلْمُضَارِعُ 미완료	اَلْمَاضِي 완료		
			أُحْضِرُ	أَحْضَرْتُ	أَنَا	اَلْمُتَكَلِّمُ 1인칭
			نُحْضِرُ	أَحْضَرْنَا	نَحْنُ	
		أَحْضِرْ	تُحْضِرُ	أَحْضَرْتَ	أَنْتَ	اَلْمُخَاطَبُ 2 남
		أَحْضِرَا	تُحْضِرَانِ	أَحْضَرْتُمَا	أَنْتُمَا	
		أَحْضِرُوا	تُحْضِرُونَ	أَحْضَرْتُمْ	أَنْتُمْ	
		أَحْضِرِي	تُحْضِرِينَ	أَحْضَرْتِ	أَنْتِ	اَلْمُخَاطَبَةُ 2 여
		أَحْضِرَا	تُحْضِرَانِ	أَحْضَرْتُمَا	أَنْتُمَا	
		أَحْضِرْنَ	تُحْضِرْنَ	أَحْضَرْتُنَّ	أَنْتُنَّ	
يُحْضَرُ	أُحْضِرَ		يُحْضِرُ	أَحْضَرَ	هُوَ	اَلْغَائِبُ 3 남
			يُحْضِرَانِ	أَحْضَرَا	هُمَا	
			يُحْضِرُونَ	أَحْضَرُوا	هُمْ	
			تُحْضِرُ	أَحْضَرَتْ	هِيَ	اَلْغَائِبَةُ 3 여
			تُحْضِرَانِ	أَحْضَرَتَا	هُمَا	
			يُحْضِرْنَ	أَحْضَرْنَ	هُنَّ	

뜻풀이

- (무엇을) 가지고 오다
- (누구를) 데리고 오다, 불러 오다
- (무엇을) 구하다, 마련하다, 조달하다
- (누구 또는 무엇을) 어디로(إلى) 가지고 가다, 데려가다

예문

أَحْضَرَ كُلٌّ مِنْهُمْ كَعْكَةً لِلْأَكْلِ.

각자 먹을 케이크를 가져왔다.

هَلْ أُحْضِرُ لَكَ بَعْضَ الشَّايِ؟

제가 당신에게 차를 조금 갖다 드릴까요?

أَحْضِرْ لِي تِلْكَ الصُّوَرَ الْمُلَوَّنَةَ.

나에게 저 컬러 사진들을 가져와라.

أَلَمْ يُحْضِرِ الْمُدِيرُ لَكَ أَيَّ شَيْءٍ مِنْ دُبَيَّ؟

실장이 당신에게 두바이에서 아무것도 갖다 주지 않았나요?

أَحْضَرَ فُسْتَانًا جَدِيدًا لِزَوْجَتِهِ مِنَ الْكُوَيْتِ.

그는 부인을 위해 쿠웨이트에서 새 드레스를 가져왔다.

هَلْ قَرَأْتَ الْمَجَلَّةَ الَّتِي أَحْضَرْتُهَا لِلْبَيْتِ اللَّيْلَةَ الْمَاضِيَةَ؟

당신은 지난 밤에 내가 가져온 잡지를 읽었나요?

اَلْمَفْعُولُ 수동분사	اَلْفَاعِلُ 능동분사	اَلْمَصْدَرُ 동명사	أَخْبَرَ
مُخْبَر	مُخْبِر	إِخْبَار	

اَلْمَجْهُولُ 수동		اَلْمَعْلُومُ 능동			اَلضَّمَائِرُ 인칭 대명사	
اَلْمُضَارِعُ 미완료	اَلْمَاضِي 완료	اَلْأَمْرُ 명령	اَلْمُضَارِعُ 미완료	اَلْمَاضِي 완료		
			أُخْبِرُ	أَخْبَرْتُ	أَنَا	اَلْمُتَكَلِّمُ 1인칭
			نُخْبِرُ	أَخْبَرْنَا	نَحْنُ	
		أَخْبِرْ	تُخْبِرُ	أَخْبَرْتَ	أَنْتَ	اَلْمُخَاطَبُ 2 남
		أَخْبِرَا	تُخْبِرَانِ	أَخْبَرْتُمَا	أَنْتُمَا	
		أَخْبِرُوا	تُخْبِرُونَ	أَخْبَرْتُمْ	أَنْتُمْ	
		أَخْبِرِي	تُخْبِرِينَ	أَخْبَرْتِ	أَنْتِ	اَلْمُخَاطَبَةُ 2 여
		أَخْبِرَا	تُخْبِرَانِ	أَخْبَرْتُمَا	أَنْتُمَا	
		أَخْبِرْنَ	تُخْبِرْنَ	أَخْبَرْتُنَّ	أَنْتُنَّ	
يُخْبَرُ	أُخْبِرَ		يُخْبِرُ	أَخْبَرَ	هُوَ	اَلْغَائِبُ 3 남
			يُخْبِرَانِ	أَخْبَرَا	هُمَا	
			يُخْبِرُونَ	أَخْبَرُوا	هُمْ	
			تُخْبِرُ	أَخْبَرَتْ	هِيَ	اَلْغَائِبَةُ 3 여
			تُخْبِرَانِ	أَخْبَرَتَا	هُمَا	
			يُخْبِرْنَ	أَخْبَرْنَ	هُنَّ	

뜻풀이

- (누구에게) 무엇을(بِ) 알리다, 전달하다, 공지하다, 통보하다

예문

أَخْبَرْتَنِي مَاذَا أَفْعَلُ.

너는 내가 무엇을 해야 하는지 나에게 알려주었다.

أَخْبِرْنِي كُلَّ شَيْءٍ عَنْكَ.

당신에 관한 모든 것을 나에게 알려라.

رَفَضَ أَنْ يُخْبِرَهُمْ رَقْمَ هَاتِفِهِ.

그는 그들에게 전화번호 알려주기를 거절했다.

لَنْ يُخْبِرَكَ أَيْنَ بَحَثَ عَنْ عَمَلٍ.

그는 어디서 일을 찾았는지 너에게 알려주지 않을 것이다.

أَخْبَرُوهُ أَنَّ وَالِدَهُ لَمْ يَأْتِ إِلَى الْحَفْلَةِ.

그들은 그에게 그의 아버지가 파티에 오지 않았음을 알려주었다.

لَا تُخْبِرْ هَذِهِ الْأَشْيَاءَ حَتَّى لِوَالِدَيْكَ.

너는 이것들을 부모님에게도 알리지 말아라.

수동분사 اَلْمَفْعُولُ	능동분사 اَلْفَاعِلُ	동명사 اَلْمَصْدَرُ	اِخْتَارَ
مُخْتَار	مُخْتَار	اِخْتِيَار	

수동 اَلْمَجْهُولُ		능동 اَلْمَعْلُومُ			اَلضَّمَائِرُ 인칭 대명사	
اَلْمُضَارِعُ 미완료	اَلْمَاضِي 완료	اَلْأَمْرُ 명령	اَلْمُضَارِعُ 미완료	اَلْمَاضِي 완료		
			أَخْتَارُ	اِخْتَرْتُ	أَنَا	اَلْمُتَكَلِّمُ 1인칭
			نَخْتَارُ	اِخْتَرْنَا	نَحْنُ	
		اِخْتَرْ	تَخْتَارُ	اِخْتَرْتَ	أَنْتَ	اَلْمُخَاطَبُ 2 남
		اِخْتَارَا	تَخْتَارَانِ	اِخْتَرْتُمَا	أَنْتُمَا	
		اِخْتَارُوا	تَخْتَارُونَ	اِخْتَرْتُمْ	أَنْتُمْ	
		اِخْتَارِي	تَخْتَارِينَ	اِخْتَرْتِ	أَنْتِ	اَلْمُخَاطَبَةُ 2 여
		اِخْتَارَا	تَخْتَارَانِ	اِخْتَرْتُمَا	أَنْتُمَا	
		اِخْتَرْنَ	تَخْتَرْنَ	اِخْتَرْتُنَّ	أَنْتُنَّ	
يُخْتَارُ	أُخْتِيرَ		يَخْتَارُ	اِخْتَارَ	هُوَ	اَلْغَائِبُ 3 남
			يَخْتَارَانِ	اِخْتَارَا	هُمَا	
			يَخْتَارُونَ	اِخْتَارُوا	هُمْ	
			تَخْتَارُ	اِخْتَارَتْ	هِيَ	اَلْغَائِبَةُ 3 여
			تَخْتَارَانِ	اِخْتَارَتَا	هُمَا	
			يَخْتَرْنَ	اِخْتَرْنَ	هُنَّ	

뜻풀이

- (무엇을) 선택하다, 고르다
- (누구 또는 무엇을) 선택하다, 선정하다, 뽑다
- (누구 또는 무엇으로) 결정하다, 확정하다
- (무엇을) 무엇보다(على) 더 좋아하다, 선호하다

예문

اِخْتَارَ هَدِيَّةً لِزَوْجَتِهِ.

그는 자신의 부인을 위해 선물을 골랐다.

لَقَدْ أُخْتِيرَ لِوَظِيفَةٍ جَيِّدَةٍ.

그는 좋은 직능에 선발되었다.

عَلَيْهِ أَنْ يَخْتَارَ بَيْنِي وَبَيْنَهَا.

그는 나와 그녀 사이에 선택해야만 한다.

اِخْتَرْتُ الصُّلْحَ عَلَى الْخِصَامِ.

나는 분쟁보다는 중재를 택했다

اِخْتَارَنِي مِنْ بَيْنِ كُلِّ الْحَاضِرِينَ.

그는 모든 참석자들 중에서 나를 선택했다.

اِخْتَارَتْ سَبْعَ وَرْدَاتٍ مِنْ أَلْوَانٍ مُخْتَلِفَةٍ.

그녀는 다른 색깔의 일곱 송이 꽃을 골랐다.

اِخْتَلَفَ	اَلْمَصْدَرُ 동명사	اَلْفَاعِلُ 능동분사	اَلْمَفْعُولُ 수동분사
	اِخْتِلَاف	مُخْتَلِف	مُخْتَلَف

اَلضَّمَائِرُ 인칭 대명사		اَلْمَعْلُومُ 능동			اَلْمَجْهُولُ 수동	
		اَلْمَاضِي 완료	اَلْمُضَارِعُ 미완료	اَلْأَمْرُ 명령	اَلْمَاضِي 완료	اَلْمُضَارِعُ 미완료
اَلْمُتَكَلِّمُ 1인칭	أَنَا	اِخْتَلَفْتُ	أَخْتَلِفُ			
	نَحْنُ	اِخْتَلَفْنَا	نَخْتَلِفُ			
اَلْمُخَاطَبُ 2남	أَنْتَ	اِخْتَلَفْتَ	تَخْتَلِفُ	اِخْتَلِفْ		
	أَنْتُمَا	اِخْتَلَفْتُمَا	تَخْتَلِفَانِ	اِخْتَلِفَا		
	أَنْتُمْ	اِخْتَلَفْتُمْ	تَخْتَلِفُونَ	اِخْتَلِفُوا		
اَلْمُخَاطَبَةُ 2여	أَنْتِ	اِخْتَلَفْتِ	تَخْتَلِفِينَ	اِخْتَلِفِي		
	أَنْتُمَا	اِخْتَلَفْتُمَا	تَخْتَلِفَانِ	اِخْتَلِفَا		
	أَنْتُنَّ	اِخْتَلَفْتُنَّ	تَخْتَلِفْنَ	اِخْتَلِفْنَ		
اَلْغَائِبُ 3남	هُوَ	اِخْتَلَفَ	يَخْتَلِفُ		أُخْتُلِفُ	يُخْتَلَفُ
	هُمَا	اِخْتَلَفَا	يَخْتَلِفَانِ			
	هُمْ	اِخْتَلَفُوا	يَخْتَلِفُونَ			
اَلْغَائِبَةُ 3여	هِيَ	اِخْتَلَفَتْ	تَخْتَلِفُ			
	هُمَا	اِخْتَلَفَتَا	تَخْتَلِفَانِ			
	هُنَّ	اِخْتَلَفْنَ	يَخْتَلِفْنَ			

뜻풀이

- 누구 또는 무엇과(عن) 다르다
- 같지 않다, 각각 다르다, 다양하다
- 사이에(بين) 차이가 있다
- (의견이나 가치, 또는 해석 등이) 사람들 사이에(عليهم) 논쟁거리가 되다, 논란의 대상이 되다
- 무엇에 대해(في) 언쟁을 벌이다
- 특정 사안에 대해(في) 누구와(مع) 의견이 다르다
- 누구 또는 어디를(إلى) 자주 방문하다, 늘 드나들다
- (사건 등이) 누구에게(عليه) 이어서 발생하다, 생기다
- (애정이) 누구에게(على) 밀려오다, 덮치다

예문

أَخْتَلِفُ مَعَهُ فِي الرَّأْيِ.

나는 그와 의견이 다르다.

يَخْتَلِفُ ذَلِكَ بِاخْتِلَافِ الْأَفْرَادِ.

그것은 사람마다 다르다.

يَخْتَلِفُ الْوَضْعُ الِاقْتِصَادِيُّ مِنْ بَلَدٍ إِلَى بَلَدٍ.

경제 상황은 나라마다 다르다.

بِمَاذَا يَخْتَلِفُ مِين سُو عَنْ هَان سُو فِي الرَّأْيِ؟

민수는 무엇에 관해 한수와 의견이 달랐습니까?

تَخْتَلِفُ السَّيَّارَاتُ الْأَلْمَانِيَّةُ عَنِ السَّيَّارَاتِ الْأُخْرَى.

독일 차는 다른 나머지 차들과 다르다.

مَدْرَسَتِي الْجَدِيدَةُ تَخْتَلِفُ جِدًّا عَنْ مَدْرَسَتِي الْقَدِيمَةِ.

나의 새 학교는 예전의 학교와는 많이 다르다.

수동분사 اَلْمَفْعُولُ	능동분사 اَلْفَاعِلُ	동명사 اَلْمَصْدَرُ	أَخَذَ
مَأْخُوذ	آخِذ	أَخْذ	

수동 اَلْمَجْهُولُ			능동 اَلْمَعْلُومُ			اَلضَّمَائِرُ 인칭 대명사	
اَلْمُضَارِعُ 미완료	اَلْمَاضِي 완료		اَلْأَمْرُ 명령	اَلْمُضَارِعُ 미완료	اَلْمَاضِي 완료		
أُوخَذُ	أُخِذْتُ			آخُذُ	أَخَذْتُ	أَنَا	اَلْمُتَكَلِّمُ 1인칭
نُؤْخَذُ	أُخِذْنَا			نَأْخُذُ	أَخَذْنَا	نَحْنُ	
تُؤْخَذُ	أُخِذْتَ		خُذْ	تَأْخُذُ	أَخَذْتَ	أَنْتَ	اَلْمُخَاطَبُ 2남
تُؤْخَذَانِ	أُخِذْتُمَا		خُذَا	تَأْخُذَانِ	أَخَذْتُمَا	أَنْتُمَا	
تُؤْخَذُونَ	أُخِذْتُمْ		خُذُوا	تَأْخُذُونَ	أَخَذْتُمْ	أَنْتُمْ	
تُؤْخَذِينَ	أُخِذْتِ		خُذِي	تَأْخُذِينَ	أَخَذْتِ	أَنْتِ	اَلْمُخَاطَبَةُ 2여
تُؤْخَذَانِ	أُخِذْتُمَا		خُذَا	تَأْخُذَانِ	أَخَذْتُمَا	أَنْتُمَا	
نُؤْخَذْنَ	أُخِذْتُنَّ		خُذْنَ	نَأْخُذْنَ	أَخَذْتُنَّ	أَنْتُنَّ	
يُؤْخَذُ	أُخِذَ			يَأْخُذُ	أَخَذَ	هُوَ	اَلْغَائِبُ 3남
يُؤْخَذَانِ	أُخِذَا			يَأْخُذَانِ	أَخَذَا	هُمَا	
يُؤْخَذُونَ	أُخِذُوا			يَأْخُذُونَ	أَخَذُوا	هُمْ	
تُؤْخَذُ	أُخِذَتْ			تَأْخُذُ	أَخَذَتْ	هِيَ	اَلْغَائِبَةُ 3여
تُؤْخَذَانِ	أُخِذَتَا			تَأْخُذَانِ	أَخَذَتَا	هُمَا	
يُؤْخَذْنَ	أُخِذْنَ			يَأْخُذْنَ	أَخَذْنَ	هُنَّ	

뜻풀이

- (무엇을) 어디에서(من) 가져오다, 꺼내다
- (누구 또는 무엇을) 가지고 가다, 데리고 가다
- (무엇을)어디에서(من)획득하다, 얻다, 받다
- 무엇을(ب) 꽉 잡다, 움켜잡다
- (누구의 눈빛을) 인지하다, 알아차리다
- 어디에서(من) 무엇을 추론하다, 이해하다, 속뜻을 알아차리다, 행간의 의미를 파악하다
- 누구를(ب) 매혹하다, 사로잡다,
- 기술이나 방법 등을(ب) 자신의 것으로 만들다, 습득하다
- 무엇을(ب) 받아들이다, 수용하다, 따르다, 모방하다
- 누구를(ب) 어디로(إلى) 이끌다, 데려가다
- 무엇을(ب) 하도록 (누구를) 재촉하다, 만들다, 촉구하다, 요구하다
- (무엇을) 누구에게서(على) 빼앗다, 약탈하다, 박탈하다
- (무엇에대해)누구를(على)탓하다, 비난하다
- 무엇을 이유로(أن) 누구에게(على) 책임을 전가하다, 탓으로 돌리다
- 누구에게(على) 무엇을(ب) 강요하다, 의무를 지우다
- 자료나 출처 등에서(عن) 얻다, 모으다, 수집하다
- (문학 주제나 사상 등을) 다른 곳에서(عن) 빌리다, 차용하다
- 누구에게(عن 또는 على) 무엇을 배우다, 지식을 습득하다
- 무엇을(في 또는 ب 또는 미완료 동사) 시작하다, 착수하다

예문

أَخَذَ بِذَنْبِهِ

누구의 범죄를 처벌하다

أَخَذَ رَأْيَهُ

누구의 의견을 묻다, 조언을 구하다

أَخَذَ أُهْبَتَهُ

준비를 하다

أَخَذَهُ النَّوْمُ

잠에 취하다

أَخَذَهُ بِيَدِهِ

누구를 돕다, 지지하다

أَخَذَ بِالثَّأْرِ

누구에게(من)복수를 하다

أَخَذَ مَجْرَاهُ

(자연스럽게) 진행되다, 전개되다

أَخَذَ صُورَةً

사진을 찍다

أَخَذَ مَجْلِسَهُ

자리에 앉다, 착석하다

أَخَذَ حِيطَتَهُ

경계하다, 조심하다

أَخَذَ حِذْرَهُ

경계하다, 조심하다

أَخَذَ بِخَاطِرِهِ

누구를 안심시키다

أَخَذَ نَفَسَهُ

숨을 고르다

أَخَذَهُ الْعَجَبُ

놀라움으로 가득 차다

أَخَذَ الْعُدَّةَ لِ

무엇을 할 준비를 하다

أَخَذَ بِأَسْبَابِ

무엇을 받아들이다, 수용하다

أَخَذَهُ بِالشِّدَّةِ

누구를 심하게 나무라다, 몰아세우다

أَخَذَ وَأَعْطَى

누구를 상대하다, 누구와 거래하다, 누구와(مع) 관계를 유지하다

أَخَذَ الْعِلْمَ عَنْهُ

누구 아래에서 배우다

أَخَذَ مَأْخَذَ فُلَانٍ

누구의 본을 따르다

أَخَذَ مِنْهُ مَأْخَذًا

(감정 등이) 누구를 덮치다, 사로잡다

أَخَذَ البَاخِرَةَ / الطَّائِرَةَ

배 / 비행기를 타고 가다

أَخَذَ بِالْأَبْصَارِ

모두의 눈을 사로잡다

أَخَذَهُ بِالْحُسْنَى

누구에게 잘해 주다, 친절하다

أَخَذَتْهُ الدَّهْشَةُ

놀라움으로 가득 차다

أُخِذَ الرَّأْيُ عَلَيْهِ

안건이 표결에 부쳐지다

أَخَذَ عَلَيْهِ طَرِيقَهُ

누구의 앞길을 막다, 가는 길을 방해하다

أَخَذَهُ عَلَى عَاتِقِهِ

무엇을 책임지다, 떠맡다

أَخَذَ عَلَيْهِ عَهْدًا

누구에게 의무를 지우다

أَخَذَ بِعَيْنِ الِاعْتِبَارِ

무엇을 유념하다, 진지하게 고려하다

أُخِذَ عَلَى (حِينِ) غِرَّةٍ

깨닫지 못하는 사이에 당하다, 불시에 당하다

أَخَذَ بِالْمُقَابَلَةِ

같은 방식으로 되갚다, 복수하다

أَخَذَ عَلَيْهِ أَنْفَاسَهُ

숨이 멎을 만큼 놀랍다, 누구를 압도하다

شَيْءٌ يَأْخُذُ الْقُلُوبَ

마음을 사로잡는 것, 매력적인 것

أَخَذَ الشَّيْءَ مَأْخَذَ الْجِدِّ

무엇을 진지하게 받아들이다

خُذْ عَلَى يَمِينِكَ!

오른쪽으로 돌아!

أَخَذَتْ عَيْنِي كِتَابًا.

나는 책을 발견했다(보았다).

أَخَذَ الطَّقْسُ يَتَرَدَّى.

날씨가 나빠지기 시작했다.

أَخَذَ مِين سُو صَدِيقَتَهُ إِلَى السِّينَمَا.

민수는 여자 친구를 영화관에 데리고 갔다.

سَلِيمٌ يُغَنِّي دَائِمًا بَيْنَمَا يَأْخُذُ حَمَّامًا.

살림은 사워할 때 항상 노래를 부른다.

يُمْكِنُكِ أَنْ تَأْخُذِي سَنْدُوِيتش وَتُفَّاحَةً.

당신(여)은 샌드위치와 사과를 먹을 수 있다.

نَأْخُذُ بِالاِعْتِبَارِ الْفَائِدَةَ الَّتِي نَجْنِيهَا مِنَ الْكُتُبِ.

우리는 우리가 책으로부터 얻는 이점들을 고려한다.

كُسِرَتْ رِجْلُ سَالِمٍ الْبَارِحَةَ وَأُخِذَ إِلَى الْمُسْتَشْفَى الْوَطَنِيِّ.

어제 살림의 다리가 부러져서 그는 국립병원으로 옮겨졌다.

آخَذَ

수동분사 اَلْمَفْعُولُ	능동분사 اَلْفَاعِلُ	동명사 اَلْمَصْدَرُ
مُؤَاخَذ	مُؤَاخِذ	مُؤَاخَذَة

수동 اَلْمَجْهُولُ		능동 اَلْمَعْلُومُ			اَلضَّمَائِرُ 인칭 대명사	
اَلْمُضَارِعُ 미완료	اَلْمَاضِي 완료	اَلْأَمْرُ 명령	اَلْمُضَارِعُ 미완료	اَلْمَاضِي 완료		
			أُؤَاخِذُ	آخَذْتُ	أَنَا	اَلْمُتَكَلِّمُ 1인칭
			نُؤَاخِذُ	آخَذْنَا	نَحْنُ	
		آخِذْ	تُؤَاخِذُ	آخَذْتَ	أَنْتَ	اَلْمُخَاطَبُ 2 남
		آخِذَا	تُؤَاخِذَانِ	آخَذْتُمَا	أَنْتُمَا	
		آخِذُوا	تُؤَاخِذُونَ	آخَذْتُمْ	أَنْتُمْ	
		آخِذِي	تُؤَاخِذِينَ	آخَذْتِ	أَنْتِ	اَلْمُخَاطَبَةُ 2 여
		آخِذَا	تُؤَاخِذَانِ	آخَذْتُمَا	أَنْتُمَا	
		آخِذْنَ	تُؤَاخِذْنَ	آخَذْتُنَّ	أَنْتُنَّ	
يُؤَاخَذُ	أُوخِذَ		يُؤَاخِذُ	آخَذَ	هُوَ	اَلْغَائِبُ 3 남
			يُؤَاخِذَانِ	آخَذَا	هُمَا	
			يُؤَاخِذُونَ	آخَذُوا	هُمْ	
			تُؤَاخِذُ	آخَذَتْ	هِيَ	اَلْغَائِبَةُ 3 여
			تُؤَاخِذَانِ	آخَذَتَا	هُمَا	
			يُؤَاخِذْنَ	آخَذْنَ	هُنَّ	

뜻풀이

- 무엇을(ب) 누구의([목] 또는 على) 탓으로 돌리다, 비난하다, 책망하다
- 무엇 때문에(ب) 누구를([목] 또는 على) 처벌하다, 응징하다
- 무엇 때문에(على) 누구를 나쁘게 보다, 원망하다

예문

لَا تُؤَاخِذْنِي!

죄송해요, 기분 상하게 할 뜻은 없었어요!

لَا تُؤَاخِذْ صَدِيقِي.

저의 친구를 비난하지 말아주세요.

تُؤَاخِذُهُ اللَّجْنَةُ بِذَنْبِهِ.

위원회는 그의 죄에 대해 그를 징계했다.

آخَذَنِي الْمُعَلِّمُ عَلَى إِثْمِي.

선생님은 나의 잘못을 꾸짖었다.

آخَذَتْهُ الْحُكُومَةُ بِأَعْمَالِهِ مُعَارِضًا لِلْحَكُومَةِ.

정부는 그의 반 정부 활동을 비난했다.

يُؤَاخِذُ الْمُسْتَهْلِكُونَ الشَّرِكَةَ بِاسْتِخْدَامِ الْمَادَّةِ الضَّارَّةِ.

소비자들은 유해 물질 사용에 대해 회사를 비난했다.

اَلْمَفْعُولُ 수동분사	اَلْفَاعِلُ 능동분사	اَلْمَصْدَرُ 동명사	أَخْرَجَ
مُخْرَج	مُخْرِج	إِخْرَاج	

اَلْمَجْهُولُ 수동		اَلْمَعْلُومُ 능동			اَلضَّمَائِرُ 인칭 대명사	
اَلْمُضَارِعُ 미완료	اَلْمَاضِي 완료	اَلْأَمْرُ 명령	اَلْمُضَارِعُ 미완료	اَلْمَاضِي 완료		
			أُخْرِجُ	أَخْرَجْتُ	أَنَا	اَلْمُتَكَلِّمُ 1인칭
			نُخْرِجُ	أَخْرَجْنَا	نَحْنُ	
		أَخْرِجْ	تُخْرِجُ	أَخْرَجْتَ	أَنْتَ	اَلْمُخَاطَبُ 2 남
		أَخْرِجَا	تُخْرِجَانِ	أَخْرَجْتُمَا	أَنْتُمَا	
		أَخْرِجُوا	تُخْرِجُونَ	أَخْرَجْتُمْ	أَنْتُمْ	
		أَخْرِجِي	تُخْرِجِينَ	أَخْرَجْتِ	أَنْتِ	اَلْمُخَاطَبَةُ 2 여
		أَخْرِجَا	تُخْرِجَانِ	أَخْرَجْتُمَا	أَنْتُمَا	
		أَخْرِجْنَ	تُخْرِجْنَ	أَخْرَجْتُنَّ	أَنْتُنَّ	
يُخْرَجُ	أُخْرِجَ		يُخْرِجُ	أَخْرَجَ	هُوَ	اَلْغَائِبُ 3 남
			يُخْرِجَانِ	أَخْرَجَا	هُمَا	
			يُخْرِجُونَ	أَخْرَجُوا	هُمْ	
			تُخْرِجُ	أَخْرَجَتْ	هِيَ	اَلْغَائِبَةُ 3 여
			تُخْرِجَانِ	أَخْرَجَتَا	هُمَا	
			يُخْرِجْنَ	أَخْرَجْنَ	هُنَّ	

뜻풀이

- (누구 또는 무엇을) 옮기다, 이동시키다
- (무엇을) 어디에서(مِن) 꺼내다, 빼내다, 끌어내다
- (안에 든 물건들을) 꺼내다, 풀다
- (병사 등을) 상륙시키다, 내리게 하다
- (전파 등을) 발산하다, 방출하다, 내보내다
- (혀 등을) 내밀다, 튀어나오게 하다
- (무엇을) 표면화하다, 밝히다, 공개하다
- (신작 등을) 출간하다, 내다
- (무엇을) 없애다, 제거하다
- (누구를) 거주지 또는 나라 등에서(مِن) 몰아내다, 쫓아내다, 추방하다
- (누구를) 관직이나 직위 등에서(مِن) 해임하다, 해고하다
- (악기 또는 특정한 소리를) 내다
- (생각 또는 의견 등을) 내다, 말로 하다, 표현하다
- (누구를) 가르쳐 가며 기르다, 양육하다
- (연극을) 연출하다, 무대에 올리다
- 어디에서(عن) 무엇을 제외하다
- (무엇을) 고르다, 선택하다

예문

أَخْرَجَ مِنْ ثَرْوَتِهِ

누구의 재산을 빼앗다, 몰수하다, 징발하다

أُخْرِجْتُ مِنَ الْمَكْتَبِ.

나는 사무실에서 쫓겨났다.

مَنْ أَخْرَجَ غَازَاتٍ مِنْ أَمْعَائِهِ.

누가 방귀를 뀌었습니까?

حَاوَلَ أَنْ يُخْرِجَ صُنْدُوقَ النُّقُودِ.

그는 돈 상자를 꺼내려고 시도했다.

수동분사 اَلْمَفْعُولُ	능동분사 اَلْفَاعِلُ	동명사 اَلْمَصْدَرُ	أَخْطَأَ
مُخْطَأ	مُخْطِئ	إِخْطَاء	

수동 اَلْمَجْهُولُ		능동 اَلْمَعْلُومُ			اَلضَّمَائِرُ 인칭 대명사	
اَلْمُضَارِعُ 미완료	اَلْمَاضِي 완료	اَلْأَمْرُ 명령	اَلْمُضَارِعُ 미완료	اَلْمَاضِي 완료		
			أُخْطِئُ	أَخْطَأْتُ	أَنَا	اَلْمُتَكَلِّمُ 1인칭
			نُخْطِئُ	أَخْطَأْنَا	نَحْنُ	
		أَخْطِئْ	تُخْطِئُ	أَخْطَأْتَ	أَنْتَ	اَلْمُخَاطَبُ 2 남
		أَخْطِئَا	تُخْطِئَانِ	أَخْطَأْتُمَا	أَنْتُمَا	
		أَخْطِئُوا	تُخْطِئُونَ	أَخْطَأْتُمْ	أَنْتُمْ	
		أَخْطِئِي	تُخْطِئِينَ	أَخْطَأْتِ	أَنْتِ	اَلْمُخَاطَبَةُ 2 여
		أَخْطِئَا	تُخْطِئَانِ	أَخْطَأْتُمَا	أَنْتُمَا	
		أَخْطِئْنَ	تُخْطِئْنَ	أَخْطَأْتُنَّ	أَنْتُنَّ	
يُخْطَأُ	أُخْطِئَ		يُخْطِئُ	أَخْطَأَ	هُوَ	اَلْغَائِبُ 3 남
			يُخْطِئَانِ	أَخْطَآ	هُمَا	
			يُخْطِئُونَ	أَخْطَؤُوا	هُمْ	
			تُخْطِئُ	أَخْطَأَتْ	هِيَ	اَلْغَائِبَةُ 3 여
			تُخْطِئَانِ	أَخْطَأَتَا	هُمَا	
			يُخْطِئْنَ	أَخْطَأْنَ	هُنَّ	

뜻풀이

- 무엇에서(فِي) 실수하다, 잘못을 저지르다
- (표적 또는 목표물을) 놓치다
- (물건이 사람의 주의에서) 벗어나다, 깨닫지 못하다

예문

أَخْطَأَ فَأْلُهُ

예측이 빗나가다, 그것이 바로 틀린 부분이다.

أَخْطَأَهُ الشَّيْءُ

무엇이 부족하다, 없다

أَخْطَأَهُ التَّوْفِيقُ

무엇에 실패하다

أَخْطَأَ بَيْنَ الشَّيْئَيْنِ

두 개를 혼동하다, 한 가지를 다른 것으로 오해하다

أَخْطَأَ فِي اسْتِنْتَاجَاتِهِ

잘못된 결론을 내리다

مِنْ وِجْهَةِ نَظَرِي، فَقَدْ أَخْطَأْتَ أَنْتَ التَّصَرُّفَ بِالْأَمْسِ.

내 생각에는 네가 어제 잘못 행동했다.

أَدَّبَ

اَلْمَصْدَرُ 동명사	اَلْفَاعِلُ 능동분사	اَلْمَفْعُولُ 수동분사
تَأْدِيب	مُؤَدِّب	مُؤَدَّب

	اَلضَّمَائِرُ 인칭 대명사	اَلْمَعْلُومُ 능동			اَلْمَجْهُولُ 수동	
		اَلْمَاضِي 완료	اَلْمُضَارِعُ 미완료	اَلْأَمْرُ 명령	اَلْمَاضِي 완료	اَلْمُضَارِعُ 미완료
اَلْمُتَكَلِّمُ 1인칭	أَنَا	أَدَّبْتُ	أُؤَدِّبُ			
	نَحْنُ	أَدَّبْنَا	نُؤَدِّبُ			
اَلْمُخَاطَبُ 2남	أَنْتَ	أَدَّبْتَ	تُؤَدِّبُ	أَدِّبْ		
	أَنْتُمَا	أَدَّبْتُمَا	تُؤَدِّبَانِ	أَدِّبَا		
	أَنْتُمْ	أَدَّبْتُمْ	تُؤَدِّبُونَ	أَدِّبُوا		
اَلْمُخَاطَبَةُ 2여	أَنْتِ	أَدَّبْتِ	تُؤَدِّبِينَ	أَدِّبِي		
	أَنْتُمَا	أَدَّبْتُمَا	تُؤَدِّبَانِ	أَدِّبَا		
	أَنْتُنَّ	أَدَّبْتُنَّ	تُؤَدِّبْنَ	أَدِّبْنَ		
اَلْغَائِبُ 3남	هُوَ	أَدَّبَ	يُؤَدِّبُ		أُدِّبَ	يُؤَدَّبُ
	هُمَا	أَدَّبَا	يُؤَدِّبَانِ			
	هُمْ	أَدَّبُوا	يُؤَدِّبُونَ			
اَلْغَائِبَةُ 3여	هِيَ	أَدَّبَتْ	تُؤَدِّبُ			
	هُمَا	أَدَّبَتَا	تُؤَدِّبَانِ			
	هُنَّ	أَدَّبْنَ	يُؤَدِّبْنَ			

뜻풀이

• (누구를) 교육시키다, 세련되게 하다
• (누구를) 훈육하다, 벌하다, 혼내다

예문

أَدَّبَ الْغُلَامَ.

그는 하인을 교육시켰다.

أَدَّبَ الْوَالِدُ ابْنَهُ لِتَصَرُّفِهِ السَّيِّئِ.

아버지는 아들의 나쁜 행동을 혼냈다.

عَلَى كُلِّ أَبٍ أَنْ يُؤَدِّبَ أَبْنَاءَهُ.

모든 아버지는 자식들을 훈육해야 한다.

أَدَّبَ الْقَاضِي الْمُجْرِمِينَ بِالْغَرَامَةِ.

판사는 범죄자들을 벌금으로 벌했다.

أَدَّبَ الْحَاكِمُ الْمُتَهَرِّبِينَ مِنَ الضَّرَائِبِ.

통치자는 탈세자들을 벌했다.

أَدِّبْ نَفْسَكَ مِنْ خِلَالِ الْعَمَلِ الشَّاقِّ.

힘든 일을 통해서 네 자신을 단련시켜라.

أَدْخَلَ

수동분사 اَلْمَفْعُولُ	능동분사 اَلْفَاعِلُ	동명사 اَلْمَصْدَرُ
مُدْخَل	مُدْخِل	إِدْخَال

수동 اَلْمَجْهُولُ		능동 اَلْمَعْلُومُ			اَلضَّمَائِرُ 인칭 대명사	
اَلْمُضَارِعُ 미완료	اَلْمَاضِي 완료	اَلْأَمْرُ 명령	اَلْمُضَارِعُ 미완료	اَلْمَاضِي 완료		
			أُدْخِلُ	أَدْخَلْتُ	أَنَا	اَلْمُتَكَلِّمُ 1인칭
			نُدْخِلُ	أَدْخَلْنَا	نَحْنُ	
		أَدْخِلْ	تُدْخِلُ	أَدْخَلْتَ	أَنْتَ	اَلْمُخَاطَبُ 2 남
		أَدْخِلَا	تُدْخِلَانِ	أَدْخَلْتُمَا	أَنْتُمَا	
		أَدْخِلُوا	تُدْخِلُونَ	أَدْخَلْتُمْ	أَنْتُمْ	
		أَدْخِلِي	تُدْخِلِينَ	أَدْخَلْتِ	أَنْتِ	اَلْمُخَاطَبَةُ 2 여
		أَدْخِلَا	تُدْخِلَانِ	أَدْخَلْتُمَا	أَنْتُمَا	
		أَدْخِلْنَ	تُدْخِلْنَ	أَدْخَلْتُنَّ	أَنْتُنَّ	
يُدْخَلُ	أُدْخِلَ		يُدْخِلُ	أَدْخَلَ	هُوَ	اَلْغَائِبُ 3 남
			يُدْخِلَانِ	أَدْخَلَا	هُمَا	
			يُدْخِلُونَ	أَدْخَلُوا	هُمْ	
			تُدْخِلُ	أَدْخَلَتْ	هِيَ	اَلْغَائِبَةُ 3 여
			تُدْخِلَانِ	أَدْخَلَتَا	هُمَا	
			يُدْخِلْنَ	أَدْخَلْنَ	هُنَّ	

뜻풀이

- (누구를) (어디에) 들이다, 들여보내다
- (누구를) (어디로) 데려가다
- (무엇을) 어디에(على 또는 في) 끌고 가다, 억지로 데려 가다
- (무엇을) 어디에(في) 포함시키다, 끼우다, 삽입하다
- (무엇을) 누구 또는 무엇에(في) 촉발하다, 야기하다, 초래하다
- (혁신적인 것 또는 개선 사항을) 어디에(في) 소개하다, 도입하다

예문

أَدْخَلَهُ الْمَدْرَسَةَ

누구를 학교에 보내다

أُدْخِلَتْ عَلَيْهِ تَعْدِيلَاتٌ.

그것은 수정되었다.

أَدْخَلَ الْمُوَظَّفُ السَّائِحِينَ.

그 직원이 관광객들을 들여보냈다.

أَدْخَلَ يُوسُفُ مِقْيَاسَ الْحَرَارَةِ فِي فَمِهِ.

유수프가 체온계를 그의 입에 넣었다.

أُدْخِلَ الْمُسْتَشْفَى بِسَبَبِ حَادَثَةِ الْمُرُورِ.

그는 교통사고 때문에 병원으로 이송되었다.

إِنَّكَ دَائِمًا تَسْتَخْدِمُ لَوْحَةَ الْمَفَاتِيحِ عِنْدَمَا تُرِيدُ أَنْ تُدْخِلَ بَيَانَاتٍ فِي الْكُمْبِيُوتِرِ.

너는 항상 컴퓨터에 데이터를 입력할 때 키보드를 사용한다.

수동분사 اَلْمَفْعُولُ	능동분사 اَلْفَاعِلُ	동명사 اَلْمَصْدَرُ	أَدَّى
مُؤَدًّى	مُؤَدٍّ	تَأْدِيَة	

수동 اَلْمَجْهُولُ		능동 اَلْمَعْلُومُ			인칭 대명사 اَلضَّمَائِرُ	
اَلْمُضَارِعُ 미완료	اَلْمَاضِي 완료	اَلْأَمْرُ 명령	اَلْمُضَارِعُ 미완료	اَلْمَاضِي 완료		
			أُؤَدِّي	أَدَّيْتُ	أَنَا	اَلْمُتَكَلِّمُ 1인칭
			نُؤَدِّي	أَدَّيْنَا	نَحْنُ	
		أَدِّ	تُؤَدِّي	أَدَّيْتَ	أَنْتَ	اَلْمُخَاطَبُ 2 남
		أَدِّيَا	تُؤَدِّيَانِ	أَدَّيْتُمَا	أَنْتُمَا	
		أَدُّوا	تُؤَدُّونَ	أَدَّيْتُمْ	أَنْتُمْ	
		أَدِّي	تُؤَدِّينَ	أَدَّيْتِ	أَنْتِ	اَلْمُخَاطَبَةُ 2 여
		أَدِّيَا	تُؤَدِّيَانِ	أَدَّيْتُمَا	أَنْتُمَا	
		أَدِّينَ	تُؤَدِّينَ	أَدَّيْتُنَّ	أَنْتُنَّ	
يُؤَدَّى	أُدِّيَ		يُؤَدِّي	أَدَّى	هُوَ	اَلْغَائِبُ 3 남
			يُؤَدِّيَانِ	أَدَّيَا	هُمَا	
			يُؤَدُّونَ	أَدُّوا	هُمْ	
			تُؤَدِّي	أَدَّتْ	هِيَ	اَلْغَائِبَةُ 3 여
			تُؤَدِّيَانِ	أَدَّتَا	هُمَا	
			يُؤَدِّينَ	أَدَّيْنَ	هُنَّ	

뜻풀이

- (누구 또는 무엇을) 어디로(إلى) 이끌다
- 누구 또는 무엇을(ب) 어디로(إلى) 나아가게 하다
- 무엇을(إلى) 초래하다, 야기하다
- 결과에(إلى) 원인이 되다, 이르다
- (금액 등이) 얼마에(إلى) 이르다, 달하다
- 무엇을(إلى) 목표로 하다, 겨냥하다
- (서비스 또는 의미를) 누구에게(إلى) 주다, 제공하다
- (무엇을) 이행하다, 실행하다
- (의식이나 의례 등을) 행하다

예문

أَدَّى وَاجِبَهُ

자신의 의무를 다하다

أَدَّى وَظِيفَةً / رِسَالَةً / مَأْمُورِيَّةً

역할 / 임무 / 과업을 완수하다

أَدَّى يَمِينًا / الشَّهَادَةَ

맹세 / 증언하다

أَدَّى امْتِحَانًا

시험을 치르다

اَلطَّرِيقُ الَّتِي تُؤَدِّي إِلَى النَّجَاحِ شَاقَّةٌ.

성공으로 인도하는 길은 험난하다.

أَدَّى النُّمُوُّ السَّرِيعُ لِعَدَدِ سُكَّانِ الْعَالَمِ إِلَى مُشْكِلَاتٍ اجْتِمَاعِيَّةٍ وَاقْتِصَادِيَّةٍ حَادَّةٍ.

세계 인구의 급격한 증가가 심각한 사회적, 경제적 문제를 유발했다.

أَذِنَ	اَلْمَصْدَرُ 동명사	اَلْفَاعِلُ 능동분사	اَلْمَفْعُولُ 수동분사
	أَذَن، إِذْن، أَذَانَة	آذِن	مَأْذُون

اَلضَّمَائِرُ 인칭 대명사		اَلْمَعْلُومُ 능동			اَلْمَجْهُولُ 수동	
		اَلْمَاضِي 완료	اَلْمُضَارِعُ 미완료	اَلْأَمْرُ 명령	اَلْمَاضِي 완료	اَلْمُضَارِعُ 미완료
اَلْمُتَكَلِّمُ 1인칭	أَنَا	أَذِنْتُ	آذَنُ			
	نَحْنُ	أَذِنَّا	نَأْذَنُ			
اَلْمُخَاطَبُ 2 남	أَنْتَ	أَذِنْتَ	تَأْذَنُ	اِئْذَنْ		
	أَنْتُمَا	أَذِنْتُمَا	تَأْذَنَانِ	اِئْذَنَا		
	أَنْتُمْ	أَذِنْتُمْ	تَأْذَنُونَ	اِئْذَنُوا		
اَلْمُخَاطَبَةُ 2 여	أَنْتِ	أَذِنْتِ	تَأْذَنِينَ	اِئْذَنِي		
	أَنْتُمَا	أَذِنْتُمَا	تَأْذَنَانِ	اِئْذَنَا		
	أَنْتُنَّ	أَذِنْتُنَّ	تَأْذَنَّ	اِئْذَنَّ		
اَلْغَائِبُ 3 남	هُوَ	أَذِنَ	يَأْذَنُ		أُذِنَ	يُؤْذَنُ
	هُمَا	أَذِنَا	يَأْذَنَانِ			
	هُمْ	أَذِنُوا	يَأْذَنُونَ			
اَلْغَائِبَةُ 3 여	هِيَ	أَذِنَتْ	تَأْذَنُ			
	هُمَا	أَذِنَتَا	تَأْذَنَانِ			
	هُنَّ	أَذِنَّ	يَأْذَنَّ			

뜻풀이

- 누구의(إلى) 말을 듣다, 경청하다
- 누구에게(ل) 무엇을(في) 허락하다, 허용하다
- 무엇에(ب) 대해 듣다, 알게 되다

예문

أَذِنَ لِي الْحَارِسُ بِالدُّخُولِ.

경비는 나에게 입장을 허락했다.

هَلْ تَأْذَنُونَ لِي بِالْخُرُوجِ الْآنَ؟

지금 외출하는 것을 허락해 주실 건가요?

أَذِنَ بِالْخَبَرِ، فَنَقَلَهُ إِلَى أَصْدِقَائِهِ.

그는 소식을 듣자, 친구들에게 퍼 날랐다.

أَذِنَ الطُّلَّابُ إِلَى مُحَاضَرَةِ أُسْتَاذِهِمْ.

학생들은 교수님의 강의를 경청했다.

سَتَأْذَنُ اللَّجْنَةُ التَّنْفِيذِيَّةُ بِمُمَارَسَةِ الْأَنْشِطَةِ.

집행위원회는 그 활동을 승인할 것이다.

يَأْذَنُ الْمَجْلِسُ الْإِدَارِيُّ بِتَمْدِيدِ الْمُهْلَةِ لِفَتْرَةِ سِتَّةِ أَشْهَرٍ.

이사회는 6개월간 유예기간 연장을 승인한다.

수동분사 اَلْمَفْعُولُ	능동분사 اَلْفَاعِلُ	동명사 اَلْمَصْدَرُ	أَرَادَ
مُرَاد	مُرِيد	إِرَادَة	

수동 اَلْمَجْهُولُ		능동 اَلْمَعْلُومُ			اَلضَّمَائِرُ 인칭 대명사	
اَلْمُضَارِعُ 미완료	اَلْمَاضِي 완료	اَلْأَمْرُ 명령	اَلْمُضَارِعُ 미완료	اَلْمَاضِي 완료		
			أُرِيدُ	أَرَدْتُ	أَنَا	اَلْمُتَكَلِّمُ 1인칭
			نُرِيدُ	أَرَدْنَا	نَحْنُ	
		أَرِدْ	تُرِيدُ	أَرَدْتَ	أَنْتَ	اَلْمُخَاطَبُ 2 남
		أَرِيدَا	تُرِيدَانِ	أَرَدْتُمَا	أَنْتُمَا	
		أَرِيدُوا	تُرِيدُونَ	أَرَدْتُمْ	أَنْتُمْ	
		أَرِيدِي	تُرِيدِينَ	أَرَدْتِ	أَنْتِ	اَلْمُخَاطَبَةُ 2 여
		أَرِيدَا	تُرِيدَانِ	أَرَدْتُمَا	أَنْتُمَا	
		أَرِدْنَ	تُرِدْنَ	أَرَدْتُنَّ	أَنْتُنَّ	
يُرَادُ	أُرِيدَ		يُرِيدُ	أَرَادَ	هُوَ	اَلْغَائِبُ 3 남
			يُرِيدَانِ	أَرَادَا	هُمَا	
			يُرِيدُونَ	أَرَادُوا	هُمْ	
			تُرِيدُ	أَرَادَتْ	هِيَ	اَلْغَائِبَةُ 3 여
			تُرِيدَانِ	أَرَادَتَا	هُمَا	
			يُرِدْنَ	أَرَدْنَ	هُنَّ	

뜻풀이

- (무엇을) 원하다, 무엇 하기를(أن) 바라다
- (무엇을) 갈망하다, 열망하다, (무엇을) 얻으려 분발하다
- (어디로) 향하다, (어디) 행이다
- (무엇을) 의도하다, 무엇을 할(أن) 작정이다, 하려고 생각하다
- 무엇으로(من) (누구를) 겨냥하다, 노리다
- 무엇으로(من) 무엇을([목] 또는 إلى) 겨냥하다, 노리다
- (누가) 무엇을(ب) 하도록 의도하다
- (누구에게) 무엇을(ب) 할 속셈이다.
- 무엇을(ب) 노리다
- 누구에게(ب) 무엇을 할 속셈이다, 계획이다
- 막 무엇을([목] 또는 أن) 할 하려는 참이다, 하려는 찰나이다
- (누구에게) 무엇을(على) 하도록 유도하다, 부추기다, 촉구하다
- (누구를) 임무에(ل) 선발하다

예문

أَرَادَ بِهِ أَنْ

무엇을(ب) 무엇이라고(أَن) 이해하다

أَرَادَ بِهِ خَيْرًا

누구에게 행운을 빌다, 잘되길 바라다

أُرِيدُ رُؤْيَتَكَ.

나는 너를 보고 싶다.

أَرَدْتُ أَنْ أَرْحَلَ.

나는 떠나고 싶었다.

مَاذَا تُرِيدُ أَنْ تَشْرَبَ؟

무엇을 마시겠습니까?

يُرِيدُونَ أَنْ يَرُوا أَمَاكِنَ.

그들은 장소들을 보고 싶어한다.

هِيَ تُرِيدُ أَنْ تُصْبِحَ فَنَّانَةً.

그녀는 예술가가 되고 싶어한다.

أُرِيدُ سِكِّينًا لِأَقْطَعَ اللَّحْمَ.

나는 고기를 썰기 위한 칼을 원한다.

هَذِهِ لَيْسَتِ وَثِيقَةً نُرِيدُهَا.

이것은 우리가 원하는 문서가 아니다.

نُرِيدُ أَنْ نُبَيِّنَ أَنَّنَا عُقَلَاءُ.

우리는 우리가 지성인이라는 것을 보여주고 싶다.

أَرَادَ أَنْ يَرَى أَمَاكِنَ أُخْرَى.

그는 다른 장소들을 보고 싶었다.

أُرِيدُ أَلَّا أَتَأَخَّرُ عَنِ الْمَوْعِدِ.

나는 약속에 늦고 싶지 않다.

هَلْ تُرِيدُ أَنْ تَسْتَمِرَّ بِالْعَمَلِ؟

당신은 일을 계속하고 싶습니까?

أَرَادَتْهُ أَنْ يُسَاعِدَهَا بِالْمُشْكِلَةِ.

그녀는 문제에 관해 그가 도와주기를 바랐다.

أُرِيدُ أَنْ أَرَاكَ بَعْدَ الْمُحَاضَرَةِ.

나는 강의 후에 너를 봤으면 해.

هُوَ يُرِيدُ أَنْ يُصْبِحَ مِثْلَ وَالِدِنَا.

그는 우리 아버지처럼 되길 바란다.

يُرِيدُونَ أَنْ يَفْعَلُوا نَفْسَ الشَّيْءِ.

그들은 똑같은 것을 하길 원한다.

يُرِيدُ أَنْ يَفْتَحَ حِسَابًا فِي الْمَصْرِفِ.

그는 은행에서 계좌를 개설하고 싶어한다.

أَرَادُوا بَيْعَ بَيْتِهِمْ وَشِرَاءَ بَيْتٍ أَوْسَعَ.

그들은 그들의 집을 팔고 더 넓은 집을 사길 바란다.

يُرِيدُ الْمُدِيرُ التِّجَارِيُّ أَنْ يَرَاكَ حَالًا.

상업 관리자는 즉시 당신을 보고 싶어한다.

لَمْ تَكُنْ تُرِيدُ أَنْ تَثِقَ بِأَيٍّ مِنْ أَقَارِبِهَا.

그녀는 어떠한 친척도 믿고 싶지 않았다.

فَنَحْنُ نُرِيدُ أَنْ نَجْعَلَ بِلَادَنَا مُزْدَهِرَةً وَمُتَطَوِّرَةً.

우리는 우리나라가 번영하고 발전하도록 만들고 싶다.

إِنَّ الصَّدِيقَ الْجَيِّدَ يُرِيدُكَ أَنْ تَنْجَحَ فِي الْحَيَاةِ.

좋은 친구는 네가 살면서 성공하기를 바란다.

يُرِيدُونَ مِنْكَ أَنْ تُعْطِيَهُمْ كُلَّ شَيْءٍ تَسْتَطِيعُهُ.

그들은 네가 줄 수 있는 모든 것을 주기를 원한다.

يُرِيدُونَ أَنْ يَبِيعُوا الْبَيْتَ الَّذِي يَعِيشُونَ فِيهِ الْآنَ.

그들은 지금 살고 있는 집을 팔고 싶어한다.

اِرْتَفَعَ

اَلْمَصْدَرُ 동명사	اَلْفَاعِلُ 능동분사	اَلْمَفْعُولُ 수동분사
اِرْتِفَاع	مُرْتَفِع	مُرْتَفَع

اَلضَّمَائِرُ 인칭 대명사		اَلْمَعْلُومُ 능동			اَلْمَجْهُولُ 수동	
		اَلْمَاضِي 완료	اَلْمُضَارِعُ 미완료	اَلْأَمْرُ 명령	اَلْمَاضِي 완료	اَلْمُضَارِعُ 미완료
اَلْمُتَكَلِّمُ 1인칭	أَنَا	اِرْتَفَعْتُ	أَرْتَفِعُ			
	نَحْنُ	اِرْتَفَعْنَا	نَرْتَفِعُ			
اَلْمُخَاطَبُ 2 남	أَنْتَ	اِرْتَفَعْتَ	تَرْتَفِعُ	اِرْتَفِعْ		
	أَنْتُمَا	اِرْتَفَعْتُمَا	تَرْتَفِعَانِ	اِرْتَفِعَا		
	أَنْتُمْ	اِرْتَفَعْتُمْ	تَرْتَفِعُونَ	اِرْتَفِعُوا		
اَلْمُخَاطَبَةُ 2 여	أَنْتِ	اِرْتَفَعْتِ	تَرْتَفِعِينَ	اِرْتَفِعِي		
	أَنْتُمَا	اِرْتَفَعْتُمَا	تَرْتَفِعَانِ	اِرْتَفِعَا		
	أَنْتُنَّ	اِرْتَفَعْتُنَّ	تَرْتَفِعْنَ	اِرْتَفِعْنَ		
اَلْغَائِبُ 3 남	هُوَ	اِرْتَفَعَ	يَرْتَفِعُ		أُرْتُفِعَ	يُرْتَفَعُ
	هُمَا	اِرْتَفَعَا	يَرْتَفِعَانِ			
	هُمْ	اِرْتَفَعُوا	يَرْتَفِعُونَ			
اَلْغَائِبَةُ 3 여	هِيَ	اِرْتَفَعَتْ	تَرْتَفِعُ			
	هُمَا	اِرْتَفَعَتَا	تَرْتَفِعَانِ			
	هُنَّ	اِرْتَفَعْنَ	يَرْتَفِعْنَ			

뜻풀이

- 위로 오르다, 솟다, 올라가다
- 더 높아지다
- (수량 등이) 증가하다, 성장하다
- (목소리나 음량, 소리 등이) 커지다, 올라가다, 높아지다
- 어디에서(عن) 없어지다, 사라지다

예문

اِرْتَفَعَ سِعْرُ الصَّرْفِ.

환율이 올랐다.

يُشَاعُ أَنَّ الْأَسْعَارَ سَتَرْتَفِعُ.

가격이 오를 것이라는 소문이 돌았다.

اِرْتَفَعَتْ أَسْعَارُ الْخُضَرِ فَجْأَةً.

갑자기 야채 가격이 올랐다.

تَرْتَفِعُ الرُّطُوبَةُ فِي فَصْلِ الصَّيْفِ.

여름에는 습도가 오른다.

إِنْ اِرْتَفَعَتْ فَاتُورَةُ الْهَاتِفِ، غَضِبَ وَالِدِي.

전화 요금이 많이 나오면 아버지께서 화내실 것이다.

يَجِبُ أَنْ تَقُومَ بِسِقَايَةِ الْمَزْرُوعَاتِ فِي الصَّبَاحِ قَبْلَ أَنْ تَرْتَفِعَ الْحَرَارَةُ كَثِيرًا.

당신은 온도가 높아지기 전에 아침에 농작물에 물을 줘야 한다.

수동분사 اَلْمَفْعُولُ	능동분사 اَلْفَاعِلُ	동명사 اَلْمَصْدَرُ	أَرْجَعَ
مُرْجَع	مُرْجِع	إِرْجَاع	

수동 اَلْمَجْهُولُ		능동 اَلْمَعْلُومُ			اَلضَّمَائِرُ 인칭 대명사	
اَلْمُضَارِعُ 미완료	اَلْمَاضِي 완료	اَلْأَمْرُ 명령	اَلْمُضَارِعُ 미완료	اَلْمَاضِي 완료		
			أُرْجِعُ	أَرْجَعْتُ	أَنَا	اَلْمُتَكَلِّمُ 1인칭
			نُرْجِعُ	أَرْجَعْنَا	نَحْنُ	
		أَرْجِعْ	تُرْجِعُ	أَرْجَعْتَ	أَنْتَ	اَلْمُخَاطَبُ 2 남
		أَرْجِعَا	تُرْجِعَانِ	أَرْجَعْتُمَا	أَنْتُمَا	
		أَرْجِعُوا	تُرْجِعُونَ	أَرْجَعْتُمْ	أَنْتُمْ	
		أَرْجِعِي	تُرْجِعِينَ	أَرْجَعْتِ	أَنْتِ	اَلْمُخَاطَبَةُ 2 여
		أَرْجِعَا	تُرْجِعَانِ	أَرْجَعْتُمَا	أَنْتُمَا	
		أَرْجِعْنَ	تُرْجِعْنَ	أَرْجَعْتُنَّ	أَنْتُنَّ	
يُرْجَعُ	أُرْجِعَ		يُرْجِعُ	أَرْجَعَ	هُوَ	اَلْغَائِبُ 3 남
			يُرْجِعَانِ	أَرْجَعَا	هُمَا	
			يُرْجِعُونَ	أَرْجَعُوا	هُمْ	
			تُرْجِعُ	أَرْجَعَتْ	هِيَ	اَلْغَائِبَةُ 3 여
			تُرْجِعَانِ	أَرْجَعَتَا	هُمَا	
			يُرْجِعْنَ	أَرْجَعْنَ	هُنَّ	

뜻풀이

- (누구 또는 무엇이) 돌아오게 하다
- (누구를) 어디로(إلى) 다시 데려오다, 복귀시키다
- (누구를) 되돌아오도록 강요하다, 되돌아오게 만들다
- (유래, 기원 등을) 누구 또는 무엇으로 돌리다
- (규모, 크기, 양 등을) 얼마로(إلى) 줄이다, 축소하다

예문

أَرْجَعَ اللّٰهُ الْمَيِّتَ.

신은 망자를 환생시켰다.

أَرْجَعْتُ إِلَيْهِ نُقُودَهُ.

나는 그에게 그의 돈을 갚았다.

أَرْجِعْ هَذَا الْمِفَكَّ بَعْدَ اسْتِخْدَامِهِ.

이 드라이버를 쓴 후에 돌려주세요.

سَأُرْجِعُ هَذِهِ الرِّسَالَةَ إِلَيْكَ بَعْدَ قِرَاءَتِهَا.

이 편지를 읽고 난 후에 네게 돌려 줄게.

أَرْجَعَ السَّائِقُ رُخْصَةَ قِيَادَتِهِ إِلَى الشُّرْطَةِ.

운전사는 운전면허증을 경찰에 반납했다.

أَرْجَعَتِ الشُّرْطَةُ الْمَسْرُوقَاتِ إِلَى أَصْحَابِهَا.

경찰은 도난품들을 주인들에게 돌려주었다.

수동분사 اَلْمَفْعُولُ	능동분사 اَلْفَاعِلُ	동명사 اَلْمَصْدَرُ	أَرْسَلَ
مُرْسَل	مُرْسِل	إِرْسَال	

수동 اَلْمَجْهُولُ		능동 اَلْمَعْلُومُ			اَلضَّمَائِرُ 인칭 대명사	
اَلْمُضَارِعُ 미완료	اَلْمَاضِي 완료	اَلْأَمْرُ 명령	اَلْمُضَارِعُ 미완료	اَلْمَاضِي 완료		
			أُرْسِلُ	أَرْسَلْتُ	أَنَا	اَلْمُتَكَلِّمُ 1인칭
			نُرْسِلُ	أَرْسَلْنَا	نَحْنُ	
		أَرْسِلْ	تُرْسِلُ	أَرْسَلْتَ	أَنْتَ	اَلْمُخَاطَبُ 2 남
		أَرْسِلَا	تُرْسِلَانِ	أَرْسَلْتُمَا	أَنْتُمَا	
		أَرْسِلُوا	تُرْسِلُونَ	أَرْسَلْتُمْ	أَنْتُمْ	
		أَرْسِلِي	تُرْسِلِينَ	أَرْسَلْتِ	أَنْتِ	اَلْمُخَاطَبَةُ 2 여
		أَرْسِلَا	تُرْسِلَانِ	أَرْسَلْتُمَا	أَنْتُمَا	
		أَرْسِلْنَ	تُرْسِلْنَ	أَرْسَلْتُنَّ	أَنْتُنَّ	
يُرْسَلُ	أُرْسِلَ		يُرْسِلُ	أَرْسَلَ	هُوَ	اَلْغَائِبُ 3 남
			يُرْسِلَانِ	أَرْسَلَا	هُمَا	
			يُرْسِلُونَ	أَرْسَلُوا	هُمْ	
			تُرْسِلُ	أَرْسَلَتْ	هِيَ	اَلْغَائِبَةُ 3 여
			تُرْسِلَانِ	أَرْسَلَتَا	هُمَا	
			يُرْسِلْنَ	أَرْسَلْنَ	هُنَّ	

뜻풀이

- (누구를) 어디로(إلى 또는 ل) 보내다, 파견하다, 급파하다; 쫓아 보내다, 보내버리다
- 무엇을([목] 또는 ب) 어디로(إلى 또는 ل) 보내다, 발송하다; 보내주다
- (라디오가) 전파를 발신하다, 송신하다
- (무엇을) 놓아주다, 보내주다, 자유롭게 하다, 해방시키다
- (무엇을) 방출하다, 발산시키다, 터뜨리다
- 말을 입 밖에 내다, 발언하다, 말하다
- 눈물을 흘리다
- (머리카락 등을) 늘어뜨리다
- 어디에(على) 떨어뜨리다

예문

أَرْسَلَ إِلَيْهِ أَنْ

(누구 또는 무엇을 통해) 누구에게 무엇을(أن) 알리다

أَرْسَلَ شُوَاظًا

뜨거운 열기를 발산하다

أَرْسَلَ صَفْرَةً

짧게 호각을 불다

أَرْسَلَ فِي طَلَبِهِ

누구를 부르러 보내다

أَرْسَلَ الْكَلَامَ إِرْسَالًا

마음대로 말하다

أَرْسَلَهُ عَلَى سَجِيَّتِهِ

누구를 편하게 해 주다, 편안하게 만들다

أَرْسَلَ فِي الْحَدِيثِ عَنْ

무엇에(عن) 대해 길게 말하다, 마음껏 말하다

أَرْسَلَ نَفْسَهُ مَعَ طَبِيعَتِهَا

본능에 따르다

أُرْسِلُ رِسَالَةً لِأُمِّي.

나는 어머니에게 편지를 보낸다.

أَرْسَلَ الرَّجُلُ هَدِيَّةً.

남자가 선물을 보냈다.

لِمَنْ أَرْسَلَتِ الْإِيمِيْل؟

그녀가 누구에게 이메일을 보냈습니까?

أَرْسَلْتُ هَدِيَّةً إِلَى أَبِي وَأُمِّي.

나는 어머니와 아버지께 선물을 보냈다.

أَرْسَلَتْ لَهُ الْيَوْمَ طَرْدًا بَرِيدِيًّا.

그녀는 오늘 그에게 소포를 보냈다.

هَلْ أَرْسَلْتَ فَاكْسًا إِلَى ابْنِكَ؟

당신은 아들에게 팩스를 보냈습니까?

هَلْ أُرْسِلَ الطَّرْدُ بِالْبَرِيدِ الْجَوِّيِّ؟

소포가 항공 우편으로 발송되었나요?

لَا تَنْسَ أَنْ تُرْسِلَ الرِّسَالَةَ (بِالْبَرِيدِ) غَدًا.

내일 편지를 보내는 것을 잊지 말아라.

هَذَا هُوَ الْمَسْؤُولُ الَّذِي أَرْسَلْتُ الرِّسَالَةَ لَهُ.

이 사람은 내가 편지를 보냈던 책임자다.

هَلْ أَتَّصِلُ بِكَ أَمْ أُرْسِلُ إِلَيْكَ بَرِيدًا إِلِكْتْرُونِيًّا؟

당신에게 전화할까요 아니면 이메일을 보낼까요?

هُنَا نَبِيعُ الطَّوَابِعَ، وَنُرْسِلُ الطُّرُودَ الْبَرِيدِيَّةَ فَقَطْ.

여기서 우리는 우표를 팔고, 소포만을 보낸다.

هَلِ اسْتَلَمْتَ الرِّسَالَةَ الَّتِي أَرْسَلْتُهَا لَكَ مِنْ عَمَّانَ؟

당신은 내가 암만에서 보낸 편지를 받았습니까?

إِنَّهُ يُرْسِلُ أَمْوَالًا إِلَيْهِمْ لَكِنَّهُ نَادِرًا مَا يَذْهَبُ لِرُؤْيَتِهِمْ.

그는 그들에게 돈을 보내기는 하지만 그들을 자주 보러가지는 않는다.

آلَةُ الْفَاكْس هِيَ جِهَازٌ يُرْسِلُ وَيَسْتَقْبِلُ رَسَائِلَ الْفَاكْس.

팩스는 팩스 메시지를 보내고 받는 장치이다.

اَلْمَفْعُولُ 수동분사	اَلْفَاعِلُ 능동분사	اَلْمَصْدَرُ 동명사	إِسْتَأْذَنَ
مُسْتَأْذَن	مُسْتَأْذِن	إِسْتِئْذَان	

اَلْمَجْهُولُ 수동		اَلْمَعْلُومُ 능동			اَلضَّمَائِرُ 인칭 대명사	
اَلْمُضَارِعُ 미완료	اَلْمَاضِي 완료	اَلْأَمْرُ 명령	اَلْمُضَارِعُ 미완료	اَلْمَاضِي 완료		
			أَسْتَأْذِنُ	إِسْتَأْذَنْتُ	أَنَا	اَلْمُتَكَلِّمُ 1인칭
			نَسْتَأْذِنُ	إِسْتَأْذَنَّا	نَحْنُ	
		إِسْتَأْذِنْ	تَسْتَأْذِنُ	إِسْتَأْذَنْتَ	أَنْتَ	اَلْمُخَاطَبُ 2남
		إِسْتَأْذِنَا	تَسْتَأْذِنَانِ	إِسْتَأْذَنْتُمَا	أَنْتُمَا	
		إِسْتَأْذِنُوا	تَسْتَأْذِنُونَ	إِسْتَأْذَنْتُمْ	أَنْتُمْ	
		إِسْتَأْذِنِي	تَسْتَأْذِنِينَ	إِسْتَأْذَنْتِ	أَنْتِ	اَلْمُخَاطَبَةُ 2여
		إِسْتَأْذِنَا	تَسْتَأْذِنَانِ	إِسْتَأْذَنْتُمَا	أَنْتُمَا	
		إِسْتَأْذِنَّ	تَسْتَأْذِنَّ	إِسْتَأْذَنْتُنَّ	أَنْتُنَّ	
يُسْتَأْذَنُ	أُسْتُؤْذِنَ		يَسْتَأْذِنُ	إِسْتَأْذَنَ	هُوَ	اَلْغَائِبُ 3남
			يَسْتَأْذِنَانِ	إِسْتَأْذَنَا	هُمَا	
			يَسْتَأْذِنُونَ	إِسْتَأْذَنُوا	هُمْ	
			تَسْتَأْذِنُ	إِسْتَأْذَنَتْ	هِيَ	اَلْغَائِبَةُ 3여
			تَسْتَأْذِنَانِ	إِسْتَأْذَنَتَا	هُمَا	
			يَسْتَأْذِنَّ	إِسْتَأْذَنَّ	هُنَّ	

뜻풀이

- 누구에게(من) 허락을 구하다
- 무엇을(في 또는 드물게 ب) 하기 위해 허락을 구하다, 허가를 요청하다
- 누구의 집에(على) 들어가기 전 양해를 구하다, 인사하다
- 누구에게(من) 작별인사를 하다, 하직인사를 올리다

예문

اِسْتَأْذَنَ الزَّائِرُ عَلَيْهِ.

방문자는 그에게 양해를 구했다.

اِسْتَأْذَنَنِي فِي الْكَلَامِ.

그는 나에게 발언권을 요청했다.

يَجِبُ أَنْ تَسْتَأْذِنَ مِنْهُ قَبْلَ سَفَرِكَ.

너는 여행가기 전에 그에게 작별인사를 해야 한다.

اِلْتَقَطَ صُورَةً لِي بِدُونِ أَنْ يَسْتَأْذِنَ.

그는 허락도 구하지 않고 나의 사진을 찍었다.

قُلْتُ لَهَا بِأَنْ تَسْتَأْذِنَ قَبْلَ أَنْ تَأْخُذَ قَلَمِي.

나는 그녀에게 내 연필을 가져가기 전에 허락을 구하라고 말했다.

إِذَا أَرَدْتَ الْخُرُوجَ فَعَلَيْكَ أَنْ تَسْتَأْذِنَ مُدِيرَكَ.

네가 외출을 원한다면, 너의 상사에게 허락을 구해야 한다.

إِسْتَحَمَّ

الْمَصْدَرُ 동명사	الْفَاعِلُ 능동분사	الْمَفْعُولُ 수동분사
إِسْتِحْمَام	مُسْتَحِمّ	مُسْتَحَمّ

الضَّمَائِرُ 인칭 대명사		الْمَعْلُومُ 능동			الْمَجْهُولُ 수동	
		الْمَاضِي 완료	الْمُضَارِعُ 미완료	الْأَمْرُ 명령	الْمَاضِي 완료	الْمُضَارِعُ 미완료
الْمُتَكَلِّمُ 1인칭	أَنَا	إِسْتَحْمَمْتُ	أَسْتَحِمُّ			
	نَحْنُ	إِسْتَحْمَمْنَا	نَسْتَحِمُّ			
الْمُخَاطَبُ 2 남	أَنْتَ	إِسْتَحْمَمْتَ	تَسْتَحِمُّ	إِسْتَحْمِمْ، إِسْتَحِمَّ		
	أَنْتُمَا	إِسْتَحْمَمْتُمَا	تَسْتَحِمَّانِ	إِسْتَحِمَّا		
	أَنْتُمْ	إِسْتَحْمَمْتُمْ	تَسْتَحِمُّونَ	إِسْتَحِمُّوا		
الْمُخَاطَبَةُ 2 여	أَنْتِ	إِسْتَحْمَمْتِ	تَسْتَحِمِّينَ	إِسْتَحِمِّي		
	أَنْتُمَا	إِسْتَحْمَمْتُمَا	تَسْتَحِمَّانِ	إِسْتَحِمَّا		
	أَنْتُنَّ	إِسْتَحْمَمْتُنَّ	تَسْتَحْمِمْنَ	إِسْتَحْمِمْنَ		
الْغَائِبُ 3 남	هُوَ	إِسْتَحَمَّ	يَسْتَحِمُّ		أُسْتُحِمَّ	يُسْتَحَمُّ
	هُمَا	إِسْتَحَمَّا	يَسْتَحِمَّانِ			
	هُمْ	إِسْتَحَمُّوا	يَسْتَحِمُّونَ			
الْغَائِبَةُ 3 여	هِيَ	إِسْتَحَمَّتْ	تَسْتَحِمُّ			
	هُمَا	إِسْتَحَمَّتَا	تَسْتَحِمَّانِ			
	هُنَّ	إِسْتَحْمَمْنَ	يَسْتَحْمِمْنَ			

뜻풀이

- (물로) 씻다, 목욕하다
- 씻으러 욕실에 들어가다

예문

اِذْهَبْ وَاسْتَحِمَّ ثُمَّ نَمْ.

가서 씻고 자라.

نَسْتَحِمُّ عَادَةً فِي الْحَمَّامِ.

보통 우리는 화장실에서 씻는다.

يَسْتَحِمُّ ابْنِي مَرَّتَيْنِ يَوْمِيًّا.

나의 아들은 하루에 두 번 씻는다.

لَنْ أَسْتَحِمَّ مَعَ مَجْمُوعَةٍ مِنَ النَّاسِ أَبَدًا.

나는 절대로 사람들과 목욕하지 않을 거야.

إِنَّهُ لَا يَسْتَحِمُّ إِلَّا مَرَّةً أَوْ مَرَّتَيْنِ فِي السَّنَةِ.

그는 일 년에 한 두번 밖에 목욕하지 않는다.

اِسْتَحْمَمْتُ فِي الْبَحْرِ فِي الصَّيْفِ الْمَاضِي.

나는 지난 여름에 해수욕을 했다.

수동분사 اَلْمَفْعُولُ	능동분사 اَلْفَاعِلُ	동명사 اَلْمَصْدَرُ	إِسْتَخْدَمَ
مُسْتَخْدَم	مُسْتَخْدِم	إِسْتِخْدَام	

수동 اَلْمَجْهُولُ		능동 اَلْمَعْلُومُ			اَلضَّمَائِرُ 인칭 대명사	
اَلْمُضَارِعُ 미완료	اَلْمَاضِي 완료	اَلْأَمْرُ 명령	اَلْمُضَارِعُ 미완료	اَلْمَاضِي 완료		
			أَسْتَخْدِمُ	إِسْتَخْدَمْتُ	أَنَا	اَلْمُتَكَلِّمُ 1인칭
			نَسْتَخْدِمُ	إِسْتَخْدَمْنَا	نَحْنُ	
		إِسْتَخْدِمْ	تَسْتَخْدِمُ	إِسْتَخْدَمْتَ	أَنْتَ	اَلْمُخَاطَبُ 2 남
		إِسْتَخْدِمَا	تَسْتَخْدِمَانِ	إِسْتَخْدَمْتُمَا	أَنْتُمَا	
		إِسْتَخْدِمُوا	تَسْتَخْدِمُونَ	إِسْتَخْدَمْتُمْ	أَنْتُمْ	
		إِسْتَخْدِمِي	تَسْتَخْدِمِينَ	إِسْتَخْدَمْتِ	أَنْتِ	اَلْمُخَاطَبَةُ 2 여
		إِسْتَخْدِمَا	تَسْتَخْدِمَانِ	إِسْتَخْدَمْتُمَا	أَنْتُمَا	
		إِسْتَخْدِمْنَ	تَسْتَخْدِمْنَ	إِسْتَخْدَمْتُنَّ	أَنْتُنَّ	
يُسْتَخْدَمُ	أُسْتُخْدِمَ		يَسْتَخْدِمُ	إِسْتَخْدَمَ	هُوَ	اَلْغَائِبُ 3 남
			يَسْتَخْدِمَانِ	إِسْتَخْدَمَا	هُمَا	
			يَسْتَخْدِمُونَ	إِسْتَخْدَمُوا	هُمْ	
			تَسْتَخْدِمُ	إِسْتَخْدَمَتْ	هِيَ	اَلْغَائِبَةُ 3 여
			تَسْتَخْدِمَانِ	إِسْتَخْدَمَتَا	هُمَا	
			يَسْتَخْدِمْنَ	إِسْتَخْدَمْنَ	هُنَّ	

뜻풀이

- (무엇을) 이용하다, 사용하다
- 무엇을 위해(ل) (누구를) 고용하다, 채용하다
- (공공사업 등을) 운용하다, 시행하다
- 어떤 목적으로(ل) (무엇을) 사용하다, 이용하다

예문

اِسْتَخْدِمِ السَّلَالِمَ لَا الْمِصْعَدَ.

엘리베이터 말고 계단을 이용하시오.

لِمَ لَا تَسْتَخْدِمُ هَذَا الْكُرْسِيَّ لِتَبْلُغَ الرَّفَّ؟

선반에 닿기 위해 왜 이 의자를 사용하지 않나요?

اِسْتَخْدَمَتْ سِكِّينًا لِتَقْطَعَ الْكَعْكَةَ إِلَى قِطَعٍ.

그녀는 케이크를 조각내기 위해 칼을 사용했다.

تُسْتَخْدَمُ الْمَسَامِيرُ لِوَصْلِ قِطَعِ الْخَشَبِ مَعًا.

못은 나무 조각들을 연결하는데 사용된다.

فَقَدِ اسْتَخْدَمَ الْإِنْسَانُ الْحَيَوَانَاتِ الْأَهْلِيَّةَ فِي الزِّرَاعَةِ.

인간은 가축들을 농사에 이용했다.

نَسْتَخْدِمُ الْإِنْتِرْنِت أَيْضًا لِنَعْرِفَ مَاذَا يَجْرِي فِي الْعَالَمِ.

우리는 세상에 무슨 일이 일어나는지 알기 위해 인터넷을 사용한다.

수동분사 اَلْمَفْعُولُ	능동분사 اَلْفَاعِلُ	동명사 اَلْمَصْدَرُ	اِسْتَخْرَجَ
مُسْتَخْرَج	مُسْتَخْرِج	اِسْتِخْرَاج	

수동 اَلْمَجْهُولُ		능동 اَلْمَعْلُومُ			اَلضَّمَائِرُ 인칭 대명사	
اَلْمُضَارِعُ 미완료	اَلْمَاضِي 완료	اَلْأَمْرُ 명령	اَلْمُضَارِعُ 미완료	اَلْمَاضِي 완료		
			أَسْتَخْرِجُ	اِسْتَخْرَجْتُ	أَنَا	اَلْمُتَكَلِّمُ 1인칭
			نَسْتَخْرِجُ	اِسْتَخْرَجْنَا	نَحْنُ	
		اِسْتَخْرِجْ	تَسْتَخْرِجُ	اِسْتَخْرَجْتَ	أَنْتَ	اَلْمُخَاطَبُ 2 남
		اِسْتَخْرِجَا	تَسْتَخْرِجَانِ	اِسْتَخْرَجْتُمَا	أَنْتُمَا	
		اِسْتَخْرِجُوا	تَسْتَخْرِجُونَ	اِسْتَخْرَجْتُمْ	أَنْتُمْ	
		اِسْتَخْرِجِي	تَسْتَخْرِجِينَ	اِسْتَخْرَجْتِ	أَنْتِ	اَلْمُخَاطَبَةُ 2 여
		اِسْتَخْرِجَا	تَسْتَخْرِجَانِ	اِسْتَخْرَجْتُمَا	أَنْتُمَا	
		اِسْتَخْرِجْنَ	تَسْتَخْرِجْنَ	اِسْتَخْرَجْتُنَّ	أَنْتُنَّ	
يُسْتَخْرَجُ	أُسْتُخْرِجَ		يَسْتَخْرِجُ	اِسْتَخْرَجَ	هُوَ	اَلْغَائِبُ 3 남
			يَسْتَخْرِجَانِ	اِسْتَخْرَجَا	هُمَا	
			يَسْتَخْرِجُونَ	اِسْتَخْرَجُوا	هُمْ	
			تَسْتَخْرِجُ	اِسْتَخْرَجَتْ	هِيَ	اَلْغَائِبَةُ 3 여
			تَسْتَخْرِجَانِ	اِسْتَخْرَجَتَا	هُمَا	
			يَسْتَخْرِجْنَ	اِسْتَخْرَجْنَ	هُنَّ	

뜻풀이

- 어디로부터(مِن) (무엇을) 치우다, 내보내다
- 어디로부터(مِن) (무엇을) 빼내다, 끄집어내다
- (광물질을) 캐다, 채굴하다
- 무엇으로부터(مِن) (생산품 등을) 얻다, 생산하다
- 책 또는 문헌 등에서(مِن) 발췌하다
- 무엇으로부터(مِن) 추론하다, 추정하다
- (감정이나 웃음 등을) 누구로부터(مِن) 끌어내다, 이끌어 내다
- (무엇을) 알아내다, 발견하다

예문

اِسْتَخْرَجَ الْقَاضِي الْحُكْمَ.

판사는 판결을 도출해냈다.

اِسْتَخْرَجُوا الْمَاءَ مِنَ الْبِئْرِ.

그들은 우물에서 물을 뽑아 올렸다.

هَلْ يُسْتَخْرَجُ اللُّؤْلُؤُ مِنَ الْبَحْرِ؟

진주는 바다에서 채취되나요?

يَسْتَخْرِجُ أَعْقَدَ الْمَسَائِلِ الرِّيَاضِيَّةِ.

그는 가장 어려운 수학 문제를 해결한다.

اِسْتَخْرَجَ مِنْ دُرْجِ الْمَكْتَبِ بَعْضَ الْمُسْتَنَدَاتِ.

그는 책상 서랍에서 서류의 일부를 꺼냈다.

نَجَحَتْ شَرِكَةُ الْأَدْوِيَّةِ فِي أَنْ تَسْتَخْرِجَ مَادَّةً دَوَائِيَّةً مِنْ جُذُورِ الْجِينْسِنْغْ.

제약회사는 인삼 뿌리에서 약물질을 추출하는 데 성공했다.

수동분사 اَلْمَفْعُولُ	능동분사 اَلْفَاعِلُ	동명사 اَلْمَصْدَرُ	اِسْتَذْكَرَ
مُسْتَذْكَر	مُسْتَذْكِر	اِسْتِذْكَار	

수동 اَلْمَجْهُولُ		능동 اَلْمَعْلُومُ			اَلضَّمَائِرُ 인칭 대명사	
اَلْمُضَارِعُ 미완료	اَلْمَاضِي 완료	اَلْأَمْرُ 명령	اَلْمُضَارِعُ 미완료	اَلْمَاضِي 완료		
			أَسْتَذْكِرُ	اِسْتَذْكَرْتُ	أَنَا	اَلْمُتَكَلِّمُ 1인칭
			نَسْتَذْكِرُ	اِسْتَذْكَرْنَا	نَحْنُ	
		اِسْتَذْكِرْ	تَسْتَذْكِرُ	اِسْتَذْكَرْتَ	أَنْتَ	اَلْمُخَاطَبُ 2 남
		اِسْتَذْكِرَا	تَسْتَذْكِرَانِ	اِسْتَذْكَرْتُمَا	أَنْتُمَا	
		اِسْتَذْكِرُوا	تَسْتَذْكِرُونَ	اِسْتَذْكَرْتُمْ	أَنْتُمْ	
		اِسْتَذْكِرِي	تَسْتَذْكِرِينَ	اِسْتَذْكَرْتِ	أَنْتِ	اَلْمُخَاطَبَةُ 2 여
		اِسْتَذْكِرَا	تَسْتَذْكِرَانِ	اِسْتَذْكَرْتُمَا	أَنْتُمَا	
		اِسْتَذْكِرْنَ	تَسْتَذْكِرْنَ	اِسْتَذْكَرْتُنَّ	أَنْتُنَّ	
يُسْتَذْكَرُ	أُسْتُذْكِرَ		يَسْتَذْكِرُ	اِسْتَذْكَرَ	هُوَ	اَلْغَائِبُ 3 남
			يَسْتَذْكِرَانِ	اِسْتَذْكَرَا	هُمَا	
			يَسْتَذْكِرُونَ	اِسْتَذْكَرُوا	هُمْ	
			تَسْتَذْكِرُ	اِسْتَذْكَرَتْ	هِيَ	اَلْغَائِبَةُ 3 여
			تَسْتَذْكِرَانِ	اِسْتَذْكَرَتَا	هُمَا	
			يَسْتَذْكِرْنَ	اِسْتَذْكَرْنَ	هُنَّ	

뜻풀이

- (수업 내용 등을) 기억하다, 외우려 애쓰다, 공부하다
- (무엇을) 암기하다, 기억해 내다, 상기하다

예문

اِسْتَذْكَرَ الْوَلَدُ الْقُرْآنَ.

그 아이는 코란을 암기했다.

اِسْتَذْكَرَ الطَّالِبُ الْكِتَابَ.

학생들은 그 책을 외우려고 애썼다.

اِسْتَذْكَرَتِ الْمَاضِيَ السَّعِيدَ لَهَا.

그녀는 행복한 과거를 기억해냈다.

يَسْتَذْكِرُ دُرُوسَهُ فِي كُلِّ مَسَاءٍ.

그는 매일 밤 복습한다.

أُرِيدُ أَنْ تَسْتَذْكِرَ مَاذَا قُلْتَ لِي.

나는 네가 나에게 뭐라고 했는지 기억을 되살리길 바라.

اِسْتَذْكَرْتُ أَنَّنِي قَابَلْتُهَا فِي الْمَاضِي.

나는 내가 예전에 그녀를 만났다는 것을 기억해 냈다.

اِسْتَرَاحَ

수동분사 اَلْمَفْعُولُ	능동분사 اَلْفَاعِلُ	동명사 اَلْمَصْدَرُ
مُسْتَرَاح	مُسْتَرِيح	اِسْتِرَاحَة

수동 اَلْمَجْهُولُ		능동 اَلْمَعْلُومُ			اَلضَّمَائِرُ 인칭 대명사	
اَلْمُضَارِعُ 미완료	اَلْمَاضِي 완료	اَلْأَمْرُ 명령	اَلْمُضَارِعُ 미완료	اَلْمَاضِي 완료		
			أَسْتَرِيْحُ	اِسْتَرَحْتُ	أَنَا	اَلْمُتَكَلِّمُ 1인칭
			نَسْتَرِيْحُ	اِسْتَرَحْنَا	نَحْنُ	
		اِسْتَرِحْ	تَسْتَرِيْحُ	اِسْتَرَحْتَ	أَنْتَ	اَلْمُخَاطَبُ 2 남
		اِسْتَرِيْحَا	تَسْتَرِيْحَانِ	اِسْتَرَحْتُمَا	أَنْتُمَا	
		اِسْتَرِيْحُوا	تَسْتَرِيْحُونَ	اِسْتَرَحْتُمْ	أَنْتُمْ	
		اِسْتَرِيْحِي	تَسْتَرِيْحِينَ	اِسْتَرَحْتِ	أَنْتِ	اَلْمُخَاطَبَةُ 2 여
		اِسْتَرِيْحَا	تَسْتَرِيْحَانِ	اِسْتَرَحْتُمَا	أَنْتُمَا	
		اِسْتَرِحْنَ	تَسْتَرِحْنَ	اِسْتَرَحْتُنَّ	أَنْتُنَّ	
يُسْتَرَاحُ	أُسْتُرِيحَ		يَسْتَرِيْحُ	اِسْتَرَاحَ	هُوَ	اَلْغَائِبُ 3 남
			يَسْتَرِيْحَانِ	اِسْتَرَاحَا	هُمَا	
			يَسْتَرِيْحُونَ	اِسْتَرَاحُوا	هُمْ	
			تَسْتَرِيْحُ	اِسْتَرَاحَتْ	هِيَ	اَلْغَائِبَةُ 3 여
			تَسْتَرِيْحَانِ	اِسْتَرَاحَتَا	هُمَا	
			يَسْتَرِحْنَ	اِسْتَرَحْنَ	هُنَّ	

뜻풀이

- 침착하다, 차분하다
- 침착해지다, 진정하다
- 안식을 찾다, 휴식을 취하다
- 무엇으로(إلى) 기분이 상쾌해지다, 원기를 회복하다
- 무엇에서(من) 벗어나 쉬다, 휴식하다
- 무엇을(من) 벗어나다, 면하다
- 무엇 또는 누구를(إلى) 의지하다
- 무엇 또는 누구에 대해(إلى) 기뻐하다, 만족해하다

예문

كَمْ دَقِيقَةً تَسْتَرِيحُ؟

너는 몇 분 동안 쉴거니?

يَسْتَرِيحُ إِلَى رَفِيقِهِ.

그는 그의 동료에게 만족한다.

اِسْتَرَاحَتْ فِي دِرَاسَتِهَا.

그녀는 학업 중에 쉬었다.

اِسْتَرَحْتُ طَلَبًا لِلرَّاحَةِ.

나는 휴가를 신청해서 쉬었다.

أَكْثَرَ مَا يَسْتَرِيحُ الشَّخْصُ فِي بَيْتِهِ.

대체적으로 사람은 자기 집에서 휴식을 갖는다.

لَا تَذْهَبْ إِلَى الْعَمَلِ غَدًا. اِبْقَ فِي الْبَيْتِ وَاسْتَرِحْ.

내일 일하러 가지 마라. 집에 남아 쉬어라.

إِسْتَرْجَعَ

수동분사 اَلْمَفْعُولُ	능동분사 اَلْفَاعِلُ	동명사 اَلْمَصْدَرُ
مُسْتَرْجَع	مُسْتَرْجِع	إِسْتِرْجَاع

수동 اَلْمَجْهُولُ		능동 اَلْمَعْلُومُ			اَلضَّمَائِرُ 인칭 대명사	
اَلْمُضَارِعُ 미완료	اَلْمَاضِي 완료	اَلْأَمْرُ 명령	اَلْمُضَارِعُ 미완료	اَلْمَاضِي 완료		
			أَسْتَرْجِعُ	إِسْتَرْجَعْتُ	أَنَا	اَلْمُتَكَلِّمُ 1인칭
			نَسْتَرْجِعُ	إِسْتَرْجَعْنَا	نَحْنُ	
		إِسْتَرْجِعْ	تَسْتَرْجِعُ	إِسْتَرْجَعْتَ	أَنْتَ	اَلْمُخَاطَبُ 2 남
		إِسْتَرْجِعَا	تَسْتَرْجِعَانِ	إِسْتَرْجَعْتُمَا	أَنْتُمَا	
		إِسْتَرْجِعُوا	تَسْتَرْجِعُونَ	إِسْتَرْجَعْتُمْ	أَنْتُمْ	
		إِسْتَرْجِعِي	تَسْتَرْجِعِينَ	إِسْتَرْجَعْتِ	أَنْتِ	اَلْمُخَاطَبَةُ 2 여
		إِسْتَرْجِعَا	تَسْتَرْجِعَانِ	إِسْتَرْجَعْتُمَا	أَنْتُمَا	
		إِسْتَرْجِعْنَ	تَسْتَرْجِعْنَ	إِسْتَرْجَعْتُنَّ	أَنْتُنَّ	
يُسْتَرْجَعُ	أُسْتُرْجِعَ		يَسْتَرْجِعُ	إِسْتَرْجَعَ	هُوَ	اَلْغَائِبُ 3 남
			يَسْتَرْجِعَانِ	إِسْتَرْجَعَا	هُمَا	
			يَسْتَرْجِعُونَ	إِسْتَرْجَعُوا	هُمْ	
			تَسْتَرْجِعُ	إِسْتَرْجَعَتْ	هِيَ	اَلْغَائِبَةُ 3 여
			تَسْتَرْجِعَانِ	إِسْتَرْجَعَتَا	هُمَا	
			يَسْتَرْجِعْنَ	إِسْتَرْجَعْنَ	هُنَّ	

뜻풀이

- (무엇을) 돌려달라고 하다
- (무엇을) 다시 얻다, 되찾다, 회수하다, 회복하다
- (약속 또는 결정 등을) 취소하다, 철회하다

예문

اِسْتَرْجَعَ الْمَرِيضُ وَعْيَهُ.

그 환자는 의식을 찾았다.

اِسْتَرْجَعْتُ مِنْ صَدِيقِي قَلَمًا.

나는 내 친구에게 연필을 돌려달라고 했다.

اِسْتَرْجَعَتْ نَشَاطَهَا بَعْدَ الْمَرَضِ.

그녀는 아픈 후에 활동을 재개했다.

يَجِبُ أَنْ أَسْتَرْجِعَ وَعْدَ الاِجْتِمَاعِ.

나는 미팅 약속을 취소해야만 한다.

اِسْتَرْجَعَ سُمْعَتَهُ بِفَضْلِ نَجَاحِهِ فِي هَذَا الْمَشْرُوعِ.

그는 이번 프로젝트 성공으로 그의 명성을 되찾았다.

اِسْتَرْجَعَ صَائِدُ الْأَسْمَاكِ شَبَكَتَهُ الَّتِي رَمَاهَا قَبْلَ سَاعَةٍ.

낚시꾼은 낚시꾼은 한 시간 전에 던졌던 그물을 거둬 갔다.

إِسْتَضْحَكَ

اَلْمَفْعُولُ 수동분사	اَلْفَاعِلُ 능동분사	اَلْمَصْدَرُ 동명사
مُسْتَضْحَك	مُسْتَضْحِك	إِسْتِضْحَاك

اَلْمَجْهُولُ 수동		اَلْمَعْلُومُ 능동			اَلضَّمَائِرُ 인칭 대명사	
اَلْمُضَارِعُ 미완료	اَلْمَاضِي 완료	اَلْأَمْرُ 명령	اَلْمُضَارِعُ 미완료	اَلْمَاضِي 완료		
			أَسْتَضْحِكُ	إِسْتَضْحَكْتُ	أَنَا	اَلْمُتَكَلِّمُ 1인칭
			نَسْتَضْحِكُ	إِسْتَضْحَكْنَا	نَحْنُ	
		إِسْتَضْحِكْ	تَسْتَضْحِكُ	إِسْتَضْحَكْتَ	أَنْتَ	اَلْمُخَاطَبُ 2 남
		إِسْتَضْحِكَا	تَسْتَضْحِكَانِ	إِسْتَضْحَكْتُمَا	أَنْتُمَا	
		إِسْتَضْحِكُوا	تَسْتَضْحِكُونَ	إِسْتَضْحَكْتُمْ	أَنْتُمْ	
		إِسْتَضْحِكِي	تَسْتَضْحِكِينَ	إِسْتَضْحَكْتِ	أَنْتِ	اَلْمُخَاطَبَةُ 2 여
		إِسْتَضْحِكَا	تَسْتَضْحِكَانِ	إِسْتَضْحَكْتُمَا	أَنْتُمَا	
		إِسْتَضْحِكْنَ	تَسْتَضْحِكْنَ	إِسْتَضْحَكْتُنَّ	أَنْتُنَّ	
يُسْتَضْحَكُ	أُسْتُضْحِكَ		يَسْتَضْحِكُ	إِسْتَضْحَكَ	هُوَ	اَلْغَائِبُ 3 남
			يَسْتَضْحِكَانِ	إِسْتَضْحَكَا	هُمَا	
			يَسْتَضْحِكُونَ	إِسْتَضْحَكُوا	هُمْ	
			تَسْتَضْحِكُ	إِسْتَضْحَكَتْ	هِيَ	اَلْغَائِبَةُ 3 여
			تَسْتَضْحِكَانِ	إِسْتَضْحَكَتَا	هُمَا	
			يَسْتَضْحِكْنَ	إِسْتَضْحَكْنَ	هُنَّ	

뜻풀이

- (누구를) 무엇에 대해(مِنْ) 웃기다, 웃게 하다, 웃음을 유발하다
- 서로 웃다

예문

اِسْتَضْحَكَنِي مِنْ لِبَاسِهِ.

그는 옷차림으로 나를 웃겼다.

اِسْتَضْحَكَتِ النِّسَاءُ فِي الْمَطْعَمِ.

여성들은 식당에서 서로 웃었다.

أَوْقِفْ سَرْدَ النُّكَتِ فَأَنْتَ تَسْتَضْحِكُنِي.

농담 그만 해라. 네가 나를 웃게 만든다.

لَيْسَ مِنَ السَّهْلِ أَنْ تَسْتَضْحِكَ الْجُمْهُورَ.

네가 대중을 웃기는 것은 쉬운 일이 아니다.

اِسْتَضْحَكَ الْمُمَثِّلُ الْحَاضِرِينَ مِنْ فُكَاهَتِهِ.

그 배우는 농담으로 참석자들을 웃겼다.

اِسْتَضْحَكْنَا كَثِيرًا وَنَحْنُ نَقُولُ أَشْيَاءَ مُضْحِكَةً.

우리는 우스개 소리를 하면서 많이 웃었다.

الْمَفْعُولُ 수동분사	الْفَاعِلُ 능동분사	الْمَصْدَرُ 동명사	اِسْتَطَاعَ
مُسْتَطَاع	مُسْتَطِيع	اِسْتِطَاعَة	

الْمَجْهُولُ 수동		الْمَعْلُومُ 능동			الضَّمَائِرُ 인칭 대명사	
الْمُضَارِعُ 미완료	الْمَاضِي 완료	الْأَمْرُ 명령	الْمُضَارِعُ 미완료	الْمَاضِي 완료		
			أَسْتَطِيعُ	اِسْتَطَعْتُ	أَنَا	الْمُتَكَلِّمُ 1인칭
			نَسْتَطِيعُ	اِسْتَطَعْنَا	نَحْنُ	
		اِسْتَطِعْ	تَسْتَطِيعُ	اِسْتَطَعْتَ	أَنْتَ	الْمُخَاطَبُ 2남
		اِسْتَطِيعَا	تَسْتَطِيعَانِ	اِسْتَطَعْتُمَا	أَنْتُمَا	
		اِسْتَطِيعُوا	تَسْتَطِيعُونَ	اِسْتَطَعْتُمْ	أَنْتُمْ	
		اِسْتَطِيعِي	تَسْتَطِيعِينَ	اِسْتَطَعْتِ	أَنْتِ	الْمُخَاطَبَةُ 2여
		اِسْتَطِيعَا	تَسْتَطِيعَانِ	اِسْتَطَعْتُمَا	أَنْتُمَا	
		اِسْتَطِعْنَ	تَسْتَطِعْنَ	اِسْتَطَعْتُنَّ	أَنْتُنَّ	
يُسْتَطَاعُ	اُسْتُطِيعَ		يَسْتَطِيعُ	اِسْتَطَاعَ	هُوَ	الْغَائِبُ 3남
			يَسْتَطِيعَانِ	اِسْتَطَاعَا	هُمَا	
			يَسْتَطِيعُونَ	اِسْتَطَاعُوا	هُمْ	
			تَسْتَطِيعُ	اِسْتَطَاعَتْ	هِيَ	الْغَائِبَةُ 3여
			تَسْتَطِيعَانِ	اِسْتَطَاعَتَا	هُمَا	
			يَسْتَطِعْنَ	اِسْتَطَعْنَ	هُنَّ	

뜻풀이

- 무엇을([목] 또는 أن) 할 수 있다, 능력이 있다

예문

لَا يَسْتَطِيعُ حَرَاكًا / السَّيْرَ

움직일 수 없다/ 걸을 수 없다

يَسْتَطِيعُونَ أَنْ يَقْرَؤُوا.

그들은 읽을 수 있다.

اِسْتَطَاعَ أَنْ يُتْقِنَ الْعَرَبِيَّةَ.

그는 아랍어를 완전히 익힐 수 있었다.

كَيْفَ أَسْتَطِيعُ أَنْ أُسَاعِدَكَ؟

어떻게 당신을 도와드릴 수 있을까요?

هَلْ تَسْتَطِيعُ أَنْ تَسُوقَ جَرَّارًا؟

당신은 트랙터를 운전할 수 있나요?

نَسْتَطِيعُ أَنْ نَسْتَخْدِمَ الْإِنْتِرْنِت لِلْأَعْمَالِ.

우리는 업무를 위해 인터넷을 사용할 수 있다.

اِسْتَعَادَ

اَلْمَفْعُولُ 수동분사	اَلْفَاعِلُ 능동분사	اَلْمَصْدَرُ 동명사
مُسْتَعَاد	مُسْتَعِيد	اِسْتِعَادَة

اَلْمَجْهُولُ 수동		اَلْمَعْلُومُ 능동			اَلضَّمَائِرُ 인칭 대명사	
اَلْمُضَارِعُ 미완료	اَلْمَاضِي 완료	اَلْأَمْرُ 명령	اَلْمُضَارِعُ 미완료	اَلْمَاضِي 완료		
			أَسْتَعِيْدُ	اِسْتَعَدْتُ	أَنَا	اَلْمُتَكَلِّمُ 1인칭
			نَسْتَعِيْدُ	اِسْتَعَدْنَا	نَحْنُ	
		اِسْتَعِدْ	تَسْتَعِيْدُ	اِسْتَعَدْتَ	أَنْتَ	اَلْمُخَاطَبُ 2 남
		اِسْتَعِيْدَا	تَسْتَعِيْدَانِ	اِسْتَعَدْتُمَا	أَنْتُمَا	
		اِسْتَعِيْدُوا	تَسْتَعِيْدُونَ	اِسْتَعَدْتُمْ	أَنْتُمْ	
		اِسْتَعِيْدِي	تَسْتَعِيْدِينَ	اِسْتَعَدْتِ	أَنْتِ	اَلْمُخَاطَبَةُ 2 여
		اِسْتَعِيْدَا	تَسْتَعِيْدَانِ	اِسْتَعَدْتُمَا	أَنْتُمَا	
		اِسْتَعِدْنَ	تَسْتَعِدْنَ	اِسْتَعَدْتُنَّ	أَنْتُنَّ	
يُسْتَعَادُ	أُسْتُعِيدَ		يَسْتَعِيْدُ	اِسْتَعَادَ	هُوَ	اَلْغَائِبُ 3 남
			يَسْتَعِيْدَانِ	اِسْتَعَادَا	هُمَا	
			يَسْتَعِيْدُونَ	اِسْتَعَادُوا	هُمْ	
			تَسْتَعِيْدُ	اِسْتَعَادَتْ	هِيَ	اَلْغَائِبَةُ 3 여
			تَسْتَعِيْدَانِ	اِسْتَعَادَتَا	هُمَا	
			يَسْتَعِدْنَ	اِسْتَعَدْنَ	هُنَّ	

뜻풀이

- (누구 또는 무엇을) 생각해내다, 상기하다, 기억해내다
- 누구에게(مِن) 무엇을 다시 돌려달라 요구하다
- (무엇을) 다시 얻다, 되찾다, 회복하다
- (누구에게) (무엇을) 반복하길 요구하다

예문

اِسْتَعَادَ حَقَّهُ مِنَ الْمَحْكَمَةِ.

그는 법원에 자신의 권리를 돌려달라고 요구했다.

أُنْظُرْ، إِنَّهَا تَسْتَعِيدُ وَعْيَهَا.

보아라! 그녀가 의식을 회복하고 있다.

قَدِ اسْتَعَادَ الْمُوَاطِنُونَ حُرِّيَتَهُمْ.

국민들은 자유를 되찾았다.

اِسْتَعَادَ وَطَنِي سِيَادَتَهُ وَاسْتِقْلَالَهُ.

나의 조국은 주권과 독립을 되찾았다.

سَقَطَ الرَّجُلُ إِلَّا أَنَّهُ اسْتِعَادَ وَعْيَهُ.

그 남자는 떨어졌지만 의식을 되찾았다.

سَوْفَ يَسْتَعِيدُ الرَّئِيسُ ثِقَةَ الْجَمَاهِيرِ.

대통령은 대중의 신뢰를 되찾을 것이다.

수동분사 اَلْمَفْعُولُ	능동분사 اَلْفَاعِلُ	동명사 اَلْمَصْدَرُ	اِسْتَعَدَّ
مُسْتَعَدّ	مُسْتَعِدّ	اِسْتِعْدَاد	

수동 اَلْمَجْهُولُ		능동 اَلْمَعْلُومُ			اَلضَّمَائِرُ 인칭 대명사	
اَلْمُضَارِعُ 미완료	اَلْمَاضِي 완료	اَلْأَمْرُ 명령	اَلْمُضَارِعُ 미완료	اَلْمَاضِي 완료		
			أَسْتَعِدُّ	اِسْتَعْدَدْتُ	أَنَا	اَلْمُتَكَلِّمُ 1인칭
			نَسْتَعِدُّ	اِسْتَعْدَدْنَا	نَحْنُ	
		اِسْتَعْدِدْ، اِسْتَعِدَّ	تَسْتَعِدُّ	اِسْتَعْدَدْتَ	أَنْتَ	اَلْمُخَاطَبُ 2 남
		اِسْتَعِدَّا	تَسْتَعِدَّانِ	اِسْتَعْدَدْتُمَا	أَنْتُمَا	
		اِسْتَعِدُّوا	تَسْتَعِدُّونَ	اِسْتَعْدَدْتُمْ	أَنْتُمْ	
		اِسْتَعِدِّي	تَسْتَعِدِّينَ	اِسْتَعْدَدْتِ	أَنْتِ	اَلْمُخَاطَبَةُ 2 여
		اِسْتَعِدَّا	تَسْتَعِدَّانِ	اِسْتَعْدَدْتُمَا	أَنْتُمَا	
		اِسْتَعْدِدْنَ	تَسْتَعْدِدْنَ	اِسْتَعْدَدْتُنَّ	أَنْتُنَّ	
يُسْتَعَدُّ	أُسْتُعِدَّ		يَسْتَعِدُّ	اِسْتَعَدَّ	هُوَ	اَلْغَائِبُ 3 남
			يَسْتَعِدَّانِ	اِسْتَعَدَّا	هُمَا	
			يَسْتَعِدُّونَ	اِسْتَعَدُّوا	هُمْ	
			تَسْتَعِدُّ	اِسْتَعَدَّتْ	هِيَ	اَلْغَائِبَةُ 3 여
			تَسْتَعِدَّانِ	اِسْتَعَدَّتَا	هُمَا	
			يَسْتَعْدِدْنَ	اِسْتَعْدَدْنَ	هُنَّ	

뜻풀이

- 준비하다, 준비를 갖추다
- 대기하다, 준비한 채 기다리다
- 무엇을 할(لـ) 준비가 되어 있다, 용의가 있다

예문

سَوْفَ أَسْتَعِدُّ.

나는 준비할 것이다.

اِسْتَعِدِّي لِلْفَطُورِ.

(여성에게) 아침 먹을 준비해라.

اِسْتَعِدُّوا، الرِّحْلَةُ إِلَى السُّعُودِيَّةِ جَاهِزَةٌ.

(여러분들) 준비하십시오. 사우디행이 준비되었습니다.

اِسْتَيْقَظْتُ وَاسْتَعْدَدْتُ لِلذَّهَابِ إِلَى الْعَمَلِ.

나는 일어나서 일하러 갈 준비를 했다.

وَفِي السَّاعَةِ الْعَاشِرَةِ يَسْتَعِدُّ لِلذَّهَابِ لِلْفِرَاشِ.

10시에 그는 잠자리에 들 준비를 한다.

اِسْتَعِدُّوا وَاتَّجِهُوا إِلَى الْبَوَّابَةِ الثَّانِيَةِ وَالْخَمْسِينَ.

준비하시고 52번 게이트로 가십시오.

수동분사 اَلْمَفْعُولُ	능동분사 اَلْفَاعِلُ	동명사 اَلْمَصْدَرُ	اِسْتَعْلَمَ
مُسْتَعْلَم	مُسْتَعْلِم	اِسْتِعْلَام	

수동 اَلْمَجْهُولُ		능동 اَلْمَعْلُومُ			اَلضَّمَائِرُ 인칭 대명사	
اَلْمُضَارِعُ 미완료	اَلْمَاضِي 완료	اَلْأَمْرُ 명령	اَلْمُضَارِعُ 미완료	اَلْمَاضِي 완료		
			أَسْتَعْلِمُ	اِسْتَعْلَمْتُ	أَنَا	اَلْمُتَكَلِّمُ 1인칭
			نَسْتَعْلِمُ	اِسْتَعْلَمْنَا	نَحْنُ	
		اِسْتَعْلِمْ	تَسْتَعْلِمُ	اِسْتَعْلَمْتَ	أَنْتَ	اَلْمُخَاطَبُ 2 남
		اِسْتَعْلِمَا	تَسْتَعْلِمَانِ	اِسْتَعْلَمْتُمَا	أَنْتُمَا	
		اِسْتَعْلِمُوا	تَسْتَعْلِمُونَ	اِسْتَعْلَمْتُمْ	أَنْتُمْ	
		اِسْتَعْلِمِي	تَسْتَعْلِمِينَ	اِسْتَعْلَمْتِ	أَنْتِ	اَلْمُخَاطَبَةُ 2 여
		اِسْتَعْلِمَا	تَسْتَعْلِمَانِ	اِسْتَعْلَمْتُمَا	أَنْتُمَا	
		اِسْتَعْلِمْنَ	تَسْتَعْلِمْنَ	اِسْتَعْلَمْتُنَّ	أَنْتُنَّ	
يُسْتَعْلَمُ	أُسْتُعْلِمَ		يَسْتَعْلِمُ	اِسْتَعْلَمَ	هُوَ	اَلْغَائِبُ 3 남
			يَسْتَعْلِمَانِ	اِسْتَعْلَمَا	هُمَا	
			يَسْتَعْلِمُونَ	اِسْتَعْلَمُوا	هُمْ	
			تَسْتَعْلِمُ	اِسْتَعْلَمَتْ	هِيَ	اَلْغَائِبَةُ 3 여
			تَسْتَعْلِمَانِ	اِسْتَعْلَمَتَا	هُمَا	
			يَسْتَعْلِمْنَ	اِسْتَعْلَمْنَ	هُنَّ	

뜻풀이

- (누구에게) 무엇을([목] 또는 عن) 묻다, 질문하다, 알아보다, 조사하다
- (누구에게) 무엇을([목] 또는 عن) 알아내다

예문

اِسْتَعْلَمَتْهُ الْخَبَرَ.

그녀는 그에게 소식을 물었다.

اِسْتَعْلَمَ عَنْ صِحَّةِ صَدِيقِهِ.

그는 친구의 건강에 대해 물었다.

اِسْتَعْلَمْتُ عَنِ الْقَرَارِ الْجَدِيدِ.

나는 새로운 결의안에 대해 알아냈다.

يَسْتَعْلِمُ الْأَصْدِقَاءُ عَنْ بَعْضِهِمْ.

친구들은 서로 안부를 묻는다.

هَلْ يُمْكِنُنِي أَنْ أَسْتَعْلِمَ عَنْ عَائِلَتِهَا؟

내가 그녀의 가족에 대해서 질문할 수 있나요?

اِسْتَعْلَمَ الصُّحُفِيُّ عَنْ بَرْنَامَجِ زِيَارَةِ الرَّئِيسِ لِكُورِيَا الشَّمَالِيَّةِ.

그 기자는 대통령의 방북 일정에 대해 질문했다.

إِسْتَغْفَرَ	اَلْمَصْدَرُ 동명사	اَلْفَاعِلُ 능동분사	اَلْمَفْعُولُ 수동분사
	إِسْتِغْفَار	مُسْتَغْفِر	مُسْتَغْفَر

اَلضَّمَائِرُ 인칭 대명사		اَلْمَعْلُومُ 능동			اَلْمَجْهُولُ 수동	
		اَلْمَاضِي 완료	اَلْمُضَارِعُ 미완료	اَلْأَمْرُ 명령	اَلْمَاضِي 완료	اَلْمُضَارِعُ 미완료
اَلْمُتَكَلِّمُ 1인칭	أَنَا	إِسْتَغْفَرْتُ	أَسْتَغْفِرُ			
	نَحْنُ	إِسْتَغْفَرْنَا	نَسْتَغْفِرُ			
اَلْمُخَاطَبُ 2 남	أَنْتَ	إِسْتَغْفَرْتَ	تَسْتَغْفِرُ	إِسْتَغْفِرْ		
	أَنْتُمَا	إِسْتَغْفَرْتُمَا	تَسْتَغْفِرَانِ	إِسْتَغْفِرَا		
	أَنْتُمْ	إِسْتَغْفَرْتُمْ	تَسْتَغْفِرُونَ	إِسْتَغْفِرُوا		
اَلْمُخَاطَبَةُ 2 여	أَنْتِ	إِسْتَغْفَرْتِ	تَسْتَغْفِرِينَ	إِسْتَغْفِرِي		
	أَنْتُمَا	إِسْتَغْفَرْتُمَا	تَسْتَغْفِرَانِ	إِسْتَغْفِرَا		
	أَنْتُنَّ	إِسْتَغْفَرْتُنَّ	تَسْتَغْفِرْنَ	إِسْتَغْفِرْنَ		
اَلْغَائِبُ 3 남	هُوَ	إِسْتَغْفَرَ	يَسْتَغْفِرُ		أُسْتُغْفِرَ	يُسْتَغْفَرُ
	هُمَا	إِسْتَغْفَرَا	يَسْتَغْفِرَانِ			
	هُمْ	إِسْتَغْفَرُوا	يَسْتَغْفِرُونَ			
اَلْغَائِبَةُ 3 여	هِيَ	إِسْتَغْفَرَتْ	تَسْتَغْفِرُ			
	هُمَا	إِسْتَغْفَرَتَا	تَسْتَغْفِرَانِ			
	هُنَّ	إِسْتَغْفَرْنَ	يَسْتَغْفِرْنَ			

뜻풀이

- (누구에게) 어떤 행위에 대해([목] 또는 من 또는 لِ) 용서를 구하다, 잘못을 빌다

예문

أَسْتَغْفِرُ اللّٰهَ.

저는 하나님께 용서를 구합니다.

اِسْتَغْفَرَ ثَلَاثَ مَرَّاتٍ.

그는 세 차례나 용서를 빌었다.

اِسْتَغْفَرَ اللّٰهَ مِنْ ذَنْبِهِ.

그는 자신의 잘못을 하나님께 빌었다.

سَوْفَ أَسْتَغْفِرُ لَكُمْ رَبِّي.

내가 너희의 잘못을 주님께 빌 것이다.

أَسْتَغْفِرُكَ مِنْ كُلِّ السَّيِّئَاتِ.

모든 나쁜 일들에 대해 미안합니다.

수동분사 اَلْمَفْعُولُ	능동분사 اَلْفَاعِلُ	동명사 اَلْمَصْدَرُ	اِسْتَفْتَحَ
مُسْتَفْتَح	مُسْتَفْتِح	اِسْتِفْتَاح	

수동 اَلْمَجْهُولُ		능동 اَلْمَعْلُومُ			اَلضَّمَائِرُ 인칭 대명사	
اَلْمُضَارِعُ 미완료	اَلْمَاضِي 완료	اَلْأَمْرُ 명령	اَلْمُضَارِعُ 미완료	اَلْمَاضِي 완료		
			أَسْتَفْتِحُ	اِسْتَفْتَحْتُ	أَنَا	اَلْمُتَكَلِّمُ 1인칭
			نَسْتَفْتِحُ	اِسْتَفْتَحْنَا	نَحْنُ	
		اِسْتَفْتِحْ	تَسْتَفْتِحُ	اِسْتَفْتَحْتَ	أَنْتَ	اَلْمُخَاطَبُ 2 남
		اِسْتَفْتِحَا	تَسْتَفْتِحَانِ	اِسْتَفْتَحْتُمَا	أَنْتُمَا	
		اِسْتَفْتِحُوا	تَسْتَفْتِحُونَ	اِسْتَفْتَحْتُمْ	أَنْتُمْ	
		اِسْتَفْتِحِي	تَسْتَفْتِحِينَ	اِسْتَفْتَحْتِ	أَنْتِ	اَلْمُخَاطَبَةُ 2 여
		اِسْتَفْتِحَا	تَسْتَفْتِحَانِ	اِسْتَفْتَحْتُمَا	أَنْتُمَا	
		اِسْتَفْتِحْنَ	تَسْتَفْتِحْنَ	اِسْتَفْتَحْتُنَّ	أَنْتُنَّ	
يُسْتَفْتَحُ	أُسْتُفْتِحَ		يَسْتَفْتِحُ	اِسْتَفْتَحَ	هُوَ	اَلْغَائِبُ 3 남
			يَسْتَفْتِحَانِ	اِسْتَفْتَحَا	هُمَا	
			يَسْتَفْتِحُونَ	اِسْتَفْتَحُوا	هُمْ	
			تَسْتَفْتِحُ	اِسْتَفْتَحَتْ	هِيَ	اَلْغَائِبَةُ 3 여
			تَسْتَفْتِحَانِ	اِسْتَفْتَحَتَا	هُمَا	
			يَسْتَفْتِحْنَ	اِسْتَفْتَحْنَ	هُنَّ	

뜻풀이

- (무엇을) 시작하다, 착수하다
- (무엇을) 열다
- (무엇을) 열어 줄 것을 요구하다
- 누구 또는 무엇에(على) 하나님의 가호가 있기를 빌다

예문

اِسْتَفْتَحْنَا عَلَيْهِ.

우리는 그에게 건승을 빌었다.

اِسْتَفْتَحَ التَّاجِرُ مُبَكِّرًا.

그 상인은 일찍 마수걸이했다.

اِسْتَفْتَحَنِي الزَّائِرُ الْبَابَ.

방문객은 나에게 문을 열어달라고 했다.

اِسْتَفْتَحَتِ الصَّفْحَةَ الْأُولَى.

그녀는 첫 페이지를 펴라고 말했다.

اِسْتَفْتَحَ الْحَارِسُ أَبْوَابَ الْمَعْرِضِ.

경비원은 전시장의 문들을 열었다.

اِسْتَفْتَحَ الْمُدِيرُ الْعَامُّ الْمُؤْتَمَرَ بِقِرَاءَةِ الْفَاتِحَةِ.

사무총장은 개회사를 읽는 것으로 회의를 개시했다.

إِسْتَفْهَمَ

اَلْمَفْعُولُ 수동분사	اَلْفَاعِلُ 능동분사	اَلْمَصْدَرُ 동명사
مُسْتَفْهَم	مُسْتَفْهِم	إِسْتِفْهَام

اَلْمَجْهُولُ 수동		اَلْمَعْلُومُ 능동			اَلضَّمَائِرُ 인칭 대명사	
اَلْمُضَارِعُ 미완료	اَلْمَاضِي 완료	اَلْأَمْرُ 명령	اَلْمُضَارِعُ 미완료	اَلْمَاضِي 완료		
			أَسْتَفْهِمُ	إِسْتَفْهَمْتُ	أَنَا	اَلْمُتَكَلِّمُ 1인칭
			نَسْتَفْهِمُ	إِسْتَفْهَمْنَا	نَحْنُ	
		إِسْتَفْهِمْ	تَسْتَفْهِمُ	إِسْتَفْهَمْتَ	أَنْتَ	اَلْمُخَاطَبُ 2 남
		إِسْتَفْهِمَا	تَسْتَفْهِمَانِ	إِسْتَفْهَمْتُمَا	أَنْتُمَا	
		إِسْتَفْهِمُوا	تَسْتَفْهِمُونَ	إِسْتَفْهَمْتُمْ	أَنْتُمْ	
		إِسْتَفْهِمِي	تَسْتَفْهِمِينَ	إِسْتَفْهَمْتِ	أَنْتِ	اَلْمُخَاطَبَةُ 2 여
		إِسْتَفْهِمَا	تَسْتَفْهِمَانِ	إِسْتَفْهَمْتُمَا	أَنْتُمَا	
		إِسْتَفْهِمْنَ	تَسْتَفْهِمْنَ	إِسْتَفْهَمْتُنَّ	أَنْتُنَّ	
يُسْتَفْهَمُ	أُسْتُفْهِمَ		يَسْتَفْهِمُ	إِسْتَفْهَمَ	هُوَ	اَلْغَائِبُ 3 남
			يَسْتَفْهِمَانِ	إِسْتَفْهَمَا	هُمَا	
			يَسْتَفْهِمُونَ	إِسْتَفْهَمُوا	هُمْ	
			تَسْتَفْهِمُ	إِسْتَفْهَمَتْ	هِيَ	اَلْغَائِبَةُ 3 여
			تَسْتَفْهِمَانِ	إِسْتَفْهَمَتَا	هُمَا	
			يَسْتَفْهِمْنَ	إِسْتَفْهَمْنَ	هُنَّ	

뜻풀이

- (누구에게) 무엇을([목] 또는 عن) 묻다, 알아보다

예문

اِسْتَفْهَمَنِي الْحَدَثَ.

그는 나에게 사고에 대해 물었다.

أُحَاوِلُ فَقَطْ أَنْ أَسْتَفْهِمَ.

나는 그저 알아보려고 노력한다.

تَسْتَفْهِمُ الطَّالِبَةُ عَنِ الدَّرْسِ.

여학생은 단원에 대해 알아본다.

اِسْتَفْهَمَتْ عَنْ هُوِيَّةِ الِامْتِحَانِ.

그녀는 시험의 성향에 대해 물었다.

إِنَّ الطُّلَّابَ يَسْتَفْهِمُونَ عَنْ مَوْعِدِ الِامْتِحَانِ.

학생들은 시험 일정에 대해 묻는다.

اِسْتَفْهَمْتُ مِنْ صَدِيقِي عَنْ أَشْيَاءَ لَا أَعْرِفُهَا.

나는 친구에게 내가 알지 못하는 것들에 대해 물었다.

수동분사 اَلْمَفْعُولُ	능동분사 اَلْفَاعِلُ	동명사 اَلْمَصْدَرُ	اِسْتَقَامَ
مُسْتَقَام	مُسْتَقِيم	اِسْتِقَامَة	

수동 اَلْمَجْهُولُ		능동 اَلْمَعْلُومُ			اَلضَّمَائِرُ 인칭 대명사	
اَلْمُضَارِعُ 미완료	اَلْمَاضِي 완료	اَلْأَمْرُ 명령	اَلْمُضَارِعُ 미완료	اَلْمَاضِي 완료		
			أَسْتَقِيمُ	اِسْتَقَمْتُ	أَنَا	اَلْمُتَكَلِّمُ 1인칭
			نَسْتَقِيمُ	اِسْتَقَمْنَا	نَحْنُ	
		اِسْتَقِمْ	تَسْتَقِيمُ	اِسْتَقَمْتَ	أَنْتَ	اَلْمُخَاطَبُ 2 남
		اِسْتَقِيمَا	تَسْتَقِيمَانِ	اِسْتَقَمْتُمَا	أَنْتُمَا	
		اِسْتَقِيمُوا	تَسْتَقِيمُونَ	اِسْتَقَمْتُمْ	أَنْتُمْ	
		اِسْتَقِيمِي	تَسْتَقِيمِينَ	اِسْتَقَمْتِ	أَنْتِ	اَلْمُخَاطَبَةُ 2 여
		اِسْتَقِيمَا	تَسْتَقِيمَانِ	اِسْتَقَمْتُمَا	أَنْتُمَا	
		اِسْتَقِمْنَ	تَسْتَقِمْنَ	اِسْتَقَمْتُنَّ	أَنْتُنَّ	
يُسْتَقَامُ	أُسْتُقِيمَ		يَسْتَقِيمُ	اِسْتَقَامَ	هُوَ	اَلْغَائِبُ 3 남
			يَسْتَقِيمَانِ	اِسْتَقَامَا	هُمَا	
			يَسْتَقِيمُونَ	اِسْتَقَامُوا	هُمْ	
			تَسْتَقِيمُ	اِسْتَقَامَتْ	هِيَ	اَلْغَائِبَةُ 3 여
			تَسْتَقِيمَانِ	اِسْتَقَامَتَا	هُمَا	
			يَسْتَقِمْنَ	اِسْتَقَمْنَ	هُنَّ	

뜻풀이

- 일어나다, 똑바로 서다, 직립하다
- 곧다, 똑바르다
- (도로가) 곧게 쭉 뻗다
- 진실되다, 정직하다
- (말이나 상황, 행동 등이) 상황에 알맞다, 적절하다, 정상적이다
- 무엇에(فِي) 붙어 있다, 떨어지지 않다

예문

اِسْتَقَامَ الْقَضِيبُ

발기되다

اِسْتَقَامَ لَهُ الْكَلَامُ فِي

무엇에 대해 옳은 말을 하다, 이치에 맞는 말을 하다

اِسْتَقَامَ الرَّجُلُ.

그 남자는 올곧다.

اِسْتَقَامَ الطَّرِيقُ.

그 길은 쭉 뻗어 있다.

اِسْتَقَامَتِ الْأَحْوَالُ.

상황들이 정상적인 상태로 되돌아 섰다.

اِسْتَقَامَ مِيزَانُ النَّهَارِ.

한낮이 되었다. (해가 중천에 떴다)

اِسْتَقْبَلَ

수동분사 اَلْمَفْعُولُ	능동분사 اَلْفَاعِلُ	동명사 اَلْمَصْدَرُ
مُسْتَقْبَل	مُسْتَقْبِل	اِسْتِقْبَال

수동 اَلْمَجْهُولُ		능동 اَلْمَعْلُومُ			اَلضَّمَائِرُ 인칭 대명사	
اَلْمُضَارِعُ 미완료	اَلْمَاضِي 완료	اَلْأَمْرُ 명령	اَلْمُضَارِعُ 미완료	اَلْمَاضِي 완료		
			أَسْتَقْبِلُ	اِسْتَقْبَلْتُ	أَنَا	اَلْمُتَكَلِّمُ 1인칭
			نَسْتَقْبِلُ	اِسْتَقْبَلْنَا	نَحْنُ	
		اِسْتَقْبِلْ	تَسْتَقْبِلُ	اِسْتَقْبَلْتَ	أَنْتَ	اَلْمُخَاطَبُ 2 남
		اِسْتَقْبِلَا	تَسْتَقْبِلَانِ	اِسْتَقْبَلْتُمَا	أَنْتُمَا	
		اِسْتَقْبِلُوا	تَسْتَقْبِلُونَ	اِسْتَقْبَلْتُمْ	أَنْتُمْ	
		اِسْتَقْبِلِي	تَسْتَقْبِلِينَ	اِسْتَقْبَلْتِ	أَنْتِ	اَلْمُخَاطَبَةُ 2 여
		اِسْتَقْبِلَا	تَسْتَقْبِلَانِ	اِسْتَقْبَلْتُمَا	أَنْتُمَا	
		اِسْتَقْبِلْنَ	تَسْتَقْبِلْنَ	اِسْتَقْبَلْتُنَّ	أَنْتُنَّ	
يُسْتَقْبَلُ	أُسْتُقْبِلَ		يَسْتَقْبِلُ	اِسْتَقْبَلَ	هُوَ	اَلْغَائِبُ 3 남
			يَسْتَقْبِلَانِ	اِسْتَقْبَلَا	هُمَا	
			يَسْتَقْبِلُونَ	اِسْتَقْبَلُوا	هُمْ	
			تَسْتَقْبِلُ	اِسْتَقْبَلَتْ	هِيَ	اَلْغَائِبَةُ 3 여
			تَسْتَقْبِلَانِ	اِسْتَقْبَلَتَا	هُمَا	
			يَسْتَقْبِلْنَ	اِسْتَقْبَلْنَ	هُنَّ	

뜻풀이

- (누구를) 쳐다보다, (어느 쪽으로) 고개를 돌리다
- (누구를) 만나다
- (어느 쪽으로) 가다, 움직이다.
- (누구 또는 무엇을) 직면하다, 마주치다
- (역할이나 임무, 또는 책임 등을) 맡다, 지다
- (손님이나 방문자를) 환영하다, 맞이하다
- (전파를) 수신하다

예문

اِسْتَقْبَلَ الطَّرِيقَ

출발하다, 여행을 떠나다; 나아가다, 전진하다

اِسْتَقْبَلَهُمْ أَعْظَمَ اسْتِقْبَالٍ.

그는 그들을 크게 환영했다.

يُسْتَقْبَلُ بِحَرَارَةٍ أَيْنَمَا يَذْهَبُ.

그는 어디에 가든 따뜻하게 받아들여진다.

سَنُسْتَقْبَلُ فِي مَطَارِ الْقَاهِرَةِ.

우리는 카이로 공항에서 영접받을 것이다.

ثُمَّ نَصْعَدُ الصَّفَا وَنَسْتَقْبِلُ الْكَعْبَةَ.

그리고 우리는 사파 언덕에 올라가서 카바를 봅니다.

أَجَابَتْ زَوْجَتُهُ "لَا أَسْتَطِيعُ أَنْ أَسْتَقْبِلَ ضُيُوفًا غَدًا".

“내일은 손님을 맞이할 수 없어요”라고 그의 아내가 대답했다.

اِسْتَقْدَمَ	اَلْمَصْدَرُ 동명사	اَلْفَاعِلُ 능동분사	اَلْمَفْعُولُ 수동분사
	اِسْتِقْدَام	مُسْتَقْدِم	مُسْتَقْدَم

اَلضَّمَائِرُ 인칭 대명사		اَلْمَعْلُومُ 능동			اَلْمَجْهُولُ 수동	
		اَلْمَاضِي 완료	اَلْمُضَارِعُ 미완료	اَلْأَمْرُ 명령	اَلْمَاضِي 완료	اَلْمُضَارِعُ 미완료
اَلْمُتَكَلِّمُ 1인칭	أَنَا	اِسْتَقْدَمْتُ	أَسْتَقْدِمُ			
	نَحْنُ	اِسْتَقْدَمْنَا	نَسْتَقْدِمُ			
اَلْمُخَاطَبُ 2 남	أَنْتَ	اِسْتَقْدَمْتَ	تَسْتَقْدِمُ	اِسْتَقْدِمْ		
	أَنْتُمَا	اِسْتَقْدَمْتُمَا	تَسْتَقْدِمَانِ	اِسْتَقْدِمَا		
	أَنْتُمْ	اِسْتَقْدَمْتُمْ	تَسْتَقْدِمُونَ	اِسْتَقْدِمُوا		
اَلْمُخَاطَبَةُ 2 여	أَنْتِ	اِسْتَقْدَمْتِ	تَسْتَقْدِمِينَ	اِسْتَقْدِمِي		
	أَنْتُمَا	اِسْتَقْدَمْتُمَا	تَسْتَقْدِمَانِ	اِسْتَقْدِمَا		
	أَنْتُنَّ	اِسْتَقْدَمْتُنَّ	تَسْتَقْدِمْنَ	اِسْتَقْدِمْنَ		
اَلْغَائِبُ 3 남	هُوَ	اِسْتَقْدَمَ	يَسْتَقْدِمُ		أُسْتُقْدِمَ	يُسْتَقْدَمُ
	هُمَا	اِسْتَقْدَمَا	يَسْتَقْدِمَانِ			
	هُمْ	اِسْتَقْدَمُوا	يَسْتَقْدِمُونَ			
اَلْغَائِبَةُ 3 여	هِيَ	اِسْتَقْدَمَتْ	تَسْتَقْدِمُ			
	هُمَا	اِسْتَقْدَمَتَا	تَسْتَقْدِمَانِ			
	هُنَّ	اِسْتَقْدَمْنَ	يَسْتَقْدِمْنَ			

뜻풀이

- (누구를) 부르다, 호출하다, 소환하다, 차출하다
- (누구 또는 무엇을) 앞서다
- (무엇이) 오래 된 것이라고 생각하다, 간주하다

예문

اِسْتَقْدَمَ زُمَلَاءَهُ.

그는 그의 동료들 보다 앞섰다.

اِسْتَقْدَمَ الْفَارِسُ.

그 기수는 앞으로 나섰다.

اِسْتَقْدَمَ الْخَبِيرُ الْأَثَرَ.

그 전문가는 그 유적이 오래된 것이라고 생각했다.

اِسْتَقْدَمَتِ الشُّرْطَةُ الْمُجْرِمَ.

경찰은 범인을 소환했다.

اِسْتَقْدَمَ الْقَاضِي الرَّجُلَ لِيُدْلِيَ بِشَهَادَتِهِ.

판사는 그에게 선서를 위해 앞으로 나오라고 했다.

يُسْتَقْدَمُ الْبَاحِثُونَ لِلْعَمَلِ عَلَى الْمَشْرُوعِ.

연구원들은 프로젝트 업무를 위해서 차출될 것이다.

수동분사 اَلْمَفْعُولُ	능동분사 اَلْفَاعِلُ	동명사 اَلْمَصْدَرُ	إِسْتَقْرَأَ
مُسْتَقْرَأ	مُسْتَقْرِئ	إِسْتِقْرَاء	

수동 اَلْمَجْهُولُ		능동 اَلْمَعْلُومُ			اَلضَّمَائِرُ 인칭 대명사	
اَلْمُضَارِعُ 미완료	اَلْمَاضِي 완료	اَلْأَمْرُ 명령	اَلْمُضَارِعُ 미완료	اَلْمَاضِي 완료		
			أَسْتَقْرِئُ	إِسْتَقْرَأْتُ	أَنَا	اَلْمُتَكَلِّمُ 1인칭
			نَسْتَقْرِئُ	إِسْتَقْرَأْنَا	نَحْنُ	
		إِسْتَقْرِئْ	تَسْتَقْرِئُ	إِسْتَقْرَأْتَ	أَنْتَ	اَلْمُخَاطَبُ 2 남
		إِسْتَقْرِئَا	تَسْتَقْرِئَانِ	إِسْتَقْرَأْتُمَا	أَنْتُمَا	
		إِسْتَقْرِئُوا	تَسْتَقْرِئُونَ	إِسْتَقْرَأْتُمْ	أَنْتُمْ	
		إِسْتَقْرِئِي	تَسْتَقْرِئِينَ	إِسْتَقْرَأْتِ	أَنْتِ	اَلْمُخَاطَبَةُ 2 여
		إِسْتَقْرِئَا	تَسْتَقْرِئَانِ	إِسْتَقْرَأْتُمَا	أَنْتُمَا	
		إِسْتَقْرِئْنَ	تَسْتَقْرِئْنَ	إِسْتَقْرَأْتُنَّ	أَنْتُنَّ	
يُسْتَقْرَأُ	أُسْتُقْرِئَ		يَسْتَقْرِئُ	إِسْتَقْرَأَ	هُوَ	اَلْغَائِبُ 3 남
			يَسْتَقْرِئَانِ	إِسْتَقْرَآ	هُمَا	
			يَسْتَقْرِئُونَ	إِسْتَقْرَؤُوا	هُمْ	
			تَسْتَقْرِئُ	إِسْتَقْرَأَتْ	هِيَ	اَلْغَائِبَةُ 3 여
			تَسْتَقْرِئَانِ	إِسْتَقْرَأَتَا	هُمَا	
			يَسْتَقْرِئْنَ	إِسْتَقْرَأْنَ	هُنَّ	

뜻풀이

- (누구에게) 읽어달라 요구하다, 낭독해달라 부탁하다
- (무엇을) 조사하다, 탐구하다
- (무엇을) 면밀히 조사하다, 검토하다

예문

يَسْتَقْرِئُ الْمَوْضُوعَ.

그는 그 주제를 조사한다.

اِسْتَقْرِئْ لِي مِنْهُ قَلِيلًا.

나에게 그것을 조금만 읽어주시오.

اِسْتَقْرَأَ ظَوَاهِرَ الطَّبِيعَةِ.

그는 자연현상을 조사했다.

اِسْتَقْرَأَتِ الْمُدَرِّسَةُ طَالِبَهَا.

여선생님은 그녀의 학생에게 읽어달라고 요구했다.

أُرِيدُ أَنْ أَسْتَقْرِئَ الْحَقَائِقَ.

나는 사실을 확인하고 싶다.

حَاوَلَ أَنْ يَسْتَقْرِئَ خَطَّ الطَّبِيبِ.

그는 의사 선생님의 필체를 읽어보려고 노력했다.

수동분사 اَلْمَفْعُولُ	능동분사 اَلْفَاعِلُ	동명사 اَلْمَصْدَرُ	إِسْتَمَعَ
مُسْتَمَع	مُسْتَمِع	إِسْتِمَاع	

수동 اَلْمَجْهُولُ		능동 اَلْمَعْلُومُ			اَلضَّمَائِرُ 인칭 대명사	
اَلْمُضَارِعُ 미완료	اَلْمَاضِي 완료	اَلْأَمْرُ 명령	اَلْمُضَارِعُ 미완료	اَلْمَاضِي 완료		
			أَسْتَمِعُ	إِسْتَمَعْتُ	أَنَا	اَلْمُتَكَلِّمُ 1인칭
			نَسْتَمِعُ	إِسْتَمَعْنَا	نَحْنُ	
		إِسْتَمِعْ	تَسْتَمِعُ	إِسْتَمَعْتَ	أَنْتَ	اَلْمُخَاطَبُ 2 남
		إِسْتَمِعَا	تَسْتَمِعَانِ	إِسْتَمَعْتُمَا	أَنْتُمَا	
		إِسْتَمِعُوا	تَسْتَمِعُونَ	إِسْتَمَعْتُمْ	أَنْتُمْ	
		إِسْتَمِعِي	تَسْتَمِعِينَ	إِسْتَمَعْتِ	أَنْتِ	اَلْمُخَاطَبَةُ 2 여
		إِسْتَمِعَا	تَسْتَمِعَانِ	إِسْتَمَعْتُمَا	أَنْتُمَا	
		إِسْتَمِعْنَ	تَسْتَمِعْنَ	إِسْتَمَعْتُنَّ	أَنْتُنَّ	
يُسْتَمَعُ	أُسْتُمِعَ		يَسْتَمِعُ	إِسْتَمَعَ	هُوَ	اَلْغَائِبُ 3 남
			يَسْتَمِعَانِ	إِسْتَمَعَا	هُمَا	
			يَسْتَمِعُونَ	إِسْتَمَعُوا	هُمْ	
			تَسْتَمِعُ	إِسْتَمَعَتْ	هِيَ	اَلْغَائِبَةُ 3 여
			تَسْتَمِعَانِ	إِسْتَمَعَتَا	هُمَا	
			يَسْتَمِعْنَ	إِسْتَمَعْنَ	هُنَّ	

뜻풀이

- (무엇을) 듣다
- 우연히 듣다, 언뜻 듣다
- (무엇을) 엿듣다
- 누구 또는 무엇에 ([목] 또는 لِ 또는 إلى) 귀를 기울이다, 자세히 듣다, 집중하여 듣다
- 누구를(على) 청진하다

예문

اِسْتَمِعْ لِهَذِهِ الْأُغْنِيَةِ.

이 노래를 들어라.

اِنْتَبِهْ لِكُلِّ مَا تَسْتَمِعُ إِلَيْهِ.

네가 듣는 모든 것에 주의를 기울여라.

جَلَسَ الْجَمِيعُ وَاسْتَمَعُوا لِرِوَايَتِي.

다들 앉아서 나의 이야기를 경청했다.

اِسْتَمَعَ أَحْمَدُ لِمُحَاضَرَةٍ بِعُنْوَانِ "التَّارِيخُ الْمِصْرِيُّ الْقَدِيمُ".

아흐마드는 "이집트 고대사"라는 제목의 강의를 경청했다.

بَيْنَمَا هُوَ يُسَاعِدُ زَوْجَتَهُ فِي الْمَطْبَخِ يَسْتَمِعُ دَائِمًا إِلَى الرَّادِيُو.

그가 부엌에서 아내를 돕는 동안 그는 항상 라디오를 듣는다.

أُحِبُّ أَنْ أَقْرَأَ الرِّوَايَاتِ الْحَدِيثَةَ وَأَنْ أَسْتَمِعَ إِلَى الْمُوسِيقَى النَّاعِمَةِ.

나는 현대 소설을 읽고 부드러운 음악을 듣는 것을 좋아 한다.

수동분사 اَلْمَفْعُولُ	능동분사 اَلْفَاعِلُ	동명사 اَلْمَصْدَرُ	إِسْتَنْبَطَ
مُسْتَنْبَط	مُسْتَنْبِط	إِسْتِنْبَاط	

수동 اَلْمَجْهُولُ		능동 اَلْمَعْلُومُ			اَلضَّمَائِرُ 인칭 대명사	
اَلْمُضَارِعُ 미완료	اَلْمَاضِي 완료	اَلْأَمْرُ 명령	اَلْمُضَارِعُ 미완료	اَلْمَاضِي 완료		
			أَسْتَنْبِطُ	إِسْتَنْبَطْتُ	أَنَا	اَلْمُتَكَلِّمُ 1인칭
			نَسْتَنْبِطُ	إِسْتَنْبَطْنَا	نَحْنُ	
		إِسْتَنْبِطْ	تَسْتَنْبِطُ	إِسْتَنْبَطْتَ	أَنْتَ	اَلْمُخَاطَبُ 2 남
		إِسْتَنْبِطَا	تَسْتَنْبِطَانِ	إِسْتَنْبَطْتُمَا	أَنْتُمَا	
		إِسْتَنْبِطُوا	تَسْتَنْبِطُونَ	إِسْتَنْبَطْتُمْ	أَنْتُمْ	
		إِسْتَنْبِطِي	تَسْتَنْبِطِينَ	إِسْتَنْبَطْتِ	أَنْتِ	اَلْمُخَاطَبَةُ 2 여
		إِسْتَنْبِطَا	تَسْتَنْبِطَانِ	إِسْتَنْبَطْتُمَا	أَنْتُمَا	
		إِسْتَنْبِطْنَ	تَسْتَنْبِطْنَ	إِسْتَنْبَطْتُنَّ	أَنْتُنَّ	
يُسْتَنْبَطُ	أُسْتُنْبِطَ		يَسْتَنْبِطُ	إِسْتَنْبَطَ	هُوَ	اَلْغَائِبُ 3 남
			يَسْتَنْبِطَانِ	إِسْتَنْبَطَا	هُمَا	
			يَسْتَنْبِطُونَ	إِسْتَنْبَطُوا	هُمْ	
			تَسْتَنْبِطُ	إِسْتَنْبَطَتْ	هِيَ	اَلْغَائِبَةُ 3 여
			تَسْتَنْبِطَانِ	إِسْتَنْبَطَتَا	هُمَا	
			يَسْتَنْبِطْنَ	إِسْتَنْبَطْنَ	هُنَّ	

뜻풀이

- (감춰져 있던 물이나 석유 등을) 드러내다, 찾다, 발견하다
- (무엇을) 생각해내다, 고안하다
- 어디에서(مِن) (무엇을) 끌어내다, 얻다, 추론하다

예문

اِسْتَنْبَطَ آلَةً جَدِيدَةً.

그는 새로운 기계를 고안했다.

تُسْتَنْبَطُ آرَاءٌ جَدِيدَةٌ.

새로운 의견들이 도출되었다.

اِسْتَنْبَطَتْ مِنِّي خَبَرًا.

그녀는 나에게서 소식을 얻으려고 애썼다.

اِسْتَنْبَطَ الْقَاضِي الْحُكْمَ.

그 판사는 판결을 추론했다.

اِسْتَنْبَطَ مَبْدَأً جَدِيدًا فِي الْفِيزِيَاءِ.

그는 물리의 새로운 원리를 발견했다.

اِسْتَنْبَطُوا قَوَانِينَ جَدِيدَةً فِي الرِّيَاضِيَّاتِ.

그들은 수학의 새로운 법칙들을 도출했다.

اِسْتَنْطَقَ	اَلْمَصْدَرُ 동명사	اَلْفَاعِلُ 능동분사	اَلْمَفْعُولُ 수동분사
	اِسْتِنْطَاق	مُسْتَنْطِق	مُسْتَنْطَق

اَلضَّمَائِرُ 인칭 대명사		اَلْمَعْلُومُ 능동			اَلْمَجْهُولُ 수동	
		اَلْمَاضِي 완료	اَلْمُضَارِعُ 미완료	اَلْأَمْرُ 명령	اَلْمَاضِي 완료	اَلْمُضَارِعُ 미완료
اَلْمُتَكَلِّمُ 1인칭	أَنَا	إِسْتَنْطَقْتُ	أَسْتَنْطِقُ			
	نَحْنُ	إِسْتَنْطَقْنَا	نَسْتَنْطِقُ			
اَلْمُخَاطَبُ 2 남	أَنْتَ	إِسْتَنْطَقْتَ	تَسْتَنْطِقُ	إِسْتَنْطِقْ		
	أَنْتُمَا	إِسْتَنْطَقْتُمَا	تَسْتَنْطِقَانِ	إِسْتَنْطِقَا		
	أَنْتُمْ	إِسْتَنْطَقْتُمْ	تَسْتَنْطِقُونَ	إِسْتَنْطِقُوا		
اَلْمُخَاطَبَةُ 2 여	أَنْتِ	إِسْتَنْطَقْتِ	تَسْتَنْطِقِينَ	إِسْتَنْطِقِي		
	أَنْتُمَا	إِسْتَنْطَقْتُمَا	تَسْتَنْطِقَانِ	إِسْتَنْطِقَا		
	أَنْتُنَّ	إِسْتَنْطَقْتُنَّ	تَسْتَنْطِقْنَ	إِسْتَنْطِقْنَ		
اَلْغَائِبُ 3 남	هُوَ	إِسْتَنْطَقَ	يَسْتَنْطِقُ		أُسْتُنْطِقَ	يُسْتَنْطَقُ
	هُمَا	إِسْتَنْطَقَا	يَسْتَنْطِقَانِ			
	هُمْ	إِسْتَنْطَقُوا	يَسْتَنْطِقُونَ			
اَلْغَائِبَةُ 3 여	هِيَ	إِسْتَنْطَقَتْ	تَسْتَنْطِقُ			
	هُمَا	إِسْتَنْطَقَتَا	تَسْتَنْطِقَانِ			
	هُنَّ	إِسْتَنْطَقْنَ	يَسْتَنْطِقْنَ			

뜻풀이

- (누구를) 말하게 하다, (무엇을) 비유적으로 말하게 만들다
- (누구에게) 질문하다
- (누구를) 심문하다(법정에서)

예문

اِسْتَنْطَقَ جَارَهُ.

그는 이웃에게 질문했다.

اِسْتَنْطَقَتْ أَخَاهَا.

그녀는 오빠를 말하게 했다.

تَسْتَنْطِقُ الْأُمُّ صَغِيرَهَا.

엄마는 아이에게 말하게 했다.

اِسْتَنْطَقَ الشُّرْطِيُّ الْمُجْرِمَ.

경찰관은 범죄자를 취조했다.

يَسْتَنْطِقُ الْقَاضِي الْمُتَّهَمَ فِي الْجَلْسَةِ الْقَادِمَةِ.

판사는 다음 심리에서 피고인을 심문할 것이다.

أُسْتُنْطِقَ الْمُسَافِرُ بِشَأْنِ سَفَرِهِ فِي بَغْدَادَ وَالْبَصْرَةِ.

그 여행자는 바그다드와 바스라 여행에 대해 질문을 받았다.

اِسْتَنْهَضَ	동명사 اَلْمَصْدَرُ	능동분사 اَلْفَاعِلُ	수동분사 اَلْمَفْعُولُ
	اِسْتِنْهَاض	مُسْتَنْهِض	مُسْتَنْهَض

اَلضَّمَائِرُ 인칭 대명사		능동 اَلْمَعْلُومُ: اَلْمَاضِي 완료	능동 اَلْمَعْلُومُ: اَلْمُضَارِعُ 미완료	능동 اَلْمَعْلُومُ: اَلْأَمْرُ 명령	수동 اَلْمَجْهُولُ: اَلْمَاضِي 완료	수동 اَلْمَجْهُولُ: اَلْمُضَارِعُ 미완료
اَلْمُتَكَلِّمُ 1인칭	أَنَا	اِسْتَنْهَضْتُ	أَسْتَنْهِضُ			
	نَحْنُ	اِسْتَنْهَضْنَا	نَسْتَنْهِضُ			
اَلْمُخَاطَبُ 2 남	أَنْتَ	اِسْتَنْهَضْتَ	تَسْتَنْهِضُ	اِسْتَنْهِضْ		
	أَنْتُمَا	اِسْتَنْهَضْتُمَا	تَسْتَنْهِضَانِ	اِسْتَنْهِضَا		
	أَنْتُمْ	اِسْتَنْهَضْتُمْ	تَسْتَنْهِضُونَ	اِسْتَنْهِضُوا		
اَلْمُخَاطَبَةُ 2 여	أَنْتِ	اِسْتَنْهَضْتِ	تَسْتَنْهِضِينَ	اِسْتَنْهِضِي		
	أَنْتُمَا	اِسْتَنْهَضْتُمَا	تَسْتَنْهِضَانِ	اِسْتَنْهِضَا		
	أَنْتُنَّ	اِسْتَنْهَضْتُنَّ	تَسْتَنْهِضْنَ	اِسْتَنْهِضْنَ		
اَلْغَائِبُ 3 남	هُوَ	اِسْتَنْهَضَ	يَسْتَنْهِضُ		اُسْتُنْهِضَ	يُسْتَنْهَضُ
	هُمَا	اِسْتَنْهَضَا	يَسْتَنْهِضَانِ			
	هُمْ	اِسْتَنْهَضُوا	يَسْتَنْهِضُونَ			
اَلْغَائِبَةُ 3 여	هِيَ	اِسْتَنْهَضَتْ	تَسْتَنْهِضُ			
	هُمَا	اِسْتَنْهَضَتَا	تَسْتَنْهِضَانِ			
	هُنَّ	اِسْتَنْهَضْنَ	يَسْتَنْهِضْنَ			

뜻풀이

- (누구를) 깨우다, 각성시키다
- (누구를) 무엇에(إلى) 눈뜨게 하다, 깨닫게 하다
- (누구를) 무엇 하도록(إلى) 부추기다, 선동하다, 꼬드기다

예문

اِسْتَنْهَضَ هِمَمَ الْعُمَّالِ.

그는 노동자들의 관심을 일깨웠다.

اِسْتَنهَضَنِي لِلْمُطَالَبَةِ بِحَقِّي.

그는 나에게 나의 권리를 주장하라고 부추겼다.

اِسْتَنْهَضَ الْمُعَلِّمُ تِلْمِيذًا نَائِمًا.

선생님은 잠자는 학생을 깨웠다.

اِسْتَنْهَضَتْ هَذِهِ الْقِصَّةُ هِمَّتَهُ.

이 이야기가 그의 열정을 일깨웠다.

اِسْتَنْهَضْتُ النَّاسَ لِإِطْفَاءِ الْحَرِيقِ.

나는 불을 끄기 위해 사람들을 깨웠다.

يَسْتَنهِضُ الْقَائِدُ الْجُمْهُورَ إِلَى الْكَسُولِ وَالْجَهَالَةِ.

지도자는 대중들에게 게으름과 무지를 깨닫게 한다.

수동분사 اَلْمَفْعُولُ	능동분사 اَلْفَاعِلُ	동명사 اَلْمَصْدَرُ	# إِسْتَوْقَفَ
مُسْتَوْقَف	مُسْتَوْقِف	إِسْتِيقَاف	

수동 اَلْمَجْهُولُ		능동 اَلْمَعْلُومُ			اَلضَّمَائِرُ 인칭 대명사	
اَلْمُضَارِعُ 미완료	اَلْمَاضِي 완료	اَلْأَمْرُ 명령	اَلْمُضَارِعُ 미완료	اَلْمَاضِي 완료		
			أَسْتَوْقِفُ	إِسْتَوْقَفْتُ	أَنَا	اَلْمُتَكَلِّمُ 1인칭
			نَسْتَوْقِفُ	إِسْتَوْقَفْنَا	نَحْنُ	
		إِسْتَوْقِفْ	تَسْتَوْقِفُ	إِسْتَوْقَفْتَ	أَنْتَ	اَلْمُخَاطَبُ 2 남
		إِسْتَوْقِفَا	تَسْتَوْقِفَانِ	إِسْتَوْقَفْتُمَا	أَنْتُمَا	
		إِسْتَوْقِفُوا	تَسْتَوْقِفُونَ	إِسْتَوْقَفْتُمْ	أَنْتُمْ	
		إِسْتَوْقِفِي	تَسْتَوْقِفِينَ	إِسْتَوْقَفْتِ	أَنْتِ	اَلْمُخَاطَبَةُ 2 여
		إِسْتَوْقِفَا	تَسْتَوْقِفَانِ	إِسْتَوْقَفْتُمَا	أَنْتُمَا	
		إِسْتَوْقِفْنَ	تَسْتَوْقِفْنَ	إِسْتَوْقَفْتُنَّ	أَنْتُنَّ	
يُسْتَوْقَفُ	أُسْتُوقِفَ		يَسْتَوْقِفُ	إِسْتَوْقَفَ	هُوَ	اَلْغَائِبُ 3 남
			يَسْتَوْقِفَانِ	إِسْتَوْقَفَا	هُمَا	
			يَسْتَوْقِفُونَ	إِسْتَوْقَفُوا	هُمْ	
			تَسْتَوْقِفُ	إِسْتَوْقَفَتْ	هِيَ	اَلْغَائِبَةُ 3 여
			تَسْتَوْقِفَانِ	إِسْتَوْقَفَتَا	هُمَا	
			يَسْتَوْقِفْنَ	إِسْتَوْقَفْنَ	هُنَّ	

뜻풀이

- (누구에게) 멈추라고 하다, 멈춰달라고 부탁하다
- (누구 또는 무엇을) 멈추다, 정지시키다, 제한하다, 방해하다, 체포하다
- (무엇을) 유지하려 시도하다
- (무엇을) 잡다, 끌다(비유적으로)

예문

اِسْتَوْقَفَ نَظَرَهُ / الِانْتِبَاهَ

누구의 시선을 사로잡다 / 주위를 끌다, 주목받다

اِسْتَوْقَفَ ضَابِطُ الشُّرْطَةِ السَّيَّارَةَ.

경관은 자동차를 정지시켰다.

اِسْتَوْقَفَنِي حَارِسُ الْبَوَّابَةِ الرَّئِيسِيَّةِ.

정문의 경비가 나를 멈추게 했다.

اِسْتَوْقَفَتْهُ مُشْكِلَةٌ كِيمَائِيَّةٌ حَاوَلَ حَلَّهَا.

그가 해결하려고 애썼던 한 화학 문제가 그의 발목을 붙잡았다.

اِسْتَوْقَفَتْنِي عِنْدَ مُغَادَرَتِي غُرْفَةَ الْمُرَاقَبَةِ.

내가 통제실을 떠나려할 때 그녀는 나를 불러 세웠다.

اِسْتَوْقَفَ الْحَارِسُ الزُّوَّارَ فَطَلَبَ مِنْهُمْ إِبْرَازَ بِطَاقَةِ الْهُوِيَّةِ.

경비원은 방문객들을 멈추게 하고 신분증 패용을 요구했다.

اِسْتَيْقَظَ

اَلْمَصْدَرُ 동명사	اَلْفَاعِلُ 능동분사	اَلْمَفْعُولُ 수동분사
اِسْتِيقَاظ	مُسْتَيْقِظ	مُسْتَيْقَظ

اَلضَّمَائِرُ 인칭 대명사		اَلْمَعْلُومُ 능동: اَلْمَاضِي 완료	اَلْمَعْلُومُ 능동: اَلْمُضَارِعُ 미완료	اَلْمَعْلُومُ 능동: اَلْأَمْرُ 명령	اَلْمَجْهُولُ 수동: اَلْمَاضِي 완료	اَلْمَجْهُولُ 수동: اَلْمُضَارِعُ 미완료
اَلْمُتَكَلِّمُ 1인칭	أَنَا	اِسْتَيْقَظْتُ	أَسْتَيْقِظُ			
	نَحْنُ	اِسْتَيْقَظْنَا	نَسْتَيْقِظُ			
اَلْمُخَاطَبُ 2 남	أَنْتَ	اِسْتَيْقَظْتَ	تَسْتَيْقِظُ	اِسْتَيْقِظْ		
	أَنْتُمَا	اِسْتَيْقَظْتُمَا	تَسْتَيْقِظَانِ	اِسْتَيْقِظَا		
	أَنْتُمْ	اِسْتَيْقَظْتُمْ	تَسْتَيْقِظُونَ	اِسْتَيْقِظُوا		
اَلْمُخَاطَبَةُ 2 여	أَنْتِ	اِسْتَيْقَظْتِ	تَسْتَيْقِظِينَ	اِسْتَيْقِظِي		
	أَنْتُمَا	اِسْتَيْقَظْتُمَا	تَسْتَيْقِظَانِ	اِسْتَيْقِظَا		
	أَنْتُنَّ	اِسْتَيْقَظْتُنَّ	تَسْتَيْقِظْنَ	اِسْتَيْقِظْنَ		
اَلْغَائِبُ 3 남	هُوَ	اِسْتَيْقَظَ	يَسْتَيْقِظُ		أُسْتُيْقِظَ	يُسْتَيْقَظُ
	هُمَا	اِسْتَيْقَظَا	يَسْتَيْقِظَانِ			
	هُمْ	اِسْتَيْقَظُوا	يَسْتَيْقِظُونَ			
اَلْغَائِبَةُ 3 여	هِيَ	اِسْتَيْقَظَتْ	تَسْتَيْقِظُ			
	هُمَا	اِسْتَيْقَظَتَا	تَسْتَيْقِظَانِ			
	هُنَّ	اِسْتَيْقَظْنَ	يَسْتَيْقِظْنَ			

뜻풀이

- 일어나다, 잠에서 깨어나다,
- 누구 또는 무엇에 의해(على) 잠이 깨다
- (누구에게)일어날 것을 부탁하다, (누구를) 잠에서 깨우다
- 조심하다, 경계하다, 주목하다, 방심하지 않다

예문

مَتَى تَسْتَيْقِظُ أَنْتَ مِنَ النَّوْمِ؟

언제 당신은 잠에서 깨어나나요?

اِسْتَيْقَظَتِ الْأُمُّ مِنْ نَوْمٍ عَمِيقٍ.

엄마는 깊은 잠에서 깨어났다.

اِسْتَيْقِظْ وَلَا تُمْضِ النَّهَارَ كُلَّهُ نَائِمًا.

일어나라 그리고 낮 시간을 잠으로 허비하지 말아라.

اِسْتَيْقَظْتُ فِي السَّاعَةِ السَّابِعَةِ هَذَا الصَّبَاحَ.

나는 오늘 아침 7시에 일어났다.

حِينَ أَسْتَيْقِظُ مُتَأَخِّرًا، تَفُوتُنِي حَافِلَةُ الْمَدْرَسَةِ.

내가 늦게 일어나서 나는 학교 버스를 놓쳤다.

اَلْهَاتِفُ رَنَّ ثَلَاثَ مَرَّاتٍ وَلَكِنَّ وَالِدَتِي لَمْ تَسْتَيْقِظْ.

전화기가 세 번 울렸지만 나의 어머니는 일어나지 않았다.

수동분사 اَلْمَفْعُولُ	능동분사 اَلْفَاعِلُ	동명사 اَلْمَصْدَرُ	أَسْرَعَ
مُسْرَع	مُسْرِع	إِسْرَاع	

수동 اَلْمَجْهُولُ		능동 اَلْمَعْلُومُ			اَلضَّمَائِرُ 인칭 대명사	
اَلْمُضَارِعُ 미완료	اَلْمَاضِي 완료	اَلْأَمْرُ 명령	اَلْمُضَارِعُ 미완료	اَلْمَاضِي 완료		
			أُسْرِعُ	أَسْرَعْتُ	أَنَا	اَلْمُتَكَلِّمُ 1인칭
			نُسْرِعُ	أَسْرَعْنَا	نَحْنُ	
		أَسْرِعْ	تُسْرِعُ	أَسْرَعْتَ	أَنْتَ	اَلْمُخَاطَبُ 2 남
		أَسْرِعَا	تُسْرِعَانِ	أَسْرَعْتُمَا	أَنْتُمَا	
		أَسْرِعُوا	تُسْرِعُونَ	أَسْرَعْتُمْ	أَنْتُمْ	
		أَسْرِعِي	تُسْرِعِينَ	أَسْرَعْتِ	أَنْتِ	اَلْمُخَاطَبَةُ 2 여
		أَسْرِعَا	تُسْرِعَانِ	أَسْرَعْتُمَا	أَنْتُمَا	
		أَسْرِعْنَ	تُسْرِعْنَ	أَسْرَعْتُنَّ	أَنْتُنَّ	
يُسْرَعُ	أُسْرِعَ		يُسْرِعُ	أَسْرَعَ	هُوَ	اَلْغَائِبُ 3 남
			يُسْرِعَانِ	أَسْرَعَا	هُمَا	
			يُسْرِعُونَ	أَسْرَعُوا	هُمْ	
			تُسْرِعُ	أَسْرَعَتْ	هِيَ	اَلْغَائِبَةُ 3 여
			تُسْرِعَانِ	أَسْرَعَتَا	هُمَا	
			يُسْرِعْنَ	أَسْرَعْنَ	هُنَّ	

뜻풀이

- 빠르다
- 어디로(إلى) 빨리 가다, 급히 가다
- 무엇을(في 또는 ب) 빠르게 하다, 서둘러 하다
- (무엇을) 서두르다, 진척시키다, 촉진하다

예문

أَسْرِعْ إِلَيَّ.

나에게 빨리 와라.

أَسْرَعَ الْخَطْوَةَ.

그는 발걸음을 재촉했다.

أَسْرَعُوا إِلَى الْمُسْتَشْفَى.

그들은 서둘러 병원으로 갔다.

سَأُسْرِعُ بِذَهَابِي إِلَى هُنَاكَ.

나는 서둘러서 거기에 갈 것이다.

يُسْرِعُ بِالنَّظَرِ فِي الْقَضَايَا الْمُعَلَّقَةِ.

그는 미결 사건들에 대한 조사를 서두른다.

يَبْدَأُ الْفِيلْمُ بَعْدَ خَمْسِ دَقَائِقَ، لِنُسْرِعْ.

영화가 5분 후에 시작하니 서두르자.

أَسْكَنَ	اَلْمَصْدَرُ 동명사	اَلْفَاعِلُ 능동분사	اَلْمَفْعُولُ 수동분사
	إِسْكَان	مُسْكِن	مُسْكَن

اَلضَّمَائِرُ 인칭 대명사		اَلْمَعْلُومُ 능동			اَلْمَجْهُولُ 수동	
		اَلْمَاضِي 완료	اَلْمُضَارِعُ 미완료	اَلْأَمْرُ 명령	اَلْمَاضِي 완료	اَلْمُضَارِعُ 미완료
اَلْمُتَكَلِّمُ 1인칭	أَنَا	أَسْكَنْتُ	أُسْكِنُ			
	نَحْنُ	أَسْكَنَّا	نُسْكِنُ			
اَلْمُخَاطَبُ 2 남	أَنْتَ	أَسْكَنْتَ	تُسْكِنُ	أَسْكِنْ		
	أَنْتُمَا	أَسْكَنْتُمَا	تُسْكِنَانِ	أَسْكِنَا		
	أَنْتُمْ	أَسْكَنْتُمْ	تُسْكِنُونَ	أَسْكِنُوا		
اَلْمُخَاطَبَةُ 2 여	أَنْتِ	أَسْكَنْتِ	تُسْكِنِينَ	أَسْكِنِي		
	أَنْتُمَا	أَسْكَنْتُمَا	تُسْكِنَانِ	أَسْكِنَا		
	أَنْتُنَّ	أَسْكَنْتُنَّ	تُسْكِنَّ	أَسْكِنَّ		
اَلْغَائِبُ 3 남	هُوَ	أَسْكَنَ	يُسْكِنُ		أُسْكِنَ	يُسْكَنُ
	هُمَا	أَسْكَنَا	يُسْكِنَانِ			
	هُمْ	أَسْكَنُوا	يُسْكِنُونَ			
اَلْغَائِبَةُ 3 여	هِيَ	أَسْكَنَتْ	تُسْكِنُ			
	هُمَا	أَسْكَنَتَا	تُسْكِنَانِ			
	هُنَّ	أَسْكَنَّ	يُسْكِنَّ			

뜻풀이

- (누구에게) 거주지를 제공하다, 거처를 마련해 주다
- (누구를) (어디에) 정착시키다, 머무르게 하다
- (무엇을) 조용하게 만들다
- (무엇의 움직임을) 멈추게 하다
- (불을) 끄다, 소화하다
- (발음) 소리를 내지 않다, 묵음하다.

예문

أَسْكَنَهُ الْفَقْرُ.

가난이 그를 위축시켰다.

أَسْكَنْتُ الْمُحَرِّكَ.

나는 그 엔진을 껐다.

أَسْكَنَ لَهِيبَ النَّارِ.

그는 불을 껐다.

أَسْكَنَنِي عَمِّي الْبَيْتَ.

나의 삼촌은 나에게 집을 마련해 주셨다.

أَسْكَنْتُ أَخِي فِي مَنْزِلِي.

나는 형을 내 집에 머무르게 했다.

لِمَاذَا تُسْكِنُ أَوَاخِرَ الْكَلِمَاتِ حِينَ تَقْرَأُ؟

너는 읽을 때, 왜 단어들의 끝소리를 내지 않니?

수동분사 اَلْمَفْعُولُ	능동분사 اَلْفَاعِلُ	동명사 اَلْمَصْدَرُ	أَسْمَعَ
مُسْمَع	مُسْمِع	إِسْمَاع	

수동 اَلْمَجْهُولُ		능동 اَلْمَعْلُومُ			اَلضَّمَائِرُ 인칭 대명사	
اَلْمُضَارِعُ 미완료	اَلْمَاضِي 완료	اَلْأَمْرُ 명령	اَلْمُضَارِعُ 미완료	اَلْمَاضِي 완료		
			أُسْمِعُ	أَسْمَعْتُ	أَنَا	اَلْمُتَكَلِّمُ 1인칭
			نُسْمِعُ	أَسْمَعْنَا	نَحْنُ	
		أَسْمِعْ	تُسْمِعُ	أَسْمَعْتَ	أَنْتَ	اَلْمُخَاطَبُ 2 남
		أَسْمِعَا	تُسْمِعَانِ	أَسْمَعْتُمَا	أَنْتُمَا	
		أَسْمِعُوا	تُسْمِعُونَ	أَسْمَعْتُمْ	أَنْتُمْ	
		أَسْمِعِي	تُسْمِعِينَ	أَسْمَعْتِ	أَنْتِ	اَلْمُخَاطَبَةُ 2 여
		أَسْمِعَا	تُسْمِعَانِ	أَسْمَعْتُمَا	أَنْتُمَا	
		أَسْمِعْنَ	تُسْمِعْنَ	أَسْمَعْتُنَّ	أَنْتُنَّ	
يُسْمَعُ	أُسْمِعَ		يُسْمِعُ	أَسْمَعَ	هُوَ	اَلْغَائِبُ 3 남
			يُسْمِعَانِ	أَسْمَعَا	هُمَا	
			يُسْمِعُونَ	أَسْمَعُوا	هُمْ	
			تُسْمِعُ	أَسْمَعَتْ	هِيَ	اَلْغَائِبَةُ 3 여
			تُسْمِعَانِ	أَسْمَعَتَا	هُمَا	
			يُسْمِعْنَ	أَسْمَعْنَ	هُنَّ	

뜻풀이

- (누구에게) (무엇을) 들려주다, 듣게 하다
- (누구에게) (무엇을) 알려주다, (무엇에 대해) 알려주다, 말해 주다
- 비난하다, 비방하다, 즐겁지 않은 소리를 듣게 하다.

예문

أَسْمِعْنِي صَوْتَكَ.

나에게 네 목소리를 들려줘.

أَسْمِعُونِي دُرُوسَكُمْ.

내가 당신들의 수업을 듣도록 해 주세요.

أَسْمَعَنِي قِصَّتَهُ لِلْحُبِّ.

그는 그의 사랑 이야기를 나에게 들려주었다.

أَسْمَعَتْنِي كَلَامًا لَمْ يُعْجِبْنِي.

그녀는 나에게 듣기 싫은 소리를 했다.

يُسْمِعُنَا الرَّادِيُو الْأُغْنِيَةَ وَالْمُوسِيقَى.

라디오는 우리에게 노래와 음악을 들려준다.

لَا أُصَدِّقُ أَنَّهَا سَتُسْمِعُنَا أُغْنِيَةً أُخْرَى.

나는 그녀가 우리에게 노래 한 곡을 더 들려줄 것이라고 믿지 않는다.

أَسْنَدَ

اَلْمَفْعُولُ 수동분사	اَلْفَاعِلُ 능동분사	اَلْمَصْدَرُ 동명사
مُسْنَد	مُسْنِد	إِسْنَاد

اَلْمَجْهُولُ 수동		اَلْمَعْلُومُ 능동			اَلضَّمَائِرُ 인칭 대명사	
اَلْمُضَارِعُ 미완료	اَلْمَاضِي 완료	اَلْأَمْرُ 명령	اَلْمُضَارِعُ 미완료	اَلْمَاضِي 완료		
			أُسْنِدُ	أَسْنَدْتُ	أَنَا	اَلْمُتَكَلِّمُ 1인칭
			نُسْنِدُ	أَسْنَدْنَا	نَحْنُ	
		أَسْنِدْ	تُسْنِدُ	أَسْنَدْتَ	أَنْتَ	اَلْمُخَاطَبُ 2 남
		أَسْنِدَا	تُسْنِدَانِ	أَسْنَدْتُمَا	أَنْتُمَا	
		أَسْنِدُوا	تُسْنِدُونَ	أَسْنَدْتُمْ	أَنْتُمْ	
		أَسْنِدِي	تُسْنِدِينَ	أَسْنَدْتِ	أَنْتِ	اَلْمُخَاطَبَةُ 2 여
		أَسْنِدَا	تُسْنِدَانِ	أَسْنَدْتُمَا	أَنْتُمَا	
		أَسْنِدْنَ	تُسْنِدْنَ	أَسْنَدْتُنَّ	أَنْتُنَّ	
يُسْنَدُ	أُسْنِدَ		يُسْنِدُ	أَسْنَدَ	هُوَ	اَلْغَائِبُ 3 남
			يُسْنِدَانِ	أَسْنَدَا	هُمَا	
			يُسْنِدُونَ	أَسْنَدُوا	هُمْ	
			تُسْنِدُ	أَسْنَدَتْ	هِيَ	اَلْغَائِبَةُ 3 여
			تُسْنِدَانِ	أَسْنَدَتَا	هُمَا	
			يُسْنِدْنَ	أَسْنَدْنَ	هُنَّ	

뜻풀이

- (누구를) 어디에(إِلى) 기대게 하다, 의지하게 하다
- (무엇을) 어디에(إِلى) 기대어 놓다, 기대어 세우다
- (무엇을) 어디의(إِلى) 바탕으로 두다, 기반으로 삼다, 근거로 세우다
- (예언자의 하디스가) 누구를(إِلى) 근거로 구성되다, 기원으로 하다
- <문법> 주어에 대해 서술하다
- (무엇을) 누구에게(إِلى 또는 لِ) 맡기다, 위탁하다
- (무엇을) 누구의(لِ) 탓으로 하다, 덕분으로 돌리다
- (무엇때문에)누구를(إِلى)고발하다,기소하다
- 누구 또는 무엇에(إِلى) 기대다, 의지하다
- 무엇에(إِلى) 근거하다, 기반하다, 입각하다

예문

أَسْنَدَ التُّهْمَةَ إِلَيَّ.

그는 나를 의심했다.

أَسْنَدَ الْحَدِيثَ إِلَى قَائِلِهِ.

그는 하디스의 기원을 찾았다.

أَسْنَدَ إِلَيْهَا إِدَارَةَ الْمَدْرَسَةِ.

그는 그녀에게 학교 운영을 맡겼다.

أَسْنَدْتُ السُّلَّمَ إِلَى الْجِدَارِ.

나는 사다리를 벽에 기대어 놓았다.

أَسْنَدَ الاِتِّهَامَ إِلَى الشَّرِكَةِ الْمُصَنِّعَةِ.

그는 제조업체를 고발했다.

أَسْنَدَ هَذَا الْبَرْنَامَجُ التِّلِفِزِيُونِيُّ إِلَى الْوَقَائِعِ التَّارِيخِيَّةِ.

이 TV 프로그램은 역사적 사실을 근거로 했다.

أَشَارَ

أَشَارَ	اَلْمَصْدَرُ 동명사	اَلْفَاعِلُ 능동분사	اَلْمَفْعُولُ 수동분사
	إِشَارَة	مُشِير	مُشَار

اَلضَّمَائِرُ 인칭 대명사		اَلْمَعْلُومُ 능동			اَلْمَجْهُولُ 수동	
		اَلْمَاضِي 완료	اَلْمُضَارِعُ 미완료	اَلْأَمْرُ 명령	اَلْمَاضِي 완료	اَلْمُضَارِعُ 미완료
اَلْمُتَكَلِّمُ 1인칭	أَنَا	أَشَرْتُ	أُشِيرُ			
	نَحْنُ	أَشَرْنَا	نُشِيرُ			
اَلْمُخَاطَبُ 2 남	أَنْتَ	أَشَرْتَ	تُشِيرُ	أَشِرْ		
	أَنْتُمَا	أَشَرْتُمَا	تُشِيرَانِ	أَشِيرَا		
	أَنْتُمْ	أَشَرْتُمْ	تُشِيرُونَ	أَشِيرُوا		
اَلْمُخَاطَبَةُ 2 여	أَنْتِ	أَشَرْتِ	تُشِيرِينَ	أَشِيرِي		
	أَنْتُمَا	أَشَرْتُمَا	تُشِيرَانِ	أَشِيرَا		
	أَنْتُنَّ	أَشَرْتُنَّ	تُشِرْنَ	أَشِرْنَ		
اَلْغَائِبُ 3 남	هُوَ	أَشَارَ	يُشِيرُ		أُشِيرَ	يُشَارُ
	هُمَا	أَشَارَا	يُشِيرَانِ			
	هُمْ	أَشَارُوا	يُشِيرُونَ			
اَلْغَائِبَةُ 3 여	هِيَ	أَشَارَتْ	تُشِيرُ			
	هُمَا	أَشَارَتَا	تُشِيرَانِ			
	هُنَّ	أَشَرْنَ	يُشِرْنَ			

뜻풀이

- 누구에게(إلى 또는 ل) 신호하다, 신호를 주다, 윙크하다
- 누구에게(إلى 또는 ل) 무엇을(ب) 하도록 몸짓으로 지시하다, 신호하다, 신호를 주다
- 누구에게(إلى) (무엇을 하도록) 청하다, 요구하다, 촉구하다
- 무엇을(إلى) 넌지시 내비치다, 암시하다
- 무엇을(إلى 또는 على) 지적하다, 언급하다
- 누구에게(على) 무엇을(ب 또는 أن) 하도록 조언하다, 충고하다, 제안하다
- 누구에게(على) 무엇을(ب 또는 أن) 하도록 지시하다, 명령하다
- 무엇을(ب) 나타내다, 가리키다, 제시하다

예문

مَا أَشَارَ بِطَرْفٍ

눈도 깜짝 안 하다, 조금도 놀라지 않다

مَا يُشَارُ إِلَيْهِ بِالْبَنَانِ

아주 뛰어난 것, 굉장히 눈에 띄는 것

كَمَا تُشِيرُ إِلَيْهِ الدِّرَاسَاتُ الْأَخِيرَةُ

최근 연구에 따르면

أَشَارَ شُرْطِيُّ السَّيْرِ بِالْوُقُوفِ.

교통 경찰이 정지신호를 보냈다.

أَشَارَتْ سَاعَةُ الْحَائِطِ إِلَى الْوَقْتِ الَّذِي يَجِبُ أَنْ يُغَادِرَ فِيهِ.

벽시계는 그가 떠나야 할 시간을 가리켰다.

قَرَأْتُ فِي الْعَامِ الْمَاضِي ذَلِكَ الْكِتَابَ الصَّعْبَ الَّذِي أَشَرْتَ إِلَيْهِ.

나는 네가 지목했던 그 어려운 책을 작년에 읽었다.

اِشْتَدَّ

اَلْمَفْعُولُ 수동분사	اَلْفَاعِلُ 능동분사	اَلْمَصْدَرُ 동명사
مُشْتَدّ	مُشْتَدّ	اِشْتِدَاد

اَلْمَجْهُولُ 수동		اَلْمَعْلُومُ 능동			اَلضَّمَائِرُ 인칭 대명사	
اَلْمُضَارِعُ 미완료	اَلْمَاضِي 완료	اَلْأَمْرُ 명령	اَلْمُضَارِعُ 미완료	اَلْمَاضِي 완료		
			أَشْتَدُّ	اِشْتَدَدْتُ	أَنَا	اَلْمُتَكَلِّمُ 1인칭
			نَشْتَدُّ	اِشْتَدَدْنَا	نَحْنُ	
		اِشْتَدِدْ، اِشْتَدَّ	تَشْتَدُّ	اِشْتَدَدْتَ	أَنْتَ	اَلْمُخَاطَبُ 2 남
		اِشْتَدَّا	تَشْتَدَّانِ	اِشْتَدَدْتُمَا	أَنْتُمَا	
		اِشْتَدُّوا	تَشْتَدُّونَ	اِشْتَدَدْتُمْ	أَنْتُمْ	
		اِشْتَدِّي	تَشْتَدِّينَ	اِشْتَدَدْتِ	أَنْتِ	اَلْمُخَاطَبَةُ 2 여
		اِشْتَدَّا	تَشْتَدَّانِ	اِشْتَدَدْتُمَا	أَنْتُمَا	
		اِشْتَدِدْنَ	تَشْتَدِدْنَ	اِشْتَدَدْتُنَّ	أَنْتُنَّ	
يُشْتَدُّ	أُشْتُدَّ		يَشْتَدُّ	اِشْتَدَّ	هُوَ	اَلْغَائِبُ 3 남
			يَشْتَدَّانِ	اِشْتَدَّا	هُمَا	
			يَشْتَدُّونَ	اِشْتَدُّوا	هُمْ	
			تَشْتَدُّ	اِشْتَدَّتْ	هِيَ	اَلْغَائِبَةُ 3 여
			تَشْتَدَّانِ	اِشْتَدَّتَا	هُمَا	
			يَشْتَدِدْنَ	اِشْتَدَدْنَ	هُنَّ	

뜻풀이

- 강하다, 튼튼하다, 견고하다
- 강렬하다, 격렬하다, 열정적이다
- 더 강렬해지다, (강도가) 더 세지다, 더 격렬해지다
- 가혹하다, 혹독하다, 극심하다, 심각하다,
- 더 가혹해지다, 혹독해지다, (고통이나 상태가) 더 극심해지다, 심각해지다
- (정도나 강도가) 심해지다, 격렬해지다, 커지다, 강해지다
- (병이나 질환이) 누구를(على) 못 견디게 고통스럽게 하다, 누구의(على) 병이 악화되다, 나빠지다
- (시간이) 지나다, 흐르다, 많이 경과하다
- 전속력으로 달리다, 질주하다

예문

اِشْتَدَّ النَّهَارُ

한낮이 되다, 해가 중천에 뜨다

اِشْتَدَّ سَاعِدُهُ

강해지다, 기운이 샘솟다

اِشْتَدَّ فِي السَّيْرِ.

그는 길을 달렸다.

اِشْتَدَّتْ عَلَى وَلَدِهَا.

그녀는 아들에게 가혹했다.

اِشْتَدَّ عَلَيْهِ الْمَرَضُ.

그의 병세가 악화되었다.

نَعَمْ، لَكِنْ اِشْتَدَّتِ الرِّيحُ.

예, 그런데 바람이 거세졌어요.

수동분사 اَلْمَفْعُولُ	능동분사 اَلْفَاعِلُ	동명사 اَلْمَصْدَرُ	اِشْتَرَى
مُشْتَرًى	مُشْتَرٍ	اِشْتِرَاء	

수동 اَلْمَجْهُولُ		능동 اَلْمَعْلُومُ			اَلضَّمَائِرُ 인칭 대명사	
اَلْمُضَارِعُ 미완료	اَلْمَاضِي 완료	اَلْأَمْرُ 명령	اَلْمُضَارِعُ 미완료	اَلْمَاضِي 완료		
			أَشْتَرِي	اِشْتَرَيْتُ	أَنَا	اَلْمُتَكَلِّمُ 1인칭
			نَشْتَرِي	اِشْتَرَيْنَا	نَحْنُ	
		اِشْتَرِ	تَشْتَرِي	اِشْتَرَيْتَ	أَنْتَ	اَلْمُخَاطَبُ 2남
		اِشْتَرِيَا	تَشْتَرِيَانِ	اِشْتَرَيْتُمَا	أَنْتُمَا	
		اِشْتَرُوا	تَشْتَرُونَ	اِشْتَرَيْتُمْ	أَنْتُمْ	
		اِشْتَرِي	تَشْتَرِينَ	اِشْتَرَيْتِ	أَنْتِ	اَلْمُخَاطَبَةُ 2여
		اِشْتَرِيَا	تَشْتَرِيَانِ	اِشْتَرَيْتُمَا	أَنْتُمَا	
		اِشْتَرِينَ	تَشْتَرِينَ	اِشْتَرَيْتُنَّ	أَنْتُنَّ	
يُشْتَرَى	أُشْتُرِيَ		يَشْتَرِي	اِشْتَرَى	هُوَ	اَلْغَائِبُ 3남
			يَشْتَرِيَانِ	اِشْتَرَيَا	هُمَا	
			يَشْتَرُونَ	اِشْتَرَوْا	هُمْ	
			تَشْتَرِي	اِشْتَرَتْ	هِيَ	اَلْغَائِبَةُ 3여
			تَشْتَرِيَانِ	اِشْتَرَتَا	هُمَا	
			يَشْتَرِينَ	اِشْتَرَيْنَ	هُنَّ	

뜻풀이

- (무엇을) 사다, 구매하다
- (무엇을) 있는 대로 다 사다, 매수하다, 사들이다
- (무엇을) 팔다

예문

مِمَّنِ اشْتَرَيْتَ هَذِهِ الْمَاوْسَ؟

너는 누구에게서 이 마우스를 샀니?

هَلْ تَعْلَمُ أَنَّنِي اشْتَرَيْتُ كُمْبِيُوتِر جَدِيدًا؟

너는 내가 새 컴퓨터를 산 것을 알고 있니?

كَمْ كِتَابًا اشْتَرَتْ سُو مِين مِنَ الْمَعْرِضِ؟

수민은 전시장에서 몇 권의 책을 사나요?

يُمْكِنُنَا أَنْ نَشْتَرِيَ أَشْيَاءَ جَيِّدَةً وَمُفِيدَةً لِبُيُوتِنَا.

우리는 우리 집에 유용하고 좋은 물건을 구입할 수 있다.

لَا تَشْتَرِ هَذِهِ الْهَدِيَّةَ لِي لِأَنَّكَ عَاجِزٌ عَنْ تَسْدِيدِ ثَمَنِهَا.

너는 값을 치를 수 없으니 이 선물을 나를 위해 사지 마라.

أَرَادَ بَعْضُهُمْ أَنْ يَشْتَرُوا قُمْصَانًا مِثْلَهُ فِي الْمَحَلِّ نَفْسِهُ.

그들 중 몇 명은 같은 상점에서 그와 같은 셔츠를 사고 싶어 했다.

أَشْرَفَ

수동분사 اَلْمَفْعُولُ	능동분사 اَلْفَاعِلُ	동명사 اَلْمَصْدَرُ
مُشْرَف	مُشْرِف	إِشْرَاف

수동 اَلْمَجْهُولُ		능동 اَلْمَعْلُومُ			اَلضَّمَائِرُ 인칭 대명사	
اَلْمُضَارِعُ 미완료	اَلْمَاضِي 완료	اَلْأَمْرُ 명령	اَلْمُضَارِعُ 미완료	اَلْمَاضِي 완료		
			أُشْرِفُ	أَشْرَفْتُ	أَنَا	اَلْمُتَكَلِّمُ 1인칭
			نُشْرِفُ	أَشْرَفْنَا	نَحْنُ	
		أَشْرِفْ	تُشْرِفُ	أَشْرَفْتَ	أَنْتَ	اَلْمُخَاطَبُ 2 남
		أَشْرِفَا	تُشْرِفَانِ	أَشْرَفْتُمَا	أَنْتُمَا	
		أَشْرِفُوا	تُشْرِفُونَ	أَشْرَفْتُمْ	أَنْتُمْ	
		أَشْرِفِي	تُشْرِفِينَ	أَشْرَفْتِ	أَنْتِ	اَلْمُخَاطَبَةُ 2 여
		أَشْرِفَا	تُشْرِفَانِ	أَشْرَفْتُمَا	أَنْتُمَا	
		أَشْرِفْنَ	تُشْرِفْنَ	أَشْرَفْتُنَّ	أَنْتُنَّ	
يُشْرَفُ	أُشْرِفَ		يُشْرِفُ	أَشْرَفَ	هُوَ	اَلْغَائِبُ 3 남
			يُشْرِفَانِ	أَشْرَفَا	هُمَا	
			يُشْرِفُونَ	أَشْرَفُوا	هُمْ	
			تُشْرِفُ	أَشْرَفَتْ	هِيَ	اَلْغَائِبَةُ 3 여
			تُشْرِفَانِ	أَشْرَفَتَا	هُمَا	
			يُشْرِفْنَ	أَشْرَفْنَ	هُنَّ	

뜻풀이

- (무엇이) 아주 높다, 우뚝 서다
- 무엇 위로(على) 높이 솟아 있다
- 주변이나 인근 등을(على) 바라보다, 내려다 보다
- (창문 등이) 어느 쪽을(على) 향해 있다, 면하다
- 무엇을(على) 구경하다, 지켜보다
- 무엇을(على) 감독하다, 지휘하다, 운영하다
- 무엇에(على) 근접하다, 인접해 있다
- 파멸이나 몰락 등의(على) 직전에 있다

예문

أَشْرَفَتِ الْعِمَارَةُ.

그 건물은 높다.

أَشْرَفْنَا عَلَى الْمَدِينَةِ.

우리는 도시를 내려다 보았다.

أَشْرَفَ الْمَرِيضُ عَلَى الْمَوْتِ.

환자는 죽기 일보 직전이다.

أَشْرَفَ بِنَاءُ شَرِكَتِنَا بِنَاءَ الْمَكْتَبَةِ.

우리 회사의 건물이 도서관 건물보다 높다.

أَشْرَفَتِ الْحُكُومَةُ عَلَى مُسْتَوَى مِيَاهِ النَّهْرِ.

정부는 강물의 수위를 통제했다.

سَيُشْرِفُ الْمُدِيرُ الْجَدِيدُ عَلَى هَذَا الْمَشْرُوعِ.

신임 관리자가 이 프로젝트를 감독할 것이다.

اَلْمَفْعُولُ 수동분사	اَلْفَاعِلُ 능동분사	اَلْمَصْدَرُ 동명사	أَصْبَحَ
مُصْبَح	مُصْبِح	إِصْبَاح	

اَلْمَجْهُولُ 수동		اَلْمَعْلُومُ 능동			اَلضَّمَائِرُ 인칭 대명사	
اَلْمُضَارِعُ 미완료	اَلْمَاضِي 완료	اَلْأَمْرُ 명령	اَلْمُضَارِعُ 미완료	اَلْمَاضِي 완료		
			أُصْبِحُ	أَصْبَحْتُ	أَنَا	اَلْمُتَكَلِّمُ 1인칭
			نُصْبِحُ	أَصْبَحْنَا	نَحْنُ	
		أَصْبِحْ	تُصْبِحُ	أَصْبَحْتَ	أَنْتَ	اَلْمُخَاطَبُ 2 남
		أَصْبِحَا	تُصْبِحَانِ	أَصْبَحْتُمَا	أَنْتُمَا	
		أَصْبِحُوا	تُصْبِحُونَ	أَصْبَحْتُمْ	أَنْتُمْ	
		أَصْبِحِي	تُصْبِحِينَ	أَصْبَحْتِ	أَنْتِ	اَلْمُخَاطَبَةُ 2 여
		أَصْبِحَا	تُصْبِحَانِ	أَصْبَحْتُمَا	أَنْتُمَا	
		أَصْبِحْنَ	تُصْبِحْنَ	أَصْبَحْتُنَّ	أَنْتُنَّ	
يُصْبَحُ	أُصْبِحَ		يُصْبِحُ	أَصْبَحَ	هُوَ	اَلْغَائِبُ 3 남
			يُصْبِحَانِ	أَصْبَحَا	هُمَا	
			يُصْبِحُونَ	أَصْبَحُوا	هُمْ	
			تُصْبِحُ	أَصْبَحَتْ	هِيَ	اَلْغَائِبَةُ 3 여
			تُصْبِحَانِ	أَصْبَحَتَا	هُمَا	
			يُصْبِحْنَ	أَصْبَحْنَ	هُنَّ	

뜻풀이

- 새로운 하루를 시작하다
- 아침에 일어나다
- 아침에 어디에(في) 있다, 어디에서(في) 발견되다
- (무엇이) 나타나다, 선명해지다
- [목적격 술부와 함께] (무엇이) 되다
- 어떤 단계나 상황에(في) 처하다, 직면하다, 이르다
- [미완료 동사와 함께] (무엇을) 시작하다; (무엇을) 할 지경에 이르다

예문

أَصْبَحَ الْحَقُّ

진실이 밝혀지다

تُصْبِحْ عَلَى خَيْرٍ.

(저녁에 헤어질 때 하는 인사) 좋은 밤 보내세요.

أَصْبَحَ الطَّقْسُ رَدِيئًا.

날씨가 나빠졌다.

أَصْبَحَ النَّاسُ يَضْحَكُونَ مِنْهُ.

사람들이 그를 비웃기 시작했다.

هُوَ يُرِيدُ أَنْ يُصْبِحَ مِثْلَ وَالِدِنَا.

그는 우리 아버지처럼 되길 바란다.

سُرْعَانَ مَا أَصْبَحْنَا صَدِيقَيْنِ جَيِّدَيْنِ.

우리는 곧 좋은 친구가 되었다.

# أَصْدَرَ	اَلْمَصْدَرُ 동명사	اَلْفَاعِلُ 능동분사	اَلْمَفْعُولُ 수동분사
	إِصْدَار	مُصْدِر	مُصْدَر

اَلضَّمَائِرُ 인칭 대명사		اَلْمَعْلُومُ 능동			اَلْمَجْهُولُ 수동	
		اَلْمَاضِي 완료	اَلْمُضَارِعُ 미완료	اَلْأَمْرُ 명령	اَلْمَاضِي 완료	اَلْمُضَارِعُ 미완료
اَلْمُتَكَلِّمُ 1인칭	أَنَا	أَصْدَرْتُ	أُصْدِرُ			
	نَحْنُ	أَصْدَرْنَا	نُصْدِرُ			
اَلْمُخَاطَبُ 2 남	أَنْتَ	أَصْدَرْتَ	تُصْدِرُ	أَصْدِرْ		
	أَنْتُمَا	أَصْدَرْتُمَا	تُصْدِرَانِ	أَصْدِرَا		
	أَنْتُمْ	أَصْدَرْتُمْ	تُصْدِرُونَ	أَصْدِرُوا		
اَلْمُخَاطَبَةُ 2 여	أَنْتِ	أَصْدَرْتِ	تُصْدِرِينَ	أَصْدِرِي		
	أَنْتُمَا	أَصْدَرْتُمَا	تُصْدِرَانِ	أَصْدِرَا		
	أَنْتُنَّ	أَصْدَرْتُنَّ	تُصْدِرْنَ	أَصْدِرْنَ		
اَلْغَائِبُ 3 남	هُوَ	أَصْدَرَ	يُصْدِرُ		أُصْدِرَ	يُصْدَرُ
	هُمَا	أَصْدَرَا	يُصْدِرَانِ			
	هُمْ	أَصْدَرُوا	يُصْدِرُونَ			
اَلْغَائِبَةُ 3 여	هِيَ	أَصْدَرَتْ	تُصْدِرُ			
	هُمَا	أَصْدَرَتَا	تُصْدِرَانِ			
	هُنَّ	أَصْدَرْنَ	يُصْدِرْنَ			

뜻풀이

- (무엇을) 전하다, 보내다, 발송하다
- (무엇을) 수출하다
- (지폐나 채권, 또는 여권 등을) 만들다, 발행하다
- (책이나 잡지 등을) 출판하다
- (명령을) 공포하다, 발하다, 내리다
- (판결을) 내리다
- (의견이나 견해 등을) 말하다, 표현하다

예문

أَصْدَرَ أَمْرًا بِاعْتِقَالِهِ

누구의 체포 명령을 내리다

حَاوِلْ أَلَّا تُصْدِرَ الْكَثِيرَ مِنَ الضَّجِيجِ.

큰 소리를 내지 않도록 노력해라.

اَلْمَاكِينَةُ قَدِيمَةٌ وَتُصْدِرُ ضَوْضَاءَ عَالِيَةً.

그 기계는 낡았고 큰 소음을 낸다.

أَصْدَرَتِ الْمَرْأَةُ صَرْخَةً عَالِيَةً مِنْ خَلْفِ الْبَابِ.

여성은 문 뒤에서 큰 소리를 질렀다.

تُسْهِمُ الْمُنْتَجَاتُ الَّتِي يُصْدِرُونَهَا فِي تَرْقِيَةِ مَبِيعَاتِ الْمُنْتَجَاتِ الْوَطَنِيَّةِ.

그들이 수출하는 상품들은 국산품 판매를 장려하는데 기여한다.

أَصْدَرَتِ الْحُكُومَةُ مَجْمُوعَةً مِنْ قَرَارَاتِ تَقْلِيلِ النَّفَقَاتِ مِنْ أَجْلِ تَنْشِيطِ الِاقْتِصَادِ.

정부는 경제 활성화를 위해 일련의 지출 축소 결정들을 발표했다.

수동분사 اَلْمَفْعُولُ	능동분사 اَلْفَاعِلُ	동명사 اَلْمَصْدَرُ	أَضَاعَ
مُضَاع	مُضِيع	إِضَاعَة	

수동 اَلْمَجْهُولُ		능동 اَلْمَعْلُومُ			인칭 대명사 اَلضَّمَائِرُ	
미완료 اَلْمُضَارِعُ	완료 اَلْمَاضِي	명령 اَلْأَمْرُ	미완료 اَلْمُضَارِعُ	완료 اَلْمَاضِي		
			أُضِيعُ	أَضَعْتُ	أَنَا	اَلْمُتَكَلِّمُ 1인칭
			نُضِيعُ	أَضَعْنَا	نَحْنُ	
		أَضِعْ	تُضِيعُ	أَضَعْتَ	أَنْتَ	اَلْمُخَاطَبُ 2 남
		أَضِيعَا	تُضِيعَانِ	أَضَعْتُمَا	أَنْتُمَا	
		أَضِيعُوا	تُضِيعُونَ	أَضَعْتُمْ	أَنْتُمْ	
		أَضِيعِي	تُضِيعِينَ	أَضَعْتِ	أَنْتِ	اَلْمُخَاطَبَةُ 2 여
		أَضِيعَا	تُضِيعَانِ	أَضَعْتُمَا	أَنْتُمَا	
		أَضِعْنَ	تُضِعْنَ	أَضَعْتُنَّ	أَنْتُنَّ	
يُضَاعُ	أُضِيعَ		يُضِيعُ	أَضَاعَ	هُوَ	اَلْغَائِبُ 3 남
			يُضِيعَانِ	أَضَاعَا	هُمَا	
			يُضِيعُونَ	أَضَاعُوا	هُمْ	
			تُضِيعُ	أَضَاعَتْ	هِيَ	اَلْغَائِبَةُ 3 여
			تُضِيعَانِ	أَضَاعَتَا	هُمَا	
			يُضِعْنَ	أَضَعْنَ	هُنَّ	

뜻풀이

- (누구 또는 무엇을) 사라지게 만들다, 소멸시키다
- (누구 또는 무엇을) 좌절시키다, 망가뜨리다
- (무엇을) 잃어버리다, 빼앗기다, 상실하다
- (무엇을) 낭비하다, 허비하다
- (무엇을) 간과하다, 잊다, 빼먹다, 빠뜨리다
- (기회 등을) 놓치다

예문

أَضَاعَ الْوَقْتَ عَبَثًا.

그는 시간을 낭비했다.

أَضَاعَ بِتَصَرُّفِهِ كُلَّ سُبُلِ النَّجَاحِ.

그는 그의 행동거지 때문에 모든 성공의 수단을 날려버렸다.

أَضَعْتُ مَالِي فِي شِرَاءِ مَا لَا فَائِدَةَ مِنْهُ.

쓸모 없는 것을 사느라 나는 돈을 날렸다.

أَضَاعَتْ مَفَاتِيحَهَا مَرَّتَيْنِ خِلَالَ هَذَا الْأُسْبُوعِ.

그녀는 이번 주에 열쇠를 두 번이나 잃어버렸다.

أَضَاعَتِ الْحَالَةُ الْقَاهِرَةُ عَلَيْهِ فُرْصَةً مِنْ ذَهَبٍ.

불가항력의 상황이 그의 황금 같은 기회를 날려버렸다.

يُضِيعُ بَعْضُ النَّاسِ الْكَثِيرَ مِنَ الْوَقْتِ عَلَى الْعَمَلِ عَلَى الْإِنْتِرْنِت.

몇몇 사람들은 인터넷 사용에 많은 시간을 허비한다.

أَضْحَكَ	اَلْمَصْدَرُ 동명사	اَلْفَاعِلُ 능동분사	اَلْمَفْعُولُ 수동분사
	إِضْحَاك	مُضْحِك	مُضْحَك

اَلضَّمَائِرُ 인칭 대명사		اَلْمَعْلُومُ 능동			اَلْمَجْهُولُ 수동	
		اَلْمَاضِي 완료	اَلْمُضَارِعُ 미완료	اَلْأَمْرُ 명령	اَلْمَاضِي 완료	اَلْمُضَارِعُ 미완료
اَلْمُتَكَلِّمُ 1인칭	أَنَا	أَضْحَكْتُ	أُضْحِكُ			
	نَحْنُ	أَضْحَكْنَا	نُضْحِكُ			
اَلْمُخَاطَبُ 2 남	أَنْتَ	أَضْحَكْتَ	تُضْحِكُ	أَضْحِكْ		
	أَنْتُمَا	أَضْحَكْتُمَا	تُضْحِكَانِ	أَضْحِكَا		
	أَنْتُمْ	أَضْحَكْتُمْ	تُضْحِكُونَ	أَضْحِكُوا		
اَلْمُخَاطَبَةُ 2 여	أَنْتِ	أَضْحَكْتِ	تُضْحِكِينَ	أَضْحِكِي		
	أَنْتُمَا	أَضْحَكْتُمَا	تُضْحِكَانِ	أَضْحِكَا		
	أَنْتُنَّ	أَضْحَكْتُنَّ	تُضْحِكْنَ	أَضْحِكْنَ		
اَلْغَائِبُ 3 남	هُوَ	أَضْحَكَ	يُضْحِكُ		أُضْحِكَ	يُضْحَكُ
	هُمَا	أَضْحَكَا	يُضْحِكَانِ			
	هُمْ	أَضْحَكُوا	يُضْحِكُونَ			
اَلْغَائِبَةُ 3 여	هِيَ	أَضْحَكَتْ	تُضْحِكُ			
	هُمَا	أَضْحَكَتَا	تُضْحِكَانِ			
	هُنَّ	أَضْحَكْنَ	يُضْحِكْنَ			

뜻풀이

- 무엇에 대해(مِنْ) 누구를 웃기다, 웃게 하다, 웃음을 유발하다
- (누구를) 기쁘고 행복하게 만들다
- 차고 넘치도록 채우다

예문

أَضْحَكَتِ الْأُمُّ وَلَدَهَا.

엄마는 아이를 행복하게 만들었다.

أَضْحَكَنِي بِفُكَاهَاتِهِ.

그는 농담으로 나를 웃겼다.

إِنَّكَ فَعَلْتَ شَيْئًا يُضْحِكُ النَّاسَ.

너는 사람들을 웃길 짓을 하고 말았다.

اَلشَّيْءُ الَّذِي يُضْحِكُكَ سَيُبْكِيكَ.

너를 웃게 만드는 것이 너를 울릴 것이다.

كَيْفَ تُضْحِكُنِي دَائِمًا، يَا أَحْمَدُ؟

아흐마드! 너는 어떻게 항상 나를 웃기냐?

لَيْسَ مِنَ السَّهْلِ أَنْ تُضْحِكَ الْجُمْهُورَ.

네가 대중들을 웃게 하는 것은 쉬운 일이 아니다.

أَطَلَّ

수동분사 اَلْمَفْعُولُ	능동분사 اَلْفَاعِلُ	동명사 اَلْمَصْدَرُ
مُطَلّ	مُطِلّ	إِطْلَال

수동 اَلْمَجْهُولُ		능동 اَلْمَعْلُومُ			اَلضَّمَائِرُ 인칭 대명사	
اَلْمُضَارِعُ 미완료	اَلْمَاضِي 완료	اَلْأَمْرُ 명령	اَلْمُضَارِعُ 미완료	اَلْمَاضِي 완료		
			أُطِلُّ	أَطْلَلْتُ	أَنَا	اَلْمُتَكَلِّمُ 1인칭
			نُطِلُّ	أَطْلَلْنَا	نَحْنُ	
		أَطْلِلْ، أَطِلَّ	تُطِلُّ	أَطْلَلْتَ	أَنْتَ	اَلْمُخَاطَبُ 2 남
		أَطِلَّا	تُطِلَّانِ	أَطْلَلْتُمَا	أَنْتُمَا	
		أَطِلُّوا	تُطِلُّونَ	أَطْلَلْتُمْ	أَنْتُمْ	
		أَطِلِّي	تُطِلِّينَ	أَطْلَلْتِ	أَنْتِ	اَلْمُخَاطَبَةُ 2 여
		أَطِلَّا	تُطِلَّانِ	أَطْلَلْتُمَا	أَنْتُمَا	
		أَطْلِلْنَ	تُطْلِلْنَ	أَطْلَلْتُنَّ	أَنْتُنَّ	
يُطَلُّ	أُطِلَّ		يُطِلُّ	أَطَلَّ	هُوَ	اَلْغَائِبُ 3 남
			يُطِلَّانِ	أَطَلَّا	هُمَا	
			يُطِلُّونَ	أَطَلُّوا	هُمْ	
			تُطِلُّ	أَطَلَّتْ	هِيَ	اَلْغَائِبَةُ 3 여
			تُطِلَّانِ	أَطَلَّتَا	هُمَا	
			يُطْلِلْنَ	أَطْلَلْنَ	هُنَّ	

뜻풀이

- 무엇을(على) 바라보다, 내려다보다, 전망하다
- 주변 지역에서(على) 가장 높이 솟아있다, 우뚝 서다
- (방이나 창문 등이) 어느 쪽으로(على) 향하다
- 어디에서(من) 무엇을(على) 엿보다, 몰래 훔쳐보다
- (무엇이) 나타나다, 등장하다, 보이다

예문

أَطَلَّ مِنَ النَّافِذَةِ

창 밖을 살피다, 창에서 엿보다

أَطَلَّ الْقَمَرُ عَلَى السُّهُولِ.

달이 대지를 비춘다.

أُرِيدُ أَنْ أَشْتَرِيَ مَنْزِلًا يُطِلُّ عَلَى مُتَنَزَّهٍ جَمِيلٍ.

나는 아름다운 공원이 보이는 집을 구매하고 싶다.

اَلطَّرِيقُ الْمُتَعَرِّجُ يُطِلُّ عَلَى مَشْهَدٍ أَخَّاذٍ لِلْأَوْدِيَةِ فِي الْأَسْفَلِ.

구불구불한 길은 아래의 황홀한 계곡의 풍경을 보여준다.

ذَهَبَ هَان سُو مَعَ صَدِيقَتِهِ إِلَى مَطْعَمٍ صَغِيرٍ يُطِلُّ عَلَى الْبَحْرِ.

한수는 여자친구와 바다가 보이는 작은 식당에 갔다.

수동분사 اَلْمَفْعُولُ	능동분사 اَلْفَاعِلُ	동명사 اَلْمَصْدَرُ	أَظْهَرَ
مُظْهَر	مُظْهِر	إِظْهَار	

수동 اَلْمَجْهُولُ		능동 اَلْمَعْلُومُ			اَلضَّمَائِرُ 인칭 대명사	
اَلْمُضَارِعُ 미완료	اَلْمَاضِي 완료	اَلْأَمْرُ 명령	اَلْمُضَارِعُ 미완료	اَلْمَاضِي 완료		
			أُظْهِرُ	أَظْهَرْتُ	أَنَا	اَلْمُتَكَلِّمُ 1인칭
			نُظْهِرُ	أَظْهَرْنَا	نَحْنُ	
		أَظْهِرْ	تُظْهِرُ	أَظْهَرْتَ	أَنْتَ	اَلْمُخَاطَبُ 2 남
		أَظْهِرَا	تُظْهِرَانِ	أَظْهَرْتُمَا	أَنْتُمَا	
		أَظْهِرُوا	تُظْهِرُونَ	أَظْهَرْتُمْ	أَنْتُمْ	
		أَظْهِرِي	تُظْهِرِينَ	أَظْهَرْتِ	أَنْتِ	اَلْمُخَاطَبَةُ 2 여
		أَظْهِرَا	تُظْهِرَانِ	أَظْهَرْتُمَا	أَنْتُمَا	
		أَظْهِرْنَ	تُظْهِرْنَ	أَظْهَرْتُنَّ	أَنْتُنَّ	
يُظْهَرُ	أُظْهِرَ		يُظْهِرُ	أَظْهَرَ	هُوَ	اَلْغَائِبُ 3 남
			يُظْهِرَانِ	أَظْهَرَا	هُمَا	
			يُظْهِرُونَ	أَظْهَرُوا	هُمْ	
			تُظْهِرُ	أَظْهَرَتْ	هِيَ	اَلْغَائِبَةُ 3 여
			تُظْهِرَانِ	أَظْهَرَتَا	هُمَا	
			يُظْهِرْنَ	أَظْهَرْنَ	هُنَّ	

뜻풀이

- (무엇을) 분명히 보이다, 보여주다, 가시화하다
- (무엇을) 밝히다, 드러내다, 폭로하다, 발표하다, 알리다
- (자세한 설명을 통해) (무엇을) 논증하다, 제시하다
- (필름을) 현상하다
- (누구를) 누구에게(على) 이기도록 만들다, 승리하게 하다
- (누구에게) 무엇에 대해(على) 설명하다, 정보를 제공하다
- (누구에게) 비밀 따위를(على) 알려주다, 누설하다
- (누구에게) 무엇을(على) 드러내 보이다, 밝히다
- (무엇을) 상세히 설명하다, 상술하다

예문

أَظْهَرَ خَوْفًا شَدِيدًا

겁에 질린 모습을 보이다

أَظْهَرَ نَوَايَاهُ الْحَقِيقَةَ

실체를 보이다

أَظْهَرَتْهُ عَلَى عَدُوِّهِ.

그녀는 그가 적을 이기도록 만들었다.

أَظْهَرَ صَدِيقَهُ عَلَى السِّرِّ.

그는 친구에게 비밀을 누설했다.

أَظْهَرَتْ تَعَاطُفًا مَعَ الطِّفْلِ الْمُصَابِ.

그녀는 고통받는 아이들에 대한 연민을 보여주었다.

الْحُكُومَاتُ الْعَرَبِيَّةُ أَظْهَرَتْ مَزِيدًا مِنَ الْوَعْيِ مُؤَخَّرًا لِهَذِهِ الْقَضِيَّةِ.

아랍 정부들은 최근 이 이슈에 대해 보다 많이 인지하고 있음을 보여주었다.

수동분사 اَلْمَفْعُولُ	능동분사 اَلْفَاعِلُ	동명사 اَلْمَصْدَرُ	اِعْتَبَرَ
مُعْتَبَر	مُعْتَبِر	اِعْتِبَار	

수동 اَلْمَجْهُولُ		능동 اَلْمَعْلُومُ			اَلضَّمَائِرُ 인칭 대명사	
اَلْمُضَارِعُ 미완료	اَلْمَاضِي 완료	اَلْأَمْرُ 명령	اَلْمُضَارِعُ 미완료	اَلْمَاضِي 완료		
			أَعْتَبِرُ	اِعْتَبَرْتُ	أَنَا	اَلْمُتَكَلِّمُ 1인칭
			نَعْتَبِرُ	اِعْتَبَرْنَا	نَحْنُ	
		اِعْتَبِرْ	تَعْتَبِرُ	اِعْتَبَرْتَ	أَنْتَ	اَلْمُخَاطَبُ 2 남
		اِعْتَبِرَا	تَعْتَبِرَانِ	اِعْتَبَرْتُمَا	أَنْتُمَا	
		اِعْتَبِرُوا	تَعْتَبِرُونَ	اِعْتَبَرْتُمْ	أَنْتُمْ	
		اِعْتَبِرِي	تَعْتَبِرِينَ	اِعْتَبَرْتِ	أَنْتِ	اَلْمُخَاطَبَةُ 2 여
		اِعْتَبِرَا	تَعْتَبِرَانِ	اِعْتَبَرْتُمَا	أَنْتُمَا	
		اِعْتَبِرْنَ	تَعْتَبِرْنَ	اِعْتَبَرْتُنَّ	أَنْتُنَّ	
يُعْتَبَرُ	أُعْتُبِرَ		يَعْتَبِرُ	اِعْتَبَرَ	هُوَ	اَلْغَائِبُ 3 남
			يَعْتَبِرَانِ	اِعْتَبَرَا	هُمَا	
			يَعْتَبِرُونَ	اِعْتَبَرُوا	هُمْ	
			تَعْتَبِرُ	اِعْتَبَرَتْ	هِيَ	اَلْغَائِبَةُ 3 여
			تَعْتَبِرَانِ	اِعْتَبَرَتَا	هُمَا	
			يَعْتَبِرْنَ	اِعْتَبَرْنَ	هُنَّ	

뜻풀이

- (교훈이나 충고를) 얻다
- 누구 또는 무엇에서(ب) 교훈을 얻다, 본보기로 삼다
- (무엇을) 고려하다, 감안하다, 참작하다, 안중에 두다
- 누구의(ل) 자질 또는 특성 등을 인정하다
- (누구 또는 무엇을) 무엇으로 여기다, 평가하다
- (누구를) 존중하다, 존경하다

예문

اَلْقِرَاءَةُ تُعْتَبَرُ أَسْهَلَ مِنَ الْكِتَابَةِ.

읽는 것이 쓰는 것보다 쉽다고 생각된다.

فِي هَذِهِ الظُّرُوفِ يُعْتَبَرُ هَذَا الرَّدُّ فَظًّا.

이런 상황에서 그 대답은 무례하다고 여겨졌다.

أَغْلَبُ الزُّوَّارِ يَعْتَبِرُونَ أَنَّ الْمَتْحَفَ مُمْتِعٌ جِدًّا.

대부분의 방문객은 박물관이 무척 흥미로웠다고 생각한다.

تُعْتَبَرُ أَهْرَامَاتُ الْقَاهِرَةِ أَوَّلَ أَعْجُوبَةٍ فِي الْعَالَمِ.

카이로의 피라미드는 세계의 첫 번째 불가사의로 여겨진다

لَا يَعْتَبِرُ كَثِيرٌ مِنَ النَّاسِ الْيَوْمَ أَنَّ السَّيَّارَةَ شَيْءٌ كَمَالِيٌّ.

오늘날 많은 사람들은 자동차를 사치품으로 여기지 않는다.

عَاشَتْ فِي نِيُويُورْك سَنَوَاتٍ عَدِيدَةً، لِذَلِكَ فَهِيَ تَعْتَبِرُهَا وَطَنَهَا.

그녀는 수년간 뉴욕에서 살아서 뉴욕을 자신의 고향으로 여긴다.

اِعْتَدَلَ

수동분사 اَلْمَفْعُولُ	능동분사 اَلْفَاعِلُ	동명사 اَلْمَصْدَرُ
مُعْتَدَل	مُعْتَدِل	اِعْتِدَال

수동 اَلْمَجْهُولُ		능동 اَلْمَعْلُومُ			اَلضَّمَائِرُ 인칭 대명사	
اَلْمُضَارِعُ 미완료	اَلْمَاضِي 완료	اَلْأَمْرُ 명령	اَلْمُضَارِعُ 미완료	اَلْمَاضِي 완료		
			أَعْتَدِلُ	اِعْتَدَلْتُ	أَنَا	اَلْمُتَكَلِّمُ 1인칭
			نَعْتَدِلُ	اِعْتَدَلْنَا	نَحْنُ	
		اِعْتَدِلْ	تَعْتَدِلُ	اِعْتَدَلْتَ	أَنْتَ	اَلْمُخَاطَبُ 2 남
		اِعْتَدِلَا	تَعْتَدِلَانِ	اِعْتَدَلْتُمَا	أَنْتُمَا	
		اِعْتَدِلُوا	تَعْتَدِلُونَ	اِعْتَدَلْتُمْ	أَنْتُمْ	
		اِعْتَدِلِي	تَعْتَدِلِينَ	اِعْتَدَلْتِ	أَنْتِ	اَلْمُخَاطَبَةُ 2 여
		اِعْتَدِلَا	تَعْتَدِلَانِ	اِعْتَدَلْتُمَا	أَنْتُمَا	
		اِعْتَدِلْنَ	تَعْتَدِلْنَ	اِعْتَدَلْتُنَّ	أَنْتُنَّ	
يُعْتَدَلُ	أُعْتُدِلَ		يَعْتَدِلُ	اِعْتَدَلَ	هُوَ	اَلْغَائِبُ 3 남
			يَعْتَدِلَانِ	اِعْتَدَلَا	هُمَا	
			يَعْتَدِلُونَ	اِعْتَدَلُوا	هُمْ	
			تَعْتَدِلُ	اِعْتَدَلَتْ	هِيَ	اَلْغَائِبَةُ 3 여
			تَعْتَدِلَانِ	اِعْتَدَلَتَا	هُمَا	
			يَعْتَدِلْنَ	اِعْتَدَلْنَ	هُنَّ	

뜻풀이

- 똑바르다, 자세를 바로 하다
- 가슴을 펴고 똑바로 서다, 직립하다, 바로 앉다
- 균형 잡히다, 기울어지지 않다, 똑바르다
- (군대에서) 차려 자세를 하다
- (기후가) 온화하다, 따뜻하다
- (무엇이) 중간 정도이다, 적당하다

예문

اِعْتَدَلَ فِي تَفْكِيرِهِ / مَوَاقِفِهِ

생각이 온건하다 / 중도적 입장을 취하다

اِعْتَدَلَ فِي مَشْيِهِ.

그는 중간 속도로 걸었다.

يَعْتَدِلُ الْمُنَاخُ فِي الْخَرِيفِ.

가을에는 날씨가 온화하다.

اِعْتَدَلَ أُسْتَاذُنَا فِي كُرْسِيِّهِ.

우리 교수님은 의자에 바르게 앉았다.

اِعْتَدَلَ الْجُنْدِيُّ أَمَامَ ضَابِطِهِ.

그 사병은 장교 앞에 똑바로 섰다.

تَعْتَدِلُ دَرَجَةُ الْحَرَارَةِ فِي الرَّبِيعِ وَالْخَرِيفِ.

봄과 가을에는 온도가 적당하다.

اِعْتَقَدَ

اَلْمَصْدَرُ 동명사	اَلْفَاعِلُ 능동분사	اَلْمَفْعُولُ 수동분사
اِعْتِقَاد	مُعْتَقِد	مُعْتَقَد

اَلضَّمَائِرُ 인칭 대명사		اَلْمَعْلُومُ 능동			اَلْمَجْهُولُ 수동	
		اَلْمَاضِي 완료	اَلْمُضَارِعُ 미완료	اَلْأَمْرُ 명령	اَلْمَاضِي 완료	اَلْمُضَارِعُ 미완료
اَلْمُتَكَلِّمُ 1인칭	أَنَا	اِعْتَقَدْتُ	أَعْتَقِدُ			
	نَحْنُ	اِعْتَقَدْنَا	نَعْتَقِدُ			
اَلْمُخَاطَبُ 2 남	أَنْتَ	اِعْتَقَدْتَ	تَعْتَقِدُ	اِعْتَقِدْ		
	أَنْتُمَا	اِعْتَقَدْتُمَا	تَعْتَقِدَانِ	اِعْتَقِدَا		
	أَنْتُمْ	اِعْتَقَدْتُمْ	تَعْتَقِدُونَ	اِعْتَقِدُوا		
اَلْمُخَاطَبَةُ 2 여	أَنْتِ	اِعْتَقَدْتِ	تَعْتَقِدِينَ	اِعْتَقِدِي		
	أَنْتُمَا	اِعْتَقَدْتُمَا	تَعْتَقِدَانِ	اِعْتَقِدَا		
	أَنْتُنَّ	اِعْتَقَدْتُنَّ	تَعْتَقِدْنَ	اِعْتَقِدْنَ		
اَلْغَائِبُ 3 남	هُوَ	اِعْتَقَدَ	يَعْتَقِدُ		أُعْتُقِدَ	يُعْتَقَدُ
	هُمَا	اِعْتَقَدَا	يَعْتَقِدَانِ			
	هُمْ	اِعْتَقَدُوا	يَعْتَقِدُونَ			
اَلْغَائِبَةُ 3 여	هِيَ	اِعْتَقَدَتْ	تَعْتَقِدُ			
	هُمَا	اِعْتَقَدَتَا	تَعْتَقِدَانِ			
	هُنَّ	اِعْتَقَدْنَ	يَعْتَقِدْنَ			

뜻풀이

- 누구 또는 무엇을([목] 또는 ب) 굳게 믿다, 신뢰하다
- 누구 또는 무엇을([목] 또는 ب) 무엇이라고 믿다, 생각하다, 여기다

예문

هَلْ تَعْتَقِدُ أَنَّنِي مُخْطِئٌ؟

당신은 내가 틀렸다고 생각하나요?

يُعْتَقَدُ أَنَّ السُّكَّرَ ضَارٌّ.

설탕은 유해하다고 여겨진다.

هَذِهِ مَسْأَلَةٌ شَخْصِيَّةٌ عَلَى مَا أَعْتَقِدُ.

내 생각에 이것은 개인적인 문제이다.

أَعْتَقِدُ أَنَّ الْمُدِيرَ قَدْ ذَهَبَ إِلَى الْبَنْكِ.

나는 관리자가 벌써 은행에 갔다고 생각한다.

لَا يَعْتَقِدُونَ أَنَّ الْمُدِيرَ مَوْجُودٌ فِي مَكْتَبِهِ.

그들은 관리자가 사무실에 있다고 생각하지 않는다.

لَا أَعْتَقِدُ أَنَّ الْمُشْتَبَهَ بِهِ كَانَ يَقُولُ الْحَقِيقَةَ.

나는 그 용의자가 진실을 말했을 거라고 생각하지 않는다.

اِعْتَمَدَ

اِعْتَمَدَ	اَلْمَصْدَرُ 동명사	اَلْفَاعِلُ 능동분사	اَلْمَفْعُولُ 수동분사
	اِعْتِمَاد	مُعْتَمِد	مُعْتَمَد

اَلضَّمَائِرُ 인칭 대명사		اَلْمَعْلُومُ 능동			اَلْمَجْهُولُ 수동	
		اَلْمَاضِي 완료	اَلْمُضَارِعُ 미완료	اَلْأَمْرُ 명령	اَلْمَاضِي 완료	اَلْمُضَارِعُ 미완료
اَلْمُتَكَلِّمُ 1인칭	أَنَا	اِعْتَمَدْتُ	أَعْتَمِدُ			
	نَحْنُ	اِعْتَمَدْنَا	نَعْتَمِدُ			
اَلْمُخَاطَبُ 2 남	أَنْتَ	اِعْتَمَدْتَ	تَعْتَمِدُ	اِعْتَمِدْ		
	أَنْتُمَا	اِعْتَمَدْتُمَا	تَعْتَمِدَانِ	اِعْتَمِدَا		
	أَنْتُمْ	اِعْتَمَدْتُمْ	تَعْتَمِدُونَ	اِعْتَمِدُوا		
اَلْمُخَاطَبَةُ 2 여	أَنْتِ	اِعْتَمَدْتِ	تَعْتَمِدِينَ	اِعْتَمِدِي		
	أَنْتُمَا	اِعْتَمَدْتُمَا	تَعْتَمِدَانِ	اِعْتَمِدَا		
	أَنْتُنَّ	اِعْتَمَدْتُنَّ	تَعْتَمِدْنَ	اِعْتَمِدْنَ		
اَلْغَائِبُ 3 남	هُوَ	اِعْتَمَدَ	يَعْتَمِدُ		أُعْتُمِدَ	يُعْتَمَدُ
	هُمَا	اِعْتَمَدَا	يَعْتَمِدَانِ			
	هُمْ	اِعْتَمَدُوا	يَعْتَمِدُونَ			
اَلْغَائِبَةُ 3 여	هِيَ	اِعْتَمَدَتْ	تَعْتَمِدُ			
	هُمَا	اِعْتَمَدَتَا	تَعْتَمِدَانِ			
	هُنَّ	اِعْتَمَدْنَ	يَعْتَمِدْنَ			

뜻풀이

- 어디에(على) 기대다, 지탱하다
- 누구 또는 무엇에(على) 의존하다
- 무엇을([목] 또는 على) 기초로 사용하다, 토대로 하다, 기반으로 삼다
- (새로운 방법 등을) 적용하다, 도입하다, 이용하다
- (무엇을) 허가하다, 승인하다
- (조사나 검토 결과 등이) 진실이라고 인정하다, 인가하다
- (외교관을) 파견하다
- (재정 지원이나 자금 등을) 수여하다
- 누구에게(لِ) (돈을) 빌려주다
- 세례를 받다

예문

اِعْتَمَدَتِ الْكُلِّيَّةُ التَّقْرِيرَ.

대학은 보고서를 인증했다.

نَجَاحُهَا يَعْتَمِدُ عَلَى الْعَمَلِ الْجَادِّ.

그녀의 성공은 열심히 일하는 것에 달려 있다.

لَا نَسْتَطِيعُ أَنْ نَعْتَمِدَ عَلَى مَا يَقُولُهُ.

우리는 그가 말한 것에 의존할 수 없다.

تَعْتَمِدُ أَجْزَاءُ الْبِيئَةِ عَلَى بَعْضِهَا الْبَعْضِ.

환경의 요소들은 서로 의존한다.

عَلَيْنَا أَنْ نَعْتَمِدَ عَلَى الْمُوَاصَلَاتِ الْعَامَّةِ.

우리는 대중교통을 이용해야만 한다.

قَرَارِي يَجِبُ أَنْ يَعْتَمِدَ عَلَى مَعَايِيرَ اقْتِصَادِيَّةٍ.

나의 결정은 경제적 기준들에 근거해야 한다.

أَعْجَبَ

اَلْمَصْدَرُ 동명사	اَلْفَاعِلُ 능동분사	اَلْمَفْعُولُ 수동분사
إِعْجَاب	مُعْجِب	مُعْجَب

اَلضَّمَائِرُ 인칭 대명사		اَلْمَعْلُومُ 능동 اَلْمَاضِي 완료	اَلْمَعْلُومُ 능동 اَلْمُضَارِعُ 미완료	اَلْمَعْلُومُ 능동 اَلْأَمْرُ 명령	اَلْمَجْهُولُ 수동 اَلْمَاضِي 완료	اَلْمَجْهُولُ 수동 اَلْمُضَارِعُ 미완료
اَلْمُتَكَلِّمُ 1인칭	أَنَا	أَعْجَبْتُ	أُعْجِبُ			
	نَحْنُ	أَعْجَبْنَا	نُعْجِبُ			
اَلْمُخَاطَبُ 2 남	أَنْتَ	أَعْجَبْتَ	تُعْجِبُ	أَعْجِبْ		
	أَنْتُمَا	أَعْجَبْتُمَا	تُعْجِبَانِ	أَعْجِبَا		
	أَنْتُمْ	أَعْجَبْتُمْ	تُعْجِبُونَ	أَعْجِبُوا		
اَلْمُخَاطَبَةُ 2 여	أَنْتِ	أَعْجَبْتِ	تُعْجِبِينَ	أَعْجِبِي		
	أَنْتُمَا	أَعْجَبْتُمَا	تُعْجِبَانِ	أَعْجِبَا		
	أَنْتُنَّ	أَعْجَبْتُنَّ	تُعْجِبْنَ	أَعْجِبْنَ		
اَلْغَائِبُ 3 남	هُوَ	أَعْجَبَ	يُعْجِبُ		أُعْجِبَ	يُعْجَبُ
	هُمَا	أَعْجَبَا	يُعْجِبَانِ			
	هُمْ	أَعْجَبُوا	يُعْجِبُونَ			
اَلْغَائِبَةُ 3 여	هِيَ	أَعْجَبَتْ	تُعْجِبُ			
	هُمَا	أَعْجَبَتَا	تُعْجِبَانِ			
	هُنَّ	أَعْجَبْنَ	يُعْجِبْنَ			

뜻풀이

- (누구를) 기쁘게 하다, 감탄하게 만들다, 마음에 들게 하다, 놀라게 하다
- [수동 أُعْجِبَ] 누구 또는 무엇을(بـ) 마음에 들어 하다
- [수동 أُعْجِبَ] 무엇에(بـ) 대해 높은 평가를 내리다, 자랑스러워 하다, 아주 기뻐하다

예문

أُعْجِبَ بِنَفْسِهِ

자만심이 강하다, 우쭐대다

وَأُعْجِبُوا بِجَمَالِ الْآثَارِ.

그들은 유물들의 아름다움이 마음에 들었다.

فَأُعْجِبَا بِالشَّقَّةِ وَاشْتَرَيَاهَا.

두 사람은 아파트가 마음에 들었고 그것을 구매했다.

هَلْ أَعْجَبَكَ الْفِيلْمُ الْكُورِيُّ يَوْمَ أَمْسِ؟

당신은 어제 한국 영화가 마음에 들었나요?

أَعْجَبَهَا عَدَمُ وُجُودِ تَنَاقُضَاتٍ فِي تَفْكِيرِهِ.

그녀는 그의 생각에 모순이 없는 것이 마음에 들었다.

مَعَ أَنَّهَا لَا تُحِبُّ اللَّوْنَ الْأَحْمَرَ، أُعْجِبَتْ بِفُسْتَانِ الْفَنَّانَةِ.

그녀는 빨간 색을 싫어함에도 불구하고 그 디자이너의 드레스를 마음에 들어했다.

أَعَدَّ	اَلْمَصْدَرُ 동명사	اَلْفَاعِلُ 능동분사	اَلْمَفْعُولُ 수동분사
	إِعْدَاد	مُعِدّ	مُعَدّ

اَلضَّمَائِرُ 인칭 대명사		اَلْمَعْلُومُ 능동 اَلْمَاضِي 완료	اَلْمَعْلُومُ 능동 اَلْمُضَارِعُ 미완료	اَلْمَعْلُومُ 능동 اَلْأَمْرُ 명령	اَلْمَجْهُولُ 수동 اَلْمَاضِي 완료	اَلْمَجْهُولُ 수동 اَلْمُضَارِعُ 미완료
اَلْمُتَكَلِّمُ 1인칭	أَنَا	أَعْدَدْتُ	أُعِدُّ			
	نَحْنُ	أَعْدَدْنَا	نُعِدُّ			
اَلْمُخَاطَبُ 2 남	أَنْتَ	أَعْدَدْتَ	تُعِدُّ	أَعْدِدْ، أَعِدَّ		
	أَنْتُمَا	أَعْدَدْتُمَا	تُعِدَّانِ	أَعِدَّا		
	أَنْتُمْ	أَعْدَدْتُمْ	تُعِدُّونَ	أَعِدُّوا		
اَلْمُخَاطَبَةُ 2 여	أَنْتِ	أَعْدَدْتِ	تُعِدِّينَ	أَعِدِّي		
	أَنْتُمَا	أَعْدَدْتُمَا	تُعِدَّانِ	أَعِدَّا		
	أَنْتُنَّ	أَعْدَدْتُنَّ	تُعْدِدْنَ	أَعْدِدْنَ		
اَلْغَائِبُ 3 남	هُوَ	أَعَدَّ	يُعِدُّ		أُعِدَّ	يُعَدُّ
	هُمَا	أَعَدَّا	يُعِدَّانِ			
	هُمْ	أَعَدُّوا	يُعِدُّونَ			
اَلْغَائِبَةُ 3 여	هِيَ	أَعَدَّتْ	تُعِدُّ			
	هُمَا	أَعَدَّتَا	تُعِدَّانِ			
	هُنَّ	أَعْدَدْنَ	يُعْدِدْنَ			

뜻풀이

- 무엇을 위해(لِ) (누구를) 준비시키다
- 무엇을 위해(لِ) (무엇을) 마련하다, 준비하다, 배치하다, 만들다
- 무엇을 위해(ل) (무엇을) 조정하다, 수리하다, 다듬다, 끝마무리하다
- (레포트 등을) 작성하다, 초고를 쓰다
- (수업을) 준비하다

예문

أَعَدَّ عُدَّتَهُ لِ / الْخُطَّةَ

무엇을 할 채비를 하다, 준비를 하다 / 계획을 세우다

أَعَدَّ الْمُعَلِّمُ دَرْسَهُ.

선생님은 수업 준비를 했다.

لَمْ يُعِدَّ شَيْئًا فِي وَقْتِهِ.

그는 제때에 아무 것도 준비하지 않았다.

أَعْدَدْتُ سَرِيرًا لِضَيْفِ أُسْرَتِنَا.

나는 우리 가족의 손님에게 잠자리를 준비해 드렸다.

أَعَدَّتْ أُمِّي طَعَامًا لَذِيذًا(شَهِيًّا).

나의 엄마는 맛있는 음식을 준비하셨다.

مَجْمُوعَةٌ مِنَ الْمُوَظَّفِينَ الْحُكُومِيِّينَ يُعِدُّونَ مُسَوَّدَةَ التَّشْرِيعِ بِتَأَنٍّ.

공무원 단체는 신중을 기해서 입법 초안을 준비하고 있다.

수동분사 اَلْمَفْعُولُ	능동분사 اَلْفَاعِلُ	동명사 اَلْمَصْدَرُ	أَعْطَى
مُعْطًى	مُعْطٍ	إِعْطَاء	

수동 اَلْمَجْهُولُ		능동 اَلْمَعْلُومُ			اَلضَّمَائِرُ 인칭 대명사	
اَلْمُضَارِعُ 미완료	اَلْمَاضِي 완료	اَلْأَمْرُ 명령	اَلْمُضَارِعُ 미완료	اَلْمَاضِي 완료		
			أُعْطِي	أَعْطَيْتُ	أَنَا	اَلْمُتَكَلِّمُ 1인칭
			نُعْطِي	أَعْطَيْنَا	نَحْنُ	
		أَعْطِ	تُعْطِي	أَعْطَيْتَ	أَنْتَ	اَلْمُخَاطَبُ 2 남
		أَعْطِيَا	تُعْطِيَانِ	أَعْطَيْتُمَا	أَنْتُمَا	
		أَعْطُوا	تُعْطُونَ	أَعْطَيْتُمْ	أَنْتُمْ	
		أَعْطِي	تُعْطِينَ	أَعْطَيْتِ	أَنْتِ	اَلْمُخَاطَبَةُ 2 여
		أَعْطِيَا	تُعْطِيَانِ	أَعْطَيْتُمَا	أَنْتُمَا	
		أَعْطِينَ	تُعْطِينَ	أَعْطَيْتُنَّ	أَنْتُنَّ	
يُعْطَى	أُعْطِيَ		يُعْطِي	أَعْطَى	هُوَ	اَلْغَائِبُ 3 남
			يُعْطِيَانِ	أَعْطَيَا	هُمَا	
			يُعْطُونَ	أَعْطَوْا	هُمْ	
			تُعْطِي	أَعْطَتْ	هِيَ	اَلْغَائِبَةُ 3 여
			تُعْطِيَانِ	أَعْطَتَا	هُمَا	
			يُعْطِينَ	أَعْطَيْنَ	هُنَّ	

뜻풀이

- 누구에게([목] 또는 لِ) 무엇을 주다
- (누구에게) (무엇을) 건네주다, 넘겨주다
- (누구에게) (무엇을) 수여하다, 부여하다, 증정하다
- [수동 أُعْطِىَ] (무엇을) 얻다, 받다

예문

أَعْطَى دُرُوسًا

강의를 하다, 수업을 하다

أَعْطَى أَقْوَالَهُ

(법정에서) 증언을 하다

أَعْطَى لَهُ الْكَلِمَةَ

누구에게 발언할 기회를 주다

أَعْطَاهُ بِيَدِهِ

누구에게 항복하다, 굴복하다

أَعْطَى جَهْدَهُ لِ

무엇에 전념하다, 정성을 다하다

أَعْطَى مَثَلًا

모범을 보이다, 본보기가 되다

أَعْطَيْتَنِي إِيَّاهُ.

당신은 나에게 그것을 주었다.

أَعْطَتْنِي كِتَابًا كَهَدِيَّةٍ.

그녀는 나에게 선물로 책을 주었다.

تُعْطِي الْأَرْضُ ثَمَرَهَا.

대지는 열매를 준다.

سَأُعْطِيكَ سِعْرًا خَاصًّا.

너에게 특별 가격을 주겠다.

مَنْ أَعْطَاكَ هَذِهِ الْمَجَلَّةَ؟

누가 당신에게 이 잡지를 주었나요?

رَفَضَتْ أَنْ تُعْطِيَنِي اسْمَهَا.

그녀는 나에게 이름을 알려주기를 거절했다.

أَعْطَى وَلَدَهُ الْكَثِيرَ مِنَ الْمَالِ.

그는 아들에게 많은 돈을 주었다.

أَجْبَرُونَا أَنْ نُعْطِيَهُمْ نُقُودَنَا كُلَّهَا.

그들은 우리에게 우리의 모든 돈을 그들에게 주도록 강요했다.

جَمِيعُ الْأَطْفَالِ يُعْطَوْنَ أَسْمَاءً.

모든 아이들은 이름을 받는다.

أَنْفَقَ كُلَّ النُّقُودِ الَّتِي أَعْطَاهُ إِيَّاهَا وَالِدُهُ.

그는 그의 아버지가 준 모든 돈을 썼다.

لَا يُعْطُونَكَ شَيْئًا أَوِ الْقَلِيلَ مُقَابِلَ ذَلِكَ.

그들은 그것의 대가로 아무 것도 주지 않거나 조금 밖에 주지 않는다.

يُعْطُونَ أَطْفَالَهُمْ نُقُودًا أَكْثَرَ مِنَ الْحَاجَةِ.

그들은 아이들에게 필요 이상으로 많은 돈을 준다.

مَنْ هُوَ الرَّجُلُ الَّذِي أَعْطَاكَ هَذِهِ النُّقُودَ؟

당신에게 이 돈을 준 남자는 누구입니까?

هُوَ مُسْتَعِدٌّ لِيُعْطِيَكَ بَعْضَ نُقُودِهِ أَوْ مُعْظَمَهَا.

그는 너에게 자신의 돈 일부 또는 대부분을 줄 준비가 되어 있다.

شَقِيقُهُ أَعْطَى عِقْدًا لِشَقِيقَتِهِ فِي عِيدِ مِيلَادِهَا.

그의 형은 그의 누이에게 그녀의 생일에 목걸이를 주었다.

يُرِيدُونَ مِنْكَ أَنْ تُعْطِيَهُمْ كُلَّ شَيْءٍ تَسْتَطِيعُهُ.

그들은 당신이 할 수 있는 모든 것을 그들에게 주길 원한다.

إِنَّهُ يُعْطِي مُكَافَآتٍ إِلَى الْعُمَّالِ الَّذِينَ يَعْمَلُونَ بِجِدٍّ.

그는 열심히 일한 직원들에게 보상을 해 주었다.

أَعْطَيْتُ صَدِيقَتِي كُتُبًا جَدِيدَةً تَتَنَاوَلُ تَارِيخَ كُورِيَا.

나는 나의 친구에게 한국의 역사를 다룬 새 책들을 주었다.

أَلَا يَجِبُ عَلَيْنَا أَنْ نُعْطِيَ مَزِيدًا مِنَ النُّقُودِ لِلْفُقَرَاءِ؟

우리가 가난한 사람들에게 더 많은 돈을 주어야 하는 것 아닙니까?

수동분사 اَلْمَفْعُولُ	능동분사 اَلْفَاعِلُ	동명사 اَلْمَصْدَرُ	أَعْلَمَ
مُعْلَم	مُعْلِم	إِعْلَام	

수동 اَلْمَجْهُولُ		능동 اَلْمَعْلُومُ			اَلضَّمَائِرُ 인칭 대명사	
اَلْمُضَارِعُ 미완료	اَلْمَاضِي 완료	اَلْأَمْرُ 명령	اَلْمُضَارِعُ 미완료	اَلْمَاضِي 완료		
			أُعْلِمُ	أَعْلَمْتُ	أَنَا	اَلْمُتَكَلِّمُ 1인칭
			نُعْلِمُ	أَعْلَمْنَا	نَحْنُ	
		أَعْلِمْ	تُعْلِمُ	أَعْلَمْتَ	أَنْتَ	اَلْمُخَاطَبُ 2 남
		أَعْلِمَا	تُعْلِمَانِ	أَعْلَمْتُمَا	أَنْتُمَا	
		أَعْلِمُوا	تُعْلِمُونَ	أَعْلَمْتُمْ	أَنْتُمْ	
		أَعْلِمِي	تُعْلِمِينَ	أَعْلَمْتِ	أَنْتِ	اَلْمُخَاطَبَةُ 2 여
		أَعْلِمَا	تُعْلِمَانِ	أَعْلَمْتُمَا	أَنْتُمَا	
		أَعْلِمْنَ	تُعْلِمْنَ	أَعْلَمْتُنَّ	أَنْتُنَّ	
يُعْلَمُ	أُعْلِمَ		يُعْلِمُ	أَعْلَمَ	هُوَ	اَلْغَائِبُ 3 남
			يُعْلِمَانِ	أَعْلَمَا	هُمَا	
			يُعْلِمُونَ	أَعْلَمُوا	هُمْ	
			تُعْلِمُ	أَعْلَمَتْ	هِيَ	اَلْغَائِبَةُ 3 여
			تُعْلِمَانِ	أَعْلَمَتَا	هُمَا	
			يُعْلِمْنَ	أَعْلَمْنَ	هُنَّ	

뜻풀이

- (누구에게) 무엇을([목] 또는 بِ) 말하다, 전하다
- (누구에게) 무엇을([목] 또는 بِ) 공식적으로 알리다, 통지하다

예문

أَعْلَمَتْنِي حَقَائِقَ الْأُمُورِ.

그녀는 나에게 사실들을 알려주었다.

سَيُعْلِمُنِي الْمُعَلِّمُ نَتِيجَةَ الِامْتِحَانِ.

선생님이 시험 성적을 나에게 알려주실 것이다.

أَعْلَمْتُهُمْ كَمْ شَخْصًا كَانَ مَوْجُودًا؟

나는 그들에게 몇 명의 사람이 있었는지 알려주었다.

رَجَاءً أَعْلِمْ هَذِهِ السَّيِّدَةَ كَمْ عَلَيْهَا أَنْ تَنْتَظِرَ فِي الْخَارِجِ.

이 여성 분에게 바깥에서 얼마 동안 기다려야하는지 알려주시기 바랍니다.

أَعْلَمَنِي أَحَدُ جِيرَانِي بِأَنَّهَا سَارِقَةٌ، وَيَجِبُ أَنْ آخُذَ حَذَرِي مِنْهَا.

나의 이웃 중 한 명이 그녀가 도둑이라고 알려줬다. 나는 그녀를 조심해야 한다.

اِنْتَظِرْ فِي غُرْفَةِ الْمُمَثِّلِ مِنْ فَضْلِكَ. عِنْدَمَا نَحْتَاجُكَ سَنُعْلِمُكَ.

배우 대기실에서 기다려 주세요. 당신이 필요하면 알려드리겠습니다.

أَفَادَ

اَلْمَفْعُولُ 수동분사	اَلْفَاعِلُ 능동분사	اَلْمَصْدَرُ 동명사
مُفَاد	مُفِيد	إِفَادَة

اَلْمَجْهُولُ 수동		اَلْمَعْلُومُ 능동			اَلضَّمَائِرُ 인칭 대명사	
اَلْمُضَارِعُ 미완료	اَلْمَاضِي 완료	اَلْأَمْرُ 명령	اَلْمُضَارِعُ 미완료	اَلْمَاضِي 완료		
			أُفِيدُ	أَفَدْتُ	أَنَا	اَلْمُتَكَلِّمُ 1인칭
			نُفِيدُ	أَفَدْنَا	نَحْنُ	
		أَفِدْ	تُفِيدُ	أَفَدْتَ	أَنْتَ	اَلْمُخَاطَبُ 2 남
		أَفِيدَا	تُفِيدَانِ	أَفَدْتُمَا	أَنْتُمَا	
		أَفِيدُوا	تُفِيدُونَ	أَفَدْتُمْ	أَنْتُمْ	
		أَفِيدِي	تُفِيدِينَ	أَفَدْتِ	أَنْتِ	اَلْمُخَاطَبَةُ 2 여
		أَفِيدَا	تُفِيدَانِ	أَفَدْتُمَا	أَنْتُمَا	
		أَفِدْنَ	تُفِدْنَ	أَفَدْتُنَّ	أَنْتُنَّ	
يُفَادُ	أُفِيدَ		يُفِيدُ	أَفَادَ	هُوَ	اَلْغَائِبُ 3 남
			يُفِيدَانِ	أَفَادَا	هُمَا	
			يُفِيدُونَ	أَفَادُوا	هُمْ	
			تُفِيدُ	أَفَادَتْ	هِيَ	اَلْغَائِبَةُ 3 여
			تُفِيدَانِ	أَفَادَتَا	هُمَا	
			يُفِدْنَ	أَفَدْنَ	هُنَّ	

뜻풀이

- (누구를) 돕다, (누구에게) 도움이 되다, 이익이 되다, 이롭다
- (누구에게) (무엇을) 가르치다
- (누구에게) 무엇을([목] 또는 بِ) 말하다, 전하다, 알리다
- (경찰 등에게) 무엇을([목] 또는 بِ) 신고하다, 보고하다
- (무엇을) 획득하다, 취하다, 얻다
- 무엇으로부터(مِن) 이익을 얻다, 혜택을 입다
- [문법] 완전하고 독립적인 뜻을 전달하다

예문

اِفْعَلْ شَيْئًا يُفِيدُكَ.

너에게 유익한 것을 해라.

أَفَادَ مَالًا مِنْ تِجَارَتِهِ.

그는 장사로 돈을 벌었다.

أَقْرَأُ مِنَ الْكُتُبِ مَا يُفِيدُنِي.

나는 책에서 나에게 유익한 것을 읽는다.

أَفَادَتِ الْجُمْلَةُ مَعْنًى وَاضِحًا.

그 문장은 명확한 의미를 전달했다.

اَلْكَثِيرُ مِنَ الْمَشْرُوعَاتِ سَتُفِيدُ الْمِنْطَقَةَ.

많은 프로젝트들이 이 지역을 이롭게 할 것이다.

لَهَا رَأْيٌ عَمَلِيٌّ حَوْلَ أَنَّ الِاسْتِقْرَارَ السِّيَاسِيَّ قَدْ يُفِيدُ التَّقَدُّمَ الِاقْتِصَادِيَّ.

그녀는 정치적인 안정이 경제적 발전에 기여할 수도 있다는 실용적인 의견을 가지고 있다.

수동분사 اَلْمَفْعُولُ	능동분사 اَلْفَاعِلُ	동명사 اَلْمَصْدَرُ	أَفَاقَ
مُفَاق	مُفِيق	إِفَاقَة	

수동 اَلْمَجْهُولُ		능동 اَلْمَعْلُومُ			اَلضَّمَائِرُ 인칭 대명사	
اَلْمُضَارِعُ 미완료	اَلْمَاضِي 완료	اَلْأَمْرُ 명령	اَلْمُضَارِعُ 미완료	اَلْمَاضِي 완료		
			أُفِيقُ	أَفَقْتُ	أَنَا	اَلْمُتَكَلِّمُ 1인칭
			نُفِيقُ	أَفَقْنَا	نَحْنُ	
		أَفِقْ	تُفِيقُ	أَفَقْتَ	أَنْتَ	اَلْمُخَاطَبُ 2남
		أَفِيقَا	تُفِيقَانِ	أَفَقْتُمَا	أَنْتُمَا	
		أَفِيقُوا	تُفِيقُونَ	أَفَقْتُمْ	أَنْتُمْ	
		أَفِيقِي	تُفِيقِينَ	أَفَقْتِ	أَنْتِ	اَلْمُخَاطَبَةُ 2여
		أَفِيقَا	تُفِيقَانِ	أَفَقْتُمَا	أَنْتُمَا	
		أَفِقْنَ	تُفِقْنَ	أَفَقْتُنَّ	أَنْتُنَّ	
يُفَاقُ	أُفِيقَ		يُفِيقُ	أَفَاقَ	هُوَ	اَلْغَائِبُ 3남
			يُفِيقَانِ	أَفَاقَا	هُمَا	
			يُفِيقُونَ	أَفَاقُوا	هُمْ	
			تُفِيقُ	أَفَاقَتْ	هِيَ	اَلْغَائِبَةُ 3여
			تُفِيقَانِ	أَفَاقَتَا	هُمَا	
			يُفِقْنَ	أَفَقْنَ	هُنَّ	

뜻풀이

- 질병으로부터(مِن) 서서히 회복하다, 건강을 되찾다
- 깨다, 깨어나다, 각성하다
- (기절 또는 중독 상태에서) 의식을 되찾다, 정신을 차리다
- (누구를) 잠에서(مِن) 깨우다, 눈뜨게 하다
- (누구를) 무엇으로부터(مِن) 자극시키다, 분기시키다, 각성시키다

예문

سَتُفِيقُ.

당신은 깨어날 것이다.

أَفَاقَ مِنَ النَّوْمِ / حُلْمِهِ.

그는 잠에서 / 꿈에서 깨어났다.

أَفَقْتُ مِنَ النُّعَاسِ.

나는 졸음에서 깨어났다.

أَفَاقَتْ مِنْ مَرَضِهَا.

그녀는 병에서 회복되었다.

لَقَدْ أَفَاقَ، وَلَكِنْ بَعْدَ فَوَاتِ الْأَوَانِ.

잠시 후에서야 그는 정신을 차렸다.

فَجْأَةً، غَطَّى الْمَاءُ وَجْهَهُ، فَأَفَاقَ مِنْ صَدْمَةِ الْمَاءِ.

갑자기 물이 그의 얼굴로 쏟아졌고, 물벼락 때문에 그는 정신을 차렸다.

أَفْهَمَ	اَلْمَصْدَرُ 동명사	اَلْفَاعِلُ 능동분사	اَلْمَفْعُولُ 수동분사
	إِفْهَام	مُفْهِم	مُفْهَم

اَلضَّمَائِرُ 인칭 대명사		اَلْمَعْلُومُ 능동			اَلْمَجْهُولُ 수동	
		اَلْمَاضِي 완료	اَلْمُضَارِعُ 미완료	اَلْأَمْرُ 명령	اَلْمَاضِي 완료	اَلْمُضَارِعُ 미완료
اَلْمُتَكَلِّمُ 1인칭	أَنَا	أَفْهَمْتُ	أُفْهِمُ			
	نَحْنُ	أَفْهَمْنَا	نُفْهِمُ			
اَلْمُخَاطَبُ 2 남	أَنْتَ	أَفْهَمْتَ	تُفْهِمُ	أَفْهِمْ		
	أَنْتُمَا	أَفْهَمْتُمَا	تُفْهِمَانِ	أَفْهِمَا		
	أَنْتُمْ	أَفْهَمْتُمْ	تُفْهِمُونَ	أَفْهِمُوا		
اَلْمُخَاطَبَةُ 2 여	أَنْتِ	أَفْهَمْتِ	تُفْهِمِينَ	أَفْهِمِي		
	أَنْتُمَا	أَفْهَمْتُمَا	تُفْهِمَانِ	أَفْهِمَا		
	أَنْتُنَّ	أَفْهَمْتُنَّ	تُفْهِمْنَ	أَفْهِمْنَ		
اَلْغَائِبُ 3 남	هُوَ	أَفْهَمَ	يُفْهِمُ		أُفْهِمَ	يُفْهَمُ
	هُمَا	أَفْهَمَا	يُفْهِمَانِ			
	هُمْ	أَفْهَمُوا	يُفْهِمُونَ			
اَلْغَائِبَةُ 3 여	هِيَ	أَفْهَمَتْ	تُفْهِمُ			
	هُمَا	أَفْهَمَتَا	تُفْهِمَانِ			
	هُنَّ	أَفْهَمْنَ	يُفْهِمْنَ			

뜻풀이

- (누구에게) (무엇을) 이해시키다
- (누구에게) (무엇을) 가르치다, 알려주다

예문

أَفْهَمَتْنِي الدَّرْسَ.

그녀는 나에게 그 단원을 이해시켰다.

أَفْهَمْتُهُ خُطُورَةَ هَذِهِ الْمُشْكِلَةِ.

나는 그에게 이 문제의 심각성을 이해시켰다.

أَفْهَمَ تَلَامِيذَهُ مَعَانِيَ النَّجَاحِ.

그는 학생들에게 성공의 의미를 알려주었다.

أَفْهَمَتِ الْمُعَلِّمَةُ تَلَامِيذَهَا مَعْنَى الْأُسْرَةِ.

여선생님은 학생들에게 가족의 의미를 가르쳤다.

يَجِبُ أَنْ نُفْهِمَ النَّاسَ خُطُورَةَ الْعُنْفِ الْمَنْزِلِيِّ.

우리는 사람들에게 가정 폭력의 심각성을 알려야만 한다.

أَفْهَمَنِي صَدِيقِي لُغَةَ الْحَاسِبِ الْآلِيِّ الَّتِي عَانَيْتُ مِنْهَا.

내 친구는 내가 힘들어했던 컴퓨터 언어를 가르쳐주었다.

أَقَامَ	اَلْمَصْدَرُ 동명사	اَلْفَاعِلُ 능동분사	اَلْمَفْعُولُ 수동분사
	إِقَامَة	مُقِيم	مُقَام

اَلضَّمَائِرُ 인칭 대명사		اَلْمَعْلُومُ 능동			اَلْمَجْهُولُ 수동	
		اَلْمَاضِي 완료	اَلْمُضَارِعُ 미완료	اَلْأَمْرُ 명령	اَلْمَاضِي 완료	اَلْمُضَارِعُ 미완료
اَلْمُتَكَلِّمُ 1인칭	أَنَا	أَقَمْتُ	أُقِيمُ			
	نَحْنُ	أَقَمْنَا	نُقِيمُ			
اَلْمُخَاطَبُ 2 남	أَنْتَ	أَقَمْتَ	تُقِيمُ	أَقِمْ		
	أَنْتُمَا	أَقَمْتُمَا	تُقِيمَانِ	أَقِيمَا		
	أَنْتُمْ	أَقَمْتُمْ	تُقِيمُونَ	أَقِيمُوا		
اَلْمُخَاطَبَةُ 2 여	أَنْتِ	أَقَمْتِ	تُقِيمِينَ	أَقِيمِي		
	أَنْتُمَا	أَقَمْتُمَا	تُقِيمَانِ	أَقِيمَا		
	أَنْتُنَّ	أَقَمْتُنَّ	تُقِمْنَ	أَقِمْنَ		
اَلْغَائِبُ 3 남	هُوَ	أَقَامَ	يُقِيمُ		أُقِيمَ	يُقَامُ
	هُمَا	أَقَامَا	يُقِيمَانِ			
	هُمْ	أَقَامُوا	يُقِيمُونَ			
اَلْغَائِبَةُ 3 여	هِيَ	أَقَامَتْ	تُقِيمُ			
	هُمَا	أَقَامَتَا	تُقِيمَانِ			
	هُنَّ	أَقَمْنَ	يُقِمْنَ			

뜻풀이

- (무엇을) 바로잡다, 고치다, 정돈하다
- (누구를) 일으켜 세우다, 일어나게 하다
- 죽은 사람을 되살리다, 부활시키다
- (무엇을) 위로 올리다, 들어 올리다
- (무엇을) 세우다, 설립하다, 건립하다
- (무엇을) 확정하다, 결정짓다
- (누구를) (무엇으로) 임명하다, 지명하다
- (무엇을) 자극하다, 뒤흔들다
- (회의나 식, 대회 등을) 개최하다, 거행하다, 주최하다
- (행사 또는 파티, 축제 등을) 치르다, 열다
- 무엇에(على) 깊이 빠지다, 매달리다, 열중하다
- 어디에(ب) 살다, 남다, 체류하다
- 무엇을(على) 고집하다, 유지하다, 고수하다

예문

أَقَامَهُ عَلَى

누구를 어디의 책임자로 임명하다

أَقَامَ أَوَدَهُ

누구를 겨우 살리다, 누구에게 생존에 가장 기본적인 것들만 겨우 제공하다

أَقَامَ الْعَدْلَ

법을 집행하다

أَقَامَ مُبَارَاةً

대회를 개최하다

أَقَامَ الْحُجَّةَ

항의하다, 이의를 제기하다

أَقَامَ الصَّلَاةَ

기도 의식을 행하다

أَقَامَهُ مَقَامَهُ

누구를 다른 사람으로 대체하다

أَقَامَهُ وَأَقْعَدَهُ

누구를 극도로 화나게 만들다

أَقَامَ عَلَاقَاتٍ

(국가와 مع) 관계를 구축하다

أَقَامَ لَهُ وَزْنًا

무엇을 크게 중시하다, 무엇에 무게를 두다

أَقَامَ حِسَابًا لِ

(누구 또는 무엇에 대해) 마음을 기울이다, 마음이 향하다

لَا يُقَامُ لَهُ وَزْنٌ

(중요도가 낮아) 무시해도 될 정도이다

لَا يُقِيمُ لَهُ قِيَامَةً

저항이나 반대 등을 미연에 방지하다

أَقَامَ الْقُدَّاسَ عَلَى

누구를 위해 미사를 집전하다

أَقَامَ الدُّنْيَا وَأَقْعَدَهَا

큰 파장을 일으키다, 충격을 낳다

أَقَامَ الدَّلِيلَ عَلَى أَنْ

무엇을(أن) 증명하다, 입증하다

أَقَامَ الشَّعَائِرَ الدِّينِيَّةَ

종교 행사들을 거행하다

أَقَامَ نَفْسَهُ مَقَامَ الْحَامِي

보호자인 척 하다

أَقَامَ الْبُرْهَانَ الْجَلِيَّ عَلَى

명확하게 무엇을 입증하다

أَقَامَ قَضِيَّةً(دَعْوَى) عَلَى

누구를 고소하다

هَلْ سَتُقِيمُ فِي بَيْرُوتَ فِيمَا بَعْدُ؟

당신은 나중에 베이루트에 머무를 것입니까?

تُقِيمُ حَالِيًّا فِي مَدِينَةِ سِيوُل بِكُورِيَا.

그녀는 현재 한국의 서울에 있다.

أَقَامَ فِي الْجَامِعَةِ خِلَالَ زِيَارَتِهِ لِلْكُوَيْتِ.

그는 쿠웨이트를 방문하는 동안 대학에서 머물렀다.

أَقَامَتْ فِي فُنْدُقٍ مَا عَلَى الْبَحْرِ الْأَحْمَرِ.

그녀는 홍해의 한 호텔에 머물렀다.

لَمْ تُقِمْ فِي الْجَامِعَةِ خِلَالَ سَنَوَاتِ الدِّرَاسَةِ.

그녀는 학업 기간 동안 대학교에 머무르지 않았다.

أَقْبَلَ	اَلْمَصْدَرُ 동명사	اَلْفَاعِلُ 능동분사	اَلْمَفْعُولُ 수동분사
	إِقْبَال	مُقْبِل	مُقْبَل

اَلضَّمَائِرُ 인칭 대명사		اَلْمَعْلُومُ 능동			اَلْمَجْهُولُ 수동	
		اَلْمَاضِي 완료	اَلْمُضَارِعُ 미완료	اَلْأَمْرُ 명령	اَلْمَاضِي 완료	اَلْمُضَارِعُ 미완료
اَلْمُتَكَلِّمُ 1인칭	أَنَا	أَقْبَلْتُ	أُقْبِلُ			
	نَحْنُ	أَقْبَلْنَا	نُقْبِلُ			
اَلْمُخَاطَبُ 2 남	أَنْتَ	أَقْبَلْتَ	تُقْبِلُ	أَقْبِلْ		
	أَنْتُمَا	أَقْبَلْتُمَا	تُقْبِلَانِ	أَقْبِلَا		
	أَنْتُمْ	أَقْبَلْتُمْ	تُقْبِلُونَ	أَقْبِلُوا		
اَلْمُخَاطَبَةُ 2 여	أَنْتِ	أَقْبَلْتِ	تُقْبِلِينَ	أَقْبِلِي		
	أَنْتُمَا	أَقْبَلْتُمَا	تُقْبِلَانِ	أَقْبِلَا		
	أَنْتُنَّ	أَقْبَلْتُنَّ	تُقْبِلْنَ	أَقْبِلْنَ		
اَلْغَائِبُ 3 남	هُوَ	أَقْبَلَ	يُقْبِلُ		أُقْبِلَ	يُقْبَلُ
	هُمَا	أَقْبَلَا	يُقْبِلَانِ			
	هُمْ	أَقْبَلُوا	يُقْبِلُونَ			
اَلْغَائِبَةُ 3 여	هِيَ	أَقْبَلَتْ	تُقْبِلُ			
	هُمَا	أَقْبَلَتَا	تُقْبِلَانِ			
	هُنَّ	أَقْبَلْنَ	يُقْبِلْنَ			

뜻풀이

- 누구 또는 어디에(على) 가까이 다가가다, 접근하다
- 어느 쪽으로(على) 나아가다, 전진하다
- 어느 쪽으로(على) 돌리다, 향하다
- 무엇을(على) 시작하다, 착수하다
- 무엇에(على) 집중하다, 전념하다, 열중하다
- 무엇에(على) 흥미를 가지다, 관심을 기울이다
- 어디로(إلى) 가다, 오다
- 작물이 풍부하다, 많다, 풍족하다
- [미완료 동사와 함께] 무엇하는 것을 시작하다

예문

أَقْبَلَ رَجُلٌ إِلَيَّ.

한 남자가 나에게 왔다.

تُقْبِلُ عَلَيْهِ الدُّنْيَا.

세상이 그의 편이다.

أَقْبَلَ فَصْلُ الشِّتَاءِ.

겨울이 다가왔다.

أَقْبَلَ عَلَيْهَا بِوَجْهِهِ.

그는 그녀에게 얼굴을 돌렸다.

أَقْبَلَتِ الْأَرْضُ بِالنَّبَاتِ.

대지에 푸르름이 깃들었다.

أَقْبَلَ الْبَاحِثُ عَلَى أَبْحَاثِهِ.

연구원은 자신의 연구에 집중했다.

أَقْصَرَ	اَلْمَصْدَرُ 동명사	اَلْفَاعِلُ 능동분사	اَلْمَفْعُولُ 수동분사
	إِقْصَار	مُقْصِر	مُقْصَر

اَلضَّمَائِرُ 인칭 대명사		اَلْمَعْلُومُ 능동			اَلْمَجْهُولُ 수동	
		اَلْمَاضِي 완료	اَلْمُضَارِعُ 미완료	اَلْأَمْرُ 명령	اَلْمَاضِي 완료	اَلْمُضَارِعُ 미완료
اَلْمُتَكَلِّمُ 1인칭	أَنَا	أَقْصَرْتُ	أُقْصِرُ			
	نَحْنُ	أَقْصَرْنَا	نُقْصِرُ			
اَلْمُخَاطَبُ 2 남	أَنْتَ	أَقْصَرْتَ	تُقْصِرُ	أَقْصِرْ		
	أَنْتُمَا	أَقْصَرْتُمَا	تُقْصِرَانِ	أَقْصِرَا		
	أَنْتُمْ	أَقْصَرْتُمْ	تُقْصِرُونَ	أَقْصِرُوا		
اَلْمُخَاطَبَةُ 2 여	أَنْتِ	أَقْصَرْتِ	تُقْصِرِينَ	أَقْصِرِي		
	أَنْتُمَا	أَقْصَرْتُمَا	تُقْصِرَانِ	أَقْصِرَا		
	أَنْتُنَّ	أَقْصَرْتُنَّ	تُقْصِرْنَ	أَقْصِرْنَ		
اَلْغَائِبُ 3 남	هُوَ	أَقْصَرَ	يُقْصِرُ		أُقْصِرَ	يُقْصَرُ
	هُمَا	أَقْصَرَا	يُقْصِرَانِ			
	هُمْ	أَقْصَرُوا	يُقْصِرُونَ			
اَلْغَائِبَةُ 3 여	هِيَ	أَقْصَرَتْ	تُقْصِرُ			
	هُمَا	أَقْصَرَتَا	تُقْصِرَانِ			
	هُنَّ	أَقْصَرْنَ	يُقْصِرْنَ			

뜻풀이

- (무엇을) 짧게 만들다, 줄이다, 축약하다, 축소시키다
- 무엇을(عن) 그만두다, 삼가다, 자제하다, 멀리하다

예문

أَقْصَرَ الْمَطَرُ.

비가 멈췄다.

أَقْصَرْتُ الْحَبْلَ.

나는 밧줄을 짧게 만들었다.

أَقْصَرَتِ الثَّوْبَ.

그녀는 옷을 줄였다.

أَقْصَرْتُ عَنِ الْخَمْرِ.

나는 술을 끊었다.

فِي الصَّيْفِ أُقْصِرُ شَعْرِي جِدًّا.

여름에는 나는 머리를 짧게 자를 것이다.

أَقْصَرَ رَئِيسُ الْجَامِعَةِ كَلَامَهُ فِي حَفْلِ الِاخْتِتَامِ.

대학교 총장은 폐회식에서 연설을 줄여서 했다.

أَكْرَمَ

اَلْمَصْدَرُ 동명사	اَلْفَاعِلُ 능동분사	اَلْمَفْعُولُ 수동분사
إِكْرَام	مُكْرِم	مُكْرَم

اَلضَّمَائِرُ 인칭 대명사		اَلْمَعْلُومُ 능동			اَلْمَجْهُولُ 수동	
		اَلْمَاضِي 완료	اَلْمُضَارِعُ 미완료	اَلْأَمْرُ 명령	اَلْمَاضِي 완료	اَلْمُضَارِعُ 미완료
اَلْمُتَكَلِّمُ 1인칭	أَنَا	أَكْرَمْتُ	أُكْرِمُ			
	نَحْنُ	أَكْرَمْنَا	نُكْرِمُ			
اَلْمُخَاطَبُ 2남	أَنْتَ	أَكْرَمْتَ	تُكْرِمُ	أَكْرِمْ		
	أَنْتُمَا	أَكْرَمْتُمَا	تُكْرِمَانِ	أَكْرِمَا		
	أَنْتُمْ	أَكْرَمْتُمْ	تُكْرِمُونَ	أَكْرِمُوا		
اَلْمُخَاطَبَةُ 2여	أَنْتِ	أَكْرَمْتِ	تُكْرِمِينَ	أَكْرِمِي		
	أَنْتُمَا	أَكْرَمْتُمَا	تُكْرِمَانِ	أَكْرِمَا		
	أَنْتُنَّ	أَكْرَمْتُنَّ	تُكْرِمْنَ	أَكْرِمْنَ		
اَلْغَائِبُ 3남	هُوَ	أَكْرَمَ	يُكْرِمُ		أُكْرِمَ	يُكْرَمُ
	هُمَا	أَكْرَمَا	يُكْرِمَانِ			
	هُمْ	أَكْرَمُوا	يُكْرِمُونَ			
اَلْغَائِبَةُ 3여	هِيَ	أَكْرَمَتْ	تُكْرِمُ			
	هُمَا	أَكْرَمَتَا	تُكْرِمَانِ			
	هُنَّ	أَكْرَمْنَ	يُكْرِمْنَ			

뜻풀이

- (누구를) 숭고하고 고결한 사람이라 묘사하다, 고귀한 사람이라 여기다
- (누구를) 존경하다
- (누구를) 존경심으로 모시다, 숭고한 마음으로 (누구를) 섬기다
- 고결하고 자애로운 사람임이 드러나다, 밝혀지다
- (누구에게) 무엇을(بِ) 수여하다

예문

أَكْرِمْ وَالِدَيْكَ.

네 부모님을 존경해라.

جَاءَ الَّذِي أَكْرَمْتَهُ.

네가 존경하는 사람이 왔다.

إِنْ زُرْتَنِي أُكْرِمْكَ.

네가 나를 방문한다면 나는 너를 존경할 것이다.

أَكْرَمَتْ أُمِّي ضُيُوفَنَا.

엄마는 손님들을 각별히 대접했다.

أَكْرَمُوا الرَّجُلَ الْكَبِيرَ.

그들은 나이든 남성을 섬겼다.

أَكْرِمْ مَنْ يُكْرِمُهُ أَبُوكَ.

당신의 아버지가 존경하는 이를 존경해라.

수동분사 اَلْمَفْعُولُ	능동분사 اَلْفَاعِلُ	동명사 اَلْمَصْدَرُ	أَكَلَ
مَأْكُول	آكِل	أَكْل	

수동 اَلْمَجْهُولُ		능동 اَلْمَعْلُومُ			اَلضَّمَائِرُ 인칭 대명사	
اَلْمُضَارِعُ 미완료	اَلْمَاضِي 완료	اَلْأَمْرُ 명령	اَلْمُضَارِعُ 미완료	اَلْمَاضِي 완료		
أُؤْكَلُ	أُكِلْتُ		آكُلُ	أَكَلْتُ	أَنَا	اَلْمُتَكَلِّمُ 1인칭
نُؤْكَلُ	أُكِلْنَا		نَأْكُلُ	أَكَلْنَا	نَحْنُ	
تُؤْكَلُ	أُكِلْتَ	كُلْ	تَأْكُلُ	أَكَلْتَ	أَنْتَ	اَلْمُخَاطَبُ 2 남
تُؤْكَلَانِ	أُكِلْتُمَا	كُلَا	تَأْكُلَانِ	أَكَلْتُمَا	أَنْتُمَا	
تُؤْكَلُونَ	أُكِلْتُمْ	كُلُوا	تَأْكُلُونَ	أَكَلْتُمْ	أَنْتُمْ	
تُؤْكَلِينَ	أُكِلْتِ	كُلِي	تَأْكُلِينَ	أَكَلْتِ	أَنْتِ	اَلْمُخَاطَبَةُ 2 여
تُؤْكَلَانِ	أُكِلْتُمَا	كُلَا	تَأْكُلَانِ	أَكَلْتُمَا	أَنْتُمَا	
تُؤْكَلْنَ	أُكِلْتُنَّ	كُلْنَ	تَأْكُلْنَ	أَكَلْتُنَّ	أَنْتُنَّ	
يُؤْكَلُ	أُكِلَ		يَأْكُلُ	أَكَلَ	هُوَ	اَلْغَائِبُ 3 남
يُؤْكَلَانِ	أُكِلَا		يَأْكُلَانِ	أَكَلَا	هُمَا	
يُؤْكَلُونَ	أُكِلُوا		يَأْكُلُونَ	أَكَلُوا	هُمْ	
تُؤْكَلُ	أُكِلَتْ		تَأْكُلُ	أَكَلَتْ	هِيَ	اَلْغَائِبَةُ 3 여
تُؤْكَلَانِ	أُكِلَتَا		تَأْكُلَانِ	أَكَلَتَا	هُمَا	
يُؤْكَلْنَ	أُكِلْنَ		يَأْكُلْنَ	أَكَلْنَ	هُنَّ	

뜻풀이

- (무엇을) 먹다
- (무엇을) 게걸스레 먹다, 삼키다, 먹어 치우다
- (무엇을) 갉아먹다, 좀먹다, 부식시키다
- (무엇을) 불법으로 사용하다, 쓰다, 소비하다
- (무엇을 통해) 부를 축적하다

예문

أَكَلَ الرِّبَا

이자를 취하다

أَكَلَهُ جِلْدُهُ

누구의 피부가 가렵다

أَكَلَ حَقَّهُ

누구의 권리를 침해하다

أَكَلَ فِي صَحْنٍ

식탁에 차린 것을 먹다

أَلَمْ تَأْكُلْ بَعْدُ؟

아직 먹지 않았어?

نَعْرِفُ أَيْنَ نَأْكُلُ.

우리는 어디서 먹을지 알고 있다.

أَكَلَ الْجَمِيعُ الْكَثِيرَ.

모두들 많이 먹었다.

تَأْكُلُ الْهِرَرَةُ السَّمَكَ.

고양이는 생선을 먹는다.

قَدْ أَكَلَتْ تُفَّاحَتَيْنِ.

그녀는 사과 두 개를 먹어버렸다.

أَكَلْتُ خُبْزًا وَجُبْنًا.

나는 빵과 치즈를 먹었다.

أَكَلْتُ مَوْزَةً عَلَى الْغَدَاءِ.

나는 점심으로 바나나 한 개를 먹었다.

إِنَّهُ لَا يَعْرِفُ مَاذَا يَأْكُلُ.

그는 무엇을 먹어야 할지 모른다.

هَلْ تَأْكُلُ فَاكِهَةً كُلَّ يَوْمٍ؟

당신은 매일 사과 한 개씩 먹나요?

شَرِبَ شَايَهُ وَأَكَلَ كَعْكَتَهُ.

그는 차를 마셨고 케익을 먹었다.

نَحْنُ أَكَلْنَا لَكِنْ هِيَ لَمْ تَأْكُلْ.

우리는 먹었지만 그녀는 먹지 않았다.

أَكَلَ وَالِدُهَا شَيْئًا مِنَ الشُّورْبَةِ.

그녀의 아버지는 수프를 조금 먹었다.

إِنْ زَرَعْتَ الشَّجَرَةَ كُلِ الثَّمَرَ.

네가 나무를 심었다면 너는 그 과실을 먹어라.

رَفَضَ إِخْوَانُهَا أَنْ يَأْكُلُوا الشُّورْبَةَ.

그녀의 오빠들은 수프 먹기를 거부했다.

عَمَّتِي هِيَ امْرَأَةٌ لَا تَأْكُلُ أَيَّ لَحْمٍ أَوْ بَيْضٍ.

나의 고모는 고기나 달걀을 전혀 먹지 않는 여성이다.

هَذِهِ الْأَطْعِمَةُ مَالِحَةٌ كِفَايَةً بِالنِّسْبَةِ لِأُمِّي لِتَأْكُلَهَا.

이 음식들은 나의 어머니가 드시기에는 충분히 짭짤하다.

يُمْكِنُكِ أَنْ تَأْكُلِي سَنْدُوِيتش وَتُفَّاحَةً فِي الْمَدْرَسَةِ.

너는 학교에서 샌드위치와 사과를 먹을 수 있다.

رَغْمَ أَنَّهُ كَانَ جَائِعًا جِدًّا رَفَضَ أَنْ يَأْكُلَ أَيَّ شَيْءٍ.

그는 매우 허기졌음에도 불구하고 어떤 것도 먹기를 거부했다.

إِنَّ ثَلَاثَةَ خِرَافٍ تَأْكُلُ الْعُشْبَ بِجَانِبِ إِحْدَى الْأَشْجَارِ.

양 세 마리가 나무 한 그루 옆에서 풀을 뜯고 있다.

ذَهَبَ مُوَظَّفُو الْمَصْرِفِ إِلَى مَطْعَمٍ كُورِيٍّ، وَأَكَلُوا لَحْمًا مَشْوِيًّا.

은행 직원들은 한국 식당으로 가서 불고기를 먹었다.

수동분사 اَلْمَفْعُولُ	능동분사 اَلْفَاعِلُ	동명사 اَلْمَصْدَرُ	أَكْمَلَ
مُكْمَل	مُكْمِل	إِكْمَال	

수동 اَلْمَجْهُولُ		능동 اَلْمَعْلُومُ			اَلضَّمَائِرُ 인칭 대명사	
اَلْمُضَارِعُ 미완료	اَلْمَاضِي 완료	اَلْأَمْرُ 명령	اَلْمُضَارِعُ 미완료	اَلْمَاضِي 완료		
			أُكْمِلُ	أَكْمَلْتُ	أَنَا	اَلْمُتَكَلِّمُ 1인칭
			نُكْمِلُ	أَكْمَلْنَا	نَحْنُ	
		أَكْمِلْ	تُكْمِلُ	أَكْمَلْتَ	أَنْتَ	اَلْمُخَاطَبُ 2 남
		أَكْمِلَا	تُكْمِلَانِ	أَكْمَلْتُمَا	أَنْتُمَا	
		أَكْمِلُوا	تُكْمِلُونَ	أَكْمَلْتُمْ	أَنْتُمْ	
		أَكْمِلِي	تُكْمِلِينَ	أَكْمَلْتِ	أَنْتِ	اَلْمُخَاطَبَةُ 2 여
		أَكْمِلَا	تُكْمِلَانِ	أَكْمَلْتُمَا	أَنْتُمَا	
		أَكْمِلْنَ	تُكْمِلْنَ	أَكْمَلْتُنَّ	أَنْتُنَّ	
يُكْمَلُ	أُكْمِلَ		يُكْمِلُ	أَكْمَلَ	هُوَ	اَلْغَائِبُ 3 남
			يُكْمِلَانِ	أَكْمَلَا	هُمَا	
			يُكْمِلُونَ	أَكْمَلُوا	هُمْ	
			تُكْمِلُ	أَكْمَلَتْ	هِيَ	اَلْغَائِبَةُ 3 여
			تُكْمِلَانِ	أَكْمَلَتَا	هُمَا	
			يُكْمِلْنَ	أَكْمَلْنَ	هُنَّ	

뜻풀이

- (무엇을) 끝내다, 마치다
- (무엇을) 수행하다
- 완결하다, 완수하다

예문

أَكْمَلَ مَبْلَغًا

완불하다

أَكْمَلَ الْعَمَلَ

일을 완수하다

أَكْمَلَ الْعَدَّاءُ الدَّوْرَ الْأَوَّلَ.

주자가 한 바퀴를 돌았다.

لِنُكْمِلْ حَلَّ مَسْأَلَةِ الرِّيَاضِيَّاتِ.

수학 문제 풀이를 끝내자.

هَلْ أَكْمَلَتِ الدِّرَاسَةَ الْجَامِعِيَّةَ هُنَا؟

그녀는 여기에서 대학 공부를 마쳤나요?

يَجِبُ أَنْ تُكْمِلَ خُطَّةَ النَّقْلِ مَعَ سِيَاسَةِ الطَّاقَةِ.

당신은 에너지 정책과 함께 운송 계획을 완수해야만 한다.

اَلْمَفْعُولُ 수동분사	اَلْفَاعِلُ 능동분사	اَلْمَصْدَرُ 동명사	أَمَرَ
مَأْمُور	آمِر	أَمْر، إِمَارَة	

اَلْمَجْهُولُ 수동		اَلْمَعْلُومُ 능동			اَلضَّمَائِرُ 인칭 대명사	
اَلْمُضَارِعُ 미완료	اَلْمَاضِي 완료	اَلْأَمْرُ 명령	اَلْمُضَارِعُ 미완료	اَلْمَاضِي 완료		
أُؤْمَرُ	أُمِرْتُ		آمُرُ	أَمَرْتُ	أَنَا	اَلْمُتَكَلِّمُ 1인칭
نُؤْمَرُ	أُمِرْنَا		نَأْمُرُ	أَمَرْنَا	نَحْنُ	
تُؤْمَرُ	أُمِرْتَ	مُرْ	تَأْمُرُ	أَمَرْتَ	أَنْتَ	اَلْمُخَاطَبُ 2 남
تُؤْمَرَانِ	أُمِرْتُمَا	مُرَا	تَأْمُرَانِ	أَمَرْتُمَا	أَنْتُمَا	
تُؤْمَرُونَ	أُمِرْتُمْ	مُرُوا	تَأْمُرُونَ	أَمَرْتُمْ	أَنْتُمْ	
تُؤْمَرِينَ	أُمِرْتِ	مُرِي	تَأْمُرِينَ	أَمَرْتِ	أَنْتِ	اَلْمُخَاطَبَةُ 2 여
تُؤْمَرَانِ	أُمِرْتُمَا	مُرَا	تَأْمُرَانِ	أَمَرْتُمَا	أَنْتُمَا	
تُؤْمَرْنَ	أُمِرْتُنَّ	مُرْنَ	تَأْمُرْنَ	أَمَرْتُنَّ	أَنْتُنَّ	
يُؤْمَرُ	أُمِرَ		يَأْمُرُ	أَمَرَ	هُوَ	اَلْغَائِبُ 3 남
يُؤْمَرَانِ	أُمِرَا		يَأْمُرَانِ	أَمَرَا	هُمَا	
يُؤْمَرُونَ	أُمِرُوا		يَأْمُرُونَ	أَمَرُوا	هُمْ	
تُؤْمَرُ	أُمِرَتْ		تَأْمُرُ	أَمَرَتْ	هِيَ	اَلْغَائِبَةُ 3 여
تُؤْمَرَانِ	أُمِرَتَا		تَأْمُرَانِ	أَمَرَتَا	هُمَا	
يُؤْمَرْنَ	أُمِرْنَ		يَأْمُرْنَ	أَمَرْنَ	هُنَّ	

뜻풀이

동명사 أَمْر, 능동분사 آمِر 인 경우

- 무엇을 하도록(بِ) 누구에게 명령하다, 지시하다, 분부를 내리다
- 임무, 책임 등을(بِ) (누구에게) 맡기다, 위탁하다

동명사 إِمَارَة 인 경우

- 아미르가 되다, 아미르로 등극하다

예문

أَمَرَ عَلَى الْقَوْمِ.

그는 아미르가 되었다.

لَقَدْ أَمَرَ بِوَقْفِ الْعَمَلِ.

그는 작업 중지 명령을 내렸다.

أَمَرُونَا أَنْ نَقُومَ بِالْعَمَلِ مَجَّانًا.

그들은 우리에게 공짜로 일할 것을 지시했다.

أَمَرَنِي الْمُدِيرُ بِأَنْ أَلْزَمَ مَكَانِي.

관리자는 나에게 자리를 지킬 것을 명령했다.

يَأْمُرُ الْقَاضِي بِالْإِفْرَاجِ عَنِ الْمُجْرِمِ بِكَفَالَةٍ.

판사는 그 죄인의 보석을 명령한다.

أَمَرَتْنَا الشَّرِكَةُ بِأَنْ نُنْجِزَ أَعْمَالَنَا قَبْلَ نِهَايَةِ الْأُسْبُوعِ.

회사는 우리에게 주말 전까지 업무를 완료할 것을 명령했다.

أَمْسَكَ

اَلْمَفْعُولُ 수동분사	اَلْفَاعِلُ 능동분사	اَلْمَصْدَرُ 동명사
مُمْسَك	مُمْسِك	إِمْسَاك

اَلْمُضَارِعُ 미완료 (اَلْمَجْهُولُ 수동)	اَلْمَاضِي 완료 (اَلْمَجْهُولُ 수동)	اَلْأَمْرُ 명령 (اَلْمَعْلُومُ 능동)	اَلْمُضَارِعُ 미완료 (اَلْمَعْلُومُ 능동)	اَلْمَاضِي 완료 (اَلْمَعْلُومُ 능동)	اَلضَّمَائِرُ 인칭 대명사	
			أُمْسِكُ	أَمْسَكْتُ	أَنَا	اَلْمُتَكَلِّمُ 1인칭
			نُمْسِكُ	أَمْسَكْنَا	نَحْنُ	
		أَمْسِكْ	تُمْسِكُ	أَمْسَكْتَ	أَنْتَ	اَلْمُخَاطَبُ 2 남
		أَمْسِكَا	تُمْسِكَانِ	أَمْسَكْتُمَا	أَنْتُمَا	
		أَمْسِكُوا	تُمْسِكُونَ	أَمْسَكْتُمْ	أَنْتُمْ	
		أَمْسِكِي	تُمْسِكِينَ	أَمْسَكْتِ	أَنْتِ	اَلْمُخَاطَبَةُ 2 여
		أَمْسِكَا	تُمْسِكَانِ	أَمْسَكْتُمَا	أَنْتُمَا	
		أَمْسِكْنَ	تُمْسِكْنَ	أَمْسَكْتُنَّ	أَنْتُنَّ	
يُمْسَكُ	أُمْسِكَ		يُمْسِكُ	أَمْسَكَ	هُوَ	اَلْغَائِبُ 3 남
			يُمْسِكَانِ	أَمْسَكَا	هُمَا	
			يُمْسِكُونَ	أَمْسَكُوا	هُمْ	
			تُمْسِكُ	أَمْسَكَتْ	هِيَ	اَلْغَائِبَةُ 3 여
			تُمْسِكَانِ	أَمْسَكَتَا	هُمَا	
			يُمْسِكْنَ	أَمْسَكْنَ	هُنَّ	

뜻풀이

- 무엇을([목] 또는 ب) 손에 쥐다, 잡다, 들다, 움켜쥐다
- (누구를) 꽉 잡다,
- 머리채나 멱살 등 신체 일부를(من) 잡아서 (누구를) 잡다, 붙잡다
- (누구 또는 무엇이) 무엇하는 것을(عن) 금하다, 말리다
- (무엇을) 참다, 사용하지 않다
- 무엇을(عن) 삼가다, 자제하다, 멀리하다
- 자신을 위하여(على نفسه) (무엇을) 계속 유지하다

예문

أَمْسَكَ لِسَانَهُ

입 조심하다, 말을 삼가다

أَمْسَكَ رَمَقَهُ

누구를 겨우 살려놓다

أَمْسَكَ عَنِ الصُّدُورِ

(신문 등의) 발행을 중지하다

إِنْ أَمْسَكْتُ بِهِ فَسَأَخْنُقُهُ.

내가 그를 잡으면 그의 목을 조를 것이다.

إِنَّهُ هُوَ السَّارِقُ، لَقَدْ أَمْسَكْتُ بِهِ مُتَلَبِّسًا.

그는 도둑이다. 나는 그를 현행범으로 잡았다.

أَمْسَكَ الْإِطْفَائِيُّ الطِّفْلَةَ تَحْتَ ذِرَاعِهِ الْأَيْمَنِ وَنَزَلَ السُّلَّمَ.

소방관은 자신의 오른쪽 팔에 아이를 안고 사다리를 내려왔다.

أَمْكَنَ

수동분사 اَلْمَفْعُولُ	능동분사 اَلْفَاعِلُ	동명사 اَلْمَصْدَرُ
مُمْكَن	مُمْكِن	إِمْكَان

수동 اَلْمَجْهُولُ		능동 اَلْمَعْلُومُ			اَلضَّمَائِرُ 인칭 대명사	
اَلْمُضَارِعُ 미완료	اَلْمَاضِي 완료	اَلْأَمْرُ 명령	اَلْمُضَارِعُ 미완료	اَلْمَاضِي 완료		
			أُمْكِنُ	أَمْكَنْتُ	أَنَا	اَلْمُتَكَلِّمُ 1인칭
			نُمْكِنُ	أَمْكَنَّا	نَحْنُ	
		أَمْكِنْ	تُمْكِنُ	أَمْكَنْتَ	أَنْتَ	اَلْمُخَاطَبُ 2 남
		أَمْكِنَا	تُمْكِنَانِ	أَمْكَنْتُمَا	أَنْتُمَا	
		أَمْكِنُوا	تُمْكِنُونَ	أَمْكَنْتُمْ	أَنْتُمْ	
		أَمْكِنِي	تُمْكِنِينَ	أَمْكَنْتِ	أَنْتِ	اَلْمُخَاطَبَةُ 2 여
		أَمْكِنَا	تُمْكِنَانِ	أَمْكَنْتُمَا	أَنْتُمَا	
		أَمْكِنَّ	تُمْكِنَّ	أَمْكَنْتُنَّ	أَنْتُنَّ	
يُمْكَنُ	أُمْكِنَ		يُمْكِنُ	أَمْكَنَ	هُوَ	اَلْغَائِبُ 3 남
			يُمْكِنَانِ	أَمْكَنَا	هُمَا	
			يُمْكِنُونَ	أَمْكَنُوا	هُمْ	
			تُمْكِنُ	أَمْكَنَتْ	هِيَ	اَلْغَائِبَةُ 3 여
			تُمْكِنَانِ	أَمْكَنَتَا	هُمَا	
			يُمْكِنَّ	أَمْكَنَّ	هُنَّ	

뜻풀이

- (누가) 무엇을(مِن) 할 수 있게 하다, 가능하게 하다
- (누군가) (무엇을) 할 수 있다, 실현 가능하다

예문

أَكْثَرَ مَا يُمْكِنُ

되도록, 가능한 한

لَا يُمْكِنُهُمْ أَنْ يَزُورُوا أَصْدِقَاءَهُمْ.

그들은 친구들을 방문할 수 없다.

أَكَانَ يُمْكِنُهُمْ أَنْ يُسَاعِدُوكَ بِعَمَلِكَ؟

그들은 당신의 일을 도와줄 수 있었습니까?

يُمْكِنُنَا أَنْ نَتَعَلَّمَ أَنْ نَسْتَخْدِمَ الْكُمْبِيُوتِر.

우리는 컴퓨터를 어떻게 사용하는지 배울 수 있다.

لَا أَعْرِفُ كَيْفَ يُمْكِنُكَ أَنْ تُعَامِلَ أَطْفَالَكَ هَكَذَا.

나는 네가 어떻게 아이들을 그렇게 대할 수 있는지 모르겠다.

اَلْهَوَاءُ الْمُلَوَّثُ بِشِدَّةٍ يُمْكِنُ أَنْ يُضِرَّ بِالْمَحَاصِيلِ.

심하게 오염된 대기는 작물에 해를 끼칠 수 있다.

수동분사 اَلْمَفْعُولُ	능동분사 اَلْفَاعِلُ	동명사 اَلْمَصْدَرُ	أَنَامَ
مُنَام	مُنِيم	إِنَامَة	

수동 اَلْمَجْهُولُ		능동 اَلْمَعْلُومُ			اَلضَّمَائِرُ 인칭 대명사	
اَلْمُضَارِعُ 미완료	اَلْمَاضِي 완료	اَلْأَمْرُ 명령	اَلْمُضَارِعُ 미완료	اَلْمَاضِي 완료		
			أُنِيمُ	أَنَمْتُ	أَنَا	اَلْمُتَكَلِّمُ 1인칭
			نُنِيمُ	أَنَمْنَا	نَحْنُ	
		أَنِمْ	تُنِيمُ	أَنَمْتَ	أَنْتَ	اَلْمُخَاطَبُ 2남
		أَنِيمَا	تُنِيمَانِ	أَنَمْتُمَا	أَنْتُمَا	
		أَنِيمُوا	تُنِيمُونَ	أَنَمْتُمْ	أَنْتُمْ	
		أَنِيمِي	تُنِيمِينَ	أَنَمْتِ	أَنْتِ	اَلْمُخَاطَبَةُ 2여
		أَنِيمَا	تُنِيمَانِ	أَنَمْتُمَا	أَنْتُمَا	
		أَنِمْنَ	تُنِمْنَ	أَنَمْتُنَّ	أَنْتُنَّ	
يُنَامُ	أُنِيمَ		يُنِيمُ	أَنَامَ	هُوَ	اَلْغَائِبُ 3남
			يُنِيمَانِ	أَنَامَا	هُمَا	
			يُنِيمُونَ	أَنَامُوا	هُمْ	
			تُنِيمُ	أَنَامَتْ	هِيَ	اَلْغَائِبَةُ 3여
			تُنِيمَانِ	أَنَامَتَا	هُمَا	
			يُنِمْنَ	أَنَمْنَ	هُنَّ	

뜻풀이

- (특히 아이를) 재우다, 침대에 눕히다, 잠들게 하다
- (누구를) 마취시키다, 마비시키다
- (누가) 잠든 것을 발견하다

예문

أَنَامَ عَدُوَّهُ.

그는 적을 죽였다.

أَنَمْتُهُ فِي الْغُرْفَةِ.

나는 방에서 잠든 그를 발견했다.

أَنَامَتِ الْأُمُّ وَلَدَهَا.

엄마가 아들을 재웠다.

أَنَامَ الْمَرَضُ الرَّجُلَ.

병마 때문에 그 남자는 쇠약해졌다.

أَنَامَ الْمَرِيضَ بِالدَّوَاءِ.

그는 환자를 약물로 마취시켰다.

수동분사 اَلْمَفْعُولُ	능동분사 اَلْفَاعِلُ	동명사 اَلْمَصْدَرُ	أَنْتَجَ
مُنْتَج	مُنْتِج	إِنْتَاج	

수동 اَلْمَجْهُولُ		능동 اَلْمَعْلُومُ			اَلضَّمَائِرُ 인칭 대명사	
اَلْمُضَارِعُ 미완료	اَلْمَاضِي 완료	اَلْأَمْرُ 명령	اَلْمُضَارِعُ 미완료	اَلْمَاضِي 완료		
			أُنْتِجُ	أَنْتَجْتُ	أَنَا	اَلْمُتَكَلِّمُ 1인칭
			نُنْتِجُ	أَنْتَجْنَا	نَحْنُ	
		أَنْتِجْ	تُنْتِجُ	أَنْتَجْتَ	أَنْتَ	اَلْمُخَاطَبُ 2 남
		أَنْتِجَا	تُنْتِجَانِ	أَنْتَجْتُمَا	أَنْتُمَا	
		أَنْتِجُوا	تُنْتِجُونَ	أَنْتَجْتُمْ	أَنْتُمْ	
		أَنْتِجِي	تُنْتِجِينَ	أَنْتَجْتِ	أَنْتِ	اَلْمُخَاطَبَةُ 2 여
		أَنْتِجَا	تُنْتِجَانِ	أَنْتَجْتُمَا	أَنْتُمَا	
		أَنْتِجْنَ	تُنْتِجْنَ	أَنْتَجْتُنَّ	أَنْتُنَّ	
يُنْتَجُ	أُنْتِجَ		يُنْتِجُ	أَنْتَجَ	هُوَ	اَلْغَائِبُ 3 남
			يُنْتِجَانِ	أَنْتَجَا	هُمَا	
			يُنْتِجُونَ	أَنْتَجُوا	هُمْ	
			تُنْتِجُ	أَنْتَجَتْ	هِيَ	اَلْغَائِبَةُ 3 여
			تُنْتِجَانِ	أَنْتَجَتَا	هُمَا	
			يُنْتِجْنَ	أَنْتَجْنَ	هُنَّ	

뜻풀이

- (가축이) 새끼를 낳다
- (무엇을) 낳다, 만들어내다, 생산하다
- 무엇의 원인이 되다, (무엇을) 야기하다

예문

أَنْتَجَ الشَّجَرُ.

나무에 열매가 맺혔다.

أَنْتَجَتِ الرِّيحُ السَّحَابَ.

바람이 구름을 몰고 왔다.

يُنْتَجُ هَذَا الزَّبَادِيُّ بِنَكْهَةِ ثَمَانِيَةِ فَوَاكِهَ.

이 요구르트는 8가지 과일 맛으로 생산된다.

سَتُنْتِجُ الْمَصَانِعُ سَيَّارَاتٍ كَثِيرَةً كُلَّ سَنَةٍ.

공장들은 매년 많은 자동차를 생산할 것이다.

تُنْتِجُ الشَّرِكَةُ الْآنَ هَذَا الدَّوَاءَ بِكَمِّيَّاتٍ لِلْعَيِّنَاتِ.

회사는 지금 이 약을 견본에 필요한 양 만큼 생산한다.

أُحِبُّ الْإِقَامَةَ فِي مَزْرَعَةٍ حَيْثُ آكُلُ مِمَّا تُنْتِجُهُ.

나는 그곳에서 생산된 것을 먹을 수 있는 농장에서 지내는 것을 좋아한다.

إِنْتَخَبَ

اَلْمَصْدَرُ 동명사	اَلْفَاعِلُ 능동분사	اَلْمَفْعُولُ 수동분사
إِنْتِخَاب	مُنْتَخِب	مُنْتَخَب

اَلضَّمَائِرُ 인칭 대명사		اَلْمَعْلُومُ 능동			اَلْمَجْهُولُ 수동	
		اَلْمَاضِي 완료	اَلْمُضَارِعُ 미완료	اَلْأَمْرُ 명령	اَلْمَاضِي 완료	اَلْمُضَارِعُ 미완료
اَلْمُتَكَلِّمُ 1인칭	أَنَا	إِنْتَخَبْتُ	أَنْتَخِبُ			
	نَحْنُ	إِنْتَخَبْنَا	نَنْتَخِبُ			
اَلْمُخَاطَبُ 2 남	أَنْتَ	إِنْتَخَبْتَ	تَنْتَخِبُ	إِنْتَخِبْ		
	أَنْتُمَا	إِنْتَخَبْتُمَا	تَنْتَخِبَانِ	إِنْتَخِبَا		
	أَنْتُمْ	إِنْتَخَبْتُمْ	تَنْتَخِبُونَ	إِنْتَخِبُوا		
اَلْمُخَاطَبَةُ 2 여	أَنْتِ	إِنْتَخَبْتِ	تَنْتَخِبِينَ	إِنْتَخِبِي		
	أَنْتُمَا	إِنْتَخَبْتُمَا	تَنْتَخِبَانِ	إِنْتَخِبَا		
	أَنْتُنَّ	إِنْتَخَبْتُنَّ	تَنْتَخِبْنَ	إِنْتَخِبْنَ		
اَلْغَائِبُ 3 남	هُوَ	إِنْتَخَبَ	يَنْتَخِبُ		أُنْتُخِبَ	يُنْتَخَبُ
	هُمَا	إِنْتَخَبَا	يَنْتَخِبَانِ			
	هُمْ	إِنْتَخَبُوا	يَنْتَخِبُونَ			
اَلْغَائِبَةُ 3 여	هِيَ	إِنْتَخَبَتْ	تَنْتَخِبُ			
	هُمَا	إِنْتَخَبَتَا	تَنْتَخِبَانِ			
	هُنَّ	إِنْتَخَبْنَ	يَنْتَخِبْنَ			

뜻풀이

- (무엇을) 고르다, 선택하다, 뽑다
- (누구를) 선출하다
- 투표하다

예문

يَنْتَخِبُ الشَّعْبُ نُوَّابَهُ.

국민은 자신의 대표를 선출한다.

اِنْتَخَبَ الْحِزْبُ رَئِيسًا لَهُ.

정당은 당대표를 선출했다.

أُنْتُخِبَ عُضْوًا فِي الْغُرْفَةِ التِّجَارِيَّةِ.

그는 상공회의소 회원으로 선출되었다.

يَنْتَخِبُ الْفَلَّاحُ الْحُبُوبَ الْمَحْصُولَةَ.

농부는 수확한 곡식을 골라낸다.

سَيَجْتَمِعُونَ غَدًا لِكَيْ يَنْتَخِبُوا مُرَشَّحَهُمْ.

그들은 그들의 후보를 선출하기 위해 내일 모일 것이다.

هَلْ أُنْتُخِبَتْ رَئِيسَةً لِلْمَدْرَسَةِ؟ لَا أُصَدِّقُ هَذَا.

그녀가 학교장으로 선출되었습니까? 나는 그것을 믿을 수 없습니다.

إِنْتَشَرَ

동명사 اَلْمَصْدَرُ	능동분사 اَلْفَاعِلُ	수동분사 اَلْمَفْعُولُ
إِنْتِشَار	مُنْتَشِر	مُنْتَشَر

اَلضَّمَائِرُ 인칭 대명사		능동 اَلْمَعْلُومُ			수동 اَلْمَجْهُولُ	
		اَلْمَاضِي 완료	اَلْمُضَارِعُ 미완료	اَلْأَمْرُ 명령	اَلْمَاضِي 완료	اَلْمُضَارِعُ 미완료
اَلْمُتَكَلِّمُ 1인칭	أَنَا	إِنْتَشَرْتُ	أَنْتَشِرُ			
	نَحْنُ	إِنْتَشَرْنَا	نَنْتَشِرُ			
اَلْمُخَاطَبُ 2 남	أَنْتَ	إِنْتَشَرْتَ	تَنْتَشِرُ	إِنْتَشِرْ		
	أَنْتُمَا	إِنْتَشَرْتُمَا	تَنْتَشِرَانِ	إِنْتَشِرَا		
	أَنْتُمْ	إِنْتَشَرْتُمْ	تَنْتَشِرُونَ	إِنْتَشِرُوا		
اَلْمُخَاطَبَةُ 2 여	أَنْتِ	إِنْتَشَرْتِ	تَنْتَشِرِينَ	إِنْتَشِرِي		
	أَنْتُمَا	إِنْتَشَرْتُمَا	تَنْتَشِرَانِ	إِنْتَشِرَا		
	أَنْتُنَّ	إِنْتَشَرْتُنَّ	تَنْتَشِرْنَ	إِنْتَشِرْنَ		
اَلْغَائِبُ 3 남	هُوَ	إِنْتَشَرَ	يَنْتَشِرُ		أُنْتُشِرَ	يُنْتَشَرُ
	هُمَا	إِنْتَشَرَا	يَنْتَشِرَانِ			
	هُمْ	إِنْتَشَرُوا	يَنْتَشِرُونَ			
اَلْغَائِبَةُ 3 여	هِيَ	إِنْتَشَرَتْ	تَنْتَشِرُ			
	هُمَا	إِنْتَشَرَتَا	تَنْتَشِرَانِ			
	هُنَّ	إِنْتَشَرْنَ	يَنْتَشِرْنَ			

뜻풀이

- (무엇이) 퍼지다, 펼쳐지다
- (소식이나 질병 등이) 퍼지다, 확산되다, 전파되다
- 넓어지다, 팽창하다, 퍼지다
- (파동이) 전달되다, 전해지다
- 사방으로 흩어지다, 분산되다
- 주위에 서있다, 우두커니 서있다
- 뿔뿔이 흩어져 있다
- (군대에서) 전선 따위를 넓히다, 산개(散開)시키다

예문

تَنْتَشِرُ الشَّمْسُ

햇살이 퍼지다

يَنْتَشِرُ الْخَبَرُ حَوْلَهُ.

그에 관한 소식이 퍼지고 있다.

اِنْتَشَرَ الْوَبَاءُ سَرِيعًا.

전염병이 급속히 퍼졌다.

تَنْتَشِرُ الشَّائِعَاتُ بِسُرْعَةٍ.

소문은 빨리 퍼진다.

اِنْتَشَرَ الْحَرِيقُ فِي الْمَبْنَى.

불길이 건물에서 번졌다.

اِنْتَشَرَ الْأَلَمُ فِي أَسْفَلِ الْبَطْنِ إِلَى الْجَانِبَيْنِ.

복통이 양 옆으로 퍼졌다.

اِنْتَصَرَ

수동분사 اَلْمَفْعُولُ	능동분사 اَلْفَاعِلُ	동명사 اَلْمَصْدَرُ
مُنْتَصَر	مُنْتَصِر	اِنْتِصَار

수동 اَلْمَجْهُولُ		능동 اَلْمَعْلُومُ			اَلضَّمَائِرُ 인칭 대명사	
اَلْمُضَارِعُ 미완료	اَلْمَاضِي 완료	اَلْأَمْرُ 명령	اَلْمُضَارِعُ 미완료	اَلْمَاضِي 완료		
			أَنْتَصِرُ	اِنْتَصَرْتُ	أَنَا	اَلْمُتَكَلِّمُ 1인칭
			نَنْتَصِرُ	اِنْتَصَرْنَا	نَحْنُ	
		اِنْتَصِرْ	تَنْتَصِرُ	اِنْتَصَرْتَ	أَنْتَ	اَلْمُخَاطَبُ 2 남
		اِنْتَصِرَا	تَنْتَصِرَانِ	اِنْتَصَرْتُمَا	أَنْتُمَا	
		اِنْتَصِرُوا	تَنْتَصِرُونَ	اِنْتَصَرْتُمْ	أَنْتُمْ	
		اِنْتَصِرِي	تَنْتَصِرِينَ	اِنْتَصَرْتِ	أَنْتِ	اَلْمُخَاطَبَةُ 2 여
		اِنْتَصِرَا	تَنْتَصِرَانِ	اِنْتَصَرْتُمَا	أَنْتُمَا	
		اِنْتَصِرْنَ	تَنْتَصِرْنَ	اِنْتَصَرْتُنَّ	أَنْتُنَّ	
يُنْتَصَرُ	أُنْتُصِرَ		يَنْتَصِرُ	اِنْتَصَرَ	هُوَ	اَلْغَائِبُ 3 남
			يَنْتَصِرَانِ	اِنْتَصَرَا	هُمَا	
			يَنْتَصِرُونَ	اِنْتَصَرُوا	هُمْ	
			تَنْتَصِرُ	اِنْتَصَرَتْ	هِيَ	اَلْغَائِبَةُ 3 여
			تَنْتَصِرَانِ	اِنْتَصَرَتَا	هُمَا	
			يَنْتَصِرْنَ	اِنْتَصَرْنَ	هُنَّ	

뜻풀이

- 누구의(ل) 편에 서다, 누구를(ل) 도우러 오다
- 무엇을(ل) 지지하다, 옹호하다
- 자신의 의견을(ل) 계속 주장하다, 고집하다, 고수하다
- 승리하다, 승리를 거두다
- 누구에게(على) 승리하다, 이기다
- 누구에게(من) 복수하다

예문

اِنْتَصَرَ الْفَرِيقُ.

그 팀은 우승했다.

اِنْتَصَرَ مِنْ عَدُوِّهِ.

그는 적에게 원수를 갚았다.

اِنْتَصَرَ عَلَى خَصْمِهِ.

그는 상대방에게 승리했다.

اِنْتَصَرَ الْحَكَمُ لِأَحَدِ الْمُتَخَاصِمِينَ.

중재인은 소송 당사자 중 한 명을 옹호했다.

يَعُودُ الْجَيْشُ مِنَ الْحَرْبِ بَعْدَ أَنْ اِنْتَصَرَ.

군대가 승리한 후 전쟁에서 돌아오고 있다.

حَلَّلَ الْمُعَلِّقُونَ كَيْفَ انْتَصَرَ نَمُوذَجُ الصِّنَاعَةِ الْكُورِيَّةِ عَلَى مُنَافِسِيهِ.

평론가들은 어떻게 한국 산업 모델이 경쟁자들을 이겼는지 분석했다.

اِنْتَظَرَ

수동분사 اَلْمَفْعُولُ	능동분사 اَلْفَاعِلُ	동명사 اَلْمَصْدَرُ
مُنْتَظَر	مُنْتَظِر	اِنْتِظَار

수동 اَلْمَجْهُولُ		능동 اَلْمَعْلُومُ			اَلضَّمَائِرُ 인칭 대명사	
اَلْمُضَارِعُ 미완료	اَلْمَاضِي 완료	اَلْأَمْرُ 명령	اَلْمُضَارِعُ 미완료	اَلْمَاضِي 완료		
			أَنْتَظِرُ	اِنْتَظَرْتُ	أَنَا	اَلْمُتَكَلِّمُ 1인칭
			نَنْتَظِرُ	اِنْتَظَرْنَا	نَحْنُ	
		اِنْتَظِرْ	تَنْتَظِرُ	اِنْتَظَرْتَ	أَنْتَ	اَلْمُخَاطَبُ 2 남
		اِنْتَظِرَا	تَنْتَظِرَانِ	اِنْتَظَرْتُمَا	أَنْتُمَا	
		اِنْتَظِرُوا	تَنْتَظِرُونَ	اِنْتَظَرْتُمْ	أَنْتُمْ	
		اِنْتَظِرِي	تَنْتَظِرِينَ	اِنْتَظَرْتِ	أَنْتِ	اَلْمُخَاطَبَةُ 2 여
		اِنْتَظِرَا	تَنْتَظِرَانِ	اِنْتَظَرْتُمَا	أَنْتُمَا	
		اِنْتَظِرْنَ	تَنْتَظِرْنَ	اِنْتَظَرْتُنَّ	أَنْتُنَّ	
يُنْتَظَرُ	أُنْتُظِرَ		يَنْتَظِرُ	اِنْتَظَرَ	هُوَ	اَلْغَائِبُ 3 남
			يَنْتَظِرَانِ	اِنْتَظَرَا	هُمَا	
			يَنْتَظِرُونَ	اِنْتَظَرُوا	هُمْ	
			تَنْتَظِرُ	اِنْتَظَرَتْ	هِيَ	اَلْغَائِبَةُ 3 여
			تَنْتَظِرَانِ	اِنْتَظَرَتَا	هُمَا	
			يَنْتَظِرْنَ	اِنْتَظَرْنَ	هُنَّ	

뜻풀이

- (누구를) 기다리다
- (누구 또는 무엇을) 기대하다, 예상하다
- (누구를) 자세히 쳐다보다
- (기회나 시기, 때 등을) 기다리다

예문

اِنْتَظَرَ الشَّيْءَ الكَبِيرَ مِنْ

(누구 또는 무엇에게) 많은 것을 기대하다

اِنْتَظَرْتُهُ حَتَّى الصَّبَاحِ.

나는 아침까지 그를 기다렸다.

لَمْ تَسْأَلْنِي أَيْنَ تَنْتَظِرُ؟

그녀는 나에게 그녀가 어디서 기다려야하는지 묻지 않았다.

لَا تَنْتَظِرْنِي فِي الْمَكْتَبِ.

사무실에서 나를 기다리지 말아라.

سَأَنْتَظِرُ حَتَّى تُنْهِيَ عَمَلَكَ.

나는 네가 일을 끝낼 때까지 기다릴 것이다.

عَلَيْكَ أَنْ تَنْتَظِرَ ثَلَاثَةَ أَيَّامٍ عَلَى الْأَكْثَرِ.

당신은 최대 3일을 기다려야 합니다.

수동분사 اَلْمَفْعُولُ	능동분사 اَلْفَاعِلُ	동명사 اَلْمَصْدَرُ	اِنْتَقَلَ
مُنْتَقَل	مُنْتَقِل	اِنْتِقَال	

수동 اَلْمَجْهُولُ		능동 اَلْمَعْلُومُ			اَلضَّمَائِرُ 인칭 대명사	
اَلْمُضَارِعُ 미완료	اَلْمَاضِي 완료	اَلْأَمْرُ 명령	اَلْمُضَارِعُ 미완료	اَلْمَاضِي 완료		
			أَنْتَقِلُ	اِنْتَقَلْتُ	أَنَا	اَلْمُتَكَلِّمُ 1인칭
			نَنْتَقِلُ	اِنْتَقَلْنَا	نَحْنُ	
		اِنْتَقِلْ	تَنْتَقِلُ	اِنْتَقَلْتَ	أَنْتَ	اَلْمُخَاطَبُ 2 남
		اِنْتَقِلَا	تَنْتَقِلَانِ	اِنْتَقَلْتُمَا	أَنْتُمَا	
		اِنْتَقِلُوا	تَنْتَقِلُونَ	اِنْتَقَلْتُمْ	أَنْتُمْ	
		اِنْتَقِلِي	تَنْتَقِلِينَ	اِنْتَقَلْتِ	أَنْتِ	اَلْمُخَاطَبَةُ 2 여
		اِنْتَقِلَا	تَنْتَقِلَانِ	اِنْتَقَلْتُمَا	أَنْتُمَا	
		اِنْتَقِلْنَ	تَنْتَقِلْنَ	اِنْتَقَلْتُنَّ	أَنْتُنَّ	
يُنْتَقَلُ	أُنْتُقِلَ		يَنْتَقِلُ	اِنْتَقَلَ	هُوَ	اَلْغَائِبُ 3 남
			يَنْتَقِلَانِ	اِنْتَقَلَا	هُمَا	
			يَنْتَقِلُونَ	اِنْتَقَلُوا	هُمْ	
			تَنْتَقِلُ	اِنْتَقَلَتْ	هِيَ	اَلْغَائِبَةُ 3 여
			تَنْتَقِلَانِ	اِنْتَقَلَتَا	هُمَا	
			يَنْتَقِلْنَ	اِنْتَقَلْنَ	هُنَّ	

뜻풀이

- 옮겨지다, 운송되다, 운반되다
- 파견되다, 선임되다
- (라디오를 통해) 전송되다
- (장소를) 옮기다, 이사하다
- 떠돌아다니다, 어슬렁거리다, 배회하다, 방황하다
- (공식적으로) 전임되다
- (배로) 무엇이 운송되다, 전달되다, 배달되다
- 어디로(إلى) 퍼지다, 확산되다
- (소문이) 퍼지다, 돌다
- 누구 또는 무엇에게(إلى) 이식되다
- 돌아다니다, 움직이다, 이동하다
- 어디로(إلى) 가다, 향하다, 출발하다
- 어떤 분야에(إلى) 흥미를 보이다, 관심을 두다, 전념하다
- (차량 진행을 위해) 어느 쪽으로(إلى) 방향을 틀다
- 한 소유주로부터(من) 다른 이에게(إلى) 전달되다, 넘어가다, 양도되다
- (열이나 소리, 또는 빛의 파동이) 어디로 (في 또는 إلى) 퍼지다
- (공격에서 수비로) 바꾸다, 전환하다
- 어디를(من 또는 عن) 떠나다
- 어디를(في) 자주 돌아다니다, 누비다

예문

اِنْتَقَلَ بِهِ إِلَى

무엇을 어디로 이동시키다, 재배치하다

اِنْتَقَلَ إِلَى رَحْمَةِ اللهِ / جِوَارِ رَبِّهِ

신의 자비 아래로 가다, 주님 앞으로 옮겨가다, 죽다

اِنْتَقَلْنَا إِلَى مَنْزِلٍ جَدِيدٍ الْبَارِحَةَ.

우리는 어제 새 집으로 이사했다.

سَنَنْتَقِلُ إِلَى الرِّيفِ هَرَبًا مِنْ ضَجَّةِ وَفَوْضَى الْمَدِينَةِ.

우리는 도시의 소음과 혼란을 피해 시골로 이사갈 것이다.

إِنْتَهَى	اَلْمَصْدَرُ 동명사	اَلْفَاعِلُ 능동분사	اَلْمَفْعُولُ 수동분사
	إِنْتِهَاء	مُنْتَهٍ	مُنْتَهًى

اَلضَّمَائِرُ 인칭 대명사		اَلْمَعْلُومُ 능동			اَلْمَجْهُولُ 수동	
		اَلْمَاضِي 완료	اَلْمُضَارِعُ 미완료	اَلْأَمْرُ 명령	اَلْمَاضِي 완료	اَلْمُضَارِعُ 미완료
اَلْمُتَكَلِّمُ 1인칭	أَنَا	إِنْتَهَيْتُ	أَنْتَهِي			
	نَحْنُ	إِنْتَهَيْنَا	نَنْتَهِي			
اَلْمُخَاطَبُ 2 남	أَنْتَ	إِنْتَهَيْتَ	تَنْتَهِي	إِنْتَهِ		
	أَنْتُمَا	إِنْتَهَيْتُمَا	تَنْتَهِيَانِ	إِنْتَهِيَا		
	أَنْتُمْ	إِنْتَهَيْتُمْ	تَنْتَهُونَ	إِنْتَهُوا		
اَلْمُخَاطَبَةُ 2 여	أَنْتِ	إِنْتَهَيْتِ	تَنْتَهِينَ	إِنْتَهِي		
	أَنْتُمَا	إِنْتَهَيْتُمَا	تَنْتَهِيَانِ	إِنْتَهِيَا		
	أَنْتُنَّ	إِنْتَهَيْتُنَّ	تَنْتَهِينَ	إِنْتَهِينَ		
اَلْغَائِبُ 3 남	هُوَ	إِنْتَهَى	يَنْتَهِي		أُنْتُهِيَ	يُنْتَهَى
	هُمَا	إِنْتَهَيَا	يَنْتَهِيَانِ			
	هُمْ	إِنْتَهَوْا	يَنْتَهُونَ			
اَلْغَائِبَةُ 3 여	هِيَ	إِنْتَهَتْ	تَنْتَهِي			
	هُمَا	إِنْتَهَتَا	تَنْتَهِيَانِ			
	هُنَّ	إِنْتَهَيْنَ	يَنْتَهِينَ			

뜻풀이

- 귀결되다, 완결되다, 결론이 나다, 끝나다
- (정해진 시간이) 다 지나가다, 다 되다, 만료되다
- 결국 무엇으로(ب) 종결되다, 끝나다
- 무엇을(عن) 끝내다, 마무리하다, 마치다
- 무엇과(من) 끝을 맺다, 무엇을(من) 청산하다, 끝내다
- 결국 어떤 장소나 상황에(إلى) 도달하다, 다다르다, 처하다
- [إلى أن 과 함께] 어떠한 상황까지 이르다, 결국 어떠한 결말로 귀결되다
- 누구의(إلى) 귀에 들어가다
- 누구를(ب) 어디로(إلى) 이끌다, 주도하다
- 무엇을(عن) 그만두다, 포기하다, 자제하다, 멀리하다

예문

اِنْتَهَى إِلَيْهِ الْعِبْءُ كُلُّهُ

모든 부담이 누구에게 가중되다

كَادَ الْوَقْتُ يَنْتَهِي / أَوْشَكَ الْوَقْتُ أَنْ يَنْتَهِيَ.

시간이 거의 다 끝나간다.

اِنْتَهَى السِّبَاقُ وَأَنَا فَائِزٌ.

경주는 끝났고 나는 우승했다.

لَا نَعْلَمُ مَتَى سَتَنْتَهِي هَذِهِ الدَّوْرَةُ.

우리는 이 코스가 언제 끝날지 모른다.

اِنْتَهَى الْمَشْهَدُ عِنْدَمَا اقْتَحَمَ أَحَدُهُمْ غُرْفَةَ نَوْمِهَا.

이 장면은 누군가 그녀의 침실을 공격하면서 끝났다.

اَلْمُحَاضَرَةُ تَبْدَأُ فِي السَّابِعَةِ وَتَنْتَهِي فِي الْعَاشِرَةِ مَسَاءً.

강의는 7시에 시작해서 저녁 10시에 끝난다.

أَنْجَبَ	اَلْمَصْدَرُ 동명사	اَلْفَاعِلُ 능동분사	اَلْمَفْعُولُ 수동분사
	إِنْجَاب	مُنْجِب	مُنْجَب

اَلضَّمَائِرُ 인칭 대명사		اَلْمَعْلُومُ 능동 اَلْمَاضِي 완료	اَلْمَعْلُومُ 능동 اَلْمُضَارِعُ 미완료	اَلْمَعْلُومُ 능동 اَلْأَمْرُ 명령	اَلْمَجْهُولُ 수동 اَلْمَاضِي 완료	اَلْمَجْهُولُ 수동 اَلْمُضَارِعُ 미완료
اَلْمُتَكَلِّمُ 1인칭	أَنَا	أَنْجَبْتُ	أُنْجِبُ			
	نَحْنُ	أَنْجَبْنَا	نُنْجِبُ			
اَلْمُخَاطَبُ 2 남	أَنْتَ	أَنْجَبْتَ	تُنْجِبُ	أَنْجِبْ		
	أَنْتُمَا	أَنْجَبْتُمَا	تُنْجِبَانِ	أَنْجِبَا		
	أَنْتُمْ	أَنْجَبْتُمْ	تُنْجِبُونَ	أَنْجِبُوا		
اَلْمُخَاطَبَةُ 2 여	أَنْتِ	أَنْجَبْتِ	تُنْجِبِينَ	أَنْجِبِي		
	أَنْتُمَا	أَنْجَبْتُمَا	تُنْجِبَانِ	أَنْجِبَا		
	أَنْتُنَّ	أَنْجَبْتُنَّ	تُنْجِبْنَ	أَنْجِبْنَ		
اَلْغَائِبُ 3 남	هُوَ	أَنْجَبَ	يُنْجِبُ		أُنْجِبَ	يُنْجَبُ
	هُمَا	أَنْجَبَا	يُنْجِبَانِ			
	هُمْ	أَنْجَبُوا	يُنْجِبُونَ			
اَلْغَائِبَةُ 3 여	هِيَ	أَنْجَبَتْ	تُنْجِبُ			
	هُمَا	أَنْجَبَتَا	تُنْجِبَانِ			
	هُنَّ	أَنْجَبْنَ	يُنْجِبْنَ			

뜻풀이

- 귀족 가문에서 태어나다, 고귀한 혈통을 가지다, 명문 출신이다.
- 출산하다
- 자식을 보다, 아비가 되다

예문

أَنْجَبَ الرَّجُلُ.

그 남자는 아빠가 되었다.

أَنْجَبَتِ الْمَرْأَةُ.

그 여자는 출산했다.

أَنْجَبَتِ الْأَرْضُ أَبْطَالًا.

대지는 영웅들을 탄생시켰다.

أُرِيدُ أَنْ أُنْجِبَ أَوْلَادًا كَثِيرِينَ.

나는 많은 아이들을 낳고 싶다.

أَنْجَبَتْ حَتَّى الْآنَ ثَلَاثَةَ أَوْلَادٍ.

그녀는 지금까지 세 명의 아이를 낳았다.

لَا يُمْكِنُنِي أَنْ أُنْجِبَ طِفْلًا لِهَذَا الْوَضْعِ.

이런 상황에서 내가 아이를 낳을 수는 없다.

수동분사 اَلْمَفْعُولُ	능동분사 اَلْفَاعِلُ	동명사 اَلْمَصْدَرُ	إِنْخَفَضَ
مُنْخَفَض	مُنْخَفِض	اِنْخِفَاض	

수동 اَلْمَجْهُولُ		능동 اَلْمَعْلُومُ			اَلضَّمَائِرُ 인칭 대명사	
اَلْمُضَارِعُ 미완료	اَلْمَاضِي 완료	اَلْأَمْرُ 명령	اَلْمُضَارِعُ 미완료	اَلْمَاضِي 완료		
			أَنْخَفِضُ	اِنْخَفَضْتُ	أَنَا	اَلْمُتَكَلِّمُ 1인칭
			نَنْخَفِضُ	اِنْخَفَضْنَا	نَحْنُ	
		اِنْخَفِضْ	تَنْخَفِضُ	اِنْخَفَضْتَ	أَنْتَ	اَلْمُخَاطَبُ 2 남
		اِنْخَفِضَا	تَنْخَفِضَانِ	اِنْخَفَضْتُمَا	أَنْتُمَا	
		اِنْخَفِضُوا	تَنْخَفِضُونَ	اِنْخَفَضْتُمْ	أَنْتُمْ	
		اِنْخَفِضِي	تَنْخَفِضِينَ	اِنْخَفَضْتِ	أَنْتِ	اَلْمُخَاطَبَةُ 2 여
		اِنْخَفِضَا	تَنْخَفِضَانِ	اِنْخَفَضْتُمَا	أَنْتُمَا	
		اِنْخَفِضْنَ	تَنْخَفِضْنَ	اِنْخَفَضْتُنَّ	أَنْتُنَّ	
يُنْخَفَضُ	أُنْخُفِضَ		يَنْخَفِضُ	اِنْخَفَضَ	هُوَ	اَلْغَائِبُ 3 남
			يَنْخَفِضَانِ	اِنْخَفَضَا	هُمَا	
			يَنْخَفِضُونَ	اِنْخَفَضُوا	هُمْ	
			تَنْخَفِضُ	اِنْخَفَضَتْ	هِيَ	اَلْغَائِبَةُ 3 여
			تَنْخَفِضَانِ	اِنْخَفَضَتَا	هُمَا	
			يَنْخَفِضْنَ	اِنْخَفَضْنَ	هُنَّ	

뜻풀이

- (머리가) 땅쪽으로 기울다, 낮아지다
- 푹 꺼지다, 내려가다, 가라앉다
- (가격 등이) 떨어지다, 줄어들다, 축소되다
- 줄다, 감소하다, (성장이) 저하하다
- 적어지다, 감소되다, 축소되다, 약해지다

✔수동형은 형식적으로 존재하나 실제로 사용되지 않음.

예문

اِنْخَفَضَ صَوْتُهُ.

그의 목소리가 줄어들었다.

اِنْخَفَضَ النَّبْضُ.

맥박이 낮아졌다.

تَنْخَفِضُ الْأَسْعَارُ.

물가가 하락하다.

اِنْخَفَضَتْ سُرْعَةُ السَّيَّارَةِ.

자동차의 속도가 줄어들었다.

يَتَوَقَّعُ أَنْ تَنْخَفِضَ أَسْعَارُ الشِّقَقِ بَعْدَ إِصْدَارِ السِّيَاسَةِ الْجَدِيدَةِ.

새로운 정책 발표 후에 아파트 가격이 하락할 것으로 예상된다.

اِنْخَفَضَتِ الصَّادِرَاتُ مِنَ الْمَوَادِّ الْأَوَّلِيَّةِ إِلَى الدُّوَلِ الصِّنَاعِيَّةِ.

선진국 대상의 원자재 수출이 감소했다.

اِنْخَلَعَ

수동분사 اَلْمَفْعُولُ	능동분사 اَلْفَاعِلُ	동명사 اَلْمَصْدَرُ
مُنْخَلَع	مُنْخَلِع	اِنْخِلَاع

수동 اَلْمَجْهُولُ		능동 اَلْمَعْلُومُ			اَلضَّمَائِرُ 인칭 대명사	
اَلْمُضَارِعُ 미완료	اَلْمَاضِي 완료	اَلْأَمْرُ 명령	اَلْمُضَارِعُ 미완료	اَلْمَاضِي 완료		
			أَنْخَلِعُ	اِنْخَلَعْتُ	أَنَا	اَلْمُتَكَلِّمُ 1인칭
			نَنْخَلِعُ	اِنْخَلَعْنَا	نَحْنُ	
		اِنْخَلِعْ	تَنْخَلِعُ	اِنْخَلَعْتَ	أَنْتَ	اَلْمُخَاطَبُ 2 남
		اِنْخَلِعَا	تَنْخَلِعَانِ	اِنْخَلَعْتُمَا	أَنْتُمَا	
		اِنْخَلِعُوا	تَنْخَلِعُونَ	اِنْخَلَعْتُمْ	أَنْتُمْ	
		اِنْخَلِعِي	تَنْخَلِعِينَ	اِنْخَلَعْتِ	أَنْتِ	اَلْمُخَاطَبَةُ 2 여
		اِنْخَلِعَا	تَنْخَلِعَانِ	اِنْخَلَعْتُمَا	أَنْتُمَا	
		اِنْخَلِعْنَ	تَنْخَلِعْنَ	اِنْخَلَعْتُنَّ	أَنْتُنَّ	
يُنْخَلَعُ	أُنْخُلِعَ		يَنْخَلِعُ	اِنْخَلَعَ	هُوَ	اَلْغَائِبُ 3 남
			يَنْخَلِعَانِ	اِنْخَلَعَا	هُمَا	
			يَنْخَلِعُونَ	اِنْخَلَعُوا	هُمْ	
			تَنْخَلِعُ	اِنْخَلَعَتْ	هِيَ	اَلْغَائِبَةُ 3 여
			تَنْخَلِعَانِ	اِنْخَلَعَتَا	هُمَا	
			يَنْخَلِعْنَ	اِنْخَلَعْنَ	هُنَّ	

뜻풀이

- (무엇이) 찢어지다, 잡아 뜯기다
- (관절 등이) 빠지다, 삐다, 탈구되다
- 무엇이(من) 벗겨지다
- 무엇을(من) 빼앗기다, 상실하다, 잃다, 잃어버리다
- 어디로부터(من) 나오다, 벗어나다

✔수동형은 형식적으로 존재하나 실제로 사용되지 않음.

예문

اِنْخَلَعَ قَلْبُهُ.

그는 깜짝 놀랐다.

اِنْخَلَعَتْ مِنْ مَالِهَا.

그녀는 돈을 잃어버렸다.

اِنْخَلَعَ مِنَ الْكَهْفِ.

그는 동굴에서 빠져 나왔다.

اِنْخَلَعَ مِقْبَضُ الْبَابِ.

문고리가 빠졌다.

اِنْخَلَعْتُ مِنْ مَنْصِبِ الْقِسْمِ.

나는 과장직을 상실했다. 나는 과장직에서 해임되었다.

اِنْخَلَعَتْ كِتْفُهُ عِنْدَمَا وَقَعَ عَلَى الْأَرْضِ.

그가 넘어졌을 때, 그의 어깨가 탈구되었다.

수동분사 اَلْمَفْعُولُ	능동분사 اَلْفَاعِلُ	동명사 اَلْمَصْدَرُ	اِنْدَلَع
مُنْدَلَع	مُنْدَلِع	اِنْدِلَاع	

수동 اَلْمَجْهُولُ		능동 اَلْمَعْلُومُ			اَلضَّمَائِرُ 인칭 대명사	
اَلْمُضَارِعُ 미완료	اَلْمَاضِي 완료	اَلْأَمْرُ 명령	اَلْمُضَارِعُ 미완료	اَلْمَاضِي 완료		
			أَنْدَلِعُ	اِنْدَلَعْتُ	أَنَا	اَلْمُتَكَلِّمُ 1인칭
			نَنْدَلِعُ	اِنْدَلَعْنَا	نَحْنُ	
		اِنْدَلِعْ	تَنْدَلِعُ	اِنْدَلَعْتَ	أَنْتَ	اَلْمُخَاطَبُ 2 남
		اِنْدَلِعَا	تَنْدَلِعَانِ	اِنْدَلَعْتُمَا	أَنْتُمَا	
		اِنْدَلِعُوا	تَنْدَلِعُونَ	اِنْدَلَعْتُمْ	أَنْتُمْ	
		اِنْدَلِعِي	تَنْدَلِعِينَ	اِنْدَلَعْتِ	أَنْتِ	اَلْمُخَاطَبَةُ 2 여
		اِنْدَلِعَا	تَنْدَلِعَانِ	اِنْدَلَعْتُمَا	أَنْتُمَا	
		اِنْدَلِعْنَ	تَنْدَلِعْنَ	اِنْدَلَعْتُنَّ	أَنْتُنَّ	
يُنْدَلَعُ	أُنْدُلِعَ		يَنْدَلِعُ	اِنْدَلَعَ	هُوَ	اَلْغَائِبُ 3 남
			يَنْدَلِعَانِ	اِنْدَلَعَا	هُمَا	
			يَنْدَلِعُونَ	اِنْدَلَعُوا	هُمْ	
			تَنْدَلِعُ	اِنْدَلَعَتْ	هِيَ	اَلْغَائِبَةُ 3 여
			تَنْدَلِعَانِ	اِنْدَلَعَتَا	هُمَا	
			يَنْدَلِعْنَ	اِنْدَلَعْنَ	هُنَّ	

뜻풀이

- (혀 등이) 축 늘어지다
- (불길이) 확 타오르다
- (화재, 전쟁 등이) 발생하다, 발발하다
- (아이가) 응석받이로 자라 버릇이 없다

✔수동형은 형식적으로 존재하나 실제로 사용되지 않음.

예문

اِنْدَلَعَ بَطْنُ أَبِي مَعَ التَّقَدُّمِ.

나이가 들면서 아버지의 배가 나왔다.

اِنْدَلَعَتِ النَّارُ فِي بِئْرِ النَّفْطِ.

유정에 불이 났다.

يَنْدَلِعُ لِسَانُ الْكَلْبِ مِنْ شِدَّةِ الْحَرَارَةِ.

더위 때문에 개의 혀가 축 늘어진다.

اِنْدَلَعَ الْقِتَالُ بَيْنَ الْهِنْد وَبَاكِسْتَان فِي كَشْمِير.

카시미르에서 인도와 파키스탄 간에 전투가 발발했다.

اِنْدَلَعَ الْحَرِيقُ فِي السُّوقِ التَّقْلِيدِيَّةِ اللَّيْلَةَ الْمَاضِيَةَ.

어젯밤에 전통 시장에서 화재가 발생했다.

اِنْدَلَعَ قِتَالٌ شَدِيدٌ فِي يَوْمِ الْأَحَدِ الْمَاضِي فِي شَمَالِ الْعِرَاقِ.

지난 일요일 이라크 북부에서 심각한 전투가 발발했다.

수동분사 اَلْمَفْعُولُ	능동분사 اَلْفَاعِلُ	동명사 اَلْمَصْدَرُ	أَنْزَلَ
مُنْزَل	مُنْزِل	إِنْزَال	

수동 اَلْمَجْهُولُ		능동 اَلْمَعْلُومُ			인칭 대명사 اَلضَّمَائِرُ	
اَلْمُضَارِعُ 미완료	اَلْمَاضِي 완료	اَلْأَمْرُ 명령	اَلْمُضَارِعُ 미완료	اَلْمَاضِي 완료		
			أُنْزِلُ	أَنْزَلْتُ	أَنَا	اَلْمُتَكَلِّمُ 1인칭
			نُنْزِلُ	أَنْزَلْنَا	نَحْنُ	
		أَنْزِلْ	تُنْزِلُ	أَنْزَلْتَ	أَنْتَ	اَلْمُخَاطَبُ 2 남
		أَنْزِلَا	تُنْزِلَانِ	أَنْزَلْتُمَا	أَنْتُمَا	
		أَنْزِلُوا	تُنْزِلُونَ	أَنْزَلْتُمْ	أَنْتُمْ	
		أَنْزِلِي	تُنْزِلِينَ	أَنْزَلْتِ	أَنْتِ	اَلْمُخَاطَبَةُ 2 여
		أَنْزِلَا	تُنْزِلَانِ	أَنْزَلْتُمَا	أَنْتُمَا	
		أَنْزِلْنَ	تُنْزِلْنَ	أَنْزَلْتُنَّ	أَنْتُنَّ	
يُنْزَلُ	أُنْزِلَ		يُنْزِلُ	أَنْزَلَ	هُوَ	اَلْغَائِبُ 3 남
			يُنْزِلَانِ	أَنْزَلَا	هُمَا	
			يُنْزِلُونَ	أَنْزَلُوا	هُمْ	
			تُنْزِلُ	أَنْزَلَتْ	هِيَ	اَلْغَائِبَةُ 3 여
			تُنْزِلَانِ	أَنْزَلَتَا	هُمَا	
			يُنْزِلْنَ	أَنْزَلْنَ	هُنَّ	

뜻풀이

- (무엇을) 줄이다, 낮추다, 떨어뜨리다, 감소시키다
- (신이) 누구에게(على) (무엇을) 보내다, 계시하다, 묵시하다
- (신이 무엇을) 주다
- (한 곳에) 누구를 안착시키다, 머무르게 하다
- (누구를) 어떤 장소에(على) 두다, 내려놓다
- (차나 배 등의) 짐을 내리다, 하역하다
- (선박에서 무엇을) 뭍으로 옮기다, 운반하다
- (병력이나 부대 등을) 상륙시키다
- 깃발을 내리다, 기를 걷다
- (누구 또는 무엇을) 비하하다, 낮추다
- (수나 금액 등을) 어디까지(إلى) 낮추다, 줄이다, 떨어뜨리다
- (피해나 손해 등을) 누구에게(بـ) 입히다
- (누구에게) 무엇을(على) 강요하다, 강제하다

예문

أَنْزَلَ الضَّيْفَ

손님을 머물게 하다

أَنْزَلَ إِلَى الْبَحْرِ

배를 물에 띄우다, 진수시키다

أَنْزَلَهُ إِلَى الْبَرِّ

배에서 뭍으로 옮기다

أَنْزَلَ بِهِ عُقُوبَةً

누구를 벌 주다, 누구를 처벌하다

أَنْزَلَ بِهِ خَسَارَةً فَادِحَةً

누구에게 큰 손해를 끼치다

أَنْزَلَ اللهُ الْكَلَامَ عَلَى أَنْبِيَائِهِ.

하나님이 예언자들에게 계시했다.

수동분사 اَلْمَفْعُولُ	능동분사 اَلْفَاعِلُ	동명사 اَلْمَصْدَرُ	أَنْشَأَ
مُنْشَأ	مُنْشِئ	إِنْشَاء	

수동 اَلْمَجْهُولُ		능동 اَلْمَعْلُومُ			اَلضَّمَائِرُ 인칭 대명사	
اَلْمُضَارِعُ 미완료	اَلْمَاضِي 완료	اَلْأَمْرُ 명령	اَلْمُضَارِعُ 미완료	اَلْمَاضِي 완료		
			أُنْشِئُ	أَنْشَأْتُ	أَنَا	اَلْمُتَكَلِّمُ 1인칭
			نُنْشِئُ	أَنْشَأْنَا	نَحْنُ	
		أَنْشِئْ	تُنْشِئُ	أَنْشَأْتَ	أَنْتَ	اَلْمُخَاطَبُ 2 남
		أَنْشِئَا	تُنْشِئَانِ	أَنْشَأْتُمَا	أَنْتُمَا	
		أَنْشِئُوا	تُنْشِئُونَ	أَنْشَأْتُمْ	أَنْتُمْ	
		أَنْشِئِي	تُنْشِئِينَ	أَنْشَأْتِ	أَنْتِ	اَلْمُخَاطَبَةُ 2 여
		أَنْشِئَا	تُنْشِئَانِ	أَنْشَأْتُمَا	أَنْتُمَا	
		أَنْشِئْنَ	تُنْشِئْنَ	أَنْشَأْتُنَّ	أَنْتُنَّ	
يُنْشَأُ	أُنْشِئَ		يُنْشِئُ	أَنْشَأَ	هُوَ	اَلْغَائِبُ 3 남
			يُنْشِئَانِ	أَنْشَآ	هُمَا	
			يُنْشِئُونَ	أَنْشَؤُوا	هُمْ	
			تُنْشِئُ	أَنْشَأَتْ	هِيَ	اَلْغَائِبَةُ 3 여
			تُنْشِئَانِ	أَنْشَأَتَا	هُمَا	
			يُنْشِئْنَ	أَنْشَأْنَ	هُنَّ	

뜻풀이

- (무엇을) 나타나게 하다
- (신이 무엇을) 만들다, 창조하다, 생겨나게 하다
- (무엇을) 발명하다, 고안하다, 새로 만들어 내다, 생산하다
- (무엇을) 짓다, 건설하다
- (처음으로 무엇을) 창설하다, 창립하다
- (무엇을) 세우다, 설립하다
- (무엇을) 장치하다, 설치하다
- (책이나 글 등을) 쓰다, 작성하다
- (아이를) 기르다, 양육하다
- (무엇을) 시작하다, 착수하다

예문

أَنْشَأَ شِعْرًا.

그는 한 편의 시를 썼다.

أَنْشَأَ الزَّارِعُ يَنْشُرُ بُذُورَهُ.

농부가 씨를 뿌리기 시작했다.

لَقَدْ أَنْشَأُوا شَرِكَةً جَدِيدَةً.

그들은 새로운 회사를 설립했다.

أَنْشَأَ اللهُ الْكَوْنَ وَالْخَلْقَ.

하나님은 우주만물을 창조하셨다.

هَذَا الْعُرْفُ اسْتَغْرَقَ وَقْتًا طَوِيلًا لِيُنْشَأَ.

이 관습이 자리 잡을 때까지 오랜 시간이 걸렸다.

لَقَدْ أَنْشَأَتِ الدَّوْلَةُ كَثِيرًا مِنَ الْمَرَاكِزِ الثَّقَافِيَّةِ وَالْمَكْتَبَاتِ الْعَامَّةِ فِي مُدُنِ الْبِلَادِ الرَّئِيسِيَّةِ.

국가는 많은 문화센터와 공공 도서관을 국가의 주요 도시에 건립했다.

수동분사 اَلْمَفْعُولُ	능동분사 اَلْفَاعِلُ	동명사 اَلْمَصْدَرُ	اِنْصَرَفَ
مُنْصَرَف	مُنْصَرِف	اِنْصِرَاف	

수동 اَلْمَجْهُولُ		능동 اَلْمَعْلُومُ			اَلضَّمَائِرُ 인칭 대명사	
اَلْمُضَارِعُ 미완료	اَلْمَاضِي 완료	اَلْأَمْرُ 명령	اَلْمُضَارِعُ 미완료	اَلْمَاضِي 완료		
			أَنْصَرِفُ	اِنْصَرَفْتُ	أَنَا	اَلْمُتَكَلِّمُ 1인칭
			نَنْصَرِفُ	اِنْصَرَفْنَا	نَحْنُ	
		اِنْصَرِفْ	تَنْصَرِفُ	اِنْصَرَفْتَ	أَنْتَ	اَلْمُخَاطَبُ 2 남
		اِنْصَرِفَا	تَنْصَرِفَانِ	اِنْصَرَفْتُمَا	أَنْتُمَا	
		اِنْصَرِفُوا	تَنْصَرِفُونَ	اِنْصَرَفْتُمْ	أَنْتُمْ	
		اِنْصَرِفِي	تَنْصَرِفِينَ	اِنْصَرَفْتِ	أَنْتِ	اَلْمُخَاطَبَةُ 2 여
		اِنْصَرِفَا	تَنْصَرِفَانِ	اِنْصَرَفْتُمَا	أَنْتُمَا	
		اِنْصَرِفْنَ	تَنْصَرِفْنَ	اِنْصَرَفْتُنَّ	أَنْتُنَّ	
يُنْصَرَفُ	أُنْصُرِفَ		يَنْصَرِفُ	اِنْصَرَفَ	هُوَ	اَلْغَائِبُ 3 남
			يَنْصَرِفَانِ	اِنْصَرَفَا	هُمَا	
			يَنْصَرِفُونَ	اِنْصَرَفُوا	هُمْ	
			تَنْصَرِفُ	اِنْصَرَفَتْ	هِيَ	اَلْغَائِبَةُ 3 여
			تَنْصَرِفَانِ	اِنْصَرَفَتَا	هُمَا	
			يَنْصَرِفْنَ	اِنْصَرَفْنَ	هُنَّ	

뜻풀이

- 어디로부터(عن) 떠나다, 떠나가다
- 누구 또는 무엇을(عن) 포기하다, 버리다
- 액체가 흘러나가다, 물이 빠지다
- 다른 무엇으로(إلى) 주위를 돌리다, 전환하다
- 무엇에(إلى) 몰두하다, 전념하다, 집중을 쏟다
- (돈이) 지출되다, 소비되다
- (티켓 등이) 발행되다

✔수동형은 형식적으로 존재하나 실제로 사용되지 않음.

예문

اِنْصَرَفَ يَفْعَلُ

무엇을 하려 하다, 무엇을 할 참이다

اِنْصَرِفْ حَالًا!

당장 떠나시오!

اِنْصَرَفَ إِلَى نَفْسِهِ

자신을 고립시키다

اِنْصَرَفَ فَقَطْ مُنْذُ ثَوَانٍ.

그는 불과 몇 초만에 떠났다.

اِنْصَرَفَ إِلَى وَظِيفَةٍ أُخْرَى.

그는 다른 직업으로 이직했다.

وَمَنْ لَا يُرِيدُهُ وَيُرِيدُ الاِنْصِرَافَ فَلْيَنْصَرِفْ.

그것을 원하지 않고, 떠나길 원하는 사람은 떠나세요.

اِنْطَبَخَ

اَلْمَفْعُولُ 수동분사	اَلْفَاعِلُ 능동분사	اَلْمَصْدَرُ 동명사
مُنْطَبَخ	مُنْطَبِخ	اِنْطِبَاخ

اَلْمَجْهُولُ 수동		اَلْمَعْلُومُ 능동			اَلضَّمَائِرُ 인칭 대명사	
اَلْمُضَارِعُ 미완료	اَلْمَاضِي 완료	اَلْأَمْرُ 명령	اَلْمُضَارِعُ 미완료	اَلْمَاضِي 완료		
			أَنْطَبِخُ	اِنْطَبَخْتُ	أَنَا	اَلْمُتَكَلِّمُ 1인칭
			نَنْطَبِخُ	اِنْطَبَخْنَا	نَحْنُ	
		اِنْطَبِخْ	تَنْطَبِخُ	اِنْطَبَخْتَ	أَنْتَ	اَلْمُخَاطَبُ 2남
		اِنْطَبِخَا	تَنْطَبِخَانِ	اِنْطَبَخْتُمَا	أَنْتُمَا	
		اِنْطَبِخُوا	تَنْطَبِخُونَ	اِنْطَبَخْتُمْ	أَنْتُمْ	
		اِنْطَبِخِي	تَنْطَبِخِينَ	اِنْطَبَخْتِ	أَنْتِ	اَلْمُخَاطَبَةُ 2여
		اِنْطَبِخَا	تَنْطَبِخَانِ	اِنْطَبَخْتُمَا	أَنْتُمَا	
		اِنْطَبِخْنَ	تَنْطَبِخْنَ	اِنْطَبَخْتُنَّ	أَنْتُنَّ	
يُنْطَبَخُ	اُنْطُبِخَ		يَنْطَبِخُ	اِنْطَبَخَ	هُوَ	اَلْغَائِبُ 3남
			يَنْطَبِخَانِ	اِنْطَبَخَا	هُمَا	
			يَنْطَبِخُونَ	اِنْطَبَخُوا	هُمْ	
			تَنْطَبِخُ	اِنْطَبَخَتْ	هِيَ	اَلْغَائِبَةُ 3여
			تَنْطَبِخَانِ	اِنْطَبَخَتَا	هُمَا	
			يَنْطَبِخْنَ	اِنْطَبَخْنَ	هُنَّ	

뜻풀이

- (무엇이) 조리되다, 요리로 만들어지다

✔수동형은 형식적으로 존재하나 실제로 사용되지 않음.

예문

اِنْطَبَخَ اللَّحْمُ.

고기가 요리되었다. 고기가 익었다.

يَنْطَبِخُ الطَّعَامُ وَغَيْرُهُ.

음식과 다른 것이 요리되고 있다.

اِنْطَبَخَ بِحَرَارَةٍ نَارِيَّةٍ شَدِيدَةٍ.

센 불로 요리가 되었다.

اِنْطَبَخَتْ وَجْبَةٌ شَهِيَّةٌ جِدًّا.

매우 맛있는 식사가 요리되었다.

إِذَا انْطَبَخَ فَاغْسِلْهُ غَسْلًا نَظِيفًا.

요리가 된다면 그것을 깨끗하게 씻어라.

إِذَا انْطَبَخَ اللَّحْمُ فِي الْمَاءِ، يَفْقِدُ قِيمَتَهُ الْغِذَائِيَّةَ.

만약에 고기가 물로 요리된다면 영양적인 가치를 잃어버리게 될 것이다.

أَنْظَرَ

اَلْمَفْعُولُ 수동분사	اَلْفَاعِلُ 능동분사	اَلْمَصْدَرُ 동명사
مُنْظَر	مُنْظِر	إِنْظَار

اَلْمَجْهُولُ 수동		اَلْمَعْلُومُ 능동			اَلضَّمَائِرُ 인칭 대명사	
اَلْمُضَارِعُ 미완료	اَلْمَاضِي 완료	اَلْأَمْرُ 명령	اَلْمُضَارِعُ 미완료	اَلْمَاضِي 완료		
			أُنْظِرُ	أَنْظَرْتُ	أَنَا	اَلْمُتَكَلِّمُ 1인칭
			نُنْظِرُ	أَنْظَرْنَا	نَحْنُ	
		أَنْظِرْ	تُنْظِرُ	أَنْظَرْتَ	أَنْتَ	اَلْمُخَاطَبُ 2 남
		أَنْظِرَا	تُنْظِرَانِ	أَنْظَرْتُمَا	أَنْتُمَا	
		أَنْظِرُوا	تُنْظِرُونَ	أَنْظَرْتُمْ	أَنْتُمْ	
		أَنْظِرِي	تُنْظِرِينَ	أَنْظَرْتِ	أَنْتِ	اَلْمُخَاطَبَةُ 2 여
		أَنْظِرَا	تُنْظِرَانِ	أَنْظَرْتُمَا	أَنْتُمَا	
		أَنْظِرْنَ	تُنْظِرْنَ	أَنْظَرْتُنَّ	أَنْتُنَّ	
يُنْظَرُ	أُنْظِرَ		يُنْظِرُ	أَنْظَرَ	هُوَ	اَلْغَائِبُ 3 남
			يُنْظِرَانِ	أَنْظَرَا	هُمَا	
			يُنْظِرُونَ	أَنْظَرُوا	هُمْ	
			تُنْظِرُ	أَنْظَرَتْ	هِيَ	اَلْغَائِبَةُ 3 여
			تُنْظِرَانِ	أَنْظَرَتَا	هُمَا	
			يُنْظِرْنَ	أَنْظَرْنَ	هُنَّ	

뜻풀이

- (누구에게) (무엇을) 보여주다
- (누구에게) 유예기간을 주다.

예문

أَنْظَرَتْهُ وَجْهَهَا.

그녀는 그에게 그녀의 얼굴을 보여주었다.

أَنْظَرَ لِي الدَّيْنَ.

그는 나에게 채무를 연장해 주었다.

أَنْظَرَ وَلَدَهُ إِلَى النُّجُومِ.

그는 그의 아이에게 별을 보여주었다.

أَنْظَرَنِي التَّاجِرُ السِّلْعَةَ.

그 상인은 나에게 상품을 보여주었다.

أَنْظَرْتُ صَدِيقِي بِصَدِيقٍ آخَرَ.

나는 나의 친구에게 다른 친구를 소개했다.

لَمْ يَسْتَطِعْ دَفْعَ الدَّيْنِ الَّذِي عَلَيْهِ فَأَنْظَرْتُهُ شَهْرًا آخَرَ.

그는 (갚아야 할) 채무를 지불할 수 없었다. 그래서 나는 한 달 더 연장해 주었다.

수동분사 اَلْمَفْعُولُ	능동분사 اَلْفَاعِلُ	동명사 اَلْمَصْدَرُ	اِنْعَقَدَ
مُنْعَقَد	مُنْعَقِد	اِنْعِقَاد	

수동 اَلْمَجْهُولُ		능동 اَلْمَعْلُومُ			اَلضَّمَائِرُ 인칭 대명사	
اَلْمُضَارِعُ 미완료	اَلْمَاضِي 완료	اَلْأَمْرُ 명령	اَلْمُضَارِعُ 미완료	اَلْمَاضِي 완료		
			أَنْعَقِدُ	اِنْعَقَدْتُ	أَنَا	اَلْمُتَكَلِّمُ 1인칭
			نَنْعَقِدُ	اِنْعَقَدْنَا	نَحْنُ	
		اِنْعَقِدْ	تَنْعَقِدُ	اِنْعَقَدْتَ	أَنْتَ	اَلْمُخَاطَبُ 2남
		اِنْعَقِدَا	تَنْعَقِدَانِ	اِنْعَقَدْتُمَا	أَنْتُمَا	
		اِنْعَقِدُوا	تَنْعَقِدُونَ	اِنْعَقَدْتُمْ	أَنْتُمْ	
		اِنْعَقِدِي	تَنْعَقِدِينَ	اِنْعَقَدْتِ	أَنْتِ	اَلْمُخَاطَبَةُ 2여
		اِنْعَقِدَا	تَنْعَقِدَانِ	اِنْعَقَدْتُمَا	أَنْتُمَا	
		اِنْعَقِدْنَ	تَنْعَقِدْنَ	اِنْعَقَدْتُنَّ	أَنْتُنَّ	
يُنْعَقَدُ	أُنْعُقِدَ		يَنْعَقِدُ	اِنْعَقَدَ	هُوَ	اَلْغَائِبُ 3남
			يَنْعَقِدَانِ	اِنْعَقَدَا	هُمَا	
			يَنْعَقِدُونَ	اِنْعَقَدُوا	هُمْ	
			تَنْعَقِدُ	اِنْعَقَدَتْ	هِيَ	اَلْغَائِبَةُ 3여
			تَنْعَقِدَانِ	اِنْعَقَدَتَا	هُمَا	
			يَنْعَقِدْنَ	اِنْعَقَدْنَ	هُنَّ	

뜻풀이

- 같이 묶이다, 얽히다
- (눈썹 등이) 줄어들다, 수축하다, 점점 맞닿다
- 혀가 묶이다; 말하는 것이 금지되다
- 응고되다, 굳다, 뭉치다
- (구름이나 증기 등이) 하나로 뭉치다, 모여서 점점 커지다
- 다같이 엉키다, 뭉치다, 덩어리지다
- (계약이) 체결되다
- (판매 매출액이) 이루어지다, 달성되다
- (위원회나 회의 등이) 소집되다, 회합하다, 개최되다

✔수동형은 형식적으로 존재하나 실제로 사용되지 않음.

예문

اِنْعَقَدَ لِسَانُهُ

발언이 금지되다

لَمْ يَنْعَقِدْ لَهُ زَهْرٌ وَلَا ثَمَرٌ

어떠한 결실도 맺지 못하다, 결과물이 없다

اِنْعَقَدَتِ الْجَلْسَةُ فِي مَوْعِدِهَا.

회의가 정시에 개최되었다.

اِنْعَقَدَ الْحَبْلُ بِسَبَبِ الرِّيحِ الشَّدِيدَةِ.

밧줄이 강풍으로 얽혔다.

قَدِ انْعَقَدَ هَذَا الاِجْتِمَاعُ فِي إِطَارِ خُطَّةِ الْعَمَلِ الْمُقْتَرَحَةِ.

이 회의는 제안된 작업 계획의 일환으로 개최되었다.

اِنْعَقَدَ مُؤْتَمَرُ سِيوُل بِرِعَايَةِ حُكُومَةِ كُورِيَا الْجَنُوبِيَّةِ فِي عَامِ 2018م.

서울회의가 남한 정부의 지원으로 2018년 개최되었다.

اِنْفَتَحَ

اَلْمَفْعُولُ 수동분사	اَلْفَاعِلُ 능동분사	اَلْمَصْدَرُ 동명사
مُنْفَتَح	مُنْفَتِح	اِنْفِتَاح

اَلضَّمَائِرُ 인칭 대명사		اَلْمَعْلُومُ 능동			اَلْمَجْهُولُ 수동	
		اَلْمَاضِي 완료	اَلْمُضَارِعُ 미완료	اَلْأَمْرُ 명령	اَلْمَاضِي 완료	اَلْمُضَارِعُ 미완료
اَلْمُتَكَلِّمُ 1인칭	أَنَا	اِنْفَتَحْتُ	أَنْفَتِحُ			
	نَحْنُ	اِنْفَتَحْنَا	نَنْفَتِحُ			
اَلْمُخَاطَبُ 2 남	أَنْتَ	اِنْفَتَحْتَ	تَنْفَتِحُ	اِنْفَتِحْ		
	أَنْتُمَا	اِنْفَتَحْتُمَا	تَنْفَتِحَانِ	اِنْفَتِحَا		
	أَنْتُمْ	اِنْفَتَحْتُمْ	تَنْفَتِحُونَ	اِنْفَتِحُوا		
اَلْمُخَاطَبَةُ 2 여	أَنْتِ	اِنْفَتَحْتِ	تَنْفَتِحِينَ	اِنْفَتِحِي		
	أَنْتُمَا	اِنْفَتَحْتُمَا	تَنْفَتِحَانِ	اِنْفَتِحَا		
	أَنْتُنَّ	اِنْفَتَحْتُنَّ	تَنْفَتِحْنَ	اِنْفَتِحْنَ		
اَلْغَائِبُ 3 남	هُوَ	اِنْفَتَحَ	يَنْفَتِحُ		أُنْفُتِحَ	يُنْفَتَحُ
	هُمَا	اِنْفَتَحَا	يَنْفَتِحَانِ			
	هُمْ	اِنْفَتَحُوا	يَنْفَتِحُونَ			
اَلْغَائِبَةُ 3 여	هِيَ	اِنْفَتَحَتْ	تَنْفَتِحُ			
	هُمَا	اِنْفَتَحَتَا	تَنْفَتِحَانِ			
	هُنَّ	اِنْفَتَحْنَ	يَنْفَتِحْنَ			

뜻풀이

- (무엇이) 열리다, 개방되다
- (싹 등이) 봉오리를 맺다, 발아하다
- (사업, 연구 등이) 밝혀지다, 알려지다, 드러나다
- (국제 경제 교류를 위하여) 나라가 개방하다

✔수동형은 형식적으로 존재하나 실제로 사용되지 않음.

예문

اِنفَتَحَ الطَّرِيقُ

길이 열리다

اِنْفَتَحَ ذِهْنُهُ عَنْ أَشْيَاءَ كَانَ يَجْهَلُهَا.

그는 무지했던 것들에 대해 알게 되었다.

اِنْفَتَحَتِ الدَّوْلَةُ عَلَى الْعَالَمِ الْخَارِجِيِّ.

그 국가는 외부 세계를 향해 개방했다.

اِنْفَتَحَتِ الشَّبَابِيكُ بِسَبَبِ الْعَاصِفَةِ الشَّدِيدَةِ.

창문들은 강풍으로 열렸다.

اِنْفَتَحَ الْبَابُ لِلْمُسْتَشْفَيَاتِ الْأَجْنَبِيَّةِ فِي الْمَجَالِ الطِّبِّيِّ.

의료 분야에서 외국 병원에 문호가 개방되었다.

اِنْفَتَحَتِ الزَّهْرَةُ فِي هَذَا الرَّبِيعِ أَسْرَعَ مِنَ الرَّبِيعِ الْمَاضِي.

올 봄에는 지난 봄보다 빠르게 꽃이 피었다.

إِنْفَعَلَ	اَلْمَصْدَرُ 동명사	اَلْفَاعِلُ 능동분사	اَلْمَفْعُولُ 수동분사
	إِنْفِعَال	مُنْفَعِل	مُنْفَعَل

اَلضَّمَائِرُ 인칭 대명사		اَلْمَعْلُومُ 능동			اَلْمَجْهُولُ 수동	
		اَلْمَاضِي 완료	اَلْمُضَارِعُ 미완료	اَلْأَمْرُ 명령	اَلْمَاضِي 완료	اَلْمُضَارِعُ 미완료
اَلْمُتَكَلِّمُ 1인칭	أَنَا	إِنْفَعَلْتُ	أَنْفَعِلُ			
	نَحْنُ	إِنْفَعَلْنَا	نَنْفَعِلُ			
اَلْمُخَاطَبُ 2 남	أَنْتَ	إِنْفَعَلْتَ	تَنْفَعِلُ	إِنْفَعِلْ		
	أَنْتُمَا	إِنْفَعَلْتُمَا	تَنْفَعِلَانِ	إِنْفَعِلَا		
	أَنْتُمْ	إِنْفَعَلْتُمْ	تَنْفَعِلُونَ	إِنْفَعِلُوا		
اَلْمُخَاطَبَةُ 2 여	أَنْتِ	إِنْفَعَلْتِ	تَنْفَعِلِينَ	إِنْفَعِلِي		
	أَنْتُمَا	إِنْفَعَلْتُمَا	تَنْفَعِلَانِ	إِنْفَعِلَا		
	أَنْتُنَّ	إِنْفَعَلْتُنَّ	تَنْفَعِلْنَ	إِنْفَعِلْنَ		
اَلْغَائِبُ 3 남	هُوَ	إِنْفَعَلَ	يَنْفَعِلُ		أُنْفُعِلَ	يُنْفَعَلُ
	هُمَا	إِنْفَعَلَا	يَنْفَعِلَانِ			
	هُمْ	إِنْفَعَلُوا	يَنْفَعِلُونَ			
اَلْغَائِبَةُ 3 여	هِيَ	إِنْفَعَلَتْ	تَنْفَعِلُ			
	هُمَا	إِنْفَعَلَتَا	تَنْفَعِلَانِ			
	هُنَّ	إِنْفَعَلْنَ	يَنْفَعِلْنَ			

뜻풀이

- (무엇이) 행해지다
- 누구 또는 무엇의(ل) 영향을 받다, 영향력 아래에 있다
- 무엇에(ب 또는 على) 흥분하다, 불안해하다, 동요하다, 영향을 받다

✔수동형은 형식적으로 존재하나 실제로 사용되지 않음.

예문

إِنَّهُ يَنْفَعِلُ بِسُهُولَةٍ.

그는 쉽게 흥분한다.

اِحْتَفَظَ بِهُدُوئِهِ وَلَمْ يَنْفَعِلْ.

그는 정숙함을 유지했고 흥분하지 않았다.

اِنْفَعَلَتِ الْوَالِدَةُ عَلَى ابْنِهَا.

어머니는 아들에게 화를 냈다.

هَلِ انْفَعَلْتَ مِنْ مَشْهَدِ الْجَرِيمَةِ؟

너는 범죄 현장을 보고 흥분했니?

أَنْفَعِلُ عِنْدَمَا يَنْقُصُ السُّكَّرُ فِي دَمِي.

나는 혈당이 부족할 때마다 불안해진다.

اِنْفَعَلَ بِالْأَحْدَاثِ الْجَارِيَةِ فِي الْأَرَاضِي الْمُحْتَلَّةِ.

그는 점령지에서 발생한 사건들로 인해 동요했다.

اِنْقَادَ

اَلْمَفْعُولُ 수동분사	اَلْفَاعِلُ 능동분사	اَلْمَصْدَرُ 동명사
مُنْقَاد	مُنْقَاد	اِنْقِيَاد

اَلْمَجْهُولُ 수동		اَلْمَعْلُومُ 능동			اَلضَّمَائِرُ 인칭 대명사	
اَلْمُضَارِعُ 미완료	اَلْمَاضِي 완료	اَلْأَمْرُ 명령	اَلْمُضَارِعُ 미완료	اَلْمَاضِي 완료		
			أَنْقَادُ	اِنْقَدْتُ	أَنَا	اَلْمُتَكَلِّمُ 1인칭
			نَنْقَادُ	اِنْقَدْنَا	نَحْنُ	
		اِنْقَدْ	تَنْقَادُ	اِنْقَدْتَ	أَنْتَ	اَلْمُخَاطَبُ 2 남
		اِنْقَادَا	تَنْقَادَانِ	اِنْقَدْتُمَا	أَنْتُمَا	
		اِنْقَادُوا	تَنْقَادُونَ	اِنْقَدْتُمْ	أَنْتُمْ	
		اِنْقَادِي	تَنْقَادِينَ	اِنْقَدْتِ	أَنْتِ	اَلْمُخَاطَبَةُ 2 여
		اِنْقَادَا	تَنْقَادَانِ	اِنْقَدْتُمَا	أَنْتُمَا	
		اِنْقَدْنَ	تَنْقَدْنَ	اِنْقَدْتُنَّ	أَنْتُنَّ	
يُنْقَادُ	أُنْقِيدَ		يَنْقَادُ	اِنْقَادَ	هُوَ	اَلْغَائِبُ 3 남
			يَنْقَادَانِ	اِنْقَادَا	هُمَا	
			يَنْقَادُونَ	اِنْقَادُوا	هُمْ	
			تَنْقَادُ	اِنْقَادَتْ	هِيَ	اَلْغَائِبَةُ 3 여
			تَنْقَادَانِ	اِنْقَادَتَا	هُمَا	
			يَنْقَدْنَ	اِنْقَدْنَ	هُنَّ	

뜻풀이

- 이끌리다, 이끌어지다
- 누구를(ل) 따르다, 좇다
- 누구에게(ل) 복종하다, 순종하다, 굴복하다

✔수동형은 형식적으로 존재하나 실제로 사용되지 않음.

예문

اِنْقَادَتِ الدَّابَّةُ.

동물들이 (주인의 뒤를) 따랐다.

اِنْقَادَ الطَّرِيقُ الْجَدِيدُ.

새 길은 (평탄하고) 쭉 뻗었다.

بَدَأَ يَنْقَادُ الصَّبِيُّ إِلَيَّ.

그 소년은 나를 따르기 시작했다.

اِنْقَادَ السَّجِينُ لِأَوَامِرِ الْحَارِسِ.

죄수는 간수의 명령에 복종했다.

اِنْقَدْتُ لِطَلَبَاتِ مُدِيرِي مُرْغَمًا.

나는 상사의 요청을 마지 못해 들어주었다.

إِنَّنِي أَنْقَادُ إِلَى الْأَشْيَاءِ الْكُورِيَّةِ.

나는 한국적인 것에 끌린다.

수동분사 اَلْمَفْعُولُ	능동분사 اَلْفَاعِلُ	동명사 اَلْمَصْدَرُ	اِنْقَضَى
مُنْقَضًى	مُنْقَضٍ	اِنْقِضَاء	

수동 اَلْمَجْهُولُ		능동 اَلْمَعْلُومُ			اَلضَّمَائِرُ 인칭 대명사	
اَلْمُضَارِعُ 미완료	اَلْمَاضِي 완료	اَلْأَمْرُ 명령	اَلْمُضَارِعُ 미완료	اَلْمَاضِي 완료		
			أَنْقَضِي	اِنْقَضَيْتُ	أَنَا	اَلْمُتَكَلِّمُ 1인칭
			نَنْقَضِي	اِنْقَضَيْنَا	نَحْنُ	
		اِنْقَضِ	تَنْقَضِي	اِنْقَضَيْتَ	أَنْتَ	اَلْمُخَاطَبُ 2 남
		اِنْقَضِيَا	تَنْقَضِيَانِ	اِنْقَضَيْتُمَا	أَنْتُمَا	
		اِنْقَضُوا	تَنْقَضُونَ	اِنْقَضَيْتُمْ	أَنْتُمْ	
		اِنْقَضِي	تَنْقَضِينَ	اِنْقَضَيْتِ	أَنْتِ	اَلْمُخَاطَبَةُ 2 여
		اِنْقَضِيَا	تَنْقَضِيَانِ	اِنْقَضَيْتُمَا	أَنْتُمَا	
		اِنْقَضِينَ	تَنْقَضِينَ	اِنْقَضَيْتُنَّ	أَنْتُنَّ	
يُنْقَضَى	أُنْقُضِيَ		يَنْقَضِي	اِنْقَضَى	هُوَ	اَلْغَائِبُ 3 남
			يَنْقَضِيَانِ	اِنْقَضَيَا	هُمَا	
			يَنْقَضُونَ	اِنْقَضَوْا	هُمْ	
			تَنْقَضِي	اِنْقَضَتْ	هِيَ	اَلْغَائِبَةُ 3 여
			تَنْقَضِيَانِ	اِنْقَضَتَا	هُمَا	
			يَنْقَضِينَ	اِنْقَضَيْنَ	هُنَّ	

뜻풀이

- (무엇이) 완료되다, 끝나다, 종료되다, 멎다, 그치다
- (시간이) 흐르다, 지나다, 경과하다
- (시간이) 다 되다, 만료되다, 끝나다

✔수동형은 형식적으로 존재하나 실제로 사용되지 않음.

예문

اِنْقَضَى عُمُرُهُ.

그의 수명이 다했다.

اِنْقَضَى الْوَقْتُ الْمُؤْلِمُ.

고통의 시간이 지났다.

اِنْقَضَتِ الْحَرْبُ الْبَارِدَةُ.

냉전은 끝났다.

اِنْقَضَتِ الْمُظَاهَرَةُ مِنْ دُونِ حَادِثٍ.

시위는 아무런 사고 없이 끝났다.

سَتَنْقَضِي الْمُهْلَةُ فِي نِهَايَةِ الشَّهْرِ الْقَادِمِ.

유예기간은 다음 달 말로 종료된다.

لَا تَأْكُلِ الْأَطْعِمَةَ الَّتِي انْقَضَتْ صَلَاحِيَّتُهَا.

유효기간이 지난 음식을 먹지 마시오.

수동분사 اَلْمَفْعُولُ	능동분사 اَلْفَاعِلُ	동명사 اَلْمَصْدَرُ	اِنْقَطَعَ
مُنْقَطَع	مُنْقَطِع	اِنْقِطَاع	

수동 اَلْمَجْهُولُ		능동 اَلْمَعْلُومُ			اَلضَّمَائِرُ 인칭 대명사	
اَلْمُضَارِعُ 미완료	اَلْمَاضِي 완료	اَلْأَمْرُ 명령	اَلْمُضَارِعُ 미완료	اَلْمَاضِي 완료		
			أَنْقَطِعُ	اِنْقَطَعْتُ	أَنَا	اَلْمُتَكَلِّمُ 1인칭
			نَنْقَطِعُ	اِنْقَطَعْنَا	نَحْنُ	
		اِنْقَطِعْ	تَنْقَطِعُ	اِنْقَطَعْتَ	أَنْتَ	اَلْمُخَاطَبُ 2 남
		اِنْقَطِعَا	تَنْقَطِعَانِ	اِنْقَطَعْتُمَا	أَنْتُمَا	
		اِنْقَطِعُوا	تَنْقَطِعُونَ	اِنْقَطَعْتُمْ	أَنْتُمْ	
		اِنْقَطِعِي	تَنْقَطِعِينَ	اِنْقَطَعْتِ	أَنْتِ	اَلْمُخَاطَبَةُ 2 여
		اِنْقَطِعَا	تَنْقَطِعَانِ	اِنْقَطَعْتُمَا	أَنْتُمَا	
		اِنْقَطِعْنَ	تَنْقَطِعْنَ	اِنْقَطَعْتُنَّ	أَنْتُنَّ	
يُنْقَطَعُ	اُنْقُطِعَ		يَنْقَطِعُ	اِنْقَطَعَ	هُوَ	اَلْغَائِبُ 3 남
			يَنْقَطِعَانِ	اِنْقَطَعَا	هُمَا	
			يَنْقَطِعُونَ	اِنْقَطَعُوا	هُمْ	
			تَنْقَطِعُ	اِنْقَطَعَتْ	هِيَ	اَلْغَائِبَةُ 3 여
			تَنْقَطِعَانِ	اِنْقَطَعَتَا	هُمَا	
			يَنْقَطِعْنَ	اِنْقَطَعْنَ	هُنَّ	

뜻풀이

- 무엇에서(من 또는 عن) 잘리다, 떨어지다
- 끊어지다, 분리되다, 찢어지다
- (단추가) 떨어지다, 떼어지다
- (전류 등이) 끊기다, 막히다, 차단되다
- 중단되다, 그치다, 만료되다, 끝나다
- (산출량이나 성과 목표치 등이) 달성되지 못하다
- 정지하다, 멈추다, 중지되다
- 무엇을(عن) 그만하다, 삼가다, 자제하다
- 무엇을(عن) 중지하다, 중단하다
- 무엇에서(عن) 멀리 떨어지다, 물러나다
- 무엇에(لـ 또는 إلى) 열중하다, 집중하다, 전념하다, 모든 시간을 투자하다

✔수동형은 형식적으로 존재하나 실제로 사용되지 않음.

예문

اِنْقَطَعَ الْحَبْلُ.

밧줄이 끊어졌다.

اِنْقَطَعَ عَنِ الْعَمَلِ.

그는 일을 그만두었다.

اِنْقَطَعَتِ الْكَهْرَبَاءُ فِي الْمَدِينَةِ.

그 도시의 전기가 끊어졌다.

لَمْ تَنْطَقِعِ الرَّسَائِلُ بَيْنَ الْحَبِيبَيْنِ.

두 연인 사이에 편지가 끊기지 않았다.

اِنْقَطَعَتْ أَنْفَاسِي لِأَنَّنِي صَعَدْتُ السَّلَالِمَ.

나는 계단을 올라 숨이 찼다.

اِنْقَطَعَتِ الِاتِّصَالَاتُ بَيْنَ مِنْطَقَةِ غَزَّةَ وَالْعَالَمِ الْخَارِجِيِّ.

가자 지구와 외부 세계의 통신이 끊겼다.

اِنْكَسَرَ

수동분사 اَلْمَفْعُولُ	능동분사 اَلْفَاعِلُ	동명사 اَلْمَصْدَرُ
مُنْكَسَر	مُنْكَسِر	اِنْكِسَار

수동 اَلْمَجْهُولُ		능동 اَلْمَعْلُومُ			인칭 대명사 اَلضَّمَائِرُ	
اَلْمُضَارِعُ 미완료	اَلْمَاضِي 완료	اَلْأَمْرُ 명령	اَلْمُضَارِعُ 미완료	اَلْمَاضِي 완료		
			أَنْكَسِرُ	اِنْكَسَرْتُ	أَنَا	اَلْمُتَكَلِّمُ 1인칭
			نَنْكَسِرُ	اِنْكَسَرْنَا	نَحْنُ	
		اِنْكَسِرْ	تَنْكَسِرُ	اِنْكَسَرْتَ	أَنْتَ	اَلْمُخَاطَبُ 2 남
		اِنْكَسِرَا	تَنْكَسِرَانِ	اِنْكَسَرْتُمَا	أَنْتُمَا	
		اِنْكَسِرُوا	تَنْكَسِرُونَ	اِنْكَسَرْتُمْ	أَنْتُمْ	
		اِنْكَسِرِي	تَنْكَسِرِينَ	اِنْكَسَرْتِ	أَنْتِ	اَلْمُخَاطَبَةُ 2 여
		اِنْكَسِرَا	تَنْكَسِرَانِ	اِنْكَسَرْتُمَا	أَنْتُمَا	
		اِنْكَسِرْنَ	تَنْكَسِرْنَ	اِنْكَسَرْتُنَّ	أَنْتُنَّ	
يُنْكَسَرُ	اُنْكُسِرَ		يَنْكَسِرُ	اِنْكَسَرَ	هُوَ	اَلْغَائِبُ 3 남
			يَنْكَسِرَانِ	اِنْكَسَرَا	هُمَا	
			يَنْكَسِرُونَ	اِنْكَسَرُوا	هُمْ	
			تَنْكَسِرُ	اِنْكَسَرَتْ	هِيَ	اَلْغَائِبَةُ 3 여
			تَنْكَسِرَانِ	اِنْكَسَرَتَا	هُمَا	
			يَنْكَسِرْنَ	اِنْكَسَرْنَ	هُنَّ	

뜻풀이

- 부서지다, 깨지다
- (힘 또는 폭력이) 패하다, 궤멸하다
- (빛 등이) 굴절되다, 회절되다
- (열기 등이) 누그러지다, 약해지다
- (갈증이) 풀리다

✔수동형은 형식적으로 존재하나 실제로 사용되지 않음.

예문

اِنْكَسَرَتْ سَاقُهُ.

그의 다리가 부러졌다.

اِنْكَسَرَ التَّاجِرُ.

그 상인은 망했다.

اِنْكَسَرَ الشِّعْرُ.

시의 운율이 지켜지지 않았다.

اِنْكَسَرَتِ الرِّيحُ.

바람이 잠잠해졌다.

اِنْكَسَرَ الْعَسْكَرُ.

군대가 공격받았다.

اِنْكَسَرَ الْمَوْجُ عَلَى الشَّاطِئِ.

파도가 해변에 와서 부서졌다.

اِنْكَشَفَ

اَلْمَصْدَرُ 동명사	اَلْفَاعِلُ 능동분사	اَلْمَفْعُولُ 수동분사
اِنْكِشَاف	مُنْكَشِف	مُنْكَشَف

اَلضَّمَائِرُ 인칭 대명사		اَلْمَعْلُومُ 능동			اَلْمَجْهُولُ 수동	
		اَلْمَاضِي 완료	اَلْمُضَارِعُ 미완료	اَلْأَمْرُ 명령	اَلْمَاضِي 완료	اَلْمُضَارِعُ 미완료
اَلْمُتَكَلِّمُ 1인칭	أَنَا	اِنْكَشَفْتُ	أَنْكَشِفُ			
	نَحْنُ	اِنْكَشَفْنَا	نَنْكَشِفُ			
اَلْمُخَاطَبُ 2남	أَنْتَ	اِنْكَشَفْتَ	تَنْكَشِفُ	اِنْكَشِفْ		
	أَنْتُمَا	اِنْكَشَفْتُمَا	تَنْكَشِفَانِ	اِنْكَشِفَا		
	أَنْتُمْ	اِنْكَشَفْتُمْ	تَنْكَشِفُونَ	اِنْكَشِفُوا		
اَلْمُخَاطَبَةُ 2여	أَنْتِ	اِنْكَشَفْتِ	تَنْكَشِفِينَ	اِنْكَشِفِي		
	أَنْتُمَا	اِنْكَشَفْتُمَا	تَنْكَشِفَانِ	اِنْكَشِفَا		
	أَنْتُنَّ	اِنْكَشَفْتُنَّ	تَنْكَشِفْنَ	اِنْكَشِفْنَ		
اَلْغَائِبُ 3남	هُوَ	اِنْكَشَفَ	يَنْكَشِفُ		أُنْكُشِفَ	يُنْكَشَفُ
	هُمَا	اِنْكَشَفَا	يَنْكَشِفَانِ			
	هُمْ	اِنْكَشَفُوا	يَنْكَشِفُونَ			
اَلْغَائِبَةُ 3여	هِيَ	اِنْكَشَفَتْ	تَنْكَشِفُ			
	هُمَا	اِنْكَشَفَتَا	تَنْكَشِفَانِ			
	هُنَّ	اِنْكَشَفْنَ	يَنْكَشِفْنَ			

뜻풀이

- (베일이) 올려지다, 벗겨지다
- 누구에게(لِ) 무엇이 드러나다, 밝혀지다, 들키다, 분명해지다

✔수동형은 형식적으로 존재하나 실제로 사용되지 않음.

예문

اِنْكَشَفَ لِلْعَدُوِّ.

그는 적의 공격을 받았다.

اِنْكَشَفَتِ الْحَقِيقَةُ.

사실이 드러났다.

اِنْكَشَفَتْ شَخْصِيَّتُهُ.

그의 신원이 노출되었다.

اِنْكَشَفَ السِّرُّ بِكَلَامِهِ.

그의 증언으로 비밀이 밝혀졌다.

اِنْكَشَفَ مَكَانُنَا لِلْعَدُوِّ.

우리의 위치가 적에게 드러났다.

سَوْفَ تَنْكَشِفُ الْعَلَاقَاتُ السِّرِّيَّةُ عَاجِلًا أَمْ آجِلًا.

비밀스런 관계가 곧 드러날 것이다.

اَلْمَفْعُولُ 수동분사	اَلْفَاعِلُ 능동분사	اَلْمَصْدَرُ 동명사	اِنْهَزَمَ
مُنْهَزَم	مُنْهَزِم	اِنْهِزَام	

اَلْمُضَارِعُ 미완료	اَلْمَاضِي 완료	اَلْأَمْرُ 명령	اَلْمُضَارِعُ 미완료	اَلْمَاضِي 완료	اَلضَّمَائِرُ 인칭 대명사	
اَلْمَجْهُولُ 수동		اَلْمَعْلُومُ 능동				
			أَنْهَزِمُ	اِنْهَزَمْتُ	أَنَا	اَلْمُتَكَلِّمُ 1인칭
			نَنْهَزِمُ	اِنْهَزَمْنَا	نَحْنُ	
		اِنْهَزِمْ	تَنْهَزِمُ	اِنْهَزَمْتَ	أَنْتَ	اَلْمُخَاطَبُ 2 남
		اِنْهَزِمَا	تَنْهَزِمَانِ	اِنْهَزَمْتُمَا	أَنْتُمَا	
		اِنْهَزِمُوا	تَنْهَزِمُونَ	اِنْهَزَمْتُمْ	أَنْتُمْ	
		اِنْهَزِمِي	تَنْهَزِمِينَ	اِنْهَزَمْتِ	أَنْتِ	اَلْمُخَاطَبَةُ 2 여
		اِنْهَزِمَا	تَنْهَزِمَانِ	اِنْهَزَمْتُمَا	أَنْتُمَا	
		اِنْهَزِمْنَ	تَنْهَزِمْنَ	اِنْهَزَمْتُنَّ	أَنْتُنَّ	
يُنْهَزَمُ	أُنْهُزِمَ		يَنْهَزِمُ	اِنْهَزَمَ	هُوَ	اَلْغَائِبُ 3 남
			يَنْهَزِمَانِ	اِنْهَزَمَا	هُمَا	
			يَنْهَزِمُونَ	اِنْهَزَمُوا	هُمْ	
			تَنْهَزِمُ	اِنْهَزَمَتْ	هِيَ	اَلْغَائِبَةُ 3 여
			تَنْهَزِمَانِ	اِنْهَزَمَتَا	هُمَا	
			يَنْهَزِمْنَ	اِنْهَزَمْنَ	هُنَّ	

뜻풀이

- 패배하다, 궤멸하다, 패주하다
- (운동 경기에서) 누구에게(أمام) 지다, 패배를 겪다

✔수동형은 형식적으로 존재하나 실제로 사용되지 않음.

예문

اِنْهَزَمَ الْجَيْشُ.

군대가 패했다.

اِنْهَزَمَ الْعَصَا.

지팡이가 뚝하고 부러졌다.

اِنْهَزَمَ الْفَرِيقُ الرِّيَاضِيُّ.

선수단은 패배했다.

اِنْهَزَمَ الْحِزْبُ الْحَاكِمُ فِي الاِنْتِخَابَاتِ.

집권당이 총선에서 패했다.

اِنْهَزَمَ جَيْشُ الصَّلِيبِيِّينَ فِي مَعْرَكَةِ حِطِّينَ.

십자군은 힛틴 전투에서 패했다

اِنْهَزَمَتْ قُوَّاتُ الاِحْتِلَالِ أَمَامَ عَزِيمَةِ الْمُجَاهِدِينَ.

점령군은 무자히딘에게 패했다.

أَنْهَضَ

اَلْمَصْدَرُ 동명사	اَلْفَاعِلُ 능동분사	اَلْمَفْعُولُ 수동분사
إِنْهَاض	مُنْهِض	مُنْهَض

اَلضَّمَائِرُ 인칭 대명사		اَلْمَعْلُومُ 능동			اَلْمَجْهُولُ 수동	
		اَلْمَاضِي 완료	اَلْمُضَارِعُ 미완료	اَلْأَمْرُ 명령	اَلْمَاضِي 완료	اَلْمُضَارِعُ 미완료
اَلْمُتَكَلِّمُ 1인칭	أَنَا	أَنْهَضْتُ	أُنْهِضُ			
	نَحْنُ	أَنْهَضْنَا	نُنْهِضُ			
اَلْمُخَاطَبُ 2 남	أَنْتَ	أَنْهَضْتَ	تُنْهِضُ	أَنْهِضْ		
	أَنْتُمَا	أَنْهَضْتُمَا	تُنْهِضَانِ	أَنْهِضَا		
	أَنْتُمْ	أَنْهَضْتُمْ	تُنْهِضُونَ	أَنْهِضُوا		
اَلْمُخَاطَبَةُ 2 여	أَنْتِ	أَنْهَضْتِ	تُنْهِضِينَ	أَنْهِضِي		
	أَنْتُمَا	أَنْهَضْتُمَا	تُنْهِضَانِ	أَنْهِضَا		
	أَنْتُنَّ	أَنْهَضْتُنَّ	تُنْهِضْنَ	أَنْهِضْنَ		
اَلْغَائِبُ 3 남	هُوَ	أَنْهَضَ	يُنْهِضُ		أُنْهِضَ	يُنْهَضُ
	هُمَا	أَنْهَضَا	يُنْهِضَانِ			
	هُمْ	أَنْهَضُوا	يُنْهِضُونَ			
اَلْغَائِبَةُ 3 여	هِيَ	أَنْهَضَتْ	تُنْهِضُ			
	هُمَا	أَنْهَضَتَا	تُنْهِضَانِ			
	هُنَّ	أَنْهَضْنَ	يُنْهِضْنَ			

뜻풀이

- (누구를) 부축하여 일으키다, 일으켜 세우다
- (누구를) 격려하다, 고무하다
- (누구를) 자극하다, 환기하다, 분기시키다

예문

أَنْهَضْتَ هِمَّتِي.

너는 나의 관심을 불러일으켰다.

أَنْهَضَ شَرِكَةً مُفْلِسَةً.

그는 파산한 한 회사를 일으켰다.

أَنْهَضَتِ الْمُمَرِّضَةُ الْمَرِيضَ.

여 간호사가 환자를 부축해서 일으켰다.

أَنْهَضَتِ الْأُمُّ وَلَدَهَا مِنْ فِرَاشِهِ.

엄마는 아이를 침대에서 일으켜 세웠다.

أَنْهَضَتِ الرِّيحُ السَّحَابَ إِلَى الشَّرْقِ.

바람이 구름을 동쪽으로 몰고 갔다.

أَنْهَضْتُ صَدِيقًا نَائِمًا بَاكِرًا كَيْ لَا يَتَأَخَّرَ.

나는 늦지 않도록 잠자는 한 친구를 일찍 깨웠다.

اِهْتَمَّ	اَلْمَصْدَرُ 동명사	اَلْفَاعِلُ 능동분사	اَلْمَفْعُولُ 수동분사
	اِهْتِمَام	مُهْتَمّ	مُهْتَمّ بِهِ

اَلضَّمَائِرُ 인칭 대명사		اَلْمَعْلُومُ 능동			اَلْمَجْهُولُ 수동	
		اَلْمَاضِي 완료	اَلْمُضَارِعُ 미완료	اَلْأَمْرُ 명령	اَلْمَاضِي 완료	اَلْمُضَارِعُ 미완료
اَلْمُتَكَلِّمُ 1인칭	أَنَا	اِهْتَمَمْتُ	أَهْتَمُّ			
	نَحْنُ	اِهْتَمَمْنَا	نَهْتَمُّ			
اَلْمُخَاطَبُ 2 남	أَنْتَ	اِهْتَمَمْتَ	تَهْتَمُّ	اِهْتَمِمْ		
	أَنْتُمَا	اِهْتَمَمْتُمَا	تَهْتَمَّانِ	اِهْتَمَّا		
	أَنْتُمْ	اِهْتَمَمْتُمْ	تَهْتَمُّونَ	اِهْتَمُّوا		
اَلْمُخَاطَبَةُ 2 여	أَنْتِ	اِهْتَمَمْتِ	تَهْتَمِّينَ	اِهْتَمِّي		
	أَنْتُمَا	اِهْتَمَمْتُمَا	تَهْتَمَّانِ	اِهْتَمَّا		
	أَنْتُنَّ	اِهْتَمَمْتُنَّ	تَهْتَمِمْنَ	اِهْتَمِمْنَ		
اَلْغَائِبُ 3 남	هُوَ	اِهْتَمَّ	يَهْتَمُّ		أُهْتُمَّ	يُهْتَمُّ
	هُمَا	اِهْتَمَّا	يَهْتَمَّانِ			
	هُمْ	اِهْتَمُّوا	يَهْتَمُّونَ			
اَلْغَائِبَةُ 3 여	هِيَ	اِهْتَمَّتْ	تَهْتَمُّ			
	هُمَا	اِهْتَمَّتَا	تَهْتَمَّانِ			
	هُنَّ	اِهْتَمَمْنَ	يَهْتَمِمْنَ			

뜻풀이

- 무엇 때문에(بِ) 괴로워하다, 고통 받다
- 무엇을(بِ) 걱정하다, 염려하다
- 무엇에(بِ 또는 가끔 لِ) 관여하다, 관계하다
- 무엇에(بِ) 관심을 가지다, 신경을 쓰다
- 무엇을(بِ) 중시하다, 중요시하다
- 무엇을(بِ) 주목하다, 유의하다, 마음에 두다
- 누구를 위해(لِ) 많은 애를 쓰다, 어떤 고생도 마다하지 않다
- 무엇을 하기 위해(بِ) 많은 애를 쓰다, 어떤 고생도 마다하지 않다
- 누구를(بِ) 돌보다, 뒷바라지 하다, 보호하다
- 누구를(بِ) 부양하다
- 누구 또는 무엇을(لِ) 염려하다, 걱정하다

예문

تَهْتَمُّ بِالْيَتَامِي.

그녀는 고아들을 부양한다.

اِهْتَمَّ بِدُرُوسِهِ.

그는 학업을 중시한다.

اِهْتَمَّ بِضُيُوفِهِ.

그는 손님을 배려한다.

اِهْتَمَّ لِضَيَاعِ أَمْوَالِهِ.

그는 돈을 잃어버릴까 걱정했다.

عَلَيْكَ أَنْ تَهْتَمَّ بِصِحَّتِكَ.

당신은 당신의 건강에 유의해야 한다.

لَقَدِ اهْتَمَمْتَ بِشُؤُونِكَ فَقَطْ.

너는 너의 일에만 관심을 가졌다.

اَلْمَفْعُولُ 수동분사	اَلْفَاعِلُ 능동분사	اَلْمَصْدَرُ 동명사	أَوْصَلَ
مُوصَل	مُوصِل	إِيصَال	

اَلْمَجْهُولُ 수동		اَلْمَعْلُومُ 능동			اَلضَّمَائِرُ 인칭 대명사	
اَلْمُضَارِعُ 미완료	اَلْمَاضِي 완료	اَلْأَمْرُ 명령	اَلْمُضَارِعُ 미완료	اَلْمَاضِي 완료		
			أُوْصِلُ	أَوْصَلْتُ	أَنَا	اَلْمُتَكَلِّمُ 1인칭
			نُوْصِلُ	أَوْصَلْنَا	نَحْنُ	
		أَوْصِلْ	تُوْصِلُ	أَوْصَلْتَ	أَنْتَ	اَلْمُخَاطَبُ 2 남
		أَوْصِلَا	تُوْصِلَانِ	أَوْصَلْتُمَا	أَنْتُمَا	
		أَوْصِلُوا	تُوْصِلُونَ	أَوْصَلْتُمْ	أَنْتُمْ	
		أَوْصِلِي	تُوْصِلِينَ	أَوْصَلْتِ	أَنْتِ	اَلْمُخَاطَبَةُ 2 여
		أَوْصِلَا	تُوْصِلَانِ	أَوْصَلْتُمَا	أَنْتُمَا	
		أَوْصِلْنَ	تُوْصِلْنَ	أَوْصَلْتُنَّ	أَنْتُنَّ	
يُوصَلُ	أُوصِلَ		يُوْصِلُ	أَوْصَلَ	هُوَ	اَلْغَائِبُ 3 남
			يُوْصِلَانِ	أَوْصَلَا	هُمَا	
			يُوْصِلُونَ	أَوْصَلُوا	هُمْ	
			تُوْصِلُ	أَوْصَلَتْ	هِيَ	اَلْغَائِبَةُ 3 여
			تُوْصِلَانِ	أَوْصَلَتَا	هُمَا	
			يُوْصِلْنَ	أَوْصَلْنَ	هُنَّ	

뜻풀이

- (무엇을) 무엇에(بـ) 연결하다, 잇다, 결합하다, 접속하다
- 누구와 누구 사이에(بين) 관계를 수립하다
- 누구 또는 무엇을 어디에(إلى) 다다르게 하다
- (누구를) 어디로(إلى) 보내다, 안내하다, 이끌다, 운반하다
- (누구를) 태우다, 태워 주다
- (무엇을) 어디로(إلى) 실어 나르다, 운반하다, 운송하다
- (무엇을) 어디에(إلى) 전하다, 알리다
- <전기> (열이나 전기를) 전도하다
- (누구를) 어디까지(إلى) 바래다 주다, 배웅하다, 호위하다
- (무엇을) 전류와(إلى) 연결하다, 다른 기기와(بـ) 연결하다
- (무엇을) 전원에 연결하다, 무엇의 플러그를 꼽다
- <전기> 무엇의 전원을 키다, 스위치를 키다

예문

أَوْصَلَنِي خَبَرًا.

그는 나에게 소식을 전했다.

أَوْصَلْتُهَا إِلَى الْبَابِ.

나는 그녀를 문까지 바래다 주었다.

أَوْصَلَ الطَّرِيقُ إِلَى الدَّارِ.

이 길은 집으로 이어진다.

يُوصِلُنَا الْمِتْرُو إِلَى حَدِيقَةِ الْأَطْفَالِ.

지하철은 우리를 어린이 공원으로 데려다 준다.

أَوْصِلِ السِّلْكَ الْأَخْضَرَ بِالسِّلْكِ الْأَحْمَرِ.

녹색 전선을 적색 전선와 연결하시오.

اَلْمَفْعُولُ 수동분사	اَلْفَاعِلُ 능동분사	اَلْمَصْدَرُ 동명사	أَيْقَظَ
مُوقَظ	مُوقِظ	إِيقَاظ	

اَلْمَجْهُولُ 수동		اَلْمَعْلُومُ 능동			اَلضَّمَائِرُ 인칭 대명사	
اَلْمُضَارِعُ 미완료	اَلْمَاضِي 완료	اَلْأَمْرُ 명령	اَلْمُضَارِعُ 미완료	اَلْمَاضِي 완료		
			أُوقِظُ	أَيْقَظْتُ	أَنَا	اَلْمُتَكَلِّمُ 1인칭
			نُوقِظُ	أَيْقَظْنَا	نَحْنُ	
		أَيْقِظْ	تُوقِظُ	أَيْقَظْتَ	أَنْتَ	اَلْمُخَاطَبُ 2남
		أَيْقِظَا	تُوقِظَانِ	أَيْقَظْتُمَا	أَنْتُمَا	
		أَيْقِظُوا	تُوقِظُونَ	أَيْقَظْتُمْ	أَنْتُمْ	
		أَيْقِظِي	تُوقِظِينَ	أَيْقَظْتِ	أَنْتِ	اَلْمُخَاطَبَةُ 2여
		أَيْقِظَا	تُوقِظَانِ	أَيْقَظْتُمَا	أَنْتُمَا	
		أَيْقِظْنَ	تُوقِظْنَ	أَيْقَظْتُنَّ	أَنْتُنَّ	
يُوقَظُ	أُوقِظَ		يُوقِظُ	أَيْقَظَ	هُوَ	اَلْغَائِبُ 3남
			يُوقِظَانِ	أَيْقَظَا	هُمَا	
			يُوقِظُونَ	أَيْقَظُوا	هُمْ	
			تُوقِظُ	أَيْقَظَتْ	هِيَ	اَلْغَائِبَةُ 3여
			تُوقِظَانِ	أَيْقَظَتَا	هُمَا	
			يُوقِظْنَ	أَيْقَظْنَ	هُنَّ	

뜻풀이

- (누구를) 깨우다
- (무엇을) 불러 일으키다, 유발하다, 자극하다, 환기하다
- (누구에게) (경계 태세를) 취하게 하다, (경보를) 발하다

예문

أَيْقَظَ الْمُعَلِّمُ حَمِيَّتِي.

그 선생님은 나의 열정을 자극했다.

أَيْقَظَتْنِي مِنْ نَوْمٍ عَمِيقٍ.

그녀는 깊은 잠에서 나를 깨웠다.

تُوقِظُ هَذِهِ الصُّورَةُ ذَاكِرَتِي دَائِمًا.

이 그림은 항상 나의 기억을 일깨워 준다.

تُوقِظُ السَّيَّارَةُ الْغُبَارَ فِي الشَّوَارِعِ.

자동차는 거리의 먼지를 일으킨다.

أَيْقَظَ الْقَائِدُ الشَّعْبَ بِخُطَبِهِ الْوَطَنِيَّةِ.

지도자는 애국적인 연설로 국민을 일깨웠다.

لَقَدْ أَيْقَظْتُهُ كَثِيرًا، إِلَّا أَنَّهُ تَجَاهَلَنِي وَمَا زَالَ يَقُومُ بِالْخَطَأِ نَفْسِهِ.

나는 그에게 많이 경고했지만, 그는 나를 무시하고 여전히 같은 실수를 했다.

ب

بَاعَ	اَلْمَصْدَرُ 동명사	اَلْفَاعِلُ 능동분사	اَلْمَفْعُولُ 수동분사
	بَيْع	بَائِع	مَبِيع

اَلضَّمَائِرُ 인칭 대명사		اَلْمَعْلُومُ 능동			اَلْمَجْهُولُ 수동	
		اَلْمَاضِي 완료	اَلْمُضَارِعُ 미완료	اَلْأَمْرُ 명령	اَلْمَاضِي 완료	اَلْمُضَارِعُ 미완료
اَلْمُتَكَلِّمُ 1인칭	أَنَا	بِعْتُ	أَبِيعُ			
	نَحْنُ	بِعْنَا	نَبِيعُ			
اَلْمُخَاطَبُ 2남	أَنْتَ	بِعْتَ	تَبِيعُ	بِعْ		
	أَنْتُمَا	بِعْتُمَا	تَبِيعَانِ	بِيعَا		
	أَنْتُمْ	بِعْتُمْ	تَبِيعُونَ	بِيعُوا		
اَلْمُخَاطَبَةُ 2여	أَنْتِ	بِعْتِ	تَبِيعِينَ	بِيعِي		
	أَنْتُمَا	بِعْتُمَا	تَبِيعَانِ	بِيعَا		
	أَنْتُنَّ	بِعْتُنَّ	تَبِعْنَ	بِعْنَ		
اَلْغَائِبُ 3남	هُوَ	بَاعَ	يَبِيعُ		بِيعَ	يُبَاعُ
	هُمَا	بَاعَا	يَبِيعَانِ			
	هُمْ	بَاعُوا	يَبِيعُونَ			
اَلْغَائِبَةُ 3여	هِيَ	بَاعَتْ	تَبِيعُ			
	هُمَا	بَاعَتَا	تَبِيعَانِ			
	هُنَّ	بِعْنَ	يَبِعْنَ			

뜻풀이

- (무엇을) 누구에게([목] 또는 لِ) 얼마에 (بِ) 팔다, 판매하다

예문

سَأَبِيعُ سَيَّارَتِي.

나는 내 차를 팔거야.

عِصَامٌ بَاعَ الْبَيْتَ.

이삼은 그집을 팔았다.

ذَهَبَ إِلَى السُّوقِ لِيَبِيعَ دَرَّاجَتَهُ.

그는 그의 자전거를 팔려고 시장으로 갔다.

هَلْ يُبَاعُ الْحَلِيبُ بِاللِّتْرِ أَمِ الْكِيلُو؟

우유는 리터 또는 킬로로 판매되나요?

بِوُسْعِكِ أَنْ تَبِيعِي سَيَّارَتَكِ الْقَدِيمَةَ.

너(여)는 오래된 너의 자동차를 팔 수 있다.

أَرَادُوا أَنْ يَبِيعُوا بَيْتَهُمْ وَيَشْتَرُوا بَيْتًا أَوْسَعَ.

그들은 그들의 집을 팔고 더 넓은 집을 사길 원한다.

수동분사 اَلْمَفْعُولُ	능동분사 اَلْفَاعِلُ	동명사 اَلْمَصْدَرُ	بَحَثَ
مَبْحُوث	بَاحِث	بَحْث	

수동 اَلْمَجْهُولُ		능동 اَلْمَعْلُومُ			اَلضَّمَائِرُ 인칭 대명사	
اَلْمُضَارِعُ 미완료	اَلْمَاضِي 완료	اَلْأَمْرُ 명령	اَلْمُضَارِعُ 미완료	اَلْمَاضِي 완료		
أُبْحَثُ	بُحِثْتُ		أَبْحَثُ	بَحَثْتُ	أَنَا	اَلْمُتَكَلِّمُ 1인칭
نُبْحَثُ	بُحِثْنَا		نَبْحَثُ	بَحَثْنَا	نَحْنُ	
تُبْحَثُ	بُحِثْتَ	اِبْحَثْ	تَبْحَثُ	بَحَثْتَ	أَنْتَ	اَلْمُخَاطَبُ 2남
تُبْحَثَانِ	بُحِثْتُمَا	اِبْحَثَا	تَبْحَثَانِ	بَحَثْتُمَا	أَنْتُمَا	
تُبْحَثُونَ	بُحِثْتُمْ	اِبْحَثُوا	تَبْحَثُونَ	بَحَثْتُمْ	أَنْتُمْ	
تُبْحَثِينَ	بُحِثْتِ	اِبْحَثِي	تَبْحَثِينَ	بَحَثْتِ	أَنْتِ	اَلْمُخَاطَبَةُ 2여
تُبْحَثَانِ	بُحِثْتُمَا	اِبْحَثَا	تَبْحَثَانِ	بَحَثْتُمَا	أَنْتُمَا	
تُبْحَثْنَ	بُحِثْتُنَّ	اِبْحَثْنَ	تَبْحَثْنَ	بَحَثْتُنَّ	أَنْتُنَّ	
يُبْحَثُ	بُحِثَ		يَبْحَثُ	بَحَثَ	هُوَ	اَلْغَائِبُ 3남
يُبْحَثَانِ	بُحِثَا		يَبْحَثَانِ	بَحَثَا	هُمَا	
يُبْحَثُونَ	بُحِثُوا		يَبْحَثُونَ	بَحَثُوا	هُمْ	
تُبْحَثُ	بُحِثَتْ		تَبْحَثُ	بَحَثَتْ	هِيَ	اَلْغَائِبَةُ 3여
تُبْحَثَانِ	بُحِثَتَا		تَبْحَثَانِ	بَحَثَتَا	هُمَا	
يُبْحَثْنَ	بُحِثْنَ		يَبْحَثْنَ	بَحَثْنَ	هُنَّ	

뜻풀이

- 무엇을(عن) 찾다, 구하다
- (무엇을) 조사하다
- 어떤 분야에서(في) 연구하다, 탐구하다
- 무엇을([목] 또는 عن) 살피다, 조사하다, 탐색하다, 검토하다
- (주제나 질문 등에 대해) 토론하다, 의논하다, 논의하다

예문

لَنْ يُخْبِرَكَ أَيْنَ بَحَثَ عَنْ عَمَلٍ.

그는 어디서 일을 찾았는지 너에게 알려주지 않을 것이다.

يَجِبُ أَنْ نَبْحَثَ عَنِ النَّوْعِيَّةِ الْجَيِّدَةِ.

우리는 좋은 품질을 찾아야 한다.

كَانَ يَبْحَثُ عَنْ مَكَانٍ يَقْضِي فِيهِ اللَّيْلَ.

그는 밤을 보낼 만한 곳을 찾고 있었다.

أَخِيرًا وَجَدَ الدُّكَّانَ الَّذِي كَانَ يَبْحَثُ عَنْهُ.

결국 그는 찾고 있던 상점을 발견했다.

عِنْدَمَا أَشُكُّ فِي مَعْنَى كَلِمَةٍ أَبْحَثُ فِي الْقَامُوسِ.

단어의 의미를 잘 모를 때 나는 사전을 찾는다.

لِكَيْ يَجْعَلَ هَذَا التَّفَاعُلَ مُمْكِنًا بَحَثَ الْمُخْرِجُ عَنْ أَسَالِيبَ فَنِّيَّةٍ جَدِيدَةٍ.

이 상호 작용을 가능하게 만들기 위해 감독은 새로운 예술적 기법을 찾았다.

수동분사 اَلْمَفْعُولُ	능동분사 اَلْفَاعِلُ	동명사 اَلْمَصْدَرُ	بَدَأَ
مَبْدُوء	بَادِئ	بَدْء	

수동 اَلْمَجْهُولُ		능동 اَلْمَعْلُومُ			اَلضَّمَائِرُ 인칭 대명사	
اَلْمُضَارِعُ 미완료	اَلْمَاضِي 완료	اَلْأَمْرُ 명령	اَلْمُضَارِعُ 미완료	اَلْمَاضِي 완료		
أُبْدَأُ	بُدِئْتُ		أَبْدَأُ	بَدَأْتُ	أَنَا	اَلْمُتَكَلِّمُ 1인칭
نُبْدَأُ	بُدِئْنَا		نَبْدَأُ	بَدَأْنَا	نَحْنُ	
تُبْدَأُ	بُدِئْتَ	اِبْدَأْ	تَبْدَأُ	بَدَأْتَ	أَنْتَ	اَلْمُخَاطَبُ 2남
تُبْدَآنِ	بُدِئْتُمَا	اِبْدَآ	تَبْدَآنِ	بَدَأْتُمَا	أَنْتُمَا	
تُبْدَؤُونَ	بُدِئْتُمْ	اِبْدَؤُوا	تَبْدَؤُونَ	بَدَأْتُمْ	أَنْتُمْ	
تُبْدَئِينَ	بُدِئْتِ	اِبْدَئِي	تَبْدَئِينَ	بَدَأْتِ	أَنْتِ	اَلْمُخَاطَبَةُ 2여
تُبْدَآنِ	بُدِئْتُمَا	اِبْدَآ	تَبْدَآنِ	بَدَأْتُمَا	أَنْتُمَا	
تُبْدَأْنَ	بُدِئْتُنَّ	اِبْدَأْنَ	تَبْدَأْنَ	بَدَأْتُنَّ	أَنْتُنَّ	
يُبْدَأُ	بُدِئَ		يَبْدَأُ	بَدَأَ	هُوَ	اَلْغَائِبُ 3남
يُبْدَآنِ	بُدِئَا		يَبْدَآنِ	بَدَآ	هُمَا	
يُبْدَؤُونَ	بُدِئُوا		يَبْدَؤُونَ	بَدَؤُوا	هُمْ	
تُبْدَأُ	بُدِئَتْ		تَبْدَأُ	بَدَأَتْ	هِيَ	اَلْغَائِبَةُ 3여
تُبْدَآنِ	بُدِئَتَا		تَبْدَآنِ	بَدَأَتَا	هُمَا	
يُبْدَأْنَ	بُدِئْنَ		يَبْدَأْنَ	بَدَأْنَ	هُنَّ	

뜻풀이

- 무엇하기를(ب 또는 في) 시작하다, 시작되다
- (무엇을) 시작하다, 개시하다
- (누구부터) 시작하다
- [미완료 동사와 함께] (무엇하는 것을) 시작하다, 제각기 (무엇을) 시작하다
- 일어나다, 발생하다, 생기다

예문

ثُمَّ يَبْدَأُ الدِّرَاسَةَ.

그리고 그는 공부를 시작한다.

بَدَأَتْ مُنَى تَبْكِي.

무나는 울기 시작했다.

بَدَأْنَا نُحِبُّ بَعْضَنَا.

우리는 서로 사랑하기 시작했다.

بَدَؤُوا جَوْلَتَهُمْ فِي الْمَتْحَفِ.

그들은 박물관 투어를 시작했다.

تَبْدَأُ الْحَفْلَةُ عِنْدَ الْعَاشِرَةِ صَبَاحًا.

아침 10시에 파티가 시작된다.

بَدَأَتْ (الدُّنْيَا) تُمْطِرُ بَعْدَ أَنْ غَادَرْتُ الْبَيْتَ.

내가 집을 나선 후에 비가 내리기 시작했다.

수동분사 اَلْمَفْعُولُ	능동분사 اَلْفَاعِلُ	동명사 اَلْمَصْدَرُ	بَذَلَ
مَبْذُول	بَاذِل	بَذْل	

수동 اَلْمَجْهُولُ		능동 اَلْمَعْلُومُ			اَلضَّمَائِرُ 인칭 대명사	
اَلْمُضَارِعُ 미완료	اَلْمَاضِي 완료	اَلْأَمْرُ 명령	اَلْمُضَارِعُ 미완료	اَلْمَاضِي 완료		
أُبْذَلُ	بُذِلْتُ		أَبْذُلُ	بَذَلْتُ	أَنَا	اَلْمُتَكَلِّمُ 1인칭
نُبْذَلُ	بُذِلْنَا		نَبْذُلُ	بَذَلْنَا	نَحْنُ	
تُبْذَلُ	بُذِلْتَ	اُبْذُلْ	تَبْذُلُ	بَذَلْتَ	أَنْتَ	اَلْمُخَاطَبُ 2남
تُبْذَلَانِ	بُذِلْتُمَا	اُبْذُلَا	تَبْذُلَانِ	بَذَلْتُمَا	أَنْتُمَا	
تُبْذَلُونَ	بُذِلْتُمْ	اُبْذُلُوا	تَبْذُلُونَ	بَذَلْتُمْ	أَنْتُمْ	
تُبْذَلِينَ	بُذِلْتِ	اُبْذُلِي	تَبْذُلِينَ	بَذَلْتِ	أَنْتِ	اَلْمُخَاطَبَةُ 2여
تُبْذَلَانِ	بُذِلْتُمَا	اُبْذُلَا	تَبْذُلَانِ	بَذَلْتُمَا	أَنْتُمَا	
تُبْذَلْنَ	بُذِلْتُنَّ	اُبْذُلْنَ	تَبْذُلْنَ	بَذَلْتُنَّ	أَنْتُنَّ	
يُبْذَلُ	بُذِلَ		يَبْذُلُ	بَذَلَ	هُوَ	اَلْغَائِبُ 3남
يُبْذَلَانِ	بُذِلَا		يَبْذُلَانِ	بَذَلَا	هُمَا	
يُبْذَلُونَ	بُذِلُوا		يَبْذُلُونَ	بَذَلُوا	هُمْ	
تُبْذَلُ	بُذِلَتْ		تَبْذُلُ	بَذَلَتْ	هِيَ	اَلْغَائِبَةُ 3여
تُبْذَلَانِ	بُذِلَتَا		تَبْذُلَانِ	بَذَلَتَا	هُمَا	
يُبْذَلْنَ	بُذِلْنَ		يَبْذُلْنَ	بَذَلْنَ	هُنَّ	

뜻풀이

- (무엇을) 마음대로 쓰다, 퍼주다
- (무엇을) 희생하다
- (시간이나 금전, 노력 또는 물자 등을) 들이다, 소비하다, 쓰다
- (무엇을) 주다, 부여하다

예문

بَذَلَ جَهْدَهُ / مَجْهُودًا

고통을 참다, 인내하다

بَذَلَ وُسْعَهُ / كُلَّ غَالٍ

할 수 있는 최선을 다하다, 무엇이든 다하다

بَذَلَ الْمَسَاعِيَ

노력하다

بَذَلَ الطَّاعَةَ لِ

누구를 따르다, 누구에게 순종하다

يَبْذُلُ وُسْعَهُ لِيُسَاعِدَكَ فِي حَلِّ هَذِهِ الْمُشْكِلَاتِ.

그는 문제 해결을 우해 너를 돕고자 최선을 다한다.

يَجِبُ أَنْ تُبْذَلَ الْجُهُودُ لِحِمَايَةِ هَذِهِ الْحَيَوَانَاتِ وَحِفْظِهَا مِنَ الِانْقِرَاضِ.

이 동물들을 멸종으로부터 보호하고 지키기 위한 노력들이 있어야 한다.

اَلْمَفْعُولُ 수동분사	اَلْفَاعِلُ 능동분사	اَلْمَصْدَرُ 동명사	بَرَدَ
مَبْرُود	بَارِد	بَرْد	

اَلْمَجْهُولُ 수동		اَلْمَعْلُومُ 능동			اَلضَّمَائِرُ 인칭 대명사	
اَلْمُضَارِعُ 미완료	اَلْمَاضِي 완료	اَلْأَمْرُ 명령	اَلْمُضَارِعُ 미완료	اَلْمَاضِي 완료		
أُبْرَدُ	بُرِدْتُ		أَبْرُدُ	بَرَدْتُ	أَنَا	اَلْمُتَكَلِّمُ 1인칭
نُبْرَدُ	بُرِدْنَا		نَبْرُدُ	بَرَدْنَا	نَحْنُ	
تُبْرَدُ	بُرِدْتَ	اُبْرُدْ	تَبْرُدُ	بَرَدْتَ	أَنْتَ	اَلْمُخَاطَبُ 2 남
تُبْرَدَانِ	بُرِدْتُمَا	اُبْرُدَا	تَبْرُدَانِ	بَرَدْتُمَا	أَنْتُمَا	
تُبْرَدُونَ	بُرِدْتُمْ	اُبْرُدُوا	تَبْرُدُونَ	بَرَدْتُمْ	أَنْتُمْ	
تُبْرَدِينَ	بُرِدْتِ	اُبْرُدِي	تَبْرُدِينَ	بَرَدْتِ	أَنْتِ	اَلْمُخَاطَبَةُ 2 여
تُبْرَدَانِ	بُرِدْتُمَا	اُبْرُدَا	تَبْرُدَانِ	بَرَدْتُمَا	أَنْتُمَا	
تُبْرَدْنَ	بُرِدْتُنَّ	اُبْرُدْنَ	تَبْرُدْنَ	بَرَدْتُنَّ	أَنْتُنَّ	
يُبْرَدُ	بُرِدَ		يَبْرُدُ	بَرَدَ	هُوَ	اَلْغَائِبُ 3 남
يُبْرَدَانِ	بُرِدَا		يَبْرُدَانِ	بَرَدَا	هُمَا	
يُبْرَدُونَ	بُرِدُوا		يَبْرُدُونَ	بَرَدُوا	هُمْ	
تُبْرَدُ	بُرِدَتْ		تَبْرُدُ	بَرَدَتْ	هِيَ	اَلْغَائِبَةُ 3 여
تُبْرَدَانِ	بُرِدَتَا		تَبْرُدَانِ	بَرَدَتَا	هُمَا	
يُبْرَدْنَ	بُرِدْنَ		يَبْرُدْنَ	بَرَدْنَ	هُنَّ	

뜻풀이

- (기후나 온도 등이) 춥다, 추워지다
- 식다, 시원해지다, 서늘해지다
- 추위를 느끼다
- (무엇을) 식히다, 차갑게 만들다
- (고통을) 완화하다, 가라앉히다

예문

بَرَدَ الْمَاءُ.

물이 차가워졌다.

بَرَدَ الْجَوُّ أَمْسِ.

어제 날씨가 추웠다.

بَرَدَتِ الْخُبْزَ بِالْمَاءِ.

그녀는 빵을 물에 적셨다.

يَبْرُدُ الْجَوُّ فِي الشِّتَاءِ.

겨울에는 날씨가 추워진다

بَرَدَ الدَّوَاءُ الْأَلَمَ فِي رُكْبَتِي.

약이 나의 무릎 통증을 가라앉혔다.

خَمَدَتْ نَارُ الْمِدْفَأَةِ وَبَدَأَتِ الْغُرْفَةُ تَبْرُدُ.

난로가 꺼져서 방이 추워지기 시작했다.

بَقِيَ	اَلْمَصْدَرُ 동명사	اَلْفَاعِلُ 능동분사	اَلْمَفْعُولُ 수동분사
	بَقَاء	بَاقٍ	مَبْقِيّ

اَلضَّمَائِرُ 인칭 대명사		اَلْمَعْلُومُ 능동 اَلْمَاضِي 완료	اَلْمَعْلُومُ 능동 اَلْمُضَارِعُ 미완료	اَلْمَعْلُومُ 능동 اَلْأَمْرُ 명령	اَلْمَجْهُولُ 수동 اَلْمَاضِي 완료	اَلْمَجْهُولُ 수동 اَلْمُضَارِعُ 미완료
اَلْمُتَكَلِّمُ 1인칭	أَنَا	بَقِيْتُ	أَبْقَى			
	نَحْنُ	بَقِيْنَا	نَبْقَى			
اَلْمُخَاطَبُ 2 남	أَنْتَ	بَقِيْتَ	تَبْقَى	اِبْقَ		
	أَنْتُمَا	بَقِيْتُمَا	تَبْقَيَانِ	اِبْقَيَا		
	أَنْتُمْ	بَقِيْتُمْ	تَبْقَوْنَ	اِبْقَوْا		
اَلْمُخَاطَبَةُ 2 여	أَنْتِ	بَقِيْتِ	تَبْقَيْنَ	اِبْقَيْ		
	أَنْتُمَا	بَقِيْتُمَا	تَبْقَيَانِ	اِبْقَيَا		
	أَنْتُنَّ	بَقِيْتُنَّ	تَبْقَيْنَ	اِبْقَيْنَ		
اَلْغَائِبُ 3 남	هُوَ	بَقِيَ	يَبْقَى		بُقِيَ	يُبْقَى
	هُمَا	بَقِيَا	يَبْقَيَانِ			
	هُمْ	بَقُوا	يَبْقَوْنَ			
اَلْغَائِبَةُ 3 여	هِيَ	بَقِيَتْ	تَبْقَى			
	هُمَا	بَقِيَتَا	تَبْقَيَانِ			
	هُنَّ	بَقِيْنَ	يَبْقَيْنَ			

뜻풀이

- 어떤 상태나 상황에(على) 지속되다, 유지되다, 머무르다, 계속되다
- (뒤에) 남다, 남겨지다
- 계속하다, 지속하다, 쭉 이어지다
- [미완료 동사나 분사와 함께] 무엇 하는 것을 지속하다, 계속 하다
- (무엇이) 되다

예문

لَمْ يَبْقَ طِفْلًا.

그는 더 이상 어린이가 아니다.

بَقِيَتِ الشَّقَّةُ فَارِغَةً لِفَتْرَةٍ طَوِيلَةٍ.

아파트는 오랜 시간 동안 비어 있었다.

إِنَّهَا لَا تَعْرِفُ سَوَاءً أَتَذْهَبُ أَمْ تَبْقَى.

그녀는 가야 할지 남아야 할지 모른다.

جَمِيعُ الْغُرَفِ يَجِبُ أَنْ تَبْقَى نَظِيفَةً وَمُرَتَّبَةً.

모든 방은 청결하고 정돈되어 있어야 한다.

إِنَّنَا سَنَبْقَى فِي الْبَيْتِ وَنَتَفَرَّجُ عَلَى التِّلِفِزْيُون.

우리는 집에 남아서 TV를 볼 것이다.

لَوْ كُنْتُ أَعْلَمُ أَنَّكَ قَادِمٌ غَدًا، لَكُنْتُ بَقِيْتُ فِي الْمَنْزِلِ.

네가 내일 올 것을 알았더라면, 내가 집에 있었을 텐데.

수동분사 اَلْمَفْعُولُ	능동분사 اَلْفَاعِلُ	동명사 اَلْمَصْدَرُ	بَكَى
مَبْكِيّ	بَاكٍ	بُكَاء، بُكًى	

수동 اَلْمَجْهُولُ		능동 اَلْمَعْلُومُ			اَلضَّمَائِرُ 인칭 대명사	
اَلْمُضَارِعُ 미완료	اَلْمَاضِي 완료	اَلْأَمْرُ 명령	اَلْمُضَارِعُ 미완료	اَلْمَاضِي 완료		
			أَبْكِي	بَكَيْتُ	أَنَا	اَلْمُتَكَلِّمُ 1인칭
			نَبْكِي	بَكَيْنَا	نَحْنُ	
		اِبْكِ	تَبْكِي	بَكَيْتَ	أَنْتَ	اَلْمُخَاطَبُ 2 남
		اِبْكِيَا	تَبْكِيَانِ	بَكَيْتُمَا	أَنْتُمَا	
		اِبْكُوا	تَبْكُونَ	بَكَيْتُمْ	أَنْتُمْ	
		اِبْكِي	تَبْكِينَ	بَكَيْتِ	أَنْتِ	اَلْمُخَاطَبَةُ 2 여
		اِبْكِيَا	تَبْكِيَانِ	بَكَيْتُمَا	أَنْتُمَا	
		اِبْكِينَ	تَبْكِينَ	بَكَيْتُنَّ	أَنْتُنَّ	
يُبْكَى	بُكِيَ		يَبْكِي	بَكَى	هُوَ	اَلْغَائِبُ 3 남
			يَبْكِيَانِ	بَكَيَا	هُمَا	
			يَبْكُونَ	بَكَوْا	هُمْ	
			تَبْكِي	بَكَتْ	هِيَ	اَلْغَائِبَةُ 3 여
			تَبْكِيَانِ	بَكَتَا	هُمَا	
			يَبْكِينَ	بَكَيْنَ	هُنَّ	

뜻풀이

- 무엇을(على) 슬퍼하다, 탄식하다
- 무엇 때문에(على) 울다, 눈물을 흘리다
- (누구의 죽음 따위를) 애도하다, 비탄하다

예문

بَكَتِ السَّمَاءُ.

비가 내렸다.

بَكَى الْفَقِيدَ.

그는 망자를 애도했다.

بَكَى عَلَى الْمَيِّتِ.

그는 망자에 대해 눈물을 흘렸다.

وَعِنْدَمَا انْتَهَى الْأَمْرُ بَكَتْ.

일이 끝났을 때 그녀는 울었다.

سَمِعْتُ أَنَّهُ بَكَى كَثِيرًا ذَاكَ الْيَوْمَ.

나는 그가 그날 많이 울었다고 들었다.

لَمْ أَنَمْ مُنْذُ ثَلَاثَةِ أَيَّامٍ، فَالطِّفْلُ يَبْكِي بِاسْتِمْرَارٍ.

아기가 계속 울어서 나는 3일 동안 자지 못했다.

بَلَّغَ

수동분사 اَلْمَفْعُولُ	능동분사 اَلْفَاعِلُ	동명사 اَلْمَصْدَرُ
مُبَلَّغ	مُبَلِّغ	تَبْلِيغ

수동 اَلْمَجْهُولُ		능동 اَلْمَعْلُومُ			اَلضَّمَائِرُ 인칭 대명사	
اَلْمُضَارِعُ 미완료	اَلْمَاضِي 완료	اَلْأَمْرُ 명령	اَلْمُضَارِعُ 미완료	اَلْمَاضِي 완료		
			أُبَلِّغُ	بَلَّغْتُ	أَنَا	اَلْمُتَكَلِّمُ 1인칭
			نُبَلِّغُ	بَلَّغْنَا	نَحْنُ	
		بَلِّغْ	تُبَلِّغُ	بَلَّغْتَ	أَنْتَ	اَلْمُخَاطَبُ 2 남
		بَلِّغَا	تُبَلِّغَانِ	بَلَّغْتُمَا	أَنْتُمَا	
		بَلِّغُوا	تُبَلِّغُونَ	بَلَّغْتُمْ	أَنْتُمْ	
		بَلِّغِي	تُبَلِّغِينَ	بَلَّغْتِ	أَنْتِ	اَلْمُخَاطَبَةُ 2 여
		بَلِّغَا	تُبَلِّغَانِ	بَلَّغْتُمَا	أَنْتُمَا	
		بَلِّغْنَ	تُبَلِّغْنَ	بَلَّغْتُنَّ	أَنْتُنَّ	
يُبَلَّغُ	بُلِّغَ		يُبَلِّغُ	بَلَّغَ	هُوَ	اَلْغَائِبُ 3 남
			يُبَلِّغَانِ	بَلَّغَا	هُمَا	
			يُبَلِّغُونَ	بَلَّغُوا	هُمْ	
			تُبَلِّغُ	بَلَّغَتْ	هِيَ	اَلْغَائِبَةُ 3 여
			تُبَلِّغَانِ	بَلَّغَتَا	هُمَا	
			يُبَلِّغْنَ	بَلَّغْنَ	هُنَّ	

뜻풀이

- (누가) (무엇에) 이르도록 만들다, 도달하도록 하다
- (무엇을) 누구에게(إلى) 가져가다, 전하다, 주다
- (누구에게) (무엇을) 알리다, 전하다, 전달하다
- 무엇을(عن) 보도하다, 알리다, 발표하다, 신고하다
- 누구를(عن) 비난하다, 고발하다

예문

بَلَّغَهُ رِسَالَةً

누구에게 편지를 전달하다

بَلَّغَنِي أَنَّكَ مُسَافِرٌ.

그는 나에게 네가 여행갔다고 전했다.

بَلَّغَ عَنِ الْجَرِيمَةِ.

그는 범죄를 신고했다.

بَلَّغَتِ الْخَبَرَ لِلنَّاسِ.

그녀는 사람들에게 소식을 전했다.

سَيُبَلِّغُ الْمُعَلِّمُ نَتِيجَةَ الِامْتِحَانِ لِلطَّالِبِ.

선생님이 학생에게 시험 성적을 통보할 것이다.

رَجَاءً بَلِّغْ أَفْضَلَ تَحِيَّاتِي وَتَمَنِّيَاتِي لِعَائِلَتِكَ.

너의 가족에게 나의 안부와 인사를 전해주기 바라.

수동분사 اَلْمَفْعُولُ	능동분사 اَلْفَاعِلُ	동명사 اَلْمَصْدَرُ	بَلَغَ
مَبْلُوغ	بَالِغ	بُلُوغ	

수동 اَلْمَجْهُولُ		능동 اَلْمَعْلُومُ			اَلضَّمَائِرُ 인칭 대명사	
اَلْمُضَارِعُ 미완료	اَلْمَاضِي 완료	اَلْأَمْرُ 명령	اَلْمُضَارِعُ 미완료	اَلْمَاضِي 완료		
أُبْلَغُ	بُلِغْتُ		أَبْلُغُ	بَلَغْتُ	أَنَا	اَلْمُتَكَلِّمُ 1인칭
نُبْلَغُ	بُلِغْنَا		نَبْلُغُ	بَلَغْنَا	نَحْنُ	
تُبْلَغُ	بُلِغْتَ	أُبْلُغْ	تَبْلُغُ	بَلَغْتَ	أَنْتَ	اَلْمُخَاطَبُ 2 남
تُبْلَغَانِ	بُلِغْتُمَا	أُبْلُغَا	تَبْلُغَانِ	بَلَغْتُمَا	أَنْتُمَا	
تُبْلَغُونَ	بُلِغْتُمْ	أُبْلُغُوا	تَبْلُغُونَ	بَلَغْتُمْ	أَنْتُمْ	
تُبْلَغِينَ	بُلِغْتِ	أُبْلُغِي	تَبْلُغِينَ	بَلَغْتِ	أَنْتِ	اَلْمُخَاطَبَةُ 2 여
تُبْلَغَانِ	بُلِغْتُمَا	أُبْلُغَا	تَبْلُغَانِ	بَلَغْتُمَا	أَنْتُمَا	
تُبْلَغْنَ	بُلِغْتُنَّ	أُبْلُغْنَ	تَبْلُغْنَ	بَلَغْتُنَّ	أَنْتُنَّ	
يُبْلَغُ	بُلِغَ		يَبْلُغُ	بَلَغَ	هُوَ	اَلْغَائِبُ 3 남
يُبْلَغَانِ	بُلِغَا		يَبْلُغَانِ	بَلَغَا	هُمَا	
يُبْلَغُونَ	بُلِغُوا		يَبْلُغُونَ	بَلَغُوا	هُمْ	
تُبْلَغُ	بُلِغَتْ		تَبْلُغُ	بَلَغَتْ	هِيَ	اَلْغَائِبَةُ 3 여
تُبْلَغَانِ	بُلِغَتَا		تَبْلُغَانِ	بَلَغَتَا	هُمَا	
يُبْلَغْنَ	بُلِغْنَ		يَبْلُغْنَ	بَلَغْنَ	هُنَّ	

뜻풀이

- (누구 또는 무엇에) 이르다, 다다르다, 도달하다
- (숫자나 금액 등이) 얼마가 되다, 달하다
- (얼마 정도의) 가치를 지니다
- (소식이나 소문 등이) 누구의 귀에 들리다
- (남자 아이가) 사춘기에 이르다
- (과일 따위가) 익다
- 성년이 되다
- 누구를(من) 피곤하게 하다, 지치게 만들다
- 누구에게(من) 영향을 미치다
- 무엇에서(في 또는 من) 높은 수준에 도달하다, 상당한 성과를 올리다

예문

بَلَغَ بِهِ إِلَى

누구 또는 무엇을 어디에 이르게 하다

بَلَغَ مُنْتَهَاهُ

사태가 악화되다, 위기에 처하다

بَلَغَ مَبْلَغَ الرِّجَالِ

성년이 되다, 성인이 되다

هَلْ تَسْتَطِيعُ أَنْ تَبْلُغَ السَّقْفَ؟

당신은 천장에 닿을 수 있나요?

لِمَ لَا تَسْتَخْدِمُ هَذَا الْكُرْسِيَّ لِتَبْلُغَ الرَّفَّ؟

선반에 닿기 위해 왜 이 의자를 사용하지 않았니?

اَلْفَتَاةُ تَبْلُغُ الثَّامِنَةَ وَالصَّبِيُّ يَبْلُغُ الرَّابِعَةَ عَشْرَةَ.

소녀는 여덟 살이고 소년은 열 네 살이다.

ت

تَابَعَ

اَلْمَصْدَرُ 동명사	اَلْفَاعِلُ 능동분사	اَلْمَفْعُولُ 수동분사
مُتَابَعَة	مُتَابِع	مُتَابَع

اَلضَّمَائِرُ 인칭 대명사		اَلْمَعْلُومُ 능동			اَلْمَجْهُولُ 수동	
		اَلْمَاضِي 완료	اَلْمُضَارِعُ 미완료	اَلْأَمْرُ 명령	اَلْمَاضِي 완료	اَلْمُضَارِعُ 미완료
اَلْمُتَكَلِّمُ 1인칭	أَنَا	تَابَعْتُ	أُتَابِعُ			
	نَحْنُ	تَابَعْنَا	نُتَابِعُ			
اَلْمُخَاطَبُ 2 남	أَنْتَ	تَابَعْتَ	تُتَابِعُ	تَابِعْ		
	أَنْتُمَا	تَابَعْتُمَا	تُتَابِعَانِ	تَابِعَا		
	أَنْتُمْ	تَابَعْتُمْ	تُتَابِعُونَ	تَابِعُوا		
اَلْمُخَاطَبَةُ 2 여	أَنْتِ	تَابَعْتِ	تُتَابِعِينَ	تَابِعِي		
	أَنْتُمَا	تَابَعْتُمَا	تُتَابِعَانِ	تَابِعَا		
	أَنْتُنَّ	تَابَعْتُنَّ	تُتَابِعْنَ	تَابِعْنَ		
اَلْغَائِبُ 3 남	هُوَ	تَابَعَ	يُتَابِعُ		تُوبِعَ	يُتَابَعُ
	هُمَا	تَابَعَا	يُتَابِعَانِ			
	هُمْ	تَابَعُوا	يُتَابِعُونَ			
اَلْغَائِبَةُ 3 여	هِيَ	تَابَعَتْ	تُتَابِعُ			
	هُمَا	تَابَعَتَا	تُتَابِعَانِ			
	هُنَّ	تَابَعْنَ	يُتَابِعْنَ			

뜻풀이

- (누구 또는 무엇을) 따라가다, 따르다, 쫓다
- (발달이나 전개 과정 등에) 계속 주의를 기울이다, 신경 쓰다, 주시하다
- (누구와) 무엇에(على) 대해 의견이 일치하다, 동의하다
- (무엇을) 계속하다, 지속하다

예문

تَابَعَ سَيْرَهُ

자신의 길을 계속해서 나아가다

تَابَعْتُ الْمَشْيَ.

나는 계속 걸었다.

إِذَا تَابَعْتَ اجْتِهَادَكَ، فَسَتَنْجَحُ.

네가 계속 노력한다면 너는 성공할 것이다.

أُتَابِعُ الْأَخْبَارَ مِنَ الْمَحَطَّاتِ الْعَرَبِيَّةِ وَالْعَالَمِيَّةِ.

나는 아랍 채널과 세계 채널의 뉴스들을 계속 보고 있다.

إِنَّهُمْ يُرِيدُونَ أَنْ يُتَابِعُوا تَعْلِيمَهُمْ الْعَالِيَ فِي جَامِعَاتٍ شَهِيرَةٍ.

그들은 유명한 대학교에서 고등 교육을 계속 받고 싶어한다.

إِذَا تَابَعْتَ أَكْلَ الشُّوكُولَاتَة بِهَذَا الشَّكْلِ، فَسَتُصْبِحُ شَخْصًا سَمِينًا جِدًّا.

네가 이렇게 초콜릿을 계속 먹는다면 너는 무척 뚱뚱한 사람이 될 것이다.

تَأَثَّرَ

수동분사 اَلْمَفْعُولُ	능동분사 اَلْفَاعِلُ	동명사 اَلْمَصْدَرُ
مُتَأَثَّر	مُتَأَثِّر	تَأَثُّر

수동 اَلْمَجْهُولُ		능동 اَلْمَعْلُومُ			اَلضَّمَائِرُ 인칭 대명사	
اَلْمُضَارِعُ 미완료	اَلْمَاضِي 완료	اَلْأَمْرُ 명령	اَلْمُضَارِعُ 미완료	اَلْمَاضِي 완료		
			أَتَأَثَّرُ	تَأَثَّرْتُ	أَنَا	اَلْمُتَكَلِّمُ 1인칭
			نَتَأَثَّرُ	تَأَثَّرْنَا	نَحْنُ	
		تَأَثَّرْ	تَتَأَثَّرُ	تَأَثَّرْتَ	أَنْتَ	اَلْمُخَاطَبُ 2 남
		تَأَثَّرَا	تَتَأَثَّرَانِ	تَأَثَّرْتُمَا	أَنْتُمَا	
		تَأَثَّرُوا	تَتَأَثَّرُونَ	تَأَثَّرْتُمْ	أَنْتُمْ	
		تَأَثَّرِي	تَتَأَثَّرِينَ	تَأَثَّرْتِ	أَنْتِ	اَلْمُخَاطَبَةُ 2 여
		تَأَثَّرَا	تَتَأَثَّرَانِ	تَأَثَّرْتُمَا	أَنْتُمَا	
		تَأَثَّرْنَ	تَتَأَثَّرْنَ	تَأَثَّرْتُنَّ	أَنْتُنَّ	
يُتَأَثَّرُ	تُؤُثِّرَ		يَتَأَثَّرُ	تَأَثَّرَ	هُوَ	اَلْغَائِبُ 3 남
			يَتَأَثَّرَانِ	تَأَثَّرَا	هُمَا	
			يَتَأَثَّرُونَ	تَأَثَّرُوا	هُمْ	
			تَتَأَثَّرُ	تَأَثَّرَتْ	هِيَ	اَلْغَائِبَةُ 3 여
			تَتَأَثَّرَانِ	تَأَثَّرَتَا	هُمَا	
			يَتَأَثَّرْنَ	تَأَثَّرْنَ	هُنَّ	

뜻풀이

- 영향을 받다, 감명을 받다, 탄복하다
- 무엇에(ب 또는 ل 또는 من) 감동하다, 감복하다
- (무엇에) 자극받다, 흥분하다
- (물질 등이) 무엇에 의해(ب) 영향받다 (ex. 산성-철과 같은 화학작용)
- <물리> 유도되다
- (누구의 길을) 따르다, 뒤좇다, 추구하다, (누구를) 모방하다
- (질문이나 논의, 문제 등의 조사를) 계속하다, 지속하다
- (무엇을) 느끼다, 감지하다

예문

تَأَثَّرَ بِمُصَابِنَا.

그는 우리의 불행에 슬퍼했다.

تَأَثَّرَ نَفْسِيًّا بِوَفَاةِ أَبِيهِ.

그는 아버지의 죽음에 정신적으로 영향을 받았다.

يَتَأَثَّرُ الْأَوْلَادُ مِنْ كَلَامِ وَالِدَيْهِمْ.

아이들은 그들의 부모의 말에 영향을 받는다.

تَأَثَّرَتْ أَكْتَافِي بِشِدَّةٍ مِنْ أَشِعَّةِ الشَّمْسِ.

내 어깨가 햇볕에 심하게 탔다.

تَأَثَّرَتِ الْكَاتِبَةُ بِأَسَالِيبِ الْأَدَبِ الْعَرَبِيِّ.

그 여성 작가는 아랍 문학의 문체 영향을 받았다.

يَجِبُ أَلَّا تَهْتَزَّ بِالسِّيَاسَةِ وَأَلَّا تَتَأَثَّرَ بِمَا يُذِيعُهُ التِّلْفَازُ.

당신은 정치에 흔들려서는 안 되고 TV에서 방송되는 것에 영향을 받아서도 안 된다.

تَأَكَّدَ	اَلْمَصْدَرُ 동명사	اَلْفَاعِلُ 능동분사	اَلْمَفْعُولُ 수동분사
	تَأَكُّد	مُتَأَكِّد	مُتَأَكَّد

اَلضَّمَائِرُ 인칭 대명사		اَلْمَعْلُومُ 능동			اَلْمَجْهُولُ 수동	
		اَلْمَاضِي 완료	اَلْمُضَارِعُ 미완료	اَلْأَمْرُ 명령	اَلْمَاضِي 완료	اَلْمُضَارِعُ 미완료
اَلْمُتَكَلِّمُ 1인칭	أَنَا	تَأَكَّدْتُ	أَتَأَكَّدُ			
	نَحْنُ	تَأَكَّدْنَا	نَتَأَكَّدُ			
اَلْمُخَاطَبُ 2 남	أَنْتَ	تَأَكَّدْتَ	تَتَأَكَّدُ	تَأَكَّدْ		
	أَنْتُمَا	تَأَكَّدْتُمَا	تَتَأَكَّدَانِ	تَأَكَّدَا		
	أَنْتُمْ	تَأَكَّدْتُمْ	تَتَأَكَّدُونَ	تَأَكَّدُوا		
اَلْمُخَاطَبَةُ 2 여	أَنْتِ	تَأَكَّدْتِ	تَتَأَكَّدِينَ	تَأَكَّدِي		
	أَنْتُمَا	تَأَكَّدْتُمَا	تَتَأَكَّدَانِ	تَأَكَّدَا		
	أَنْتُنَّ	تَأَكَّدْتُنَّ	تَتَأَكَّدْنَ	تَأَكَّدْنَ		
اَلْغَائِبُ 3 남	هُوَ	تَأَكَّدَ	يَتَأَكَّدُ		تُؤُكِّدَ	يُتَأَكَّدُ
	هُمَا	تَأَكَّدَا	يَتَأَكَّدَانِ			
	هُمْ	تَأَكَّدُوا	يَتَأَكَّدُونَ			
اَلْغَائِبَةُ 3 여	هِيَ	تَأَكَّدَتْ	تَتَأَكَّدُ			
	هُمَا	تَأَكَّدَتَا	تَتَأَكَّدَانِ			
	هُنَّ	تَأَكَّدْنَ	يَتَأَكَّدْنَ			

뜻풀이

- 설득되다, 납득하다
- 무엇을(مِن) 확신하다, 확실하다고 생각하다
- 무엇을(مِن)확인하다, 규명하다, 확정하다
- (관점이나 사실 또는 뉴스 기사가) 확정되다, 확인되다
- 누구에게(لـ) 사실로 확인되다, 명확해지다, 확실해지다
- 명백하다, 확실하다, 틀림없다

예문

تَأَكَّدْ أَنَّكَ تَرْوِي الْحَدِيقَةَ بِانْتِظَامٍ.

규칙적으로 정원에 물 주는 것을 확실히 해라.

عَلَيْنَا أَنْ نَتَأَكَّدَ مِنْ سَبَبِ الْحَادِثِ.

우리는 사건의 원인을 확인해야 한다.

هَلْ أَنْتَ تَتَأَكَّدُ مِنْ أَنَّ الْمَكَانَ آمِنٌ؟

당신은 그 장소가 안전하다고 확신합니까?

أَنَا لَا أَتَأَكَّدُ مِنْ وُجُودِ إِخْوَةٍ أَوْ أَخَوَاتٍ لَهَا.

나는 그녀에게 형제나 자매가 있는지 확신하지 못한다.

فِي الْحَقِيقَةِ لَمْ تَتَأَكَّدْ مِنْ هُوِيَّةِ هَؤُلَاءِ الرِّجَالِ.

사실 그녀는 그 남성들의 신원을 확인하지 않았다.

أَتَأَكَّدُ (مِنْ) أَنَّهُمْ سَيَصِلُونَ فِي الْوَقْتِ الْمُحَدَّدِ.

나는 그들이 정해진 시간에 도착할 것이라고 확신한다.

수동분사 اَلْمَفْعُولُ	능동분사 اَلْفَاعِلُ	동명사 اَلْمَصْدَرُ	تَجَوَّلَ
مُتَجَوَّل	مُتَجَوِّل	تَجَوُّل	

수동 اَلْمَجْهُولُ		능동 اَلْمَعْلُومُ			اَلضَّمَائِرُ 인칭 대명사	
اَلْمُضَارِعُ 미완료	اَلْمَاضِي 완료	اَلْأَمْرُ 명령	اَلْمُضَارِعُ 미완료	اَلْمَاضِي 완료		
			أَتَجَوَّلُ	تَجَوَّلْتُ	أَنَا	اَلْمُتَكَلِّمُ 1인칭
			نَتَجَوَّلُ	تَجَوَّلْنَا	نَحْنُ	
		تَجَوَّلْ	تَتَجَوَّلُ	تَجَوَّلْتَ	أَنْتَ	اَلْمُخَاطَبُ 2 남
		تَجَوَّلَا	تَتَجَوَّلَانِ	تَجَوَّلْتُمَا	أَنْتُمَا	
		تَجَوَّلُوا	تَتَجَوَّلُونَ	تَجَوَّلْتُمْ	أَنْتُمْ	
		تَجَوَّلِي	تَتَجَوَّلِينَ	تَجَوَّلْتِ	أَنْتِ	اَلْمُخَاطَبَةُ 2 여
		تَجَوَّلَا	تَتَجَوَّلَانِ	تَجَوَّلْتُمَا	أَنْتُمَا	
		تَجَوَّلْنَ	تَتَجَوَّلْنَ	تَجَوَّلْتُنَّ	أَنْتُنَّ	
يُتَجَوَّلُ	تُجُوِّلَ		يَتَجَوَّلُ	تَجَوَّلَ	هُوَ	اَلْغَائِبُ 3 남
			يَتَجَوَّلَانِ	تَجَوَّلَا	هُمَا	
			يَتَجَوَّلُونَ	تَجَوَّلُوا	هُمْ	
			تَتَجَوَّلُ	تَجَوَّلَتْ	هِيَ	اَلْغَائِبَةُ 3 여
			تَتَجَوَّلَانِ	تَجَوَّلَتَا	هُمَا	
			يَتَجَوَّلْنَ	تَجَوَّلْنَ	هُنَّ	

뜻풀이

- 돌아다니다, 배회하다,
- 순시하다, 순찰하다, 순찰을 돌다
- 순항하다, 유람 항해하다
- 순회하다, 순방하다, 돌아다니며 관광하다

예문

مَتَى تَخْرُجُ لِتَتَجَوَّلَ؟

너 언제 산책하러 나갈거니?

تَجَوَّلَتْ فِي مِنْطَقَةِ الْآثَارِ.

그녀는 유적지를 돌아다녔다.

سَوْفَ نَتَجَوَّلُ سَرِيعًا فِي أُورُوبَّا.

우리는 빨리 유럽을 돌아볼 것이다.

تَجَوَّلْتُ فِي بُلْدَانٍ كَثِيرَةٍ، فَلَمْ أُعْجَبْ إِلَّا بِبَلَدِي.

나는 많은 나라들을 돌아다녔지만 내 나라가 제일 좋더라.

وَبَعْدَ ذَلِكَ نَسْتَأْجِرُ سَيَّارَةً وَنَتَجَوَّلُ فِي مِنْطَقَةِ نَجْدٍ.

그 후에 우리는 자동차를 빌려서 나즈드 지역을 돌아다닐 것이다.

تَجَوَّلَتِ الْكِلَابُ الَّتِي أَطْلَقَ مُلَّاكُهَا سَرَاحَهَا فِي فِنَائِهِمْ.

주인이 풀어준 개들이 마당을 돌아다녔다.

تَحَدَّثَ

수동분사 اَلْمَفْعُولُ	능동분사 اَلْفَاعِلُ	동명사 اَلْمَصْدَرُ
مُتَحَدَّث	مُتَحَدِّث	تَحَدُّث

수동 اَلْمَجْهُولُ		능동 اَلْمَعْلُومُ			اَلضَّمَائِرُ 인칭 대명사	
اَلْمُضَارِعُ 미완료	اَلْمَاضِي 완료	اَلْأَمْرُ 명령	اَلْمُضَارِعُ 미완료	اَلْمَاضِي 완료		
			أَتَحَدَّثُ	تَحَدَّثْتُ	أَنَا	اَلْمُتَكَلِّمُ 1인칭
			نَتَحَدَّثُ	تَحَدَّثْنَا	نَحْنُ	
		تَحَدَّثْ	تَتَحَدَّثُ	تَحَدَّثْتَ	أَنْتَ	اَلْمُخَاطَبُ 2 남
		تَحَدَّثَا	تَتَحَدَّثَانِ	تَحَدَّثْتُمَا	أَنْتُمَا	
		تَحَدَّثُوا	تَتَحَدَّثُونَ	تَحَدَّثْتُمْ	أَنْتُمْ	
		تَحَدَّثِي	تَتَحَدَّثِينَ	تَحَدَّثْتِ	أَنْتِ	اَلْمُخَاطَبَةُ 2 여
		تَحَدَّثَا	تَتَحَدَّثَانِ	تَحَدَّثْتُمَا	أَنْتُمَا	
		تَحَدَّثْنَ	تَتَحَدَّثْنَ	تَحَدَّثْتُنَّ	أَنْتُنَّ	
يُتَحَدَّثُ	تُحُدِّثَ		يَتَحَدَّثُ	تَحَدَّثَ	هُوَ	اَلْغَائِبُ 3 남
			يَتَحَدَّثَانِ	تَحَدَّثَا	هُمَا	
			يَتَحَدَّثُونَ	تَحَدَّثُوا	هُمْ	
			تَتَحَدَّثُ	تَحَدَّثَتْ	هِيَ	اَلْغَائِبَةُ 3 여
			تَتَحَدَّثَانِ	تَحَدَّثَتَا	هُمَا	
			يَتَحَدَّثْنَ	تَحَدَّثْنَ	هُنَّ	

뜻풀이

- 누구에게(إلى) 무엇에 대해(عن 또는 ب 또는 في) 말하다
- 누구와(إلى 또는 مع) 무엇에 대해(عن 또는 ب 또는 في) 대화하다, 논의하다

예문

إِنَّهُ يَتَحَدَّثُ بِلُطْفٍ.

그는 정중하게 말한다.

كَثِيرًا مَا نَتَحَدَّثُ عَنِ السِّيَاسَةِ.

우리는 자주 정치에 대해 이야기한다.

عَلَيْكَ أَنْ تَتَحَدَّثَ إِلَيْهِ بِالْهَاتِفِ.

너는 그에게 전화로 말해야 한다.

عَلَيْنَا أَنْ نَتَحَدَّثَ إِلَيْهِمْ عَنْ مُشْكِلَتِنَا.

우리는 그들에게 우리의 문제에 대해 말해야만 한다.

يُمْكِنُنَا أَنْ نَتَحَدَّثَ إِلَى بَعْضِنَا الْبَعْضِ.

우리는 서로 대화를 할 수 있다.

تِلْكَ السَّيِّدَةُ الَّتِي تَجْلِسُ عَلَى كُرْسِيٍّ فِي الزَّاوِيَةِ تُرِيدُ أَنْ تَتَحَدَّثَ إِلَيْكَ.

모퉁이에서 의자에 앉아 있는 여성이 너와 이야기하고 싶어한다.

تَخَيَّرَ

اَلْمَفْعُولُ 수동분사	اَلْفَاعِلُ 능동분사	اَلْمَصْدَرُ 동명사
مُتَخَيَّر	مُتَخَيِّر	تَخَيُّر

اَلْمَجْهُولُ 수동		اَلْمَعْلُومُ 능동			اَلضَّمَائِرُ 인칭 대명사	
اَلْمُضَارِعُ 미완료	اَلْمَاضِي 완료	اَلْأَمْرُ 명령	اَلْمُضَارِعُ 미완료	اَلْمَاضِي 완료		
			أَتَخَيَّرُ	تَخَيَّرْتُ	أَنَا	اَلْمُتَكَلِّمُ 1인칭
			نَتَخَيَّرُ	تَخَيَّرْنَا	نَحْنُ	
		تَخَيَّرْ	تَتَخَيَّرُ	تَخَيَّرْتَ	أَنْتَ	اَلْمُخَاطَبُ 2 남
		تَخَيَّرَا	تَتَخَيَّرَانِ	تَخَيَّرْتُمَا	أَنْتُمَا	
		تَخَيَّرُوا	تَتَخَيَّرُونَ	تَخَيَّرْتُمْ	أَنْتُمْ	
		تَخَيَّرِي	تَتَخَيَّرِينَ	تَخَيَّرْتِ	أَنْتِ	اَلْمُخَاطَبَةُ 2 여
		تَخَيَّرَا	تَتَخَيَّرَانِ	تَخَيَّرْتُمَا	أَنْتُمَا	
		تَخَيَّرْنَ	تَتَخَيَّرْنَ	تَخَيَّرْتُنَّ	أَنْتُنَّ	
يُتَخَيَّرُ	تُخُيِّرَ		يَتَخَيَّرُ	تَخَيَّرَ	هُوَ	اَلْغَائِبُ 3 남
			يَتَخَيَّرَانِ	تَخَيَّرَا	هُمَا	
			يَتَخَيَّرُونَ	تَخَيَّرُوا	هُمْ	
			تَتَخَيَّرُ	تَخَيَّرَتْ	هِيَ	اَلْغَائِبَةُ 3 여
			تَتَخَيَّرَانِ	تَخَيَّرَتَا	هُمَا	
			يَتَخَيَّرْنَ	تَخَيَّرْنَ	هُنَّ	

뜻풀이

- (누구 또는 무엇을) 고르다, 선택하다, 선발하다

예문

عَلَيْكَ أَنْ تَتَخَيَّرَ أَحَدَهُمَا.

당신은 그들 두 명 중에서 한 명을 선발해야 한다.

تَخَيَّرْتُ أَفْضَلَ الْمَأْكُولَاتِ.

나는 최선의 음식을 골랐다.

أُرِيدُ أَنْ أَتَخَيَّرَ الطَّرِيقَ الْأَفْضَلَ.

나는 최선의 방법을 택하고 싶다.

أَنْتِ تَتَخَيَّرِينَ دَائِمًا كَلِمَاتٍ مُلَائِمَةً.

당신(여)은 언제나 적절한 단어들을 선택한다.

تَخَيَّرَ ثَقَافَةَ الْإِسْلَامِ بَدَلًا مِنَ التَّارِيخِ الْغَرْبِيِّ.

그는 서양사 대신에 이슬람 문화를 선택했다.

يَتَخَيَّرُ الْمُدَرِّبُ اللَّاعِبِينَ مِنْ بَيْنِ أَعْضَاءِ فَرِيقِهِ.

감독은 팀원들 중에서 선수들을 선발한다.

수동분사 اَلْمَفْعُولُ	능동분사 اَلْفَاعِلُ	동명사 اَلْمَصْدَرُ	تَذَكَّرَ
مُتَذَكَّر	مُتَذَكِّر	تَذَكُّر	

수동 اَلْمَجْهُولُ		능동 اَلْمَعْلُومُ			اَلضَّمَائِرُ 인칭 대명사	
اَلْمُضَارِعُ 미완료	اَلْمَاضِي 완료	اَلْأَمْرُ 명령	اَلْمُضَارِعُ 미완료	اَلْمَاضِي 완료		
			أَتَذَكَّرُ	تَذَكَّرْتُ	أَنَا	اَلْمُتَكَلِّمُ 1인칭
			نَتَذَكَّرُ	تَذَكَّرْنَا	نَحْنُ	
		تَذَكَّرْ	تَتَذَكَّرُ	تَذَكَّرْتَ	أَنْتَ	اَلْمُخَاطَبُ 2 남
		تَذَكَّرَا	تَتَذَكَّرَانِ	تَذَكَّرْتُمَا	أَنْتُمَا	
		تَذَكَّرُوا	تَتَذَكَّرُونَ	تَذَكَّرْتُمْ	أَنْتُمْ	
		تَذَكَّرِي	تَتَذَكَّرِينَ	تَذَكَّرْتِ	أَنْتِ	اَلْمُخَاطَبَةُ 2 여
		تَذَكَّرَا	تَتَذَكَّرَانِ	تَذَكَّرْتُمَا	أَنْتُمَا	
		تَذَكَّرْنَ	تَتَذَكَّرْنَ	تَذَكَّرْتُنَّ	أَنْتُنَّ	
يُتَذَكَّرُ	تُذُكِّرَ		يَتَذَكَّرُ	تَذَكَّرَ	هُوَ	اَلْغَائِبُ 3 남
			يَتَذَكَّرَانِ	تَذَكَّرَا	هُمَا	
			يَتَذَكَّرُونَ	تَذَكَّرُوا	هُمْ	
			تَتَذَكَّرُ	تَذَكَّرَتْ	هِيَ	اَلْغَائِبَةُ 3 여
			تَتَذَكَّرَانِ	تَذَكَّرَتَا	هُمَا	

뜻풀이

- (무엇을) 기억하다, 생각해내다, 머리에 떠올리다
- (무엇을) 명심하다, 유념하다, 기억해두다, 마음에 두다
- (여성이) 남성과 같은 성격이다

예문

تَذَكَّرَتِ الْمَرْأَةُ.

그 여성은 남성처럼 보인다.

تَذَكَّرَ أَيَّامَهُ الْمَاضِيَةَ.

그는 그의 지난 날들을 회상했다.

تَذَكَّرْتُ الْمَعْلُومَاتِ الَّتِي حَصَّلْتُهَا.

나는 수집했던 정보들을 생각해냈다.

تَذَكَّرَتْ مُقَابَلَتَهُ فِي الْقَاهِرَةِ قَبْلَ 3 سَنَوَاتٍ.

그녀는 3년 전에 카이로에서 그를 만났다는 것을 기억했다.

حَسْبَمَا تَذَكَّرَتْ، كَانَ صَوْتُهُ مُتَأَدِّبًا وَرَخِيمًا.

그녀가 기억하는 것에 따르면, 그의 목소리는 정중하고 부드러웠다.

لَا أَتَذَكَّرُ الرَّجُلَ الَّذِي اشْتَرَيْتُ مِنْهُ هَذِهِ السَّاعَةَ الْمُنَبِّهَةَ.

나는 내가 자명종을 구입한 남자를 기억하지 못한다.

تَرَاسَلَ

수동분사 اَلْمَفْعُولُ	능동분사 اَلْفَاعِلُ	동명사 اَلْمَصْدَرُ
مُتَرَاسَل	مُتَرَاسِل	تَرَاسُل

수동 اَلْمَجْهُولُ		능동 اَلْمَعْلُومُ			اَلضَّمَائِرُ 인칭 대명사	
اَلْمُضَارِعُ 미완료	اَلْمَاضِي 완료	اَلْأَمْرُ 명령	اَلْمُضَارِعُ 미완료	اَلْمَاضِي 완료		
			أَتَرَاسَلُ	تَرَاسَلْتُ	أَنَا	اَلْمُتَكَلِّمُ 1인칭
			نَتَرَاسَلُ	تَرَاسَلْنَا	نَحْنُ	
		تَرَاسَلْ	تَتَرَاسَلُ	تَرَاسَلْتَ	أَنْتَ	اَلْمُخَاطَبُ 2 남
		تَرَاسَلَا	تَتَرَاسَلَانِ	تَرَاسَلْتُمَا	أَنْتُمَا	
		تَرَاسَلُوا	تَتَرَاسَلُونَ	تَرَاسَلْتُمْ	أَنْتُمْ	
		تَرَاسَلِي	تَتَرَاسَلِينَ	تَرَاسَلْتِ	أَنْتِ	اَلْمُخَاطَبَةُ 2 여
		تَرَاسَلَا	تَتَرَاسَلَانِ	تَرَاسَلْتُمَا	أَنْتُمَا	
		تَرَاسَلْنَ	تَتَرَاسَلْنَ	تَرَاسَلْتُنَّ	أَنْتُنَّ	
يُتَرَاسَلُ	تُرُوسِلَ		يَتَرَاسَلُ	تَرَاسَلَ	هُوَ	اَلْغَائِبُ 3 남
			يَتَرَاسَلَانِ	تَرَاسَلَا	هُمَا	
			يَتَرَاسَلُونَ	تَرَاسَلُوا	هُمْ	
			تَتَرَاسَلُ	تَرَاسَلَتْ	هِيَ	اَلْغَائِبَةُ 3 여
			تَتَرَاسَلَانِ	تَرَاسَلَتَا	هُمَا	
			يَتَرَاسَلْنَ	تَرَاسَلْنَ	هُنَّ	

뜻풀이

- 서로 연락을 계속하다, 편지를 주고 받다
- 무엇을(بـ) 교환하다, 서로 주고 받다

예문

كَانَ عَلِيٌّ وَسُوزَان يَتَرَاسَلَانِ.

알리와 수잔은 서신을 주고 받았었다.

تَرَاسَلَ الشَّخْصَانِ بِالْخِطَابَاتِ.

그 두 사람은 서신을 교환했다.

يُحِبُّ أَنْ يَتَرَاسَلَ مَعَ الْأَصْدِقَاءِ.

그는 친구들과 서신을 주고 받는 것을 좋아한다.

لِمُدَّةِ سَنَتَيْنِ زَوْجُكِ تَرَاسَلَ مَعَهَا.

2년 동안 당신 남편은 그녀와 서로 연락을 계속했다.

يَرْغَبُ فِي أَنْ يَتَرَاسَلَ مَعَ صَدِيقٍ أَجْنَبِيٍّ.

그는 외국인 친구와 서로 연락하고 싶어한다.

تَرَاسَلَا مُدَّةً طَوِيلَةً ثُمَّ انْقَطَعَتِ الرَّسَائِلُ بَيْنَهُمَا.

둘은 오랜 기간 서신 왕래를 했다. 그리고 둘 사이에 서신이 끊겼다.

تَرْجَمَ	동명사 اَلْمَصْدَرُ	능동분사 اَلْفَاعِلُ	수동분사 اَلْمَفْعُولُ
	تَرْجَمَة	مُتَرْجِم	مُتَرْجَم

수동 اَلْمَجْهُولُ		능동 اَلْمَعْلُومُ			اَلضَّمَائِرُ 인칭 대명사	
اَلْمُضَارِعُ 미완료	اَلْمَاضِي 완료	اَلْأَمْرُ 명령	اَلْمُضَارِعُ 미완료	اَلْمَاضِي 완료		
			أُتَرْجِمُ	تَرْجَمْتُ	أَنَا	اَلْمُتَكَلِّمُ 1인칭
			نُتَرْجِمُ	تَرْجَمْنَا	نَحْنُ	
		تَرْجِمْ	تُتَرْجِمُ	تَرْجَمْتَ	أَنْتَ	اَلْمُخَاطَبُ 2 남
		تَرْجِمَا	تُتَرْجِمَانِ	تَرْجَمْتُمَا	أَنْتُمَا	
		تَرْجِمُوا	تُتَرْجِمُونَ	تَرْجَمْتُمْ	أَنْتُمْ	
		تَرْجِمِي	تُتَرْجِمِينَ	تَرْجَمْتِ	أَنْتِ	اَلْمُخَاطَبَةُ 2 여
		تَرْجِمَا	تُتَرْجِمَانِ	تَرْجَمْتُمَا	أَنْتُمَا	
		تَرْجِمْنَ	تُتَرْجِمْنَ	تَرْجَمْتُنَّ	أَنْتُنَّ	
يُتَرْجَمُ	تُرْجِمَ		يُتَرْجِمُ	تَرْجَمَ	هُوَ	اَلْغَائِبُ 3 남
			يُتَرْجِمَانِ	تَرْجَمَا	هُمَا	
			يُتَرْجِمُونَ	تَرْجَمُوا	هُمْ	
			تُتَرْجِمُ	تَرْجَمَتْ	هِيَ	اَلْغَائِبَةُ 3 여
			تُتَرْجِمَانِ	تَرْجَمَتَا	هُمَا	
			يُتَرْجِمْنَ	تَرْجَمْنَ	هُنَّ	

뜻풀이

- (무엇을) 한 언어에서(عن) 다른 언어로 (إلى) 옮기다, 번역하다, 통역하다
- (무엇을) 설명하다, 해석하다, 해설하다
- 누구의([목] 또는 ل) 전기를 쓰다

예문

تَرْجَمْتُ كَلَامَ أَبِي.

나는 아버지의 말씀을 헤아렸다.

تَرْجَمَتِ الْعَقْدَ إِلَى الْعَرَبِيَّةِ.

그녀는 계약서를 아랍어로 번역했다.

تَرْجَمَ الْمَقَالَةَ الْعَرَبِيَّةَ إِلَى الْكُورِيَّةِ.

그는 아랍어 기사를 한국어로 번역했다.

تَرْجَمَ الْكَاتِبُ الرَّئِيسَ "جَمَالُ عَبْدِ النَّاصِرِ".

그 작가는 "자말 압둘 나세르" 대통령의 전기를 썼다.

تُرْجِمَتِ الْقِصَّةُ إِلَى اللُّغَتَيْنِ الْإِنْجِلِيزِيَّةِ وَالْفَرَنْسِيَّةِ.

이 이야기는 영어와 프랑스어로 번역되었다.

تَرْجَمَ الْأُسْتَاذُ عَدَدًا كَبِيرًا مِنْ قِصَصِ الْكَاتِبِ الْفِلَسْطِينِيِّ إِلَى الْكُورِيَّةِ.

교수님은 팔레스타인 작가의 많은 소설을 한국어로 번역했다.

اَلْمَفْعُولُ 수동분사	اَلْفَاعِلُ 능동분사	اَلْمَصْدَرُ 동명사	تَرَكَ
مَتْرُوك	تَارِك	تَرْك	

اَلْمَجْهُولُ 수동		اَلْمَعْلُومُ 능동			اَلضَّمَائِرُ 인칭 대명사	
اَلْمُضَارِعُ 미완료	اَلْمَاضِي 완료	اَلْأَمْرُ 명령	اَلْمُضَارِعُ 미완료	اَلْمَاضِي 완료		
أُتْرَكُ	تُرِكْتُ		أَتْرُكُ	تَرَكْتُ	أَنَا	اَلْمُتَكَلِّمُ 1인칭
نُتْرَكُ	تُرِكْنَا		نَتْرُكُ	تَرَكْنَا	نَحْنُ	
تُتْرَكُ	تُرِكْتَ	أُتْرُكْ	تَتْرُكُ	تَرَكْتَ	أَنْتَ	اَلْمُخَاطَبُ 2남
تُتْرَكَانِ	تُرِكْتُمَا	أُتْرُكَا	تَتْرُكَانِ	تَرَكْتُمَا	أَنْتُمَا	
تُتْرَكُونَ	تُرِكْتُمْ	أُتْرُكُوا	تَتْرُكُونَ	تَرَكْتُمْ	أَنْتُمْ	
تُتْرَكِينَ	تُرِكْتِ	أُتْرُكِي	تَتْرُكِينَ	تَرَكْتِ	أَنْتِ	اَلْمُخَاطَبَةُ 2여
تُتْرَكَانِ	تُرِكْتُمَا	أُتْرُكَا	تَتْرُكَانِ	تَرَكْتُمَا	أَنْتُمَا	
تُتْرَكْنَ	تُرِكْتُنَّ	أُتْرُكْنَ	تَتْرُكْنَ	تَرَكْتُنَّ	أَنْتُنَّ	
يُتْرَكُ	تُرِكَ		يَتْرُكُ	تَرَكَ	هُوَ	اَلْغَائِبُ 3남
يُتْرَكَانِ	تُرِكَا		يَتْرُكَانِ	تَرَكَا	هُمَا	
يُتْرَكُونَ	تُرِكُوا		يَتْرُكُونَ	تَرَكُوا	هُمْ	
تُتْرَكُ	تُرِكَتْ		تَتْرُكُ	تَرَكَتْ	هِيَ	اَلْغَائِبَةُ 3여
تُتْرَكَانِ	تُرِكَتَا		تَتْرُكَانِ	تَرَكَتَا	هُمَا	
يُتْرَكْنَ	تُرِكْنَ		يَتْرُكْنَ	تَرَكْنَ	هُنَّ	

뜻풀이

- (무엇을) 버리다, 포기하다, 그만두다
- (무엇을) 자제하다, 삼가다, 피하다
- (사람 또는 장소를) 버리다, 두고 떠나다
- (무엇을) 빠뜨리다, 빼먹다, 건너뛰다, 잊다, 간과하다
- (무엇을) 누구에게(إلى 또는 لـ) 맡기다, 넘기다
- (무엇을) 누구에게(لـ) 유산으로 물려주다, 남기다

예문

تَرَكَهَا تَفْعَلُ هَكَذَا.

그는 그녀가 이렇게 행동하도록 내버려 둔다.

تَرَكَ الصُّنْدُوقَ فِي مَكَانِهِ.

그는 상자를 제자리에 두었다.

أَيْنَ تَرَكْتُ الْمِحْفَظَةَ وَالْحَقَائِبَ؟

내가 지갑과 가방을 어디에 두었나요?

نَصَحَ الطَّبِيبُ أَبِي أَنْ يَتْرُكَ التَّدْخِينَ.

의사는 나의 아버지에게 금연하라고 충고했다.

مُنْذُ أَنْ تَرَكْتُ الْمَدْرَسَةَ نَسِيتُ قَوَاعِدَ الْحِسَابِ.

학교를 떠난 후로 나는 계산 공식들을 잊어 버렸다.

إِنَّهُمْ يَتْرُكُونَ بَعْضَ الْوَقْتِ لِهِوَايَاتِهِمْ وَاهْتِمَامَاتِهِمْ.

그들은 자신들의 취미나 관심사를 위해 시간을 남겨 둔다.

수동분사 اَلْمَفْعُولُ	능동분사 اَلْفَاعِلُ	동명사 اَلْمَصْدَرُ	تَزَوَّجَ
مُتَزَوَّج	مُتَزَوِّج	تَزَوُّج	

수동 اَلْمَجْهُولُ		능동 اَلْمَعْلُومُ			اَلضَّمَائِرُ 인칭 대명사	
اَلْمُضَارِعُ 미완료	اَلْمَاضِي 완료	اَلْأَمْرُ 명령	اَلْمُضَارِعُ 미완료	اَلْمَاضِي 완료		
			أَتَزَوَّجُ	تَزَوَّجْتُ	أَنَا	اَلْمُتَكَلِّمُ 1인칭
			نَتَزَوَّجُ	تَزَوَّجْنَا	نَحْنُ	
		تَزَوَّجْ	تَتَزَوَّجُ	تَزَوَّجْتَ	أَنْتَ	اَلْمُخَاطَبُ 2 남
		تَزَوَّجَا	تَتَزَوَّجَانِ	تَزَوَّجْتُمَا	أَنْتُمَا	
		تَزَوَّجُوا	تَتَزَوَّجُونَ	تَزَوَّجْتُمْ	أَنْتُمْ	
		تَزَوَّجِي	تَتَزَوَّجِينَ	تَزَوَّجْتِ	أَنْتِ	اَلْمُخَاطَبَةُ 2 여
		تَزَوَّجَا	تَتَزَوَّجَانِ	تَزَوَّجْتُمَا	أَنْتُمَا	
		تَزَوَّجْنَ	تَتَزَوَّجْنَ	تَزَوَّجْتُنَّ	أَنْتُنَّ	
يُتَزَوَّجُ	تُزُوِّجَ		يَتَزَوَّجُ	تَزَوَّجَ	هُوَ	اَلْغَائِبُ 3 남
			يَتَزَوَّجَانِ	تَزَوَّجَا	هُمَا	
			يَتَزَوَّجُونَ	تَزَوَّجُوا	هُمْ	
			تَتَزَوَّجُ	تَزَوَّجَتْ	هِيَ	اَلْغَائِبَةُ 3 여
			تَتَزَوَّجَانِ	تَزَوَّجَتَا	هُمَا	
			يَتَزَوَّجْنَ	تَزَوَّجْنَ	هُنَّ	

뜻풀이

- 누구와([목] 또는 على 또는 ب 또는 من) 결혼하다

예문

يُقَالُ إِنَّهُ سَيَتَزَوَّجُ ثَانِيَةً.

그가 재혼을 할 것이라고 한다.

هَلْ تُرِيدُ (هِيَ) أَنْ تَتَزَوَّجَ؟

그녀는 결혼하길 원합니까?

اَلْفَتَاةُ الَّتِي سَيَتَزَوَّجُهَا أُرْدُنِيَّةٌ.

그가 결혼할 여성은 요르단인이다.

لَوْ تَزَوَّجْتُ رَامِيَ، لَكُنْتُ سَعِيدَةً.

내가 라미와 결혼했다면 나는 행복했을 것이다.

مُهَنَّدٌ يَأْمَلُ أَنْ يَتَزَوَّجَ فَتَاةً غَنِيَّةً.

무한낫은 부자 아가씨와 결혼하기를 희망한다.

كَلَّا، إِنَّهَا صَغِيرَةٌ جِدًّا لِأَنْ تَتَزَوَّجَ.

천만에요, 그녀는 결혼하기에는 정말 어려요.

تَصَرَّفَ

اَلْمَفْعُولُ 수동분사	اَلْفَاعِلُ 능동분사	اَلْمَصْدَرُ 동명사
مُتَصَرَّف	مُتَصَرِّف	تَصَرُّف

اَلْمَجْهُولُ 수동		اَلْمَعْلُومُ 능동			اَلضَّمَائِرُ 인칭 대명사	
اَلْمُضَارِعُ 미완료	اَلْمَاضِي 완료	اَلْأَمْرُ 명령	اَلْمُضَارِعُ 미완료	اَلْمَاضِي 완료		
			أَتَصَرَّفُ	تَصَرَّفْتُ	أَنَا	اَلْمُتَكَلِّمُ 1인칭
			نَتَصَرَّفُ	تَصَرَّفْنَا	نَحْنُ	
		تَصَرَّفْ	تَتَصَرَّفُ	تَصَرَّفْتَ	أَنْتَ	اَلْمُخَاطَبُ 2 남
		تَصَرَّفَا	تَتَصَرَّفَانِ	تَصَرَّفْتُمَا	أَنْتُمَا	
		تَصَرَّفُوا	تَتَصَرَّفُونَ	تَصَرَّفْتُمْ	أَنْتُمْ	
		تَصَرَّفِي	تَتَصَرَّفِينَ	تَصَرَّفْتِ	أَنْتِ	اَلْمُخَاطَبَةُ 2 여
		تَصَرَّفَا	تَتَصَرَّفَانِ	تَصَرَّفْتُمَا	أَنْتُمَا	
		تَصَرَّفْنَ	تَتَصَرَّفْنَ	تَصَرَّفْتُنَّ	أَنْتُنَّ	
يُتَصَرَّفُ	تُصُرِّفَ		يَتَصَرَّفُ	تَصَرَّفَ	هُوَ	اَلْغَائِبُ 3 남
			يَتَصَرَّفَانِ	تَصَرَّفَا	هُمَا	
			يَتَصَرَّفُونَ	تَصَرَّفُوا	هُمْ	
			تَتَصَرَّفُ	تَصَرَّفَتْ	هِيَ	اَلْغَائِبَةُ 3 여
			تَتَصَرَّفَانِ	تَصَرَّفَتَا	هُمَا	
			يَتَصَرَّفْنَ	تَصَرَّفْنَ	هُنَّ	

뜻풀이

- 독자적으로 행동하다
- 무엇을(فِي) 자유롭게 처분하다, 매각할 권리가 있다
- 무엇을(فِي) 마음대로 관리하다, 뜻대로 운영하다
- (어떤 방식으로) 처신하다, 행동하다
- (콥트 기독교에서) 성직자의 직무를 이행하다
- <문법> (단어가) 굴절되다, 활용되다
- 파생되다

예문

تَصَرَّفَ تَصَرُّفًا كَيْفِيًّا فِي

무엇을 독단적으로 진행하다

هَلْ تَعْرِفُ كَيْفَ تَتَصَرَّفُ؟

당신은 어떻게 행동해야 하는지 아나요?

هَلْ أَخْبَرْتَ أَخَاكَ كَيْفَ يَتَصَرَّفُ؟

당신은 남동생에게 어떻게 행동해야 하는지 알려주었나요?

تَعَالْ وَاجْلِسْ. تَصَرَّفْ عَلَى رَاحَتِكَ.

들어와서 앉아라. 편하게 행동해라.

عَلَّمَتْ أَطْفَالَهَا كَيْفَ يَنْبَغِي أَنْ يَتَصَرَّفُوا.

그녀는 자녀들에게 어떻게 행동해야 하는지 가르쳤다.

هَانِي يَتَصَرَّفُ بِأَدَبٍ وَلَكِنَّ فَادِي يَتَصَرَّفُ بِفَظَاظَةٍ.

하니는 예의바르게 행동하지만, 파디는 무례하게 행동한다.

تَطَلَّبَ

اَلْمَصْدَرُ 동명사	اَلْفَاعِلُ 능동분사	اَلْمَفْعُولُ 수동분사
تَطَلُّب	مُتَطَلِّب	مُتَطَلَّب

اَلضَّمَائِرُ 인칭 대명사		اَلْمَعْلُومُ 능동			اَلْمَجْهُولُ 수동	
		اَلْمَاضِي 완료	اَلْمُضَارِعُ 미완료	اَلْأَمْرُ 명령	اَلْمَاضِي 완료	اَلْمُضَارِعُ 미완료
اَلْمُتَكَلِّمُ 1인칭	أَنَا	تَطَلَّبْتُ	أَتَطَلَّبُ			
	نَحْنُ	تَطَلَّبْنَا	نَتَطَلَّبُ			
اَلْمُخَاطَبُ 2 남	أَنْتَ	تَطَلَّبْتَ	تَتَطَلَّبُ	تَطَلَّبْ		
	أَنْتُمَا	تَطَلَّبْتُمَا	تَتَطَلَّبَانِ	تَطَلَّبَا		
	أَنْتُمْ	تَطَلَّبْتُمْ	تَتَطَلَّبُونَ	تَطَلَّبُوا		
اَلْمُخَاطَبَةُ 2 여	أَنْتِ	تَطَلَّبْتِ	تَتَطَلَّبِينَ	تَطَلَّبِي		
	أَنْتُمَا	تَطَلَّبْتُمَا	تَتَطَلَّبَانِ	تَطَلَّبَا		
	أَنْتُنَّ	تَطَلَّبْتُنَّ	تَتَطَلَّبْنَ	تَطَلَّبْنَ		
اَلْغَائِبُ 3 남	هُوَ	تَطَلَّبَ	يَتَطَلَّبُ		تُطُلِّبَ	يُتَطَلَّبُ
	هُمَا	تَطَلَّبَا	يَتَطَلَّبَانِ			
	هُمْ	تَطَلَّبُوا	يَتَطَلَّبُونَ			
اَلْغَائِبَةُ 3 여	هِيَ	تَطَلَّبَتْ	تَتَطَلَّبُ			
	هُمَا	تَطَلَّبَتَا	تَتَطَلَّبَانِ			
	هُنَّ	تَطَلَّبْنَ	يَتَطَلَّبْنَ			

뜻풀이

• (무엇을) 필요로 하다, 요구하다

예문

نَجَاحُكَ يَتَطَلَّبُ مَجْهُودًا كَبِيرًا.

너의 성공은 많은 노력이 필요하다.

اَلْوَظِيفَةُ تَتَطَلَّبُ تَدْرِيبًا فَنِّيًّا مُنَاسِبًا.

이 직업은 적절한 기술 훈련을 필요로 한다.

هَذِهِ الْوَظِيفَةُ تَتَطَلَّبُ مَهَارَاتٍ خَاصَّةً.

그 직업은 특별한 재능을 요구한다.

اَلتِّكْنُولُوجِيَا الْمُتَقَدِّمَةُ تَتَطَلَّبُ اسْتِثْمَارًا ضَخْمًا.

첨단 기술은 막대한 투자를 필요로 한다.

يَتَطَلَّبُ السَّفَرُ بِالدَّرَجَةِ الْأُولَى تَسْدِيدَ رُسُومٍ إِضَافِيَّةٍ.

일등석으로 여행하려면 추가 요금 지불이 요구된다.

تَقْلِيلُ الظُّلْمِ يَتَطَلَّبُ دَائِمًا إِعَادَةَ تَوْزِيعِ الثَّرْوَةِ بَيْنَ الْأَغْنِيَاءِ وَالْفُقَرَاءِ.

불평등을 줄이는 것은 언제나 빈부간 부의 재분배를 요구한다.

수동분사 اَلْمَفْعُولُ	능동분사 اَلْفَاعِلُ	동명사 اَلْمَصْدَرُ	تَطَوَّرَ
مُتَطَوَّر	مُتَطَوِّر	تَطَوُّر	

수동 اَلْمَجْهُولُ		능동 اَلْمَعْلُومُ			اَلضَّمَائِرُ 인칭 대명사	
اَلْمُضَارِعُ 미완료	اَلْمَاضِي 완료	اَلْأَمْرُ 명령	اَلْمُضَارِعُ 미완료	اَلْمَاضِي 완료		
			أَتَطَوَّرُ	تَطَوَّرْتُ	أَنَا	اَلْمُتَكَلِّمُ 1인칭
			نَتَطَوَّرُ	تَطَوَّرْنَا	نَحْنُ	
		تَطَوَّرْ	تَتَطَوَّرُ	تَطَوَّرْتَ	أَنْتَ	اَلْمُخَاطَبُ 2 남
		تَطَوَّرَا	تَتَطَوَّرَانِ	تَطَوَّرْتُمَا	أَنْتُمَا	
		تَطَوَّرُوا	تَتَطَوَّرُونَ	تَطَوَّرْتُمْ	أَنْتُمْ	
		تَطَوَّرِي	تَتَطَوَّرِينَ	تَطَوَّرْتِ	أَنْتِ	اَلْمُخَاطَبَةُ 2 여
		تَطَوَّرَا	تَتَطَوَّرَانِ	تَطَوَّرْتُمَا	أَنْتُمَا	
		تَطَوَّرْنَ	تَتَطَوَّرْنَ	تَطَوَّرْتُنَّ	أَنْتُنَّ	
يُتَطَوَّرُ	تُطُوِّرَ		يَتَطَوَّرُ	تَطَوَّرَ	هُوَ	اَلْغَائِبُ 3 남
			يَتَطَوَّرَانِ	تَطَوَّرَا	هُمَا	
			يَتَطَوَّرُونَ	تَطَوَّرُوا	هُمْ	
			تَتَطَوَّرُ	تَطَوَّرَتْ	هِيَ	اَلْغَائِبَةُ 3 여
			تَتَطَوَّرَانِ	تَطَوَّرَتَا	هُمَا	
			يَتَطَوَّرْنَ	تَطَوَّرْنَ	هُنَّ	

뜻풀이

- 발전하다, 진화하다
- 변하다, 달라지다
- (자동차) 경주하다

예문

تَطَوَّرَ مَرَضُهُ بِمُرُورِ الْوَقْتِ.

시간이 경과하면서 그의 병세는 악화되었다.

تَطَوَّرَ أَخِي الصَّغِيرُ فِي دِرَاسَتِهِ.

나의 동생은 학년이 올라갔다.

يَتَطَوَّرُ الْمُجْتَمَعُ فِي شَتَّى الْمَجَالَاتِ.

사회는 모든 분야에서 변하고 있다.

تَتَطَوَّرُ الْأَنْمَاطُ السُّلُوكِيَّةُ فِي الْمَنْزِلِ وَالْعَمَلِ.

행동 패턴이 가정과 직장에서 변하고 있다.

تَطَوَّرَتِ الصِّنَاعَاتُ الْحَدِيثَةُ تَطَوُّرًا مَلْحُوظًا.

현대 산업은 괄목할 만한 발전을 이루었다.

تَطَوَّرَ الْمَفْهُومُ بِمُرُورِ الْوَقْتِ وَلَا يَزَالُ يَتَطَوَّرُ.

그 개념은 시간이 흐르면서 발전했고 여전히 발전하고 있다.

اَلْمَفْعُولُ 수동분사	اَلْفَاعِلُ 능동분사	اَلْمَصْدَرُ 동명사	تَعَاوَنَ
مُتَعَاوَن	مُتَعَاوِن	تَعَاوُن	

اَلْمَجْهُولُ 수동		اَلْمَعْلُومُ 능동			اَلضَّمَائِرُ 인칭 대명사	
اَلْمُضَارِعُ 미완료	اَلْمَاضِي 완료	اَلْأَمْرُ 명령	اَلْمُضَارِعُ 미완료	اَلْمَاضِي 완료		
			أَتَعَاوَنُ	تَعَاوَنْتُ	أَنَا	اَلْمُتَكَلِّمُ 1인칭
			نَتَعَاوَنُ	تَعَاوَنَّا	نَحْنُ	
		تَعَاوَنْ	تَتَعَاوَنُ	تَعَاوَنْتَ	أَنْتَ	اَلْمُخَاطَبُ 2 남
		تَعَاوَنَا	تَتَعَاوَنَانِ	تَعَاوَنْتُمَا	أَنْتُمَا	
		تَعَاوَنُوا	تَتَعَاوَنُونَ	تَعَاوَنْتُمْ	أَنْتُمْ	
		تَعَاوَنِي	تَتَعَاوَنِينَ	تَعَاوَنْتِ	أَنْتِ	اَلْمُخَاطَبَةُ 2 여
		تَعَاوَنَا	تَتَعَاوَنَانِ	تَعَاوَنْتُمَا	أَنْتُمَا	
		تَعَاوَنَّ	تَتَعَاوَنَّ	تَعَاوَنْتُنَّ	أَنْتُنَّ	
يُتَعَاوَنُ	تُعُووِنَ		يَتَعَاوَنُ	تَعَاوَنَ	هُوَ	اَلْغَائِبُ 3 남
			يَتَعَاوَنَانِ	تَعَاوَنَا	هُمَا	
			يَتَعَاوَنُونَ	تَعَاوَنُوا	هُمْ	
			تَتَعَاوَنُ	تَعَاوَنَتْ	هِيَ	اَلْغَائِبَةُ 3 여
			تَتَعَاوَنَانِ	تَعَاوَنَتَا	هُمَا	
			يَتَعَاوَنَّ	تَعَاوَنَّ	هُنَّ	

뜻풀이

• 서로 돕다, 서로 지지하다

예문

يَتَعَاوَنُ الْجِيرَانُ فِي حَارَتِنَا.

우리 동네 이웃들은 서로 돕는다.

يَجِبُ أَنْ نكُونَ مُسْتَعِدِّينَ إِذَا لَمْ يَتَعَاوَنْ مَعَنَا.

그가 우리와 협력하지 않는다면 우리는 준비해야만 한다.

سَوْفَ تَتَعَاوَنُ كُورِيَا الْجَنُوبِيَّةُ مَعَ الْبُلْدَانِ النَّامِيَةِ.

한국은 개도국들과 협력할 것이다.

يَتَعَاوَنُ الطَّرْفَانِ فِي حِفْظِ وَرِعَايَةِ التُّرَاثِ الثَّقَافِيِّ.

양측은 문화유산 보존과 관리에 서로 협력한다.

شَكَرَتِ الشُّرْطَةُ عَامَّةَ النَّاسِ الَّذِينَ تَعَاوَنُوا مَعَهَا.

경찰은 자신들과 협력했던 사람들에게 감사했다.

لَقَدْ تَعَاوَنُوا مَعَ النَّازِيِّينَ فِي الْحَرْبِ الْعَالَمِيَّةِ الثَّانِيَةِ.

2차 세계 대전에서 그들은 나치와 협력했다.

تَعِبَ

수동분사 اَلْمَفْعُولُ	능동분사 اَلْفَاعِلُ	동명사 اَلْمَصْدَرُ
مَتْعُوب	تَاعِب	تَعَب

수동 اَلْمَجْهُولُ		능동 اَلْمَعْلُومُ			اَلضَّمَائِرُ 인칭 대명사	
اَلْمُضَارِعُ 미완료	اَلْمَاضِي 완료	اَلْأَمْرُ 명령	اَلْمُضَارِعُ 미완료	اَلْمَاضِي 완료		
أُتْعَبُ	تُعِبْتُ		أَتْعَبُ	تَعِبْتُ	أَنَا	اَلْمُتَكَلِّمُ 1인칭
نُتْعَبُ	تُعِبْنَا		نَتْعَبُ	تَعِبْنَا	نَحْنُ	
تُتْعَبُ	تُعِبْتَ	اِتْعَبْ	تَتْعَبُ	تَعِبْتَ	أَنْتَ	اَلْمُخَاطَبُ 2 남
تُتْعَبَانِ	تُعِبْتُمَا	اِتْعَبَا	تَتْعَبَانِ	تَعِبْتُمَا	أَنْتُمَا	
تُتْعَبُونَ	تُعِبْتُمْ	اِتْعَبُوا	تَتْعَبُونَ	تَعِبْتُمْ	أَنْتُمْ	
تُتْعَبِينَ	تُعِبْتِ	اِتْعَبِي	تَتْعَبِينَ	تَعِبْتِ	أَنْتِ	اَلْمُخَاطَبَةُ 2 여
تُتْعَبَانِ	تُعِبْتُمَا	اِتْعَبَا	تَتْعَبَانِ	تَعِبْتُمَا	أَنْتُمَا	
تُتْعَبْنَ	تُعِبْتُنَّ	اِتْعَبْنَ	تَتْعَبْنَ	تَعِبْتُنَّ	أَنْتُنَّ	
يُتْعَبُ	تُعِبَ		يَتْعَبُ	تَعِبَ	هُوَ	اَلْغَائِبُ 3 남
يُتْعَبَانِ	تُعِبَا		يَتْعَبَانِ	تَعِبَا	هُمَا	
يُتْعَبُونَ	تُعِبُوا		يَتْعَبُونَ	تَعِبُوا	هُمْ	
تُتْعَبُ	تُعِبَتْ		تَتْعَبُ	تَعِبَتْ	هِيَ	اَلْغَائِبَةُ 3 여
تُتْعَبَانِ	تُعِبَتَا		تَتْعَبَانِ	تَعِبَتَا	هُمَا	
يُتْعَبْنَ	تُعِبْنَ		يَتْعَبْنَ	تَعِبْنَ	هُنَّ	

뜻풀이

- 열심히 일하다, 고된 일을 계속 하다
- 무엇에(مِن) 지치다, 싫증나다, 진절머리 가 나다

예문

تَعِبْنَا بَعْدَ أَنْ مَشَيْنَا سَاعَتَيْنِ.

우리는 두 시간을 걸은 후에 지쳤다.

هَلِ الْأَطْفَالُ يَتْعَبُونَ بَعْدَ اللُّعْبَةِ؟

아이들이 놀이 후에 피곤해 하나요?

أَلَمْ تَتْعَبْ فِي الْوُصُولِ إِلَى هُنَا؟

너는 여기까지 오는 데 힘들지 않았니?

تَحْتَ هَذِهِ الظُّرُوفِ مَنْ لَا يَتْعَبُ مِنَ الْحَيَاةِ؟

이런 상황 아래에서 누가 삶에 지치지 않겠는가?

عَمِلَ فِي الْحَدِيقَةِ لِمُدَّةِ ثَلَاثِ سَاعَاتٍ دُونَ أَنْ يَتْعَبَ.

그는 피곤함을 느끼지 않고 3시간 동안 정원에서 일했다.

يَوْمًا مَا سَتَتْعَبِينَ مِنَ الْعَيْشِ وَحْدَكِ فِي هَذَا الْبَيْتِ الْكَبِيرِ.

어느 날 너(여)는 이 큰 집에 혼자 사는 것이 싫증날 것이다.

تَعَجَّبَ

수동분사 اَلْمَفْعُولُ	능동분사 اَلْفَاعِلُ	동명사 اَلْمَصْدَرُ
مُتَعَجَّب	مُتَعَجِّب	تَعَجُّب

수동 اَلْمَجْهُولُ		능동 اَلْمَعْلُومُ			اَلضَّمَائِرُ 인칭 대명사	
اَلْمُضَارِعُ 미완료	اَلْمَاضِي 완료	اَلْأَمْرُ 명령	اَلْمُضَارِعُ 미완료	اَلْمَاضِي 완료		
			أَتَعَجَّبُ	تَعَجَّبْتُ	أَنَا	اَلْمُتَكَلِّمُ 1인칭
			نَتَعَجَّبُ	تَعَجَّبْنَا	نَحْنُ	
		تَعَجَّبْ	تَتَعَجَّبُ	تَعَجَّبْتَ	أَنْتَ	اَلْمُخَاطَبُ 2 남
		تَعَجَّبَا	تَتَعَجَّبَانِ	تَعَجَّبْتُمَا	أَنْتُمَا	
		تَعَجَّبُوا	تَتَعَجَّبُونَ	تَعَجَّبْتُمْ	أَنْتُمْ	
		تَعَجَّبِي	تَتَعَجَّبِينَ	تَعَجَّبْتِ	أَنْتِ	اَلْمُخَاطَبَةُ 2 여
		تَعَجَّبَا	تَتَعَجَّبَانِ	تَعَجَّبْتُمَا	أَنْتُمَا	
		تَعَجَّبْنَ	تَتَعَجَّبْنَ	تَعَجَّبْتُنَّ	أَنْتُنَّ	
يُتَعَجَّبُ	تُعُجِّبَ		يَتَعَجَّبُ	تَعَجَّبَ	هُوَ	اَلْغَائِبُ 3 남
			يَتَعَجَّبَانِ	تَعَجَّبَا	هُمَا	
			يَتَعَجَّبُونَ	تَعَجَّبُوا	هُمْ	
			تَتَعَجَّبُ	تَعَجَّبَتْ	هِيَ	اَلْغَائِبَةُ 3 여
			تَتَعَجَّبَانِ	تَعَجَّبَتَا	هُمَا	
			يَتَعَجَّبْنَ	تَعَجَّبْنَ	هُنَّ	

뜻풀이

- 무엇에(مِن) 감동하다, 놀라다, 감탄하다

예문

تَعَجَّبَ مِنْ تَصَرُّفِ صَدِيقِهِ.

그는 그의 친구의 행동에 감동했다.

تَعَجَّبَ الزَّائِرُ لِمَا رَأَى هُنَا.

방문객은 여기서 본 것에 놀랐다.

أَعْرِفُ أَنَّكَ تَتَعَجَّبُ الْآنَ لِمَاذَا أَنَا هُنَا.

내가 여기 있어서 당신이 지금 놀랐다는 것을 나는 알고 있다.

تَعَجَّبْتُ لِأَنَّ أَحَدًا لَمْ يَرْغَبْ فِي فَحْصِ حَقَائِبِي.

아무도 내 가방을 검사하려고 하지 않아서 나는 놀랐다.

بَعْدَ وُصُولِهِ إِلَى لَنْدَن، تَعَجَّبَ عِنْدَمَا لَمْ يَجِدْ صَدِيقَهُ.

그가 런던에 도착한 후에, 그는 친구를 찾을 수 없어 놀랐다.

تَعَجَّبْتُ مِنْ أَنَّ آلَةً صَغِيرَةً يُمْكِنُ أَنْ تَحْتَفِظُ بِكُلِّ الْمَعْلُومَاتِ.

나는 작은 기계가 이 모든 정보를 저장할 수 있다는 것에 놀랐다.

수동분사 اَلْمَفْعُولُ	능동분사 اَلْفَاعِلُ	동명사 اَلْمَصْدَرُ	تَعَشَّى
مُتَعَشًّى	مُتَعَشٍّ	تَعَشٍّ	

수동 اَلْمَجْهُولُ		능동 اَلْمَعْلُومُ			اَلضَّمَائِرُ 인칭 대명사	
اَلْمُضَارِعُ 미완료	اَلْمَاضِي 완료	اَلْأَمْرُ 명령	اَلْمُضَارِعُ 미완료	اَلْمَاضِي 완료		
			أَتَعَشَّى	تَعَشَّيْتُ	أَنَا	اَلْمُتَكَلِّمُ 1인칭
			نَتَعَشَّى	تَعَشَّيْنَا	نَحْنُ	
		تَعَشَّ	تَتَعَشَّى	تَعَشَّيْتَ	أَنْتَ	اَلْمُخَاطَبُ 2 남
		تَعَشَّيَا	تَتَعَشَّيَانِ	تَعَشَّيْتُمَا	أَنْتُمَا	
		تَعَشَّوْا	تَتَعَشَّوْنَ	تَعَشَّيْتُمْ	أَنْتُمْ	
		تَعَشَّيْ	تَتَعَشَّيْنَ	تَعَشَّيْتِ	أَنْتِ	اَلْمُخَاطَبَةُ 2 여
		تَعَشَّيَا	تَتَعَشَّيَانِ	تَعَشَّيْتُمَا	أَنْتُمَا	
		تَعَشَّيْنَ	تَتَعَشَّيْنَ	تَعَشَّيْتُنَّ	أَنْتُنَّ	
يُتَعَشَّى	تُعُشِّيَ		يَتَعَشَّى	تَعَشَّى	هُوَ	اَلْغَائِبُ 3 남
			يَتَعَشَّيَانِ	تَعَشَّيَا	هُمَا	
			يَتَعَشَّوْنَ	تَعَشَّوْا	هُمْ	
			تَتَعَشَّى	تَعَشَّتْ	هِيَ	اَلْغَائِبَةُ 3 여
			تَتَعَشَّيَانِ	تَعَشَّتَا	هُمَا	
			يَتَعَشَّيْنَ	تَعَشَّيْنَ	هُنَّ	

뜻풀이

- 저녁밥을 먹다, 저녁식사를 하다

예문

إِنَّهُ يَتَعَشَّى الْآنَ مَعَ عَائِلَتِي.

그는 지금 나의 가족들과 저녁식사를 한다.

تَتَعَشَّى بِالْخَارِجِ مَعَ صَدِيقِي.

그녀는 밖에서 나의 친구와 저녁을 먹고 있다.

أَغْسِلُ يَدَيَّ دَائِمًا قَبْلَ أَنْ أَتَعَشَّى.

나는 저녁식사 전에 항상 두 손을 씻는다.

لِمَاذَا لَا تَتَعَشَّى مَعِي هَذَا الْمَسَاءَ؟

왜 너는 오늘 저녁에 나와 저녁을 먹지 않는 거니?

تَعَشَّى رَئِيسُ كُورِيَا فِي هَذَا الْمَطْعَمِ.

한국의 대통령이 이 식당에서 저녁 식사를 했다.

تَعَشَّى الضَّيْفُ الَّذِي زَارَ وَالِدِي أَمْسِ.

어제 나의 아버지를 찾아왔던 그 손님은 저녁 식사를 했다.

تَعَلَّمَ	اَلْمَصْدَرُ 동명사	اَلْفَاعِلُ 능동분사	اَلْمَفْعُولُ 수동분사
	تَعَلُّم	مُتَعَلِّم	مُتَعَلَّم

اَلضَّمَائِرُ 인칭 대명사		اَلْمَعْلُومُ 능동 اَلْمَاضِي 완료	اَلْمُضَارِعُ 미완료	اَلْأَمْرُ 명령	اَلْمَجْهُولُ 수동 اَلْمَاضِي 완료	اَلْمُضَارِعُ 미완료
اَلْمُتَكَلِّمُ 1인칭	أَنَا	تَعَلَّمْتُ	أَتَعَلَّمُ			
	نَحْنُ	تَعَلَّمْنَا	نَتَعَلَّمُ			
اَلْمُخَاطَبُ 2 남	أَنْتَ	تَعَلَّمْتَ	تَتَعَلَّمُ	تَعَلَّمْ		
	أَنْتُمَا	تَعَلَّمْتُمَا	تَتَعَلَّمَانِ	تَعَلَّمَا		
	أَنْتُمْ	تَعَلَّمْتُمْ	تَتَعَلَّمُونَ	تَعَلَّمُوا		
اَلْمُخَاطَبَةُ 2 여	أَنْتِ	تَعَلَّمْتِ	تَتَعَلَّمِينَ	تَعَلَّمِي		
	أَنْتُمَا	تَعَلَّمْتُمَا	تَتَعَلَّمَانِ	تَعَلَّمَا		
	أَنْتُنَّ	تَعَلَّمْتُنَّ	تَتَعَلَّمْنَ	تَعَلَّمْنَ		
اَلْغَائِبُ 3 남	هُوَ	تَعَلَّمَ	يَتَعَلَّمُ		تُعُلِّمَ	يُتَعَلَّمُ
	هُمَا	تَعَلَّمَا	يَتَعَلَّمَانِ			
	هُمْ	تَعَلَّمُوا	يَتَعَلَّمُونَ			
اَلْغَائِبَةُ 3 여	هِيَ	تَعَلَّمَتْ	تَتَعَلَّمُ			
	هُمَا	تَعَلَّمَتَا	تَتَعَلَّمَانِ			
	هُنَّ	تَعَلَّمْنَ	يَتَعَلَّمْنَ			

뜻풀이

- (무엇을) 배우다, 공부하다
- (무엇을) 알다, 알고 있다

예문

أَتَعَلَّمُ قِيَادَةَ السَّيَّارَةِ.

나는 자동차 운전을 배우고 있다.

هَلْ تَعِدُنِي بِأَنْ تَتَعَلَّمَ الْعَرَبِيَّةَ؟

당신은 아랍어를 배우겠다고 나에게 약속합니까?

سَيَتَعَلَّمُونَ كَيْفَ يُشَكِّلُونَ جُمَلًا مُفِيدَةً.

그들은 어떻게 유익한 문장을 구성하는지 배울 것이다.

تُحَاوِلُ مَحَاسِنُ أَنْ تَتَعَلَّمَ الْبِيَانُو لِوَحْدِهَا.

마하신은 혼자서 피아노를 익히려고 노력한다.

تَعَلَّمَتْ وَالِدَتِي كَيْفَ تُحَضِّرُ الْمُرَبَّى فِي الْبَيْتِ.

나의 어머니는 집에서 잼 만드는 법을 배웠다.

يُمْكِنُ أَنْ يَكُونَ مِنَ الصَّعْبِ أَنْ تَتَعَلَّمَ اللُّغَةَ الصِّينِيَّةَ بِدُونِ مُعَلِّمٍ.

선생님 없이 중국어를 배우는 것은 어려울 수 있다.

تَغَدَّى

اَلْمَصْدَرُ 동명사	اَلْفَاعِلُ 능동분사	اَلْمَفْعُولُ 수동분사
تَغَدٍّ	مُتَغَدٍّ	مُتَغَدًّى

اَلضَّمَائِرُ 인칭 대명사		اَلْمَعْلُومُ 능동			اَلْمَجْهُولُ 수동	
		اَلْمَاضِي 완료	اَلْمُضَارِعُ 미완료	اَلْأَمْرُ 명령	اَلْمَاضِي 완료	اَلْمُضَارِعُ 미완료
اَلْمُتَكَلِّمُ 1인칭	أَنَا	تَغَدَّيْتُ	أَتَغَدَّى			
	نَحْنُ	تَغَدَّيْنَا	نَتَغَدَّى			
اَلْمُخَاطَبُ 2 남	أَنْتَ	تَغَدَّيْتَ	تَتَغَدَّى	تَغَدَّ		
	أَنْتُمَا	تَغَدَّيْتُمَا	تَتَغَدَّيَانِ	تَغَدَّيَا		
	أَنْتُمْ	تَغَدَّيْتُمْ	تَتَغَدَّوْنَ	تَغَدَّوْا		
اَلْمُخَاطَبَةُ 2 여	أَنْتِ	تَغَدَّيْتِ	تَتَغَدَّيْنَ	تَغَدَّيْ		
	أَنْتُمَا	تَغَدَّيْتُمَا	تَتَغَدَّيَانِ	تَغَدَّيَا		
	أَنْتُنَّ	تَغَدَّيْتُنَّ	تَتَغَدَّيْنَ	تَغَدَّيْنَ		
اَلْغَائِبُ 3 남	هُوَ	تَغَدَّى	يَتَغَدَّى		تُغُدِّيَ	يُتَغَدَّى
	هُمَا	تَغَدَّيَا	يَتَغَدَّيَانِ			
	هُمْ	تَغَدَّوْا	يَتَغَدَّوْنَ			
اَلْغَائِبَةُ 3 여	هِيَ	تَغَدَّتْ	تَتَغَدَّى			
	هُمَا	تَغَدَّتَا	تَتَغَدَّيَانِ			
	هُنَّ	تَغَدَّيْنَ	يَتَغَدَّيْنَ			

뜻풀이

• 아침밥을 먹다, 아침식사를 하다 • 점심밥을 먹다, 점심식사를 하다

예문

هَلْ تَغَدَّى الضُّيُوفُ؟

손님들은 점심을 드셨니?

تَغَدَّى الرَّجُلُ ثُمَّ شَرِبَ الْقَهْوَةَ.

그 남자는 점심 식사를 하고 커피를 마셨다.

أُرِيدُ أَنْ نَتَغَدَّى مَعًا قَبْلَ أَنْ تُغَادِرَ.

나는 네가 떠나기 전에 우리가 함께 점심 식사를 하길 원한다.

لِمَاذَا تَغَدَّيْتَ مَعَ كَرِيمٍ وَلَيْسَ مَعِي؟

왜 너는 내가 아니라 카림과 함께 점심을 먹었니?

أَنْتَ يَجِبُ أَنْ تَتَغَدَّى مَعَ الْأُسْرَةِ فِي الْمَنْزِلِ غَدًا.

너는 내일 집에서 가족들과 함께 점심을 먹어야만 한다.

يَتَغَدَّى جَدِّي فِي السَّاعَةِ الْوَاحِدَةِ بَعْدَ الظُّهْرِ كُلَّ الْيَوْمِ.

나의 할아버지는 매일 오후 1시에 점심식사를 하신다.

수동분사 اَلْمَفْعُولُ	능동분사 اَلْفَاعِلُ	동명사 اَلْمَصْدَرُ	تَغَلَّبَ
مُتَغَلَّب	مُتَغَلِّب	تَغَلُّب	

수동 اَلْمَجْهُولُ		능동 اَلْمَعْلُومُ			اَلضَّمَائِرُ 인칭 대명사	
اَلْمُضَارِعُ 미완료	اَلْمَاضِي 완료	اَلْأَمْرُ 명령	اَلْمُضَارِعُ 미완료	اَلْمَاضِي 완료		
			أَتَغَلَّبُ	تَغَلَّبْتُ	أَنَا	اَلْمُتَكَلِّمُ 1인칭
			نَتَغَلَّبُ	تَغَلَّبْنَا	نَحْنُ	
		تَغَلَّبْ	تَتَغَلَّبُ	تَغَلَّبْتَ	أَنْتَ	اَلْمُخَاطَبُ 2남
		تَغَلَّبَا	تَتَغَلَّبَانِ	تَغَلَّبْتُمَا	أَنْتُمَا	
		تَغَلَّبُوا	تَتَغَلَّبُونَ	تَغَلَّبْتُمْ	أَنْتُمْ	
		تَغَلَّبِي	تَتَغَلَّبِينَ	تَغَلَّبْتِ	أَنْتِ	اَلْمُخَاطَبَةُ 2여
		تَغَلَّبَا	تَتَغَلَّبَانِ	تَغَلَّبْتُمَا	أَنْتُمَا	
		تَغَلَّبْنَ	تَتَغَلَّبْنَ	تَغَلَّبْتُنَّ	أَنْتُنَّ	
يُتَغَلَّبُ	تُغُلِّبَ		يَتَغَلَّبُ	تَغَلَّبَ	هُوَ	اَلْغَائِبُ 3남
			يَتَغَلَّبَانِ	تَغَلَّبَا	هُمَا	
			يَتَغَلَّبُونَ	تَغَلَّبُوا	هُمْ	
			تَتَغَلَّبُ	تَغَلَّبَتْ	هِيَ	اَلْغَائِبَةُ 3여
			تَتَغَلَّبَانِ	تَغَلَّبَتَا	هُمَا	
			يَتَغَلَّبْنَ	تَغَلَّبْنَ	هُنَّ	

뜻풀이

- (누구 또는 무엇에게) 승리를 거두다
- (누구 또는 무엇을) 이기다, 극복하다
- (누구 또는 무엇에) 대처하다, 대응하다
- 저항 세력 등을(على) 꺾다, 약화시키다
- 누구보다(على) 우세하다
- (가치, 중요성 등이) 무엇보다(على) 중대하다, 크다

예문

تَغَلَّبَ عَلَى عَدُوِّهِ.

그는 적을 무찔렀다.

تَغَلَّبَ عَلَيْهِ النُّعَاسُ.

졸음이 그에게 몰려왔다.

تَغَلَّبَتْ عَلَى الْمَصَاعِبِ.

그녀는 어려움을 극복했다.

تَغَلَّبْتُ عَلَيْهِ فِي الْمُنَافَسَةِ.

나는 경쟁에서 그보다 우세했다.

لَقَدْ فُزْتُ وَتَغَلَّبْتُ عَلَى الْآخَرِينَ بِشَكْلٍ كَامِلٍ.

나는 승리했고, 다른 사람들을 완전하게 패배시켰다.

اِسْتَغْرَقْتُ وَقْتًا طَوِيلًا لِأَتَغَلَّبَ عَلَى الْخَوْفِ مِنَ الطَّيَرَانِ.

내가 비행 공포를 극복하는 데 긴 시간이 걸렸다.

수동분사 اَلْمَفْعُولُ	능동분사 اَلْفَاعِلُ	동명사 اَلْمَصْدَرُ	تَغَيَّرَ
مُتَغَيَّر	مُتَغَيِّر	تَغَيُّر	

수동 اَلْمَجْهُولُ		능동 اَلْمَعْلُومُ			اَلضَّمَائِرُ 인칭 대명사	
اَلْمُضَارِعُ 미완료	اَلْمَاضِي 완료	اَلْأَمْرُ 명령	اَلْمُضَارِعُ 미완료	اَلْمَاضِي 완료		
			أَتَغَيَّرُ	تَغَيَّرْتُ	أَنَا	اَلْمُتَكَلِّمُ 1인칭
			نَتَغَيَّرُ	تَغَيَّرْنَا	نَحْنُ	
		تَغَيَّرْ	تَتَغَيَّرُ	تَغَيَّرْتَ	أَنْتَ	اَلْمُخَاطَبُ 2 남
		تَغَيَّرَا	تَتَغَيَّرَانِ	تَغَيَّرْتُمَا	أَنْتُمَا	
		تَغَيَّرُوا	تَتَغَيَّرُونَ	تَغَيَّرْتُمْ	أَنْتُمْ	
		تَغَيَّرِي	تَتَغَيَّرِينَ	تَغَيَّرْتِ	أَنْتِ	اَلْمُخَاطَبَةُ 2 여
		تَغَيَّرَا	تَتَغَيَّرَانِ	تَغَيَّرْتُمَا	أَنْتُمَا	
		تَغَيَّرْنَ	تَتَغَيَّرْنَ	تَغَيَّرْتُنَّ	أَنْتُنَّ	
يُتَغَيَّرُ	تُغُيِّرَ		يَتَغَيَّرُ	تَغَيَّرَ	هُوَ	اَلْغَائِبُ 3 남
			يَتَغَيَّرَانِ	تَغَيَّرَا	هُمَا	
			يَتَغَيَّرُونَ	تَغَيَّرُوا	هُمْ	
			تَتَغَيَّرُ	تَغَيَّرَتْ	هِيَ	اَلْغَائِبَةُ 3 여
			تَتَغَيَّرَانِ	تَغَيَّرَتَا	هُمَا	
			يَتَغَيَّرْنَ	تَغَيَّرْنَ	هُنَّ	

뜻풀이

• 변하다, 바뀌다, 달라지다, 변화를 겪다

예문

يَتَغَيَّرُ السِّعْرُ

가격이 변하다

لَمْ يَتَغَيَّرْ فِي شَيْءٍ.

아무 것도 변하지 않았다.

تَغَيَّرَ الْوَضْعُ فِي هَذِهِ الْمِنْطَقَةِ.

이 지역의 상황이 변했다.

تَغَيَّرَ اللَّوْنُ تَدْرِيجِيًّا لِلَوْنٍ آخَرَ.

그 색은 점차 다른 색으로 변색되었다.

تَغَيَّرَتْ بَعْضُ الْخُطَطِ حَسْبَ تَغَيُّرِ رَأْيِهِ.

그의 의견이 바뀌면서 일부 계획들이 수정되었다.

قَدْ تَغَيَّرَ الْجَوُّ وَعَلَيْنَا أَنْ نُغَادِرَ الْمَكَانَ فَوْرًا.

이미 날씨가 바뀌었다. 우리는 즉시 이 장소를 떠나야 한다.

تَفَحَّصَ

اَلْمَصْدَرُ 동명사	اَلْفَاعِلُ 능동분사	اَلْمَفْعُولُ 수동분사
تَفَحُّص	مُتَفَحِّص	مُتَفَحَّص

اَلضَّمَائِرُ 인칭 대명사		اَلْمَعْلُومُ 능동			اَلْمَجْهُولُ 수동	
		اَلْمَاضِي 완료	اَلْمُضَارِعُ 미완료	اَلْأَمْرُ 명령	اَلْمَاضِي 완료	اَلْمُضَارِعُ 미완료
اَلْمُتَكَلِّمُ 1인칭	أَنَا	تَفَحَّصْتُ	أَتَفَحَّصُ			
	نَحْنُ	تَفَحَّصْنَا	نَتَفَحَّصُ			
اَلْمُخَاطَبُ 2 남	أَنْتَ	تَفَحَّصْتَ	تَتَفَحَّصُ	تَفَحَّصْ		
	أَنْتُمَا	تَفَحَّصْتُمَا	تَتَفَحَّصَانِ	تَفَحَّصَا		
	أَنْتُمْ	تَفَحَّصْتُمْ	تَتَفَحَّصُونَ	تَفَحَّصُوا		
اَلْمُخَاطَبَةُ 2 여	أَنْتِ	تَفَحَّصْتِ	تَتَفَحَّصِينَ	تَفَحَّصِي		
	أَنْتُمَا	تَفَحَّصْتُمَا	تَتَفَحَّصَانِ	تَفَحَّصَا		
	أَنْتُنَّ	تَفَحَّصْتُنَّ	تَتَفَحَّصْنَ	تَفَحَّصْنَ		
اَلْغَائِبُ 3 남	هُوَ	تَفَحَّصَ	يَتَفَحَّصُ		تُفُحِّصَ	يُتَفَحَّصُ
	هُمَا	تَفَحَّصَا	يَتَفَحَّصَانِ			
	هُمْ	تَفَحَّصُوا	يَتَفَحَّصُونَ			
اَلْغَائِبَةُ 3 여	هِيَ	تَفَحَّصَتْ	تَتَفَحَّصُ			
	هُمَا	تَفَحَّصَتَا	تَتَفَحَّصَانِ			
	هُنَّ	تَفَحَّصْنَ	يَتَفَحَّصْنَ			

뜻풀이

- 무엇을(عن) 조사하다, 알아보다, 묻다
- (누구 또는 무엇을) 진찰하다

예문

هَلْ تُرِيدُ أَنْ تَتَفَحَّصَ الْمَكَانَ؟

당신은 그 장소를 살펴보고 싶나요?

هَلْ تَرْغَبُ بِأَنْ تَتَفَحَّصَ جَدْوَلَكَ؟

당신은 당신의 일정을 검토하길 희망하나요?

تَفَحَّصَ الضَّابِطُ الْجُمْرُكِيُّ الْبَضَائِعَ الْمُصَدَّرَةَ.

세관 장교는 수출 상품을 검사했다.

هَل سَيَكُونُ لَدَيْكَ الْوَقْتُ لِكَيْ تَتَفَحَّصَ الْمُحَرِّكَ؟

당신이 엔진을 살펴볼 시간이 있겠습니까?

تَفَحَّصَ الْمُدِيرُ الْأَوْرَاقَ الَّتِي قَدَّمْتُهَا صَبَاحَ الْيَوْمِ.

관리자는 내가 오늘 아침에 제출했던 서류들을 검토했다.

خَرَجْتُ مِنْ سَيَّارَتِي لِأَتَفَحَّصَ مَا لَحِقَ بِهَا مِنْ ضَرَرٍ.

나는 어떤 피해가 생겼는지 알아보려고 차 밖으로 나왔다.

تَفَرَّجَ

동명사 اَلْمَصْدَرُ	능동분사 اَلْفَاعِلُ	수동분사 اَلْمَفْعُولُ
تَفَرُّج	مُتَفَرِّج	مُتَفَرَّج

اَلضَّمَائِرُ 인칭 대명사		능동 اَلْمَعْلُومُ			수동 اَلْمَجْهُولُ	
		اَلْمَاضِي 완료	اَلْمُضَارِعُ 미완료	اَلْأَمْرُ 명령	اَلْمَاضِي 완료	اَلْمُضَارِعُ 미완료
اَلْمُتَكَلِّمُ 1인칭	أَنَا	تَفَرَّجْتُ	أَتَفَرَّجُ			
	نَحْنُ	تَفَرَّجْنَا	نَتَفَرَّجُ			
اَلْمُخَاطَبُ 2 남	أَنْتَ	تَفَرَّجْتَ	تَتَفَرَّجُ	تَفَرَّجْ		
	أَنْتُمَا	تَفَرَّجْتُمَا	تَتَفَرَّجَانِ	تَفَرَّجَا		
	أَنْتُمْ	تَفَرَّجْتُمْ	تَتَفَرَّجُونَ	تَفَرَّجُوا		
اَلْمُخَاطَبَةُ 2 여	أَنْتِ	تَفَرَّجْتِ	تَتَفَرَّجِينَ	تَفَرَّجِي		
	أَنْتُمَا	تَفَرَّجْتُمَا	تَتَفَرَّجَانِ	تَفَرَّجَا		
	أَنْتُنَّ	تَفَرَّجْتُنَّ	تَتَفَرَّجْنَ	تَفَرَّجْنَ		
اَلْغَائِبُ 3 남	هُوَ	تَفَرَّجَ	يَتَفَرَّجُ		تُفُرِّجَ	يُتَفَرَّجُ
	هُمَا	تَفَرَّجَا	يَتَفَرَّجَانِ			
	هُمْ	تَفَرَّجُوا	يَتَفَرَّجُونَ			
اَلْغَائِبَةُ 3 여	هِيَ	تَفَرَّجَتْ	تَتَفَرَّجُ			
	هُمَا	تَفَرَّجَتَا	تَتَفَرَّجَانِ			
	هُنَّ	تَفَرَّجْنَ	يَتَفَرَّجْنَ			

뜻풀이

- 벌어지다, 벌어져 열리다, 나뉘다, 갈라지다
- (누군가를 지나가게 하기 위하여 군중이) 갈라지다, 나뉘다
- (괴로움이나 슬픔 따위가) 사라지다, 없어지다
- 무엇을(على 또는 في) 보며 안정을 찾다, 기뻐하다, 즐거움을 느끼다
- 누구 또는 무엇을(على) 보다, 응시하다, 주시하다

예문

يُحِبُّ أَنْ يَتَفَرَّجَ عَلَى الْأَشْيَاءِ.

그는 사물을 보는 것을 좋아한다.

تَفَرَّجُوا عَلَى التَّمَاثِيلِ وَالْآثَارِ.

그들은 동상들과 유물들을 보았다.

إِنَّنَا سَنَبْقَى فِي الْبَيْتِ وَنَتَفَرَّجُ عَلَى التِّلِفِزْيُون.

우리는 집에 남아서 TV를 볼 것이다.

جَلَسَ جَدِّي فِي الْحَدِيقَةِ يَتَفَرَّجُ عَلَى الطُّيُورِ وَالْأَزْهَارِ.

나의 할아버지는 새들과 꽃들을 보면서 공원에 앉아 계셨다.

أَحْيَانًا نَذْهَبُ إِلَى حَدِيقَةِ حَيَوَانٍ لِنَتَفَرَّجَ عَلَى الْحَيَوَانَاتِ.

때로는 우리는 동물들을 보기 위해 동물원에 간다.

إِنَّهَا لَا تَتَفَرَّجُ عَلَى التِّلِفِزْيُون. فِي الصَّبَاحِ لِأَنَّهَا تَذْهَبُ لِلتَّبَضُّعِ.

그녀는 쇼핑하러 가기 때문에 아침에 TV를 보지 않는다.

تَفَضَّلَ

اَلْمَصْدَرُ 동명사	اَلْفَاعِلُ 능동분사	اَلْمَفْعُولُ 수동분사
تَفَضُّل	مُتَفَضِّل	مُتَفَضَّل

اَلضَّمَائِرُ 인칭 대명사		اَلْمَعْلُومُ 능동			اَلْمَجْهُولُ 수동	
		اَلْمَاضِي 완료	اَلْمُضَارِعُ 미완료	اَلْأَمْرُ 명령	اَلْمَاضِي 완료	اَلْمُضَارِعُ 미완료
اَلْمُتَكَلِّمُ 1인칭	أَنَا	تَفَضَّلْتُ	أَتَفَضَّلُ			
	نَحْنُ	تَفَضَّلْنَا	نَتَفَضَّلُ			
اَلْمُخَاطَبُ 2 남	أَنْتَ	تَفَضَّلْتَ	تَتَفَضَّلُ	تَفَضَّلْ		
	أَنْتُمَا	تَفَضَّلْتُمَا	تَتَفَضَّلَانِ	تَفَضَّلَا		
	أَنْتُمْ	تَفَضَّلْتُمْ	تَتَفَضَّلُونَ	تَفَضَّلُوا		
اَلْمُخَاطَبَةُ 2 여	أَنْتِ	تَفَضَّلْتِ	تَتَفَضَّلِينَ	تَفَضَّلِي		
	أَنْتُمَا	تَفَضَّلْتُمَا	تَتَفَضَّلَانِ	تَفَضَّلَا		
	أَنْتُنَّ	تَفَضَّلْتُنَّ	تَتَفَضَّلْنَ	تَفَضَّلْنَ		
اَلْغَائِبُ 3 남	هُوَ	تَفَضَّلَ	يَتَفَضَّلُ		تُفُضِّلَ	يُتَفَضَّلُ
	هُمَا	تَفَضَّلَا	يَتَفَضَّلَانِ			
	هُمْ	تَفَضَّلُوا	يَتَفَضَّلُونَ			
اَلْغَائِبَةُ 3 여	هِيَ	تَفَضَّلَتْ	تَتَفَضَّلُ			
	هُمَا	تَفَضَّلَتَا	تَتَفَضَّلَانِ			
	هُنَّ	تَفَضَّلْنَ	يَتَفَضَّلْنَ			

뜻풀이

- 누구에게(على) 은혜를 베풀다, 혜택을 주다, 도움을 주다
- 누구에게(على) 무엇을(ب) 수여하다, 증정하다, 부여하다
- 친절하게도 무엇을(ب 또는 동사와 함께 ف) 해 주다, 친절히 해 주다
- 황송하게도 무엇을(ب 또는 동사와 함께 ف) 해 주다
- 집에서 입는 옷을 걸치다, 편안한 실내복을 입다

예문

تَفَضَّلْ بِقُبُولِ الدَّعْوَةِ.

초대를 수락해 주시기 바랍니다.

يَتَفَضَّلُ عَلَى غَيْرِهِ دَائِمًا.

그는 언제나 다른 사람을 도와준다.

تَفَضَّلَتْ عَلَيَّ مِمَّا تَمْلِكُ.

그녀는 가지고 있던 것 중 일부를 나에게 주었다.

يَتَفَضَّلُ عَلَى الْفُقَرَاءِ بِمَالِهِ.

그는 가난한 사람들에게 자신의 돈을 준다.

تَفَضَّلُوا بِقُبُولِ بَالِغِ الِاحْتِرَامِ.

(편지 끝 부분의 인사말) 깊은 존경을 받아 주시기 바랍니다.

هَلَ تَتَفَضَّلُ بِشِرَاءِ الطَّعَامِ مِنْ أَجْلِي؟

당신은 나를 위해 음식을 사 주시겠습니까?

수동분사 اَلْمَفْعُولُ	능동분사 اَلْفَاعِلُ	동명사 اَلْمَصْدَرُ	تَقَدَّمَ
مُتَقَدَّم	مُتَقَدِّم	تَقَدُّم	

수동 اَلْمَجْهُولُ		능동 اَلْمَعْلُومُ			인칭 대명사 اَلضَّمَائِرُ	
미완료 اَلْمُضَارِعُ	완료 اَلْمَاضِي	명령 اَلْأَمْرُ	미완료 اَلْمُضَارِعُ	완료 اَلْمَاضِي		
			أَتَقَدَّمُ	تَقَدَّمْتُ	أَنَا	اَلْمُتَكَلِّمُ 1인칭
			نَتَقَدَّمُ	تَقَدَّمْنَا	نَحْنُ	
		تَقَدَّمْ	تَتَقَدَّمُ	تَقَدَّمْتَ	أَنْتَ	اَلْمُخَاطَبُ 2 남
		تَقَدَّمَا	تَتَقَدَّمَانِ	تَقَدَّمْتُمَا	أَنْتُمَا	
		تَقَدَّمُوا	تَتَقَدَّمُونَ	تَقَدَّمْتُمْ	أَنْتُمْ	
		تَقَدَّمِي	تَتَقَدَّمِينَ	تَقَدَّمْتِ	أَنْتِ	اَلْمُخَاطَبَةُ 2 여
		تَقَدَّمَا	تَتَقَدَّمَانِ	تَقَدَّمْتُمَا	أَنْتُمَا	
		تَقَدَّمْنَ	تَتَقَدَّمْنَ	تَقَدَّمْتُنَّ	أَنْتُنَّ	
يُتَقَدَّمُ	تُقُدِّمَ		يَتَقَدَّمُ	تَقَدَّمَ	هُوَ	اَلْغَائِبُ 3 남
			يَتَقَدَّمَانِ	تَقَدَّمَا	هُمَا	
			يَتَقَدَّمُونَ	تَقَدَّمُوا	هُمْ	
			تَتَقَدَّمُ	تَقَدَّمَتْ	هِيَ	اَلْغَائِبَةُ 3 여
			تَتَقَدَّمَانِ	تَقَدَّمَتَا	هُمَا	
			يَتَقَدَّمْنَ	تَقَدَّمْنَ	هُنَّ	

뜻풀이

- (시간 또는 공간에서) 누구보다 앞서다, 무엇에([목] 또는 على 또는 عن) 선행하다
- 사람들 사이에서(على 또는 هم) 맨 앞에 있다, 선두에 서다
- 이전 세기에 속하다
- 어느 쪽으로(نحو) 향하다, 나아가다, 전진하다
- 발전하다, 진척하다
- 누구 또는 무엇에(إلى 또는 من) 다가가다, 접근하다
- 누구에게(نحو 또는 إلى 또는 من) 나아가다, 다가가다
- 누구 앞에(بين يديه 또는 إلى) 서다, 나오다, 나타나다
- (운동 경기에서) 상대팀을(ل 또는 إلى) 마주하다
- 의뢰서나 신청서 등을(ب) 누구에게(إلى 또는 ل) 제출하다
- 누구에게(إلى) 무엇을(ب) 시키다, 지시하다, 명령하다

예문

تَقَدَّمَ فِي السِّنِّ / تَقَدَّمَتْ بِهِ السِّنُّ.

나이 들다

تَقَدَّمَ مِنْهُ بِطَلَبٍ

부탁하러 누구에게 접근하다

مِنَ الْمُسْتَحْسَنِ أَنْ تَتَقَدَّمَ لِتَأْشِيرَةٍ.

비자를 준비하는 것이 좋겠다.

غَفَرَ اللهُ لَهُ مَا تَقَدَّمَ مِنْ ذَنْبِهِ وَمَا تَأَخَّرَ.

신은 그가 저질렀던 모든 죄를 용서하셨다.

وَقْتُ بَغْدَادَ يَتَقَدَّمُ سَاعَتَيْنِ عَنْ وَقْتِ أُورُوبَّا الوُسْطَى.

바그다드는 중부 유럽보다 두 시간 앞선다.

إِنَّ أُمَّتَنَا تَحْتَاجُ إِلَى الْكَثِيرِ مِنَ الْوَقْتِ وَالْجَهْدِ لِتَتَقَدَّمَ.

우리나라는 발전하기 위해 많은 시간과 노력을 필요로 한다.

تَكَلَّمَ

اَلْمَفْعُولُ 수동분사	اَلْفَاعِلُ 능동분사	اَلْمَصْدَرُ 동명사
مُتَكَلَّم	مُتَكَلِّم	تَكَلُّم

اَلْمَجْهُولُ 수동		اَلْمَعْلُومُ 능동			اَلضَّمَائِرُ 인칭 대명사	
اَلْمُضَارِعُ 미완료	اَلْمَاضِي 완료	اَلْأَمْرُ 명령	اَلْمُضَارِعُ 미완료	اَلْمَاضِي 완료		
			أَتَكَلَّمُ	تَكَلَّمْتُ	أَنَا	اَلْمُتَكَلِّمُ 1인칭
			نَتَكَلَّمُ	تَكَلَّمْنَا	نَحْنُ	
		تَكَلَّمْ	تَتَكَلَّمُ	تَكَلَّمْتَ	أَنْتَ	اَلْمُخَاطَبُ 2 남
		تَكَلَّمَا	تَتَكَلَّمَانِ	تَكَلَّمْتُمَا	أَنْتُمَا	
		تَكَلَّمُوا	تَتَكَلَّمُونَ	تَكَلَّمْتُمْ	أَنْتُمْ	
		تَكَلَّمِي	تَتَكَلَّمِينَ	تَكَلَّمْتِ	أَنْتِ	اَلْمُخَاطَبَةُ 2 여
		تَكَلَّمَا	تَتَكَلَّمَانِ	تَكَلَّمْتُمَا	أَنْتُمَا	
		تَكَلَّمْنَ	تَتَكَلَّمْنَ	تَكَلَّمْتُنَّ	أَنْتُنَّ	
يُتَكَلَّمُ	تُكُلِّمَ		يَتَكَلَّمُ	تَكَلَّمَ	هُوَ	اَلْغَائِبُ 3 남
			يَتَكَلَّمَانِ	تَكَلَّمَا	هُمَا	
			يَتَكَلَّمُونَ	تَكَلَّمُوا	هُمْ	
			تَتَكَلَّمُ	تَكَلَّمَتْ	هِيَ	اَلْغَائِبَةُ 3 여
			تَتَكَلَّمَانِ	تَكَلَّمَتَا	هُمَا	
			يَتَكَلَّمْنَ	تَكَلَّمْنَ	هُنَّ	

뜻풀이

- 누구와(مع) 무엇에 관해(على 또는 عن) 말하다, 이야기하다
- (누구에게) 무엇에 관해(على 또는 عن) 말하다, 이야기하다
- 무엇을([목] 또는 بـ) 입 밖으로 내뱉다, 표현하다, 말로 나타내다

예문

سَأَتَكَلَّمُ مَعَهُ فِيمَا بَعْدُ.

나는 나중에 그와 이야기 할 것이다.

أُحِبُّ أَنْ أَتَكَلَّمَ عَنِ الْمَسْرَحِ.

나는 연극에 관해 이야기 하는 것을 좋아한다.

إِذَنْ لَنْ نَتَكَلَّمَ مَعَهُ بِالْإِنْكِلِيزِيَّةِ.

그럼 우리는 그와 영어로 말하지 않을 것이다.

لَمَّا وَصَلْتُ، كَانَ يَتَكَلَّمُ فِي الْهَاتِفِ.

내가 도착했을 때, 그는 전화 통화 중이었다.

هَذِهِ هِيَ الْمَقَالَةُ الطَّوِيلَةُ الَّتِي تَكَلَّمْتُ عَنْهَا.

이것이 바로 내가 말했던 긴 기사이다.

فَتَحَتِ السَّائِحَةُ حِسَابًا فِي الْمَصْرِفِ وَتَكَلَّمَتْ مَعَ الصَّرَّافِ.

여성 관광객은 은행에서 계좌를 개설했고 환전 직원과 이야기했다.

تَكَوَّنَ

اَلْمَصْدَرُ 동명사	اَلْفَاعِلُ 능동분사	اَلْمَفْعُولُ 수동분사
تَكَوُّن	مُتَكَوِّن	مُتَكَوَّن

اَلضَّمَائِرُ 인칭 대명사		اَلْمَعْلُومُ 능동 اَلْمَاضِي 완료	اَلْمُضَارِعُ 미완료	اَلْأَمْرُ 명령	اَلْمَجْهُولُ 수동 اَلْمَاضِي 완료	اَلْمُضَارِعُ 미완료
اَلْمُتَكَلِّمُ 1인칭	أَنَا	تَكَوَّنْتُ	أَتَكَوَّنُ			
	نَحْنُ	تَكَوَّنَّا	نَتَكَوَّنُ			
اَلْمُخَاطَبُ 2 남	أَنْتَ	تَكَوَّنْتَ	تَتَكَوَّنُ	تَكَوَّنْ		
	أَنْتُمَا	تَكَوَّنْتُمَا	تَتَكَوَّنَانِ	تَكَوَّنَا		
	أَنْتُمْ	تَكَوَّنْتُمْ	تَتَكَوَّنُونَ	تَكَوَّنُوا		
اَلْمُخَاطَبَةُ 2 여	أَنْتِ	تَكَوَّنْتِ	تَتَكَوَّنِينَ	تَكَوَّنِي		
	أَنْتُمَا	تَكَوَّنْتُمَا	تَتَكَوَّنَانِ	تَكَوَّنَا		
	أَنْتُنَّ	تَكَوَّنْتُنَّ	تَتَكَوَّنَّ	تَكَوَّنَّ		
اَلْغَائِبُ 3 남	هُوَ	تَكَوَّنَ	يَتَكَوَّنُ		تُكُوِّنَ	يُتَكَوَّنُ
	هُمَا	تَكَوَّنَا	يَتَكَوَّنَانِ			
	هُمْ	تَكَوَّنُوا	يَتَكَوَّنُونَ			
اَلْغَائِبَةُ 3 여	هِيَ	تَكَوَّنَتْ	تَتَكَوَّنُ			
	هُمَا	تَكَوَّنَتَا	تَتَكَوَّنَانِ			
	هُنَّ	تَكَوَّنَّ	يَتَكَوَّنَّ			

뜻풀이

- 형성되다, 만들어지다
- 생기다, 태어나다, 발생하다
- (누가) 교육이나 훈련을 받다
- 누구 또는 무엇으로(مِن) 구성되다, 이루어지다

예문

تَكَوَّنَتْ شَرِكَةٌ جَدِيدَةٌ.

새로운 회사가 설립되었다.

تَكَوَّنَ الطَّالِبُ فِي الْجَامِعَةِ.

그 학생은 대학교에서 교육을 받았다.

تَكَوَّنَ الْجَنِينُ فِي بَطْنِ زَوْجَتِي.

내 아내의 뱃속에 아이가 들어섰다.

تَكَوَّنَتْ جَمْعِيَّةٌ لِمُسَاعَدَةِ الْفُقَرَاءِ.

빈민 구호를 위한 한 단체가 조직되었다.

يَتَكَوَّنُ الْعَشَاءُ مِنْ ثَلَاثَةِ أَطْبَاقٍ.

저녁 식사는 세 가지 요리로 구성된다.

تَكَوَّنَتِ اللَّجْنَةُ مِنْ خَمْسَةِ مُدَرِّسِينَ.

그 위원회는 5명의 교사로 구성되었다.

تَمَّ	اَلْمَصْدَرُ 동명사	اَلْفَاعِلُ 능동분사	اَلْمَفْعُولُ 수동분사
	تَمّ، تَمام	تَامّ	مَتْمُوم

اَلضَّمَائِرُ 인칭 대명사		اَلْمَعْلُومُ 능동			اَلْمَجْهُولُ 수동	
		اَلْمَاضِي 완료	اَلْمُضَارِعُ 미완료	اَلْأَمْرُ 명령	اَلْمَاضِي 완료	اَلْمُضَارِعُ 미완료
اَلْمُتَكَلِّمُ 1인칭	أَنَا	تَمَمْتُ	أَتِمُّ		تُمِمْتُ	أُتَمُّ
	نَحْنُ	تَمَمْنَا	نَتِمُّ		تُمِمْنَا	نُتَمُّ
اَلْمُخَاطَبُ 2 남	أَنْتَ	تَمَمْتَ	تَتِمُّ	تِمَّ	تُمِمْتَ	تُتَمُّ
	أَنْتُمَا	تَمَمْتُمَا	تَتِمَّانِ	تِمَّا	تُمِمْتُمَا	تُتَمَّانِ
	أَنْتُمْ	تَمَمْتُمْ	تَتِمُّونَ	تِمُّوا	تُمِمْتُمْ	تُتَمُّونَ
اَلْمُخَاطَبَةُ 2 여	أَنْتِ	تَمَمْتِ	تَتِمِّينَ	تِمِّي	تُمِمْتِ	تُتَمِّينَ
	أَنْتُمَا	تَمَمْتُمَا	تَتِمَّانِ	تِمَّا	تُمِمْتُمَا	تُتَمَّانِ
	أَنْتُنَّ	تَمَمْتُنَّ	تَتْمِمْنَ	اِتْمِمْنَ	تُمِمْتُنَّ	تُتْمَمْنَ
اَلْغَائِبُ 3 남	هُوَ	تَمَّ	يَتِمُّ		تُمَّ	يُتَمُّ
	هُمَا	تَمَّا	يَتِمَّانِ		تُمَّا	يُتَمَّانِ
	هُمْ	تَمُّوا	يَتِمُّونَ		تُمُّوا	يُتَمُّونَ
اَلْغَائِبَةُ 3 여	هِيَ	تَمَّتْ	تَتِمُّ		تُمَّتْ	تُتَمُّ
	هُمَا	تَمَّتَا	تَتِمَّانِ		تُمَّتَا	تُتَمَّانِ
	هُنَّ	تَمَمْنَ	يَتْمِمْنَ		تُمِمْنَ	يُتْمَمْنَ

뜻풀이

- 완료하다, 다 되다, 완성되다
- 누구에 의해(ل) 이루어지다, 달성되다
- 끝나다, 종료되다
- 발생하다, 생기다
- 열리다, 일어나다
- 계약이 성립되다, 체결되다
- 무엇을(على) 고집하다, 지속하다, 계속하다

예문

سَتَتِمُّ مُحَاكَمَةُ الْمُعْتَدِينَ.

범죄자들의 재판이 진행될 것이다.

تَمَّ تَوْقِيعُ الْبُرُوتُوكُول فِي جُدَّةَ.

젯다 의정서가 체결되었다.

تَمَّ حَفْرُ الْقَنَاةِ فِي سَنَةِ 1869م.

운하 굴착은 1869년에 완료되었다.

هَؤُلَاءِ الْمَرْضَى سَتَتِمُّ مُتَابَعَتُهُمْ لِمُدَّةِ عَامَيْنِ.

이 환자들의 추적 관찰은 2년간 계속될 것이다.

تَمَّتْ مُحَاكَمَتُهُ وَحُكِمَ عَلَيْهِ بِالسِّجْنِ مَدَى الْحَيَاةِ.

그에 대한 재판이 완료되었고 그는 종신형이 선고되었다.

اَلسَّفَرُ إِلَى الْخَارِجِ يَنْبَغِي فَقَطْ أَنْ يَتِمَّ لِغَايَةٍ مُفِيدَةٍ.

해외 여행은 유익한 목적을 꼭 가지고 있어야 한다.

اَلْمَفْعُولُ 수동분사	اَلْفَاعِلُ 능동분사	اَلْمَصْدَرُ 동명사	تَمَتَّعَ
مُتَمَتَّع	مُتَمَتِّع	تَمَتُّع	

اَلْمَجْهُولُ 수동		اَلْمَعْلُومُ 능동			اَلضَّمَائِرُ 인칭 대명사	
اَلْمُضَارِعُ 미완료	اَلْمَاضِي 완료	اَلْأَمْرُ 명령	اَلْمُضَارِعُ 미완료	اَلْمَاضِي 완료		
			أَتَمَتَّعُ	تَمَتَّعْتُ	أَنَا	اَلْمُتَكَلِّمُ 1인칭
			نَتَمَتَّعُ	تَمَتَّعْنَا	نَحْنُ	
		تَمَتَّعْ	تَتَمَتَّعُ	تَمَتَّعْتَ	أَنْتَ	اَلْمُخَاطَبُ 2 남
		تَمَتَّعَا	تَتَمَتَّعَانِ	تَمَتَّعْتُمَا	أَنْتُمَا	
		تَمَتَّعُوا	تَتَمَتَّعُونَ	تَمَتَّعْتُمْ	أَنْتُمْ	
		تَمَتَّعِي	تَتَمَتَّعِينَ	تَمَتَّعْتِ	أَنْتِ	اَلْمُخَاطَبَةُ 2 여
		تَمَتَّعَا	تَتَمَتَّعَانِ	تَمَتَّعْتُمَا	أَنْتُمَا	
		تَمَتَّعْنَ	تَتَمَتَّعْنَ	تَمَتَّعْتُنَّ	أَنْتُنَّ	
يُتَمَتَّعُ	تُمُتِّعَ		يَتَمَتَّعُ	تَمَتَّعَ	هُوَ	اَلْغَائِبُ 3 남
			يَتَمَتَّعَانِ	تَمَتَّعَا	هُمَا	
			يَتَمَتَّعُونَ	تَمَتَّعُوا	هُمْ	
			تَتَمَتَّعُ	تَمَتَّعَتْ	هِيَ	اَلْغَائِبَةُ 3 여
			تَتَمَتَّعَانِ	تَمَتَّعَتَا	هُمَا	
			يَتَمَتَّعْنَ	تَمَتَّعْنَ	هُنَّ	

뜻풀이

- (복을 받아서) 무엇을(بِ) 누리다, 많이 가지다
- 무엇을(بِ) 즐기다, 누리다

예문

لِنَحْتَفِلْ وَنَتَمَتَّعْ.

우리 파티하고 즐기자.

يَتَمَتَّعُ بِقَاعِدَةٍ شَعْبِيَّةٍ.

그는 대중적인 인기를 누린다.

هَذَا التِّلْمِيذُ لَا يَتَمَتَّعُ بِذَكَاءٍ حَادٍّ.

이 학생은 그렇게 똑똑하지 않다.

تَتَمَتَّعُ أُمِّي بِالْكَرَمِ وَالظُّرْفِ والرَّوْعَةِ.

나의 엄마는 관대하고 매력적이고 훌륭하다.

إِنَّهُ يَتَمَتَّعُ بِطَاقَةٍ جَسَدِيَّةٍ وَعَقْلِيَّةٍ هَائِلَةٍ.

그는 엄청난 육체적, 정신적 에너지를 가지고 있다.

يُمْكِنُهُمْ أَنْ يَسْتَرْخُوا وَيَتَمَتَّعُوا بِجَمَالِ الطَّبِيعَةِ.

그들은 휴식을 취하고 자연의 아름다움을 즐길 수 있다.

تَمَكَّنَ

اَلْمَفْعُولُ 수동분사	اَلْفَاعِلُ 능동분사	اَلْمَصْدَرُ 동명사
مُتَمَكَّن	مُتَمَكِّن	تَمَكُّن

اَلْمَجْهُولُ 수동		اَلْمَعْلُومُ 능동			اَلضَّمَائِرُ 인칭 대명사	
اَلْمُضَارِعُ 미완료	اَلْمَاضِي 완료	اَلْأَمْرُ 명령	اَلْمُضَارِعُ 미완료	اَلْمَاضِي 완료		
			أَتَمَكَّنُ	تَمَكَّنْتُ	أَنَا	اَلْمُتَكَلِّمُ 1인칭
			نَتَمَكَّنُ	تَمَكَّنَّا	نَحْنُ	
		تَمَكَّنْ	تَتَمَكَّنُ	تَمَكَّنْتَ	أَنْتَ	اَلْمُخَاطَبُ 2 남
		تَمَكَّنَا	تَتَمَكَّنَانِ	تَمَكَّنْتُمَا	أَنْتُمَا	
		تَمَكَّنُوا	تَتَمَكَّنُونَ	تَمَكَّنْتُمْ	أَنْتُمْ	
		تَمَكَّنِي	تَتَمَكَّنِينَ	تَمَكَّنْتِ	أَنْتِ	اَلْمُخَاطَبَةُ 2 여
		تَمَكَّنَا	تَتَمَكَّنَانِ	تَمَكَّنْتُمَا	أَنْتُمَا	
		تَمَكَّنَّ	تَتَمَكَّنَّ	تَمَكَّنْتُنَّ	أَنْتُنَّ	
يُتَمَكَّنُ	تُمُكِّنَ		يَتَمَكَّنُ	تَمَكَّنَ	هُوَ	اَلْغَائِبُ 3 남
			يَتَمَكَّنَانِ	تَمَكَّنَا	هُمَا	
			يَتَمَكَّنُونَ	تَمَكَّنُوا	هُمْ	
			تَتَمَكَّنُ	تَمَكَّنَتْ	هِيَ	اَلْغَائِبَةُ 3 여
			تَتَمَكَّنَانِ	تَمَكَّنَتَا	هُمَا	
			يَتَمَكَّنَّ	تَمَكَّنَّ	هُنَّ	

뜻풀이

- 누구에게(عند) 세력을 가지다, 영향력을 발휘하다, 명망을 얻다
- 득세하다, 권력을 잡다, 위세를 얻다
- (한 지역) 토박이다, 출신이다, 거주민이다
- 확실히 자리잡다, 뿌리가 깊다, 고정되다, 굳혀지다
- 강해지다, 강화되다
- 무엇을(من) 차지하다, 소유하다
- 무엇을(من) 자유자재로 쓰다, 마음대로 구사하다
- 무엇이(من) 가능하다, 할 수 있다

예문

تَتَمَكَّنُ مِنَ الدِّفَاعِ عَنْ نَفْسِهَا.

그녀는 자신을 지킬 수 있다.

تَمَكَّنُوا بِالْأَرْضِ الَّتِي احْتَلُّوهَا.

그들은 정복했던 땅에 정착했다.

تَمَكَّنَ مِنْ فَتْحِ الْغِطَاءِ بِاسْتِخْدَامِ الْمِفَكِّ.

그는 드라이버를 사용해서 덮개를 열 수 있었다.

اَلْجِيلُ الْقَادِمُ سَيَتَمَكَّنُ مِنَ السَّفَرِ إِلَى الْقَمَرِ.

다음 세대는 달로 여행하는 것이 가능할 것이다.

تَمَكَّنَ حَارِسُ الْمَرْمَى مِنْ صَدِّ هُجُومَاتٍ مُتَتَالِيَةٍ.

골키퍼는 계속되는 공격을 막아낼 수 있었다.

تَمَكَّنَ هَذَا التَّقْرِيرُ الْمُفَصَّلُ مِنْ تَوْضِيحِ مَوْقِفِ الْحُكُومَةِ.

이 상세한 보고서는 정부의 입장을 밝히는 데 도움이 된다.

تَمَنَّى

اَلْمَصْدَرُ 동명사	اَلْفَاعِلُ 능동분사	اَلْمَفْعُولُ 수동분사
تَمَنٍّ	مُتَمَنٍّ	مُتَمَنًّى

اَلضَّمَائِرُ 인칭 대명사		اَلْمَعْلُومُ 능동			اَلْمَجْهُولُ 수동	
		اَلْمَاضِي 완료	اَلْمُضَارِعُ 미완료	اَلْأَمْرُ 명령	اَلْمَاضِي 완료	اَلْمُضَارِعُ 미완료
اَلْمُتَكَلِّمُ 1인칭	أَنَا	تَمَنَّيْتُ	أَتَمَنَّى			
	نَحْنُ	تَمَنَّيْنَا	نَتَمَنَّى			
اَلْمُخَاطَبُ 2 남	أَنْتَ	تَمَنَّيْتَ	تَتَمَنَّى	تَمَنَّ		
	أَنْتُمَا	تَمَنَّيْتُمَا	تَتَمَنَّيَانِ	تَمَنَّيَا		
	أَنْتُمْ	تَمَنَّيْتُمْ	تَتَمَنَّوْنَ	تَمَنَّوْا		
اَلْمُخَاطَبَةُ 2 여	أَنْتِ	تَمَنَّيْتِ	تَتَمَنَّيْنَ	تَمَنَّيْ		
	أَنْتُمَا	تَمَنَّيْتُمَا	تَتَمَنَّيَانِ	تَمَنَّيَا		
	أَنْتُنَّ	تَمَنَّيْتُنَّ	تَتَمَنَّيْنَ	تَمَنَّيْنَ		
اَلْغَائِبُ 3 남	هُوَ	تَمَنَّى	يَتَمَنَّى		تُمُنِّيَ	يُتَمَنَّى
	هُمَا	تَمَنَّيَا	يَتَمَنَّيَانِ			
	هُمْ	تَمَنَّوْا	يَتَمَنَّوْنَ			
اَلْغَائِبَةُ 3 여	هِيَ	تَمَنَّتْ	تَتَمَنَّى			
	هُمَا	تَمَنَّتَا	تَتَمَنَّيَانِ			
	هُنَّ	تَمَنَّيْنَ	يَتَمَنَّيْنَ			

뜻풀이

• (무엇을) 원하다, 갈망하다, 원하다 • 누구에게(لِ) 무엇을 바라다

예문

أَتَمَنَّى لَكُمْ رِحْلَةً سَعِيدَةً.

당신들이 행복한 여행을 하길 바랍니다.

تَتَمَنَّى أَنْ لَوْ كَانَتْ أَطْوَلَ.

그녀는 키가 좀 더 컸으면 하고 바란다.

أَتَمَنَّى أَنْ لَوْ ذَهَبْتُ إِلَى حَفْلَتِكَ أَمْسِ.

내가 어제 네 파티에 갔었으면 좋았을 텐데.

تَمَنَّتْ أَنْ تُسَافِرَ فِي الْعُطْلَةِ الْقَادِمَةِ.

그녀는 이번 휴가에 여행하길 바랬다.

تَمَنَّيْتُ عَلَى اللهِ طُولَ الْعُمْرِ لِوَالِدَيَّ.

나는 하나님께 부모님의 장수를 빌었다.

تَمَنَّى الطَّالِبُ النَّجَاحَ فِي امْتِحَانِ اللُّغَةِ الْعَرَبِيَّةِ.

학생은 아랍어 시험에 통과하길 바랬다.

اَلْمَفْعُولُ 수동분사	اَلْفَاعِلُ 능동분사	اَلْمَصْدَرُ 동명사	تَنَاوَلَ
مُتَنَاوَل	مُتَنَاوِل	تَنَاوُل	

اَلْمَجْهُولُ 수동		اَلْمَعْلُومُ 능동			اَلضَّمَائِرُ 인칭 대명사	
اَلْمُضَارِعُ 미완료	اَلْمَاضِي 완료	اَلْأَمْرُ 명령	اَلْمُضَارِعُ 미완료	اَلْمَاضِي 완료		
			أَتَنَاوَلُ	تَنَاوَلْتُ	أَنَا	اَلْمُتَكَلِّمُ 1인칭
			نَتَنَاوَلُ	تَنَاوَلْنَا	نَحْنُ	
		تَنَاوَلْ	تَتَنَاوَلُ	تَنَاوَلْتَ	أَنْتَ	اَلْمُخَاطَبُ 2 남
		تَنَاوَلَا	تَتَنَاوَلَانِ	تَنَاوَلْتُمَا	أَنْتُمَا	
		تَنَاوَلُوا	تَتَنَاوَلُونَ	تَنَاوَلْتُمْ	أَنْتُمْ	
		تَنَاوَلِي	تَتَنَاوَلِينَ	تَنَاوَلْتِ	أَنْتِ	اَلْمُخَاطَبَةُ 2 여
		تَنَاوَلَا	تَتَنَاوَلَانِ	تَنَاوَلْتُمَا	أَنْتُمَا	
		تَنَاوَلْنَ	تَتَنَاوَلْنَ	تَنَاوَلْتُنَّ	أَنْتُنَّ	
يُتَنَاوَلُ	تُنُووِلَ		يَتَنَاوَلُ	تَنَاوَلَ	هُوَ	اَلْغَائِبُ 3 남
			يَتَنَاوَلَانِ	تَنَاوَلَا	هُمَا	
			يَتَنَاوَلُونَ	تَنَاوَلُوا	هُمْ	
			تَتَنَاوَلُ	تَنَاوَلَتْ	هِيَ	اَلْغَائِبَةُ 3 여
			تَتَنَاوَلَانِ	تَنَاوَلَتَا	هُمَا	
			يَتَنَاوَلْنَ	تَنَاوَلْنَ	هُنَّ	

뜻풀이

- (무엇을 구하려고) 손을 내밀다, (손을 뻗어) 잡다
- (무엇을) 받아들이다, 수락하다
- (무엇을) 얻다, 획득하다, 받다
- (음식이나 음료 등을) 먹다, 마시다, 섭취하다
- (무엇을) 어디에서(مِن) 끌어내다, 얻다
- (어떤 것의 의미를) 파악하다, 이해하다
- (주제나 사안 등을) 의논하다, 다루다
- (누구 또는 무엇을) 포함하다, 망라하다, 아우르다
- (시선이) 누구에게 닿다, 이르다
- <기독교> 성찬식에 참여하다

예문

إِنَّهُمَا يَتَنَاوَلَانِ فَطُورَهُمَا.

그 둘은 아침을 먹었다.

إِنْ لَمْ أَتَنَاوَلِ الطَّعَامَ أُصَابُ بِالْجُوعِ.

내가 음식을 먹지 않는다면 배고픔으로 고생할 것이다.

تَنَاوَلْ بَعْضَ الْمَاءِ إِنْ كُنْتَ عَطْشَانَ.

목마르다면 물을 조금 섭취해라.

إِذْ تَنَاوَلَ أَبِي الدَّوَاءَ، شَعَرَ بِحَالٍ أَفْضَلَ.

나의 아버지께서 약을 드셨기 때문에 상태가 더 나아졌다.

أَعْطَيْتُ صَدِيقَتِي كُتُبًا جَدِيدَةً تَتَنَاوَلُ تَارِيخَ كُورِيَا.

나는 나의 여자 친구에게 한국의 역사를 다룬 신간 서적들을 주었다.

اَلْمَقَالَةُ تَتَنَاوَلُ تَأْثِيرَ اللُّغَةِ الْعَرَبِيَّةِ عَلَى اللُّغَاتِ الْأُورُوبِّيَّةِ.

그 기사는 아랍어가 유럽 언어에 미친 영향을 다루고 있다.

수동분사 اَلْمَفْعُولُ	능동분사 اَلْفَاعِلُ	동명사 اَلْمَصْدَرُ	تَوَفَّرَ
مُتَوَفَّر	مُتَوَفِّر	تَوَفُّر	

수동 اَلْمَجْهُولُ		능동 اَلْمَعْلُومُ			اَلضَّمَائِرُ 인칭 대명사	
اَلْمُضَارِعُ 미완료	اَلْمَاضِي 완료	اَلْأَمْرُ 명령	اَلْمُضَارِعُ 미완료	اَلْمَاضِي 완료		
			أَتَوَفَّرُ	تَوَفَّرْتُ	أَنَا	اَلْمُتَكَلِّمُ 1인칭
			نَتَوَفَّرُ	تَوَفَّرْنَا	نَحْنُ	
		تَوَفَّرْ	تَتَوَفَّرُ	تَوَفَّرْتَ	أَنْتَ	اَلْمُخَاطَبُ 2 남
		تَوَفَّرَا	تَتَوَفَّرَانِ	تَوَفَّرْتُمَا	أَنْتُمَا	
		تَوَفَّرُوا	تَتَوَفَّرُونَ	تَوَفَّرْتُمْ	أَنْتُمْ	
		تَوَفَّرِي	تَتَوَفَّرِينَ	تَوَفَّرْتِ	أَنْتِ	اَلْمُخَاطَبَةُ 2 여
		تَوَفَّرَا	تَتَوَفَّرَانِ	تَوَفَّرْتُمَا	أَنْتُمَا	
		تَوَفَّرْنَ	تَتَوَفَّرْنَ	تَوَفَّرْتُنَّ	أَنْتُنَّ	
يُتَوَفَّرُ	تُوُفِّرَ		يَتَوَفَّرُ	تَوَفَّرَ	هُوَ	اَلْغَائِبُ 3 남
			يَتَوَفَّرَانِ	تَوَفَّرَا	هُمَا	
			يَتَوَفَّرُونَ	تَوَفَّرُوا	هُمْ	
			تَتَوَفَّرُ	تَوَفَّرَتْ	هِيَ	اَلْغَائِبَةُ 3 여
			تَتَوَفَّرَانِ	تَوَفَّرَتَا	هُمَا	
			يَتَوَفَّرْنَ	تَوَفَّرْنَ	هُنَّ	

뜻풀이

- 양이 많다, 풍부하다
- 쉽게 구할 수 있다, 원하는 대로 사용할 수 있다, 이용 가능하다
- 보장되다, 보증되다
- (전제 조건이나 필요 자격 등이) 누구에게(في) 이행되다, 충족되다
- 무엇에(على) 전념하다, 헌신하다
- (금전 따위가) 절약되다

예문

لَمْ يَتَوَفَّرِ الْمَالُ بَعْدُ.

아직 돈이 충분하지 않았다.

تَوَفَّرَتْ عَلَى التَّأْلِيفِ.

그녀는 집필에 전념했다.

تَوَفَّرَ عِنْدَهُ شَيْءٌ مِنَ الْقُرُوشِ.

그에게는 몇 피아스터가 남았다.

يَتَوَفَّرُ عَلَى دِرَاسَتِهِ لِاسْتِعْدَادِ الِامْتِحَانِ.

그는 시험 대비로 공부에 전념하고 있다.

لَا تَتَوَفَّرُ فِي الْوَقْتِ الْحَاضِرِ الشُّرُوطُ السِّيَاسِيَّةُ.

현 시점에서 정치적인 조건은 충족되지 않는다.

تَتَوَفَّرُ لِلرِّجَالِ وَالنِّسَاءِ فُرَصٌ مُتَسَاوِيَةٌ فِي التَّعْلِيمِ.

남녀 모두에게 교육의 평등한 기회가 보장된다.

ج

جَاءَ	اَلْمَصْدَرُ 동명사	اَلْفَاعِلُ 능동분사	اَلْمَفْعُولُ 수동분사
	مَجِيء	جاءٍ	مَجِيء

اَلضَّمَائِرُ 인칭 대명사		اَلْمَعْلُومُ 능동 اَلْمَاضِي 완료	اَلْمَعْلُومُ 능동 اَلْمُضَارِعُ 미완료	اَلْمَعْلُومُ 능동 اَلْأَمْرُ 명령	اَلْمَجْهُولُ 수동 اَلْمَاضِي 완료	اَلْمَجْهُولُ 수동 اَلْمُضَارِعُ 미완료
اَلْمُتَكَلِّمُ 1인칭	أَنَا	جِئْتُ	أَجِيءُ			
	نَحْنُ	جِئْنَا	نَجِيءُ			
اَلْمُخَاطَبُ 2 남	أَنْتَ	جِئْتَ	تَجِيءُ	جِئْ		
	أَنْتُمَا	جِئْتُمَا	تَجِيئَانِ	جِيئَا		
	أَنْتُمْ	جِئْتُمْ	تَجِيئُونَ	جِيئُوا		
اَلْمُخَاطَبَةُ 2 여	أَنْتِ	جِئْتِ	تَجِيئِينَ	جِيئِي		
	أَنْتُمَا	جِئْتُمَا	تَجِيئَانِ	جِيئَا		
	أَنْتُنَّ	جِئْتُنَّ	تَجِئْنَ	جِئْنَ		
اَلْغَائِبُ 3 남	هُوَ	جَاءَ	يَجِيءُ		جِيءَ	يُجَاءُ
	هُمَا	جَاءَا	يَجِيئَانِ			
	هُمْ	جَاؤُوا	يَجِيئُونَ			
اَلْغَائِبَةُ 3 여	هِيَ	جَاءَتْ	تَجِيءُ			
	هُمَا	جَاءَتَا	تَجِيئَانِ			
	هُنَّ	جِئْنَ	يَجِئْنَ			

뜻풀이

- (어디에 또는 누구에게) 오다
- (어디에) 도착하다, 도달하다, 이르다
- 일어나다, 발생하다
- 무엇을(ب) (누구에게) 가져오다, 가져다 주다
- 무엇을(ب) 낳다, 생산하다
- 무엇을(ب) 제시하다, 발표하다
- 이행하다, 수행하다
- (과실이나 악행 등을) 저지르다, 범하다
- 기사나 문서, 책 등에서(في) 언급되다, 제시되다
- [미완료 동사와 함께] 막 무엇을 하려는 참이다

예문

جَاءَ مِنْ قَطَرَ أَنَّ

카타르로부터 무엇이(أن) 보도되다

جَاءَتْ نَتَائِجُهُ مُطَابِقَةً لِ

그것의 결과는 무엇과 일치하다

جَاءَ فِي جَرِيدَةِ الْأَهْرَامِ أَنَّ

알아흐람 신문에 무엇이(أن) 보도되다

جَاءَ رَجُلٌ يَحْمِلُ كِتَابَهُ.

한 남자가 책 한 권을 들고 왔다.

لَا تَقُلْ إِنَّكَ جِئْتَ خَالِيَ الْوِفَاضِ.

당신이 빈 가방으로 왔다고 말하지 마라.

فِي أَحَدِ الْأَيَّامِ جَاءَ مُهَنْدِسٌ شَابٌّ وَزَوْجَتُهُ لِيَرَيَا الشَّقَّةَ.

어느 날 젊은 엔지니어와 그의 부인이 아파트를 보러 왔다.

수동분사 اَلْمَفْعُولُ	능동분사 اَلْفَاعِلُ	동명사 اَلْمَصْدَرُ	جَالَسَ
مُجَالَس	مُجَالِس	مُجَالَسَة	

수동 اَلْمَجْهُولُ		능동 اَلْمَعْلُومُ			اَلضَّمَائِرُ 인칭 대명사	
اَلْمُضَارِعُ 미완료	اَلْمَاضِي 완료	اَلْأَمْرُ 명령	اَلْمُضَارِعُ 미완료	اَلْمَاضِي 완료		
			أُجَالِسُ	جَالَسْتُ	أَنَا	اَلْمُتَكَلِّمُ 1인칭
			نُجَالِسُ	جَالَسْنَا	نَحْنُ	
		جَالِسْ	تُجَالِسُ	جَالَسْتَ	أَنْتَ	اَلْمُخَاطَبُ 2 남
		جَالِسَا	تُجَالِسَانِ	جَالَسْتُمَا	أَنْتُمَا	
		جَالِسُوا	تُجَالِسُونَ	جَالَسْتُمْ	أَنْتُمْ	
		جَالِسِي	تُجَالِسِينَ	جَالَسْتِ	أَنْتِ	اَلْمُخَاطَبَةُ 2 여
		جَالِسَا	تُجَالِسَانِ	جَالَسْتُمَا	أَنْتُمَا	
		جَالِسْنَ	تُجَالِسْنَ	جَالَسْتُنَّ	أَنْتُنَّ	
يُجَالَسُ	جُولِسَ		يُجَالِسُ	جَالَسَ	هُوَ	اَلْغَائِبُ 3 남
			يُجَالِسَانِ	جَالَسَا	هُمَا	
			يُجَالِسُونَ	جَالَسُوا	هُمْ	
			تُجَالِسُ	جَالَسَتْ	هِيَ	اَلْغَائِبَةُ 3 여
			تُجَالِسَانِ	جَالَسَتَا	هُمَا	
			يُجَالِسْنَ	جَالَسْنَ	هُنَّ	

뜻풀이

- (누구의) 옆에 앉다, 누구와 함께 앉다
- (누구의) 곁에 있어 주다, 함께 있어 주다

예문

جَالَسَتِ الْأَطْفَالَ.

그녀는 아이들과 함께 있어 주었다.

جَالَسْتُ صَدِيقِي.

나는 친구 옆에 앉았다.

كَانَ دَائِمًا يُجَالِسُ الْعُلَمَاءَ.

그는 언제나 학자들 곁에 함께 있었다.

جَالَسَ الْعُلَمَاءَ فِي غُرْفَةِ الِاجْتِمَاعِ.

그는 회의실에서 학자들과 함께 앉았다.

جَالَسُوا صَدِيقَهُمُ الْمَرِيضَ فِي الْمُسْتَشْفَى.

그들은 병원에서 아픈 친구 곁에 있어 주었다.

بَعْضُ الطُّلَّابِ يُجَالِسُونَ الْأَصْدِقَاءَ وَيَقْرَؤُونَ كُتُبَهُمْ هُنَاكَ.

몇몇 학생들은 친구들과 함께 앉아서 책을 읽고 있다.

اَلْمَفْعُولُ 수동분사	اَلْفَاعِلُ 능동분사	اَلْمَصْدَرُ 동명사	جَرَى
مَجْرِيّ	جَارٍ	جَرْي	

اَلْمَجْهُولُ 수동		اَلْمَعْلُومُ 능동			اَلضَّمَائِرُ 인칭 대명사	
اَلْمُضَارِعُ 미완료	اَلْمَاضِي 완료	اَلْأَمْرُ 명령	اَلْمُضَارِعُ 미완료	اَلْمَاضِي 완료		
			أَجْرِي	جَرَيْتُ	أَنَا	اَلْمُتَكَلِّمُ 1인칭
			نَجْرِي	جَرَيْنَا	نَحْنُ	
		اِجْرِ	تَجْرِي	جَرَيْتَ	أَنْتَ	اَلْمُخَاطَبُ 2 남
		اِجْرِيَا	تَجْرِيَانِ	جَرَيْتُمَا	أَنْتُمَا	
		اِجْرُوا	تَجْرُونَ	جَرَيْتُمْ	أَنْتُمْ	
		اِجْرِي	تَجْرِينَ	جَرَيْتِ	أَنْتِ	اَلْمُخَاطَبَةُ 2 여
		اِجْرِيَا	تَجْرِيَانِ	جَرَيْتُمَا	أَنْتُمَا	
		اِجْرِينَ	تَجْرِينَ	جَرَيْتُنَّ	أَنْتُنَّ	
يُجْرَى	جُرِيَ		يَجْرِي	جَرَى	هُوَ	اَلْغَائِبُ 3 남
			يَجْرِيَانِ	جَرَيَا	هُمَا	
			يَجْرُونَ	جَرَوْا	هُمْ	
			تَجْرِي	جَرَتْ	هِيَ	اَلْغَائِبَةُ 3 여
			تَجْرِيَانِ	جَرَتَا	هُمَا	
			يَجْرِينَ	جَرَيْنَ	هُنَّ	

뜻풀이

- (물이) 흐르다, 흘러가다
- 뛰다, 달리다
- 급하게 움직이다, 서두르다
- (바람이) 불다
- (사건 등이) 일어나다, 발생하다
- (일이나 작업 등이) 진행 중이다
- 누구에게(ل) 일어나다, 생기다
- (무엇이) 돌다, 순환하다
- 어디로(إلى) 향하다, 가다
- 무엇에 따라(على) 진행되다
- 무엇에(على) 따르다, 순응하다
- 무엇을(على) 기준으로 삼다, 길잡이로 삼다, 따르다
- 감정, 특히 욕망 등에(مع) 굴복하다, 굽히다, 무너지다
- 무엇을(ب) 수반하다
- 무엇의 뒤를(وراء) 쫓다, 추구하다, 노리다

예문

جَرَتِ الْعَادَةُ بِ

(현상이나 행위 등이) 흔하다, 통용되다, 일반적으로 행해지다

جَرَى عَلَى الْأَلْسُنِ

(소문이) 돌다, 회자되다

جَرَى بِالْعَادَةِ عَلَى

무엇을 습관적으로 하다

إِنَّنَا نَعْرِفُ مَاذَا يَجْرِي حَوْلَنَا.

우리는 우리 주변에 어떤 일이 발생하는지 알고 있다.

غَدًا سَتَجْرِي مُبَارَاةٌ بَيْنَ الْمَدْرَسَتَيْنِ.

내일 두 학교 사이에 경기가 진행될 것이다.

تَجْرِي الرِّيَاحُ بِمَا لَا تَشْتَهِي السُّفُنُ.

바람은 배가 원하지 않는 곳으로 분다.

수동분사 اَلْمَفْعُولُ	능동분사 اَلْفَاعِلُ	동명사 اَلْمَصْدَرُ	جَعَلَ
مَجْعُول	جَاعِل	جَعْل	

수동 اَلْمَجْهُولُ		능동 اَلْمَعْلُومُ			اَلضَّمَائِرُ 인칭 대명사	
اَلْمُضَارِعُ 미완료	اَلْمَاضِي 완료	اَلْأَمْرُ 명령	اَلْمُضَارِعُ 미완료	اَلْمَاضِي 완료		
أُجْعَلُ	جُعِلْتُ		أَجْعَلُ	جَعَلْتُ	أَنَا	اَلْمُتَكَلِّمُ 1인칭
نُجْعَلُ	جُعِلْنَا		نَجْعَلُ	جَعَلْنَا	نَحْنُ	
تُجْعَلُ	جُعِلْتَ	اِجْعَلْ	تَجْعَلُ	جَعَلْتَ	أَنْتَ	اَلْمُخَاطَبُ 2남
تُجْعَلَانِ	جُعِلْتُمَا	اِجْعَلَا	تَجْعَلَانِ	جَعَلْتُمَا	أَنْتُمَا	
تُجْعَلُونَ	جُعِلْتُمْ	اِجْعَلُوا	تَجْعَلُونَ	جَعَلْتُمْ	أَنْتُمْ	
تُجْعَلِينَ	جُعِلْتِ	اِجْعَلِي	تَجْعَلِينَ	جَعَلْتِ	أَنْتِ	اَلْمُخَاطَبَةُ 2여
تُجْعَلَانِ	جُعِلْتُمَا	اِجْعَلَا	تَجْعَلَانِ	جَعَلْتُمَا	أَنْتُمَا	
تُجْعَلْنَ	جُعِلْتُنَّ	اِجْعَلْنَ	تَجْعَلْنَ	جَعَلْتُنَّ	أَنْتُنَّ	
يُجْعَلُ	جُعِلَ		يَجْعَلُ	جَعَلَ	هُوَ	اَلْغَائِبُ 3남
يُجْعَلَانِ	جُعِلَا		يَجْعَلَانِ	جَعَلَا	هُمَا	
يُجْعَلُونَ	جُعِلُوا		يَجْعَلُونَ	جَعَلُوا	هُمْ	
تُجْعَلُ	جُعِلَتْ		تَجْعَلُ	جَعَلَتْ	هِيَ	اَلْغَائِبَةُ 3여
تُجْعَلَانِ	جُعِلَتَا		تَجْعَلَانِ	جَعَلَتَا	هُمَا	
يُجْعَلْنَ	جُعِلْنَ		يَجْعَلْنَ	جَعَلْنَ	هُنَّ	

뜻풀이

- (무엇을) 만들다, 생산하다, 창조하다
- (무엇을) 두다, 놓다
- (결과 등을) 초래하다, 야기하다, 불러 일으키다
- (무엇을 규칙이나 법칙 등으로) 만들다, 정하다
- (누구를 지도자 또는 왕 등으로) 만들다, 세우다
- (누구를 직위나 지위 등으로) 임명하다, 지명하다, 정하다
- (금액이나 액수 등을) 얼마로 고정시키다, 정하다
- (누구 또는 무엇을) 무엇이라([목] 또는 ب) 생각하다, 여기다
- (무엇을 다른 무엇의 형태로서) 나타내다, 표현하다 (그림이나 소설 속에서)
- (무엇을) 누구에게(ل) 유리하게 정하다
- (무엇을) 누구에게(ل) 속하게 하다, 누구의 것이라고 말하다
- (무엇을) 누구에게(إلى) 맡기다
- (누구 또는 무엇을) 어떤 상태에 빠뜨리다, 특정 상황에 집어넣다
- [미완료 동사와 함께] (무엇을) 시작하다

예문

جَعَلَنِي أَعِدُهُ أَنْ أُقْرِضَهُ النُّقُودَ.

그는 내가 돈을 빌려주기로 약속하게 만들었다.

هَذِهِ الْمَسْأَلَةُ تَجْعَلُ وَالِدِي يُفَكِّرُ كَثِيرًا.

이 문제는 나의 아버지가 많은 생각을 하도록 만들었다.

قَالَ ذَلِكَ لِكَيْ يَجْعَلَهَا تَشْعُرُ بِالسَّعَادَةِ.

그는 그녀가 행복하게 하기 위해 그렇게 말했다.

فَنَحْنُ نُرِيدُ أَنْ نَجْعَلَ بِلَادَنَا مُزْدَهِرَةً وَمُتَطَوِّرَةً.

우리는 우리나라가 번영하고 발전하도록 만들고 싶다.

수동분사 اَلْمَفْعُولُ	능동분사 اَلْفَاعِلُ	동명사 اَلْمَصْدَرُ	جَلَسَ
مَجْلُوس	جَالِس	جُلُوس	

수동 اَلْمَجْهُولُ			능동 اَلْمَعْلُومُ			اَلضَّمَائِرُ 인칭 대명사	
اَلْمُضَارِعُ 미완료	اَلْمَاضِي 완료		اَلْأَمْرُ 명령	اَلْمُضَارِعُ 미완료	اَلْمَاضِي 완료		
أُجْلَسُ	جُلِسْتُ			أَجْلِسُ	جَلَسْتُ	أَنَا	اَلْمُتَكَلِّمُ 1인칭
نُجْلَسُ	جُلِسْنَا			نَجْلِسُ	جَلَسْنَا	نَحْنُ	
تُجْلَسُ	جُلِسْتَ		اِجْلِسْ	تَجْلِسُ	جَلَسْتَ	أَنْتَ	اَلْمُخَاطَبُ 2남
تُجْلَسَانِ	جُلِسْتُمَا		اِجْلِسَا	تَجْلِسَانِ	جَلَسْتُمَا	أَنْتُمَا	
تُجْلَسُونَ	جُلِسْتُمْ		اِجْلِسُوا	تَجْلِسُونَ	جَلَسْتُمْ	أَنْتُمْ	
تُجْلَسِينَ	جُلِسْتِ		اِجْلِسِي	تَجْلِسِينَ	جَلَسْتِ	أَنْتِ	اَلْمُخَاطَبَةُ 2여
تُجْلَسَانِ	جُلِسْتُمَا		اِجْلِسَا	تَجْلِسَانِ	جَلَسْتُمَا	أَنْتُمَا	
تُجْلَسْنَ	جُلِسْتُنَّ		اِجْلِسْنَ	تَجْلِسْنَ	جَلَسْتُنَّ	أَنْتُنَّ	
يُجْلَسُ	جُلِسَ			يَجْلِسُ	جَلَسَ	هُوَ	اَلْغَائِبُ 3남
يُجْلَسَانِ	جُلِسَا			يَجْلِسَانِ	جَلَسَا	هُمَا	
يُجْلَسُونَ	جُلِسُوا			يَجْلِسُونَ	جَلَسُوا	هُمْ	
تُجْلَسُ	جُلِسَتْ			تَجْلِسُ	جَلَسَتْ	هِيَ	اَلْغَائِبَةُ 3여
تُجْلَسَانِ	جُلِسَتَا			تَجْلِسَانِ	جَلَسَتَا	هُمَا	
يُجْلَسْنَ	جُلِسْنَ			يَجْلِسْنَ	جَلَسْنَ	هُنَّ	

뜻풀이

- (식탁에서) 누구와(إلى) 함께 앉다, 자리하다
- 의자에(على) 앉다

예문

نَعْرِفُ أَيْنَ نَجْلِسُ.

우리는 어디에 앉는지 알고 있다.

اَلْبِنْتُ تَجْلِسُ عَلَى الْعُشْبِ.

소녀는 잔디 위에 앉아 있다.

جَلَسْتُ وَأَنْهَكَ التَّعْبُ جَسَدِي.

내가 앉자 피곤이 덮쳐 왔다.

لَمْ يَجْلِسْ أَحَدٌ عَلَى الْمَائِدَةِ مَا خَلَا زَيْدًا.

제이드 말고는 아무도 테이블에 앉지 않았다.

نَاهِدُ جَلَسَتْ فِي الْحَدِيقَةِ تَتَنَفَّسُ هَوَاءً مُنْعِشًا.

나히드는 기분 좋은 공기를 들이 마시면서 공원에 앉아 있다.

هَذِهِ السَّيَّارَةُ صَغِيرَةٌ جِدًّا بِالنِّسْبَةِ لِعَشَرَةِ أَشْخَاصٍ لِأَنْ يَجْلِسُوا فِيهَا.

이 차량은 10명이 앉기에는 너무 작다.

수동분사 اَلْمَفْعُولُ	능동분사 اَلْفَاعِلُ	동명사 اَلْمَصْدَرُ	جَمَعَ
مَجْمُوع	جَامِع	جَمْع	

수동 اَلْمَجْهُولُ		능동 اَلْمَعْلُومُ			اَلضَّمَائِرُ 인칭 대명사	
اَلْمُضَارِعُ 미완료	اَلْمَاضِي 완료	اَلْأَمْرُ 명령	اَلْمُضَارِعُ 미완료	اَلْمَاضِي 완료		
أُجْمَعُ	جُمِعْتُ		أَجْمَعُ	جَمَعْتُ	أَنَا	اَلْمُتَكَلِّمُ 1인칭
نُجْمَعُ	جُمِعْنَا		نَجْمَعُ	جَمَعْنَا	نَحْنُ	
تُجْمَعُ	جُمِعْتَ	اِجْمَعْ	تَجْمَعُ	جَمَعْتَ	أَنْتَ	اَلْمُخَاطَبُ 2남
تُجْمَعَانِ	جُمِعْتُمَا	اِجْمَعَا	تَجْمَعَانِ	جَمَعْتُمَا	أَنْتُمَا	
تُجْمَعُونَ	جُمِعْتُمْ	اِجْمَعُوا	تَجْمَعُونَ	جَمَعْتُمْ	أَنْتُمْ	
تُجْمَعِينَ	جُمِعْتِ	اِجْمَعِي	تَجْمَعِينَ	جَمَعْتِ	أَنْتِ	اَلْمُخَاطَبَةُ 2여
تُجْمَعَانِ	جُمِعْتُمَا	اِجْمَعَا	تَجْمَعَانِ	جَمَعْتُمَا	أَنْتُمَا	
تُجْمَعْنَ	جُمِعْتُنَّ	اِجْمَعْنَ	تَجْمَعْنَ	جَمَعْتُنَّ	أَنْتُنَّ	
يُجْمَعُ	جُمِعَ		يَجْمَعُ	جَمَعَ	هُوَ	اَلْغَائِبُ 3남
يُجْمَعَانِ	جُمِعَا		يَجْمَعَانِ	جَمَعَا	هُمَا	
يُجْمَعُونَ	جُمِعُوا		يَجْمَعُونَ	جَمَعُوا	هُمْ	
تُجْمَعُ	جُمِعَتْ		تَجْمَعُ	جَمَعَتْ	هِيَ	اَلْغَائِبَةُ 3여
تُجْمَعَانِ	جُمِعَتَا		تَجْمَعَانِ	جَمَعَتَا	هُمَا	
يُجْمَعْنَ	جُمِعْنَ		يَجْمَعْنَ	جَمَعْنَ	هُنَّ	

뜻풀이

- (무엇을) 모으다, (화폐 등을) 수집하다
- (부분을) 모으다, 다 합쳐서 전체로 만들다
- (사물들을) 하나로 모으다, 합치다
- <인쇄> 활자로 짜다, 조판하다
- (책을) 엮다, 편찬하다
- (무엇을) 요약하다
- 사람들을(هم) 불러모으다, 집합시키다
- (무엇을) 쌓다, 축적하다
- (회의 등을) 소집하다, 회합하다
- (누구를) 다른 이들에게(ب) 소개하다, 어울리게 하다
- (수를) 더하다, 모두 더해 계산하다
- <문법> (단어를) 복수로 만들다
- 몇몇 사물들이나 사람들을(بين) 하나로 모으다, 연결하다
- 무엇과(بين) 무엇을(و) 합치다, 결합하다
- (무엇을) 포함하다, 포괄하다

예문

جَمَعَ كَفَّهُ

주먹 쥐다

جَمَعَ الْقُرْآنَ

꾸란 전체를 암기하다

تُجْمَعُ الْأَزْهَارُ

꽃이 모아졌다.

جَمَعَ شَمْلَ الْقَطِيعِ

(가축) 무리를 끌어 모으다

اَلنَّمْلُ يَجْمَعُ حَبَّهُ.

개미가 곡식을 모은다.

جُمِعَتِ التَّبَرُّعَاتُ لِلْفُقَرَاءِ.

가난한 사람들을 위한 기부금이 모였다.

جَهَّزَ

수동분사 اَلْمَفْعُولُ	능동분사 اَلْفَاعِلُ	동명사 اَلْمَصْدَرُ
مُجَهَّز	مُجَهِّز	تَجْهِيز

수동 اَلْمَجْهُولُ		능동 اَلْمَعْلُومُ			اَلضَّمَائِرُ 인칭 대명사	
اَلْمُضَارِعُ 미완료	اَلْمَاضِي 완료	اَلْأَمْرُ 명령	اَلْمُضَارِعُ 미완료	اَلْمَاضِي 완료		
			أُجَهِّزُ	جَهَّزْتُ	أَنَا	اَلْمُتَكَلِّمُ 1인칭
			نُجَهِّزُ	جَهَّزْنَا	نَحْنُ	
		جَهِّزْ	تُجَهِّزُ	جَهَّزْتَ	أَنْتَ	اَلْمُخَاطَبُ 2 남
		جَهِّزَا	تُجَهِّزَانِ	جَهَّزْتُمَا	أَنْتُمَا	
		جَهِّزُوا	تُجَهِّزُونَ	جَهَّزْتُمْ	أَنْتُمْ	
		جَهِّزِي	تُجَهِّزِينَ	جَهَّزْتِ	أَنْتِ	اَلْمُخَاطَبَةُ 2 여
		جَهِّزَا	تُجَهِّزَانِ	جَهَّزْتُمَا	أَنْتُمَا	
		جَهِّزْنَ	تُجَهِّزْنَ	جَهَّزْتُنَّ	أَنْتُنَّ	
يُجَهَّزُ	جُهِّزَ		يُجَهِّزُ	جَهَّزَ	هُوَ	اَلْغَائِبُ 3 남
			يُجَهِّزَانِ	جَهَّزَا	هُمَا	
			يُجَهِّزُونَ	جَهَّزُوا	هُمْ	
			تُجَهِّزُ	جَهَّزَتْ	هِيَ	اَلْغَائِبَةُ 3 여
			تُجَهِّزَانِ	جَهَّزَتَا	هُمَا	
			يُجَهِّزْنَ	جَهَّزْنَ	هُنَّ	

뜻풀이

- (무엇을) 준비해 놓다, 준비시켜 놓다
- (식사 등을) 준비하다
- (주거, 주택 등을) 다시 꾸미다, 새로운 가구나 비품 등을 설치하다
- (무엇을) 마련하다, 공급하다, 제공하다, 설비하다
- 장비 등을(بـ) (누구 또는 어디에) 제공하다, 갖추다, 갖추어 주다

예문

جَهَّزَ بَيْتَهُ.

그는 집에 가구를 들여 놓았다.

جَهَّزْتُ الْعَرُوسَ لِلزِّفَافِ.

나는 신부에게 결혼식에 필요한 것을 갖춰 주었다.

جَهِّزْ طَاوِلَةَ الْعَشَاءِ بَيْنَمَا أُحَضِّرُ الطَّعَامَ.

내가 음식을 준비하는 동안 너는 저녁상을 준비해라.

هَلْ يُمْكِنُكَ أَنْ تُجَهِّزَ لِي هَذِهِ الْوَصْفَةَ الطِّبِّيَّةَ؟

이 처방대로 준비해줄 수 있나요?

طَلَبَ مِنْهَا بِأَنْ تُجَهِّزَ جَمِيعَ الْمِلَفَّاتِ قَبْلَ الِاجْتِمَاعِ.

그는 그녀에게 회의 전에 모든 서류를 준비하라고 요청했다.

جَهَّزَتِ الْقِيَادَةُ الْعَسْكَرِيَّةُ الْجَيْشَ لِلْهُجُومِ عَلَى الْعَدُوِّ.

군 사령부는 적을 공격하기 위해 군대를 준비했다.

수동분사 اَلْمَفْعُولُ	능동분사 اَلْفَاعِلُ	동명사 اَلْمَصْدَرُ	جَهَزَ
مَجْهُوز	جَاهِز	جَهْز	

수동 اَلْمَجْهُولُ		능동 اَلْمَعْلُومُ			اَلضَّمَائِرُ 인칭 대명사	
اَلْمُضَارِعُ 미완료	اَلْمَاضِي 완료	اَلْأَمْرُ 명령	اَلْمُضَارِعُ 미완료	اَلْمَاضِي 완료		
أُجْهَزُ	جُهِزْتُ		أَجْهَزُ	جَهَزْتُ	أَنَا	اَلْمُتَكَلِّمُ 1인칭
نُجْهَزُ	جُهِزْنَا		نَجْهَزُ	جَهَزْنَا	نَحْنُ	
تُجْهَزُ	جُهِزْتَ	اِجْهَزْ	تَجْهَزُ	جَهَزْتَ	أَنْتَ	اَلْمُخَاطَبُ 2 남
تُجْهَزَانِ	جُهِزْتُمَا	اِجْهَزَا	تَجْهَزَانِ	جَهَزْتُمَا	أَنْتُمَا	
تُجْهَزُونَ	جُهِزْتُمْ	اِجْهَزُوا	تَجْهَزُونَ	جَهَزْتُمْ	أَنْتُمْ	
تُجْهَزِينَ	جُهِزْتِ	اِجْهَزِي	تَجْهَزِينَ	جَهَزْتِ	أَنْتِ	اَلْمُخَاطَبَةُ 2 여
تُجْهَزَانِ	جُهِزْتُمَا	اِجْهَزَا	تَجْهَزَانِ	جَهَزْتُمَا	أَنْتُمَا	
تُجْهَزْنَ	جُهِزْتُنَّ	اِجْهَزْنَ	تَجْهَزْنَ	جَهَزْتُنَّ	أَنْتُنَّ	
يُجْهَزُ	جُهِزَ		يَجْهَزُ	جَهَزَ	هُوَ	اَلْغَائِبُ 3 남
يُجْهَزَانِ	جُهِزَا		يَجْهَزَانِ	جَهَزَا	هُمَا	
يُجْهَزُونَ	جُهِزُوا		يَجْهَزُونَ	جَهَزُوا	هُمْ	
تُجْهَزُ	جُهِزَتْ		تَجْهَزُ	جَهَزَتْ	هِيَ	اَلْغَائِبَةُ 3 여
تُجْهَزَانِ	جُهِزَتَا		تَجْهَزَانِ	جَهَزَتَا	هُمَا	
يُجْهَزْنَ	جُهِزْنَ		يَجْهَزْنَ	جَهَزْنَ	هُنَّ	

뜻풀이

- 부상당한 사람을(على) 죽이다
- 누구에게(على) 결정적인 한 방을 날리다
  누구를(على) 두들겨 패다
- (누구를) 죽이다, 없애 버리다, 끝내 버리다

예문

جَهَزَ عَلَى الْجَرِيحِ.

그는 부상자를 죽였다.

لِمَاذَا لَمْ يَجْهَزْ عَلَيَّ؟

왜 그는 나를 끝내 버리지 않았지?

أَرْسَلُوا كَمَالًا لِيَجْهَزَ عَلَيَّ.

그들은 카말을 보내 나를 두들겨 팼다.

يَأْمَلُ أَنْ يَجْهَزُوا عَلَيْكُمْ جَمِيعًا.

그는 그들이 당신들 모두를 죽여 주길 바라고 있다.

الْجُرْعَةُ الزَّائِدَةُ مِنَ الْهِرُوين قَدْ تَجْهَزُ عَلَى الْمَرْءِ فَوْرًا قَرِيبًا.

헤로인 과다 복용은 당장이라도 사람을 죽일 수도 있다.

ح

حَاضَرَ

اَلْمَصْدَرُ 동명사	اَلْفَاعِلُ 능동분사	اَلْمَفْعُولُ 수동분사
مُحَاضَرَة	مُحَاضِر	مُحَاضَر

اَلضَّمَائِرُ 인칭 대명사		اَلْمَعْلُومُ 능동			اَلْمَجْهُولُ 수동	
		اَلْمَاضِي 완료	اَلْمُضَارِعُ 미완료	اَلْأَمْرُ 명령	اَلْمَاضِي 완료	اَلْمُضَارِعُ 미완료
اَلْمُتَكَلِّمُ 1인칭	أَنَا	حَاضَرْتُ	أُحَاضِرُ			
	نَحْنُ	حَاضَرْنَا	نُحَاضِرُ			
اَلْمُخَاطَبُ 2 남	أَنْتَ	حَاضَرْتَ	تُحَاضِرُ	حَاضِرْ		
	أَنْتُمَا	حَاضَرْتُمَا	تُحَاضِرَانِ	حَاضِرَا		
	أَنْتُمْ	حَاضَرْتُمْ	تُحَاضِرُونَ	حَاضِرُوا		
اَلْمُخَاطَبَةُ 2 여	أَنْتِ	حَاضَرْتِ	تُحَاضِرِينَ	حَاضِرِي		
	أَنْتُمَا	حَاضَرْتُمَا	تُحَاضِرَانِ	حَاضِرَا		
	أَنْتُنَّ	حَاضَرْتُنَّ	تُحَاضِرْنَ	حَاضِرْنَ		
اَلْغَائِبُ 3 남	هُوَ	حَاضَرَ	يُحَاضِرُ		حُوضِرَ	يُحَاضَرُ
	هُمَا	حَاضَرَا	يُحَاضِرَانِ			
	هُمْ	حَاضَرُوا	يُحَاضِرُونَ			
اَلْغَائِبَةُ 3 여	هِيَ	حَاضَرَتْ	تُحَاضِرُ			
	هُمَا	حَاضَرَتَا	تُحَاضِرَانِ			
	هُنَّ	حَاضَرْنَ	يُحَاضِرْنَ			

뜻풀이

- 강의를 하다
- (누구에게) 강의를 하다
- 싸우다

예문

حَاضَرَ صَاحِبَهُ

친구와 싸우다

حَاضَرَ خَصْمَهُ

상대방과 (무릎을 맞대고) 격론을 벌이다.

حَاضَرَ الْجَوَابَ

답을 가지고 오다

حَاضَرَتِ النَّاسَ.

그녀는 사람들과 함께 (앉아) 대화를 나누었다.

حَاضَرَتْ عَنِ الْوَضْعِ السِّيَاسِيِّ فِي كُورِيَا.

그녀는 한국의 정치 상황에 관해 강의를 했다.

كُنْتُ أُحَاضِرُ فِي إِحْدَى الْجَامِعَاتِ الْأُورُوبِيَّةِ عَنِ الِاقْتِصَادِ الْإِسْلَامِيِّ.

나는 유럽의 대학교들 중 한 곳에서 이슬람 경제를 강의하고 있었다.

حَافَظَ	اَلْمَصْدَرُ 동명사	اَلْفَاعِلُ 능동분사	اَلْمَفْعُولُ 수동분사
	مُحَافَظَة	مُحَافِظ	مُحَافَظ

اَلضَّمَائِرُ 인칭 대명사		능동 اَلْمَعْلُومُ			수동 اَلْمَجْهُولُ	
		اَلْمَاضِي 완료	اَلْمُضَارِعُ 미완료	اَلْأَمْرُ 명령	اَلْمَاضِي 완료	اَلْمُضَارِعُ 미완료
اَلْمُتَكَلِّمُ 1인칭	أَنَا	حَافَظْتُ	أُحَافِظُ			
	نَحْنُ	حَافَظْنَا	نُحَافِظُ			
اَلْمُخَاطَبُ 2 남	أَنْتَ	حَافَظْتَ	تُحَافِظُ	حَافِظْ		
	أَنْتُمَا	حَافَظْتُمَا	تُحَافِظَانِ	حَافِظَا		
	أَنْتُمْ	حَافَظْتُمْ	تُحَافِظُونَ	حَافِظُوا		
اَلْمُخَاطَبَةُ 2 여	أَنْتِ	حَافَظْتِ	تُحَافِظِينَ	حَافِظِي		
	أَنْتُمَا	حَافَظْتُمَا	تُحَافِظَانِ	حَافِظَا		
	أَنْتُنَّ	حَافَظْتُنَّ	تُحَافِظْنَ	حَافِظْنَ		
اَلْغَائِبُ 3 남	هُوَ	حَافَظَ	يُحَافِظُ		حُوفِظَ	يُحَافَظُ
	هُمَا	حَافَظَا	يُحَافِظَانِ			
	هُمْ	حَافَظُوا	يُحَافِظُونَ			
اَلْغَائِبَةُ 3 여	هِيَ	حَافَظَتْ	تُحَافِظُ			
	هُمَا	حَافَظَتَا	تُحَافِظَانِ			
	هُنَّ	حَافَظْنَ	يُحَافِظْنَ			

뜻풀이

- 무엇을(على) 유지시키다, 보존하다, 지속시키다
- 무엇을(على) 관리하다, 감독하다
- 무엇에 대해(على) 주의하다, 주의를 기울이다, 신경을 쓰다
- 무엇을(على) 따르다, 준수하다,
- 무엇을([목] 또는 على 또는 عن) 보호하다, 지키다, 수호하다

예문

أُحَافِظُ عَلَى التَّقَالِيدِ.

나는 전통을 지킨다.

يُحَافِظُ عَلَى الصَّدَارَةِ.

그는 선두를 지키고 있다.

حَافِظْ عَلَى الصَّدِيقِ الْجَيِّدِ.

좋은 친구를 소중히 해라.

يَرْكُضُ حَتَّى يُحَافِظَ عَلَى رَشَاقَتِهِ.

그는 날씬한 몸매를 유지하기 위해 달리기를 한다.

هَذِهِ هِيَ الطَّرِيقَةُ الْوَحِيدَةُ الَّتِي يُحَافِظُونَ بِهَا عَلَى عَقْلٍ سَلِيمٍ.

이것이야말로 그들이 건전한 정신을 유지할 수 있는 유일한 방법이다.

تُحَافِظُ عُمْلَةُ الدُّولَارِ عَلَى قِيمَتِهَا الِاسْمِيَّةِ أَمَامَ الْعُمْلَاتِ الْأُخْرَى

달러는 다른 통화에 대한 명목 가치를 유지하고 있다.

اَلْمَفْعُولُ 수동분사	اَلْفَاعِلُ 능동분사	اَلْمَصْدَرُ 동명사	حَانَ
مَحِين	حَائِن	حَيْن، حَيْنُونَة	

اَلْمَجْهُولُ 수동		اَلْمَعْلُومُ 능동			اَلضَّمَائِرُ 인칭 대명사	
اَلْمُضَارِعُ 미완료	اَلْمَاضِي 완료	اَلْأَمْرُ 명령	اَلْمُضَارِعُ 미완료	اَلْمَاضِي 완료		
			أَحِينُ	حِنْتُ	أَنَا	اَلْمُتَكَلِّمُ 1인칭
			نَحِينُ	حِنَّا	نَحْنُ	
		حِنْ	تَحِينُ	حِنْتَ	أَنْتَ	اَلْمُخَاطَبُ 2 남
		حِينَا	تَحِينَانِ	حِنْتُمَا	أَنْتُمَا	
		حِينُوا	تَحِينُونَ	حِنْتُمْ	أَنْتُمْ	
		حِينِي	تَحِينِينَ	حِنْتِ	أَنْتِ	اَلْمُخَاطَبَةُ 2 여
		حِينَا	تَحِينَانِ	حِنْتُمَا	أَنْتُمَا	
		حِنَّ	تَحِنَّ	حِنْتُنَّ	أَنْتُنَّ	
يُحَانُ	حِينَ		يَحِينُ	حَانَ	هُوَ	اَلْغَائِبُ 3 남
			يَحِينَانِ	حَانَا	هُمَا	
			يَحِينُونَ	حَانُوا	هُمْ	
			تَحِينُ	حَانَتْ	هِيَ	اَلْغَائِبَةُ 3 여
			تَحِينَانِ	حَانَتَا	هُمَا	
			يَحِنَّ	حِنَّ	هُنَّ	

뜻풀이

- (시간이) 다 되다, 다가오다, 가까워지다
- 우연히 발생하다, 뜻하지 않게 일어나다

예문

حَانَ الْوَقْتُ

(적절한) 시기가 되다, 지금이 절호의 기회이다

حَانَ لَهُ أَنْ

그가 무엇을(أَنْ) 해야 할 시간이 되다

يَحِينُ وَقْتُ سَدَادِ الدَّيْنِ.

채무 변제 시기가 되다.

أَمَا حَانَ لَهُمْ أَنْ يَفْهَمُوا؟

그들은 아직 이해하지 못했나?

يَحِينُ قَرِيبًا وَقْتُ حِصَادِ الذُّرَةِ.

곧 옥수수 수확 시기이다.

يَا دَانِيَةُ، حَانَ الْوَقْتُ أَنْ تَنْهَضِي.

다니아! 일어날 시간이야.

حَاوَلَ

수동분사 اَلْمَفْعُولُ	능동분사 اَلْفَاعِلُ	동명사 اَلْمَصْدَرُ	حَاوَلَ
مُحَاوَل	مُحَاوِل	مُحَاوَلَة	

수동 اَلْمَجْهُولُ		능동 اَلْمَعْلُومُ			اَلضَّمَائِرُ 인칭 대명사	
اَلْمُضَارِعُ 미완료	اَلْمَاضِي 완료	اَلْأَمْرُ 명령	اَلْمُضَارِعُ 미완료	اَلْمَاضِي 완료		
			أُحَاوِلُ	حَاوَلْتُ	أَنَا	اَلْمُتَكَلِّمُ 1인칭
			نُحَاوِلُ	حَاوَلْنَا	نَحْنُ	
		حَاوِلْ	تُحَاوِلُ	حَاوَلْتَ	أَنْتَ	اَلْمُخَاطَبُ 2 남
		حَاوِلَا	تُحَاوِلَانِ	حَاوَلْتُمَا	أَنْتُمَا	
		حَاوِلُوا	تُحَاوِلُونَ	حَاوَلْتُمْ	أَنْتُمْ	
		حَاوِلِي	تُحَاوِلِينَ	حَاوَلْتِ	أَنْتِ	اَلْمُخَاطَبَةُ 2 여
		حَاوِلَا	تُحَاوِلَانِ	حَاوَلْتُمَا	أَنْتُمَا	
		حَاوِلْنَ	تُحَاوِلْنَ	حَاوَلْتُنَّ	أَنْتُنَّ	
يُحَاوَلُ	حُووِلَ		يُحَاوِلُ	حَاوَلَ	هُوَ	اَلْغَائِبُ 3 남
			يُحَاوِلَانِ	حَاوَلَا	هُمَا	
			يُحَاوِلُونَ	حَاوَلُوا	هُمْ	
			تُحَاوِلُ	حَاوَلَتْ	هِيَ	اَلْغَائِبَةُ 3 여
			تُحَاوِلَانِ	حَاوَلَتَا	هُمَا	
			يُحَاوِلْنَ	حَاوَلْنَ	هُنَّ	

뜻풀이

- 무엇을([목] 또는 أَنْ) 시도하다, 해 보려 노력하다, 애쓰다
- 교활한 방법으로 (무엇을) 얻으려 하다
- 교묘하게 둘러대다, 얼버무리다, 속이다

예문

يُحَاوِلُ الْمُسْتَحِيلَ.

그는 불가능에 도전한다.

كَانَتْ تُحَاوِلُ أَنْ تَنَامَ.

그녀는 자려고 애썼다.

حَاوَلَ أَنْ يُخْرِجَ صُنْدُوقَ النُّقُودِ.

그는 돈 상자를 꺼내려고 애썼다.

حَاوِلْ أَلَّا تُصْدِرَ الْكَثِيرَ مِنَ الضَّجِيجِ.

큰 소리를 내지 않도록 노력해라.

أَنَا أُحَاوِلُ أَنْ أُرَكِّزَ عَلَى هَذِهِ الْمَسْأَلَةِ.

저는 이 문제에 집중하려고 합니다.

سِتَّةُ إِطْفَائِيِّينَ يُحَاوِلُونَ أَنْ يُطْفِئُوا الْحَرِيقَ.

여섯 명의 소방관은 불을 끄려고 노력 중이다.

수동분사 اَلْمَفْعُولُ	능동분사 اَلْفَاعِلُ	동명사 اَلْمَصْدَرُ	حَجَزَ
مَحْجُوز	حَاجِز	حَجْز	

수동 اَلْمَجْهُولُ		능동 اَلْمَعْلُومُ			اَلضَّمَائِرُ 인칭 대명사	
اَلْمُضَارِعُ 미완료	اَلْمَاضِي 완료	اَلْأَمْرُ 명령	اَلْمُضَارِعُ 미완료	اَلْمَاضِي 완료		
أُحْجَزُ	حُجِزْتُ		أَحْجُزُ، أَحْجِزُ	حَجَزْتُ	أَنَا	اَلْمُتَكَلِّمُ 1인칭
نُحْجَزُ	حُجِزْنَا		نَحْجُزُ، نَحْجِزُ	حَجَزْنَا	نَحْنُ	
تُحْجَزُ	حُجِزْتَ	اُحْجُزْ، اِحْجِزْ	تَحْجُزُ، تَحْجِزُ	حَجَزْتَ	أَنْتَ	اَلْمُخَاطَبُ 2 남
تُحْجَزَانِ	حُجِزْتُمَا	اُحْجُزَا، اِحْجِزَا	تَحْجُزَانِ، تَحْجِزَانِ	حَجَزْتُمَا	أَنْتُمَا	
تُحْجَزُونَ	حُجِزْتُمْ	اُحْجُزُوا، اِحْجِزُوا	تَحْجُزُونَ، تَحْجِزُونَ	حَجَزْتُمْ	أَنْتُمْ	
تُحْجَزِينَ	حُجِزْتِ	اُحْجُزِي، اِحْجِزِي	تَحْجُزِينَ، تَحْجِزِينَ	حَجَزْتِ	أَنْتِ	اَلْمُخَاطَبَةُ 2 여
تُحْجَزَانِ	حُجِزْتُمَا	اُحْجُزَا، اِحْجِزَا	تَحْجُزَانِ، تَحْجِزَانِ	حَجَزْتُمَا	أَنْتُمَا	
تُحْجَزْنَ	حُجِزْتُنَّ	اُحْجُزْنَ، اِحْجِزْنَ	تَحْجُزْنَ، تَحْجِزْنَ	حَجَزْتُنَّ	أَنْتُنَّ	
يُحْجَزُ	حُجِزَ		يَحْجُزُ، يَحْجِزُ	حَجَزَ	هُوَ	اَلْغَائِبُ 3 남
يُحْجَزَانِ	حُجِزَا		يَحْجُزَانِ، يَحْجِزَانِ	حَجَزَا	هُمَا	
يُحْجَزُونَ	حُجِزُوا		يَحْجُزُونَ، يَحْجِزُونَ	حَجَزُوا	هُمْ	
تُحْجَزُ	حُجِزَتْ		تَحْجُزُ، تَحْجِزُ	حَجَزَتْ	هِيَ	اَلْغَائِبَةُ 3 여
تُحْجَزَانِ	حُجِزَتَا		تَحْجُزَانِ، تَحْجِزَانِ	حَجَزَتَا	هُمَا	
يُحْجَزْنَ	حُجِزْنَ		يَحْجُزْنَ، يَحْجِزْنَ	حَجَزْنَ	هُنَّ	

뜻풀이

- (무엇을) 무엇으로부터(عن) 막다, 저지하다, 방해하다
- (무엇을) 무엇으로부터(عن) 멀리 두다, 떨어뜨리다
- (무엇을) 막다, 차단하다, 접근할 수 없게 하다
- (문 등을) 잠그다, 누구를(دون) 가두다
- <법> 소송(사건)을 판결까지(للحكم) 미루다, 연기하다
- (무엇을) 고립시키다, 격리하다
- 두 가지를(بين) 분리시키다, 떼어 놓다
- (누구 또는 무엇을) 붙잡다, 억류하다, 구금하다
- 무엇을([목] 또는 على)압수하다, 몰수하다
- (무엇을) 남겨두다, 보존하다
- (비행기 좌석이나 식당 테이블 등을) 예약하다

예문

حَجَزَتْ بَيْنَهُمَا.

그녀는 그 둘을 갈라놓았다.

حَجَزَتْهُ الشُّرْطَةُ.

경찰은 그를 구금했다.

يَحْجِزُ الْحَائِطُ الضَّوْءَ.

벽이 빛을 차단한다.

حَجَزَ الْقَاضِي عَلَى مَالِهِ.

판사는 그의 재산을 압류했다.

مَا الَّذِي يَحْجُزُهُ عَنِ الْقُدُومِ؟

그를 오지 못하게 하는 것이 무엇인가?

يَنْبَغِي أَنْ تَحْضُرَ مُبَكِّرًا إِنْ كُنْتَ تُرِيدُ أَنْ تَحْجِزَ مِقْعَدًا جَيِّدًا.

좋은 자리를 예약하고 싶으면 일찍 와야 한다.

ٱلْمَفْعُولُ 수동분사	ٱلْفَاعِلُ 능동분사	ٱلْمَصْدَرُ 동명사	حَدَّثَ
مُحَدَّث	مُحَدِّث	تَحْدِيث	

ٱلْمَجْهُولُ 수동		ٱلْمَعْلُومُ 능동			ٱلضَّمَائِرُ 인칭 대명사	
ٱلْمُضَارِعُ 미완료	ٱلْمَاضِي 완료	ٱلْأَمْرُ 명령	ٱلْمُضَارِعُ 미완료	ٱلْمَاضِي 완료		
			أُحَدِّثُ	حَدَّثْتُ	أَنَا	ٱلْمُتَكَلِّمُ 1인칭
			نُحَدِّثُ	حَدَّثْنَا	نَحْنُ	
		حَدِّثْ	تُحَدِّثُ	حَدَّثْتَ	أَنْتَ	ٱلْمُخَاطَبُ 2 남
		حَدِّثَا	تُحَدِّثَانِ	حَدَّثْتُمَا	أَنْتُمَا	
		حَدِّثُوا	تُحَدِّثُونَ	حَدَّثْتُمْ	أَنْتُمْ	
		حَدِّثِي	تُحَدِّثِينَ	حَدَّثْتِ	أَنْتِ	ٱلْمُخَاطَبَةُ 2 여
		حَدِّثَا	تُحَدِّثَانِ	حَدَّثْتُمَا	أَنْتُمَا	
		حَدِّثْنَ	تُحَدِّثْنَ	حَدَّثْتُنَّ	أَنْتُنَّ	
يُحَدَّثُ	حُدِّثَ		يُحَدِّثُ	حَدَّثَ	هُوَ	ٱلْغَائِبُ 3 남
			يُحَدِّثَانِ	حَدَّثَا	هُمَا	
			يُحَدِّثُونَ	حَدَّثُوا	هُمْ	
			تُحَدِّثُ	حَدَّثَتْ	هِيَ	ٱلْغَائِبَةُ 3 여
			تُحَدِّثَانِ	حَدَّثَتَا	هُمَا	
			يُحَدِّثْنَ	حَدَّثْنَ	هُنَّ	

뜻풀이

- (누구에게) 무엇을([목] 또는 ب) 알리다, 전하다, 보도하다
- (누구에게) 무엇에 대해(عن 또는 في) 알리다, 전하다, 보도하다
- (누구에게) 무엇에 대해(عن 또는 في) 말하다, 이야기하다, 설명하다
- (무엇을) 현대화 하다, 현대식으로 만들다
- 예언자의 전통(하디스)을 계승하다

예문

حَدَّثَهُ قَلْبُهُ / حَدَّثَتْهُ نَفْسُهُ

본심이 무엇을(ب) 알려주다, 무엇을(ب) 예감하다

حَدَّثَ نَفْسَهُ

무엇이(ب) 사실임을 믿으려 하다, 어떤 일을 하기로(ب) 굳게 다짐하다

حَدَّثَ نَفْسَهُ أَنْ

무엇이라고 혼잣말을 하다, 마음 속에서 생각하다

حَدَّثَ النَّاسَ.

그는 사람들에게 예언자의 전통(하디스)에 대해 알려주었다.

سَأُحَدِّثُ الْمَصْنَعَ لِزِيَادَةِ الْإِنْتَاجِ.

나는 생산 증대를 위해 공장을 현대화할 것이다.

حَدَّثَنِي صَدِيقِي عَمَّا رَأَى فِي رِحْلَتِهِ الْأَخِيرَةِ.

내 친구는 마지막 여행에서 본 것을 내게 설명했다.

اَلْمَفْعُولُ 수동분사	اَلْفَاعِلُ 능동분사	اَلْمَصْدَرُ 동명사	حَدَثَ
مَحْدُوث	حَادِث	حُدُوث	

اَلْمَجْهُولُ 수동		اَلْمَعْلُومُ 능동			اَلضَّمَائِرُ 인칭 대명사	
اَلْمُضَارِعُ 미완료	اَلْمَاضِي 완료	اَلْأَمْرُ 명령	اَلْمُضَارِعُ 미완료	اَلْمَاضِي 완료		
أُحْدَثُ	حُدِثْتُ		أَحْدُثُ	حَدَثْتُ	أَنَا	اَلْمُتَكَلِّمُ 1인칭
نُحْدَثُ	حُدِثْنَا		نَحْدُثُ	حَدَثْنَا	نَحْنُ	
تُحْدَثُ	حُدِثْتَ	أُحْدُثْ	تَحْدُثُ	حَدَثْتَ	أَنْتَ	اَلْمُخَاطَبُ 2 남
تُحْدَثَانِ	حُدِثْتُمَا	أُحْدُثَا	تَحْدُثَانِ	حَدَثْتُمَا	أَنْتُمَا	
تُحْدَثُونَ	حُدِثْتُمْ	أُحْدُثُوا	تَحْدُثُونَ	حَدَثْتُمْ	أَنْتُمْ	
تُحْدَثِينَ	حُدِثْتِ	أُحْدُثِي	تَحْدُثِينَ	حَدَثْتِ	أَنْتِ	اَلْمُخَاطَبَةُ 2 여
تُحْدَثَانِ	حُدِثْتُمَا	أُحْدُثَا	تُحْدُثَانِ	حَدَثْتُمَا	أَنْتُمَا	
تُحْدَثْنَ	حُدِثْتُنَّ	أُحْدُثْنَ	تَحْدُثْنَ	حَدَثْتُنَّ	أَنْتُنَّ	
يُحْدَثُ	حُدِثَ		يَحْدُثُ	حَدَث	هُوَ	اَلْغَائِبُ 3 남
يُحْدَثَانِ	حُدِثَا		يَحْدُثَانِ	حَدَثَا	هُمَا	
يُحْدَثُونَ	حُدِثُوا		يَحْدُثُونَ	حَدَثُوا	هُمْ	
تُحْدَثُ	حُدِثَتْ		تَحْدُثُ	حَدَثَتْ	هِيَ	اَلْغَائِبَةُ 3 여
تُحْدَثَانِ	حُدِثَتَا		تَحْدُثَانِ	حَدَثَتَا	هُمَا	
يُحْدَثْنَ	حُدِثْنَ		يَحْدُثْنَ	حَدَثْنَ	هُنَّ	

뜻풀이

- (사건이나 상황 등이) 발생하다, 일어나다

예문

مَا حَدَثَ لَمْ يَكُنْ مُتَوَقَّعًا.

예상하지 못했던 일이 일어났다.

هَلْ لِأَحَدٍ فِكْرَةٌ عَمَّا حَدَثَ؟

일어난 일에 대해 의견이 있는 사람이 있습니까?

لَقَدْ حَدَثَ تَغْيِيرٌ فِي الْخُطَّةِ.

계획에 변화가 생겼다.

مَا سَيَحْدُثُ فِي الْمُسْتَقْبَلِ لَيْسَ مَعْلُومًا.

미래에 어떤 일이 일어날지 알려지지 않았다.

لَمْ يَحْدُثْ شَيْءٌ كَهَذَا مِنْ قَبْلُ فِي الْعَالَمِ.

세계에서 이런 일이 발생한 적은 없었다.

حَدَثَتْ ثَلَاثَةُ حَوَادِثَ عَلَى هَذَا الطَّرِيقِ الشَّهْرَ الْمَاضِيَ.

지난 달 이 거리에서 세 건의 사고가 있었다.

수동분사 اَلْمَفْعُولُ	능동분사 اَلْفَاعِلُ	동명사 اَلْمَصْدَرُ	حَدَّدَ
مُحَدَّد	مُحَدِّد	تَحْدِيد	

수동 اَلْمَجْهُولُ		능동 اَلْمَعْلُومُ			اَلضَّمَائِرُ 인칭 대명사	
اَلْمُضَارِعُ 미완료	اَلْمَاضِي 완료	اَلْأَمْرُ 명령	اَلْمُضَارِعُ 미완료	اَلْمَاضِي 완료		
			أُحَدِّدُ	حَدَّدْتُ	أَنَا	اَلْمُتَكَلِّمُ 1인칭
			نُحَدِّدُ	حَدَّدْنَا	نَحْنُ	
		حَدِّدْ	تُحَدِّدُ	حَدَّدْتَ	أَنْتَ	اَلْمُخَاطَبُ 2 남
		حَدِّدَا	تُحَدِّدَانِ	حَدَّدْتُمَا	أَنْتُمَا	
		حَدِّدُوا	تُحَدِّدُونَ	حَدَّدْتُمْ	أَنْتُمْ	
		حَدِّدِي	تُحَدِّدِينَ	حَدَّدْتِ	أَنْتِ	اَلْمُخَاطَبَةُ 2 여
		حَدِّدَا	تُحَدِّدَانِ	حَدَّدْتُمَا	أَنْتُمَا	
		حَدِّدْنَ	تُحَدِّدْنَ	حَدَّدْتُنَّ	أَنْتُنَّ	
يُحَدَّدُ	حُدِّدَ		يُحَدِّدُ	حَدَّدَ	هُوَ	اَلْغَائِبُ 3 남
			يُحَدِّدَانِ	حَدَّدَا	هُمَا	
			يُحَدِّدُونَ	حَدَّدُوا	هُمْ	
			تُحَدِّدُ	حَدَّدَتْ	هِيَ	اَلْغَائِبَةُ 3 여
			تُحَدِّدَانِ	حَدَّدَتَا	هُمَا	
			يُحَدِّدْنَ	حَدَّدْنَ	هُنَّ	

뜻풀이

- (칼 따위를) 갈다, 날카롭게 만들다
- <시리아> (금속을) 벼리다, 벼려서 만들다
- (범위를) 정하다, (경계를) 표시하다
- 무엇을([목] 또는 من) 제한하다, 한정하다
- (일정이나 계획 등을) 세우다, 정하다
- (가격 등을) 고정시키다
- (뜻이나 의미를) 정의하다, 규정하다

예문

حَدَّدَ السِّكِّينَ.

그는 칼을 갈았다.

حَدَّدَ حُدُودَ حَقْلِهِ.

그는 자신의 밭의 경계를 설정했다.

حَدَّدَ بَصَرَهُ فِي الْأُفُقِ.

그는 지평선을 주시했다.

مِنَ الْمُسْتَحِيلِ أَنْ نُحَدِّدَ عَدَدَ الْمُتَوَرِّطِينَ.

우리가 연루된 사람들의 수를 세는 것은 불가능하다.

حَدَّدَ الرِّجَالُ الْخَمْسُ هُوِيَّتَهُمْ بِأَنَّهُمْ مِنَ الشُّرْطَةِ الْفِيدِرَالِيَّةِ.

다섯 남자는 연방 경찰이라고 신원을 특정했다.

تُحَدِّدُ الْمَصَارِفُ فِي بَعْضِ الدُّوَلِ الْعَرَبِيَّةِ سِعْرَ الْعُمْلَةِ الْأَجْنَبِيَّةِ.

몇몇 아랍 국가의 은행들이 환율을 고정한다.

수동분사 اَلْمَفْعُولُ	능동분사 اَلْفَاعِلُ	동명사 اَلْمَصْدَرُ	حَرَسَ
مَحْرُوس	حَارِس	حَرْس، حِرَاسَة	

수동 اَلْمَجْهُولُ		능동 اَلْمَعْلُومُ			اَلضَّمَائِرُ 인칭 대명사	
اَلْمُضَارِعُ 미완료	اَلْمَاضِي 완료	اَلْأَمْرُ 명령	اَلْمُضَارِعُ 미완료	اَلْمَاضِي 완료		
أُحْرَسُ	حُرِسْتُ		أَحْرُسُ	حَرَسْتُ	أَنَا	اَلْمُتَكَلِّمُ 1인칭
نُحْرَسُ	حُرِسْنَا		نَحْرُسُ	حَرَسْنَا	نَحْنُ	
تُحْرَسُ	حُرِسْتَ	أُحْرُسْ	تَحْرُسُ	حَرَسْتَ	أَنْتَ	اَلْمُخَاطَبُ 2 남
تُحْرَسَانِ	حُرِسْتُمَا	أُحْرُسَا	تَحْرُسَانِ	حَرَسْتُمَا	أَنْتُمَا	
تُحْرَسُونَ	حُرِسْتُمْ	أُحْرُسُوا	تَحْرُسُونَ	حَرَسْتُمْ	أَنْتُمْ	
تُحْرَسِينَ	حُرِسْتِ	أُحْرُسِي	تَحْرُسِينَ	حَرَسْتِ	أَنْتِ	اَلْمُخَاطَبَةُ 2 여
تُحْرَسَانِ	حُرِسْتُمَا	أُحْرُسَا	تَحْرُسَانِ	حَرَسْتُمَا	أَنْتُمَا	
تُحْرَسْنَ	حُرِسْتُنَّ	أُحْرُسْنَ	تَحْرُسْنَ	حَرَسْتُنَّ	أَنْتُنَّ	
يُحْرَسُ	حُرِسَ		يَحْرُسُ	حَرَسَ	هُوَ	اَلْغَائِبُ 3 남
يُحْرَسَانِ	حُرِسَا		يَحْرُسَانِ	حَرَسَا	هُمَا	
يُحْرَسُونَ	حُرِسُوا		يَحْرُسُونَ	حَرَسُوا	هُمْ	
تُحْرَسُ	حُرِسَتْ		تَحْرُسُ	حَرَسَتْ	هِيَ	اَلْغَائِبَةُ 3 여
تُحْرَسَانِ	حُرِسَتَا		تَحْرُسَانِ	حَرَسَتَا	هُمَا	
يُحْرَسْنَ	حُرِسْنَ		يَحْرُسْنَ	حَرَسْنَ	هُنَّ	

뜻풀이

- (누구 또는 무엇을) 지키다, 보호하다, 경비를 보다
- (누구 또는 무엇을) 관리하다, 감독하다
- 누구 또는 무엇을(على) 보살피다, 지키다, 주의를 기울이다, 신변을 경계하다

예문

حَرَسَ الْحُدُودَ

국경을 지키다

اَلْكَلْبُ يَحْرُسُ الْمَنْزِلَ.

그 개는 집을 지킨다.

يَحْرُسُ الْحَارِسُ الْقَصْرَ.

경비병이 성을 지킨다.

هَؤُلَاءِ هُمُ الْجُنُودُ الَّذِينَ يَحْرُسُونَ الْبِلَادَ.

이들은 나라를 지키는 병사들이다.

اِسْتَخْدَمَ الْإِنْسَانُ الْكِلَابَ لِتَحْرُسَ وَتَحْمِيَ أَمْلَاكَهُ وَحَيَوَانَاتِهِ الْأَلِيفَةَ.

사람은 재산과 가축들을 지키기 위해 개를 이용했다.

수동분사 اَلْمَفْعُولُ	능동분사 اَلْفَاعِلُ	동명사 اَلْمَصْدَرُ	حَسَبَ
مَحْسُوب	حَاسِب	حَسْب، حِسَاب، حُسْبَان، حِسْبَة	

수동 اَلْمَجْهُولُ		능동 اَلْمَعْلُومُ			اَلضَّمَائِرُ 인칭 대명사	
اَلْمُضَارِعُ 미완료	اَلْمَاضِي 완료	اَلْأَمْرُ 명령	اَلْمُضَارِعُ 미완료	اَلْمَاضِي 완료		
أُحْسَبُ	حُسِبْتُ		أَحْسُبُ	حَسَبْتُ	أَنَا	اَلْمُتَكَلِّمُ 1인칭
نُحْسَبُ	حُسِبْنَا		نَحْسُبُ	حَسَبْنَا	نَحْنُ	
تُحْسَبُ	حُسِبْتَ	أُحْسُبْ	تَحْسُبُ	حَسَبْتَ	أَنْتَ	اَلْمُخَاطَبُ 2 남
تُحْسَبَانِ	حُسِبْتُمَا	أُحْسُبَا	تَحْسُبَانِ	حَسَبْتُمَا	أَنْتُمَا	
تُحْسَبُونَ	حُسِبْتُمْ	أُحْسُبُوا	تَحْسُبُونَ	حَسَبْتُمْ	أَنْتُمْ	
تُحْسَبِينَ	حُسِبْتِ	أُحْسُبِي	تَحْسُبِينَ	حَسَبْتِ	أَنْتِ	اَلْمُخَاطَبَةُ 2 여
تُحْسَبَانِ	حُسِبْتُمَا	أُحْسُبَا	تَحْسُبَانِ	حَسَبْتُمَا	أَنْتُمَا	
تُحْسَبْنَ	حُسِبْتُنَّ	أُحْسُبْنَ	تَحْسُبْنَ	حَسَبْتُنَّ	أَنْتُنَّ	
يُحْسَبُ	حُسِبَ		يَحْسُبُ	حَسَبَ	هُوَ	اَلْغَائِبُ 3 남
يُحْسَبَانِ	حُسِبَا		يَحْسُبَانِ	حَسَبَا	هُمَا	
يُحْسَبُونَ	حُسِبُوا		يَحْسُبُونَ	حَسَبُوا	هُمْ	
تُحْسَبُ	حُسِبَتْ		تَحْسُبُ	حَسَبَتْ	هِيَ	اَلْغَائِبَةُ 3 여
تُحْسَبَانِ	حُسِبَتَا		تَحْسُبَانِ	حَسَبَتَا	هُمَا	
يُحْسَبْنَ	حُسِبْنَ		يَحْسُبْنَ	حَسَبْنَ	هُنَّ	

뜻풀이

- (무엇을) 세다, 계산하다
- (얼마의 금액을) 누구에게 혹은 누구의 차변에(على) 기입하다.
- (얼마의 금액을) 누구에게 혹은 누구의 대변에(لـ) 기입하다

예문

يَحْسُبُ الْمَالَ

돈을 세다

حَسَبَ الْأُجْرَةَ

요금을 계산하다

حَسَبَ حِسَابَ خَصْمِهِ

적의 힘을 가늠하다

حَسَبَ الْأَيَّامَ وَالدَّقَائِقَ.

그는 세월을 손꼽아 헤아렸다.

حَسَبَتْ لِكُلِّ شَيْءٍ حِسَابَهَا.

그녀는 모든 일에 주의와 관심을 가지고 임했다.

تَحْسُبُ الْمُوَظَّفَةُ مَجْمُوعَ الْفَاتُورَةِ الْآنَ.

그 여직원은 지금 계산서의 합계를 내고 있다.

حَسِبَ

اَلْمَصْدَرُ 동명사	اَلْفَاعِلُ 능동분사	اَلْمَفْعُولُ 수동분사
حِسْبَان	حَاسِب	مَحْسُوب

اَلضَّمَائِرُ 인칭 대명사		اَلْمَعْلُومُ 능동			اَلْمَجْهُولُ 수동	
		اَلْمَاضِي 완료	اَلْمُضَارِعُ 미완료	اَلْأَمْرُ 명령	اَلْمَاضِي 완료	اَلْمُضَارِعُ 미완료
اَلْمُتَكَلِّمُ 1인칭	أَنَا	حَسِبْتُ	أَحْسَبُ		حُسِبْتُ	أُحْسَبُ
	نَحْنُ	حَسِبْنَا	نَحْسَبُ		حُسِبْنَا	نُحْسَبُ
اَلْمُخَاطَبُ 2남	أَنْتَ	حَسِبْتَ	تَحْسَبُ	اِحْسَبْ	حُسِبْتَ	تُحْسَبُ
	أَنْتُمَا	حَسِبْتُمَا	تَحْسَبَانِ	اِحْسَبَا	حُسِبْتُمَا	تُحْسَبَانِ
	أَنْتُمْ	حَسِبْتُمْ	تَحْسَبُونَ	اِحْسَبُوا	حُسِبْتُمْ	تُحْسَبُونَ
اَلْمُخَاطَبَةُ 2여	أَنْتِ	حَسِبْتِ	تَحْسَبِينَ	اِحْسَبِي	حُسِبْتِ	تُحْسَبِينَ
	أَنْتُمَا	حَسِبْتُمَا	تَحْسَبَانِ	اِحْسَبَا	حُسِبْتُمَا	تُحْسَبَانِ
	أَنْتُنَّ	حَسِبْتُنَّ	تَحْسَبْنَ	اِحْسَبْنَ	حُسِبْتُنَّ	تُحْسَبْنَ
اَلْغَائِبُ 3남	هُوَ	حَسِبَ	يَحْسَبُ		حُسِبَ	يُحْسَبُ
	هُمَا	حَسِبَا	يَحْسَبَانِ		حُسِبَا	يُحْسَبَانِ
	هُمْ	حَسِبُوا	يَحْسَبُونَ		حُسِبُوا	يُحْسَبُونَ
اَلْغَائِبَةُ 3여	هِيَ	حَسِبَتْ	تَحْسَبُ		حُسِبَتْ	تُحْسَبُ
	هُمَا	حَسِبَتَا	تَحْسَبَانِ		حُسِبَتَا	تُحْسَبَانِ
	هُنَّ	حَسِبْنَ	يَحْسَبْنَ		حُسِبْنَ	يُحْسَبْنَ

뜻풀이

- (누구 또는 무엇을) (무엇이라고) 생각하다, 여기다, 평가하다, 추정하다

예문

حَسِبَ حِسَابًا لِ

(누구 또는 무엇을) 중요시하다

حَسِبَ أَلْفَ حِسَابٍ لِ

(누구 또는 무엇에 대해) 많이 걱정하다

حَسِبْتُهُ ذَكِيًّا.

나는 그를 똑똑하다고 생각했다.

حَسِبَتْ جِلْدَتُهُ.

병으로 그의 피부가 창백해졌다.

لَا تَحْسَبْ كَلَامَهُ شَيْئًا.

그의 말은 크게 신경쓰지 말아라.

إِنَّ هَذَا الشَّعْبَ الَّذِي نَحْسَبُهُ جَاهِلًا يَعْلَمُ الْكَثِيرَ.

우리가 무지하다고 생각하는 이 민중은 많은 것을 알고 있다.

수동분사 اَلْمَفْعُولُ	능동분사 اَلْفَاعِلُ	동명사 اَلْمَصْدَرُ	حَصَلَ
مَحْصُول	حَاصِل	حُصُول	

수동 اَلْمَجْهُولُ		능동 اَلْمَعْلُومُ			اَلضَّمَائِرُ 인칭 대명사	
اَلْمُضَارِعُ 미완료	اَلْمَاضِي 완료	اَلْأَمْرُ 명령	اَلْمُضَارِعُ 미완료	اَلْمَاضِي 완료		
أُحْصَلُ	حُصِلْتُ		أَحْصُلُ	حَصَلْتُ	أَنَا	اَلْمُتَكَلِّمُ 1인칭
نُحْصَلُ	حُصِلْنَا		نَحْصُلُ	حَصَلْنَا	نَحْنُ	
تُحْصَلُ	حُصِلْتَ	اُحْصُلْ	تَحْصُلُ	حَصَلْتَ	أَنْتَ	اَلْمُخَاطَبُ 2 남
تُحْصَلَانِ	حُصِلْتُمَا	اُحْصُلَا	تَحْصُلَانِ	حَصَلْتُمَا	أَنْتُمَا	
تُحْصَلُونَ	حُصِلْتُمْ	اُحْصُلُوا	تَحْصُلُونَ	حَصَلْتُمْ	أَنْتُمْ	
تُحْصَلِينَ	حُصِلْتِ	اُحْصُلِي	تَحْصُلِينَ	حَصَلْتِ	أَنْتِ	اَلْمُخَاطَبَةُ 2 여
تُحْصَلَانِ	حُصِلْتُمَا	اُحْصُلَا	تَحْصُلَانِ	حَصَلْتُمَا	أَنْتُمَا	
تُحْصَلْنَ	حُصِلْتُنَّ	اُحْصُلْنَ	تَحْصُلْنَ	حَصَلْتُنَّ	أَنْتُنَّ	
يُحْصَلُ	حُصِلَ		يَحْصُلُ	حَصَلَ	هُوَ	اَلْغَائِبُ 3 남
يُحْصَلَانِ	حُصِلَا		يَحْصُلَانِ	حَصَلَا	هُمَا	
يُحْصَلُونَ	حُصِلُوا		يَحْصُلُونَ	حَصَلُوا	هُمْ	
تُحْصَلُ	حُصِلَتْ		تَحْصُلُ	حَصَلَتْ	هِيَ	اَلْغَائِبَةُ 3 여
تُحْصَلَانِ	حُصِلَتَا		تَحْصُلَانِ	حَصَلَتَا	هُمَا	
يُحْصَلْنَ	حُصِلْنَ		يَحْصُلْنَ	حَصَلْنَ	هُنَّ	

뜻풀이

- 존재하다, 실재하다
- (무엇의 결과로서) 생기다, 발생하다
- 누구에게(لِ) 일어나다, 닥치다
- 어디에서(مِن) 생겨나다, 기인하다, 나오다
- 상이나 학위 등을(على) 노력해서 얻다, 획득하다, 손에 넣다
- 무엇을(على) 소유하다, 점령하다
- 부채를(على) 회수하다, 징수하다, 거두다
- 무엇을(على) 받다, 받아들이다

예문

لَمْ أُخْبِرْهُ كَيْفَ حَصَلْتُ عَلَى النُّقُودِ.

나는 어떻게 돈을 구했는지 그에게 알려주지 않았다.

أَحْصُلُ عَلَى تَأْشِيرَةِ الدُّخُولِ لِكُورِيَا.

나는 한국 입국 비자를 취득할 것이다.

يَحْصُلُونَ عَلَى قَلِيلٍ جِدًّا مِنَ الْفَائِدَةِ.

그들은 정말로 이자를 조금 얻을 것이다.

مَا حَصَلَ آنْذَاكَ سَيَبْقَى غُمُوضًا إِلَى الْأَبَدِ.

그때 일어난 일은 영원히 의문스러운 일로 남을 것이다.

سَمِعْتُ أَنَّ أَخَاكَ قَدْ حَصَلَ عَلَى عَمَلٍ جَدِيدٍ.

나는 네 동생이 새 직장을 얻었다고 들었다.

حَصَلَتْ مِصْرُ عَلَى الْقُرُوضِ لِتَمْوِيلِ مَشَارِيعِهَا الاِقْتِصَادِيَّةِ.

이집트는 경제 프로젝트의 자금 충당을 위해 차관을 얻었다.

اَلْمَفْعُولُ 수동분사	اَلْفَاعِلُ 능동분사	اَلْمَصْدَرُ 동명사	حَضَرَ
مَحْضُور	حَاضِر	حُضُور	

اَلْمَجْهُولُ 수동		اَلْمَعْلُومُ 능동			اَلضَّمَائِرُ 인칭 대명사	
اَلْمُضَارِعُ 미완료	اَلْمَاضِي 완료	اَلْأَمْرُ 명령	اَلْمُضَارِعُ 미완료	اَلْمَاضِي 완료		
أُحْضَرُ	حُضِرْتُ		أَحْضُرُ	حَضَرْتُ	أَنَا	اَلْمُتَكَلِّمُ 1인칭
نُحْضَرُ	حُضِرْنَا		نَحْضُرُ	حَضَرْنَا	نَحْنُ	
تُحْضَرُ	حُضِرْتَ	أُحْضُرْ	تَحْضُرُ	حَضَرْتَ	أَنْتَ	اَلْمُخَاطَبُ 2남
تُحْضَرَانِ	حُضِرْتُمَا	أُحْضُرَا	تَحْضُرَانِ	حَضَرْتُمَا	أَنْتُمَا	
تُحْضَرُونَ	حُضِرْتُمْ	أُحْضُرُوا	تَحْضُرُونَ	حَضَرْتُمْ	أَنْتُمْ	
تُحْضَرِينَ	حُضِرْتِ	أُحْضُرِي	تَحْضُرِينَ	حَضَرْتِ	أَنْتِ	اَلْمُخَاطَبَةُ 2여
تُحْضَرَانِ	حُضِرْتُمَا	أُحْضُرَا	تَحْضُرَانِ	حَضَرْتُمَا	أَنْتُمَا	
تُحْضَرْنَ	حُضِرْتُنَّ	أُحْضُرْنَ	تَحْضُرْنَ	حَضَرْتُنَّ	أَنْتُنَّ	
يُحْضَرُ	حُضِرَ		يَحْضُرُ	حَضَرَ	هُوَ	اَلْغَائِبُ 3남
يُحْضَرَانِ	حُضِرَا		يَحْضُرَانِ	حَضَرَا	هُمَا	
يُحْضَرُونَ	حُضِرُوا		يَحْضُرُونَ	حَضَرُوا	هُمْ	
تُحْضَرُ	حُضِرَتْ		تَحْضُرُ	حَضَرَتْ	هِيَ	اَلْغَائِبَةُ 3여
تُحْضَرَانِ	حُضِرَتَا		تَحْضُرَانِ	حَضَرَتَا	هُمَا	
يُحْضَرْنَ	حُضِرْنَ		يَحْضُرْنَ	حَضَرْنَ	هُنَّ	

뜻풀이

- (어디에) 있다, 존재하다
- (무엇에) 출석하다, 참석하다
- (누구의 머리 속에) 남아있다, 존재하다
- (회의 등에) 참여하다, 참가하다
- 어디에([목] 또는 إِلَى) 오다, 도착하다
- (행사 또는 공연 등을) 보러 오다, 방문하다, 참석하다
- 판사 앞에(أَمَامَ) 서다, 법정에 출두하다
- 어디에(إِلَى) 모습을 드러내다, 나타나다
- 어디에서(مِنْ) 어디로(إِلَى) 가다

예문

أَنْتَظِرُ حَتَّى يَحْضُرَ.

나는 그가 올 때까지 기다린다.

حَضَرَ الْمُدِيرُ مَجْلِسًا.

관리자는 회의에 참석했다.

لَمْ يَحْضُرْ أَحَدٌ الاِجْتِمَاعَ.

아무도 회의에 참석하지 않았다.

لَنْ يَحْضُرَ سَامِي الزِّفَافَ إِذْ إِنَّهُ مُسَافِرٌ.

사미는 여행 중이라서 결혼식에 참석하지 않을 것이다.

هَلْ تَسْتَطِيعُ أَنْ تَحْضُرَ إِلَى بَيْتِي مَسَاءً؟

당신은 저녁에 나의 집에 올 수 있습니까?

إِنَّهُمْ يُرِيدُونَ أَنْ يَحْضُرُوا مَعَارِضَ تِجَارِيَّةً دَوْلِيَّةً.

그들은 국제 무역 전시회들에 참석하기를 원한다.

수동분사 اَلْمَفْعُولُ	능동분사 اَلْفَاعِلُ	동명사 اَلْمَصْدَرُ	حَفَرَ
مَحْفُور	حَافِر	حَفْر	

수동 اَلْمَجْهُولُ		능동 اَلْمَعْلُومُ			اَلضَّمَائِرُ 인칭 대명사	
اَلْمُضَارِعُ 미완료	اَلْمَاضِي 완료	اَلْأَمْرُ 명령	اَلْمُضَارِعُ 미완료	اَلْمَاضِي 완료		
أُحْفَرُ	حُفِرْتُ		أَحْفِرُ	حَفَرْتُ	أَنَا	اَلْمُتَكَلِّمُ 1인칭
نُحْفَرُ	حُفِرْنَا		نَحْفِرُ	حَفَرْنَا	نَحْنُ	
تُحْفَرُ	حُفِرْتَ	اِحْفِرْ	تَحْفِرُ	حَفَرْتَ	أَنْتَ	اَلْمُخَاطَبُ 2남
تُحْفَرَانِ	حُفِرْتُمَا	اِحْفِرَا	تَحْفِرَانِ	حَفَرْتُمَا	أَنْتُمَا	
تُحْفَرُونَ	حُفِرْتُمْ	اِحْفِرُوا	تَحْفِرُونَ	حَفَرْتُمْ	أَنْتُمْ	
تُحْفَرِينَ	حُفِرْتِ	اِحْفِرِي	تَحْفِرِينَ	حَفَرْتِ	أَنْتِ	اَلْمُخَاطَبَةُ 2여
تُحْفَرَانِ	حُفِرْتُمَا	اِحْفِرَا	تَحْفِرَانِ	حَفَرْتُمَا	أَنْتُمَا	
تُحْفَرْنَ	حُفِرْتُنَّ	اِحْفِرْنَ	تَحْفِرْنَ	حَفَرْتُنَّ	أَنْتُنَّ	
يُحْفَرُ	حُفِرَ		يَحْفِرُ	حَفَرَ	هُوَ	اَلْغَائِبُ 3남
يُحْفَرَانِ	حُفِرَا		يَحْفِرَانِ	حَفَرَا	هُمَا	
يُحْفَرُونَ	حُفِرُوا		يَحْفِرُونَ	حَفَرُوا	هُمْ	
تُحْفَرُ	حُفِرَتْ		تَحْفِرُ	حَفَرَتْ	هِيَ	اَلْغَائِبَةُ 3여
تُحْفَرَانِ	حُفِرَتَا		تَحْفِرَانِ	حَفَرَتَا	هُمَا	
يُحْفَرْنَ	حُفِرْنَ		يَحْفِرْنَ	حَفَرْنَ	هُنَّ	

뜻풀이

- (무엇을) 파다, 파내다
- (원유를) 시추하다, 채굴하다
- <고고학> (땅에 묻힌 것을) 발굴하다
- (무엇을) 새기다, 조각하다
- (금속에) 새기다, 에칭하다

예문

حَفَرَ خَنَادِقَ / حُفْرَةً / بِئْرًا

참호 / 구덩이 / 우물을 파다

حَفَرَهُ الْمَرَضُ.

그는 병약해졌다.

حُفِرَتْ أَسْنَانُهُ.

치아가 썩었다.

حَفَرَ قَبْرَهُ بِيَدِهِ.

그는 자기 무덤을 팠다.(그는 파멸을 자초했다.)

حَفَرَتْ عَنِ الْكَنْزِ.

그녀는 보물을 발굴했다.

حَفَرَ السَّيْلُ الْوَادِيَ.

급류가 계곡을 더 깊게 만들었다.

حَقَّقَ	اَلْمَصْدَرُ 동명사	اَلْفَاعِلُ 능동분사	اَلْمَفْعُولُ 수동분사
	تَحْقِيق	مُحَقِّق	مُحَقَّق

اَلضَّمَائِرُ 인칭 대명사		اَلْمَعْلُومُ 능동			اَلْمَجْهُولُ 수동	
		اَلْمَاضِي 완료	اَلْمُضَارِعُ 미완료	اَلْأَمْرُ 명령	اَلْمَاضِي 완료	اَلْمُضَارِعُ 미완료
اَلْمُتَكَلِّمُ 1인칭	أَنَا	حَقَّقْتُ	أُحَقِّقُ			
	نَحْنُ	حَقَّقْنَا	نُحَقِّقُ			
اَلْمُخَاطَبُ 2 남	أَنْتَ	حَقَّقْتَ	تُحَقِّقُ	حَقِّقْ		
	أَنْتُمَا	حَقَّقْتُمَا	تُحَقِّقَانِ	حَقِّقَا		
	أَنْتُمْ	حَقَّقْتُمْ	تُحَقِّقُونَ	حَقِّقُوا		
اَلْمُخَاطَبَةُ 2 여	أَنْتِ	حَقَّقْتِ	تُحَقِّقِينَ	حَقِّقِي		
	أَنْتُمَا	حَقَّقْتُمَا	تُحَقِّقَانِ	حَقِّقَا		
	أَنْتُنَّ	حَقَّقْتُنَّ	تُحَقِّقْنَ	حَقِّقْنَ		
اَلْغَائِبُ 3 남	هُوَ	حَقَّقَ	يُحَقِّقُ		حُقِّقَ	يُحَقَّقُ
	هُمَا	حَقَّقَا	يُحَقِّقَانِ			
	هُمْ	حَقَّقُوا	يُحَقِّقُونَ			
اَلْغَائِبَةُ 3 여	هِيَ	حَقَّقَتْ	تُحَقِّقُ			
	هُمَا	حَقَّقَتَا	تُحَقِّقَانِ			
	هُنَّ	حَقَّقْنَ	يُحَقِّقْنَ			

뜻풀이

- (꿈이나 희망, 소망 따위를) 실현시키다, 달성하다, 현실로 만들다
- (운동 경기에서) 기록을 세우다
- (협약 또는 정책 등을) 이행하다, 실시하다
- (결과를) 낳다, 초래하다
- (무엇의 실체를) 알아내다, 밝히다, 규명하다
- (무엇이 진실임을) 밝혀내다, 증명하다, 입증하다, 확증하다
- (무엇을) 단언하다
- (무엇을 할 때) 주의를 기울이다, 자세히 하다, 꼼꼼히 하다
- (무엇을) 조사하다, 검토하다
- (진위 또는 사실 여부를 판단하기 위해) 무엇을([목] 또는 في) 점검하다, 알아보다, 확인하다
- <철학> 글을 신랄한 어조로 고치다, 비판적으로 수정하다
- (경찰이) 무엇을(في) 조사하다
- <법> (법정이) 심리를 착수하다
- <법> 누구를(مع) 심문하다, 누구의(مع) 청문회를 열다

예문

حَقَّقَ الْقَوْلَ.

그는 말한 것을 실천했다.

لَمْ يُحَقِّقْ شَيْئًا.

그는 아무 것도 이루지 못했다.

حَقَّقَ الْقَاضِي مَعَ الْمُجْرِمِ.

판사는 죄인을 심문했다.

حَقَّقَتْ نَتَائِجَ إِيجَابِيَّةً لِلْغَايَةِ.

그녀는 매우 긍정적인 결과를 가져왔다.

수동분사 اَلْمَفْعُولُ	능동분사 اَلْفَاعِلُ	동명사 اَلْمَصْدَرُ	حَكَمَ
مَحْكُوم	حَاكِم	حُكْم	

수동 اَلْمَجْهُولُ		능동 اَلْمَعْلُومُ			اَلضَّمَائِرُ 인칭 대명사	
اَلْمُضَارِعُ 미완료	اَلْمَاضِي 완료	اَلْأَمْرُ 명령	اَلْمُضَارِعُ 미완료	اَلْمَاضِي 완료		
أُحْكَمُ	حُكِمْتُ		أَحْكُمُ	حَكَمْتُ	أَنَا	اَلْمُتَكَلِّمُ 1인칭
نُحْكَمُ	حُكِمْنَا		نَحْكُمُ	حَكَمْنَا	نَحْنُ	
تُحْكَمُ	حُكِمْتَ	أُحْكُمْ	تَحْكُمُ	حَكَمْتَ	أَنْتَ	اَلْمُخَاطَبُ 2남
تُحْكَمَانِ	حُكِمْتُمَا	أُحْكُمَا	تَحْكُمَانِ	حَكَمْتُمَا	أَنْتُمَا	
تُحْكَمُونَ	حُكِمْتُمْ	أُحْكُمُوا	تُحْكُمُونَ	حَكَمْتُمْ	أَنْتُمْ	
تُحْكَمِينَ	حُكِمْتِ	أُحْكُمِي	تَحْكُمِينَ	حَكَمْتِ	أَنْتِ	اَلْمُخَاطَبَةُ 2여
تُحْكَمَانِ	حُكِمْتُمَا	أُحْكُمَا	تَحْكُمَانِ	حَكَمْتُمَا	أَنْتُمَا	
تُحْكَمْنَ	حُكِمْتُنَّ	أُحْكُمْنَ	تَحْكُمْنَ	حَكَمْتُنَّ	أَنْتُنَّ	
يُحْكَمُ	حُكِمَ		يَحْكُمُ	حَكَمَ	هُوَ	اَلْغَائِبُ 3남
يُحْكَمَانِ	حُكِمَا		يَحْكُمَانِ	حَكَمَا	هُمَا	
يُحْكَمُونَ	حُكِمُوا		يَحْكُمُونَ	حَكَمُوا	هُمْ	
تُحْكَمُ	حُكِمَتْ		تَحْكُمُ	حَكَمَتْ	هِيَ	اَلْغَائِبَةُ 3여
تُحْكَمَانِ	حُكِمَتَا		تَحْكُمَانِ	حَكَمَتَا	هُمَا	
يُحْكَمْنَ	حُكِمْنَ		يَحْكُمْنَ	حَكَمْنَ	هُنَّ	

뜻풀이

- 무엇에 대해(في 또는 على) 의견을 피력하다, 판단을 내리다
- 무엇으로(ب) 무엇을(على) 판단하다, 평가하다
- 무엇으로(على) 정하다, 결정하다
- (판사가) 누구에게(على) 형을(ب) 내리다, 선고하다
- 누구에게(ل) 우호적으로 판결하다
- 벌금을(ب) 누구에게(على) 부과하다
- 누구에게(ل) 상이나 벌을(ب) 내리다, 판결하다
- 무엇을(ب) 기준으로 삼다
- 누구 또는 무엇에 대한([목] 또는 على) 사법권을 갖다
- (누구를) 지배하다, 통제하다, 통치하다
- 무엇을(ب) 명령하다, 지시하다
- (누구 또는 무엇을) 억제하다, 제한하다
- [전치사 ب와 마스다르 형태가 올 때] 무엇이(ب) 사실(진상)이라 결정하다, 확정하다

예문

حَكَمَ بِإِدَانَتِهِ / بِبَرَاءَتِهِ

유죄 / 무죄를 선고하다

حُكِمَ عَلَيْهِ بِالسِّجْنِ / بِالْإِعْدَامِ

징역형 / 사형이 선고되다

حَكَمَ عَلَى أَنْ

무엇이라고(أن) 판단하다, 평가하다

حَكَمَ فِيهِ بِتَحْرِيمٍ

<이슬람> 무엇을 금지된 것(حرام)이라 정하다

أُحْكُمْ عَلَى نَفْسِكَ.

스스로를 관리해라.

اَلْمَفْعُولُ 수동분사	اَلْفَاعِلُ 능동분사	اَلْمَصْدَرُ 동명사	حَلَمَ
مَحْلُوم	حَالِم	حُلْم	

اَلْمَجْهُولُ 수동		اَلْمَعْلُومُ 능동			اَلضَّمَائِرُ 인칭 대명사	
اَلْمُضَارِعُ 미완료	اَلْمَاضِي 완료	اَلْأَمْرُ 명령	اَلْمُضَارِعُ 미완료	اَلْمَاضِي 완료		
أُحْلَمُ	حُلِمْتُ		أَحْلُمُ	حَلَمْتُ	أَنَا	اَلْمُتَكَلِّمُ 1인칭
نُحْلَمُ	حُلِمْنَا		نَحْلُمُ	حَلَمْنَا	نَحْنُ	
تُحْلَمُ	حُلِمْتَ	أُحْلُمْ	تَحْلُمُ	حَلَمْتَ	أَنْتَ	اَلْمُخَاطَبُ 2남
تُحْلَمَانِ	حُلِمْتُمَا	أُحْلُمَا	تَحْلُمَانِ	حَلَمْتُمَا	أَنْتُمَا	
تُحْلَمُونَ	حُلِمْتُمْ	أُحْلُمُوا	تَحْلُمُونَ	حَلَمْتُمْ	أَنْتُمْ	
تُحْلَمِينَ	حُلِمْتِ	أُحْلُمِي	تُحْلُمِينَ	حَلَمْتِ	أَنْتِ	اَلْمُخَاطَبَةُ 2여
تُحْلَمَانِ	حُلِمْتُمَا	أُحْلُمَا	تَحْلُمَانِ	حَلَمْتُمَا	أَنْتُمَا	
تُحْلَمْنَ	حُلِمْتُنَّ	أُحْلُمْنَ	تَحْلُمْنَ	حَلَمْتُنَّ	أَنْتُنَّ	
يُحْلَمُ	حُلِمَ		يَحْلُمُ	حَلَمَ	هُوَ	اَلْغَائِبُ 3남
يُحْلَمَانِ	حُلِمَا		يَحْلُمَانِ	حَلَمَا	هُمَا	
يُحْلَمُونَ	حُلِمُوا		يَحْلُمُونَ	حَلَمُوا	هُمْ	
تُحْلَمُ	حُلِمَتْ		تَحْلُمُ	حَلَمَتْ	هِيَ	اَلْغَائِبَةُ 3여
تُحْلَمَانِ	حُلِمَتَا		تَحْلُمَانِ	حَلَمَتَا	هُمَا	
يُحْلَمْنَ	حُلِمْنَ		يَحْلُمْنَ	حَلَمْنَ	هُنَّ	

뜻풀이

- 무엇을(عن 또는 ب) 꿈을 꾸다
- 무엇 하기를(في أن) 꿈꾸다, 상상하다, 바라다
- 무엇을(ب) 깊이 생각하다, 숙고하다
- 사춘기에 접어들다

예문

حَلَمَ الصَّبِيُّ.

소년은 사춘기에 들어섰다.

يَحْلُمُ أَحْلَامًا بَعِيدَةً عَنِ الْوَاقِعِ.

그는 현실과 먼 꿈을 꾼다.

رَجُلٌ يَحْلُمُ أَنْ يَفْعَلَ عَمَلَ الْخَيْرِ لِلْعَالَمِ.

한 남자가 세상을 위해서 좋은 일을 할 것을 꿈꾸고 있다.

جَلَسَ الرَّجُلُ يَحْلُمُ وَيُفَكِّرُ فِي الْمُسْتَقْبَلِ.

그 남자는 미래를 생각하고 꿈꾸며 앉아 있었다.

رَبَّةُ الْمَنْزِلِ تَحْلُمُ بِأَدَوَاتٍ مَنْزِلِيَّةٍ جَدِيدَةٍ دَائِمًا.

가정주부는 항상 새로운 가재도구를 꿈꾼다.

إِنَّكَ تَحْلُمُ بِالْفِرْدَوْسِ وَلَكِنَّ عَلَيْكَ بِنَاءَهَا بِنَفْسِكَ.

너는 천국을 꿈꾸고 있지만 네 스스로 그것을 건설해야 한다.

수동분사 اَلْمَفْعُولُ	능동분사 اَلْفَاعِلُ	동명사 اَلْمَصْدَرُ	حَمَلَ
مَحْمُول	حَامِل	حَمْل	

수동 اَلْمَجْهُولُ		능동 اَلْمَعْلُومُ			اَلضَّمَائِرُ 인칭 대명사	
اَلْمُضَارِعُ 미완료	اَلْمَاضِي 완료	اَلْأَمْرُ 명령	اَلْمُضَارِعُ 미완료	اَلْمَاضِي 완료		
أُحْمَلُ	حُمِلْتُ		أَحْمِلُ	حَمَلْتُ	أَنَا	اَلْمُتَكَلِّمُ 1인칭
نُحْمَلُ	حُمِلْنَا		نَحْمِلُ	حَمَلْنَا	نَحْنُ	
تُحْمَلُ	حُمِلْتَ	اِحْمِلْ	تَحْمِلُ	حَمَلْتَ	أَنْتَ	اَلْمُخَاطَبُ 2 남
تُحْمَلَانِ	حُمِلْتُمَا	اِحْمِلَا	تَحْمِلَانِ	حَمَلْتُمَا	أَنْتُمَا	
تُحْمَلُونَ	حُمِلْتُمْ	اِحْمِلُوا	تَحْمِلُونَ	حَمَلْتُمْ	أَنْتُمْ	
تُحْمَلِينَ	حُمِلْتِ	اِحْمِلِي	تَحْمِلِينَ	حَمَلْتِ	أَنْتِ	اَلْمُخَاطَبَةُ 2 여
تُحْمَلَانِ	حُمِلْتُمَا	اِحْمِلَا	تَحْمِلَانِ	حَمَلْتُمَا	أَنْتُمَا	
تُحْمَلْنَ	حُمِلْتُنَّ	اِحْمِلْنَ	تَحْمِلْنَ	حَمَلْتُنَّ	أَنْتُنَّ	
يُحْمَلُ	حُمِلَ		يَحْمِلُ	حَمَلَ	هُوَ	اَلْغَائِبُ 3 남
يُحْمَلَانِ	حُمِلَا		يَحْمِلَانِ	حَمَلَا	هُمَا	
يُحْمَلُونَ	حُمِلُوا		يَحْمِلُونَ	حَمَلُوا	هُمْ	
تُحْمَلُ	حُمِلَتْ		تَحْمِلُ	حَمَلَتْ	هِيَ	اَلْغَائِبَةُ 3 여
تُحْمَلَانِ	حُمِلَتَا		تَحْمِلَانِ	حَمَلَتَا	هُمَا	
يُحْمَلْنَ	حُمِلْنَ		يَحْمِلْنَ	حَمَلْنَ	هُنَّ	

뜻풀이

- (무엇을) 나르다, 가지고 가다
- (운반할 목적으로) (무엇을) 들어 올리다, 집어 들다
- (차 등에) (무엇을) 실어서 나르다, 운반하다
- (무엇을) 손에 쥐다, 손에 쥐고 있다
- (무엇을) 누구에게(إلى 또는 ل) 데려가다, 가져가다
- 누구의(عن) 짐을 덜다, 누구를(عن) 대신해 짐을 떠맡다
- 누구에게(ل) 어떤 감정을 품다
- 누구의(من) 아이를 가지다, 임신하다
- (나무가) 열매를 맺다
- (누가) 무엇을(على) 하도록 만들다, 무엇을(على) 하게 하다
- (누구로 하여금) 의견을(على رأيه) 바꾸도록 설득하다
- 누구를(على) 공격하다
- (책을) 외우다, 암기하고 있다
- (무엇을) 무엇과(على) 관계 짓다, 관련시키다
- 무엇의 기원이나 원인을(على) 추적하다, 거슬러 추적하다, 추적해 밝혀내다
- (무엇을) 누구에게(على) 전가하다, 책임을 돌리다
- (단어 등을) 다른 무엇과(على) 문법적으로 맞게 일치시키다

예문

حَمَلَ فِكْرَةً

(의견 또는 사상 등을) 지지하다

حَمَلَ الْقُرْآنَ

꾸란을 암기하고 있다

حَمَلَ لَقَبًا

타이틀을 보유하고 있다

حَمَلَ شَهَادَةً

증서를 소지하다

حَمَلَ مَدَنِيَّةً

문명을 지키다

حَمَلَ الْإِسْلَامَ

(사람이나 국가가) 이슬람을 지지하다

حَمَلَ حَمْلَةً عَلَى

공격하다

حَمَلَ عَلَى نَفْسِهِ

결의를 다지다, 마음을 다잡다

حَمَلَهُ عَلَى مَحْمَلٍ

무엇을 무슨 뜻(의미)로 이해하다, 해석하다

حَمَلَهُ عَلَى غَيْرِ مَحْمَلِهِ

무엇을 잘못 이해하다, 잘못 해석하다

حَمَلَ الطِّفْلَ بِيَدَيْهِ.

그는 두 손으로 아이를 안았다.

جَاءَ رَجُلٌ يَحْمِلُ كِتَابَهُ.

어떤 사람이 책을 들고 왔다.

يَحْمِلُ هَذَا الْغُصْنُ أَرْبَعَ تِينَاتٍ.

이 가지에 네 개의 무화과가 있다.

إِنَّنِي أَحْمِلُ شَهَادَةَ الدِّرَاسَةِ الثَّانَوِيَّةِ الْعَامَّةِ.

나는 고등학교 졸업장을 가지고 있다

حَمَلَ الرِّسَالَةَ وَهُوَ لَا يَعْرِفُ مَا فِيهَا.

그는 내용이 무엇이 있는지 모른 채 편지를 소지했다.

وَالِدِي كَانَ يَحْمِلُ الطِّفْلَ بَيْنَ ذِرَاعَيْهِ.

나의 아버지는 아이를 두 팔로 안고 있었다.

أَخَذَ الْوَلَدَانِ الْحَقِيبَةَ وَحَمَلَاهَا إِلَى أُمِّهِمَا.

두 소년은 가방을 집어 들고 엄마에게 가져갔다.

حَمَلَ هَذَا الطَّرْدَ الْبَرِيدِيَّ إِلَى مَحَطَّةِ الْقِطَارِ.

그는 이 소포를 기차역까지 운반했다.

وَصَلَ الْوَزِيرُ وَهُوَ يَحْمِلُ رِسَالَةً هَامَّةً مِنَ الرَّئِيسِ.

장관은 대통령의 중요한 서신을 소지하고 도착했다.

إِنَّهُ يَحْمَلُ مِظَلَّةً بِالرَّغْمِ مِنْ أَنَّ الدُّنْيَا لَيْسَتْ تُمْطِرُ.

비가 오지 않는데도 불구하고 그는 우산을 들고 있다.

جَمِيعُهُمْ يَحْمِلُونَ الْعَدِيدَ مِنْ أَنْوَاعِ الْمِلَفَّاتِ الْكَبِيرَةِ وَحَقَائِبِ الْكُتُبِ.

그들 모두 다양한 종류의 커다란 서류철과 책가방을 가지고 다닌다.

اَلْمَفْعُولُ 수동분사	اَلْفَاعِلُ 능동분사	اَلْمَصْدَرُ 동명사	حَوَّلَ
مُحَوَّل	مُحَوِّل	تَحْوِيل	

اَلْمَجْهُولُ 수동		اَلْمَعْلُومُ 능동			اَلضَّمَائِرُ 인칭 대명사	
اَلْمُضَارِعُ 미완료	اَلْمَاضِي 완료	اَلْأَمْرُ 명령	اَلْمُضَارِعُ 미완료	اَلْمَاضِي 완료		
			أُحَوِّلُ	حَوَّلْتُ	أَنَا	اَلْمُتَكَلِّمُ 1인칭
			نُحَوِّلُ	حَوَّلْنَا	نَحْنُ	
		حَوِّلْ	تُحَوِّلُ	حَوَّلْتَ	أَنْتَ	اَلْمُخَاطَبُ 2 남
		حَوِّلَا	تُحَوِّلَانِ	حَوَّلْتُمَا	أَنْتُمَا	
		حَوِّلُوا	تُحَوِّلُونَ	حَوَّلْتُمْ	أَنْتُمْ	
		حَوِّلِي	تُحَوِّلِينَ	حَوَّلْتِ	أَنْتِ	اَلْمُخَاطَبَةُ 2 여
		حَوِّلَا	تُحَوِّلَانِ	حَوَّلْتُمَا	أَنْتُمَا	
		حَوِّلْنَ	تُحَوِّلْنَ	حَوَّلْتُنَّ	أَنْتُنَّ	
يُحَوَّلُ	حُوِّلَ		يُحَوِّلُ	حَوَّلَ	هُوَ	اَلْغَائِبُ 3 남
			يُحَوِّلَانِ	حَوَّلَا	هُمَا	
			يُحَوِّلُونَ	حَوَّلُوا	هُمْ	
			تُحَوِّلُ	حَوَّلَتْ	هِيَ	اَلْغَائِبَةُ 3 여
			تُحَوِّلَانِ	حَوَّلَتَا	هُمَا	
			يُحَوِّلْنَ	حَوَّلْنَ	هُنَّ	

뜻풀이

- (무엇을) 무엇으로([목] 또는 إلى) 바꾸다, 변화시키다
- (무엇을) 옮겨 심다, 이식하다
- (무엇을) 옮기다, 움직이다, 나르다, 이동시키다
- (무엇을) (수학적으로) 전환하다, 환산하다
- 전류의 방향을 바꾸다, 전류를 정류하다
- (기차의) 선로를 바꾸다
- (돈을) 누구에게(إلى) 보내다, 송금하다
- (무엇을) 누구에게(إلى) 건네 주다, 전해주다, 보내주다
- (어음에) 서명하다, 배서하다, 이서하다
- (눈이나 주의 등을) 어디로(إلى) 돌리다, 향하게 하다, 기울이다
- (누구 또는 무엇을) 무엇에서([목] 또는 عن) 멀리하다, 다른 데로 돌리다
- 어디로부터(عن) 눈을(بصره) 돌리다, 외면하다
- 전류를 끊다, 차단하다

예문

حَوَّلَ مِئَةَ دُولَارٍ إِلَى حِسَابِ أَبِيهِ.

그는 그의 아버지 계좌로 100 달러를 이체했다.

يُمْكِنُنَا أَنْ نُحَوِّلَ الْحُلْمَ إِلَى حَقِيقَةٍ.

우리는 꿈을 현실로 만들 수 있다.

حَوَّلَتِ الْأُسْتَاذَةُ الْمَوْضُوعَ إِلَى غَيْرِهِ.

여 교수님은 주제를 다른 주제로 바꿨다.

حَوَّلَتِ الشَّرِكَةُ الْهَنْدَسِيَّةُ مَجْرَى النَّهْرِ لِإِنْشَاءِ السَّدِّ.

엔지니어링 회사는 댐 건설을 위해서 강의 물길을 돌렸다.

حَوَّلْتُ مِئَةَ دُولَارٍ إِلَى دَرَاهِمَ فِي الصِّرَافَةِ الْقَرِيبَةِ مِنَ الْفُنْدُقِ.

나는 호텔에서 가까운 환전소에서 100 달러를 디르함으로 환전했다.

خ

خَاطَبَ

اَلْمَصْدَرُ 동명사	اَلْفَاعِلُ 능동분사	اَلْمَفْعُولُ 수동분사
مُخَاطَبَة	مُخَاطِب	مُخَاطَب

اَلضَّمَائِرُ 인칭 대명사		اَلْمَعْلُومُ 능동 اَلْمَاضِي 완료	اَلْمَعْلُومُ 능동 اَلْمُضَارِعُ 미완료	اَلْمَعْلُومُ 능동 اَلْأَمْرُ 명령	اَلْمَجْهُولُ 수동 اَلْمَاضِي 완료	اَلْمَجْهُولُ 수동 اَلْمُضَارِعُ 미완료
اَلْمُتَكَلِّمُ 1인칭	أَنَا	خَاطَبْتُ	أُخَاطِبُ			
	نَحْنُ	خَاطَبْنَا	نُخَاطِبُ			
اَلْمُخَاطَبُ 2 남	أَنْتَ	خَاطَبْتَ	تُخَاطِبُ	خَاطِبْ		
	أَنْتُمَا	خَاطَبْتُمَا	تُخَاطِبَانِ	خَاطِبَا		
	أَنْتُمْ	خَاطَبْتُمْ	تُخَاطِبُونَ	خَاطِبُوا		
اَلْمُخَاطَبَةُ 2 여	أَنْتِ	خَاطَبْتِ	تُخَاطِبِينَ	خَاطِبِي		
	أَنْتُمَا	خَاطَبْتُمَا	تُخَاطِبَانِ	خَاطِبَا		
	أَنْتُنَّ	خَاطَبْتُنَّ	تُخَاطِبْنَ	خَاطِبْنَ		
اَلْغَائِبُ 3 남	هُوَ	خَاطَبَ	يُخَاطِبُ		خُوطِبَ	يُخَاطَبُ
	هُمَا	خَاطَبَا	يُخَاطِبَانِ			
	هُمْ	خَاطَبُوا	يُخَاطِبُونَ			
اَلْغَائِبَةُ 3 여	هِيَ	خَاطَبَتْ	تُخَاطِبُ			
	هُمَا	خَاطَبَتَا	تُخَاطِبَانِ			
	هُنَّ	خَاطَبْنَ	يُخَاطِبْنَ			

뜻풀이

- (누구에게) 직접 말을 걸다, 건네다, 말하다, 이야기하다

예문

خَاطَبَهُ بِالتِّلِيفُون

전화를 걸다

خَاطَبْتُهُ فِي أَمْرٍ يَهُمُّهُ.

나는 그에게 중요한 일에 대해 말했다.

خَاطَبَنِي فِي زِيَادَةِ أُجُورِ الْمُوَظَّفِينَ.

그는 나와 함께 직원들의 임금 인상에 대해 논의했다.

لَا يُخَاطِبُ هَذَا الْقَرَارَ أَعْضَاءَ الْأُمَمِ الْمُتَّحِدَةِ.

그는 이 결의안을 국제연합의 회원들에게 알리지 않았다.

تَعَلَّمْنَا كَيْفَ نُخَاطِبُ الْعُمَلَاءَ وَنَتَعَامَلُ مَعَ الشَّكَاوَى.

우리는 고객과 어떻게 이야기하고, 불만에 대응하는지 배웠다.

سَوْفَ يُخَاطِبُ الرَّئِيسُ الْمَجْلِسَ فِي يَوْمِ الْإِثْنَيْنِ الْقَادِمِ.

대통령은 다음 월요일에 국회에서 연설할 것이다.

수동분사 اَلْمَفْعُولُ	능동분사 اَلْفَاعِلُ	동명사 اَلْمَصْدَرُ	خَدَمَ
مَخْدُوم	خَادِم	خِدْمَة	

수동 اَلْمَجْهُولُ		능동 اَلْمَعْلُومُ			اَلضَّمَائِرُ 인칭 대명사	
اَلْمُضَارِعُ 미완료	اَلْمَاضِي 완료	اَلْأَمْرُ 명령	اَلْمُضَارِعُ 미완료	اَلْمَاضِي 완료		
أُخْدَمُ	خُدِمْتُ		أَخْدُمُ	خَدَمْتُ	أَنَا	اَلْمُتَكَلِّمُ 1인칭
نُخْدَمُ	خُدِمْنَا		نَخْدُمُ	خَدَمْنَا	نَحْنُ	
تُخْدَمُ	خُدِمْتَ	أُخْدُمْ	تَخْدُمُ	خَدَمْتَ	أَنْتَ	اَلْمُخَاطَبُ 2남
تُخْدَمَانِ	خُدِمْتُمَا	أُخْدُمَا	تَخْدُمَانِ	خَدَمْتُمَا	أَنْتُمَا	
تُخْدَمُونَ	خُدِمْتُمْ	أُخْدُمُوا	تَخْدُمُونَ	خَدَمْتُمْ	أَنْتُمْ	
تُخْدَمِينَ	خُدِمْتِ	أُخْدُمِي	تَخْدُمِينَ	خَدَمْتِ	أَنْتِ	اَلْمُخَاطَبَةُ 2여
تُخْدَمَانِ	خُدِمْتُمَا	أُخْدُمَا	تَخْدُمَانِ	خَدَمْتُمَا	أَنْتُمَا	
تُخْدَمْنَ	خُدِمْتُنَّ	أُخْدُمْنَ	تَخْدُمْنَ	خَدَمْتُنَّ	أَنْتُنَّ	
يُخْدَمُ	خُدِمَ		يَخْدُمُ	خَدَمَ	هُوَ	اَلْغَائِبُ 3남
يُخْدَمَانِ	خُدِمَا		يَخْدُمَانِ	خَدَمَا	هُمَا	
يُخْدَمُونَ	خُدِمُوا		يَخْدُمُونَ	خَدَمُوا	هُمْ	
تُخْدَمُ	خُدِمَتْ		تَخْدُمُ	خَدَمَتْ	هِيَ	اَلْغَائِبَةُ 3여
تُخْدَمَانِ	خُدِمَتَا		تَخْدُمَانِ	خَدَمَتَا	هُمَا	
يُخْدَمْنَ	خُدِمْنَ		يَخْدُمْنَ	خَدَمْنَ	هُنَّ	

뜻풀이

- 직장을 가지다, 일하다
- (누구를) 모시다, 시중들다, 서비스를 제공하다
- (누구 또는 무엇을 위하여) 봉사하다
- (누구를) 지지하다, 옹호하다

예문

خَدَمَ جَارَهُ

이웃을 도와주다

خَدَمَ الْأَرْضَ

밭을 갈다, 땅을 경작하다

خَدَمَ مَصَالِحَ فُلَانٍ

누구의 이익에 기여하다

خَدَمَ جَدَّهُ الْمَرِيضَ.

그는 할아버지를 병간호했다.

يَخْدِمُ فِي الْقُوَّاتِ الْمُسَلَّحَةِ.

그는 군복무 중이다.

خَدَمَتِ الْبَلَدِيَّةُ الطُّرُقَ فِي الْمَدِينَةِ.

시청은 시의 도로를 정비했다.

수동분사 اَلْمَفْعُولُ	능동분사 اَلْفَاعِلُ	동명사 اَلْمَصْدَرُ	خَرَّجَ
مُخَرَّج	مُخَرِّج	تَخْرِيج	

수동 اَلْمَجْهُولُ		능동 اَلْمَعْلُومُ			اَلضَّمَائِرُ 인칭 대명사	
اَلْمُضَارِعُ 미완료	اَلْمَاضِي 완료	اَلْأَمْرُ 명령	اَلْمُضَارِعُ 미완료	اَلْمَاضِي 완료		
			أُخَرِّجُ	خَرَّجْتُ	أَنَا	اَلْمُتَكَلِّمُ 1인칭
			نُخَرِّجُ	خَرَّجْنَا	نَحْنُ	
		خَرِّجْ	تُخَرِّجُ	خَرَّجْتَ	أَنْتَ	اَلْمُخَاطَبُ 2 남
		خَرِّجَا	تُخَرِّجَانِ	خَرَّجْتُمَا	أَنْتُمَا	
		خَرِّجُوا	تُخَرِّجُونَ	خَرَّجْتُمْ	أَنْتُمْ	
		خَرِّجِي	تُخَرِّجِينَ	خَرَّجْتِ	أَنْتِ	اَلْمُخَاطَبَةُ 2 여
		خَرِّجَا	تُخَرِّجَانِ	خَرَّجْتُمَا	أَنْتُمَا	
		خَرِّجْنَ	تُخَرِّجْنَ	خَرَّجْتُنَّ	أَنْتُنَّ	
يُخَرَّجُ	خُرِّجَ		يُخَرِّجُ	خَرَّجَ	هُوَ	اَلْغَائِبُ 3 남
			يُخَرِّجَانِ	خَرَّجَا	هُمَا	
			يُخَرِّجُونَ	خَرَّجُوا	هُمْ	
			تُخَرِّجُ	خَرَّجَتْ	هِيَ	اَلْغَائِبَةُ 3 여
			تُخَرِّجَانِ	خَرَّجَتَا	هُمَا	
			يُخَرِّجْنَ	خَرَّجْنَ	هُنَّ	

뜻풀이

- (누구 또는 무엇을) 이동시키다, 몰아내다, 쫓아내다
- (누구 또는 무엇을) 제거하다, 축출하다, 없애다
- 기술을(في) (누구에게) 훈련시키다, 교육시키다
- (누구를) 기르다, 양육하다
- (무엇을) 증류하다
- (무엇을) 뽑다, 뽑아내다
- (무엇을) 헤아리다, 추측하다, 추론하다

예문

خَرَّجَ الْأَرْضَ

토지세를 부과하다

خَرَّجَ أَعْقَدَ الْمَسَائِلِ

문제의 해결책을 찾다

خَرَّجْتُهُ مِنَ الْغُرْفَةِ.

나는 그를 방에서 데리고 나왔다.

خَرَّجَ الْمُعَلِّمُ تِلْمِيذَهُ فِي الْعِلْمِ.

선생님은 그의 학생을 가르쳤다.

خَرَّجَ الْبَاحِثُ مَادَّةً غِذَائِيَّةً لَازِمَةً.

연구원은 필수 영양 성분을 추출했다.

خَرَّجَ هَذَا الْمَعْهَدُ 123 مُتَدَرِّبًا فِي السَّنَةِ الْمَاضِيَةِ.

이 훈련원은 작년에 123명의 훈련생을 배출했다.

수동분사 اَلْمَفْعُولُ	능동분사 اَلْفَاعِلُ	동명사 اَلْمَصْدَرُ	خَرَجَ
مَخْرُوج	خَارِج	خُرُوج	

수동 اَلْمَجْهُولُ		능동 اَلْمَعْلُومُ			اَلضَّمَائِرُ 인칭 대명사	
اَلْمُضَارِعُ 미완료	اَلْمَاضِي 완료	اَلْأَمْرُ 명령	اَلْمُضَارِعُ 미완료	اَلْمَاضِي 완료		
أُخْرَجُ	خُرِجْتُ		أَخْرُجُ	خَرَجْتُ	أَنَا	اَلْمُتَكَلِّمُ 1인칭
نُخْرَجُ	خُرِجْنَا		نَخْرُجُ	خَرَجْنَا	نَحْنُ	
تُخْرَجُ	خُرِجْتَ	أُخْرُجْ	تَخْرُجُ	خَرَجْتَ	أَنْتَ	اَلْمُخَاطَبُ 2남
تُخْرَجَانِ	خُرِجْتُمَا	أُخْرُجَا	تَخْرُجَانِ	خَرَجْتُمَا	أَنْتُمَا	
تُخْرَجُونَ	خُرِجْتُمْ	أُخْرُجُوا	تَخْرُجُونَ	خَرَجْتُمْ	أَنْتُمْ	
تُخْرَجِينَ	خُرِجْتِ	أُخْرُجِي	تَخْرُجِينَ	خَرَجْتِ	أَنْتِ	اَلْمُخَاطَبَةُ 2여
تُخْرَجَانِ	خُرِجْتُمَا	أُخْرُجَا	تَخْرُجَانِ	خَرَجْتُمَا	أَنْتُمَا	
تُخْرَجْنَ	خُرِجْتُنَّ	أُخْرُجْنَ	تَخْرُجْنَ	خَرَجْتُنَّ	أَنْتُنَّ	
يُخْرَجُ	خُرِجَ		يَخْرُجُ	خَرَجَ	هُوَ	اَلْغَائِبُ 3남
يُخْرَجَانِ	خُرِجَا		يَخْرُجَانِ	خَرَجَا	هُمَا	
يُخْرَجُونَ	خُرِجُوا		يَخْرُجُونَ	خَرَجُوا	هُمْ	
تُخْرَجُ	خُرِجَتْ		تَخْرُجُ	خَرَجَتْ	هِيَ	اَلْغَائِبَةُ 3여
تُخْرَجَانِ	خُرِجَتَا		تَخْرُجَانِ	خَرَجَتَا	هُمَا	
يُخْرَجْنَ	خُرِجْنَ		يَخْرُجْنَ	خَرَجْنَ	هُنَّ	

뜻풀이

- 밖으로 나가다, 외출하다
- 어디에서(من) 나오다, 나타나다
- (차량을 타고) 나가다
- 흘러나오다, 새어 나오다
- (어디를) 떠나다, 물러나다
- 튀어나오다, 돌출되다
- 무엇을(من) 떠나다
- 경기나 시합에서(من) 기권하다 기권하다
- 무엇에서(من) 나오다, 내리다, 하선하다
- 무엇에서(من) 비롯되다, 생기다
- 누구 또는 무엇에서(عن) 분리되다, 나눠다, 갈리다, 떨어져 나오다
- 누구 또는 무엇에(عن) 반대하다, 의견이 다르다
- 원칙 또는 규칙 등에서(عن) 벗어나다, 탈선하다
- 주어진 주제를(عن) 벗어나다, 넘어서다
- 누구 또는 무엇과(عن) 관련이 없다, 관계가 없다
- (전쟁터를 향해) 나가다, 출정하다
- 누구 또는 무엇에(على) 맞서 싸우다, 반기를 들다, 들고 일어나다
- 규정이나 규제 등을(على) 어기다, 위반하다
- 누구를(ب) 데리고 나가다
- 누구를(ب) 몰아내다, 쫓아내다, 축출하다
- 무엇을(عن) 하지 않도록 누구를(ب) 설득하다, 만류하다
- 무엇을(ب) 찾아내다, 발견하다

예문

لَا يَخْرُجُ عَنْ

무엇을(عن) 벗어나지 않는다

خَرَجَ عَلَيْهِ بِ

무엇을(ب) 가지고 누구를 직면하다, 누구에게 대면하여 무엇을(ب) 들이대다

خَرَجَ عَنِ الْخَطِّ

(기차가) 탈선하다

خَرَجَ مِنْهُ فِي عَافِيَةٍ

무엇에서 회복하다

خَرَجَ مِنْهُ ظَافِرًا غَانِمًا

무엇을 잘 이겨내다, 성공적으로 극복하다

لَنْ نَخْرُجَ هَذَا الْمَسَاءَ.

우리는 오늘 저녁에 밖에 나가지 않을 것이다.

أَخُوكُمْ خَرَجَ مِنْ صَفِّي.

너희들의 동생이 나의 교실을 나갔다.

لَنْ أَخْرُجَ لِسُوءِ الطَّقْسِ.

날씨가 나빠서 나는 밖에 나가지 않을 것이다.

خَرَجَ لِشِرَاءِ الْمَزِيدِ مِنَ الْكُتُبِ.

그는 책을 더 사기 위해 나갔다.

يَخْرُجُونَ عَادَةً لِلْعَمَلِ عِنْدَ الثَّامِنَةِ.

그들은 보통 8시에 일하러 간다.

اَلْجَوُّ عَاصِفٌ جِدًّا بِالنِّسْبَةِ لَنَا لِأَنْ نَخْرُجَ.

우리가 나가기에는 날씨가 너무 사납다.

فِي الْعُطْلَةِ الْأُسْبُوعِيَّةِ أَخْرُجُ مَعَ أَصْدِقَائِي.

주말에는 친구들과 외출한다.

إِنَّهَا تُغْلِقُ جَمِيعَ نَوَافِذِ بَيْتِهَا قَبْلَ أَنْ تَخْرُجَ.

그녀는 나가기 전에 집의 모든 창문을 닫는다.

هَذِهِ مِنْطَقَةٌ خَطِرَةٌ، اُخْرُجْ مِنْ فَضْلِكَ.

여기는 위험한 지역이니, 나가주세요.

خَرَجَتْ مِنَ الْمَكْتَبِ وَهِيَ بِيَدِهَا جَرِيدَةٌ.

그녀는 손에 신문을 들고 사무실을 나섰다.

إِنَّهَا تَخْرُجُ عَنْ كُلِّ الْقُيُودِ عِنْدَمَا تَرْقُصُ.

그녀는 춤 출 때 모든 구속에서 벗어난다.

كَثِيرٌ مِنَ النِّسَاءِ يَخْرُجْنَ لِلْعَمَلِ هَذِهِ الْأَيَّامَ.

요즈음 많은 여성들이 일하러 간다.

اَلْمَرْأَةُ الَّتِي خَرَجَتْ مِنَ الْمَطْعَمِ شَاعِرَةٌ شَهِيرَةٌ.

식당을 나간 여성은 유명한 시인이다.

اَلطَّقْسُ سَيِّئٌ جِدًّا حَتَّى يَخْرُجَ لِلَعِبٍ فِي الْخَارِجِ.

그가 밖으로 놀러 나가기에는 날씨가 무척 나쁘다.

لَوْ كُنْتُ أَعْلَمُ أَنَّ الطَّقْسَ رَدِيءٌ، لَمَا خَرَجْتُ مِنَ الْمَنْزِلِ.

날씨가 나쁘다는 것을 알았다면, 나는 집을 나서지 않았을 것이다.

خَفَّفَ

اَلْمَصْدَرُ 동명사	اَلْفَاعِلُ 능동분사	اَلْمَفْعُولُ 수동분사
تَخْفِيف	مُخَفِّف	مُخَفَّف

اَلضَّمَائِرُ 인칭 대명사		اَلْمَعْلُومُ 능동			اَلْمَجْهُولُ 수동	
		اَلْمَاضِي 완료	اَلْمُضَارِعُ 미완료	اَلْأَمْرُ 명령	اَلْمَاضِي 완료	اَلْمُضَارِعُ 미완료
اَلْمُتَكَلِّمُ 1인칭	أَنَا	خَفَّفْتُ	أُخَفِّفُ			
	نَحْنُ	خَفَّفْنَا	نُخَفِّفُ			
اَلْمُخَاطَبُ 2 남	أَنْتَ	خَفَّفْتَ	تُخَفِّفُ	خَفِّفْ		
	أَنْتُمَا	خَفَّفْتُمَا	تُخَفِّفَانِ	خَفِّفَا		
	أَنْتُمْ	خَفَّفْتُمْ	تُخَفِّفُونَ	خَفِّفُوا		
اَلْمُخَاطَبَةُ 2 여	أَنْتِ	خَفَّفْتِ	تُخَفِّفِينَ	خَفِّفِي		
	أَنْتُمَا	خَفَّفْتُمَا	تُخَفِّفَانِ	خَفِّفَا		
	أَنْتُنَّ	خَفَّفْتُنَّ	تُخَفِّفْنَ	خَفِّفْنَ		
اَلْغَائِبُ 3 남	هُوَ	خَفَّفَ	يُخَفِّفُ		خُفِّفَ	يُخَفَّفُ
	هُمَا	خَفَّفَا	يُخَفِّفَانِ			
	هُمْ	خَفَّفُوا	يُخَفِّفُونَ			
اَلْغَائِبَةُ 3 여	هِيَ	خَفَّفَتْ	تُخَفِّفُ			
	هُمَا	خَفَّفَتَا	تُخَفِّفَانِ			
	هُنَّ	خَفَّفْنَ	يُخَفِّفْنَ			

뜻풀이

- (무엇을) 가볍게 하다, (무엇의 무게를) 줄이다
- 누구의(عن 또는 على) 고통이나 중압 등을 경감하다, 덜다
- 누구의 안 좋은 상황을(من) 진정시키다
- 무엇을([목] 또는 من) 줄이다, 축소하다
- 무엇을([목] 또는 من) 경감하다, 완화하다, 부드럽게 하다
- (액체를) 희석하다, 묽게 하다
- <문법> (자음을) 샷다(ّ) 없이 발음하다, 가볍게 발음하다

예문

خَفَّفَ الْآلَامَ عَنْهُ

누구의 고통을 덜어 주다

خَفِّفْ عَنْكَ.

기운내! 쉬엄쉬엄 해!

خَفِّفْ مِنْ سُرْعَتِكَ.

속도 좀 줄여!

خَفَّفَ الطَّبِيبُ الْمَرِيضَ.

의사는 환자를 치료했다.

يُخَفِّفُ الْقَاضِي مِنَ الْعُقُوبَةِ.

판사는 감형을 한다.

خَفَّفْتُ وَزْنَ جِسْمِي مِنْ خِلَالِ الرَّكْضِ.

나는 달리기로 체중을 줄였다.

수동분사 اَلْمَفْعُولُ	능동분사 اَلْفَاعِلُ	동명사 اَلْمَصْدَرُ	خَلَعَ
مَخْلُوع	خَالِع	خَلْع	

اَلْمَجْهُولُ 수동		اَلْمَعْلُومُ 능동			اَلضَّمَائِرُ 인칭 대명사	
اَلْمُضَارِعُ 미완료	اَلْمَاضِي 완료	اَلْأَمْرُ 명령	اَلْمُضَارِعُ 미완료	اَلْمَاضِي 완료		
أُخْلَعُ	خُلِعْتُ		أَخْلَعُ	خَلَعْتُ	أَنَا	اَلْمُتَكَلِّمُ 1인칭
نُخْلَعُ	خُلِعْنَا		نَخْلَعُ	خَلَعْنَا	نَحْنُ	
تُخْلَعُ	خُلِعْتَ	اِخْلَعْ	تَخْلَعُ	خَلَعْتَ	أَنْتَ	اَلْمُخَاطَبُ 2 남
تُخْلَعَانِ	خُلِعْتُمَا	اِخْلَعَا	تَخْلَعَانِ	خَلَعْتُمَا	أَنْتُمَا	
تُخْلَعُونَ	خُلِعْتُمْ	اِخْلَعُوا	تَخْلَعُونَ	خَلَعْتُمْ	أَنْتُمْ	
تُخْلَعِينَ	خُلِعْتِ	اِخْلَعِي	تَخْلَعِينَ	خَلَعْتِ	أَنْتِ	اَلْمُخَاطَبَةُ 2 여
تُخْلَعَانِ	خُلِعْتُمَا	اِخْلَعَا	تَخْلَعَانِ	خَلَعْتُمَا	أَنْتُمَا	
تُخْلَعْنَ	خُلِعْتُنَّ	اِخْلَعْنَ	تَخْلَعْنَ	خَلَعْتُنَّ	أَنْتُنَّ	
يُخْلَعُ	خُلِعَ		يَخْلَعُ	خَلَعَ	هُوَ	اَلْغَائِبُ 3 남
يُخْلَعَانِ	خُلِعَا		يَخْلَعَانِ	خَلَعَا	هُمَا	
يُخْلَعُونَ	خُلِعُوا		يَخْلَعُونَ	خَلَعُوا	هُمْ	
تُخْلَعُ	خُلِعَتْ		تَخْلَعُ	خَلَعَتْ	هِيَ	اَلْغَائِبَةُ 3 여
تُخْلَعَانِ	خُلِعَتَا		تَخْلَعَانِ	خَلَعَتَا	هُمَا	
يُخْلَعْنَ	خُلِعْنَ		يَخْلَعْنَ	خَلَعْنَ	هُنَّ	

뜻풀이

- (옷이나 모자 등을) 벗다
- (이를) 뽑다, 발치하다
- (무엇을) 잡아 벗기다, 뜯다, 떼어 내다
- (관절 등을) 삐다
- (누구를) 직위에서(من) 해임하다, 직책에서(من) 해고하다
- (무엇을) 포기하다, 단념하다, 그만하다
- 자신의 굴레를(عذاره) 벗어 버리다, 던져 버리다
- 순종하는 것을(الطاعة) 거절하다, 거부하다
- 자신의 아들과(ابنه) 절연하다
- (여자 쪽에서 위자료를 지급하는 조건으로) 아내와(ها) 이혼하다
- (힘든 하루 등을) 끝마치다, 다 보내다
- (무엇을) 누구에게(على) 전하다, 주다, 수여하다

예문

خَلَعَهُ مِنَ الْعَرْشِ

누구를 권좌에서 몰아내다

خَلَعَ عَلَيْهِ خِلْعَةً

누구에게 영광의 망토를 수여하다

خَلَعْتُ الْمِسْمَارَ مِنَ الْخَشَبَةِ.

나는 목재에서 못을 뽑았다.

اِخْلَعْ هَذَا الْقَمِيصَ الْمُضْحِكَ.

우스꽝스런 셔츠를 벗어라.

مِنَ الْعَادَاتِ الْكُورِيَّةِ أَنْ تَخْلَعَ حِذَاءَكَ قَبْلَ دُخُولِ الْبَيْتِ.

집에 들어갈 때 신발을 벗는 것은 한국의 관습이다.

دَخَلَ الْغُرْفَةَ وَخَلَعَ مَلَابِسَهُ وَلَبِسَ بِيجَامَتَهُ وَأَلْقَى بِنَفْسِهِ عَلَى السَّرِيرِ.

그는 방으로 들어가서, 옷을 벗고 잠옷을 입고 침대로 뛰어들었다.

ㄷ

수동분사 اَلْمَفْعُولُ	능동분사 اَلْفَاعِلُ	동명사 اَلْمَصْدَرُ	دَخَلَ
مَدْخُول	دَاخِل	دُخُول	

수동 اَلْمَجْهُولُ		능동 اَلْمَعْلُومُ			اَلضَّمَائِرُ 인칭 대명사	
اَلْمُضَارِعُ 미완료	اَلْمَاضِي 완료	اَلْأَمْرُ 명령	اَلْمُضَارِعُ 미완료	اَلْمَاضِي 완료		
أُدْخَلُ	دُخِلْتُ		أَدْخُلُ	دَخَلْتُ	أَنَا	اَلْمُتَكَلِّمُ 1인칭
نُدْخَلُ	دُخِلْنَا		نَدْخُلُ	دَخَلْنَا	نَحْنُ	
تُدْخَلُ	دُخِلْتَ	أُدْخُلْ	تَدْخُلُ	دَخَلْتَ	أَنْتَ	اَلْمُخَاطَبُ 2 남
تُدْخَلَانِ	دُخِلْتُمَا	أُدْخُلَا	تَدْخُلَانِ	دَخَلْتُمَا	أَنْتُمَا	
تُدْخَلُونَ	دُخِلْتُمْ	أُدْخُلُوا	تَدْخُلُونَ	دَخَلْتُمْ	أَنْتُمْ	
تُدْخَلِينَ	دُخِلْتِ	أُدْخُلِي	تَدْخُلِينَ	دَخَلْتِ	أَنْتِ	اَلْمُخَاطَبَةُ 2 여
تُدْخَلَانِ	دُخِلْتُمَا	أُدْخُلَا	تَدْخُلَانِ	دَخَلْتُمَا	أَنْتُمَا	
تُدْخَلْنَ	دُخِلْتُنَّ	أُدْخُلْنَ	تَدْخُلْنَ	دَخَلْتُنَّ	أَنْتُنَّ	
يُدْخَلُ	دُخِلَ		يَدْخُلُ	دَخَلَ	هُوَ	اَلْغَائِبُ 3 남
يُدْخَلَانِ	دُخِلَا		يَدْخُلَانِ	دَخَلَا	هُمَا	
يُدْخَلُونَ	دُخِلُوا		يَدْخُلُونَ	دَخَلُوا	هُمْ	
تُدْخَلُ	دُخِلَتْ		تَدْخُلُ	دَخَلَتْ	هِيَ	اَلْغَائِبَةُ 3 여
تُدْخَلَانِ	دُخِلَتَا		تَدْخُلَانِ	دَخَلَتَا	هُمَا	
يُدْخَلْنَ	دُخِلْنَ		يَدْخُلْنَ	دَخَلْنَ	هُنَّ	

뜻풀이

- 어디로([목] 또는 في 또는 إلى) 들어가다
- 무엇을([목] 또는 في 또는 إلى) 관통하다, 꿰뚫다
- (의심 등이) (누구를) 덮치다, 엄습하다, 사로잡다
- 직책을(خدمة) 맡다, 일을 시작하다
- 누구를(على) 보러 들르다, 방문하다
- 부부생활을 하다, 아내와(ب 또는 على) 동침하다
- (어떤 기분이) 갑자기 들다
- <문법> 어디에(على) 추가되다
- 무엇에(على) 새롭게 도입되다
- 무엇을(على) 습득하다, 자신의 것으로 만들다
- 종교 단체에([목] 또는 في) 들어가다, 가입하다
- (무엇에) 참여하다, 참가하다
- (시간 또는 어떤 일 등이) 시작되다
- 어디에(في 또는 ضمن 또는 تحت) 포함되다, 속하다

예문

دَخَلَ فِي الْمَوْضُوعِ

핵심을 찌르다

دَخَلَ الْمِينَاءَ / الْمَدْرَسَةَ

입항 / 입학하다

دَخَلَ فِي عَقْلِهِ / فِي جِسْمِهِ

정신적 / 육체적 장애를 겪다

دَخَلَ الْكِبَارُ فَالْأَوْلَادُ.

어른이 들어오고, 아이들이 들어왔다.

دَعْهُ يَدْخُلُ، إِنَّهُ زَمِيلِي.

그가 들어오게 둬라. 그는 나의 동료다.

لِنَدْخُلْ فِي صُلْبِ الْمُشْكِلَةِ.

우리 문제의 핵심에 들어가보자.

دَخَلَ عَلَيْنَا وَقَالَ "مُفَاجَأَةً!"

그가 우리를 찾아와서는 말했다. "서프라이즈!"

دَخَلْتُ السَّيَّارَةَ وَأَدَرْتُ الْمُحَرِّكَ.

나는 자동차에 탑승하고 시동을 걸었다.

فَتَحْنَا الْبَابَ لِيَدْخُلَ الْهَوَاءُ النَّقِيُّ.

우리는 깨끗한 공기가 들어오도록 하기 위해 문을 열었다.

بَعْدَ الْمَدْرَسَةِ، دَخَلْنَا جَمِيعًا الْجَامِعَةَ.

학교 (졸업) 후에, 우리 모두 대학에 들어갔다

جَاءَ دَوْرُهُ، فَدَخَلَ فِي حُجْرَةِ الْفَحْصِ.

그의 차례가 와서 그는 검사실로 들어갔다.

يَدْخُلُ كَمَالٌ فِي الْمَصْرِفِ وَيَأْخُذُ رَقْمًا .

카말은 은행에 들어가 번호표를 받았다.

هَذِهِ الْمِحْفَظَةُ صَغِيرَةٌ كِفَايَةً لِتَدْخُلَ فِي جَيْبِي.

이 지갑은 내 주머니에 들어갈 만큼 충분히 작다.

دَخَلَ الْبِلَادَ مَا يَقْرُبُ مِنْ نِصْفِ مِلْيُونِ شَخْصٍ.

거의 50만 명이 입국했다.

لَنْ أَدْخُلَ مَعَهُ فِي عَمَلٍ. فَهُوَ يَبْدُو لِي مُرِيبًا.

나는 그와 함께 일하지 않을 것이다. 그는 의심스럽다.

كَانَ يُرِيدُ أَنْ يَدْخُلَ فِي شِرَاكَةٍ تِجَارِيَّةٍ مَعَ شَرِكَتِنَا.

그는 우리 회사와 사업적 파트너십을 맺고 싶어했다.

لَا يَسْمَحُ لَكَ أَنْ تَدْخُلَ الْمَسْجِدَ بِدُونِ خَلْعِ حِذَائِكَ.

신발을 벗지 않고 사원에 들어가서는 안된다.

دَخَلَتِ التَّشْكِيلَ الْوِزَارِيَّ تَحْتَ هَذِهِ الْحُكُومَةِ الْجَدِيدَةِ.

그녀는 이번 신 정부의 내각에 인선되었다.

إِنَّنِي لَا أُرِيدُ أَنْ أَدْخُلَ فِي الْحَرْبِ الْكَلَامِيَّةِ مَعَهَا أَبَدًا.

나는 결코 그녀와의 설전을 벌이고 싶지 않다.

دَخَلَ لِيُسَلِّمَ عَلَيْنَا فَقَطْ إِلَّا أَنَّهُ تَسَكَّعَ لِمُدَّةِ ثَلَاثِ سَاعَاتٍ.

그는 우리게 인사만 하러 들어왔지만 3시간 동안 돌아다녔다.

دَخَلَتِ الْمَرْأَةُ فِي الْخَلِيجِ الْعَرَبِيِّ مَيْدَانَ التِّجَارَةِ وَالْمَالِ أَيْضًا.

걸프 지역의 여성들은 상업과 금융 분야에도 진출했다.

اَلْمَفْعُولُ 수동분사	اَلْفَاعِلُ 능동분사	اَلْمَصْدَرُ 동명사	دَرَّسَ
مُدَرَّس	مُدَرِّس	تَدْرِيس	

اَلْمَجْهُولُ 수동		اَلْمَعْلُومُ 능동			اَلضَّمَائِرُ 인칭 대명사	
اَلْمُضَارِعُ 미완료	اَلْمَاضِي 완료	اَلْأَمْرُ 명령	اَلْمُضَارِعُ 미완료	اَلْمَاضِي 완료		
			أُدَرِّسُ	دَرَّسْتُ	أَنَا	اَلْمُتَكَلِّمُ 1인칭
			نُدَرِّسُ	دَرَّسْنَا	نَحْنُ	
		دَرِّسْ	تُدَرِّسُ	دَرَّسْتَ	أَنْتَ	اَلْمُخَاطَبُ 2 남
		دَرِّسَا	تُدَرِّسَانِ	دَرَّسْتُمَا	أَنْتُمَا	
		دَرِّسُوا	تُدَرِّسُونَ	دَرَّسْتُمْ	أَنْتُمْ	
		دَرِّسِي	تُدَرِّسِينَ	دَرَّسْتِ	أَنْتِ	اَلْمُخَاطَبَةُ 2 여
		دَرِّسَا	تُدَرِّسَانِ	دَرَّسْتُمَا	أَنْتُمَا	
		دَرِّسْنَ	تُدَرِّسْنَ	دَرَّسْتُنَّ	أَنْتُنَّ	
يُدَرَّسُ	دُرِّسَ		يُدَرِّسُ	دَرَّسَ	هُوَ	اَلْغَائِبُ 3 남
			يُدَرِّسَانِ	دَرَّسَا	هُمَا	
			يُدَرِّسُونَ	دَرَّسُوا	هُمْ	
			تُدَرِّسُ	دَرَّسَتْ	هِيَ	اَلْغَائِبَةُ 3 여
			تُدَرِّسَانِ	دَرَّسَتَا	هُمَا	
			يُدَرِّسْنَ	دَرَّسْنَ	هُنَّ	

뜻풀이

- 가르치다
- (누구에게) (특히 실용적인 기술을) 가르치다
- (동물을) 길들이다

예문

دَرَّسَ الْبَعِيرَ.

그는 낙타를 길들였다.

بَعِيرٌ لَمْ يُدَرَّسْ.

낙타 한 마리는 길들여지지 않았다.

دَرَّسْتُ عِشْرِينَ طَالِبًا.

나는 20명의 학생을 가르쳤다.

مَنْ يُدَرِّسُ الْعُلُومَ الطَّبِيعِيَّةَ هَذَا الْعَامَ؟

올해에는 누가 자연과학을 가르칩니까?

أُحِبُّ الْمُعَلِّمَةَ الَّتِي تُدَرِّسُنِي اللُّغَةَ الْعَرَبِيَّةَ.

나는 나에게 아랍어를 가르쳐주는 그 선생님을 좋아한다.

اَلْمُعَلِّمَةُ الَّتِي تُدَرِّسُ التَّارِيخَ الْإِسْلَامِيَّ مُسْلِمَةٌ.

이슬람 역사를 가르치는 여 선생님은 무슬림이다.

اَلْمَفْعُولُ 수동분사	اَلْفَاعِلُ 능동분사	اَلْمَصْدَرُ 동명사	دَرَسَ
مَدْرُوس	دَارِس	دَرْس	

اَلْمَجْهُولُ 수동		اَلْمَعْلُومُ 능동			اَلضَّمَائِرُ 인칭 대명사	
اَلْمُضَارِعُ 미완료	اَلْمَاضِي 완료	اَلْأَمْرُ 명령	اَلْمُضَارِعُ 미완료	اَلْمَاضِي 완료		
أُدْرَسُ	دُرِسْتُ		أَدْرُسُ	دَرَسْتُ	أَنَا	اَلْمُتَكَلِّمُ 1인칭
نُدْرَسُ	دُرِسْنَا		نَدْرُسُ	دَرَسْنَا	نَحْنُ	
تُدْرَسُ	دُرِسْتَ	أُدْرُسْ	تَدْرُسُ	دَرَسْتَ	أَنْتَ	اَلْمُخَاطَبُ 2 남
تُدْرَسَانِ	دُرِسْتُمَا	أُدْرُسَا	تَدْرُسَانِ	دَرَسْتُمَا	أَنْتُمَا	
تُدْرَسُونَ	دُرِسْتُمْ	أُدْرُسُوا	تَدْرُسُونَ	دَرَسْتُمْ	أَنْتُمْ	
تُدْرَسِينَ	دُرِسْتِ	أُدْرُسِي	تَدْرُسِينَ	دَرَسْتِ	أَنْتِ	اَلْمُخَاطَبَةُ 2 여
تُدْرَسَانِ	دُرِسْتُمَا	أُدْرُسَا	تَدْرُسَانِ	دَرَسْتُمَا	أَنْتُمَا	
تُدْرَسْنَ	دُرِسْتُنَّ	أُدْرُسْنَ	تَدْرُسْنَ	دَرَسْتُنَّ	أَنْتُنَّ	
يُدْرَسُ	دُرِسَ		يَدْرُسُ	دَرَسَ	هُوَ	اَلْغَائِبُ 3 남
يُدْرَسَانِ	دُرِسَا		يَدْرُسَانِ	دَرَسَا	هُمَا	
يُدْرَسُونَ	دُرِسُوا		يَدْرُسُونَ	دَرَسُوا	هُمْ	
تُدْرَسُ	دُرِسَتْ		تَدْرُسُ	دَرَسَتْ	هِيَ	اَلْغَائِبَةُ 3 여
تُدْرَسَانِ	دُرِسَتَا		تَدْرُسَانِ	دَرَسَتَا	هُمَا	
يُدْرَسْنَ	دُرِسْنَ		يَدْرُسْنَ	دَرَسْنَ	هُنَّ	

뜻풀이

- (무엇을) 없애다, 지우다, 닦아내다
- (곡물을) 타작하다, 탈곡하다
- 누구 아래서(على) 공부하다, 배우다
- (문제를) 연구하다, 탐구하다, 자세히 조사하다

예문

لَوْ دَرَسْتَ جَيِّدًا، لَكُنْتَ نَجَحْتَ.

네가 공부를 잘 하면 성공할 것이다.

يَدْرُسُ الْعَرَبِيَّةَ لِكَيْ يَعْمَلَ فِي الْكُوَيْتِ.

그는 쿠웨이트에서 일하기 위해 아랍어를 공부한다.

دَرَسَ الطَّعَامَ بَعْدَ رُجُوعِهِ مِنَ الْمَدْرَسَةِ.

그는 하교 후에 음식을 게걸스럽게 먹어 치웠다.

يَقُولُ الطُّلَّابُ إِنَّهُمْ يَدْرُسُونَ بِجِدٍّ مِنْ أَجْلِ الِامْتِحَانَاتِ.

학생들은 시험을 위해 열심히 공부하고 있다고 말했다.

دَرَسَ التَّارِيخَ الْإِسْلَامِيَّ عَلَى الْأُسْتَاذِ الْمَشْهُورِ فِي مِصْرَ.

그는 이집트에서 유명한 교수님 문하에서 이슬람 역사를 공부했다.

إِنَّهُمَا يُحِبَّانِ أَنْ يَدْرُسَا وَيَأْمَلَانِ أَنْ يُصْبِحَا طَبِيبَيْنِ نَاجِحَيْنِ.

두 사람은 공부하는 것을 좋아하고 성공한 의사가 되기를 바란다.

수동분사 اَلْمَفْعُولُ	능동분사 اَلْفَاعِلُ	동명사 اَلْمَصْدَرُ	دَرَى
مَدْرِيّ	دَارٍ	دِرَايَة	

수동 اَلْمَجْهُولُ		능동 اَلْمَعْلُومُ			اَلضَّمَائِرُ 인칭 대명사	
اَلْمُضَارِعُ 미완료	اَلْمَاضِي 완료	اَلْأَمْرُ 명령	اَلْمُضَارِعُ 미완료	اَلْمَاضِي 완료		
			أَدْرِي	دَرَيْتُ	أَنَا	اَلْمُتَكَلِّمُ 1인칭
			نَدْرِي	دَرَيْنَا	نَحْنُ	
		اِدْرِ	تَدْرِي	دَرَيْتَ	أَنْتَ	اَلْمُخَاطَبُ 2 남
		اِدْرِيَا	تَدْرِيَانِ	دَرَيْتُمَا	أَنْتُمَا	
		اِدْرُوا	تَدْرُونَ	دَرَيْتُمْ	أَنْتُمْ	
		اِدْرِي	تَدْرِينَ	دَرَيْتِ	أَنْتِ	اَلْمُخَاطَبَةُ 2 여
		اِدْرِيَا	تَدْرِيَانِ	دَرَيْتُمَا	أَنْتُمَا	
		اِدْرِينَ	تَدْرِينَ	دَرَيْتُنَّ	أَنْتُنَّ	
يُدْرَى	دُرِيَ		يَدْرِي	دَرَى	هُوَ	اَلْغَائِبُ 3 남
			يَدْرِيَانِ	دَرَيَا	هُمَا	
			يَدْرُونَ	دَرَوْا	هُمْ	
			تَدْرِي	دَرَتْ	هِيَ	اَلْغَائِبَةُ 3 여
			تَدْرِيَانِ	دَرَتَا	هُمَا	
			يَدْرِينَ	دَرَيْنَ	هُنَّ	

뜻풀이

- 무엇을([목] 또는 ب) 알다
- 무엇에([목] 또는 ب) 관해 간접적으로 알다
- 무엇을([목] 또는 ب) 의식하다, 인지하고 있다
- 어떤 주제에 대한(عن) 지식을 갖고 있다, 소양이 있다

예문

لَسْتُ أَدْرِي بِالضَّبْطِ.

나는 정확히는 몰랐다.

لَا أَدْرِي هَلْ أَضْحَكُ أَمْ أَبْكِي.

나는 웃어야 할지 울어야 할지 모르겠다.

لَا أَدْرِي مِنْ أَيْنَ ظَهَرَ السَّائِقُ الْآخَرُ.

다른 운전기사가 어디에서 나타났는지 나는 모른다.

هَلْ تَدْرِي كَمِ السَّاعَةُ الْآنَ يَا مَحْمُودُ؟

마흐무드, 지금 몇 신줄 알아?

مَنْ يَدْرِي عَمَّ كَانَ ذَلِكَ الْمَجْنُونُ يَتَكَلَّمُ؟

저 미친 사람이 말한 것에 대해 아는 사람이 누구냐?

لَا أَدْرِي مَنْ فَعَلَهُ، لَكِنْ بِتَقْدِيرِي أَظُنُّ أَنَّهُ سَمِيرٌ.

나는 누가 그일을 했는지 모르지만 내 추측으로는 사미르인 것 같다.

اَلْمَفْعُولُ 수동분사	اَلْفَاعِلُ 능동분사	اَلْمَصْدَرُ 동명사	دَعَا
مَدْعُوّ	دَاعٍ	دُعَاء	

اَلْمَجْهُولُ 수동		اَلْمَعْلُومُ 능동			اَلضَّمَائِرُ 인칭 대명사	
اَلْمُضَارِعُ 미완료	اَلْمَاضِي 완료	اَلْأَمْرُ 명령	اَلْمُضَارِعُ 미완료	اَلْمَاضِي 완료		
			أَدْعُو	دَعَوْتُ	أَنَا	اَلْمُتَكَلِّمُ 1인칭
			نَدْعُو	دَعَوْنَا	نَحْنُ	
		أُدْعُ	تَدْعُو	دَعَوْتَ	أَنْتَ	اَلْمُخَاطَبُ 2 남
		أُدْعُوَا	تَدْعُوَانِ	دَعَوْتُمَا	أَنْتُمَا	
		أُدْعُوا	تَدْعُونَ	دَعَوْتُمْ	أَنْتُمْ	
		أُدْعِي	تَدْعِينَ	دَعَوْتِ	أَنْتِ	اَلْمُخَاطَبَةُ 2 여
		أُدْعُوَا	تَدْعُوَانِ	دَعَوْتُمَا	أَنْتُمَا	
		أُدْعُونَ	تَدْعُونَ	دَعَوْتُنَّ	أَنْتُنَّ	
يُدْعَى	دُعِيَ		يَدْعُو	دَعَا	هُوَ	اَلْغَائِبُ 3 남
			يَدْعُوَانِ	دَعَوَا	هُمَا	
			يَدْعُونَ	دَعَوْا	هُمْ	
			تَدْعُو	دَعَتْ	هِيَ	اَلْغَائِبَةُ 3 여
			تَدْعُوَانِ	دَعَتَا	هُمَا	
			يَدْعُونَ	دَعَوْنَ	هُنَّ	

뜻풀이

- (누구를) 부르다
- 누구를([목] 또는 ب) 소환하다, 호출하다, (오라고) 부르다
- 무엇을 위해(إلى 또는 ل) (누구를) 소집하다
- (정부가) (누구를) 직위나 부서 등에(إلى) 선임하다, 임명하다
- 무엇하도록(إلى 또는 ل) (누구에게) 청하다, 부탁하다, 요청하다, 촉구하다, 부추기다
- (누구를) 파티나 연회 등에(إلى) 초대하다
- (누구를) 무엇이라([목] 또는 ب) 부르다
- 신의 이름을 부르다
- 누구를 위해(ل) 무엇을(ب) 기도하다, 빌다, 간청하다
- 누구를(على)저주하다
- 무엇을(إلى)선전하다
- 무엇을(إلى) 요구하다, 필요로 하다
- 무엇을(إلى) 불러일으키다, 초래하다, 야기시키다

예문

دُعِيَ لِلاِجْتِمَاعِ

회의에 소집되다

دُعِيَ إِلَى حَمْلِ السِّلَاحِ

군대에 소집되다, 징병되다

دَعَا لَهَا بِطُولِ الْعُمْرِ.

그는 그녀의 장수를 기원했다

إِنَّهُمْ يُدْعَوْنَ "مُدْمِنِي الْعَمَلِ".

그들은 "일 중독자"라고 불린다.

مَنْ دَعَا مِين سُو لِشُرْبِ الْقَهْوَةِ؟

누가 커피를 마시자고 민수를 초대했습니까?

دَعَانِي مَجِيدٌ فَعَادِلٌ إِلَى السَّهْرَةِ.

마지드와 아딜이 나를 만찬에 초대했다.

اَلْمَفْعُولُ 수동분사	اَلْفَاعِلُ 능동분사	اَلْمَصْدَرُ 동명사	دَفَعَ
مَدْفُوع	دَافِع	دَفْع	

اَلْمَجْهُولُ 수동		اَلْمَعْلُومُ 능동			اَلضَّمَائِرُ 인칭 대명사	
اَلْمُضَارِعُ 미완료	اَلْمَاضِي 완료	اَلْأَمْرُ 명령	اَلْمُضَارِعُ 미완료	اَلْمَاضِي 완료		
أُدْفَعُ	دُفِعْتُ		أَدْفَعُ	دَفَعْتُ	أَنَا	اَلْمُتَكَلِّمُ 1인칭
نُدْفَعُ	دُفِعْنَا		نَدْفَعُ	دَفَعْنَا	نَحْنُ	
تُدْفَعُ	دُفِعْتَ	اِدْفَعْ	تَدْفَعُ	دَفَعْتَ	أَنْتَ	اَلْمُخَاطَبُ 2 남
تُدْفَعَانِ	دُفِعْتُمَا	اِدْفَعَا	تَدْفَعَانِ	دَفَعْتُمَا	أَنْتُمَا	
تُدْفَعُونَ	دُفِعْتُمْ	اِدْفَعُوا	تَدْفَعُونَ	دَفَعْتُمْ	أَنْتُمْ	
تُدْفَعِينَ	دُفِعْتِ	اِدْفَعِي	تَدْفَعِينَ	دَفَعْتِ	أَنْتِ	اَلْمُخَاطَبَةُ 2 여
تُدْفَعَانِ	دُفِعْتُمَا	اِدْفَعَا	تَدْفَعَانِ	دَفَعْتُمَا	أَنْتُمَا	
تُدْفَعْنَ	دُفِعْتُنَّ	اِدْفَعْنَ	تَدْفَعْنَ	دَفَعْتُنَّ	أَنْتُنَّ	
يُدْفَعُ	دُفِعَ		يَدْفَعُ	دَفَعَ	هُوَ	اَلْغَائِبُ 3 남
يُدْفَعَانِ	دُفِعَا		يَدْفَعَانِ	دَفَعَا	هُمَا	
يُدْفَعُونَ	دُفِعُوا		يَدْفَعُونَ	دَفَعُوا	هُمْ	
تُدْفَعُ	دُفِعَتْ		تَدْفَعُ	دَفَعَتْ	هِيَ	اَلْغَائِبَةُ 3 여
تُدْفَعَانِ	دُفِعَتَا		تَدْفَعَانِ	دَفَعَتَا	هُمَا	
يُدْفَعْنَ	دُفِعْنَ		يَدْفَعْنَ	دَفَعْنَ	هُنَّ	

뜻풀이

- (무엇을) 밀다
- (누구 또는 무엇을) 어디에서(عن) 밀어내다, 쫓아 버리다
- (무엇을) 제거하다, 몰아내다, 없애다
- (누구 또는 무엇을) 이기다, 능가하다
- (무엇을 두고) 누구와(بـ) 싸우다
- (무엇을) 거부하다, 물리치다
- (무엇을) 논박하다, 반박하다, 부정하다
- (무엇을) 움직이다, 추진하다
- 누가([목] 또는 بـ) 무엇을 하도록(إلى 또는 لـ) 선동하다, 자극하다
- 누구에게([목] 또는 بـ) 무엇을(إلى 또는 لـ) 억지로 시키다, 강요하다
- 누구에게(لـ 또는 إلى) (무엇을) 제출하다
- 누구에게(لـ 또는 إلى) 돈을(ثَمَنًا) 지불하다

예문

دَفَعَهُ جَانِبًا

옆으로 밀치다

دَفَعَ خُطَاهُ إِلَى

어디로 가다, 나아가다

اِدْفَعْ.

밀어라.

دَفَعْتُ الْفَاتُورَةَ الْأُسْبُوعَ الْمَاضِيَ.

나는 지난주에 청구서를 지불했다.

دَفَعُوا رَسْمَ الدُّخُولِ الْمَطْلُوبَ وَدَخَلُوا.

그들은 입장료를 지불하고 들어갔다.

ذَهَبُوا لِيَرَوْا مَاذَا كَانَ الْأَمْرُ وَدَفَعُوا الْبَابَ فَفَتَحُوهُ.

그들은 무슨 일인지 보기 위해 가서 문을 밀어서 열었다.

수동분사 اَلْمَفْعُولُ	능동분사 اَلْفَاعِلُ	동명사 اَلْمَصْدَرُ	دَقَّ
مَدْقُوق	دَاقّ	دَقّ	

수동 اَلْمَجْهُولُ		능동 اَلْمَعْلُومُ			اَلضَّمَائِرُ 인칭 대명사	
اَلْمُضَارِعُ 미완료	اَلْمَاضِي 완료	اَلْأَمْرُ 명령	اَلْمُضَارِعُ 미완료	اَلْمَاضِي 완료		
أُدَقُّ	دُقِقْتُ		أَدُقُّ	دَقَقْتُ	أَنَا	اَلْمُتَكَلِّمُ 1인칭
نُدَقُّ	دُقِقْنَا		نَدُقُّ	دَقَقْنَا	نَحْنُ	
تُدَقُّ	دُقِقْتَ	دُقَّ	تَدُقُّ	دَقَقْتَ	أَنْتَ	اَلْمُخَاطَبُ 2 남
تُدَقَّانِ	دُقِقْتُمَا	دُقَّا	تَدُقَّانِ	دَقَقْتُمَا	أَنْتُمَا	
تُدَقُّونَ	دُقِقْتُمْ	دُقُّوا	تَدُقُّونَ	دَقَقْتُمْ	أَنْتُمْ	
تُدَقِّينَ	دُقِقْتِ	دُقِّي	تَدُقِّينَ	دَقَقْتِ	أَنْتِ	اَلْمُخَاطَبَةُ 2 여
تُدَقَّانِ	دُقِقْتُمَا	دُقَّا	تَدُقَّانِ	دَقَقْتُمَا	أَنْتُمَا	
تُدْقَقْنَ	دُقِقْتُنَّ	اُدْقُقْنَ	تَدْقُقْنَ	دَقَقْتُنَّ	أَنْتُنَّ	
يُدَقُّ	دُقَّ		يَدُقُّ	دَقَّ	هُوَ	اَلْغَائِبُ 3 남
يُدَقَّانِ	دُقَّا		يَدُقَّانِ	دَقَّا	هُمَا	
يُدَقُّونَ	دُقُّوا		يَدُقُّونَ	دَقُّوا	هُمْ	
تُدَقُّ	دُقَّتْ		تَدُقُّ	دَقَّتْ	هِيَ	اَلْغَائِبَةُ 3 여
تُدَقَّانِ	دُقَّتَا		تَدُقَّانِ	دَقَّتَا	هُمَا	
يُدْقَقْنَ	دُقِقْنَ		يَدْقُقْنَ	دَقَقْنَ	هُنَّ	

뜻풀이

- (무엇을) 찧다, 빻다, 분쇄하다
- (무엇을) 마구 치다, 세게 때리다, 두드리다
- (시간을 알리기 위해) 시계가 치다, 쳐서 알리다
- (심장이) 고동치다
- (엔진이) 진동하다, 웅웅거리다
- (문을) 두드리다, 노크하다
- (무엇을) 부딪치다, 박다
- (못 등을) 때려 박다
- 타악기를(على) 치다, 두드려 소리를 내다
- (무엇을) 타자기로(على) 치다, 타자를 치다
- (악기나 소리 등이) 울리다, 울려 퍼지다

예문

دَقَّ الْقَلْبُ

심장이 뛰다

دَقَّتِ السَّاعَةُ

시계가 (몇 시를) 알리다

دَقَّ جَرَسَ الْخَطَرِ

경종을 울리다, 위급함을 알리다

دَقَّ رَأْسَهُ بِالْحَائِطِ

벽에 머리를 부딪히다, 박다

دَقَقْتُ الْمِسْمَارَ.

나는 못을 박았다.

سَمِعَتْ جَرَسَ الْبَابِ يَدُقُّ مَرَّتَيْنِ.

그녀는 초인종이 두 번 울리는 것을 들었다.

수동분사 اَلْمَفْعُولُ	능동분사 اَلْفَاعِلُ	동명사 اَلْمَصْدَرُ	دَلَّ
مَدْلُول	دَالّ	دَلَالَة	

수동 اَلْمَجْهُولُ		능동 اَلْمَعْلُومُ			اَلضَّمَائِرُ 인칭 대명사	
اَلْمُضَارِعُ 미완료	اَلْمَاضِي 완료	اَلْأَمْرُ 명령	اَلْمُضَارِعُ 미완료	اَلْمَاضِي 완료		
أُدَلُّ	دُلِلْتُ		أَدُلُّ	دَلَلْتُ	أَنَا	اَلْمُتَكَلِّمُ 1인칭
نُدَلُّ	دُلِلْنَا		نَدُلُّ	دَلَلْنَا	نَحْنُ	
تُدَلُّ	دُلِلْتَ	دُلَّ	تَدُلُّ	دَلَلْتَ	أَنْتَ	اَلْمُخَاطَبُ 2 남
تُدَلَّانِ	دُلِلْتُمَا	دُلَّا	تَدُلَّانِ	دَلَلْتُمَا	أَنْتُمَا	
تُدَلُّونَ	دُلِلْتُمْ	دُلُّوا	تَدُلُّونَ	دَلَلْتُمْ	أَنْتُمْ	
تُدَلِّينَ	دُلِلْتِ	دُلِّي	تَدُلِّينَ	دَلَلْتِ	أَنْتِ	اَلْمُخَاطَبَةُ 2 여
تُدَلَّانِ	دُلِلْتُمَا	دُلَّا	تَدُلَّانِ	دَلَلْتُمَا	أَنْتُمَا	
تُدْلَلْنَ	دُلِلْتُنَّ	اُدْلُلْنَ	تَدْلُلْنَ	دَلَلْتُنَّ	أَنْتُنَّ	
يُدَلُّ	دُلَّ		يَدُلُّ	دَلَّ	هُوَ	اَلْغَائِبُ 3 남
يُدَلَّانِ	دُلَّا		يَدُلَّانِ	دَلَّا	هُمَا	
يُدَلُّونَ	دُلُّوا		يَدُلُّونَ	دَلُّوا	هُمْ	
تُدَلُّ	دُلَّتْ		تَدُلُّ	دَلَّتْ	هِيَ	اَلْغَائِبَةُ 3 여
تُدَلَّانِ	دُلَّتَا		تَدُلَّانِ	دَلَّتَا	هُمَا	
يُدْلَلْنَ	دُلِلْنَ		يَدْلُلْنَ	دَلَلْنَ	هُنَّ	

뜻풀이

- (누구에게) 무엇을(على) 보여주다, 가리키다
- (누구를) 어디로(إلى 또는 على) 이끌다, 안내하다, 유도하다
- (누구에게) 어디로(إلى 또는 على) 가는 길을 알려주다
- 무엇을(على) 나타내다, 표시하다, 시사하다, 암시하다, 연상시키다
- 무엇을(على) 입증하다, 증명하다, 증거를 제공하다

예문

دَلَّتْنِي عَلَى الْمَحَطَّةِ.

그녀는 나에게 역을 알려주었다.

دُلَّ ضُيُوفَنَا عَلَى الْحَمَّامِ.

손님들에게 화장실을 안내하시오.

دَلَلْتُ صَدِيقِي عَلَى الطَّرِيقِ.

나는 친구에게 길을 알려줬다.

اَلِاسْمُ هُوَ كَلِمَةٌ تَدُلُّ عَلَى شَيْءٍ.

이름은 사물을 표시하는 단어이다.

هَذَا يَدُلُّ عَلَى جِدِّيَّةِ كُورِيَا الْجَنُوبِيَّةِ.

이것은 남한의 진정성을 증명한다.

مَبِيعَاتُ الشَّرِكَةِ فِي الْأَشْهَرِ السِّتَّةِ الْأُولَى تَدُلُّ عَلَى تَوَقُّعَاتٍ جَيِّدَةٍ فِي بَاقِي الْعَامِ.

상반기 6개월의 회사 판매는 올해 남은 기간에 대한 긍정적인 예상을 시사한다.

ذ

수동분사 اَلْمَفْعُولُ	능동분사 اَلْفَاعِلُ	동명사 اَلْمَصْدَرُ	ذَاكَرَ
مُذَاكَر	مُذَاكِر	مُذَاكَرَة	

수동 اَلْمَجْهُولُ		능동 اَلْمَعْلُومُ			اَلضَّمَائِرُ 인칭 대명사	
اَلْمُضَارِعُ 미완료	اَلْمَاضِي 완료	اَلْأَمْرُ 명령	اَلْمُضَارِعُ 미완료	اَلْمَاضِي 완료		
			أُذَاكِرُ	ذَاكَرْتُ	أَنَا	اَلْمُتَكَلِّمُ 1인칭
			نُذَاكِرُ	ذَاكَرْنَا	نَحْنُ	
		ذَاكِرْ	تُذَاكِرُ	ذَاكَرْتَ	أَنْتَ	اَلْمُخَاطَبُ 2 남
		ذَاكِرَا	تُذَاكِرَانِ	ذَاكَرْتُمَا	أَنْتُمَا	
		ذَاكِرُوا	تُذَاكِرُونَ	ذَاكَرْتُمْ	أَنْتُمْ	
		ذَاكِرِي	تُذَاكِرِينَ	ذَاكَرْتِ	أَنْتِ	اَلْمُخَاطَبَةُ 2 여
		ذَاكِرَا	تُذَاكِرَانِ	ذَاكَرْتُمَا	أَنْتُمَا	
		ذَاكِرْنَ	تُذَاكِرْنَ	ذَاكَرْتُنَّ	أَنْتُنَّ	
يُذَاكَرُ	ذُوكِرَ		يُذَاكِرُ	ذَاكَرَ	هُوَ	اَلْغَائِبُ 3 남
			يُذَاكِرَانِ	ذَاكَرَا	هُمَا	
			يُذَاكِرُونَ	ذَاكَرُوا	هُمْ	
			تُذَاكِرُ	ذَاكَرَتْ	هِيَ	اَلْغَائِبَةُ 3 여
			تُذَاكِرَانِ	ذَاكَرَتَا	هُمَا	
			يُذَاكِرْنَ	ذَاكَرْنَ	هُنَّ	

뜻풀이

- (누구와) 대화하다, 교섭하다, 협상하다, 협의하다
- (수업 내용 등을) 공부하다, 배우다, 외우다

예문

نَحْنُ الَّذِينَ ذَاكَرْنَا الْكِتَابَ.

우리는 그 책을 공부했던 사람들이다.

ذَاكَرَنِي وَالِدِي فِي مَوْضُوعِ الِامْتِحَانِ.

나의 아버지는 나와 시험의 주제에 대해서 대화했다.

أُنْظُرْ إِلَيْهِ يُذَاكِرُ عَلَى مَائِدَةِ الْإِفْطَارِ.

그를 보렴, 그는 아침 밥상에서도 공부하잖니.

اَلتِّلْمِيذَانِ اللَّذَانِ يُذَاكِرَانِ صَدِيقَانِ لِابْنِي.

공부하는 두 학생은 내 아들의 친구들이다.

ذَاكِرْ بِجِدٍّ وَسَتَكُونَ شَخْصًا مُفِيدًا فِي الْمُسْتَقْبَلِ.

열심히 공부해라. 너는 미래에 유용한 사람이 될 것이다.

يُذَاكِرُ بَعْضُ النَّاسِ فِي الْمَقَاهِي وَلَكِنَّنِي لَسْتُ مِنْهُمْ.

어떤 사람들은 카페에서 공부를 한다. 하지만 나는 그런 사람이 아니다.

ذَكَّرَ

اَلْمَفْعُولُ 수동분사	اَلْفَاعِلُ 능동분사	اَلْمَصْدَرُ 동명사
مُذَكَّر	مُذَكِّر	تَذْكِير

اَلْمَجْهُولُ 수동		اَلْمَعْلُومُ 능동			اَلضَّمَائِرُ 인칭 대명사	
اَلْمُضَارِعُ 미완료	اَلْمَاضِي 완료	اَلْأَمْرُ 명령	اَلْمُضَارِعُ 미완료	اَلْمَاضِي 완료		
			أُذَكِّرُ	ذَكَّرْتُ	أَنَا	اَلْمُتَكَلِّمُ 1인칭
			نُذَكِّرُ	ذَكَّرْنَا	نَحْنُ	
		ذَكِّرْ	تُذَكِّرُ	ذَكَّرْتَ	أَنْتَ	اَلْمُخَاطَبُ 2 남
		ذَكِّرَا	تُذَكِّرَانِ	ذَكَّرْتُمَا	أَنْتُمَا	
		ذَكِّرُوا	تُذَكِّرُونَ	ذَكَّرْتُمْ	أَنْتُمْ	
		ذَكِّرِي	تُذَكِّرِينَ	ذَكَّرْتِ	أَنْتِ	اَلْمُخَاطَبَةُ 2 여
		ذَكِّرَا	تُذَكِّرَانِ	ذَكَّرْتُمَا	أَنْتُمَا	
		ذَكِّرْنَ	تُذَكِّرْنَ	ذَكَّرْتُنَّ	أَنْتُنَّ	
يُذَكَّرُ	ذُكِّرَ		يُذَكِّرُ	ذَكَّرَ	هُوَ	اَلْغَائِبُ 3 남
			يُذَكِّرَانِ	ذَكَّرَا	هُمَا	
			يُذَكِّرُونَ	ذَكَّرُوا	هُمْ	
			تُذَكِّرُ	ذَكَّرَتْ	هِيَ	اَلْغَائِبَةُ 3 여
			تُذَكِّرَانِ	ذَكَّرَتَا	هُمَا	
			يُذَكِّرْنَ	ذَكَّرْنَ	هُنَّ	

뜻풀이

- (누구에게) 무엇을(بِ) 상기시키다, 생각나게 하다
- (누구에게) 무엇을(بِ) 가리키다, 지적하다, 언급하다
- (아랍어 단어를) 남성형으로 만들다

예문

ذَكَّرَنِي بِدَيْنِي.

그는 나에게 나의 채무를 언급했다.

ذَكَّرْتُهُ بِأَعْمَالِهِ.

나는 그에게 그의 업무에 대해 상기시켰다.

إِنَّ هَذَا الْجَوَّ هُنَا يُذَكِّرُنِي بِوَطَنِي.

이곳의 날씨가 나의 고국을 생각나게 한다.

يَجِبُ أَنْ تُذَكِّرَنَا أَنْ نُحْضِرَ الْمُصَوِّرَةَ مَعَنَا.

그녀는 우리가 카메라를 가져오도록 우리를 상기시켜야 한다.

ذَكَّرَهَا الْمَنْظَرُ بِإِحْدَى لَوْحَاتِ الْفَنَّانِ رِينُوَار.

그 풍경은 그녀에게 르누아르 그림 중 하나를 상기시켰다.

اِتَّصَلَ بِي فِي السَّاعَةِ الثَّامِنَةِ صَبَاحًا حَتَّى يُذَكِّرَنِي بِمَوْعِدِنَا.

그는 우리의 약속을 상기시키기 위하여 나에게 전화했다.

ذَكَرَ	اَلْمَصْدَرُ 동명사	اَلْفَاعِلُ 능동분사	اَلْمَفْعُولُ 수동분사
	ذِكْر، تَذْكَار	ذَاكِر	مَذْكُور

اَلضَّمَائِرُ 인칭 대명사		اَلْمَعْلُومُ 능동			اَلْمَجْهُولُ 수동	
		اَلْمَاضِي 완료	اَلْمُضَارِعُ 미완료	اَلْأَمْرُ 명령	اَلْمَاضِي 완료	اَلْمُضَارِعُ 미완료
اَلْمُتَكَلِّمُ 1인칭	أَنَا	ذَكَرْتُ	أَذْكُرُ		ذُكِرْتُ	أُذْكَرُ
	نَحْنُ	ذَكَرْنَا	نَذْكُرُ		ذُكِرْنَا	نُذْكَرُ
اَلْمُخَاطَبُ 2 남	أَنْتَ	ذَكَرْتَ	تَذْكُرُ	أُذْكُرْ	ذُكِرْتَ	تُذْكَرُ
	أَنْتُمَا	ذَكَرْتُمَا	تَذْكُرَانِ	أُذْكُرَا	ذُكِرْتُمَا	تُذْكَرَانِ
	أَنْتُمْ	ذَكَرْتُمْ	تَذْكُرُونَ	أُذْكُرُوا	ذُكِرْتُمْ	تُذْكَرُونَ
اَلْمُخَاطَبَةُ 2 여	أَنْتِ	ذَكَرْتِ	تَذْكُرِينَ	أُذْكُرِي	ذُكِرْتِ	تُذْكَرِينَ
	أَنْتُمَا	ذَكَرْتُمَا	تَذْكُرَانِ	أُذْكُرَا	ذُكِرْتُمَا	تُذْكَرَانِ
	أَنْتُنَّ	ذَكَرْتُنَّ	تَذْكُرْنَ	أُذْكُرْنَ	ذُكِرْتُنَّ	تُذْكَرْنَ
اَلْغَائِبُ 3 남	هُوَ	ذَكَرَ	يَذْكُرُ		ذُكِرَ	يُذْكَرُ
	هُمَا	ذَكَرَا	يَذْكُرَانِ		ذُكِرَا	يُذْكَرَانِ
	هُمْ	ذَكَرُوا	يَذْكُرُونَ		ذُكِرُوا	يُذْكَرُونَ
اَلْغَائِبَةُ 3 여	هِيَ	ذَكَرَتْ	تَذْكُرُ		ذُكِرَتْ	تُذْكَرُ
	هُمَا	ذَكَرَتَا	تَذْكُرَانِ		ذُكِرَتَا	تُذْكَرَانِ
	هُنَّ	ذَكَرْنَ	يَذْكُرْنَ		ذُكِرْنَ	يُذْكَرْنَ

뜻풀이

동명사가 ذِكْر، تَذْكَار인 경우

- (무엇을) 기억하다, 생각하다, 머리에 떠올리다
- (무엇을) 상기하다, 기억해내다

동명사가 ذِكْر인 경우

- (무엇에 대해) 말하다, 얘기하다
- (예시 등을) 들다, 언급하다
- (무엇을) 가리키다, 나타내다, 의미하다
- (사실이나 정보 등을) 주다, 제공하다
- (무엇을) 누구에게(لـ) 전하다, 보도하다

예문

ذَكَرَ اللهَ

하나님의 이름을 부르다

ذَكَرَهُ بِشَرٍّ / بِخَيْرٍ

누구를 나쁘게 / 좋게 말하다

أَنَّهُ لَمْ يَذْكُرْ كُلَّ أَخْطَاءِ زُمَلَائِهِ.

그는 동료들의 모든 실수를 기억하지 못했다.

ذَكَرَ أَحْمَدُ نَجَاحَهُ فِي الِامْتِحَانِ لِأَبِيهِ.

아흐마드는 자기의 시험 통과를 아버지에게 이야기했다.

ذُكِرَ أَنَّهُ اجْتَازَ بِنَجَاحٍ امْتِحَانَ التَّخَرُّجِ.

그가 성공적으로 졸업시험을 통과하였다고 알려졌다.

ذَكَرْتُ مُقَابَلَتَهُ فِي الْقَاهِرَةِ قَبْلَ 3 سَنَوَاتٍ.

나는 3년전 카이로에서 그와의 만남을 기억했다.

ذَهَبَ	اَلْمَصْدَرُ 동명사	اَلْفَاعِلُ 능동분사	اَلْمَفْعُولُ 수동분사
	ذَهَاب، مَذْهَب	ذَاهِب	مَذْهُوب

اَلضَّمَائِرُ 인칭 대명사		اَلْمَعْلُومُ 능동			اَلْمَجْهُولُ 수동	
		اَلْمَاضِي 완료	اَلْمُضَارِعُ 미완료	اَلْأَمْرُ 명령	اَلْمَاضِي 완료	اَلْمُضَارِعُ 미완료
اَلْمُتَكَلِّمُ 1인칭	أَنَا	ذَهَبْتُ	أَذْهَبُ		ذُهِبْتُ	أُذْهَبُ
	نَحْنُ	ذَهَبْنَا	نَذْهَبُ		ذُهِبْنَا	نُذْهَبُ
اَلْمُخَاطَبُ 2 남	أَنْتَ	ذَهَبْتَ	تَذْهَبُ	اِذْهَبْ	ذُهِبْتَ	تُذْهَبُ
	أَنْتُمَا	ذَهَبْتُمَا	تَذْهَبَانِ	اِذْهَبَا	ذُهِبْتُمَا	تُذْهَبَانِ
	أَنْتُمْ	ذَهَبْتُمْ	تَذْهَبُونَ	اِذْهَبُوا	ذُهِبْتُمْ	تُذْهَبُونَ
اَلْمُخَاطَبَةُ 2 여	أَنْتِ	ذَهَبْتِ	تَذْهَبِينَ	اِذْهَبِي	ذُهِبْتِ	تُذْهَبِينَ
	أَنْتُمَا	ذَهَبْتُمَا	تَذْهَبَانِ	اِذْهَبَا	ذُهِبْتُمَا	تُذْهَبَانِ
	أَنْتُنَّ	ذَهَبْتُنَّ	تَذْهَبْنَ	اِذْهَبْنَ	ذُهِبْتُنَّ	تُذْهَبْنَ
اَلْغَائِبُ 3 남	هُوَ	ذَهَبَ	يَذْهَبُ		ذُهِبَ	يُذْهَبُ
	هُمَا	ذَهَبَا	يَذْهَبَانِ		ذُهِبَا	يُذْهَبَانِ
	هُمْ	ذَهَبُوا	يَذْهَبُونَ		ذُهِبُوا	يُذْهَبُونَ
اَلْغَائِبَةُ 3 여	هِيَ	ذَهَبَتْ	تَذْهَبُ		ذُهِبَتْ	تُذْهَبُ
	هُمَا	ذَهَبَتَا	تَذْهَبَانِ		ذُهِبَتَا	تُذْهَبَانِ
	هُنَّ	ذَهَبْنَ	يَذْهَبْنَ		ذُهِبْنَ	يُذْهَبْنَ

뜻풀이

- 어디로(إلى) 가다, 출발하다, 길을 떠나다, 여행가다
- 사라지다, 점점 줄어 없어지다
- 죽다, 소멸하다
- 무엇을(ب) 가지고 가다, 훔치다
- 누구를(ب) 데리고 가다, 유괴하다
- 누구 또는 무엇을(ب) 없애다, 전멸시키다, 완전히 파괴하다
- 무엇이라고(إلى) 생각하다, 믿다
- (비유적으로) 누구에게서(عن) 벗어나다, 탈출하다, 빠져 나오다
- 누구의 머릿속에서(عن) 사라지다, 잊혀지다
- 무엇을(عن) 무시하다, 빠뜨리다, 생략하다
- <미완료 동사와 함께> 무엇을 할 준비가 되다, 막 무엇을 하려고 하다

예문

ذَهَبَ بِهِ إِلَى

누구를 어디로 이끌다, 어디로 데리고 가다

ذَهَبَ وَجَاءَ

왔다 갔다 하다, 이리저리 서성거리다

ذَهَبَ سُدًى

무용지물이 되다, 쓸모 없어지다

ذَهَبَ بِبَهَائِهِ

무엇의 화려함을 벗겨 내다

ذَهَبَ مَذْهَبَهُ

누구의 사상을 받아들이다, 누구의 가르침을 따르다

ذَهَبُوا مَذَاهِبَ شَتَّى

그들은 다른 방향으로 나아갔다, 각각 다른 추세를 따라갔다

ذَهَبَ إِلَى أَبْعَدَ مِنْ

(비유적으로) 무엇을 넘어서다

ذَهَبَ أَدْرَاجَ الرِّيَاحِ

아무 흔적도 남기지 않고 지나가다; 소용없어지다, 수포로 돌아가다

لِنَذْهَبْ إِلَى السُّوقِ.

시장으로 갑시다.

تَذْهَبُ إِلَيْهِ بِمُشْكِلَاتِكَ.

너는 문제들을 가지고 그에게 간다.

فِي النِّهَايَةِ ذَهَبَتْ كُلُّ نُقُودِهِ.

결국 그는 돈을 다 썼다.

قَرَّرُوا أَنْ يَذْهَبُوا هُنَاكَ ثَانِيَةً.

그들은 그곳에 다시 가기로 했다.

وَعِنْدَمَا تُمْطِرُ يَذْهَبَانِ بِالْبَاصِ.

비가 오면 그 둘은 버스를 탄다.

ذَهَبَ إِلَى الْمَدْرَسَةِ مَاشِيًا عَلَى قَدَمَيْهِ.

그는 걸어서 학교에 간다.

سَوْفَ تُفَوِّتُ الْقِطَارَ إِنْ لَمْ تَذْهَبِ الْآنَ.

지금 가지 않으면 너는 기차를 놓칠 것이다.

اِنْتَظِرْ! لَا تَذْهَبْ مِنْ دُونِي.

기다려라! 나 빼고 가지 마라.

اِذْهَبِ الْآنَ، وَأْتِ عَلَى الْمَوْعِدِ.

지금은 가세요. 그리고 다음 일정에 오세요.

نَتَأَخَّرُ يَا أَخِي! عَلَيْنَا أَنْ نَذْهَبَ.

친구야, 우리 늦었어. 가야해.

اِذْهَبْ بِعَوْنِ اللهِ وَعَلَيْكَ بِالِاحْتِيَاطِ.

잘 다녀오고, 조심하렴.

اَلشَّوَارِعُ مُزْدَحِمَةٌ، عَلَيْكَ أَنْ تَذْهَبَ مَاشِيًا.

길이 혼잡하니, 걸어 가셔야 합니다.

لَنْ يَذْهَبَ لِلنَّوْمِ إِلَّا إِنْ قَصَصْتَ لَهُ حِكَايَةً.

네가 이야기를 들려주지 않는 한, 그는 자러 가지 않을 것이다.

إِنَّهُمَا يَذْهَبَانِ عَلَى الْأَقْدَامِ أَوْ عَلَى دَرَّاجَتَيْهِمَا.

그 둘은 걷거나 자전거로 간다.

لَا تَذْهَبْ إِلَى الْعَمَلِ غَدًا. اِبْقَ فِي الْبَيْتِ وَاسْتَرِحْ.

내일 일하러 가지 마라. 집에 남아서 쉬어라.

فَذَهَبُوا لِيَرَوْا مَاذَا كَانَ الْأَمْرُ وَدَفَعُوا الْبَابَ فَفَتَحُوهُ.

그들은 무슨 일인지 보기위해 가서 문을 밀어서 열었다.

ر

رَاجَعَ

اَلْمَصْدَرُ 동명사	اَلْفَاعِلُ 능동분사	اَلْمَفْعُولُ 수동분사
مُرَاجَعَة	مُرَاجِع	مُرَاجَع

اَلضَّمَائِرُ 인칭 대명사		اَلْمَعْلُومُ 능동			اَلْمَجْهُولُ 수동	
		اَلْمَاضِي 완료	اَلْمُضَارِعُ 미완료	اَلْأَمْرُ 명령	اَلْمَاضِي 완료	اَلْمُضَارِعُ 미완료
اَلْمُتَكَلِّمُ 1인칭	أَنَا	رَاجَعْتُ	أُرَاجِعُ			
	نَحْنُ	رَاجَعْنَا	نُرَاجِعُ			
اَلْمُخَاطَبُ 2 남	أَنْتَ	رَاجَعْتَ	تُرَاجِعُ	رَاجِعْ		
	أَنْتُمَا	رَاجَعْتُمَا	تُرَاجِعَانِ	رَاجِعَا		
	أَنْتُمْ	رَاجَعْتُمْ	تُرَاجِعُونَ	رَاجِعُوا		
اَلْمُخَاطَبَةُ 2 여	أَنْتِ	رَاجَعْتِ	تُرَاجِعِينَ	رَاجِعِي		
	أَنْتُمَا	رَاجَعْتُمَا	تُرَاجِعَانِ	رَاجِعَا		
	أَنْتُنَّ	رَاجَعْتُنَّ	تُرَاجِعْنَ	رَاجِعْنَ		
اَلْغَائِبُ 3 남	هُوَ	رَاجَعَ	يُرَاجِعُ		رُوجِعَ	يُرَاجَعُ
	هُمَا	رَاجَعَا	يُرَاجِعَانِ			
	هُمْ	رَاجَعُوا	يُرَاجِعُونَ			
اَلْغَائِبَةُ 3 여	هِيَ	رَاجَعَتْ	تُرَاجِعُ			
	هُمَا	رَاجَعَتَا	تُرَاجِعَانِ			
	هُنَّ	رَاجَعْنَ	يُرَاجِعْنَ			

뜻풀이

- (어디로) 돌아가다, 되돌아가다
- (누구 또는 무엇에게) 다시 돌아오다
- (무엇을) 반복하다, 되풀이하다
- (정보를 얻기 위해) 책 등을 찾아보다, 참고하다, 복습하다
- (누구에게) 자문을 구하다
- 무엇에 관하여(في) (누구에게) 조언을 구하다, 묻다
- (사무실 등에) 출근하다, 나타나다, 출석하다
- (무엇을) 점검하다, 확인하다, 검토하다
- (계좌를) 회계 감사하다

예문

رَاجَعَهُ عَقْلُهُ

정신이 다시 돌아오다, 다시 제정신을 차리다

رَاجَعَ نَفْسَهُ

(결정을 하기 위해) 처음부터 다 다시 생각해 보다, 이 문제에 대해 심사숙고하다

رَاجَعْتُهُ الْكَلَامَ.

나는 그에게 말한 것을 되돌아 보게 했다.

رَاجَعَ الْمُؤَلِّفُ الْكِتَابَ.

작가는 책을 검토했다.

رَاجَعَ الْمُحَاسِبُ الْحِسَابَ.

회계사는 계좌를 감사했다.

رَاجَعَ الْمُعْجَمَ لِفَهْمِ مَعْنَى الْكَلِمَةِ.

그는 단어의 의미를 이해하기 위해 사전을 참고했다.

رَاسَلَ

اَلْمَصْدَرُ 동명사	اَلْفَاعِلُ 능동분사	اَلْمَفْعُولُ 수동분사
مُرَاسَلَة	مُرَاسِل	مُرَاسَل

اَلضَّمَائِرُ 인칭 대명사		اَلْمَعْلُومُ 능동			اَلْمَجْهُولُ 수동	
		اَلْمَاضِي 완료	اَلْمُضَارِعُ 미완료	اَلْأَمْرُ 명령	اَلْمَاضِي 완료	اَلْمُضَارِعُ 미완료
اَلْمُتَكَلِّمُ 1인칭	أَنَا	رَاسَلْتُ	أُرَاسِلُ			
	نَحْنُ	رَاسَلْنَا	نُرَاسِلُ			
اَلْمُخَاطَبُ 2 남	أَنْتَ	رَاسَلْتَ	تُرَاسِلُ	رَاسِلْ		
	أَنْتُمَا	رَاسَلْتُمَا	تُرَاسِلَانِ	رَاسِلَا		
	أَنْتُمْ	رَاسَلْتُمْ	تُرَاسِلُونَ	رَاسِلُوا		
اَلْمُخَاطَبَةُ 2 여	أَنْتِ	رَاسَلْتِ	تُرَاسِلِينَ	رَاسِلِي		
	أَنْتُمَا	رَاسَلْتُمَا	تُرَاسِلَانِ	رَاسِلَا		
	أَنْتُنَّ	رَاسَلْتُنَّ	تُرَاسِلْنَ	رَاسِلْنَ		
اَلْغَائِبُ 3 남	هُوَ	رَاسَلَ	يُرَاسِلُ		رُوسِلَ	يُرَاسَلُ
	هُمَا	رَاسَلَا	يُرَاسِلَانِ			
	هُمْ	رَاسَلُوا	يُرَاسِلُونَ			
اَلْغَائِبَةُ 3 여	هِيَ	رَاسَلَتْ	تُرَاسِلُ			
	هُمَا	رَاسَلَتَا	تُرَاسِلَانِ			
	هُنَّ	رَاسَلْنَ	يُرَاسِلْنَ			

뜻풀이

- (누구와) 편지를 교환하다, 서로 연락을 주고 받다
- (누구에게) 연락하다, (누구와) 연락을 취하다

예문

أُرَاسِلُ أَصْدِقَائِي الْأَجَانِبَ.

나는 외국인 친구들에게 편지를 보낼 것이다.

رَاسَلَتْ طَالِبًا سَاكِنًا فِي تُونِسَ.

그녀는 튀니지에 살고 있는 한 학생에게 편지를 보냈다.

رَاسَلُوا بَعْضَهُمْ لِيَلْتَقُوا فِي سِيوُل.

그들 중 일부는 서울에서 만나려고 서로 연락을 주고 받았다.

هَؤُلَاءِ الْأَطْفَالُ يُرَاسِلُونَ بَعْضَهُمْ طِوَالَ الْيَومِ.

어린이들은 하루 종일 서로 연락을 주고 받았다.

هَلْ تَسْتَطِيعُ أَنْ تُرَاسِلَ بِدُونِ أَنْ تَنْظُرَ إِلَى هَاتِفِكَ؟

당신은 핸드폰을 보지 않고도 문자를 보낼 수 있나요?

رَاسَلْتُ رَئِيسَ الْجَمْعِيَّةِ الْعَامَّةِ لِتَوْجِيهِ انْتِبَاهِهِ إِلَى هَذِهِ الْمُشْكِلَةِ.

나는 총회 의장님에게 이 문제에 그의 관심을 돌리려고 편지를 보냈다.

رَاقَبَ	اَلْمَصْدَرُ 동명사	اَلْفَاعِلُ 능동분사	اَلْمَفْعُولُ 수동분사
	مُرَاقَبَة	مُرَاقِب	مُرَاقَب

اَلضَّمَائِرُ 인칭 대명사		اَلْمَعْلُومُ 능동			اَلْمَجْهُولُ 수동	
		اَلْمَاضِي 완료	اَلْمُضَارِعُ 미완료	اَلْأَمْرُ 명령	اَلْمَاضِي 완료	اَلْمُضَارِعُ 미완료
اَلْمُتَكَلِّمُ 1인칭	أَنَا	رَاقَبْتُ	أُرَاقِبُ			
	نَحْنُ	رَاقَبْنَا	نُرَاقِبُ			
اَلْمُخَاطَبُ 2남	أَنْتَ	رَاقَبْتَ	تُرَاقِبُ	رَاقِبْ		
	أَنْتُمَا	رَاقَبْتُمَا	تُرَاقِبَانِ	رَاقِبَا		
	أَنْتُمْ	رَاقَبْتُمْ	تُرَاقِبُونَ	رَاقِبُوا		
اَلْمُخَاطَبَةُ 2여	أَنْتِ	رَاقَبْتِ	تُرَاقِبِينَ	رَاقِبِي		
	أَنْتُمَا	رَاقَبْتُمَا	تُرَاقِبَانِ	رَاقِبَا		
	أَنْتُنَّ	رَاقَبْتُنَّ	تُرَاقِبْنَ	رَاقِبْنَ		
اَلْغَائِبُ 3남	هُوَ	رَاقَبَ	يُرَاقِبُ		رُوقِبَ	يُرَاقَبُ
	هُمَا	رَاقَبَا	يُرَاقِبَانِ			
	هُمْ	رَاقَبُوا	يُرَاقِبُونَ			
اَلْغَائِبَةُ 3여	هِيَ	رَاقَبَتْ	تُرَاقِبُ			
	هُمَا	رَاقَبَتَا	تُرَاقِبَانِ			
	هُنَّ	رَاقَبْنَ	يُرَاقِبْنَ			

뜻풀이

- (누구 또는 무엇을) 계속 지켜보다, 감시하다
- (무엇을) 감지하다, 알아차리다
- (도로교통이나 언론, 또는 누구의 행동 등을) 감시하다, 감독하다, 통제하다
- (신을) 두려워하다

예문

إِنَّنِي أُرَاقِبُ الشَّخْصَ الْغَامِضَ.

나는 수상한 사람을 눈여겨 보고 있다.

رَاقَبْنَا الْجُنُودَ يَسِيرُونَ فِي الشَّارِعِ.

우리는 군인들이 거리를 행진하는 것을 보았다.

مَنْ ذَلِكَ الشَّخْصُ الَّذِي يُرَاقِبُكَ هُنَاكَ؟

저기서 당신을 감시하고 있는 사람은 누구입니까?

يَذْهَبُ النَّاسُ إِلَى الرِّيفِ لِيُرَاقِبُوا الطُّيُورَ وَيَسْمَعُوهَا.

사람들은 새를 보고 그 소리를 듣기 위해 시골에 간다.

رَاقَبَ السِّكْرِتِيرَةَ تَعْمَلُ عَلَى الْكُمْبِيُوتِر مِنْ وَرَاءِ الْبَابِ.

그는 문 뒤에서 비서가 컴퓨터로 일하는 것을 지켜보았다.

إِنَّهَا تُرَاقِبُ حَرَكَةَ الْمُرُورِ، وَلَكِنْ لَيْسَتْ هُنَاكَ سَيَّارَاتٌ قَادِمَةٌ.

그녀는 교통 움직임을 주시하고 있었는데, 다가오는 차들은 없었다.

수동분사 اَلْمَفْعُولُ	능동분사 اَلْفَاعِلُ	동명사 اَلْمَصْدَرُ	رَأَى
مَرْئِيٌّ	رَاءٍ	رَأْي، رُؤْيَة	

수동 اَلْمَجْهُولُ		능동 اَلْمَعْلُومُ			اَلضَّمَائِرُ 인칭 대명사	
اَلْمُضَارِعُ 미완료	اَلْمَاضِي 완료	اَلْأَمْرُ 명령	اَلْمُضَارِعُ 미완료	اَلْمَاضِي 완료		
أُرَى	رُئِيتُ		أَرَى	رَأَيْتُ	أَنَا	اَلْمُتَكَلِّمُ 1인칭
نُرَى	رُئِينَا		نَرَى	رَأَيْنَا	نَحْنُ	
تُرَى	رُئِيتَ	رَ	تَرَى	رَأَيْتَ	أَنْتَ	اَلْمُخَاطَبُ 2 남
تُرَيَانِ	رُئِيتُمَا	رَيَا	تَرَيَانِ	رَأَيْتُمَا	أَنْتُمَا	
تُرَوْنَ	رُئِيتُمْ	رَوْا	تَرَوْنَ	رَأَيْتُمْ	أَنْتُمْ	
تُرَيْنَ	رُئِيتِ	رَيْ	تَرَيْنَ	رَأَيْتِ	أَنْتِ	اَلْمُخَاطَبَةُ 2 여
تُرَيَانِ	رُئِيتُمَا	رَيَا	تَرَيَانِ	رَأَيْتُمَا	أَنْتُمَا	
تُرَيْنَ	رُئِيتُنَّ	رَيْنَ	تَرَيْنَ	رَأَيْتُنَّ	أَنْتُنَّ	
يُرَى	رُئِيَ		يَرَى	رَأَى	هُوَ	اَلْغَائِبُ 3 남
يُرَيَانِ	رُئِيَا		يَرَيَانِ	رَأَيَا	هُمَا	
يُرَوْنَ	رُؤُوا		يَرَوْنَ	رَأَوْا	هُمْ	
تُرَى	رُئِيَتْ		تَرَى	رَأَتْ	هِيَ	اَلْغَائِبَةُ 3 여
تُرَيَانِ	رُئِيَتَا		تَرَيَانِ	رَأَتَا	هُمَا	
يُرَيْنَ	رُئِينَ		يَرَيْنَ	رَأَيْنَ	هُنَّ	

뜻풀이

- (눈으로) 보다
- (무엇을) 보다, 알아차리다, 파악하다
- (무엇을) 무엇으로 보다, 여기다, 생각하다
- 무엇이라고(أن) 생각하다, 믿다, 느끼다
- 생각을 말하다, 자신의 견해를 밝히다
- (무엇을) 적절하다 판단하다
- (무엇을) 결심하다, 무엇을 하기로(أن) 마음먹다
- 생각하다, 숙고하다

예문

رَأَى رَأْيَهُ

누구의 의견을 나누다

رُؤِيَ أَنْ

무엇이(أن) 결정되다, 정해지다

رَأَى رُؤْيَا

꿈을 꾸다

رَأَى رَأْيَ الْعَيْنِ

본인 눈으로 똑똑히 보다

رَأَى مِنْ وَاجِبِهِ

자신의 의무라 여기다

رَأَى مِنْهُ الْعَجَبَ

무엇을 보고 놀라다, 감탄하다

رَأَى لِلشَّيْءِ فَائِدَةً

무엇에서 어떤 이익을 기대하다

أَرَى صَدِيقِي.

나는 친구를 만난다.

يَرَوْنَ الْآخَرِينَ يُدَخِّنُونَ.

그들은 다른 사람들이 흡연하는 모습을 본다.

مَا رَأَيْتُهُ مُنْذُ يَوْمِ الْأَحَدِ.

나는 일요일 이후로 그를 보지 못했다.

بِإِمْكَانِكَ أَنْ تَرَى بِنَفْسِكَ.

당신이 직접 볼 수 있다.

أَنَا هُنَا لِأَرَى الْمُدِيرَ الْعَامَ.

나는 여기 사장님을 뵈러 왔다.

أَرَادَ أَنْ يَرَى أَمَاكِنَ أُخْرَى.

그는 다른 장소들을 보고 싶었다.

فِي الْفِيلْمِ نَرَى سَفِينَةً تَغْرَقُ.

영화에서 우리는 가라앉는 배를 보았다.

قَدْ تَرَى أَنَّ الْفِيلْمَ مُمِلٌّ جِدًّا.

아마 너도 영화가 무척 지루하다는 것을 알거야.

لَا أَسْتَطِيعُ تَصْدِيقَ مَا أَرَى.

나는 내가 보고 있는 것을 믿을 수 없다.

دَائِمًا أَرَى أَنَّ الطَّبِيعَةَ سَاحِرَةٌ.

나는 항상 자연이 매혹적이라고 여긴다.

فِي الْبِدَايَةِ لَمْ أَرَ أَيَّ شَيْءٍ مُرِيبٍ.

처음에 나는 어떠한 수상한 점도 발견하지 못했다.

مَنْ يُرِيدُ أَنْ يَرَى طَبِيبَ الْأَسْنَانِ أَوَّلًا؟

누가 먼저 치과 의사를 만나길 원합니까?

يَرَى بَعْضُ النَّاسِ أَنَّ الْمَوْزَ مُفِيدٌ لِلصِّحَّةِ.

몇몇 사람들은 바나나가 건강에 좋다고 믿는다.

رَأَتْ هَيْئَةُ الْمُحَلَّفِينَ أَنَّ الْمُدَّعَى عَلَيْهِ مُذْنِبٌ.

배심원단은 피고가 유죄라고 생각했다.

كَانَتِ الدُّنْيَا مُظْلِمَةً لِدَرَجَةٍ أَنَّنَا كُنَّا لَا نَكَادُ نَرَى.

거의 앞을 보지 못할 정도로 세상이 어두웠다.

نَرَى رَجُلًا رَاكِبًا حِمَارًا وَكَلْبًا أَبْيَضَ يَعْبُرُ الشَّارِعَ.

우리는 당나귀를 타고 있는 남자와 길을 건너는 흰 개를 본다.

اَلْمَفْعُولُ 수동분사	اَلْفَاعِلُ 능동분사	اَلْمَصْدَرُ 동명사	رَبَطَ
مَرْبُوط	رَابِط	رَبْط	

اَلْمَجْهُولُ 수동		اَلْمَعْلُومُ 능동			اَلضَّمَائِرُ 인칭 대명사	
اَلْمُضَارِعُ 미완료	اَلْمَاضِي 완료	اَلْأَمْرُ 명령	اَلْمُضَارِعُ 미완료	اَلْمَاضِي 완료		
أُرْبَطُ	رُبِطْتُ		أَرْبُطُ	رَبَطْتُ	أَنَا	اَلْمُتَكَلِّمُ 1인칭
نُرْبَطُ	رُبِطْنَا		نَرْبُطُ	رَبَطْنَا	نَحْنُ	
تُرْبَطُ	رُبِطْتَ	أُرْبُطْ	تَرْبُطُ	رَبَطْتَ	أَنْتَ	اَلْمُخَاطَبُ 2 남
تُرْبَطَانِ	رُبِطْتُمَا	أُرْبُطَا	تَرْبُطَانِ	رَبَطْتُمَا	أَنْتُمَا	
تُرْبَطُونَ	رُبِطْتُمْ	أُرْبُطُوا	تَرْبُطُونَ	رَبَطْتُمْ	أَنْتُمْ	
تُرْبَطِينَ	رُبِطْتِ	أُرْبُطِي	تَرْبُطِينَ	رَبَطْتِ	أَنْتِ	اَلْمُخَاطَبَةُ 2 여
تُرْبَطَانِ	رُبِطْتُمَا	أُرْبُطَا	تَرْبُطَانِ	رَبَطْتُمَا	أَنْتُمَا	
تُرْبَطْنَ	رُبِطْتُنَّ	أُرْبُطْنَ	تَرْبُطْنَ	رَبَطْتُنَّ	أَنْتُنَّ	
يُرْبَطُ	رُبِطَ		يَرْبُطُ	رَبَطَ	هُوَ	اَلْغَائِبُ 3 남
يُرْبَطَانِ	رُبِطَا		يَرْبُطَانِ	رَبَطَا	هُمَا	
يُرْبَطُونَ	رُبِطُوا		يَرْبُطُونَ	رَبَطُوا	هُمْ	
تُرْبَطُ	رُبِطَتْ		تَرْبُطُ	رَبَطَتْ	هِيَ	اَلْغَائِبَةُ 3 여
تُرْبَطَانِ	رُبِطَتَا		تَرْبُطَانِ	رَبَطَتَا	هُمَا	
يُرْبَطْنَ	رُبِطْنَ		يَرْبُطْنَ	رَبَطْنَ	هُنَّ	

뜻풀이

- (무엇을) 묶다, 매다
- (무엇을) 어디에(إلى) 묶다, 매다, 묶어서 고정시키다
- (무엇을) 어디에(إلى) 잇다, 연결하다
- (무엇을) 정하다, 결정하다
- (무엇을) 어디에(إلى) 덧붙이다, 첨부하다
- (무엇을) 어디에(إلى) 끼워 넣다, 삽입하다
- (무엇을) 하나로 묶다, 무엇과(بين) 무엇을(و بين) 결합시키다, 합치다
- (압박 붕대 등을) 묶다, 감다
- 무엇을([목] 또는 على) 구속하다, 억제하다
- (기차가) 브레이크를 밟다
- <기독교> (성직자 등의 특권을) 일시 정지하다, 보류하다

예문

رَبَطَ لِسَانَهُ

누구의 입을 다물게 하다

رَبَطَ جَأْشَهُ

평정을 유지하다

رَبَطَ الطَّرِيقَ

노상강도 짓을 하다

جَيِّدٌ، سَأَرْبُطُهُ فَوْرًا.

좋았어. 내가 당장 그것을 묶어 버릴거야.

أُرْبُطْ حِزَامَ الْأَمَانِ يَا أَخِي.

형제님, 안전벨트를 매세요.

أُرْبُطْ حَقِيبَتَكَ بِهَذَا الْحِزَامِ، وَضَعْهَا فِي الْمَاكِينَةِ هُنَاكَ.

당신 가방을 이 벨트로 묶으세요, 그리고 저기 기계에 두세요.

اَلْمَفْعُولُ 수동분사	اَلْفَاعِلُ 능동분사	اَلْمَصْدَرُ 동명사	رَتَّبَ
مُرَتَّب	مُرَتِّب	تَرْتِيب	

اَلْمَجْهُولُ 수동		اَلْمَعْلُومُ 능동			اَلضَّمَائِرُ 인칭 대명사	
اَلْمُضَارِعُ 미완료	اَلْمَاضِي 완료	اَلْأَمْرُ 명령	اَلْمُضَارِعُ 미완료	اَلْمَاضِي 완료		
			أُرَتِّبُ	رَتَّبْتُ	أَنَا	اَلْمُتَكَلِّمُ 1인칭
			نُرَتِّبُ	رَتَّبْنَا	نَحْنُ	
		رَتِّبْ	تُرَتِّبُ	رَتَّبْتَ	أَنْتَ	اَلْمُخَاطَبُ 2 남
		رَتِّبَا	تُرَتِّبَانِ	رَتَّبْتُمَا	أَنْتُمَا	
		رَتِّبُوا	تُرَتِّبُونَ	رَتَّبْتُمْ	أَنْتُمْ	
		رَتِّبِي	تُرَتِّبِينَ	رَتَّبْتِ	أَنْتِ	اَلْمُخَاطَبَةُ 2 여
		رَتِّبَا	تُرَتِّبَانِ	رَتَّبْتُمَا	أَنْتُمَا	
		رَتِّبْنَ	تُرَتِّبْنَ	رَتَّبْتُنَّ	أَنْتُنَّ	
يُرَتَّبُ	رُتِّبَ		يُرَتِّبُ	رَتَّبَ	هُوَ	اَلْغَائِبُ 3 남
			يُرَتِّبَانِ	رَتَّبَا	هُمَا	
			يُرَتِّبُونَ	رَتَّبُوا	هُمْ	
			تُرَتِّبُ	رَتَّبَتْ	هِيَ	اَلْغَائِبَةُ 3 여
			تُرَتِّبَانِ	رَتَّبَتَا	هُمَا	
			يُرَتِّبْنَ	رَتَّبْنَ	هُنَّ	

뜻풀이

- (무엇을 일정한 규칙에 따라) 배열하다, 정리하다, 배치하다
- (쇼윈도우를) 장식하다, 꾸미다
- (문제나 분쟁 따위를) 정리하다, 처리하다
- (단어들을) 올바른 배열로 합치다
- 누구의(لـ) 급여를 정하다, 결정하다
- (무엇을 특정한 목적으로) 배정하다, 마련해 두다, 준비해 두다
- 어디로부터(على) (무엇을) 끌어내다, 얻다

예문

رَتِّبْ غُرْفَتَكَ.

방을 정리해라.

رَتَّبَ بَرْنَامَجَ الزِّيَارَةِ.

그는 방문 일정을 짰다.

رَتَّبَ أَفْكَارَهُ قَبْلَ عَرْضِهَا.

그는 그의 생각을 제시하기 전에 정리했다.

رَتَّبْتُ لِوَلَدِي مِئَةَ جُنَيْهٍ فِي الشَّهْرِ.

나는 내 아들에게 월별로 1백 파운드를 할당했다.

لَيْسَ عَلَيْكَ أَنْ تُرَتِّبَ هَذِهِ الْأَشْيَاءَ لِوَحْدِكَ.

당신 혼자서 이것들을 정리할 필요는 없다.

يَنْبَغِي أَنْ تُرَتَّبَ الْمُؤَشِّرَاتُ بِحَسْبِ صُعُوبَةِ التَّطْبِيقِ.

지표들은 적용이 어려운 순서대로 배열되어야 한다.

수동분사 اَلْمَفْعُولُ	능동분사 اَلْفَاعِلُ	동명사 اَلْمَصْدَرُ	رَجَا
مَرْجُوّ	رَاجٍ	رَجَاء، رَجَاة، مَرْجَاة	

수동 اَلْمَجْهُولُ		능동 اَلْمَعْلُومُ			اَلضَّمَائِرُ 인칭 대명사	
اَلْمُضَارِعُ 미완료	اَلْمَاضِي 완료	اَلْأَمْرُ 명령	اَلْمُضَارِعُ 미완료	اَلْمَاضِي 완료		
			أَرْجُو	رَجَوْتُ	أَنَا	اَلْمُتَكَلِّمُ 1인칭
			نَرْجُو	رَجَوْنَا	نَحْنُ	
		أُرْجُ	تَرْجُو	رَجَوْتَ	أَنْتَ	اَلْمُخَاطَبُ 2 남
		أُرْجُوَا	تَرْجُوَانِ	رَجَوْتُمَا	أَنْتُمَا	
		أُرْجُوا	تَرْجُونَ	رَجَوْتُمْ	أَنْتُمْ	
		أُرْجِي	تَرْجِينَ	رَجَوْتِ	أَنْتِ	اَلْمُخَاطَبَةُ 2 여
		أُرْجُوَا	تَرْجُوَانِ	رَجَوْتُمَا	أَنْتُمَا	
		أُرْجُونَ	تَرْجُونَ	رَجَوْتُنَّ	أَنْتُنَّ	
يُرْجَى	رُجِيَ		يَرْجُو	رَجَا	هُوَ	اَلْغَائِبُ 3 남
			يَرْجُوَانِ	رَجَوَا	هُمَا	
			يَرْجُونَ	رَجَوْا	هُمْ	
			تَرْجُو	رَجَتْ	هِيَ	اَلْغَائِبَةُ 3 여
			تَرْجُوَانِ	رَجَتَا	هُمَا	
			يَرْجُونَ	رَجَوْنَ	هُنَّ	

뜻풀이

- (무엇을) 바라다, 소망하다
- (무엇을) 기대하다, 예상하다
- 누구에게(لِ) (성공이나 행운 등이) 깃들길 빌다, 바라다
- (무엇을) 부탁하다
- 누구에게([목] 또는 مِنْ) (무엇을) 해달라고(أَنْ) 간청하다

예문

رَجَاهُ فِي إِلْحَاحٍ

누구에게 빌다, 애원하다

رَجَوْنَا أَنْ نَقْبَلَ الدَّعْوَةَ.

그들은 우리가 초대를 수락하기를 바랐다.

أَرْجُو أَنْ تَفُوزَ بِالسِّبَاقِ.

나는 네가 경기에서 승리하길 바라.

إِذَا تَسَلَّمْتَ هَذِهِ الرِّسَالَةَ أَرْجُو أَنْ تَتَّصِلَ بِي.

만약 네가 이 편지를 받았다면 나에게 연락하길 바란다.

أَرْجُوكَ أَعْطِنِي فُرْصَةً لِأَدَاءِ الإِمْتِحَانِ مَرَّةً أُخْرَى.

나는 당신이 제게 다시 한번 시험을 칠 수 있는 기회를 주길 바랍니다.

رَجَتِ الْمَرْأَةُ الْمِسْكِينَةُ النَّاسَ فِي الشَّارِعِ أَنْ يُسَاعِدُوهَا.

불쌍한 여성은 거리에 있는 사람들에게 자신을 도와달라고 부탁했다.

수동분사 اَلْمَفْعُولُ	능동분사 اَلْفَاعِلُ	동명사 اَلْمَصْدَرُ	رَجَعَ
مَرْجُوع	رَاجِع	رُجُوع	

수동 اَلْمَجْهُولُ		능동 اَلْمَعْلُومُ			اَلضَّمَائِرُ 인칭 대명사	
اَلْمُضَارِعُ 미완료	اَلْمَاضِي 완료	اَلْأَمْرُ 명령	اَلْمُضَارِعُ 미완료	اَلْمَاضِي 완료		
أُرْجَعُ	رُجِعْتُ		أَرْجِعُ	رَجَعْتُ	أَنَا	اَلْمُتَكَلِّمُ 1인칭
نُرْجَعُ	رُجِعْنَا		نَرْجِعُ	رَجَعْنَا	نَحْنُ	
تُرْجَعُ	رُجِعْتَ	اِرْجِعْ	تَرْجِعُ	رَجَعْتَ	أَنْتَ	اَلْمُخَاطَبُ 2 남
تُرْجَعَانِ	رُجِعْتُمَا	اِرْجِعَا	تَرْجِعَانِ	رَجَعْتُمَا	أَنْتُمَا	
تُرْجَعُونَ	رُجِعْتُمْ	اِرْجِعُوا	تَرْجِعُونَ	رَجَعْتُمْ	أَنْتُمْ	
تُرْجَعِينَ	رُجِعْتِ	اِرْجِعِي	تَرْجِعِينَ	رَجَعْتِ	أَنْتِ	اَلْمُخَاطَبَةُ 2 여
تُرْجَعَانِ	رُجِعْتُمَا	اِرْجِعَا	تَرْجِعَانِ	رَجَعْتُمَا	أَنْتُمَا	
تُرْجَعْنَ	رُجِعْتُنَّ	اِرْجِعْنَ	تَرْجِعْنَ	رَجَعْتُنَّ	أَنْتُنَّ	
يُرْجَعُ	رُجِعَ		يَرْجِعُ	رَجَعَ	هُوَ	اَلْغَائِبُ 3 남
يُرْجَعَانِ	رُجِعَا		يَرْجِعَانِ	رَجَعَا	هُمَا	
يُرْجَعُونَ	رُجِعُوا		يَرْجِعُونَ	رَجَعُوا	هُمْ	
تُرْجَعُ	رُجِعَتْ		تَرْجِعُ	رَجَعَتْ	هِيَ	اَلْغَائِبَةُ 3 여
تُرْجَعَانِ	رُجِعَتَا		تَرْجِعَانِ	رَجَعَتَا	هُمَا	
يُرْجَعْنَ	رُجِعْنَ		يَرْجِعْنَ	رَجَعْنَ	هُنَّ	

뜻풀이

- 다시 오다, 되돌아오다
- 되풀이되다, 다시 일어나다, 반복되다
- 어디에(إلى) 기대다, 의지하다
- 무엇을(إلى) 재개하다, 다시 시작하다
- 어디로(إلى) 되돌아가다
- (정보를 얻기 위해) 책 등을(إلى) 찾아보다, 다시 보다, 복습하다
- 어디에서(إلى) 나오다, 생기다, 유래하다, 어디로(إلى) 거슬러 올라가다
- 당연히 누구에게(إلى) 속하다, 누구의 것이다
- 누구의(لـ) 관할구역에 속하다, 누구의(لـ) 소관이다
- 무엇을(عن) 멀리하다, 그만두다, 삼가다
- 결정 등을(عن 또는 في) 취소하다, 철회하다
- 누구에게(على) 등을 돌리다
- 누구에게(على) 무엇을(ب) 요구하다, 청구하다
- 결과 등을(ب) 수반하다
- 무엇에서(في) 좋은 결과를 얻다

예문

رَجَعَ إِلَى صَوَابِهِ

정신이 들다, 의식을 회복하다

يَرْجِعُ السَّبَبُ إِلَى

이유는 무엇에(إلى) 있다

رَجَعَ فِي كَلَامِهِ

약속을 어기다

رَجَعَ عَنْ قَصْدِهِ

의도를 접다, 의향을 버리다

رَجَعَ الْبَصَرَ بَيْنَ

눈길이 (사람 또는 사물들 사이에서) 방황하다

رَجَعَ إِلَى الصِّحَةِ

건강을 되찾다, 회복하다

يَرْجِعُ ذَلِكَ إِلَى أَنْ

이는 바로 무엇이라는(أن) 사실 때문이다

رَجَعَ بِهِ عَلَى فُلَانٍ

누구에게 무엇에 대한 배상을 청구하다

رَجَعَتْ يَدُهُ مِنْ يَدِهِ بِ

무엇을 누구의 손에서 건네 받다

رَجَعَ بِالْبَصَرِ (بِبَصَرِهِ) في

시선이 이리저리 방황하다

رَجَعَ الْبَصَرَ حَوْلَهُ (فِيمَا حَوْلَهُ)

시선이 이리저리 방황하다

رَجَعَ عَلَى عَقْبِهِ، رَجَعُوا عَلَى أَعْقَابِهِمْ

왔던 길을 다시 되돌아가다

رَجَعَ إِلَى بَلَدِهِ.

그는 고국으로 돌아왔다.

اِرْجِعْ إِلَى بَلَدِكَ.

당신의 나라로 돌아가라.

مَتَى تَرْجِعُ مِنَ السُّوقِ؟

산책하고 언제 돌아올거야?

رَجَعَتْ بِهِ الذَّاكِرَةُ إِلَيْهَا.

그에게 그녀에 대한 기억이 떠올랐다.

لَمْ يَرْجِعْ أَبِي مِنَ السَّفَرِ.

나의 아버지가 여행에서 돌아오지 않았다.

خُذِ الشِّيكَ وَارْجِعْ مِنْ حَيْثُ أَتَيْتَ.

수표를 가지고 오신 곳으로 돌아가세요.

رَجَعَتْ إِلَى أَمْرِيكَا وَأَكْمَلَتِ الدِّرَاسَةَ هُنَاكَ.

그녀는 미국으로 돌아왔고 거기서 학업을 마쳤다.

رَجَعُوا إِلَى الشَّرْقِ الْأَوْسَطِ بَعْدَ حُصُولِهِمْ عَلَى الشَّهَادَةِ.

그들은 학위를 취득한 후에 중동으로 돌아왔다.

수동분사 اَلْمَفْعُولُ	능동분사 اَلْفَاعِلُ	동명사 اَلْمَصْدَرُ	رَحَّبَ
مُرَحَّب	مُرَحِّب	تَرْحِيب	

수동 اَلْمَجْهُولُ		능동 اَلْمَعْلُومُ			اَلضَّمَائِرُ 인칭 대명사	
اَلْمُضَارِعُ 미완료	اَلْمَاضِي 완료	اَلْأَمْرُ 명령	اَلْمُضَارِعُ 미완료	اَلْمَاضِي 완료		
			أُرَحِّبُ	رَحَّبْتُ	أَنَا	اَلْمُتَكَلِّمُ 1인칭
			نُرَحِّبُ	رَحَّبْنَا	نَحْنُ	
		رَحِّبْ	تُرَحِّبُ	رَحَّبْتَ	أَنْتَ	اَلْمُخَاطَبُ 2 남
		رَحِّبَا	تُرَحِّبَانِ	رَحَّبْتُمَا	أَنْتُمَا	
		رَحِّبُوا	تُرَحِّبُونَ	رَحَّبْتُمْ	أَنْتُمْ	
		رَحِّبِي	تُرَحِّبِينَ	رَحَّبْتِ	أَنْتِ	اَلْمُخَاطَبَةُ 2 여
		رَحِّبَا	تُرَحِّبَانِ	رَحَّبْتُمَا	أَنْتُمَا	
		رَحِّبْنَ	تُرَحِّبْنَ	رَحَّبْتُنَّ	أَنْتُنَّ	
يُرَحَّبُ	رُحِّبَ		يُرَحِّبُ	رَحَّبَ	هُوَ	اَلْغَائِبُ 3 남
			يُرَحِّبَانِ	رَحَّبَا	هُمَا	
			يُرَحِّبُونَ	رَحَّبُوا	هُمْ	
			تُرَحِّبُ	رَحَّبَتْ	هِيَ	اَلْغَائِبَةُ 3 여
			تُرَحِّبَانِ	رَحَّبَتَا	هُمَا	
			يُرَحِّبْنَ	رَحَّبْنَ	هُنَّ	

뜻풀이

- 누구를(ب) 환영하다
- 누구에게(ب) 환영의 인사를 하다
- (소식, 뉴스 등을) 기쁘게 맞이하다
- (공간이나 장소를) 넓히다, 확장하다

예문

رَحَّبَ بِضُيُوفِهِ.

그는 손님들을 환영했다.

رَحَّبَ الْعُمَّالُ الْبَيْتَ.

일꾼들이 그 집을 넓혔다.

نُرَحِّبُ بِجَمِيعِ مَنْ يَحْضُرُ الْحَلْقَةَ الدِّرَاسِيَّةَ.

우리 모두 세미나에 참석한 사람들을 환영한다.

تُرَحِّبُ كَنَدَا وَأُسْتُرَالِيَا بِاتِّخَاذِ الْقَرَارِ 184/64.

캐나다와 오스트레일리아는 184/64호 결의안 채택을 환영했다.

بِصِفَتِي عُمْدَةَ الْمَدِينَةِ، يُسْعِدُنِي جِدًّا أَنْ أُرَحِّبَ بِكُمْ.

시장으로서 여러분을 맞이하게 되어 무척 기쁩니다.

تُرَحِّبُ الْمَمْلَكَةُ الْعَرَبِيَّةُ السُّعُودِيَّةُ تَرْحِيبًا كَبِيرًا بِالِاقْتِرَاحِ الْخَاصِّ بِتَنْشِيطِ اللَّجْنَةِ.

사우디아라비아는 위원회 활성화 관련 제안을 열렬히 환영했다.

اَلْمَفْعُولُ 수동분사	اَلْفَاعِلُ 능동분사	اَلْمَصْدَرُ 동명사	رَحَلَ
مَرْحُول	رَاحِل	رَحِيل	

اَلْمَجْهُولُ 수동			اَلْمَعْلُومُ 능동		اَلضَّمَائِرُ 인칭 대명사	
اَلْمُضَارِعُ 미완료	اَلْمَاضِي 완료	اَلْأَمْرُ 명령	اَلْمُضَارِعُ 미완료	اَلْمَاضِي 완료		
أُرْحَلُ	رُحِلْتُ		أَرْحَلُ	رَحَلْتُ	أَنَا	اَلْمُتَكَلِّمُ 1인칭
نُرْحَلُ	رُحِلْنَا		نَرْحَلُ	رَحَلْنَا	نَحْنُ	
تُرْحَلُ	رُحِلْتَ	اِرْحَلْ	تَرْحَلُ	رَحَلْتَ	أَنْتَ	اَلْمُخَاطَبُ 2 남
تُرْحَلَانِ	رُحِلْتُمَا	اِرْحَلَا	تَرْحَلَانِ	رَحَلْتُمَا	أَنْتُمَا	
تُرْحَلُونَ	رُحِلْتُمْ	اِرْحَلُوا	تَرْحَلُونَ	رَحَلْتُمْ	أَنْتُمْ	
تُرْحَلِينَ	رُحِلْتِ	اِرْحَلِي	تَرْحَلِينَ	رَحَلْتِ	أَنْتِ	اَلْمُخَاطَبَةُ 2 여
تُرْحَلَانِ	رُحِلْتُمَا	اِرْحَلَا	تَرْحَلَانِ	رَحَلْتُمَا	أَنْتُمَا	
تُرْحَلْنَ	رُحِلْتُنَّ	اِرْحَلْنَ	تَرْحَلْنَ	رَحَلْتُنَّ	أَنْتُنَّ	
يُرْحَلُ	رُحِلَ		يَرْحَلُ	رَحَلَ	هُوَ	اَلْغَائِبُ 3 남
يُرْحَلَانِ	رُحِلْنَا		يَرْحَلَانِ	رَحَلَا	هُمَا	
يُرْحَلُونَ	رُحِلُوا		يَرْحَلُونَ	رَحَلُوا	هُمْ	
تُرْحَلُ	رُحِلَتْ		تَرْحَلُ	رَحَلَتْ	هِيَ	اَلْغَائِبَةُ 3 여
تُرْحَلَانِ	رُحِلَتَا		تَرْحَلَانِ	رَحَلَتَا	هُمَا	
يُرْحَلْنَ	رُحِلْنَ		يَرْحَلْنَ	رَحَلْنَ	هُنَّ	

뜻풀이

- (여행을) 떠나다, 길을 나서다
- 떠나다, 이사하다, 이민 가다
- 어디에서(عن) 출발하다

예문

أَلَمْ يَرْحَلْ أَبِي؟

나의 아버지가 떠나지 않았습니까?

أَرَدْتُ أَنْ أَرْحَلَ.

나는 떠나고 싶었다.

رَحَلَ خَالِدٌ بَاكِيًا.

칼리드는 울면서 떠났다.

مَتَى تَرْحَلُ لِلْحَجِّ؟

핫지 순례를 언제 떠날거니?

قِيلَ لَهُ إِنَّ أُمَّهُ قَدْ رَحَلَتْ.

그의 어머니가 이미 떠났다는 것이 그에게 전해졌다.

فِي الْيَوْمِ التَّالِي أَخْبَرَهُمْ وَالِدُهُمْ فَجْأَةً أَنَّهُ سَيَرْحَلُ.

다음날 그들의 아버지는 떠날 것이라고 갑자기 그들에게 알렸다.

رَحِمَ	اَلْمَصْدَرُ 동명사	اَلْفَاعِلُ 능동분사	اَلْمَفْعُولُ 수동분사
	رَحْمَة، مَرْحَمَة	رَاحِم	مَرْحُوم

اَلضَّمَائِرُ 인칭 대명사		اَلْمَعْلُومُ 능동			اَلْمَجْهُولُ 수동	
		اَلْمَاضِي 완료	اَلْمُضَارِعُ 미완료	اَلْأَمْرُ 명령	اَلْمَاضِي 완료	اَلْمُضَارِعُ 미완료
اَلْمُتَكَلِّمُ 1인칭	أَنَا	رَحِمْتُ	أَرْحَمُ		رُحِمْتُ	أُرْحَمُ
	نَحْنُ	رَحِمْنَا	نَرْحَمُ		رُحِمْنَا	نُرْحَمُ
اَلْمُخَاطَبُ 2 남	أَنْتَ	رَحِمْتَ	تَرْحَمُ	اِرْحَمْ	رُحِمْتَ	تُرْحَمُ
	أَنْتُمَا	رَحِمْتُمَا	تَرْحَمَانِ	اِرْحَمَا	رُحِمْتُمَا	تُرْحَمَانِ
	أَنْتُمْ	رَحِمْتُمْ	تَرْحَمُونَ	اِرْحَمُوا	رُحِمْتُمْ	تُرْحَمُونَ
اَلْمُخَاطَبَةُ 2 여	أَنْتِ	رَحِمْتِ	تَرْحَمِينَ	اِرْحَمِي	رُحِمْتِ	تُرْحَمِينَ
	أَنْتُمَا	رَحِمْتُمَا	تَرْحَمَانِ	اِرْحَمَا	رُحِمْتُمَا	تُرْحَمَانِ
	أَنْتُنَّ	رَحِمْتُنَّ	تَرْحَمْنَ	اِرْحَمْنَ	رُحِمْتُنَّ	تُرْحَمْنَ
اَلْغَائِبُ 3 남	هُوَ	رَحِمَ	يَرْحَمُ		رُحِمَ	يُرْحَمُ
	هُمَا	رَحِمَا	يَرْحَمَانِ		رُحِمَا	يُرْحَمَانِ
	هُمْ	رَحِمُوا	يَرْحَمُونَ		رُحِمُوا	يُرْحَمُونَ
اَلْغَائِبَةُ 3 여	هِيَ	رَحِمَتْ	تَرْحَمُ		رُحِمَتْ	تُرْحَمُ
	هُمَا	رَحِمَتَا	تَرْحَمَانِ		رُحِمَتَا	تُرْحَمَانِ
	هُنَّ	رَحِمْنَ	يَرْحَمْنَ		رُحِمْنَ	يُرْحَمْنَ

뜻풀이

- (누구에게) 자비를 베풀다, 연민을 가지다
- (처벌하지 않거나 가벼운 처벌로) (누구를) 봐주다, 용서하다
- 연민으로 고통 속에서(من) (누구를) 구하다, 구해 주다
- 자비롭다, 인정이 많다

예문

رَحِمَ يَتِيمًا.

그는 고아에게 자비를 베풀었다.

يَرْحَمُكَ اللهُ.

하나님은 당신에게 자비로우시다.

إِنَّ يَدَ الْمَوْتِ لَا تَرْحَمُ.

죽음의 손길은 인정사정 없다.

اِبْنَتِي تَظُنُّ أَنَّنِي طَاغِيَةٌ لَا يَرْحَمُ.

나의 딸은 내가 자비롭지 않은 독재자라고 생각한다.

صَدِيقِي مَاتَ فِي الْحَرِيقِ لَعَلَّ اللهُ يَرْحَمُ رُوحَهُ.

내 친구가 화재로 죽었다. 그의 영혼이 평안 하기를 (바란다).

إِنَّهُمْ سَوْفَ يَنْتَقِمُونَ لِهَذِهِ الْخَسَارَةِ بِوَحْشِيَّةٍ لَا تَرْحَمُ.

그들은 이 손해에 대해 자비심 없는 흉폭함으로 복수를 할 것이다.

수동분사 اَلْمَفْعُولُ	능동분사 اَلْفَاعِلُ	동명사 اَلْمَصْدَرُ	رَسَمَ
مَرْسُوم	رَاسِم	رَسْم	

수동 اَلْمَجْهُولُ		능동 اَلْمَعْلُومُ			اَلضَّمَائِرُ 인칭 대명사	
اَلْمُضَارِعُ 미완료	اَلْمَاضِي 완료	اَلْأَمْرُ 명령	اَلْمُضَارِعُ 미완료	اَلْمَاضِي 완료		
أُرْسَمُ	رُسِمْتُ		أَرْسُمُ	رَسَمْتُ	أَنَا	اَلْمُتَكَلِّمُ 1인칭
نُرْسَمُ	رُسِمْنَا		نَرْسُمُ	رَسَمْنَا	نَحْنُ	
تُرْسَمُ	رُسِمْتَ	أُرْسُمْ	تَرْسُمُ	رَسَمْتَ	أَنْتَ	اَلْمُخَاطَبُ 2남
تُرْسَمَانِ	رُسِمْتُمَا	أُرْسُمَا	تَرْسُمَانِ	رَسَمْتُمَا	أَنْتُمَا	
تُرْسَمُونَ	رُسِمْتُمْ	أُرْسُمُوا	تَرْسُمُونَ	رَسَمْتُمْ	أَنْتُمْ	
تُرْسَمِينَ	رُسِمْتِ	أُرْسُمِي	تَرْسُمِينَ	رَسَمْتِ	أَنْتِ	اَلْمُخَاطَبَةُ 2여
تُرْسَمَانِ	رُسِمْتُمَا	أُرْسُمَا	تَرْسُمَانِ	رَسَمْتُمَا	أَنْتُمَا	
تُرْسَمْنَ	رُسِمْتُنَّ	أُرْسُمْنَ	تَرْسُمْنَ	رَسَمْتُنَّ	أَنْتُنَّ	
يُرْسَمُ	رُسِمَ		يَرْسُمُ	رَسَمَ	هُوَ	اَلْغَائِبُ 3남
يُرْسَمَانِ	رُسِمَا		يَرْسُمَانِ	رَسَمَا	هُمَا	
يُرْسَمُونَ	رُسِمُوا		يَرْسُمْنَ	رَسَمُوا	هُمْ	
تُرْسَمُ	رُسِمَتْ		تَرْسُمُ	رَسَمَتْ	هِيَ	اَلْغَائِبَةُ 3여
تُرْسَمَانِ	رُسِمَتَا		تَرْسُمَانِ	رَسَمَتَا	هُمَا	
يُرْسَمْنَ	رُسِمْنَ		يَرْسُمْنَ	رَسَمْنَ	هُنَّ	

뜻풀이

- (그림을) 그리다, 스케치하다
- (선이나 도형 등을) 그리다
- (무엇을) 색칠하다
- (무엇을) 적다, 적어 놓다, 기록하다, 써 내려 가다
- (무엇을) 기입하다, 표시하다
- (무엇을) 글, 그림 등으로 그리다, 묘사하다, 표현하다
- 계획을(خطّة) 구상하다, 짜다
- 누구에게(ل) 무엇을([목] 또는 ب) 정하다, 규정하다
- <기독교> (누구를) 성직자로 임명하다

예문

رَسَمَ شَارَةَ الصَّلِيبِ

<기독교> 자신의 가슴에 십자가를 긋다

أَرْسُمُ الْمَنْظَرَ.

나는 풍경을 그린다.

رَسَمَ الْكِتَابَ التَّارِيخِيَّ.

그는 역사서를 썼다.

رَسَمَتْ لَهُ خُطَّةَ الزِّيَارَةِ.

그녀는 그를 위해 방문 계획을 구상했다.

هُمْ كَتَبُوا، وَنَحْنُ رَسَمْنَا.

그들은 글을 쓰고, 우리는 그림을 그린다.

أَرْجُوكَ لَا تَرْسُمْ صُوَرًا دِينِيَّةً أُخْرَى.

나는 네가 다른 종교 그림들을 그리지 않기를 바래.

اَلْمَفْعُولُ 수동분사	اَلْفَاعِلُ 능동분사	اَلْمَصْدَرُ 동명사	رَعَى
مَرْعِيّ	رَاعٍ	رَعْي، رِعَايَة، مَرْعًى	

اَلْمَجْهُولُ 수동		اَلْمَعْلُومُ 능동			اَلضَّمَائِرُ 인칭 대명사	
اَلْمُضَارِعُ 미완료	اَلْمَاضِي 완료	اَلْأَمْرُ 명령	اَلْمُضَارِعُ 미완료	اَلْمَاضِي 완료		
			أَرْعَى	رَعَيْتُ	أَنَا	اَلْمُتَكَلِّمُ 1인칭
			نَرْعَى	رَعَيْنَا	نَحْنُ	
		اِرْعَ	تَرْعَى	رَعَيْتَ	أَنْتَ	اَلْمُخَاطَبُ 2남
		اِرْعَيَا	تَرْعَيَانِ	رَعَيْتُمَا	أَنْتُمَا	
		اِرْعَوْا	تَرْعَوْنَ	رَعَيْتُمْ	أَنْتُمْ	
		اِرْعَيْ	تَرْعَيْنَ	رَعَيْتِ	أَنْتِ	اَلْمُخَاطَبَةُ 2여
		اِرْعَيَا	تَرْعَيَانِ	رَعَيْتُمَا	أَنْتُمَا	
		اِرْعَيْنَ	تَرْعَيْنَ	رَعَيْتُنَّ	أَنْتُنَّ	
يُرْعَى	رُعِيَ		يَرْعَى	رَعَى	هُوَ	اَلْغَائِبُ 3남
			يَرْعَيَانِ	رَعَيَا	هُمَا	
			يَرْعَوْنَ	رَعَوْا	هُمْ	
			تَرْعَى	رَعَتْ	هِيَ	اَلْغَائِبَةُ 3여
			تَرْعَيَانِ	رَعَتَا	هُمَا	
			يَرْعَيْنَ	رَعَيْنَ	هُنَّ	

뜻풀이

동명사가 رَعْي، رِعَايَة، مَرْعًى 인 경우

- (가축이) 풀을 뜯다
- (가축 등을) 돌보다, 보살피다

동명사가 رَعْي، رِعَايَة 인 경우

- (누구를) 지키다, 보호하다, 감싸다, 돌보다
- (무엇을) 지켜보다, 관심을 갖다.
- (행사 등에) 후원을 받다, 찬조를 얻다
- (무엇을) 습관적으로 하다, 통상적으로 하다, 으레 무엇을 하다
- (무엇을) 명심하다, 유념하다, 염두에 두다
- (협약 또는 협의 등을) 따르다, 지키다, 준수하다
- (무엇을) 고려하다, 감안하다, 참작하다

예문

رَعَى الْحَفْلَةَ لِلتَّهْنِئَةِ.

그는 축하 파티를 지원받아 진행했다.

يَرْعَى الْحَاكِمُ رَعِيَّتَهُ.

통치자는 자신의 주민을 보호한다.

رَعَى الْمَاشِيَةَ فِي الْكَلَأِ .

그는 가축들이 목초지에 풀을 뜯게 했다.

أُحَاوِلُ دَائِمًا أَنْ أَرْعَى عَهْدِي.

나는 언제나 나의 약속을 지키려고 노력한다.

مَنْ يَرْعَى الْأَطْفَالَ عِنْدَمَا تَكُونِينَ فِي الْعَمَلِ؟

당신(여)이 일할 때, 아이는 누가 돌봅니까?

يَرْعَى الرَّاعِي الْغَنَمَ فِي التِّلَالِ الْقَرِيبَةِ مِنَ الْقَرْيَةِ.

양치기는 마을에서 가까운 언덕에서 양들을 돌보고 있다.

اَلْمَفْعُولُ 수동분사	اَلْفَاعِلُ 능동분사	اَلْمَصْدَرُ 동명사	رَغِبَ
مَرْغُوب	رَاغِب	رَغْبَة، رَغَب	

اَلْمَجْهُولُ 수동		اَلْمَعْلُومُ 능동			اَلضَّمَائِرُ 인칭 대명사	
اَلْمُضَارِعُ 미완료	اَلْمَاضِي 완료	اَلْأَمْرُ 명령	اَلْمُضَارِعُ 미완료	اَلْمَاضِي 완료		
أُرْغَبُ	رُغِبْتُ		أَرْغَبُ	رَغِبْتُ	أَنَا	اَلْمُتَكَلِّمُ 1인칭
نُرْغَبُ	رُغِبْنَا		نَرْغَبُ	رَغِبْنَا	نَحْنُ	
تُرْغَبُ	رُغِبْتَ	اِرْغَبْ	تَرْغَبُ	رَغِبْتَ	أَنْتَ	اَلْمُخَاطَبُ 2 남
تُرْغَبَانِ	رُغِبْتُمَا	اِرْغَبَا	تَرْغَبَانِ	رَغِبْتُمَا	أَنْتُمَا	
تُرْغَبُونَ	رُغِبْتُمْ	اِرْغَبُوا	تَرْغَبُونَ	رَغِبْتُمْ	أَنْتُمْ	
تُرْغَبِينَ	رُغِبْتِ	اِرْغَبِي	تَرْغَبِينَ	رَغِبْتِ	أَنْتِ	اَلْمُخَاطَبَةُ 2 여
تُرْغَبَانِ	رُغِبْتُمَا	اِرْغَبَا	تَرْغَبَانِ	رَغِبْتُمَا	أَنْتُمَا	
تُرْغَبْنَ	رُغِبْتُنَّ	اِرْغَبْنَ	تَرْغَبْنَ	رَغِبْتُنَّ	أَنْتُنَّ	
يُرْغَبُ	رُغِبَ		يَرْغَبُ	رَغِبَ	هُوَ	اَلْغَائِبُ 3 남
يُرْغَبَانِ	رُغِبَا		يَرْغَبَانِ	رَغِبَا	هُمَا	
يُرْغَبُونَ	رُغِبُوا		يَرْغَبُونَ	رَغِبُوا	هُمْ	
تُرْغَبُ	رُغِبَتْ		تَرْغَبُ	رَغِبَتْ	هِيَ	اَلْغَائِبَةُ 3 여
تُرْغَبَانِ	رُغِبَتَا		تَرْغَبَانِ	رَغِبَتَا	هُمَا	
يُرْغَبْنَ	رُغِبْنَ		يَرْغَبْنَ	رَغِبْنَ	هُنَّ	

뜻풀이

- 무엇을(في) 원하다, 열망하다, 갈망하다
- 누구에게(من 또는 إلى) 무엇을(في) 또는 무엇을 하도록(أن) 청하다, 간청하다
- 무엇을(في) 무엇보다(على) 선호하다, 무엇을(ب) 무엇보다(عن) 더 좋아하다
- 무엇을(عن) 싫어하다, 혐오하다
- 누구에게(ل) 무엇이(ب) 이루어지길 바라다

예문

لَا يُرْغَبُ فِيهِ

원하지 않는, 달갑지 않은

أَفْعَلُ مَا يَرْغَبُ فِيهِ.

나는 그가 원하는 것을 한다.

أَرْغَبُ فِي تَعَلُّمِ الْإِنْكِلِيزِيَّةِ.

나는 영어를 배우고 싶다.

يَرْغَبُ أَنْ يَدْعُوَكَ إِلَى حَفْلَةِ عُرْسِهِ.

그는 그의 결혼 파티에 너를 초대하길 바란다.

هَلْ تَرْغَبُ أَنْ تَذْهَبَ إِلَى الْمَكْتَبَةِ مَعِي؟

당신은 나와 함께 도서관에 가길 바랍니까?

إِنَّكَ تَرْغَبُ دَائِمًا أَنْ تَكُونَ بِرِفْقَةِ صَدِيقٍ جَيِّدٍ.

너는 항상 좋은 친구와 함께하기를 바란다.

اَلْمَفْعُولُ 수동분사	اَلْفَاعِلُ 능동분사	اَلْمَصْدَرُ 동명사	رَفَعَ
مَرْفُوع	رَافِع	رَفْع	

اَلْمَجْهُولُ 수동		اَلْمَعْلُومُ 능동			اَلضَّمَائِرُ 인칭 대명사	
اَلْمُضَارِعُ 미완료	اَلْمَاضِي 완료	اَلْأَمْرُ 명령	اَلْمُضَارِعُ 미완료	اَلْمَاضِي 완료		
أُرْفَعُ	رُفِعْتُ		أَرْفَعُ	رَفَعْتُ	أَنَا	اَلْمُتَكَلِّمُ 1인칭
نُرْفَعُ	رُفِعْنَا		نَرْفَعُ	رَفَعْنَا	نَحْنُ	
تُرْفَعُ	رُفِعْتَ	اِرْفَعْ	تَرْفَعُ	رَفَعْتَ	أَنْتَ	اَلْمُخَاطَبُ 2 남
تُرْفَعَانِ	رُفِعْتُمَا	اِرْفَعَا	تَرْفَعَانِ	رَفَعْتُمَا	أَنْتُمَا	
تُرْفَعُونَ	رُفِعْتُمْ	اِرْفَعُوا	تَرْفَعُونَ	رَفَعْتُمْ	أَنْتُمْ	
تُرْفَعِينَ	رُفِعْتِ	اِرْفَعِي	تَرْفَعِينَ	رَفَعْتِ	أَنْتِ	اَلْمُخَاطَبَةُ 2 여
تُرْفَعَانِ	رُفِعْتُمَا	اِرْفَعَا	تَرْفَعَانِ	رَفَعْتُمَا	أَنْتُمَا	
تُرْفَعْنَ	رُفِعْتُنَّ	اِرْفَعْنَ	تَرْفَعْنَ	رَفَعْتُنَّ	أَنْتُنَّ	
يُرْفَعُ	رُفِعَ		يَرْفَعُ	رَفَعَ	هُوَ	اَلْغَائِبُ 3 남
يُرْفَعَانِ	رُفِعَا		يَرْفَعَانِ	رَفَعَا	هُمَا	
يُرْفَعُونَ	رُفِعُوا		يَرْفَعُونَ	رَفَعُوا	هُمْ	
تُرْفَعُ	رُفِعَتْ		تَرْفَعُ	رَفَعَتْ	هِيَ	اَلْغَائِبَةُ 3 여
تُرْفَعَانِ	رُفِعَتَا		تَرْفَعَانِ	رَفَعَتَا	هُمَا	
يُرْفَعْنَ	رُفِعْنَ		يَرْفَعْنَ	رَفَعْنَ	هُنَّ	

뜻풀이

- (무엇을) 위로 들다, 올리다, 들어올리다
- (머리 등을) 치켜들다, 들어올리다
- (지능 또는 금액 등을) 올리다, 높이다, 향상시키다
- (자긍심 또는 위상 등을) 높이다, 드높이다
- (누구를) 무엇으로(إلى) 승진시키다
- (연 등이) 날다
- 깃발을(علما 또는 راية) 게양하다, 돛 따위를 끌어올리다
- 모자를 벗다
- (무엇을) 높은 곳에 두다, 높이 달다
- (무엇을) 세우다, 설립하다
- 목소리를 높이다
- (무엇을) 어디에서(عن 또는 من) 치우다
- (악습 또는 금지령 따위를) 해제하다, 폐지하다, 없애다
- (실수를) 고치다, 개선하다
- (누구를) 무엇에서(عن) 해방시키다, 풀어 주다
- (탄원서 또는 기소장 등을) 누구에게(إلى) 제출하다
- 경찰 등에(إلى) 신고하다
- (무엇을) 누구에게(إلى) 헌정하다, 바치다
- <기독교> 희생양을 바치다
- 보고서를(تقريرا) 제출하다
- 소송을(قضية) 시작하다
- (원인이나 동기 등을) 무엇에게(إلى) 돌리다
- <문법> 단어 끝 자음을 ُ로 발음하다, 격모음을 ُ로 주다

예문

رَفَعَ رَأْسَهُ

누구를 자랑스럽게 하다

رَفَعَ يَدَيْهِ عَنْهُ

무엇을 그만하다, 삼가다, 손을 떼다

رَفَعَ رَأْسَ بَلَدِهِ

국가의 명예를 드높이다

رَفَعَ بِهِ قَضِيَّةً

법원에(أمام) 항소하다

رَفَعَ الإِسْتِئْنَافَ

법원에(أمام) 항소하다

رَفَعَ الْمَعْنَوِيَّاتِ

자신감을 높이다

رَفَعَ مِنْ مَكَانَتِهِ

무엇을 향상시키다, 개선하다, 업그레이드하다

رَفَعَ قَضِيَّةً عَلَيْهِ

누구를 고소하다, 누구와 법정에 서다

رَفَعَ الدَّعْوَى عَلَيْهِ

누구를 고소하다, 법원에서(أمام) 누구에 대한 불만을 제기하다

رَفَعَ صَوْتَهُ بِالْإِعْوَالِ

목소리를 높여 애도하다, 한탄하다

رَفَعَهُ وَخَفَضَهُ بِعَيْنِهِ

즉시 누구에 대한 평가를 내리다

اِرْفَعْ رَأْسَكَ.

(당당하게) 고개를 들어라!

اِرْفَعْ يَدَيْكَ لِلتَّفْتِيشِ.

검사를 위해 두 팔을 올리세요.

لَا تَرْفَعُوا أَصْوَاتِكُمْ.

너희들 목소리를 높이지 말아라.

اِرْفَعْ يَدَكَ قَبْلَ الْكَلَامِ.

말하기 전에 손을 들어라.

يَرْفَعَ دَائِمًا السَّقْفَ(الْحَدَّ الْأَقْصَى) لِنَفْسِهِ.

그는 항상 자신의 한계치를 높인다.

رَفَعَ الْإِعْصَارُ بَيْتَنَا وَأَلْقَى بِهِ عَلَى بُعْدِ بِنَائَيْنِ.

토네이도는 우리 집을 들어올려 건물 두 개만큼 멀리 날려버렸다.

هَذَا الصُّنْدُوقُ ثَقِيلٌ جِدًّا بِالنِّسْبَةِ لَكِ لِأَنْ تَرْفَعِيهِ.

이 상자는 여자인 네가 들어올리기에는 너무 무겁다.

اَلَّذِينَ يَرْفَعُونَ أَصْوَاتَهُمْ بِالْكَلَامِ لَيْسَ عِنْدَهُمْ مَا يَسْتَحِقُّ التَّحَدُّثَ بِهِ.

큰 소리만 치는 사람들은 그것에 대해 말할 자격이 없다.

سَوْفَ تَرْفَعُ الْحُكُومَةُ الدَّعْمَ الْحُكُومِيَّ عَنِ السِّلَعِ الْغِذَائِيَّةِ الْأَسَاسِيَّةِ.

정부는 기본 식료품에 대한 정부 지원을 늘릴 것이다.

اَلْمَفْعُولُ 수동분사	اَلْفَاعِلُ 능동분사	اَلْمَصْدَرُ 동명사	رَقَّ
مَرْقُوق	رَاقّ	رِقَّة	

اَلْمَجْهُولُ 수동		اَلْمَعْلُومُ 능동			اَلضَّمَائِرُ 인칭 대명사	
اَلْمُضَارِعُ 미완료	اَلْمَاضِي 완료	اَلْأَمْرُ 명령	اَلْمُضَارِعُ 미완료	اَلْمَاضِي 완료		
أُرَقُّ	رُقِقْتُ		أَرِقُّ	رَقَقْتُ	أَنَا	اَلْمُتَكَلِّمُ 1인칭
نُرَقُّ	رُقِقْنَا		نَرِقُّ	رَقَقْنَا	نَحْنُ	
تُرَقُّ	رُقِقْتَ	رِقَّ	تَرِقُّ	رَقَقْتَ	أَنْتَ	اَلْمُخَاطَبُ 2 남
تُرَقَّانِ	رُقِقْتُمَا	رِقَّا	تَرِقَّانِ	رَقَقْتُمَا	أَنْتُمَا	
تُرَقُّونَ	رُقِقْتُمْ	رِقُّوا	تَرِقُّونَ	رَقَقْتُمْ	أَنْتُمْ	
تُرَقِّينَ	رُقِقْتِ	رِقِّي	تَرِقِّينَ	رَقَقْتِ	أَنْتِ	اَلْمُخَاطَبَةُ 2 여
تُرَقَّانِ	رُقِقْتُمَا	رِقَّا	تَرِقَّانِ	رَقَقْتُمَا	أَنْتُمَا	
تُرْقَقْنَ	رُقِقْتُنَّ	اِرْقِقْنَ	تَرْقِقْنَ	رَقَقْتُنَّ	أَنْتُنَّ	
يُرَقُّ	رُقَّ		يَرِقُّ	رَقَّ	هُوَ	اَلْغَائِبُ 3 남
يُرَقَّانِ	رُقَّا		يَرِقَّانِ	رَقَّا	هُمَا	
يُرَقُّونَ	رُقُّوا		يَرِقُّونَ	رَقُّوا	هُمْ	
تُرَقُّ	رُقَّتْ		تَرِقُّ	رَقَّتْ	هِيَ	اَلْغَائِبَةُ 3 여
تُرَقَّانِ	رُقَّتَا		تَرِقَّانِ	رَقَّتَا	هُمَا	
يُرْقَقْنَ	رُقِقْنَ		يَرْقِقْنَ	رَقَقْنَ	هُنَّ	

뜻풀이

- 마르다, 연약하다, 여리다
- 연약해지다, 야위다
- 섬세하다, 곱다
- (물이) 맑다, 깨끗하다
- 누구에게(ل) 마음이 부드러워지다, 누그러지다
- 누구를(ل) 가엽게 여기다, 불쌍히 여기다, 동정하다, 연민하다

예문

رَقَّ لَهُ قَلْبُهُ

누구에게 연민을 느끼다, 불쌍하게 여기다

رَقَّ الرَّجُلُ.

그 남자는 겸손했다.

رَقَّ الْعَجِينَ لِيَخْبِزَهُ.

그는 빵을 굽기 위해 반죽을 얇게 폈다.

رَقَّ وَجْهُ أُخْتِي الْمَرِيضَةِ.

아픈 내 누이의 얼굴은 야위었다.

يَرِقُّ الْهَوَاءُ فِي الرَّبِيعِ وَالْخَرِيفِ.

봄과 가을에는 공기가 부드럽다.

رَقَّتِ الشُّرْبَةُ الَّتِي تَنَاوَلْتُهَا عِنْدَ الْغَدَاءِ الْيَوْمَ.

오늘 점심 때 먹은 스프는 묽었다.

رَكِبَ	اَلْمَصْدَرُ 동명사	اَلْفَاعِلُ 능동분사	اَلْمَفْعُولُ 수동분사
	رُكُوب	رَاكِب	مَرْكُوب

اَلضَّمَائِرُ 인칭 대명사		اَلْمَعْلُومُ 능동			اَلْمَجْهُولُ 수동	
		اَلْمَاضِي 완료	اَلْمُضَارِعُ 미완료	اَلْأَمْرُ 명령	اَلْمَاضِي 완료	اَلْمُضَارِعُ 미완료
اَلْمُتَكَلِّمُ 1인칭	أَنَا	رَكِبْتُ	أَرْكَبُ		رُكِبْتُ	أُرْكَبُ
	نَحْنُ	رَكِبْنَا	نَرْكَبُ		رُكِبْنَا	نُرْكَبُ
اَلْمُخَاطَبُ 2 남	أَنْتَ	رَكِبْتَ	تَرْكَبُ	اِرْكَبْ	رُكِبْتَ	تُرْكَبُ
	أَنْتُمَا	رَكِبْتُمَا	تَرْكَبَانِ	اِرْكَبَا	رُكِبْتُمَا	تُرْكَبَانِ
	أَنْتُمْ	رَكِبْتُمْ	تَرْكَبُونَ	اِرْكَبُوا	رُكِبْتُمْ	تُرْكَبُونَ
اَلْمُخَاطَبَةُ 2 여	أَنْتِ	رَكِبْتِ	تَرْكَبِينَ	اِرْكَبِي	رُكِبْتِ	تُرْكَبِينَ
	أَنْتُمَا	رَكِبْتُمَا	تَرْكَبَانِ	اِرْكَبَا	رُكِبْتُمَا	تُرْكَبَانِ
	أَنْتُنَّ	رَكِبْتُنَّ	تَرْكَبْنَ	اِرْكَبْنَ	رُكِبْتُنَّ	تُرْكَبْنَ
اَلْغَائِبُ 3 남	هُوَ	رَكِبَ	يَرْكَبُ		رُكِبَ	يُرْكَبُ
	هُمَا	رَكِبَا	يَرْكَبَانِ		رُكِبَا	يُرْكَبَانِ
	هُمْ	رَكِبُوا	يَرْكَبُونَ		رُكِبُوا	يُرْكَبُونَ
اَلْغَائِبَةُ 3 여	هِيَ	رَكِبَتْ	تَرْكَبُ		رُكِبَتْ	تُرْكَبُ
	هُمَا	رَكِبَتَا	تَرْكَبَانِ		رُكِبَتَا	تُرْكَبَانِ
	هُنَّ	رَكِبْنَ	يَرْكَبْنَ		رُكِبْنَ	يُرْكَبْنَ

뜻풀이

- (동물의 등에) 올라타다, 타다
- (차나 기차, 배 등을) 타다, 타고 가다
- (교통수단에) 승차하다, 탑승하다, (배에) 승선하다
- 무엇을(بِ)타고뒤쫓다,추적하다
- (무엇에) 착수하다
- (죄나 과실 등을) 저지르다, 범하다
- (무엇에) 숙달하다, 정통하다

예문

رَكِبَ الْبَحْرَ / الْهَوَاءَ

배 / 비행기로 여행하다

رَكِبَ مَتْنَ الْعُنْفِ

폭력 행위를 저지르다

رَكِبَ ذَنَبَ الرِّيحِ

바람처럼 질주하다

آخِرَ مَرَّةٍ رَكِبْتُ فِيهَا مَرْكَبًا تَقَيَّأْتُ.

내가 마지막으로 배를 탔을 때 나는 토했다.

أَنَرْكَبُ الْحَافِلَةَ أَوْ نَأْخُذُ سَيَّارَةَ الْأُجْرَةِ؟

우린 버스를 탈까? 아니면 택시를 탈까?

يَا أَوْلَادُ! تَقَاطَرَتِ السَّمَاءُ، هَيَّا اِرْكَبُوا السَّيَّارَةَ.

얘들아, 비가 온다. 어서 차에 타렴.

ز

زَارَ	اَلْمَصْدَرُ 동명사	اَلْفَاعِلُ 능동분사	اَلْمَفْعُولُ 수동분사
	زَوْر، زِيَارَة	زَائِر	مَزُور

اَلضَّمَائِرُ 인칭 대명사		اَلْمَعْلُومُ 능동			اَلْمَجْهُولُ 수동	
		اَلْمَاضِي 완료	اَلْمُضَارِعُ 미완료	اَلْأَمْرُ 명령	اَلْمَاضِي 완료	اَلْمُضَارِعُ 미완료
اَلْمُتَكَلِّمُ 1인칭	أَنَا	زُرْتُ	أَزُورُ			
	نَحْنُ	زُرْنَا	نَزُورُ			
اَلْمُخَاطَبُ 2 남	أَنْتَ	زُرْتَ	تَزُورُ	زُرْ		
	أَنْتُمَا	زُرْتُمَا	تَزُورَانِ	زُورَا		
	أَنْتُمْ	زُرْتُمْ	تَزُورُونَ	زُورُوا		
اَلْمُخَاطَبَةُ 2 여	أَنْتِ	زُرْتِ	تَزُورِينَ	زُورِي		
	أَنْتُمَا	زُرْتُمَا	تَزُورَانِ	زُورَا		
	أَنْتُنَّ	زُرْتُنَّ	تَزُرْنَ	زُرْنَ		
اَلْغَائِبُ 3 남	هُوَ	زَارَ	يَزُورُ		زِيرَ	يُزَارُ
	هُمَا	زَارَا	يَزُورَانِ			
	هُمْ	زَارُوا	يَزُورُونَ			
اَلْغَائِبَةُ 3 여	هِيَ	زَارَتْ	تَزُورُ			
	هُمَا	زَارَتَا	تَزُورَانِ			
	هُنَّ	زُرْنَ	يَزُرْنَ			

뜻풀이

- (누구를) 보러 들르다, 방문하다
- (누구를) 괴롭히다, 들볶다

예문

هَلْ تَزُورِينَنَا الْيَوْمَ؟

오늘 당신(여)은 우리를 방문합니까?

إِنْ زُرْتَنِي أُكْرِمْكَ.

당신이 저를 찾아주신다면 저는 당신을 정중히 모시겠습니다.

لَا يُمْكِنُهُمْ أَنْ يَزُورُوا أَصْدِقَاءَهُمْ.

그들은 친구를 방문할 수 없다.

بِوُسْعِنَا الْيَوْمَ أَنْ نَزُورَ الْمَتْحَفَ.

우리는 오늘 박물관을 방문할 수 있다.

هَلْ زَارَكَ ابْنُكَ يَوْمَ الْجُمْعَةِ الْمَاضِي؟

당신의 아들이 지난 금요일에 당신을 방문했습니까?

يَزُورُ آلَافُ السُّيَّاحِ سَنَوِيًّا مَدِينَةَ الْقَاهِرَةِ.

매년 수천 명의 관광객이 카이로를 방문한다.

زَالَ

اَلْمَصْدَرُ 동명사	اَلْفَاعِلُ 능동분사	اَلْمَفْعُولُ 수동분사
زَيْل	زَائِل	مَزُول

اَلضَّمَائِرُ 인칭 대명사		اَلْمَعْلُومُ 능동 اَلْمَاضِي 완료	اَلْمَعْلُومُ 능동 اَلْمُضَارِعُ 미완료	اَلْمَعْلُومُ 능동 اَلْأَمْرُ 명령	اَلْمَجْهُولُ 수동 اَلْمَاضِي 완료	اَلْمَجْهُولُ 수동 اَلْمُضَارِعُ 미완료
اَلْمُتَكَلِّمُ 1인칭	أَنَا	زِلْتُ	أَزَالُ			
	نَحْنُ	زِلْنَا	نَزَالُ			
اَلْمُخَاطَبُ 2 남	أَنْتَ	زِلْتَ	تَزَالُ	زَلْ		
	أَنْتُمَا	زِلْتُمَا	تَزَالَانِ	زَالَا		
	أَنْتُمْ	زِلْتُمْ	تَزَالُونَ	زَالُوا		
اَلْمُخَاطَبَةُ 2 여	أَنْتِ	زِلْتِ	تَزَالِينَ	زَالِي		
	أَنْتُمَا	زِلْتُمَا	تَزَالَانِ	زَالَا		
	أَنْتُنَّ	زِلْتُنَّ	تَزَلْنَ	زَلْنَ		
اَلْغَائِبُ 3 남	هُوَ	زَالَ	يَزَالُ		زِيلَ	يُزَالُ
	هُمَا	زَالَا	يَزَالَانِ			
	هُمْ	زَالُوا	يَزَالُونَ			
اَلْغَائِبَةُ 3 여	هِيَ	زَالَتْ	تَزَالُونَ			
	هُمَا	زَالَتَا	تَزَالَانِ			
	هُنَّ	زِلْنَ	يَزَلْنَ			

뜻풀이

- 지속되다, 계속되다 (부정어와 함께)
- 여전히 ~하다, 계속 ~하다

예문

لَا يَزَالُ فِي حَاجَةٍ فِي

그는 여전히 무엇이 필요하다

مَا زِلْتُ أَفْعَلُهُ.

나는 여전히 그것을 한다.

مَا زَالَ الْجُرْحُ نَازِفًا.

상처에서는 여전히 출혈이 있다.

كَانَتِ الْعَجُوزُ مَا زَالَتْ خَائِفَةً قَلِيلًا.

나이 많은 여성은 여전히 조금 겁이 났다.

لَا يَزَالُ يُكَرِّرُ نَفْسَ النُّكْتَةِ مَرَّاتٍ وَمَرَّاتٍ.

그는 여전히 여러 번 같은 농담을 했다.

تَطَوَّرَ الْمَفْهُومُ بِمُرُورِ الْوَقْتِ وَلَا يَزَالُ يَتَطَوَّرُ.

그 개념은 시간이 흐르면서 발전했고 여전히 발전하고 있다.

수동분사 اَلْمَفْعُولُ	능동분사 اَلْفَاعِلُ	동명사 اَلْمَصْدَرُ	زَالَ
مَزُول	زَائِل	زَوْل، زَوَال، زَوَلَان	

수동 اَلْمَجْهُولُ		능동 اَلْمَعْلُومُ			اَلضَّمَائِرُ 인칭 대명사	
اَلْمُضَارِعُ 미완료	اَلْمَاضِي 완료	اَلْأَمْرُ 명령	اَلْمُضَارِعُ 미완료	اَلْمَاضِي 완료		
			أَزُولُ	زُلْتُ	أَنَا	اَلْمُتَكَلِّمُ 1인칭
			نَزُولُ	زُلْنَا	نَحْنُ	
		زُلْ	تَزُولُ	زُلْتَ	أَنْتَ	اَلْمُخَاطَبُ 2 남
		زُولَا	تَزُولَانِ	زُلْتُمَا	أَنْتُمَا	
		زُولُوا	تَزُولُونَ	زُلْتُمْ	أَنْتُمْ	
		زُولِي	تَزُولِينَ	زُلْتِ	أَنْتِ	اَلْمُخَاطَبَةُ 2 여
		زُولَا	تَزُولَانِ	زُلْتُمَا	أَنْتُمَا	
		زُلْنَ	تَزُلْنَ	زُلْتُنَّ	أَنْتُنَّ	
يُزَالُ	زِيلَ		يَزُولُ	زَالَ	هُوَ	اَلْغَائِبُ 3 남
			يَزُولَانِ	زَالَا	هُمَا	
			يَزُولُونَ	زَالُوا	هُمْ	
			تَزُولُ	زَالَتْ	هِيَ	اَلْغَائِبَةُ 3 여
			تَزُولَانِ	زَالَتَا	هُمَا	
			يَزُلْنَ	زُلْنَ	هُنَّ	

뜻풀이

- 어디를(مِنْ) 떠나다, 철수하다
- 누구 또는 무엇을(مِنْ) 버리고 떠나다, 포기하다
- 사라지다, 없어지다
- 약해지다, 차츰 잦아들다, 희미해지다

예문

زَالَتِ الشَّمْسُ

해가 기울다

زَالَ عَنْ مَكَانِهِ

자리를 떠나다

زَالَ عَنْهُ الْخَوْفُ

걱정이 사라지다

زَالَ مِنْ بَلَدٍ إِلَى بَلَدٍ

한 나라를 떠나 다른 나라로 가다

كَيْفَ زَالَتْ دَوْلَةُ الْإِسْلَامِ فِي الْأَنْدَلُسِ؟

어떻게 이슬람 제국이 안달루시아 지역에서 사라졌는가?

لَوْ تَنَاوَلْتُ حَبَّةَ أَسْبِرِين، لَكَانَ زَالَ وَجَعُ رَأْسِي الْآنَ.

내가 아스피린을 한 알 먹었다면 지금 내 머리의 통증이 사라졌을 것이다.

س

سَارَ

	اَلْمَصْدَرُ 동명사	اَلْفَاعِلُ 능동분사	اَلْمَفْعُولُ 수동분사
سَارَ	سَيْر، سَيْرُورَة، مَسِير، مَسِيرَة، تَسْيَار	سَائِر	مَسِير

اَلضَّمَائِرُ 인칭 대명사		اَلْمَعْلُومُ 능동 اَلْمَاضِي 완료	اَلْمَعْلُومُ 능동 اَلْمُضَارِعُ 미완료	اَلْمَعْلُومُ 능동 اَلْأَمْرُ 명령	اَلْمَجْهُولُ 수동 اَلْمَاضِي 완료	اَلْمَجْهُولُ 수동 اَلْمُضَارِعُ 미완료
اَلْمُتَكَلِّمُ 1인칭	أَنَا	سِرْتُ	أَسِيرُ			
	نَحْنُ	سِرْنَا	نَسِيرُ			
اَلْمُخَاطَبُ 2 남	أَنْتَ	سِرْتَ	تَسِيرُ	سِرْ		
	أَنْتُمَا	سِرْتُمَا	تَسِيرَانِ	سِيرَا		
	أَنْتُمْ	سِرْتُمْ	تَسِيرُونَ	سِيرُوا		
اَلْمُخَاطَبَةُ 2 여	أَنْتِ	سِرْتِ	تَسِيرِينَ	سِيرِي		
	أَنْتُمَا	سِرْتُمَا	تَسِيرَانِ	سِيرَا		
	أَنْتُنَّ	سِرْتُنَّ	تَسِرْنَ	سِرْنَ		
اَلْغَائِبُ 3 남	هُوَ	سَارَ	يَسِيرُ		سِيرَ	يُسَارُ
	هُمَا	سَارَا	يَسِيرَانِ			
	هُمْ	سَارُوا	يَسِيرُونَ			
اَلْغَائِبَةُ 3 여	هِيَ	سَارَتْ	تَسِيرُ			
	هُمَا	سَارَتَا	تَسِيرَانِ			
	هُنَّ	سِرْنَ	يَسِرْنَ			

뜻풀이

- 움직이다, 나아가다
- 걷다, 전진하다
- (차를 타고) 가다, 이동하다, 여행하다
- (어디를) 떠나다, 떠나가다, 출발하다
- (기차가) 어디와(بين) 어디 사이(و) 구간을 다니다, 운행하다
- (전류가) 흐르다
- (기계가) 움직이다, 작동하다
- (일 등이) 진행되다, 진척되다
- 어느 쪽으로(إلى) 가다, 향하다, 접근하다
- 무엇을 향하여(نحو) 가는 중이다, 가는 길이다
- (속담 등이) 주위에 퍼지다, 돌다, 많이 쓰이다, 통용되다
- 행동하다, 처신하다
- 무엇을(على) 따르다, 기준 삼다
- 무엇에(على) 의거하여 판단하다, 무엇에 따라 행동하다

예문

سَارَ بِهِ / وَرَاءَهُ

누구를 이끌다 / 뒤쫓다

يَسِيرُ سَيْرَةَ فُلَانٍ

누구와 똑같이 행동하다, 누구처럼 행동하다

سَارَ جِيئَةً وَذَهَابًا

왔다 갔다 하다, 이리저리 서성거리다

سَارَ فِي سَبِيلِ التَّحَسُّنِ

회복 되는 중이다

شَاهَدْنَا الْعُمَّالَ وَهُمْ يَسِيرُونَ فِي الشَّارِعِ.

우리는 노동자들이 길을 행진하는 것을 보았다.

لَمَّا كَانَ يَسِيرُ عَلَى الطَّرِيقِ، هَطَلَ الْمَطَرُ.

그가 길을 걷고 있을 때, 비가 쏟아졌다.

اَلْمَفْعُولُ 수동분사	اَلْفَاعِلُ 능동분사	اَلْمَصْدَرُ 동명사	سَاعَدَ
مُسَاعَد	مُسَاعِد	مُسَاعَدَة	

اَلْمَجْهُولُ 수동		اَلْمَعْلُومُ 능동			اَلضَّمَائِرُ 인칭 대명사	
اَلْمُضَارِعُ 미완료	اَلْمَاضِي 완료	اَلْأَمْرُ 명령	اَلْمُضَارِعُ 미완료	اَلْمَاضِي 완료		
			أُسَاعِدُ	سَاعَدْتُ	أَنَا	اَلْمُتَكَلِّمُ 1인칭
			نُسَاعِدُ	سَاعَدْنَا	نَحْنُ	
		سَاعِدْ	تُسَاعِدُ	سَاعَدْتَ	أَنْتَ	اَلْمُخَاطَبُ 2남
		سَاعِدَا	تُسَاعِدَانِ	سَاعَدْتُمَا	أَنْتُمَا	
		سَاعِدُوا	تُسَاعِدُونَ	سَاعَدْتُمْ	أَنْتُمْ	
		سَاعِدِي	تُسَاعِدِينَ	سَاعَدْتِ	أَنْتِ	اَلْمُخَاطَبَةُ 2여
		سَاعِدَا	تُسَاعِدَانِ	سَاعَدْتُمَا	أَنْتُمَا	
		سَاعِدْنَ	تُسَاعِدْنَ	سَاعَدْتُنَّ	أَنْتُنَّ	
يُسَاعَدُ	سُوعِدَ		يُسَاعِدُ	سَاعَدَ	هُوَ	اَلْغَائِبُ 3남
			يُسَاعِدَانِ	سَاعَدَا	هُمَا	
			يُسَاعِدُونَ	سَاعَدُوا	هُمْ	
			تُسَاعِدُ	سَاعَدَتْ	هِيَ	اَلْغَائِبَةُ 3여
			تُسَاعِدَانِ	سَاعَدَتَا	هُمَا	
			يُسَاعِدْنَ	سَاعَدْنَ	هُنَّ	

뜻풀이

- (누구를) 돕다, 지원하다
- (누구를) 무엇 하도록(في 또는 على) 돕다
- 무엇에서(في 또는 على) 누구를 지지하다, 옹호하다
- 무엇에(في 또는 على 또는 ل) 도움이 되다, 기여하다
- 무엇을(في 또는 على) 촉진하다, 조장하다

예문

كَيْفَ أَسْتَطِيعُ أَنْ أُسَاعِدَكَ؟

어떻게 당신을 도와드릴 수 있습니까?

أَرَادَتْهُ أَنْ يُسَاعِدَهَا بِالْمُشْكِلَةِ.

그녀는 문제에 관해 그가 도와주기를 바랐다.

سَاعَدَنِي جَارِي أَنْ أَحُلَّ الْمُشْكِلَةَ.

나의 이웃은 내가 문제를 해결하는 것을 도와주었다.

إِنَّهُمْ لَنْ يُسَاعِدُوكَ حَتَّى وَلَوْ طَلَبْتَ مِنْهُمْ.

당신이 그들에게 요청하더라도 그들은 당신을 돕지 않을 것이다.

اَلْحَيَوَانَاتُ الْبَرِّيَّةُ تُسَاعِدُ فِي تَوَازُنِ الطَّبِيعَةِ.

야생동물은 자연의 균형에 있어 도움을 준다.

تُسَاعِدُنَا الْإِنْتِرْنِت لِنَحْصُلَ عَلَى مَعْلُومَاتٍ مُفِيدَةٍ عَنْ مَلَايِينَ مِنَ الْمَوْضُوعَاتِ.

인터넷은 우리가 수백만 가지의 주제에 대한 유용한 정보를 얻을 수 있도록 도와준다.

수동분사 اَلْمَفْعُولُ	능동분사 اَلْفَاعِلُ	동명사 اَلْمَصْدَرُ	سَافَرَ
مُسَافَر	مُسَافِر	مُسَافَرَة	

수동 اَلْمَجْهُولُ		능동 اَلْمَعْلُومُ			اَلضَّمَائِرُ 인칭 대명사	
اَلْمُضَارِعُ 미완료	اَلْمَاضِي 완료	اَلْأَمْرُ 명령	اَلْمُضَارِعُ 미완료	اَلْمَاضِي 완료		
			أُسَافِرُ	سَافَرْتُ	أَنَا	اَلْمُتَكَلِّمُ 1인칭
			نُسَافِرُ	سَافَرْنَا	نَحْنُ	
		سَافِرْ	تُسَافِرُ	سَافَرْتَ	أَنْتَ	اَلْمُخَاطَبُ 2 남
		سَافِرَا	تُسَافِرَانِ	سَافَرْتُمَا	أَنْتُمَا	
		سَافِرُوا	تُسَافِرُونَ	سَافَرْتُمْ	أَنْتُمْ	
		سَافِرِي	تُسَافِرِينَ	سَافَرْتِ	أَنْتِ	اَلْمُخَاطَبَةُ 2 여
		سَافِرَا	تُسَافِرَانِ	سَافَرْتُمَا	أَنْتُمَا	
		سَافِرْنَ	تُسَافِرْنَ	سَافَرْتُنَّ	أَنْتُنَّ	
يُسَافَرُ	سُوفِرَ		يُسَافِرُ	سَافَرَ	هُوَ	اَلْغَائِبُ 3 남
			يُسَافِرَانِ	سَافَرَا	هُمَا	
			يُسَافِرُونَ	سَافَرُوا	هُمْ	
			تُسَافِرُ	سَافَرَتْ	هِيَ	اَلْغَائِبَةُ 3 여
			تُسَافِرَانِ	سَافَرَتَا	هُمَا	
			يُسَافِرْنَ	سَافَرْنَ	هُنَّ	

뜻풀이

- 여행하다
- 여행을 떠나다, 출발하다

예문

لِمَاذَا يُسَافِرُ النَّاسُ؟

사람들은 왜 여행을 합니까?

سَأُسَافِرُ إِذَا سُمِحَ لِي بِذَلِكَ.

허락된다면 나는 떠날 것이다.

سَافَرْتُ مِنْ طَرِيقِ الصَّحْرَاءِ.

나는 사막 길로 여행했다.

إِلَى أَيْنَ تُحِبِّينَ أَنْ تُسَافِرِي؟

당신(여)은 어디로 여행하고 싶습니까?

سَافَرَ لِيَكُونَ بَعِيدًا عَنْ مَوْطِنِهِ.

그는 사는 곳에서 멀어지기 위해 떠났다.

لَكِنَّ مُعْظَمَ النَّاسِ يُسَافِرُونَ لِلْمُتْعَةِ.

하지만 대부분의 사람들은 즐거움을 위해 여행한다.

수동분사 اَلْمَفْعُولُ	능동분사 اَلْفَاعِلُ	동명사 اَلْمَصْدَرُ	سَاقَ
مَسُوق	سَائِق	سَوْق، سِيَاقَة، مَسَاق	

수동 اَلْمَجْهُولُ		능동 اَلْمَعْلُومُ			اَلضَّمَائِرُ 인칭 대명사	
اَلْمُضَارِعُ 미완료	اَلْمَاضِي 완료	اَلْأَمْرُ 명령	اَلْمُضَارِعُ 미완료	اَلْمَاضِي 완료		
			أَسُوقُ	سُقْتُ	أَنَا	اَلْمُتَكَلِّمُ 1인칭
			نَسُوقُ	سُقْنَا	نَحْنُ	
		سُقْ	تَسُوقُ	سُقْتَ	أَنْتَ	اَلْمُخَاطَبُ 2 남
		سُوقَا	تَسُوقَانِ	سُقْتُمَا	أَنْتُمَا	
		سُوقُوا	تَسُوقُونَ	سُقْتُمْ	أَنْتُمْ	
		سُوقِي	تَسُوقِينَ	سُقْتِ	أَنْتِ	اَلْمُخَاطَبَةُ 2 여
		سُوقَا	تَسُوقَانِ	سُقْتُمَا	أَنْتُمَا	
		سُقْنَ	تَسُقْنَ	سُقْتُنَّ	أَنْتُنَّ	
يُسَاقُ	سِيقَ		يَسُوقُ	سَاقَ	هُوَ	اَلْغَائِبُ 3 남
			يَسُوقَانِ	سَاقَا	هُمَا	
			يَسُوقُونَ	سَاقُوا	هُمْ	
			تَسُوقُ	سَاقَتْ	هِيَ	اَلْغَائِبَةُ 3 여
			تَسُوقَانِ	سَاقَتَا	هُمَا	
			يَسُقْنَ	سُقْنَ	هُنَّ	

뜻풀이

- (가축의 무리 등을) 한쪽으로 몰다, 몰아 가다
- 군대에(للجندية) (누구를) 징집하다, 징병하다
- (차를) 몰다, 운전하다
- (비행기를) 조종하다
- (무엇을) 수송하다, 실어 나르다
- (무엇을) 누구에게(إلى) 보내다, 전하다
- (무엇을) 말하다, 입 밖에 내다
- (무엇을) 제출하다, 제기하다

예문

سَاقَ الْحَدِيثَ

대화를 계속하다

سَاقَ الرَّاعِي الْمَاشِيَةَ إِلَى الْمَرْعَى.

목동은 가축들을 목초지로 몰았다.

تَعَطَّلَتْ سَيَّارَتُنَا بَيْنَمَا كُنَّا نَسُوقُ فِي الرِّيفِ.

우리가 시골에서 운전하고 있었을 때 자동차가 고장났다.

لَيْسَ مِنَ السَّهْلِ أَنْ تَسُوقَ سَيَّارَةً فِي دِمَشْقَ.

당신이 다마스쿠스에서 운전하는 것은 쉽지 않다.

سَتَسُوقُ هَذِهِ الْفُرْصَةُ إِلَيْهِ ثَرْوَةً لَمْ يَكُنْ يَحْلُمُ بِهَا أَبَدًا.

이번 기회는 그에게 그가 꿈도 꾸지 못했던 부를 가져다 줄 것이다.

هَلْ كَانَ السَّيِّدُ أَسْمَرُ يَسُوقُ سَيَّارَةً جَدِيدَةً هَذَا الصَّبَاحَ؟

아스마르씨는 오늘 아침에 새 차를 운전하고 있었습니까?

수동분사 اَلْمَفْعُولُ	능동분사 اَلْفَاعِلُ	동명사 اَلْمَصْدَرُ	سَالَ
مَسِيل	سَائِل	سَيْل، سَيَلَان	

수동 اَلْمَجْهُولُ		능동 اَلْمَعْلُومُ			اَلضَّمَائِرُ 인칭 대명사	
اَلْمُضَارِعُ 미완료	اَلْمَاضِي 완료	اَلْأَمْرُ 명령	اَلْمُضَارِعُ 미완료	اَلْمَاضِي 완료		
			أَسِيلُ	سِلْتُ	أَنَا	اَلْمُتَكَلِّمُ 1인칭
			نَسِيلُ	سِلْنَا	نَحْنُ	
		سِلْ	تَسِيلُ	سِلْتَ	أَنْتَ	اَلْمُخَاطَبُ 2 남
		سِيلَا	تَسِيلَانِ	سِلْتُمَا	أَنْتُمَا	
		سِيلُوا	تَسِيلُونَ	سِلْتُمْ	أَنْتُمْ	
		سِيلِي	تَسِيلِينَ	سِلْتِ	أَنْتِ	اَلْمُخَاطَبَةُ 2 여
		سِيلَا	تَسِيلَانِ	سِلْتُمَا	أَنْتُمَا	
		سِلْنَ	تَسِلْنَ	سِلْتُنَّ	أَنْتُنَّ	
يُسَالُ	سِيلَ		يَسِيلُ	سَالَ	هُوَ	اَلْغَائِبُ 3 남
			يَسِيلَانِ	سَالَا	هُمَا	
			يَسِيلُونَ	سَالُوا	هُمْ	
			تَسِيلُ	سَالَتْ	هِيَ	اَلْغَائِبَةُ 3 여
			تَسِيلَانِ	سَالَتَا	هُمَا	
			يَسِلْنَ	سِلْنَ	هُنَّ	

뜻풀이

- (무엇이) 흐르다, 흘러나오다
- (무엇이) 액체이다, 액체가 되다
- (열 때문에 액체가 되도록) 녹다, 용해하다

예문

سَالَ لُعَابُهُ عَلَى

군침이 돌다

يَسِيلُ النَّهْرُ.

강(물)이 흐른다.

يَسِيلُ الْمَاءُ مِنَ السَّقْفِ.

물이 지붕에서 흘러내린다.

سَالَ الشَّرَابُ عَلَى الْأَرْضِ.

음료가 바닥에 쏟아졌다.

سَالَتْ شَمَعَةٌ عَلَى الطَّاوِلَةِ.

탁자 위의 양초 한 개가 녹아내렸다.

يَسِيلُ الدَّمُ مِنْ جُرْحٍ فِي رَأْسِهِ.

그의 머리의 상처에서 피가 흐른다.

수동분사 اَلْمَفْعُولُ	능동분사 اَلْفَاعِلُ	동명사 اَلْمَصْدَرُ	سَأَلَ
مَسْئُول	سَائِل	سُؤَال، مَسْأَلَة، تَسْآل	

اَلْمَجْهُولُ 수동		اَلْمَعْلُومُ 능동			اَلضَّمَائِرُ 인칭 대명사	
اَلْمُضَارِعُ 미완료	اَلْمَاضِي 완료	اَلْأَمْرُ 명령	اَلْمُضَارِعُ 미완료	اَلْمَاضِي 완료		
			أَسْأَلُ	سَأَلْتُ	أَنَا	اَلْمُتَكَلِّمُ 1인칭
			نَسْأَلُ	سَأَلْنَا	نَحْنُ	
		اِسْأَلْ	تَسْأَلُ	سَأَلْتَ	أَنْتَ	اَلْمُخَاطَبُ 2 남
		اِسْأَلَا	تَسْأَلَانِ	سَأَلْتُمَا	أَنْتُمَا	
		اِسْأَلُوا	تَسْأَلُونَ	سَأَلْتُمْ	أَنْتُمْ	
		اِسْأَلِي	تَسْأَلِينَ	سَأَلْتِ	أَنْتِ	اَلْمُخَاطَبَةُ 2 여
		اِسْأَلَا	تَسْأَلَانِ	سَأَلْتُمَا	أَنْتُمَا	
		اِسْأَلْنَ	تَسْأَلْنَ	سَأَلْتُنَّ	أَنْتُنَّ	
يُسْأَلُ	سُئِلَ		يَسْأَلُ	سَأَلَ	هُوَ	اَلْغَائِبُ 3 남
			يَسْأَلَانِ	سَأَلَا	هُمَا	
			يَسْأَلُونَ	سَأَلُوا	هُمْ	
			تَسْأَلُ	سَأَلَتْ	هِيَ	اَلْغَائِبَةُ 3 여
			تَسْأَلَانِ	سَأَلَتَا	هُمَا	
			يَسْأَلْنَ	سَأَلْنَ	هُنَّ	

뜻풀이

- (누구에게) 무엇을 또는 무엇에 관해(عن) 묻다, 질문하다
- 누구에게([목] 또는 من) 무엇을 물어보다, 부탁하다, 요청하다

예문

سَأَلَهُ إِلَّا

누구에게 무엇을 요구하다, 간청하다

سَأَلَ رَأْيَهُ

누구에게 조언을 구하다

يُسْأَلُ عَنْ

그가 무엇에 책임이 있다

سَأَلُوا الرَّئِيسَ أَسْئِلَةً كَثِيرَةً.

그들은 대통령에게 많은 질문을 했다.

سَأَلَنِي كَمْ مِنَ النُّقُودِ كُنْتُ أَحْتَاجُ.

그는 내가 얼마의 돈이 필요한지 나에게 물었다.

سَأَلْنَا ضُيُوفَنَا إِنْ كَانُوا قَدْ نَامُوا جَيِّدًا اللَّيْلَةَ الْمَاضِيَةَ.

우리는 지난 밤에 잘 잤는지 손님들에게 질문했다.

سَبَحَ

수동분사 اَلْمَفْعُولُ	능동분사 اَلْفَاعِلُ	동명사 اَلْمَصْدَرُ
مَسْبُوح	سَابِح	سَبْح، سِبَاحَة

수동 اَلْمَجْهُولُ		능동 اَلْمَعْلُومُ			اَلضَّمَائِرُ 인칭 대명사	
اَلْمُضَارِعُ 미완료	اَلْمَاضِي 완료	اَلْأَمْرُ 명령	اَلْمُضَارِعُ 미완료	اَلْمَاضِي 완료		
أُسْبَحُ	سُبِحْتُ		أَسْبَحُ	سَبَحْتُ	أَنَا	اَلْمُتَكَلِّمُ 1인칭
نُسْبَحُ	سُبِحْنَا		نَسْبَحُ	سَبَحْنَا	نَحْنُ	
تُسْبَحُ	سُبِحْتَ	اِسْبَحْ	تَسْبَحُ	سَبَحْتَ	أَنْتَ	اَلْمُخَاطَبُ 2남
تُسْبَحَانِ	سُبِحْتُمَا	اِسْبَحَا	تَسْبَحَانِ	سَبَحْتُمَا	أَنْتُمَا	
تُسْبَحُونَ	سُبِحْتُمْ	اِسْبَحُوا	تَسْبَحُونَ	سَبَحْتُمْ	أَنْتُمْ	
تُسْبَحِينَ	سُبِحْتِ	اِسْبَحِي	تَسْبَحِينَ	سَبَحْتِ	أَنْتِ	اَلْمُخَاطَبَةُ 2여
تُسْبَحَانِ	سُبِحْتُمَا	اِسْبَحَا	تَسْبَحَانِ	سَبَحْتُمَا	أَنْتُمَا	
تُسْبَحْنَ	سُبِحْتُنَّ	اِسْبَحْنَ	تَسْبَحْنَ	سَبَحْتُنَّ	أَنْتُنَّ	
يُسْبَحُ	سُبِحَ		يَسْبَحُ	سَبَحَ	هُوَ	اَلْغَائِبُ 3남
يُسْبَحَانِ	سُبِحَا		يَسْبَحَانِ	سَبَحَا	هُمَا	
يُسْبَحُونَ	سُبِحُوا		يَسْبَحُونَ	سَبَحُوا	هُمْ	
تُسْبَحُ	سُبِحَتْ		تَسْبَحُ	سَبَحَتْ	هِيَ	اَلْغَائِبَةُ 3여
تُسْبَحَانِ	سُبِحَتَا		تَسْبَحَانِ	سَبَحَتَا	هُمَا	
يُسْبَحْنَ	سُبِحْنَ		يَسْبَحْنَ	سَبَحْنَ	هُنَّ	

뜻풀이

- 어디에서(فِي 또는 بِ) 수영하다
- 퍼지다, 펼쳐지다, 뻗다, 미치다
- (비유적으로) 둥둥 뜨다

예문

سَبَحَ النُّجْمُ

별이 뜨다

أَعْرِفُ كَيْفَ أَسْبَحُ.

나는 어떻게 수영하는지 안다.

تَسْبَحُ الْبَطَّةُ فِي النَّهْرِ.

오리가 강에서 수영한다.

يُمْكِنُهُمْ أَيْضًا أَنْ يَسْبَحُوا.

또한 그들은 수영할 수 있다.

اَلْأَوْلَادُ يَسْبَحُونَ فِي النَّهْرِ.

소년들은 강에서 수영한다.

إِنَّ الْحَيَوَانَاتِ تَسْبَحُ فِي الْبِحَارِ وَالْأَنْهَارِ.

동물들은 바다와 강에서 수영한다.

سَجَّلَ

동명사 اَلْمَصْدَرُ	능동분사 اَلْفَاعِلُ	수동분사 اَلْمَفْعُولُ
تَسْجِيل	مُسَجِّل	مُسَجَّل

인칭 대명사 اَلضَّمَائِرُ		능동 اَلْمَعْلُومُ			수동 اَلْمَجْهُولُ	
		اَلْمَاضِي 완료	اَلْمُضَارِعُ 미완료	اَلْأَمْرُ 명령	اَلْمَاضِي 완료	اَلْمُضَارِعُ 미완료
اَلْمُتَكَلِّمُ 1인칭	أَنَا	سَجَّلْتُ	أُسَجِّلُ			
	نَحْنُ	سَجَّلْنَا	نُسَجِّلُ			
اَلْمُخَاطَبُ 2 남	أَنْتَ	سَجَّلْتَ	تُسَجِّلُ	سَجِّلْ		
	أَنْتُمَا	سَجَّلْتُمَا	تُسَجِّلَانِ	سَجِّلَا		
	أَنْتُمْ	سَجَّلْتُمْ	تُسَجِّلُونَ	سَجِّلُوا		
اَلْمُخَاطَبَةُ 2 여	أَنْتِ	سَجَّلْتِ	تُسَجِّلِينَ	سَجِّلِي		
	أَنْتُمَا	سَجَّلْتُمَا	تُسَجِّلَانِ	سَجِّلَا		
	أَنْتُنَّ	سَجَّلْتُنَّ	تُسَجِّلْنَ	سَجِّلْنَ		
اَلْغَائِبُ 3 남	هُوَ	سَجَّلَ	يُسَجِّلُ		سُجِّلَ	يُسَجَّلُ
	هُمَا	سَجَّلَا	يُسَجِّلَانِ			
	هُمْ	سَجَّلُوا	يُسَجِّلُونَ			
اَلْغَائِبَةُ 3 여	هِيَ	سَجَّلَتْ	تُسَجِّلُ			
	هُمَا	سَجَّلَتَا	تُسَجِّلَانِ			
	هُنَّ	سَجَّلْنَ	يُسَجِّلْنَ			

뜻풀이

- (무엇을) 등록하다, 기입하다
- (무엇을) 기록하다, 적어놓다
- (테이프나 녹음기 등에) 녹음하다, 녹취하다
- (무엇을) 증거(서류)로 입증하다
- (무엇의 흔적을) 보여주다, 입증하다
- (운동 경기에서) 과녁을(إصابة) 맞추다, 골을(هدفا) 넣다, 득점하다
- (무엇을) 누구 앞으로(على) 달아놓다, 누구 이름으로 외상하다
- (스포츠에서) 기록을 세우다
- 특정 장면을 잡아내다
- (무엇을) 상표등록하다
- 편지를 등기로 부치다
- 발명품의 특허권을 얻다

예문

سَجَّلَ نُقْطَةً / إِصَابَةً / هَدَفًا

점수를 따다

سَجَّلَ رَقْمًا قِيَاسِيًّا

기록을 세우다

سَجَّلَ أَفْكَارَهُ.

그는 자신의 생각을 기록했다.

سَجَّلَ اسْمَهُ فِي الْحِزْبِ.

그는 정당에 가입했다.

دَوْرَةُ اللُّغَةِ الَّتِي سَجَّلْتُ فِيهَا تَدُومُ ثَلَاثَةَ أَشْهُرَ.

내가 등록한 언어 코스는 세 달간 지속된다.

خِلَالَ تِلْكَ الْفَتْرَةِ الْقَصِيرَةِ، بَدَأَ اقْتِصَادُ الدَّوْلَةِ يُسَجِّلُ نُمُوًّا.

짧은 기간 동안에 국가 경제는 성장을 기록하기 시작했다.

اَلْمَفْعُولُ 수동분사	اَلْفَاعِلُ 능동분사	اَلْمَصْدَرُ 동명사	سَرَقَ
مَسْرُوق	سَارِق	سَرَق، سَرِق، سَرَقَة، سَرِقَة، سَرْقَان	

اَلْمَجْهُولُ 수동		اَلْمَعْلُومُ 능동			اَلضَّمَائِرُ 인칭 대명사	
اَلْمُضَارِعُ 미완료	اَلْمَاضِي 완료	اَلْأَمْرُ 명령	اَلْمُضَارِعُ 미완료	اَلْمَاضِي 완료		
أُسْرَقُ	سُرِقْتُ		أَسْرِقُ	سَرَقْتُ	أَنَا	اَلْمُتَكَلِّمُ 1인칭
نُسْرَقُ	سُرِقْنَا		نَسْرِقُ	سَرَقْنَا	نَحْنُ	
تُسْرَقُ	سُرِقْتَ	اِسْرِقْ	تَسْرِقُ	سَرَقْتَ	أَنْتَ	اَلْمُخَاطَبُ 2남
تُسْرَقَانِ	سُرِقْتُمَا	اِسْرِقَا	تَسْرِقَانِ	سَرَقْتُمَا	أَنْتُمَا	
تُسْرَقُونَ	سُرِقْتُمْ	اِسْرِقُوا	تَسْرِقُونَ	سَرَقْتُمْ	أَنْتُمْ	
تُسْرَقِينَ	سُرِقْتِ	اِسْرِقِي	تَسْرِقِينَ	سَرَقْتِ	أَنْتِ	اَلْمُخَاطَبَةُ 2여
تُسْرَقَانِ	سُرِقْتُمَا	اِسْرِقَا	تَسْرِقَانِ	سَرَقْتُمَا	أَنْتُمَا	
تُسْرَقْنَ	سُرِقْتُنَّ	اِسْرِقْنَ	تَسْرِقْنَ	سَرَقْتُنَّ	أَنْتُنَّ	
يُسْرَقُ	سُرِقَ		يَسْرِقُ	سَرَقَ	هُوَ	اَلْغَائِبُ 3남
يُسْرَقَانِ	سُرِقَا		يَسْرِقَانِ	سَرَقَا	هُمَا	
يُسْرَقُونَ	سُرِقُوا		يَسْرِقُونَ	سَرَقُوا	هُمْ	
تُسْرَقُ	سُرِقَتْ		تَسْرِقُ	سَرَقَتْ	هِيَ	اَلْغَائِبَةُ 3여
تُسْرَقَانِ	سُرِقَتَا		تَسْرِقَانِ	سَرَقَتَا	هُمَا	
يُسْرَقْنَ	سُرِقْنَ		يَسْرِقْنَ	سَرَقْنَ	هُنَّ	

뜻풀이

- 누구에게서([목] 또는 مِن) (무엇을) 훔치다, 빼앗다, 도둑질하다
- (집이나 가게 따위를) 털다

예문

أَحَدُهُمْ سَرَقَ سَيَّارَتِي!

누군가 나의 자동차를 훔쳐갔다!

سَرَقَ اللِّصُّ نُقُودِي مِنْ جَيْبِي.

도둑이 내 주머니의 돈을 훔쳤다.

سُرِقَتْ سَيَّارَتِي فِي وَضْحِ النَّهَارِ.

백주 대낮에 나의 자동차를 도둑 맞았다.

سَرَقَ النُّقُودَ لِيَشْتَرِيَ طَعَامًا لِأَطْفَالِهِ.

그는 아이들에게 줄 음식을 사기 위해 돈을 훔쳤다.

اِعْتَقَلَتِ الشُّرْطَةُ الشَّابَّ الَّذِي سَرَقَ مِحْفَظَتِي.

경찰은 나의 지갑을 훔친 청년을 체포했다.

مِنْ أَيْنَ أَتَيْتَ بِكُلِّ هَذَا الْمَالِ، هَلْ سَرَقْتَ مَصْرِفًا؟

당신은 이 돈이 어디에서 났습니까? 은행을 털었습니까?

اَلْمَفْعُولُ 수동분사	اَلْفَاعِلُ 능동분사	اَلْمَصْدَرُ 동명사	سَقَطَ
مَسْقُوط	سَاقِط	سُقُوط، مَسْقَط	

اَلْمَجْهُولُ 수동		اَلْمَعْلُومُ 능동			اَلضَّمَائِرُ 인칭 대명사	
اَلْمُضَارِعُ 미완료	اَلْمَاضِي 완료	اَلْأَمْرُ 명령	اَلْمُضَارِعُ 미완료	اَلْمَاضِي 완료		
أُسْقَطُ	سُقِطْتُ		أَسْقُطُ	سَقَطْتُ	أَنَا	اَلْمُتَكَلِّمُ 1인칭
نُسْقَطُ	سُقِطْنَا		نَسْقُطُ	سَقَطْنَا	نَحْنُ	
تُسْقَطُ	سُقِطْتَ	أُسْقُطْ	تَسْقُطُ	سَقَطْتَ	أَنْتَ	اَلْمُخَاطَبُ 2 남
تُسْقَطَانِ	سُقِطْتُمَا	أُسْقُطَا	تَسْقُطَانِ	سَقَطْتُمَا	أَنْتُمَا	
تُسْقَطُونَ	سُقِطْتُمْ	أُسْقُطُوا	تَسْقُطُونَ	سَقَطْتُمْ	أَنْتُمْ	
تُسْقَطِينَ	سُقِطْتِ	أُسْقُطِي	تَسْقُطِينَ	سَقَطْتِ	أَنْتِ	اَلْمُخَاطَبَةُ 2 여
تُسْقَطَانِ	سُقِطْتُمَا	أُسْقُطَا	تَسْقُطَانِ	سَقَطْتُمَا	أَنْتُمَا	
تُسْقَطْنَ	سُقِطْتُنَّ	أُسْقُطْنَ	تَسْقُطْنَ	سَقَطْتُنَّ	أَنْتُنَّ	
يُسْقَطُ	سُقِطَ		يَسْقُطُ	سَقَطَ	هُوَ	اَلْغَائِبُ 3 남
يُسْقَطَانِ	سُقِطَا		يَسْقُطَانِ	سَقَطَا	هُمَا	
يُسْقَطُونَ	سُقِطُوا		يَسْقُطُونَ	سَقَطُوا	هُمْ	
تُسْقَطُ	سُقِطَتْ		تَسْقُطُ	سَقَطَتْ	هِيَ	اَلْغَائِبَةُ 3 여
تُسْقَطَانِ	سُقِطَتَا		تَسْقُطَانِ	سَقَطَتَا	هُمَا	
يُسْقَطْنَ	سُقِطْنَ		يَسْقُطْنَ	سَقَطْنَ	هُنَّ	

뜻풀이

- 넘어지다, 쓰러지다
- 전사하다, (총에 맞아) 쓰러지다
- 내려가다, 떨어지다, 하락하다
- 굴러 떨어지다, 미끄러져 넘어지다
- (머리카락이) 빠지다
- 어디로(على) 가라앉다, 떨어지다
- 무엇을(على) 우연히 발견하다
- 누구에게(إلى) 이르다, 도달하다, 도착하다
- (수준 등이) 저하하다, 감소하다, 하락하다, 내려가다
- (무엇이) 폐지되다, 없어지다
- (원래 위치에서) 떨어져 나가다, 빠지다
- 누구의 기억에서(من) 잊혀지다

예문

سَقَطَ بِهِ

(누구 또는 무엇을) 떨어뜨리다

سَقَطَ رَأْسٌ فِي

어디에서 태어나다

سَقَطَ مِنَ الْعُضْوِيَّةِ

회원(신분)에서 빠지다

سَقَطَ فِي الِامْتِحَانَ

시험에 떨어지다

تَسْقُطُ الْأَمْطَارُ غَزِيرَةً.

비가 많이 내린다.

رَأَيْتُ الْقِطَّةَ الَّتِي تَسْقُطُ مِنَ السَّطْحِ.

나는 고양이가 지붕에서 떨어지는 것을 보았다.

اَلْمَفْعُولُ 수동분사	اَلْفَاعِلُ 능동분사	اَلْمَصْدَرُ 동명사	سَكَتَ
مَسْكُوت	سَاكِت	سَكْت، سُكُوت، سُكَات	

اَلْمَجْهُولُ 수동		اَلْمَعْلُومُ 능동			اَلضَّمَائِرُ 인칭 대명사	
اَلْمُضَارِعُ 미완료	اَلْمَاضِي 완료	اَلْأَمْرُ 명령	اَلْمُضَارِعُ 미완료	اَلْمَاضِي 완료		
أُسْكَتُ	سُكِتُّ		أَسْكُتُ	سَكَتُّ	أَنَا	اَلْمُتَكَلِّمُ 1인칭
نُسْكَتُ	سُكِتْنَا		نَسْكُتُ	سَكَتْنَا	نَحْنُ	
تُسْكَتُ	سُكِتَّ	أُسْكُتْ	تَسْكُتُ	سَكَتَّ	أَنْتَ	اَلْمُخَاطَبُ 2남
تُسْكَتَانِ	سُكِتُّمَا	أُسْكُتَا	تَسْكُتَانِ	سَكَتُّمَا	أَنْتُمَا	
تُسْكَتُونَ	سُكِتُّمْ	أُسْكُتُوا	تَسْكُتُونَ	سَكَتُّمْ	أَنْتُمْ	
تُسْكَتِينَ	سُكِتِّ	أُسْكُتِي	تَسْكُتِينَ	سَكَتِّ	أَنْتِ	اَلْمُخَاطَبَةُ 2여
تُسْكَتَانِ	سُكِتُّمَا	أُسْكُتَا	تَسْكُتَانِ	سَكَتُّمَا	أَنْتُمَا	
تُسْكَتْنَ	سُكِتُّنَّ	أُسْكُتْنَ	تَسْكُتْنَ	سَكَتُّنَّ	أَنْتُنَّ	
يُسْكَتُ	سُكِتَ		يَسْكُتُ	سَكَتَ	هُوَ	اَلْغَائِبُ 3남
يُسْكَتَانِ	سُكِتَا		يَسْكُتَانِ	سَكَتَا	هُمَا	
يُسْكَتُونَ	سُكِتُوا		يَسْكُتُونَ	سَكَتُوا	هُمْ	
تُسْكَتُ	سُكِتَتْ		تَسْكُتُ	سَكَتَتْ	هِيَ	اَلْغَائِبَةُ 3여
تُسْكَتَانِ	سُكِتَتَا		تَسْكُتَانِ	سَكَتَتَا	هُمَا	
يُسْكَتْنَ	سُكِتْنَ		يَسْكُتْنَ	سَكَتْنَ	هُنَّ	

뜻풀이

- 입을 다물다, 조용히 하다, 침묵하다
- 조용해지다, 가라앉다, 진정되다
- 무엇을(عن) 침묵으로 대하다, 무시하다
- 누구에게(عن) 답하지 않다
- 어떤 문제나 사실에 대해(عن) 의견을 말하지 않다
- [수동태 سُكِتَ] 뇌졸중에 걸리다

예문

أُسْكُتْ!

조용히 해! 입 다물어!

سَكَتَتِ الرِّيحُ.

바람이 잦아들었다.

سَكَتَتِ الْحَرَكَةُ.

움직임이 조용해졌다.

سَكَتَ صَاحِبَهُ.

그는 그의 동료를 침묵으로 대했다.

سَكَتَتْ عَنِ الْكَلَامِ.

그녀는 침묵했다.

سَكَتُّ عَلَى الْإِهَانَةِ.

나는 모욕감을 견뎌냈다.

سَكَنَ

اَلْمَصْدَرُ 동명사	اَلْفَاعِلُ 능동분사	اَلْمَفْعُولُ 수동분사
سَكَن، سُكْنَى	سَاكِن	مَسْكُون

اَلضَّمَائِرُ 인칭 대명사		اَلْمَعْلُومُ 능동			اَلْمَجْهُولُ 수동	
		اَلْمَاضِي 완료	اَلْمُضَارِعُ 미완료	اَلْأَمْرُ 명령	اَلْمَاضِي 완료	اَلْمُضَارِعُ 미완료
اَلْمُتَكَلِّمُ 1인칭	أَنَا	سَكَنْتُ	أَسْكُنُ		سُكِنْتُ	أُسْكَنُ
	نَحْنُ	سَكَنَّا	نَسْكُنُ		سُكِنَّا	نُسْكَنُ
اَلْمُخَاطَبُ 2남	أَنْتَ	سَكَنْتَ	تَسْكُنُ	أُسْكُنْ	سُكِنْتَ	تُسْكَنُ
	أَنْتُمَا	سَكَنْتُمَا	تَسْكُنَانِ	أُسْكُنَا	سُكِنْتُمَا	تُسْكَنَانِ
	أَنْتُمْ	سَكَنْتُمْ	تَسْكُنُونَ	أُسْكُنُوا	سُكِنْتُمْ	تُسْكَنُونَ
اَلْمُخَاطَبَةُ 2여	أَنْتِ	سَكَنْتِ	تَسْكُنِينَ	أُسْكُنِي	سُكِنْتِ	تُسْكَنِينَ
	أَنْتُمَا	سَكَنْتُمَا	تَسْكُنَانِ	أُسْكُنَا	سُكِنْتُمَا	تُسْكَنَانِ
	أَنْتُنَّ	سَكَنْتُنَّ	تَسْكُنَّ	أُسْكُنَّ	سُكِنْتُنَّ	تُسْكَنَّ
اَلْغَائِبُ 3남	هُوَ	سَكَنَ	يَسْكُنُ		سُكِنَ	يُسْكَنُ
	هُمَا	سَكَنَا	يَسْكُنَانِ		سُكِنَا	يُسْكَنَانِ
	هُمْ	سَكَنُوا	يَسْكُنُونَ		سُكِنُوا	يُسْكَنُونَ
اَلْغَائِبَةُ 3여	هِيَ	سَكَنَتْ	تَسْكُنُ		سُكِنَتْ	تُسْكَنُ
	هُمَا	سَكَنَتَا	تَسْكُنَانِ		سُكِنَتَا	تُسْكَنَانِ
	هُنَّ	سَكَنَّ	يَسْكُنَّ		سُكِنَّ	يُسْكَنَّ

뜻풀이

- 어디에([목] 또는 في 또는 ب) 살다, 거주하다

예문

أَيْنَ تَسْكُنُ؟

당신은 어디에 살고 있습니까?

سَأَلَتْهُ أَيْنَ يَسْكُنُ.

그녀는 그에게 어디에 사는지 물었다.

هَلْ تَسْكُنُ وَحْدَكَ؟

당신은 혼자 삽니까?

إِنَّنَا نَسْكُنُ فِي رَقْمِ 68 شَارِعَ فِلَسْطِينَ.

우리는 팔레스타인 거리 68번지에 살고 있다.

يُرِيدُونَ أَنْ يَبِيعُوا الْبَيْتَ الَّذِي يَسْكُنُونَ فِيهِ الْآنَ.

그들은 지금 살고 있는 집을 팔고 싶어 한다.

أَسْكُنُ مَعَ صَدِيقٍ كُورِيٍّ فِي رَقْمِ 10 شَارِعَ سِيوُل.

나는 서울로 10번지에서 한국인 친구와 함께 산다.

سَلَّمَ

اَلْمَصْدَرُ 동명사	اَلْفَاعِلُ 능동분사	اَلْمَفْعُولُ 수동분사
تَسْلِيم	مُسَلِّم	مُسَلَّم

اَلضَّمَائِرُ 인칭 대명사		اَلْمَعْلُومُ 능동			اَلْمَجْهُولُ 수동	
		اَلْمَاضِي 완료	اَلْمُضَارِعُ 미완료	اَلْأَمْرُ 명령	اَلْمَاضِي 완료	اَلْمُضَارِعُ 미완료
اَلْمُتَكَلِّمُ 1인칭	أَنَا	سَلَّمْتُ	أُسَلِّمُ			
	نَحْنُ	سَلَّمْنَا	نُسَلِّمُ			
اَلْمُخَاطَبُ 2 남	أَنْتَ	سَلَّمْتَ	تُسَلِّمُ	سَلِّمْ		
	أَنْتُمَا	سَلَّمْتُمَا	تُسَلِّمَانِ	سَلِّمَا		
	أَنْتُمْ	سَلَّمْتُمْ	تُسَلِّمُونَ	سَلِّمُوا		
اَلْمُخَاطَبَةُ 2 여	أَنْتِ	سَلَّمْتِ	تُسَلِّمِينَ	سَلِّمِي		
	أَنْتُمَا	سَلَّمْتُمَا	تُسَلِّمَانِ	سَلِّمَا		
	أَنْتُنَّ	سَلَّمْتُنَّ	تُسَلِّمْنَ	سَلِّمْنَ		
اَلْغَائِبُ 3 남	هُوَ	سَلَّمَ	يُسَلِّمُ		سُلِّمَ	يُسَلَّمُ
	هُمَا	سَلَّمَا	يُسَلِّمَانِ			
	هُمْ	سَلَّمُوا	يُسَلِّمُونَ			
اَلْغَائِبَةُ 3 여	هِيَ	سَلَّمَتْ	تُسَلِّمُ			
	هُمَا	سَلَّمَتَا	تُسَلِّمَانِ			
	هُنَّ	سَلَّمْنَ	يُسَلِّمْنَ			

뜻풀이

- (누구를) 구하다, 보호하다
- 고통이나 위험 등으로부터(مِن) (누구를) 구하다, 지키다, 보호하다
- (무엇을) 누구에게(إلى 또는 ل) 그대로 넘겨 주다, 파손되지 않은 상태로 주다
- (누구 또는 무엇을) 누구에게(إلى) 넘겨주다, 양도하다
- 누구에게([목] 또는 ل 또는 إلى) (무엇을) 전달하다
- 누구에게(ل) 항복하다, 굴복하다
- 누구에게(على) 인사하다
- (하나님이 예언자를) 구원하다
- 무엇을(ب) 인정하다, 수긍하다, 받아들이다

예문

سَلَّمَ رُوحَهُ

영혼을 포기하다

سَلَّمَ أَمْرَهُ إِلَى اللهِ

하나님의 뜻에 따르다, 순응하다

سَلَّمَ نَفَسَهُ الأَخِيرَ

마지막 숨을 내뱉다

سَلَّمَ نَفْسَهُ لِلشُّرْطَةِ

경찰에 자수하다

صَلَّى اللهُ عَلَيْهِ وَسَلَّمَ

하나님이 축복하고 구원하신(예언자 무함마드를 칭할 때 사용되는 경구)

سَلِّمْ لِي عَلَيْهِ!

그에게 내 안부를 전해줘!

수동분사 اَلْمَفْعُولُ	능동분사 اَلْفَاعِلُ	동명사 اَلْمَصْدَرُ	سَمَحَ
مَسْمُوح	سَامِح	سَمَاح	

수동 اَلْمَجْهُولُ		능동 اَلْمَعْلُومُ			اَلضَّمَائِرُ 인칭 대명사	
اَلْمُضَارِعُ 미완료	اَلْمَاضِي 완료	اَلْأَمْرُ 명령	اَلْمُضَارِعُ 미완료	اَلْمَاضِي 완료		
أُسْمَحُ	سُمِحْتُ		أَسْمَحُ	سَمَحْتُ	أَنَا	اَلْمُتَكَلِّمُ 1인칭
نُسْمَحُ	سُمِحْنَا		نَسْمَحُ	سَمَحْنَا	نَحْنُ	
تُسْمَحُ	سُمِحْتَ	اِسْمَحْ	تَسْمَحُ	سَمَحْتَ	أَنْتَ	اَلْمُخَاطَبُ 2 남
تُسْمَحَانِ	سُمِحْتُمَا	اِسْمَحَا	تَسْمَحَانِ	سَمَحْتُمَا	أَنْتُمَا	
تُسْمَحُونَ	سُمِحْتُمْ	اِسْمَحُوا	تَسْمَحُونَ	سَمَحْتُمْ	أَنْتُمْ	
تُسْمَحِينَ	سُمِحْتِ	اِسْمَحِي	تَسْمَحِينَ	سَمَحْتِ	أَنْتِ	اَلْمُخَاطَبَةُ 2 여
تُسْمَحَانِ	سُمِحْتُمَا	اِسْمَحَا	تَسْمَحَانِ	سَمَحْتُمَا	أَنْتُمَا	
تُسْمَحْنَ	سُمِحْتُنَّ	اِسْمَحْنَ	تَسْمَحْنَ	سَمَحْتُنَّ	أَنْتُنَّ	
يُسْمَحُ	سُمِحَ		يَسْمَحُ	سَمَحَ	هُوَ	اَلْغَائِبُ 3 남
يُسْمَحَانِ	سُمِحَا		يَسْمَحَانِ	سَمَحَا	هُمَا	
يُسْمَحُونَ	سُمِحُوا		يَسْمَحُونَ	سَمَحُوا	هُمْ	
تُسْمَحُ	سُمِحَتْ		تَسْمَحُ	سَمَحَتْ	هِيَ	اَلْغَائِبَةُ 3 여
تُسْمَحَانِ	سُمِحَتَا		تَسْمَحَانِ	سَمَحَتَا	هُمَا	
يُسْمَحْنَ	سُمِحْنَ		يَسْمَحْنَ	سَمَحْنَ	هُنَّ	

뜻풀이

- 친절한 마음으로 누구에게(ل) 무엇을(ب) 제공하다
- 누가(ل) 옳다고 인정하다, 시인하다
- 무엇을(ب) 넓은 마음으로 승낙하다, 들어주다
- 누가에게(ل) 무엇을(ب) 또는 무엇하는 것을(أن) 허락하다, 무엇이(ب) 무엇을 하도록(أن) 허가하다
- 누구에게(ل) 무엇을 할 수 있는(ب) 권한을 부여하다, 위임하다

예문

لَا سَمَحَ اللّٰهُ

그런 일은 절대 있을 수 없어! 천만에!

سَمَحُوا لَهُمْ أَنْ يَمُرُّوا بِدُونِ صُعُوبَةٍ.

그들은 사람들이 불편함 없이 지나가도록 허락했다.

لَا يُسْمَحُ بِنُزُولِ الْأَسْعَارِ عَنْ هَذَا الْمُسْتَوَى.

이 수준으로 가격을 내리는 것은 허용되지 않는다.

لَنْ يَسْمَحَ لِأَيِّ شَخْصٍ بِالدُّخُولِ إِلَى الْمَكْتَبَةِ.

그는 어느 누구도 도서관에 들어오는 것을 허락하지 않을 것이다.

يُسْمَحُ لَكَ بِقِيَادَةِ السَّيَّارَةِ فِي سِنِّ الثَّامِنَةَ عَشَرَ.

18살에 운전하는 것이 허용된다.

لَا يُسْمَحُ لَكَ أَنْ تَدْخُلَ الْمَسْجِدَ بِدُونِ خَلْعِ حِذَائِكَ.

신발을 벗지 않고 사원에 들어가서는 안된다.

اَلْمَفْعُولُ 수동분사	اَلْفَاعِلُ 능동분사	اَلْمَصْدَرُ 동명사	سَمِعَ
مَسْمُوع	سَامِع	سَمْع، سَمَاع، سَمَاعَة، مَسْمَع	

اَلْمَجْهُولُ 수동		اَلْمَعْلُومُ 능동			اَلضَّمَائِرُ 인칭 대명사	
اَلْمُضَارِعُ 미완료	اَلْمَاضِي 완료	اَلْأَمْرُ 명령	اَلْمُضَارِعُ 미완료	اَلْمَاضِي 완료		
أُسْمَعُ	سُمِعْتُ		أَسْمَعُ	سَمِعْتُ	أَنَا	اَلْمُتَكَلِّمُ 1인칭
نُسْمَعُ	سُمِعْنَا		نَسْمَعُ	سَمِعْنَا	نَحْنُ	
تُسْمَعُ	سُمِعْتَ	اِسْمَعْ	تَسْمَعُ	سَمِعْتَ	أَنْتَ	اَلْمُخَاطَبُ 2남
تُسْمَعَانِ	سُمِعْتُمَا	اِسْمَعَا	تَسْمَعَانِ	سَمِعْتُمَا	أَنْتُمَا	
تُسْمَعُونَ	سُمِعْتُمْ	اِسْمَعُوا	تَسْمَعُونَ	سَمِعْتُمْ	أَنْتُمْ	
تُسْمَعِينَ	سُمِعْتِ	اِسْمَعِي	تَسْمَعِينَ	سَمِعْتِ	أَنْتِ	اَلْمُخَاطَبَةُ 2여
تُسْمَعَانِ	سُمِعْتُمَا	اِسْمَعَا	تَسْمَعَانِ	سَمِعْتُمَا	أَنْتُمَا	
تُسْمَعْنَ	سُمِعْتُنَّ	اِسْمَعْنَ	تَسْمَعْنَ	سَمِعْتُنَّ	أَنْتُنَّ	
يُسْمَعُ	سُمِعَ		يَسْمَعُ	سَمِعَ	هُوَ	اَلْغَائِبُ 3남
يُسْمَعَانِ	سُمِعَا		يَسْمَعَانِ	سَمِعَا	هُمَا	
يُسْمَعُونَ	سُمِعُوا		يَسْمَعُونَ	سَمِعُوا	هُمْ	
تُسْمَعُ	سُمِعَتْ		تَسْمَعُ	سَمِعَتْ	هِيَ	اَلْغَائِبَةُ 3여
تُسْمَعَانِ	سُمِعَتَا		تَسْمَعَانِ	سَمِعَتَا	هُمَا	
يُسْمَعْنَ	سُمِعْنَ		يَسْمَعْنَ	سَمِعْنَ	هُنَّ	

뜻풀이

- (누구 또는 무엇을) 듣다
- 무엇에 관해(بـ) 듣다, (무엇을) 누구에게서(مِن) 듣다
- 누구에게(مِن) (무엇을) 듣고 알게 되다
- 무엇을(إلى 또는 لـ) 귀 기울여 듣다, 누구에게(مِن) 집중하다, 경청하다
- 누구를(مِن) 끝까지 듣다
- 무엇을(بـ) 풍문으로 듣다
- 무엇을(بـ) 엿듣다
- 누구 또는 무엇에(لـ 또는 إلى)에 귀 기울이다

예문

لَمْ يُسْمَعْ بِهِ

들어본 적 없는

اِسْمَعْ نَصِيحَةً.

충고를 들어라.

هَلْ يَسْمَعُنِي أَحَدٌ؟

누군가 내 말을 듣고 있습니까?

سَمِعْتُ الْهَاتِفَ يَرِنُّ.

나는 전화가 울리는 것을 들었다.

سَمِعْتُهُ وَهُوَ يُغَنِّي فِي الْحَمَّامِ.

나는 그가 화장실에서 노래 부르는 것을 들었다.

سَمِعْتُ أَنَّ ابْنَكَ قَدْ عَادَ مِنَ الْإِمَارَاتِ.

나는 너의 아들이 아랍에미리트에서 돌아왔다고 들었다.

수동분사 اَلْمَفْعُولُ	능동분사 اَلْفَاعِلُ	동명사 اَلْمَصْدَرُ	سَيْطَرَ
مُسَيْطَر	مُسَيْطِر	سَيْطَرَة	

수동 اَلْمَجْهُولُ		능동 اَلْمَعْلُومُ			اَلضَّمَائِرُ 인칭 대명사	
اَلْمُضَارِعُ 미완료	اَلْمَاضِي 완료	اَلْأَمْرُ 명령	اَلْمُضَارِعُ 미완료	اَلْمَاضِي 완료		
			أُسَيْطِرُ	سَيْطَرْتُ	أَنَا	اَلْمُتَكَلِّمُ 1인칭
			نُسَيْطِرُ	سَيْطَرْنَا	نَحْنُ	
		سَيْطِرْ	تُسَيْطِرُ	سَيْطَرْتَ	أَنْتَ	اَلْمُخَاطَبُ 2 남
		سَيْطِرَا	تُسَيْطِرَانِ	سَيْطَرْتُمَا	أَنْتُمَا	
		سَيْطِرُوا	تُسَيْطِرُونَ	سَيْطَرْتُمْ	أَنْتُمْ	
		سَيْطِرِي	تُسَيْطِرِينَ	سَيْطَرْتِ	أَنْتِ	اَلْمُخَاطَبَةُ 2 여
		سَيْطِرَا	تُسَيْطِرَانِ	سَيْطَرْتُمَا	أَنْتُمَا	
		سَيْطِرْنَ	تُسَيْطِرْنَ	سَيْطَرْتُنَّ	أَنْتُنَّ	
يُسَيْطَرُ	سُيْطِرَ		يُسَيْطِرُ	سَيْطَرَ	هُوَ	اَلْغَائِبُ 3 남
			يُسَيْطِرَانِ	سَيْطَرَا	هُمَا	
			يُسَيْطِرُونَ	سَيْطَرُوا	هُمْ	
			تُسَيْطِرُ	سَيْطَرَتْ	هِيَ	اَلْغَائِبَةُ 3 여
			تُسَيْطِرَانِ	سَيْطَرَتَا	هُمَا	
			يُسَيْطِرْنَ	سَيْطَرْنَ	هُنَّ	

뜻풀이

- 무엇을(على) 지배하다, 통치하다, 다스리다
- 무엇을(على) 장악하다, 점령하다

예문

تُسَيْطِرُ عَلَى عَوَاطِفِهَا.

그녀는 그녀의 감정을 통제하고 있다.

سَيْطَرَ الْجَيْشُ عَلَى الْمَدِينَةِ.

군대가 도시를 장악했다.

سَيْطَرَ التَّشَاؤُمُ عَلَى مُؤَلَّفَاتِهِ كُلِّهَا.

비관주의가 그의 작품들 전체를 차지했다.

عَلَيْهِ أَنْ يَتَعَلَّمَ كَيْفَ يُسَيْطِرُ عَلَى أَعْصَابِهِ.

그는 불안을 어떻게 조절해야 하는지 알아야한다.

جَاهَدَتْ عَلِيَاءُ فِي صَمْتٍ لِتُسَيْطِرَ عَلَى نَفْسِهَا.

알리야는 자기 통제를 위해 조용히 분투했다.

لَا يُمْكِنُنَا تَجَاوُزُ ذَاكَ السَّائِقِ. فَهُوَ يُسَيْطِرُ عَلَى الطَّرِيقِ.

우리는 그 운전자를 추월할 수 없다. 그는 길을 점령하고 있다.

ش

اَلْمَفْعُولُ 수동분사	اَلْفَاعِلُ 능동분사	اَلْمَصْدَرُ 동명사	شَارَكَ
مُشَارَك	مُشَارِك	مُشَارَكَة	

اَلْمَجْهُولُ 수동		اَلْمَعْلُومُ 능동			اَلضَّمَائِرُ 인칭 대명사	
اَلْمُضَارِعُ 미완료	اَلْمَاضِي 완료	اَلْأَمْرُ 명령	اَلْمُضَارِعُ 미완료	اَلْمَاضِي 완료		
			أُشَارِكُ	شَارَكْتُ	أَنَا	اَلْمُتَكَلِّمُ 1인칭
			نُشَارِكُ	شَارَكْنَا	نَحْنُ	
		شَارِكْ	تُشَارِكُ	شَارَكْتَ	أَنْتَ	اَلْمُخَاطَبُ 2 남
		شَارِكَا	تُشَارِكَانِ	شَارَكْتُمَا	أَنْتُمَا	
		شَارِكُوا	تُشَارِكُونَ	شَارَكْتُمْ	أَنْتُمْ	
		شَارِكِي	تُشَارِكِينَ	شَارَكْتِ	أَنْتِ	اَلْمُخَاطَبَةُ 2 여
		شَارِكَا	تُشَارِكَانِ	شَارَكْتُمَا	أَنْتُمَا	
		شَارِكْنَ	تُشَارِكْنَ	شَارَكْتُنَّ	أَنْتُنَّ	
يُشَارَكُ	شُورِكَ		يُشَارِكُ	شَارَكَ	هُوَ	اَلْغَائِبُ 3 남
			يُشَارِكَانِ	شَارَكَا	هُمَا	
			يُشَارِكُونَ	شَارَكُوا	هُمْ	
			تُشَارِكُ	شَارَكَتْ	هِيَ	اَلْغَائِبَةُ 3 여
			تُشَارِكَانِ	شَارَكَتَا	هُمَا	
			يُشَارِكْنَ	شَارَكْنَ	هُنَّ	

뜻풀이

- 행사 등에(في) 참석하다, 참여하다
- 무엇을([목] 또는 في) 누구와 나누다
- 무엇에([목] 또는 في) 참가하다, 참여하다
- (누구와) 제휴하다, 협력하다
- (누구에게) 공감하다, 동감하다

예문

شَارَكَ رَأْيَهُ

의견을 나누다

شَارَكَ صَدِيقُهُ شُعُورَهُ.

그의 친구는 그의 느낌을 공유했다.

شَارَكَ فِي إِنْجَاحِ مَشْرُوعٍ.

그는 프로젝트 성공에 참여했다.

هَذِهِ الْهَيْئَاتُ تُشَارِكُ فِي الْعَدِيدِ مِنَ الْأَنْشِطَةِ.

이 기구들은 많은 활동에 참여한다.

سَيُشَارِكُ فِي هَذَا الْحَدَثِ فِرَقٌ مِنْ جَمِيعِ دُوَلِ آسِيَا.

아시아 모든 국가에서 온 팀들이 이 행사에 참여할 것이다.

عَلَى الْوَالِدَيْنِ أَنْ يُشَارِكَا فِي الرِّيَاضَةِ وَيُشَجِّعَا أَطْفَالَهُمَا عَلَى الْمُشَارَكَةِ.

부모는 운동에 참여하고, 아이들의 참여를 장려해야한다.

اَلْمَفْعُولُ 수동분사	اَلْفَاعِلُ 능동분사	اَلْمَصْدَرُ 동명사	شَاهَدَ
مُشَاهَد	مُشَاهِد	مُشَاهَدَة	

اَلْمَجْهُولُ 수동		اَلْمَعْلُومُ 능동			اَلضَّمَائِرُ 인칭 대명사	
اَلْمُضَارِعُ 미완료	اَلْمَاضِي 완료	اَلْأَمْرُ 명령	اَلْمُضَارِعُ 미완료	اَلْمَاضِي 완료		
			أُشَاهِدُ	شَاهَدْتُ	أَنَا	اَلْمُتَكَلِّمُ 1인칭
			نُشَاهِدُ	شَاهَدْنَا	نَحْنُ	
		شَاهِدْ	تُشَاهِدُ	شَاهَدْتَ	أَنْتَ	اَلْمُخَاطَبُ 2 남
		شَاهِدَا	تُشَاهِدَانِ	شَاهَدْتُمَا	أَنْتُمَا	
		شَاهِدُوا	تُشَاهِدُونَ	شَاهَدْتُمْ	أَنْتُمْ	
		شَاهِدِي	تُشَاهِدِينَ	شَاهَدْتِ	أَنْتِ	اَلْمُخَاطَبَةُ 2 여
		شَاهِدَا	تُشَاهِدَانِ	شَاهَدْتُمَا	أَنْتُمَا	
		شَاهِدْنَ	تُشَاهِدْنَ	شَاهَدْتُنَّ	أَنْتُنَّ	
يُشَاهَدُ	شُوهِدَ		يُشَاهِدُ	شَاهَدَ	هُوَ	اَلْغَائِبُ 3 남
			يُشَاهِدَانِ	شَاهَدَا	هُمَا	
			يُشَاهِدُونَ	شَاهَدُوا	هُمْ	
			تُشَاهِدُ	شَاهَدَتْ	هِيَ	اَلْغَائِبَةُ 3 여
			تُشَاهِدَانِ	شَاهَدَتَا	هُمَا	
			يُشَاهِدْنَ	شَاهَدْنَ	هُنَّ	

뜻풀이

- (텔레비전을) 보다, 시청하다
- (무엇을) 직접 보다, 목격하다
- (무엇을) 지켜보다, 주시하다, 감시하다

예문

كَمْ فِيلْمًا شَاهَدْتَ هَذَا الْعَامَ؟

올해 몇 편의 영화를 보았습니까?

أُحِبُّ أَنْ أُشَاهِدَ غُرُوبَ الشَّمْسِ.

나는 해가 지는 모습을 보기 좋아한다.

شَاهَدَ السَّارِقِينَ الَّذِينَ يَنْهَبُونَ مَنْزِلًا.

그는 집을 터는 도둑들을 보았다.

بَعْضُ النَّاسِ يُشَاهِدُونَ التِّلِفِزِيُون مُعْظَمَ الْيَوْمِ.

몇몇 사람들은 거의 하루 종일 TV를 본다.

بَعْدَ أَنْ شَاهَدْنَا الْفِيلْمَ، عُدْنَا إِلَى الْمَنْزِلِ فَرِحِينَ.

우리는 영화를 보고 난 후에 기쁘게 집으로 돌아왔다.

أَتَى مُبَكِّرًا لِيُشَاهِدَ الْبَرْنَامَجَ التِّلِفِزِيُونِيَّ مِنَ الْبِدَايَةِ.

그는 TV프로그램을 처음부터 보기 위해 일찍 왔다.

شَرِبَ

	동명사 اَلْمَصْدَرُ	능동분사 اَلْفَاعِلُ	수동분사 اَلْمَفْعُولُ
شَرِبَ	شُرْب، مَشْرَب	شَارِب	مَشْرُوب

اَلضَّمَائِرُ 인칭 대명사		능동 اَلْمَعْلُومُ			수동 اَلْمَجْهُولُ	
		اَلْمَاضِي 완료	اَلْمُضَارِعُ 미완료	اَلْأَمْرُ 명령	اَلْمَاضِي 완료	اَلْمُضَارِعُ 미완료
اَلْمُتَكَلِّمُ 1인칭	أَنَا	شَرِبْتُ	أَشْرَبُ		شُرِبْتُ	أُشْرَبُ
	نَحْنُ	شَرِبْنَا	نَشْرَبُ		شُرِبْنَا	نُشْرَبُ
اَلْمُخَاطَبُ 2 남	أَنْتَ	شَرِبْتَ	تَشْرَبُ	اِشْرَبْ	شُرِبْتَ	تُشْرَبُ
	أَنْتُمَا	شَرِبْتُمَا	تَشْرَبَانِ	اِشْرَبَا	شُرِبْتُمَا	تُشْرَبَانِ
	أَنْتُمْ	شَرِبْتُمْ	تَشْرَبُونَ	اِشْرَبُوا	شُرِبْتُمْ	تُشْرَبُونَ
اَلْمُخَاطَبَةُ 2 여	أَنْتِ	شَرِبْتِ	تَشْرَبِينَ	اِشْرَبِي	شُرِبْتِ	تُشْرَبِينَ
	أَنْتُمَا	شَرِبْتُمَا	تَشْرَبَانِ	اِشْرَبَا	شُرِبْتُمَا	تُشْرَبَانِ
	أَنْتُنَّ	شَرِبْتُنَّ	تَشْرَبْنَ	اِشْرَبْنَ	شُرِبْتُنَّ	تُشْرَبْنَ
اَلْغَائِبُ 3 남	هُوَ	شَرِبَ	يَشْرَبُ		شُرِبَ	يُشْرَبُ
	هُمَا	شَرِبَا	يَشْرَبَانِ		شُرِبَا	يُشْرَبَانِ
	هُمْ	شَرِبُوا	يَشْرَبُونَ		شُرِبُوا	يُشْرَبُونَ
اَلْغَائِبَةُ 3 여	هِيَ	شَرِبَتْ	تَشْرَبُ		شُرِبَتْ	تُشْرَبُ
	هُمَا	شَرِبَتَا	تَشْرَبَانِ		شُرِبَتَا	تُشْرَبَانِ
	هُنَّ	شَرِبْنَ	يَشْرَبْنَ		شُرِبْنَ	يُشْرَبْنَ

뜻풀이

- (무엇을) 마시다
- (무엇을) 홀짝거리다

예문

شَرِبَ نَخْبَهُ

누구를 위해 건배하다

شَرِبَ الدُّخَانَ / الْأَرْكِيلَةَ

담배 / 물담배를 피다

شَرِبْتُ كَأْسًا مِنَ الْمَاءِ.

나는 물 한 컵을 마셨다.

مَاذَا تُحِبِّينَ أَنْ تَشْرَبِي؟

당신(여)은 무엇을 마시고 싶습니까?

اَلْكَلْبُ يَشْرَبُ حَلِيبًا مِنْ صَحْنٍ.

개가 접시의 우유를 마신다.

لَيْسَ مِنَ الْمَأْمُونِ أَنْ نَشْرَبَ هَذَا الْمَاءَ.

이 물을 마시는 것은 안전하지 않다.

수동분사 اَلْمَفْعُولُ	능동분사 اَلْفَاعِلُ	동명사 اَلْمَصْدَرُ	شَرَّبَ
مُشَرَّب	مُشَرِّب	تَشْرِيب	

수동 اَلْمَجْهُولُ		능동 اَلْمَعْلُومُ			اَلضَّمَائِرُ 인칭 대명사	
اَلْمُضَارِعُ 미완료	اَلْمَاضِي 완료	اَلْأَمْرُ 명령	اَلْمُضَارِعُ 미완료	اَلْمَاضِي 완료		
			أُشَرِّبُ	شَرَّبْتُ	أَنَا	اَلْمُتَكَلِّمُ 1인칭
			نُشَرِّبُ	شَرَّبْنَا	نَحْنُ	
		شَرِّبْ	تُشَرِّبُ	شَرَّبْتَ	أَنْتَ	اَلْمُخَاطَبُ 2 남
		شَرِّبَا	تُشَرِّبَانِ	شَرَّبْتُمَا	أَنْتُمَا	
		شَرِّبُوا	تُشَرِّبُونَ	شَرَّبْتُمْ	أَنْتُمْ	
		شَرِّبِي	تُشَرِّبِينَ	شَرَّبْتِ	أَنْتِ	اَلْمُخَاطَبَةُ 2 여
		شَرِّبَا	تُشَرِّبَانِ	شَرَّبْتُمَا	أَنْتُمَا	
		شَرِّبْنَ	تُشَرِّبْنَ	شَرَّبْتُنَّ	أَنْتُنَّ	
يُشَرَّبُ	شُرِّبَ		يُشَرِّبُ	شَرَّبَ	هُوَ	اَلْغَائِبُ 3 남
			يُشَرِّبَانِ	شَرَّبَا	هُمَا	
			يُشَرِّبُونَ	شَرَّبُوا	هُمْ	
			تُشَرِّبُ	شَرَّبَتْ	هِيَ	اَلْغَائِبَةُ 3 여
			تُشَرِّبَانِ	شَرَّبَتَا	هُمَا	
			يُشَرِّبْنَ	شَرَّبْنَ	هُنَّ	

뜻풀이

- (누구 또는 무엇에게) 마실 것을 주다, 마시게 하다
- (무엇을) 무엇에(بِ) 흠뻑 적시다, 담그다, 젖게 만들다
- (누구에게) (감정 또는 사상 따위를) 심어주다, 불어 넣다, 고취하다

예문

شَرَّبَنِي أَفْكَارَهُ.

그는 나에게 그의 생각들을 심어주었다.

شَرَّبَ الشَّجَاعَةَ.

그는 용기를 심어주었다.

شَرَّبَ إِسْفَنْجَةً مَاءً.

그는 스펀지를 물에 적셨다.

شَرَّبَتْ أُمِّي الْقُمَاشَ بُخَارًا.

나의 어머니는 (부드럽게 만들려고) 천에 증기를 쐬었다.

يُشَرِّبُ الصَّبَّاغُ نَسِيجًا صِبْغًا.

염색공은 천을 염료에 담갔다.

يُشَرِّبُ الْكَلْبَ حَلِيبًا مِنْ صَحْنٍ.

그는 개에게 접시의 우유를 마시게 한다.

수동분사 اَلْمَفْعُولُ	능동분사 اَلْفَاعِلُ	동명사 اَلْمَصْدَرُ	شَرَحَ
مَشْرُوح	شَارِح	شَرْح	

수동 اَلْمَجْهُولُ		능동 اَلْمَعْلُومُ			اَلضَّمَائِرُ 인칭 대명사	
اَلْمُضَارِعُ 미완료	اَلْمَاضِي 완료	اَلْأَمْرُ 명령	اَلْمُضَارِعُ 미완료	اَلْمَاضِي 완료		
أُشْرَحُ	شُرِحْتُ		أَشْرَحُ	شَرَحْتُ	أَنَا	اَلْمُتَكَلِّمُ 1인칭
نُشْرَحُ	شُرِحْنَا		نَشْرَحُ	شَرَحْنَا	نَحْنُ	
تُشْرَحُ	شُرِحْتَ	اِشْرَحْ	تَشْرَحُ	شَرَحْتَ	أَنْتَ	اَلْمُخَاطَبُ 2남
تُشْرَحَانِ	شُرِحْتُمَا	اِشْرَحَا	تَشْرَحَانِ	شَرَحْتُمَا	أَنْتُمَا	
تُشْرَحُونَ	شُرِحْتُمْ	اِشْرَحُوا	تَشْرَحُونَ	شَرَحْتُمْ	أَنْتُمْ	
تُشْرَحِينَ	شُرِحْتِ	اِشْرَحِي	تَشْرَحِينَ	شَرَحْتِ	أَنْتِ	اَلْمُخَاطَبَةُ 2여
تُشْرَحَانِ	شُرِحْتُمَا	اِشْرَحَا	تَشْرَحَانِ	شَرَحْتُمَا	أَنْتُمَا	
تُشْرَحْنَ	شُرِحْتُنَّ	اِشْرَحْنَ	تَشْرَحْنَ	شَرَحْتُنَّ	أَنْتُنَّ	
يُشْرَحُ	شُرِحَ		يَشْرَحُ	شَرَحَ	هُوَ	اَلْغَائِبُ 3남
يُشْرَحَانِ	شُرِحَا		يَشْرَحَانِ	شَرَحَا	هُمَا	
يُشْرَحُونَ	شُرِحُوا		يَشْرَحُونَ	شَرَحُوا	هُمْ	
تُشْرَحُ	شُرِحَتْ		تَشْرَحُ	شَرَحَتْ	هِيَ	اَلْغَائِبَةُ 3여
تُشْرَحَانِ	شُرِحَتَا		تَشْرَحَانِ	شَرَحَتَا	هُمَا	
يُشْرَحْنَ	شُرِحْنَ		يَشْرَحْنَ	شَرَحْنَ	هُنَّ	

뜻풀이

- (무엇을) 조각조각 잘게 자르다, 얇게 썰다
- (봉투 등을) 뜯다, 찢어 열다, 잘라서 열다
- (무엇을) 드러내다, 노출시키다, 보이도록 하다
- (무엇을) 자세히 설명하다
- (무엇을) 그리다, 표현하다, 묘사하다
- (무엇을) 해설하다, 설명하다
- 수락해 주길 바라며(لـ) 누구의 마음을(صدره) 열다, 드러내다, (진심을) 밝히다, 폭로하다

예문

شَرَحَ اللَّحْمَ أَطْرَافًا

고기를 잘게 썰다

شَرَحْتُ أَسْبَابَ زِيَارَتِي.

나는 방문 이유를 설명했다.

شَرَحَ الْمُعَلِّمُ الدَّرْسَ وَاقِفًا.

선생님은 서서 그 단원을 설명했다.

إِنَّهُ يَشْرَحُ الدَّرْسَ لِلطُّلَّابِ.

그는 학생들에게 단원을 설명하고 있다.

شَرَحَتْ مَوْقِفَهَا، وَأَنَا مُقْتَنِعٌ تَمَامًا.

그녀는 자신의 상황을 설명했고 나는 완전히 설득되었다.

شَرَحَ كَيْفِيَّةَ مُشَارَكَتِنَا فِي حِمَايَةِ الْبَحْرِ.

그는 우리에게 바다 보호에 참여하는 방법을 설명해 주었다.

수동분사 اَلْمَفْعُولُ	능동분사 اَلْفَاعِلُ	동명사 اَلْمَصْدَرُ	شَعَرَ
مَشْعُور	شَاعِر	شُعُور، شِعْر	

اَلْمَجْهُولُ 수동		اَلْمَعْلُومُ 능동			اَلضَّمَائِرُ 인칭 대명사	
اَلْمُضَارِعُ 미완료	اَلْمَاضِي 완료	اَلْأَمْرُ 명령	اَلْمُضَارِعُ 미완료	اَلْمَاضِي 완료		
أُشْعَرُ	شُعِرْتُ		أَشْعُرُ	شَعَرْتُ	أَنَا	اَلْمُتَكَلِّمُ 1인칭
نُشْعَرُ	شُعِرْنَا		نَشْعُرُ	شَعَرْنَا	نَحْنُ	
تُشْعَرُ	شُعِرْتَ	أُشْعُرْ	تَشْعُرُ	شَعَرْتَ	أَنْتَ	اَلْمُخَاطَبُ 2 남
تُشْعَرَانِ	شُعِرْتُمَا	أُشْعُرَا	تَشْعُرَانِ	شَعَرْتُمَا	أَنْتُمَا	
تُشْعَرُونَ	شُعِرْتُمْ	أُشْعُرُوا	تَشْعُرُونَ	شَعَرْتُمْ	أَنْتُمْ	
تُشْعَرِينَ	شُعِرْتِ	أُشْعُرِي	تَشْعُرِينَ	شَعَرْتِ	أَنْتِ	اَلْمُخَاطَبَةُ 2 여
تُشْعَرَانِ	شُعِرْتُمَا	أُشْعُرَا	تَشْعُرَانِ	شَعَرْتُمَا	أَنْتُمَا	
تُشْعَرْنَ	شُعِرْتُنَّ	أُشْعُرْنَ	تَشْعُرْنَ	شَعَرْتُنَّ	أَنْتُنَّ	
يُشْعَرُ	شُعِرَ		يَشْعُرُ	شَعَرَ	هُوَ	اَلْغَائِبُ 3 남
يُشْعَرَانِ	شُعِرَا		يَشْعُرَانِ	شَعَرَا	هُمَا	
يُشْعَرُونَ	شُعِرُوا		يَشْعُرُونَ	شَعَرُوا	هُمْ	
تُشْعَرُ	شُعِرَتْ		تَشْعُرُ	شَعَرَتْ	هِيَ	اَلْغَائِبَةُ 3 여
تُشْعَرَانِ	شُعِرَتَا		تَشْعُرَانِ	شَعَرَتَا	هُمَا	
يُشْعَرْنَ	شُعِرْنَ		يَشْعُرْنَ	شَعَرْنَ	هُنَّ	

뜻풀이

- 무엇을(بِ 또는 أَنْ) 직감으로 알다
- 무엇을(بِ 또는 أَنْ) 알아차리다, 인지하다, 느끼다

예문

لَا حَاجَةَ إِلَى أَنْ تَشْعُرَ بِالْخَجَلِ.

너는 부끄러움을 느낄 필요가 없다.

قَالَ ذَلِكَ لِكَيْ يَجْعَلَهَا تَشْعُرُ بِالسُّعَادَةِ.

그는 그녀가 행복하도록 하기 위해 그렇게 말했다.

إِذْ أُغَادِرُ مَنْزِلِي الْعَزِيزِ، أَشْعُرُ بِأَسَفٍ شَدِيدٍ.

정든 집을 떠난다면 나는 큰 아쉬움을 느낄 것 같다.

أَشْعُرُ بِأَنَّ هَذَا الْفَرِيقَ سَيَفُوزُ فِي الِانْتِخَابَاتِ.

나는 이 팀이 선거에서 이길 것이라고 생각한다.

اَلصَّدِيقُ الْجَيِّدُ يَشْعُرُ أَنَّ نَجَاحَكَ هُوَ نَجَاحُهُ.

좋은 친구는 너의 성공이 자신의 성공이라고 느낀다.

قَصَدَتْ طَبِيبَ الْعُيُونِ بَعْدَ أَنْ شَعَرَتْ بِأَلَمٍ حَادٍّ فِي عَيْنَيْهَا.

그녀는 눈에 강한 통증을 느끼고 나서야 안과 의사에게 갔다.

수동분사 اَلْمَفْعُولُ	능동분사 اَلْفَاعِلُ	동명사 اَلْمَصْدَرُ	شَكَرَ
مَشْكُور	شَاكِر	شُكْر، شُكْرَان	

수동 اَلْمَجْهُولُ		능동 اَلْمَعْلُومُ			اَلضَّمَائِرُ 인칭 대명사	
اَلْمُضَارِعُ 미완료	اَلْمَاضِي 완료	اَلْأَمْرُ 명령	اَلْمُضَارِعُ 미완료	اَلْمَاضِي 완료		
أُشْكَرُ	شُكِرْتُ		أَشْكُرُ	شَكَرْتُ	أَنَا	اَلْمُتَكَلِّمُ 1인칭
نُشْكَرُ	شُكِرْنَا		نَشْكُرُ	شَكَرْنَا	نَحْنُ	
تُشْكَرُ	شُكِرْتَ	أُشْكُرْ	تَشْكُرُ	شَكَرْتَ	أَنْتَ	اَلْمُخَاطَبُ 2남
تُشْكَرَانِ	شُكِرْتُمَا	أُشْكُرَا	تَشْكُرَانِ	شَكَرْتُمَا	أَنْتُمَا	
تُشْكَرُونَ	شُكِرْتُمْ	أُشْكُرُوا	تَشْكُرُونَ	شَكَرْتُمْ	أَنْتُمْ	
تُشْكَرِينَ	شُكِرْتِ	أُشْكُرِي	تَشْكُرِينَ	شَكَرْتِ	أَنْتِ	اَلْمُخَاطَبَةُ 2여
تُشْكَرَانِ	شُكِرْتُمَا	أُشْكُرَا	تَشْكُرَانِ	شَكَرْتُمَا	أَنْتُمَا	
تُشْكَرْنَ	شُكِرْتُنَّ	أُشْكُرْنَ	تَشْكُرْنَ	شَكَرْتُنَّ	أَنْتُنَّ	
يُشْكَرُ	شُكِرَ		يَشْكُرُ	شَكَرَ	هُوَ	اَلْغَائِبُ 3남
يُشْكَرَانِ	شُكِرَا		يَشْكُرَانِ	شَكَرَا	هُمَا	
يُشْكَرُونَ	شُكِرُوا		يَشْكُرُونَ	شَكَرُوا	هُمْ	
تُشْكَرُ	شُكِرَتْ		تَشْكُرُ	شَكَرَتْ	هِيَ	اَلْغَائِبَةُ 3여
تُشْكَرَانِ	شُكِرَتَا		تَشْكُرَانِ	شَكَرَتَا	هُمَا	
يُشْكَرْنَ	شُكِرْنَ		يَشْكُرْنَ	شَكَرْنَ	هُنَّ	

뜻풀이

• 누구에게([목] 또는 لِ) 무엇을([목] 또는 لِ 또는 على) 감사하다, 고마워하다

• 누구를([목] 또는 لِ) 칭찬하다

예문

يُشْكَرُ عَلَيْهِ

칭찬할 만한, 훌륭한

شَكَرْتُهُ لِمُسَاعَدَتِهِ.

나는 그의 도움에 감사했다.

أَشْكُرُكَ عَلَى دَعْوَتِكَ لِلْعَشَاءِ.

나는 네가 저녁식사에 초대해줘서 고맙다.

نَشْكُرُكَ عَلَى خِطَابِكَ الْمُمْتِعِ.

귀하의 흥미로운 연설에 감사합니다.

أَشْكُرُكُمْ عَلَى رِعَايَتِكُمْ فِي أَبْكَرِ وَقْتٍ.

저는 여러분들께서 이른 시간부터 관심을 가져주셔서 감사합니다.

شَكَرَتِ الشُّرْطَةُ عَامَّةَ النَّاسِ الَّذِينَ تَعَاوَنُوا مَعَهَا.

경찰은 그들에게 협력한 대중들에게 감사했다.

اَلْمَفْعُولُ 수동분사	اَلْفَاعِلُ 능동분사	اَلْمَصْدَرُ 동명사	شَمَّ
مَشْمُوم	شَامّ	شَمّ، شَمِيم	

اَلْمَجْهُولُ 수동		اَلْمَعْلُومُ 능동			اَلضَّمَائِرُ 인칭 대명사	
اَلْمُضَارِعُ 미완료	اَلْمَاضِي 완료	اَلْأَمْرُ 명령	اَلْمُضَارِعُ 미완료	اَلْمَاضِي 완료		
أُشَمُّ	شُمِمْتُ		أَشُمُّ	شَمَمْتُ	أَنَا	اَلْمُتَكَلِّمُ 1인칭
نُشَمُّ	شُمِمْنَا		نَشُمُّ	شَمَمْنَا	نَحْنُ	
تُشَمُّ	شُمِمْتَ	شُمَّ	تَشُمُّ	شَمَمْتَ	أَنْتَ	اَلْمُخَاطَبُ 2남
تُشَمَّانِ	شُمِمْتُمَا	شُمَّا	تَشُمَّانِ	شَمَمْتُمَا	أَنْتُمَا	
تُشَمُّونَ	شُمِمْتُمْ	شُمُّوا	تَشُمُّونَ	شَمَمْتُمْ	أَنْتُمْ	
تُشَمِّينَ	شُمِمْتِ	شُمِّي	تَشُمِّينَ	شَمَمْتِ	أَنْتِ	اَلْمُخَاطَبَةُ 2여
تُشَمَّانِ	شُمِمْتُمَا	شُمَّا	تَشُمَّانِ	شَمَمْتُمَا	أَنْتُمَا	
تُشْمَمْنَ	شُمِمْتُنَّ	اُشْمُمْنَ	تَشْمُمْنَ	شَمَمْتُنَّ	أَنْتُنَّ	
يُشَمُّ	شُمَّ		يَشُمُّ	شَمَّ	هُوَ	اَلْغَائِبُ 3남
يُشَمَّانِ	شُمَّا		يَشُمَّانِ	شَمَّا	هُمَا	
يُشَمُّونَ	شُمُّوا		يَشُمُّونَ	شَمُّوا	هُمْ	
تُشَمُّ	شُمَّتْ		تَشُمُّ	شَمَّتْ	هِيَ	اَلْغَائِبَةُ 3여
تُشَمَّانِ	شُمَّتَا		تَشُمَّانِ	شَمَّتَا	هُمَا	
يُشْمَمْنَ	شُمِمْنَ		يَشْمُمْنَ	شَمَمْنَ	هُنَّ	

뜻풀이

- (코를 킁킁거리며) 냄새를 맡다
- (냄새 또는 공기 등을) 코로 들이쉬다
- 무엇에서(مِن) 향기 따위가 나다, 퍼지다

예문

هَلْ تَشُمُّ أَيَّ دُخَانٍ؟

연기 냄새가 나나요?

تَشُمُّ الزُّهُورَ فِي الْحَدِيقَةِ.

그녀는 정원에서 꽃 향기를 맡는다.

لَا تَشُمُّ بِسَبَبِ انْسِدَادِ الْأَنْفِ.

코막힘 때문에 너는 냄새를 맡지 못한다.

مَرَّ الضُّيُوفُ عَلَى الْمَطْعَمِ وَشَمُّوا رَائِحَةَ الطَّعَامِ.

손님들이 식당을 지나갔고 음식 냄새를 맡았다.

شَمَمْتُ رَائِحَةً غَرِيبَةً عَلَى وِسَادَتِي فِي الصَّبَاحِ.

나는 아침에 나의 베개에서 이상한 냄새를 맡았다.

كَانَ يَشُمُّ رَائِحَةَ الْخَطَرِ كَمَا يَشُمُّ الْآخَرُونَ رَائِحَةَ الْغَازِ.

다른 사람들이 가스 냄새를 맡는 것처럼 그는 위험의 냄새를 맡았다.

اَلْمَفْعُولُ 수동분사	اَلْفَاعِلُ 능동분사	اَلْمَصْدَرُ 동명사	شَمِلَ
مَشْمُول	شَامِل	شَمْل، شُمُول	

اَلْمَجْهُولُ 수동		اَلْمَعْلُومُ 능동			اَلضَّمَائِرُ 인칭 대명사	
اَلْمُضَارِعُ 미완료	اَلْمَاضِي 완료	اَلْأَمْرُ 명령	اَلْمُضَارِعُ 미완료	اَلْمَاضِي 완료		
أُشْمَلُ	شُمِلْتُ		أَشْمَلُ	شَمِلْتُ	أَنَا	اَلْمُتَكَلِّمُ 1인칭
نُشْمَلُ	شُمِلْنَا		نَشْمَلُ	شَمِلْنَا	نَحْنُ	
تُشْمَلُ	شُمِلْتَ	اِشْمَلْ	تَشْمَلُ	شَمِلْتَ	أَنْتَ	اَلْمُخَاطَبُ 2남
تُشْمَلَانِ	شُمِلْتُمَا	اِشْمَلَا	تَشْمَلَانِ	شَمِلْتُمَا	أَنْتُمَا	
تُشْمَلُونَ	شُمِلْتُمْ	اِشْمَلُوا	تَشْمَلُونَ	شَمِلْتُمْ	أَنْتُمْ	
تُشْمَلِينَ	شُمِلْتِ	اِشْمَلِي	تَشْمَلِينَ	شَمِلْتِ	أَنْتِ	اَلْمُخَاطَبَةُ 2여
تُشْمَلَانِ	شُمِلْتُمَا	اِشْمَلَا	تَشْمَلَانِ	شَمِلْتُمَا	أَنْتُمَا	
تُشْمَلْنَ	شُمِلْتُنَّ	اِشْمَلْنَ	تَشْمَلْنَ	شَمِلْتُنَّ	أَنْتُنَّ	
يُشْمَلُ	شُمِلَ		يَشْمَلُ	شَمِلَ	هُوَ	اَلْغَائِبُ 3남
يُشْمَلَانِ	شُمِلَا		يَشْمَلَانِ	شَمِلَا	هُمَا	
يُشْمَلُونَ	شُمِلُوا		يَشْمَلُونَ	شَمِلُوا	هُمْ	
تُشْمَلُ	شُمِلَتْ		تَشْمَلُ	شَمِلَتْ	هِيَ	اَلْغَائِبَةُ 3여
تُشْمَلَانِ	شُمِلَتَا		تَشْمَلَانِ	شَمِلَتَا	هُمَا	
يُشْمَلْنَ	شُمِلْنَ		يَشْمَلْنَ	شَمِلْنَ	هُنَّ	

뜻풀이

- (무엇을) 포함하다, 아우르다
- (무엇을) 둘러싸다, 에워싸다, 포위하다
- (무엇을) 내포하다, 함축하다
- (기분 또는 감정으로) 누구를 가득 채우다, 압도하다
- (무엇이) 만연하다, 보편적이다

예문

شَمِلَهُ بِعِنَايَتِهِ

누구를 돌보다, 보살피다

شَمِلَتِ الْقَائِمَةُ كُلَّ الْأَسْمَاءِ.

명단은 모든 이름들을 담고 있다.

اَلنُّصُوصُ تَشْمَلُ جُمَلًا صَعْبَةً.

본문들은 어려운 문장들을 담고 있다.

يَشْمَلُ الْمَشْرُوعُ بَحْثًا عَنْ أَمْرَاضِ الرِّئَةِ.

이 프로젝트는 폐 질환에 대한 조사를 포함한다.

وَظِيفَتِي تَشْمَلُ التَّعَامُلَ مَعَ شَكَاوَى الْعُمَلَاءِ.

나의 직업은 고객의 불만을 처리하는 것을 포함하고 있다.

هَلْ يَشْمَلُ الِامْتِحَانُ مُحَاضَرَةَ أُسْتَاذِنَا الْأَخِيرَةَ؟

시험은 우리 교수님의 최근 강의를 포함하나요?

ص

صَاحَ

اَلْمَفْعُولُ 수동분사	اَلْفَاعِلُ 능동분사	اَلْمَصْدَرُ 동명사
مَصْيح	صَائِح	صَيْح، صِيَاح

اَلْمَجْهُولُ 수동		اَلْمَعْلُومُ 능동			اَلضَّمَائِرُ 인칭 대명사	
اَلْمُضَارِعُ 미완료	اَلْمَاضِي 완료	اَلْأَمْرُ 명령	اَلْمُضَارِعُ 미완료	اَلْمَاضِي 완료		
			أَصِيحُ	صِحْتُ	أَنَا	اَلْمُتَكَلِّمُ 1인칭
			نَصِيحُ	صِحْنَا	نَحْنُ	
		صِحْ	تَصِيحُ	صِحْتَ	أَنْتَ	اَلْمُخَاطَبُ 2 남
		صِيحَا	تَصِيحَانِ	صِحْتُمَا	أَنْتُمَا	
		صِيحُوا	تَصِيحُونَ	صِحْتُمْ	أَنْتُمْ	
		صِيحِي	تَصِيحِينَ	صِحْتِ	أَنْتِ	اَلْمُخَاطَبَةُ 2 여
		صِيحَا	تَصِيحَانِ	صِحْتُمَا	أَنْتُمَا	
		صِحْنَ	تَصِحْنَ	صِحْتُنَّ	أَنْتُنَّ	
يُصَاحُ	صِيحَ		يَصِيحُ	صَاحَ	هُوَ	اَلْغَائِبُ 3 남
			يَصِيحَانِ	صَاحَا	هُمَا	
			يَصِيحُونَ	صَاحُوا	هُمْ	
			تَصِيحُ	صَاحَتْ	هِيَ	اَلْغَائِبَةُ 3 여
			تَصِيحَانِ	صَاحَتَا	هُمَا	
			يَصِحْنَ	صِحْنَ	هُنَّ	

뜻풀이

- 외치다, 소리치다, 고함치다
- 새된 소리를 지르다, 비명을 지르다
- 고함을(صيحة) 내뱉다, 지르다
- 누구에게(ب) 큰소리로 말하다, 소리치다
- 누구에게(على 또는 في) 고함치다, 호통치다

예문

صِحْتُ بِهَا.

나는 그녀를 소리쳐 불렀다.

صَاحَ صَيْحَةَ سَعَادَةٍ.

그는 기쁨의 비명을 질렀다.

صَاحَتْ عَصَافِيرُ بَطْنِهِ.

배가 고파서 그의 배가 꼬르륵 소리를 냈다.

صَاحَتِ الْبِنْتُ الصَّغِيرَةُ مِنَ السَّعَادَةِ.

어린 소녀는 기뻐서 소리를 질렀다.

صَاحَتْ هُدَى "مِنَ الْأَفْضَلِ لَكَ أَنْ تُسْرِعَ".

"너는 서두르는 게 좋을 거야"라고 후다가 소리쳤다.

لَقَدْ صَاحُوا عِنْدَمَا اقْتَرَبْتُ مِنْ خَطِّ النِّهَايَةِ.

내가 최종 라인에 가까워졌을 때 그들은 소리쳤다.

اَلْمَفْعُولُ 수동분사	اَلْفَاعِلُ 능동분사	اَلْمَصْدَرُ 동명사	صَادَقَ
مُصَادَق	مُصَادِق	مُصَادَقَة	

اَلْمَجْهُولُ 수동		اَلْمَعْلُومُ 능동			اَلضَّمَائِرُ 인칭 대명사	
اَلْمُضَارِعُ 미완료	اَلْمَاضِي 완료	اَلْأَمْرُ 명령	اَلْمُضَارِعُ 미완료	اَلْمَاضِي 완료		
			أُصَادِقُ	صَادَقْتُ	أَنَا	اَلْمُتَكَلِّمُ 1인칭
			نُصَادِقُ	صَادَقْنَا	نَحْنُ	
		صَادِقْ	تُصَادِقُ	صَادَقْتَ	أَنْتَ	اَلْمُخَاطَبُ 2 남
		صَادِقَا	تُصَادِقَانِ	صَادَقْتُمَا	أَنْتُمَا	
		صَادِقُوا	تُصَادِقُونَ	صَادَقْتُمْ	أَنْتُمْ	
		صَادِقِي	تُصَادِقِينَ	صَادَقْتِ	أَنْتِ	اَلْمُخَاطَبَةُ 2 여
		صَادِقَا	تُصَادِقَانِ	صَادَقْتُمَا	أَنْتُمَا	
		صَادِقْنَ	تُصَادِقْنَ	صَادَقْتُنَّ	أَنْتُنَّ	
يُصَادَقُ	صُودِقَ		يُصَادِقُ	صَادَقَ	هُوَ	اَلْغَائِبُ 3 남
			يُصَادِقَانِ	صَادَقَا	هُمَا	
			يُصَادِقُونَ	صَادَقُوا	هُمْ	
			تُصَادِقُ	صَادَقَتْ	هِيَ	اَلْغَائِبَةُ 3 여
			تُصَادِقَانِ	صَادَقَتَا	هُمَا	
			يُصَادِقْنَ	صَادَقْنَ	هُنَّ	

뜻풀이

- (누구를) 친구로 생각하다
- (누구와) 친해지다, 친구가 되다
- (누구와) 우정을 지키다, 유지하다
- 무엇을(على) 동의하다, 찬성하다
- 무엇을(على) 허가하다, 승인하다, 인가하다
- 무엇을(على) 입증하다, 증명하다, 확증하다
- 번역이나 서명, 사본 등이 틀림없다는 것을(على) 공식 문서로 증명하다, 인증하다

예문

صَادَقَ عَلَى شَهَادَتِهِ

증명서를 인증하다

صَادَقَ عَلَى إِمْضَائِهِ

진본임을 확인하다

يُصَادِقُهَا الْمَوَدَّةَ.

그는 그녀를 대단히 사랑한다.

صَادَقْتُهُ مُنْذُ سَنَوَاتٍ.

나는 그와는 오래 전부터 친구였다.

صَادَقَ ابْنِي أَوْلَادَ الْجِيرَانِ.

나의 아들은 이웃집의 아이들과 친해졌다.

أُصَادِقُ نَفْسَ الْمَرْءِ مِنْ قِبَلِ جِسْمِهِ.

나는 그의 몸짓을 보고 같은 사람이라고 확신한다.

اَلْمَفْعُولُ 수동분사	اَلْفَاعِلُ 능동분사	اَلْمَصْدَرُ 동명사	صَحَا
مَصْحُوّ	صَاحٍ	صَحْو	

اَلْمَجْهُولُ 수동		اَلْمَعْلُومُ 능동			اَلضَّمَائِرُ 인칭 대명사	
اَلْمُضَارِعُ 미완료	اَلْمَاضِي 완료	اَلْأَمْرُ 명령	اَلْمُضَارِعُ 미완료	اَلْمَاضِي 완료		
			أَصْحُو	صَحَوْتُ	أَنَا	اَلْمُتَكَلِّمُ 1인칭
			نَصْحُو	صَحَوْنَا	نَحْنُ	
		أُصْحُ	تَصْحُو	صَحَوْتَ	أَنْتَ	اَلْمُخَاطَبُ 2 남
		أُصْحُوَا	تَصْحُوَانِ	صَحَوْتُمَا	أَنْتُمَا	
		أُصْحُوا	تَصْحُونَ	صَحَوْتُمْ	أَنْتُمْ	
		أُصْحِي	تَصْحِينَ	صَحَوْتِ	أَنْتِ	اَلْمُخَاطَبَةُ 2 여
		أُصْحُوَا	تَصْحُوَانِ	صَحَوْتُمَا	أَنْتُمَا	
		أُصْحُونَ	تَصْحُونَ	صَحَوْتُنَّ	أَنْتُنَّ	
يُصْحَى	صُحِيَ		يَصْحُو	صَحَا	هُوَ	اَلْغَائِبُ 3 남
			يَصْحُوَانِ	صَحَوَا	هُمَا	
			يَصْحُونَ	صَحَوْا	هُمْ	
			تَصْحُو	صَحَتْ	هِيَ	اَلْغَائِبَةُ 3 여
			تَصْحُوَانِ	صَحَتَا	هُمَا	
			يَصْحُونَ	صَحَوْنَ	هُنَّ	

뜻풀이

동명사가 صَحْو 인 경우

- 날이 개다, 하늘이 맑다
- 의식이 돌아 오다

동명사가 صَحْو، صُحُوو 인 경우

- 취기가(من) 가시다, 술이 깨다, 정신을 차리다
- 잠에서(من) 깨다, 일어나다
- 무엇을(إلى) 깨닫다, 자각하다, 경계하다

예문

صَحَا الْيَوْمُ

날이 개다

لَيْتَ الطَّقْسَ يَصْحُو.

날씨가 맑다면 좋을 텐데.

صَحَا جَدِّي مِنْ نَوْمِهِ.

나의 할아버지는 잠에서 일어나셨다.

يَصْحُو قَبْلَ صَلَاةِ الْفَجْرِ.

그는 새벽 기도 전에 일어난다.

أَوَدُّ أَنْ أَكُونَ بِجَانِبِهَا عِنْدَمَا تَصْحُو.

나는 그녀가 깨어날 때 그녀 옆에 있고 싶다.

عَلَيْكَ أَنْ تَصْحُوَ مُبَكِّرًا مِنْ أَجْلِ السِّبَاحَةِ.

수영하기 위해서 너는 일찍 일어나야 한다.

اَلْمَفْعُولُ 수동분사	اَلْفَاعِلُ 능동분사	اَلْمَصْدَرُ 동명사	صَدَرَ
مَصْدُور	صَادِر	صَدُور	

اَلْمَجْهُولُ 수동		اَلْمَعْلُومُ 능동			اَلضَّمَائِرُ 인칭 대명사	
اَلْمُضَارِعُ 미완료	اَلْمَاضِي 완료	اَلْأَمْرُ 명령	اَلْمُضَارِعُ 미완료	اَلْمَاضِي 완료		
أُصْدَرُ	صُدِرْتُ		أَصْدُرُ	صَدَرْتُ	أَنَا	اَلْمُتَكَلِّمُ 1인칭
نُصْدَرُ	صُدِرْنَا		نَصْدُرُ	صَدَرْنَا	نَحْنُ	
تُصْدَرُ	صُدِرْتَ	أُصْدُرْ	تَصْدُرُ	صَدَرْتَ	أَنْتَ	اَلْمُخَاطَبُ 2 남
تُصْدَرَانِ	صُدِرْتُمَا	أُصْدُرَا	تَصْدُرَانِ	صَدَرْتُمَا	أَنْتُمَا	
تُصْدَرُونَ	صُدِرْتُمْ	أُصْدُرُوا	تَصْدُرُونَ	صَدَرْتُمْ	أَنْتُمْ	
تُصْدَرِينَ	صُدِرْتِ	أُصْدُرِي	تَصْدُرِينَ	صَدَرْتِ	أَنْتِ	اَلْمُخَاطَبَةُ 2 여
تُصْدَرَانِ	صُدِرْتُمَا	أُصْدُرَا	تَصْدُرَانِ	صَدَرْتُمَا	أَنْتُمَا	
تُصْدَرْنَ	صُدِرْتُنَّ	أُصْدُرْنَ	تَصْدُرْنَ	صَدَرْتُنَّ	أَنْتُنَّ	
يُصْدَرُ	صُدِرَ		يَصْدُرُ	صَدَرَ	هُوَ	اَلْغَائِبُ 3 남
يُصْدَرَانِ	صُدِرَا		يَصْدُرَانِ	صَدَرَا	هُمَا	
يُصْدَرُونَ	صُدِرُوا		يَصْدُرُونَ	صَدَرُوا	هُمْ	
تُصْدَرُ	صُدِرَتْ		تَصْدُرُ	صَدَرَتْ	هِيَ	اَلْغَائِبَةُ 3 여
تُصْدَرَانِ	صُدِرَتَا		تَصْدُرَانِ	صَدَرَتَا	هُمَا	
يُصْدَرْنَ	صُدِرْنَ		يَصْدُرْنَ	صَدَرْنَ	هُنَّ	

뜻풀이

- 안으로부터(من 또는 عن) 밖으로 나오다
- 어디로부터(من 또는 عن) 생기다, 일어나다, 유래하다, 비롯되다
- (법령, 조례 등이) 반포되다, 공포되다
- (책이) 발간되다
- (우편이) 발송되다
- 어디로(إلى) 가다, 떠나다
- (무엇이) 일어나다, 발생하다, 생기다
- [수동태 صُدِرَ] 흉부에 이상이 생기다

예문

صَدَرَ الْإِسْلَامُ.

이슬람이 출현했다.

صَدَرَ لَهُ كِتَابٌ.

그의 책이 발간되었다.

صُدِرَ الشَّخْصُ.

그는 가슴에 병이 들었다.

صَدَرَتْ مَجَلَّةٌ جَدِيدَةٌ.

새로운 잡지가 출간되었다.

صَدَرَ الْحُكْمُ فِي الْقَضِيَّةِ.

판결이 내려졌다.

صَدَرَ مِنْهُ مَا لَمْ يَكُنْ مُتَوَقَّعًا.

예상치 못했던 것이 생겼다.

수동분사 اَلْمَفْعُولُ	능동분사 اَلْفَاعِلُ	동명사 اَلْمَصْدَرُ	صَرَفَ
مَصْرُوف	صَارِف	صَرْف	

수동 اَلْمَجْهُولُ		능동 اَلْمَعْلُومُ			اَلضَّمَائِرُ 인칭 대명사	
اَلْمُضَارِعُ 미완료	اَلْمَاضِي 완료	اَلْأَمْرُ 명령	اَلْمُضَارِعُ 미완료	اَلْمَاضِي 완료		
أُصْرَفُ	صُرِفْتُ		أَصْرِفُ	صَرَفْتُ	أَنَا	اَلْمُتَكَلِّمُ 1인칭
نُصْرَفُ	صُرِفْنَا		نَصْرِفُ	صَرَفْنَا	نَحْنُ	
تُصْرَفُ	صُرِفْتَ	اِصْرِفْ	تَصْرِفُ	صَرَفْتَ	أَنْتَ	اَلْمُخَاطَبُ 2남
تُصْرَفَانِ	صُرِفْتُمَا	اِصْرِفَا	تَصْرِفَانِ	صَرَفْتُمَا	أَنْتُمَا	
تُصْرَفُونَ	صُرِفْتُمْ	اِصْرِفُوا	تَصْرِفُونَ	صَرَفْتُمْ	أَنْتُمْ	
تُصْرَفِينَ	صُرِفْتِ	اِصْرِفِي	تَصْرِفِينَ	صَرَفْتِ	أَنْتِ	اَلْمُخَاطَبَةُ 2여
تُصْرَفَانِ	صُرِفْتُمَا	اِصْرِفَا	تَصْرِفَانِ	صَرَفْتُمَا	أَنْتُمَا	
تُصْرَفْنَ	صُرِفْتُنَّ	اِصْرِفْنَ	تَصْرِفْنَ	صَرَفْتُنَّ	أَنْتُنَّ	
يُصْرَفُ	صُرِفَ		يَصْرِفُ	صَرَفَ	هُوَ	اَلْغَائِبُ 3남
يُصْرَفَانِ	صُرِفَا		يَصْرِفَانِ	صَرَفَا	هُمَا	
يُصْرَفُونَ	صُرِفُوا		يَصْرِفُونَ	صَرَفُوا	هُمْ	
تُصْرَفُ	صُرِفَتْ		تَصْرِفُ	صَرَفَتْ	هِيَ	اَلْغَائِبَةُ 3여
تُصْرَفَانِ	صُرِفَتَا		تَصْرِفَانِ	صَرَفَتَا	هُمَا	
يُصْرَفْنَ	صُرِفْنَ		يَصْرِفْنَ	صَرَفْنَ	هُنَّ	

뜻풀이

- 돌다, 돌리다, (누구 또는 무엇을) 무엇으로부터(عن) 돌리다
- (눈 또는 생각 등을) 어디에서(عن) 돌리다, 비키다, 외면하다
- (누구를) 무엇에서(عن) 떨어뜨리다, 멀리하다
- 무엇을(عن) 하지 않도록 누구를 설득하다, 만류하다
- (누구를) 무엇에서(عن) 다른 데로 돌리다
- (눈이나 주의 등을) 어디로(إلى) 돌리다, 향하게 하다
- (누구를) 돌려보내다, 물러가게 하다
- (누구를) 싹 무시하다
- 무엇의 값을(على) 지불하다
- (돈을) 어디에(ل) 지출하다
- (무엇을) (단체 또는 무리에) 나눠 주다, 배부하다
- 유통시키다, 배달하다
- (티켓이나 허가증 등을) 발부하다, 발급하다
- (시간이나 노력 등을) 무엇에(في 또는 إلى 또는 ل) 쏟다, 들이다
- (돈을) 환전하다
- (단어를) 변화시키다

예문

صَرَفَ هَمَّهُ لِلْعَمَلِ.

그는 관심을 일에 쏟았다.

صَرَفَ وَقْتَهُ فِي الْقِرَاءَةِ.

그는 그의 시간을 독서에 썼다.

صَرَفْتُهُ عَنْ مَكَانِ الْحَفْلِ.

나는 그를 파티 장소에서 멀리 떼어 놓았다.

أَصْرِفُ الدُّولَارَاتِ إِلَى الدَّنَانِيرِ.

나는 달러를 디나르로 환전할 것이다.

수동분사 اَلْمَفْعُولُ	능동분사 اَلْفَاعِلُ	동명사 اَلْمَصْدَرُ	صَعِدَ
مَصْعُود	صَاعِد	صُعُود	

수동 اَلْمَجْهُولُ		능동 اَلْمَعْلُومُ			اَلضَّمَائِرُ 인칭 대명사	
اَلْمُضَارِعُ 미완료	اَلْمَاضِي 완료	اَلْأَمْرُ 명령	اَلْمُضَارِعُ 미완료	اَلْمَاضِي 완료		
أُصْعَدُ	صُعِدْتُ		أَصْعَدُ	صَعِدْتُ	أَنَا	اَلْمُتَكَلِّمُ 1인칭
نُصْعَدُ	صُعِدْنَا		نَصْعَدُ	صَعِدْنَا	نَحْنُ	
تُصْعَدُ	صُعِدْتَ	اِصْعَدْ	تَصْعَدُ	صَعِدْتَ	أَنْتَ	اَلْمُخَاطَبُ 2남
تُصْعَدَانِ	صُعِدْتُمَا	اِصْعَدَا	تَصْعَدَانِ	صَعِدْتُمَا	أَنْتُمَا	
تُصْعَدُونَ	صُعِدْتُمْ	اِصْعَدُوا	تَصْعَدُونَ	صَعِدْتُمْ	أَنْتُمْ	
تُصْعَدِينَ	صُعِدْتِ	اِصْعَدِي	تَصْعَدِينَ	صَعِدْتِ	أَنْتِ	اَلْمُخَاطَبَةُ 2여
تُصْعَدَانِ	صُعِدْتُمَا	اِصْعَدَا	تَصْعَدَانِ	صَعِدْتُمَا	أَنْتُمَا	
تُصْعَدْنَ	صُعِدْتُنَّ	اِصْعَدْنَ	تَصْعَدْنَ	صَعِدْتُنَّ	أَنْتُنَّ	
يُصْعَدُ	صُعِدَ		يَصْعَدُ	صَعِدَ	هُوَ	اَلْغَائِبُ 3남
يُصْعَدَانِ	صُعِدَا		يَصْعَدَانِ	صَعِدَا	هُمَا	
يُصْعَدُونَ	صُعِدُوا		يَصْعَدُونَ	صَعِدُوا	هُمْ	
تُصْعَدُ	صُعِدَتْ		تَصْعَدُ	صَعِدَتْ	هِيَ	اَلْغَائِبَةُ 3여
تُصْعَدَانِ	صُعِدَتَا		تَصْعَدَانِ	صَعِدَتَا	هُمَا	
يُصْعَدْنَ	صُعِدْنَ		يَصْعَدْنَ	صَعِدْنَ	هُنَّ	

뜻풀이

- 뜨다, 떠오르다, 솟아나다
- 오르다, 올라가다
- (산이나 계단 등을) 오르다
- (비행기가) 이륙하다
- 시내 전차 등에(إلى) 올라타다, 탑승하다
- (스포츠 등에서) 더 높은 단계로 진출하다, 승급하다

예문

صَعِدَ وَهَبَطَ

아래 위로 움직이다, 올라갔다 내려갔다 하다

صَعِدَ الْجَبَلَ

등산하다

يَصْعَدُ عَلَى أَخْطَاءِ الْآخَرِينَ.

그는 타인의 실수에 편승한다.

لَا يَسْتَطِيعُ أَنْ يَصْعَدَ لِهَذَا الِارْتِفَاعِ.

그가 이 높이까지 올라오는 것은 불가능하다.

اِنْقَطَعَتْ أَنْفَاسِي لِأَنَّنِي صَعِدْتُ السَّلَالِمَ.

나는 계단으로 올랐더니 숨이 찼다.

لَقَدْ نَصَبَ أَحَدُ الْإِطْفَائِيِّينَ سُلَّمًا وَصَعِدَهُ لِيُنْقِذَ الطِّفْلَةَ.

소방관 중 한 명이 사다리를 대고 아이를 구하기 위해 올라갔다.

صَلَّى

اَلْمَفْعُولُ 수동분사	اَلْفَاعِلُ 능동분사	اَلْمَصْدَرُ 동명사
مُصَلًّى (عَلَيْهِ)	مُصَلٍّ	صَلَاة، تَصْلِيَة

اَلْمَجْهُولُ 수동		اَلْمَعْلُومُ 능동			اَلضَّمَائِرُ 인칭 대명사	
اَلْمُضَارِعُ 미완료	اَلْمَاضِي 완료	اَلْأَمْرُ 명령	اَلْمُضَارِعُ 미완료	اَلْمَاضِي 완료		
			أُصَلِّي	صَلَّيْتُ	أَنَا	اَلْمُتَكَلِّمُ 1인칭
			نُصَلِّي	صَلَّيْنَا	نَحْنُ	
		صَلِّ	تُصَلِّي	صَلَّيْتَ	أَنْتَ	اَلْمُخَاطَبُ 2 남
		صَلِّيَا	تُصَلِّيَانِ	صَلَّيْتُمَا	أَنْتُمَا	
		صَلُّوا	تُصَلُّونَ	صَلَّيْتُمْ	أَنْتُمْ	
		صَلِّي	تُصَلِّينَ	صَلَّيْتِ	أَنْتِ	اَلْمُخَاطَبَةُ 2 여
		صَلِّيَا	تُصَلِّيَانِ	صَلَّيْتُمَا	أَنْتُمَا	
		صَلِّينَ	تُصَلِّينَ	صَلَّيْتُنَّ	أَنْتُنَّ	
يُصَلَّى	صُلِّيَ		يُصَلِّي	صَلَّى	هُوَ	اَلْغَائِبُ 3 남
			يُصَلِّيَانِ	صَلَّيَا	هُمَا	
			يُصَلُّونَ	صَلُّوا	هُمْ	
			تُصَلِّي	صَلَّتْ	هِيَ	اَلْغَائِبَةُ 3 여
			تُصَلِّيَانِ	صَلَّتَا	هُمَا	
			يُصَلِّينَ	صَلَّيْنَ	هُنَّ	

뜻풀이

동명사가 صَلَاة, 수동분사가 مُصَلًّى عَلَيْهِ 인 경우

• 기도하다, 예배하다

동명사가 تَصْلِيَة, 수동분사가 مُصَلًّى 인 경우

• (무엇을) 무엇으로(بِ) 뜨겁게 하다, 덥히다, 데우다

예문

صَلَّى بِالنَّاسِ

사람들을 이끌고 예배하다

صَلَّى عَلَيْهِ

누구를 위해 기도하다

صَلَّى الْعَصَا بِالنَّارِ.

그는 막대기(꼬챙이)를 불에 달궜다.

صَلَّيْتُ صَلَاةَ الصُّبْحِ.

나는 아침 예배를 드렸다.

صَلَّى الْقِدْرَ بِالنَّارِ / عَلَى النَّارِ.

그는 주전자를 불에 덥혔다.

صَلِّ مِنْ أَجْلِنَا وَلَكِنْ لَا تَفْعَلْ هَذَا.

우리를 위해 기도해 주세요. 하지만 이런 짓은 하지 마세요.

ض

수동분사 اَلْمَفْعُولُ	능동분사 اَلْفَاعِلُ	동명사 اَلْمَصْدَرُ	ضَاعَ
مَضِيع	ضَائِع	ضَيْع، ضَيْعَة، ضَيَاع	

수동 اَلْمَجْهُولُ		능동 اَلْمَعْلُومُ			اَلضَّمَائِرُ 인칭 대명사	
اَلْمُضَارِعُ 미완료	اَلْمَاضِي 완료	اَلْأَمْرُ 명령	اَلْمُضَارِعُ 미완료	اَلْمَاضِي 완료		
			أَضِيعُ	ضِعْتُ	أَنَا	اَلْمُتَكَلِّمُ 1인칭
			نَضِيعُ	ضِعْنَا	نَحْنُ	
		ضِعْ	تَضِيعُ	ضِعْتَ	أَنْتَ	اَلْمُخَاطَبُ 2 남
		ضِيعَا	تَضِيعَانِ	ضِعْتُمَا	أَنْتُمَا	
		ضِيعُوا	تَضِيعُونَ	ضِعْتُمْ	أَنْتُمْ	
		ضِيعِي	تَضِيعِينَ	ضِعْتِ	أَنْتِ	اَلْمُخَاطَبَةُ 2 여
		ضِيعَا	تَضِيعَانِ	ضِعْتُمَا	أَنْتُمَا	
		ضِعْنَ	تَضِعْنَ	ضِعْتُنَّ	أَنْتُنَّ	
يُضَاعُ	ضِيعَ		يَضِيعُ	ضَاعَ	هُوَ	اَلْغَائِبُ 3 남
			يَضِيعَانِ	ضَاعَا	هُمَا	
			يَضِيعُونَ	ضَاعُوا	هُمْ	
			تَضِيعُ	ضَاعَتْ	هِيَ	اَلْغَائِبَةُ 3 여
			تَضِيعَانِ	ضَاعَتَا	هُمَا	
			يَضِعْنَ	ضِعْنَ	هُنَّ	

뜻풀이

- 누구의(على) 물건 등이 분실되다, 잃다
  분실되다, 잃다
- (노력 등이) 수포로 돌아가다, 무용지물이 되다, 낭비되다
- 없어지다, 사라지다
- 누구의(عليه) 기억에서 잊혀지다

예문

ضَاعَ الْمِفْتَاحُ / الْمَالُ

열쇠가 / 돈이 분실되다

ضَاعَ الْمَالُ عَلَيْهِ فِي السُّوقِ.

그는 시장에서 돈을 잃어버렸다.

ضَاعَتْ صَرَخَاتُهُ فِي الْفَضَاءِ.

그의 고함소리는 허공에서 흩어졌다.

ضَاعَ الْمِفْتَاحُ عَلَيْهِ فِي الْمَدْرَسَةِ.

그는 학교에서 열쇠를 잃어버렸다.

كَانَتْ قَلِقَةً أَنَّ جَوَازَ السَّفَرِ قَدْ ضَاعَ.

그녀는 여권이 분실된 것을 걱정했다.

إِنَّهُ لَا يُرِيدُ فَقَطْ أَنْ تَضِيعَ تِلْكَ الْحَقِيبَةُ.

그는 단지 저 가방이 분실되는 것을 원치 않는다.

수동분사 اَلْمَفْعُولُ	능동분사 اَلْفَاعِلُ	동명사 اَلْمَصْدَرُ	ضَبَطَ
مَضْبُوط	ضَابِط	ضَبْط	

수동 اَلْمَجْهُولُ		능동 اَلْمَعْلُومُ			اَلضَّمَائِرُ 인칭 대명사	
اَلْمُضَارِعُ 미완료	اَلْمَاضِي 완료	اَلْأَمْرُ 명령	اَلْمُضَارِعُ 미완료	اَلْمَاضِي 완료		
أُضْبَطُ	ضُبِطْتُ		أَضْبُطُ	ضَبَطْتُ	أَنَا	اَلْمُتَكَلِّمُ 1인칭
نُضْبَطُ	ضُبِطْنَا		نَضْبُطُ	ضَبَطْنَا	نَحْنُ	
تُضْبَطُ	ضُبِطْتَ	اُضْبُطْ	تَضْبُطُ	ضَبَطْتَ	أَنْتَ	اَلْمُخَاطَبُ 2남
تُضْبَطَانِ	ضُبِطْتُمَا	اُضْبُطَا	تَضْبُطَانِ	ضَبَطْتُمَا	أَنْتُمَا	
تُضْبَطُونَ	ضُبِطْتُمْ	اُضْبُطُوا	تَضْبُطُونَ	ضَبَطْتُمْ	أَنْتُمْ	
تُضْبَطِينَ	ضُبِطْتِ	اُضْبُطِي	تَضْبُطِينَ	ضَبَطْتِ	أَنْتِ	اَلْمُخَاطَبَةُ 2여
تُضْبَطَانِ	ضُبِطْتُمَا	اُضْبُطَا	تَضْبُطَانِ	ضَبَطْتُمَا	أَنْتُمَا	
تُضْبَطْنَ	ضُبِطْتُنَّ	اُضْبُطْنَ	تَضْبُطْنَ	ضَبَطْتُنَّ	أَنْتُنَّ	
يُضْبَطُ	ضُبِطَ		يَضْبُطُ	ضَبَطَ	هُوَ	اَلْغَائِبُ 3남
يُضْبَطَانِ	ضُبِطَا		يَضْبُطَانِ	ضَبَطَا	هُمَا	
يُضْبَطُونَ	ضُبِطُوا		يَضْبُطُونَ	ضَبَطُوا	هُمْ	
تُضْبَطُ	ضُبِطَتْ		تَضْبُطُ	ضَبَطَتْ	هِيَ	اَلْغَائِبَةُ 3여
تُضْبَطَانِ	ضُبِطَتَا		تَضْبُطَانِ	ضَبَطَتَا	هُمَا	
يُضْبَطْنَ	ضُبِطْنَ		يَضْبُطْنَ	ضَبَطْنَ	هُنَّ	

뜻풀이

- (누구를) 잡다, 붙잡다, 체포하다, 억류하다
- (누구 또는 무엇을) 잡다, 쥐다, 붙들다
- (무엇을) 유지하다, 보유하다, 간직하다
- (무엇을) 극복하다, 압도하다, 이기다
- (누구 또는 무엇을) 억제하다, 억누르다
- (무엇을) 압수하다, 압류하다
- (무엇을) 정확하게 하다, 꼼꼼하게 행하다
- (무엇을) 구체적으로 규정하다, 분명하게 밝히다
- (기계 장치 등을) 조절하다, 조정하다
- 단어의 철자, 발음 등을(كلمة) 확실하게 정하다, (단어에) 모음 부호를 붙이다
- (시간을) 정확하게 지키다, 엄수하다
- (무엇을) 규제하다, 통제하다, 단속하다
- (무엇을) 수정하다, 고치다
- (경찰서에서 사건 등을) 기록하다, 기입하다, 기재하다
- (무엇을) 정확하게 측정하다, 정확하게 재어서 똑 같은 양을 분배하다

예문

ضَبَطَ أَعْصَابَهُ.

그는 신경질을 억눌렀다.

ضَبَطَتِ الْمُوَظَّفَةُ عَمَلَهَا.

여직원은 업무를 제대로 수행했다.

ضُبِطَ الطِّفْلُ يَسْرِقُ الطَّعَامَ.

아이는 음식을 훔치다 체포되었다.

ضَبَطَ الْمُعَلِّمُ النَّصَّ بِالْعَرَبِيَّةِ.

선생님은 아랍어 본문을 바르게 수정했다.

ضَحِكَ

اَلْمَفْعُولُ 수동분사	اَلْفَاعِلُ 능동분사	اَلْمَصْدَرُ 동명사
مَضْحُوك	ضَاحِك	ضَحْك، ضِحْك، ضَحِك

اَلْمَجْهُولُ 수동		اَلْمَعْلُومُ 능동			اَلضَّمَائِرُ 인칭 대명사	
اَلْمُضَارِعُ 미완료	اَلْمَاضِي 완료	اَلْأَمْرُ 명령	اَلْمُضَارِعُ 미완료	اَلْمَاضِي 완료		
أُضْحَكُ	ضُحِكْتُ		أَضْحَكُ	ضَحِكْتُ	أَنَا	اَلْمُتَكَلِّمُ 1인칭
نُضْحَكُ	ضُحِكْنَا		نَضْحَكُ	ضَحِكْنَا	نَحْنُ	
تُضْحَكُ	ضُحِكْتَ	اِضْحَكْ	تَضْحَكُ	ضَحِكْتَ	أَنْتَ	اَلْمُخَاطَبُ 2 남
تُضْحَكَانِ	ضُحِكْتُمَا	اِضْحَكَا	تَضْحَكَانِ	ضَحِكْتُمَا	أَنْتُمَا	
تُضْحَكُونَ	ضُحِكْتُمْ	اِضْحَكُوا	تَضْحَكُونَ	ضَحِكْتُمْ	أَنْتُمْ	
تُضْحَكِينَ	ضُحِكْتِ	اِضْحَكِي	تَضْحَكِينَ	ضَحِكْتِ	أَنْتِ	اَلْمُخَاطَبَةُ 2 여
تُضْحَكَانِ	ضُحِكْتُمَا	اِضْحَكَا	تَضْحَكَانِ	ضَحِكْتُمَا	أَنْتُمَا	
تُضْحَكْنَ	ضُحِكْتُنَّ	اِضْحَكْنَ	تَضْحَكْنَ	ضَحِكْتُنَّ	أَنْتُنَّ	
يُضْحَكُ	ضُحِكَ		يَضْحَكُ	ضَحِكَ	هُوَ	اَلْغَائِبُ 3 남
يُضْحَكَانِ	ضُحِكَا		يَضْحَكَانِ	ضَحِكَا	هُمَا	
يُضْحَكُونَ	ضُحِكُوا		يَضْحَكُونَ	ضَحِكُوا	هُمْ	
تُضْحَكُ	ضُحِكَتْ		تَضْحَكُ	ضَحِكَتْ	هِيَ	اَلْغَائِبَةُ 3 여
تُضْحَكَانِ	ضُحِكَتَا		تَضْحَكَانِ	ضَحِكَتَا	هُمَا	
يُضْحَكْنَ	ضُحِكْنَ		يَضْحُكْنَ	ضَحِكْنَ	هُنَّ	

뜻풀이

- 웃다, 무엇에 대해(من 또는 ب) 웃다
- 누구를(من) 비웃다, 놀리다, 조롱하다
- 누구 또는 무엇을(من 또는 ب 또는 على) 비웃다, 조롱하다, 경멸하다
- 누구를(على) 속이다, 기만하다

예문

ضَحِكَ فِي ذَقَنِهِ

면전에 대고 비웃다, 대놓고 누구를 비웃다

ضَحِكَ بِمِلْءِ شِدْقَيْهِ / ضَحِكَ مِلْءَ شِدْقَيْهِ

입이 귀에 걸리다, 활짝 웃다

ضَحِكَ مِين سُو عَلَيْهَا.

민수는 그녀를 조롱했다.

تَضْحَكُ بِلَا سَبَبٍ مِنْ قِلَّةِ الْأَدَبِ.

그녀는 예의 없게 아무 이유 없이 웃는다.

هَؤُلَاءِ الْبَنَاتُ يَضْحَكْنَ كَثِيرًا.

이 소녀들은 많이 웃는다.

تَضْحَكُ الدُّنْيَا لِلنَّاسِ كُلِّهِمْ حَتَّى لِلْبُؤَسَاءِ.

세상은 세상 모든 사람, 비참한 사람들에게까지 웃어준다.

اَلْمَفْعُولُ 수동분사	اَلْفَاعِلُ 능동분사	اَلْمَصْدَرُ 동명사	ضَرَبَ
مَضْرُوب	ضَارِب	ضَرْب، ضَرَبَان	

اَلْمَجْهُولُ 수동		اَلْمَعْلُومُ 능동			اَلضَّمَائِرُ 인칭 대명사	
اَلْمُضَارِعُ 미완료	اَلْمَاضِي 완료	اَلْأَمْرُ 명령	اَلْمُضَارِعُ 미완료	اَلْمَاضِي 완료		
أُضْرَبُ	ضُرِبْتُ		أَضْرِبُ	ضَرَبْتُ	أَنَا	اَلْمُتَكَلِّمُ 1인칭
نُضْرَبُ	ضُرِبْنَا		نَضْرِبُ	ضَرَبْنَا	نَحْنُ	
تُضْرَبُ	ضُرِبْتَ	اِضْرِبْ	تَضْرِبُ	ضَرَبْتَ	أَنْتَ	اَلْمُخَاطَبُ 2 남
تُضْرَبَانِ	ضُرِبْتُمَا	اِضْرِبَا	تَضْرِبَانِ	ضَرَبْتُمَا	أَنْتُمَا	
تُضْرَبُونَ	ضُرِبْتُمْ	اِضْرِبُوا	تَضْرِبُونَ	ضَرَبْتُمْ	أَنْتُمْ	
تُضْرَبِينَ	ضُرِبْتِ	اِضْرِبِي	تَضْرِبِينَ	ضَرَبْتِ	أَنْتِ	اَلْمُخَاطَبَةُ 2 여
تُضْرَبَانِ	ضُرِبْتُمَا	اِضْرِبَا	تَضْرِبَانِ	ضَرَبْتُمَا	أَنْتُمَا	
تُضْرَبْنَ	ضُرِبْتُنَّ	اِضْرِبْنَ	تَضْرِبْنَ	ضَرَبْتُنَّ	أَنْتُنَّ	
يُضْرَبُ	ضُرِبَ		يَضْرِبُ	ضَرَبَ	هُوَ	اَلْغَائِبُ 3 남
يُضْرَبَانِ	ضُرِبَا		يَضْرِبَانِ	ضَرَبَا	هُمَا	
يُضْرَبُونَ	ضُرِبُوا		يَضْرِبُونَ	ضَرَبُوا	هُمْ	
تُضْرَبُ	ضُرِبَتْ		تَضْرِبُ	ضَرَبَتْ	هِيَ	اَلْغَائِبَةُ 3 여
تُضْرَبَانِ	ضُرِبَتَا		تَضْرِبَانِ	ضَرَبَتَا	هُمَا	
يُضْرَبْنَ	ضُرِبْنَ		يَضْرِبْنَ	ضَرَبْنَ	هُنَّ	

뜻풀이

동명사가 ضَرْب 인 경우

- (누구 또는 무엇을) 치다, 두드리다, 무엇으로(ب) 때리다
- 무엇으로(ب) 무엇을(على) 때리다
- 누구의([목]) 신체 부위를(على) 치다, 때리다
- (누구 또는 무엇에게) 발사하다, 발포하다, 폭격하다
- 타악기를([목] 또는 على) 치다, 연주하다
- 타자를 치다, 타자기에 입력하다
- (전갈이) 찌르다
- 사람들을(بين) 나누다, 가르다
- 누구에게(على) 세금을 부과하다

동명사가 ضَرْب، ضَرَبَان 인 경우

- (맥박이나 심장이) 뛰다, 두근거리다, 고동치다
- (상처나 치아 등이) 아프다, 쑤시다
- 약간 움직이다, 살짝 흔들리다, 뒤척이다
- 어디를(في) 배회하다, 어슬렁거리다
- (배가) 순항하다
- (새들이) 이동하다, 이주하다
- (색조가) 조금씩 무엇으로(إلى) 바뀌다

예문

ضَرَبَ الْأَرُزَّ

탈곡하다, 벼를 타작하다

ضَرَبَ حَقْنًا

주사를 놓다

ضَرَبَ خَطًّا

선을 긋다, 그리다

ضَرَبَ خَيْمَةً

천막을 치다

ضَرَبَ عُنْقَهُ

누구의 목을 베다

ضَرَبَ قَالَبَهُ

무엇을 모방하다

ضَرَبَ الْأَمْثَالَ

격언을 인용하다; 우화를 말하다

ضَرَبَ نُقُودًا

화폐를 주조하다

ضَرَبَ بِنَظَرِهِ إِلَى

어디로 눈길을 돌리다

ضَرَبَ بُويَةً عَلَى

물감을 바르다, 칠하다

ضَرَبَ عَلَى كَلِمَةٍ

단어를 지우다, 삭제하다

ضَرَبَ ضَرِيبَةً عَلَى

세금을 부과하다

ضَرَبَ ضَرْبًا شَدِيدًا

(정치 비리 등을) 맹렬히 공격하다, 일격을 가하다

ضَرَبَ عَدَدًا فِي آخَرَ

수를 다른 숫자에 곱하다

ضَرَبَ الرَّقْمَ (الْقِيَاسِيَّ)

기록을 깨다, 신기록을 세우다

ضَرَبَ مَوْعِدًا / ضَرَبَ مِيعَادًا

약속 시간과 장소를 정하다; 어디에서(في) 누구와 만나다

ضَرَبَ أَخْمَاسًا لِأَسْدَاسٍ / ضَرَبَ أَخْمَاسَهُ فِي أَسْدَاسِهِ

(해결책을 찾기 위해) 골똘히 생각하다, 머리를 굴리다;

ضَرَبَ فِي الْأَرْضِ / فِي أَرْضِ اللهِ

세상을 돌아다니다, 여행하다

ضَرَبَنِي عَلَى عَيْنِي.

그는 나의 눈을 가격했다.

ضَرَبْتُ فِي حَدِيدٍ بَارِدٍ.

나는 헛수고했다.

ضَرَبَ بَيْنِي وَبَيْنَهُ الْأَيَّامُ.

세월(운명)이 나와 그를 갈라놓았다.

ضَرَبْتُ بِقَبْضَتِي عَلَى وَجْهِهِ.

나는 주먹을 그의 얼굴에 꽂아 넣었다.

بَدَأَ يَضْرِبُ أَرْضَ الْمَطْبَخِ بِخِفَّةٍ.

그는 부엌 바닥을 가볍게 두드리기 시작했다.

لَقَدْ ضَرَبَنِي بِشِدَّةٍ. إِنَّهُ بِلَا قَلْبٍ وَلَا رَحْمَةٍ.

그는 나를 세차게 때렸다. 그는 인정사정 없는 사람이다.

ط

اَلْمَفْعُولُ 수동분사	اَلْفَاعِلُ 능동분사	اَلْمَصْدَرُ 동명사	طَالَبَ
مُطَالَب	مُطَالِب	مُطَالَبَة	

اَلْمَجْهُولُ 수동		اَلْمَعْلُومُ 능동			اَلضَّمَائِرُ 인칭 대명사	
اَلْمُضَارِعُ 미완료	اَلْمَاضِي 완료	اَلْأَمْرُ 명령	اَلْمُضَارِعُ 미완료	اَلْمَاضِي 완료		
			أُطَالِبُ	طَالَبْتُ	أَنَا	اَلْمُتَكَلِّمُ 1인칭
			نُطَالِبُ	طَالَبْنَا	نَحْنُ	
		طَالِبْ	تُطَالِبُ	طَالَبْتَ	أَنْتَ	اَلْمُخَاطَبُ 2 남
		طَالِبَا	تُطَالِبَانِ	طَالَبْتُمَا	أَنْتُمَا	
		طَالِبُوا	تُطَالِبُونَ	طَالَبْتُمْ	أَنْتُمْ	
		طَالِبِي	تُطَالِبِينَ	طَالَبْتِ	أَنْتِ	اَلْمُخَاطَبَةُ 2 여
		طَالِبَا	تُطَالِبَانِ	طَالَبْتُمَا	أَنْتُمَا	
		طَالِبْنَ	تُطَالِبْنَ	طَالَبْتُنَّ	أَنْتُنَّ	
يُطَالَبُ	طُولِبَ		يُطَالِبُ	طَالَبَ	هُوَ	اَلْغَائِبُ 3 남
			يُطَالِبَانِ	طَالَبَا	هُمَا	
			يُطَالِبُونَ	طَالَبُوا	هُمْ	
			تُطَالِبُ	طَالَبَتْ	هِيَ	اَلْغَائِبَةُ 3 여
			تُطَالِبَانِ	طَالَبَتَا	هُمَا	
			يُطَالِبْنَ	طَالَبْنَ	هُنَّ	

뜻풀이

- (누구에게) 무엇을([목] 또는 ب) 돌려달라고 하다, 되찾다
- 무엇을([목] 또는 ب) 돌려달라고 요구하다, 요청하다
- (누구에게) 무엇을([목] 또는 ب) 요구하다, 요청하다.
- 무엇을(ب) 요구하다

예문

طَالَبَنِي بِنَصِيبِهِ.

그는 나에게 자기의 몫을 요구했다.

طَالَبُوا بِحُقُوقِهِمْ.

그들은 자신들의 권리를 요구했다.

يُطَالِبُ الْعَامَّةُ بِقَوَانِينَ أَشَدَّ.

대중은 더 강력한 법을 요구했다.

يُطَالِبُونَ بِإِغْلَاقِ كُلِّ الْمُفَاعِلَاتِ النَّوَوِيَّةِ.

그들은 모든 원자로 폐쇄를 요구했다.

طَالَبَ الْمُتَظَاهِرُونَ بِحُكْمٍ ذَاتِيٍّ لِمِنْطَقَتِهِمْ.

시위자들은 자신들의 지역에 대한 자치권을 요구했다.

يُطَالِبُ طَرَفَيِ النِّزَاعِ بِوَقْفِ هَذِهِ الْكَارِثَةِ فَوْرًا.

그는 분쟁의 양측에게 당장 재앙을 멈출 것을 요구한다.

اَلْمَفْعُولُ 수동분사	اَلْفَاعِلُ 능동분사	اَلْمَصْدَرُ 동명사	طَبَخَ
مَطْبُوخ	طَابِخ	طَبْخ	

اَلْمَجْهُولُ 수동		اَلْمَعْلُومُ 능동			اَلضَّمَائِرُ 인칭 대명사	
اَلْمُضَارِعُ 미완료	اَلْمَاضِي 완료	اَلْأَمْرُ 명령	اَلْمُضَارِعُ 미완료	اَلْمَاضِي 완료		
أُطْبَخُ	طُبِخْتُ		أَطْبُخُ	طَبَخْتُ	أَنَا	اَلْمُتَكَلِّمُ 1인칭
نُطْبَخُ	طُبِخْنَا		نَطْبُخُ	طَبَخْنَا	نَحْنُ	
تُطْبَخُ	طُبِخْتَ	أُطْبُخْ	تَطْبُخُ	طَبَخْتَ	أَنْتَ	اَلْمُخَاطَبُ 2 남
تُطْبَخَانِ	طُبِخْتُمَا	أُطْبُخَا	تَطْبُخَانِ	طَبَخْتُمَا	أَنْتُمَا	
تُطْبَخُونَ	طُبِخْتُمْ	أُطْبُخُوا	تَطْبُخُونَ	طَبَخْتُمْ	أَنْتُمْ	
تُطْبَخِينَ	طُبِخْتِ	أُطْبُخِي	تَطْبُخِينَ	طَبَخْتِ	أَنْتِ	اَلْمُخَاطَبَةُ 2 여
تُطْبَخَانِ	طُبِخْتُمَا	أُطْبُخَا	تَطْبُخَانِ	طَبَخْتُمَا	أَنْتُمَا	
تُطْبَخْنَ	طُبِخْتُنَّ	أُطْبُخْنَ	تَطْبُخْنَ	طَبَخْتُنَّ	أَنْتُنَّ	
يُطْبَخُ	طُبِخَ		يَطْبُخُ	طَبَخَ	هُوَ	اَلْغَائِبُ 3 남
يُطْبَخَانِ	طُبِخَا		يَطْبُخَانِ	طَبَخَا	هُمَا	
يُطْبَخُونَ	طُبِخُوا		يَطْبُخُونَ	طَبَخُوا	هُمْ	
تُطْبَخُ	طُبِخَتْ		تَطْبُخُ	طَبَخَتْ	هِيَ	اَلْغَائِبَةُ 3 여
تُطْبَخَانِ	طُبِخَتَا		تَطْبُخَانِ	طَبَخَتَا	هُمَا	
يُطْبَخْنَ	طُبِخْنَ		يَطْبُخْنَ	طَبَخْنَ	هُنَّ	

뜻풀이

- (무엇을) 요리하다, 조리하다

예문

طَبَخَ اللَّحْمَ

고기를 요리하다, 고기를 굽다

طَبَخَتْهُ الْحُمَّى.

그는 고열에 걸렸다.

لَنْ أَطْبُخَ لَكَ مُطْلَقًا.

내가 절대로 너를 위해 요리하지 않을 테야.

لَمْ أَرَكِ أَبَدًا تَطْبُخِينَ طَعَامًا.

나는 네가 요리하는 것을 전혀 보지 못했어.

يَطْبُخُ الْأَخْبَارَ الْكَاذِبَةَ وَيَنْشُرُهَا.

그는 거짓 소식을 꾸며 퍼뜨린다.

لَمْ تَطْبُخْ أَيَّ شَيْءٍ خِلَالَ 3 أَيَّامٍ.

그녀는 3일 동안 아무 것도 요리하지 않았다

수동분사 اَلْمَفْعُولُ	능동분사 اَلْفَاعِلُ	동명사 اَلْمَصْدَرُ	طَرَدَ
مَطْرُود	طَارِد	طَرْد	

수동 اَلْمَجْهُولُ		능동 اَلْمَعْلُومُ			اَلضَّمَائِرُ 인칭 대명사	
اَلْمُضَارِعُ 미완료	اَلْمَاضِي 완료	اَلْأَمْرُ 명령	اَلْمُضَارِعُ 미완료	اَلْمَاضِي 완료		
أُطْرَدُ	طُرِدْتُ		أَطْرُدُ	طَرَدْتُ	أَنَا	اَلْمُتَكَلِّمُ 1인칭
نُطْرَدُ	طُرِدْنَا		نَطْرُدُ	طَرَدْنَا	نَحْنُ	
تُطْرَدُ	طُرِدْتَ	أُطْرُدْ	تَطْرُدُ	طَرَدْتَ	أَنْتَ	اَلْمُخَاطَبُ 2 남
تُطْرَدَانِ	طُرِدْتُمَا	أُطْرُدَا	تَطْرُدَانِ	طَرَدْتُمَا	أَنْتُمَا	
تُطْرَدُونَ	طُرِدْتُمْ	أُطْرُدُوا	تَطْرُدُونَ	طَرَدْتُمْ	أَنْتُمْ	
تُطْرَدِينَ	طُرِدْتِ	أُطْرُدِي	تَطْرُدِينَ	طَرَدْتِ	أَنْتِ	اَلْمُخَاطَبَةُ 2 여
تُطْرَدَانِ	طُرِدْتُمَا	أُطْرُدَا	تَطْرُدَانِ	طَرَدْتُمَا	أَنْتُمَا	
تُطْرَدْنَ	طُرِدْتُنَّ	أُطْرُدْنَ	تَطْرُدْنَ	طَرَدْتُنَّ	أَنْتُنَّ	
يُطْرَدُ	طُرِدَ		يَطْرُدُ	طَرَدَ	هُوَ	اَلْغَائِبُ 3 남
يُطْرَدَانِ	طُرِدَا		يَطْرُدَانِ	طَرَدَا	هُمَا	
يُطْرَدُونَ	طُرِدُوا		يَطْرُدُونَ	طَرَدُوا	هُمْ	
تُطْرَدُ	طُرِدَتْ		تَطْرُدُ	طَرَدَتْ	هِيَ	اَلْغَائِبَةُ 3 여
تُطْرَدَانِ	طُرِدَتَا		تَطْرُدَانِ	طَرَدَتَا	هُمَا	
يُطْرَدْنَ	طُرِدْنَ		يَطْرُدْنَ	طَرَدْنَ	هُنَّ	

뜻풀이

- (누구 또는 무엇을) 어디에서(مِن) 쫓아내다, 몰아내다, 추방하다
- (누구를) 추방시키다
- (심판이) 누구를 퇴장시키다
- (누구 또는 무엇을) 몰아세우다, 끝까지 추적해서 내쫓다

예문

طُرِدَ مِنْ بِلَادِهِ.

그는 나라에서 추방되었다.

طَرَدَ الذِّكْرَيَاتِ.

그는 기억을 잃어버렸다.

طَرَدَ أَحْمَدُ مُغِيرًا.

아흐마드는 침입자를 내쫓았다.

طَرَدَ الصَّيَّادُ الْغَزَالَ.

사냥꾼은 산양의 뒤를 쫓았다.

طَرَدَهَا الْمُدِيرُ مِنْ مَنْصِبِهَا.

사장은 그녀를 해고했다.

طَرَدَتِ الْقُوَّاتُ الْعَدُوَّ مِنَ الْبِلَادِ.

군대는 조국으로부터 적을 내몰아냈다.

수동분사 اَلْمَفْعُولُ	능동분사 اَلْفَاعِلُ	동명사 اَلْمَصْدَرُ	طَلَبَ
مَطْلُوب	طَالِب	طَلَب، مَطْلَب	

수동 اَلْمَجْهُولُ		능동 اَلْمَعْلُومُ			اَلضَّمَائِرُ 인칭 대명사	
اَلْمُضَارِعُ 미완료	اَلْمَاضِي 완료	اَلْأَمْرُ 명령	اَلْمُضَارِعُ 미완료	اَلْمَاضِي 완료		
أُطْلَبُ	طُلِبْتُ		أَطْلُبُ	طَلَبْتُ	أَنَا	اَلْمُتَكَلِّمُ 1인칭
نُطْلَبُ	طُلِبْنَا		نَطْلُبُ	طَلَبْنَا	نَحْنُ	
تُطْلَبُ	طُلِبْتَ	أُطْلُبْ	تَطْلُبُ	طَلَبْتَ	أَنْتَ	اَلْمُخَاطَبُ 2 남
تُطْلَبَانِ	طُلِبْتُمَا	أُطْلُبَا	تَطْلُبَانِ	طَلَبْتُمَا	أَنْتُمَا	
تُطْلَبُونَ	طُلِبْتُمْ	أُطْلُبُوا	تَطْلُبُونَ	طَلَبْتُمْ	أَنْتُمْ	
تُطْلَبِينَ	طُلِبْتِ	أُطْلُبِي	تَطْلُبِينَ	طَلَبْتِ	أَنْتِ	اَلْمُخَاطَبَةُ 2 여
تُطْلَبَانِ	طُلِبْتُمَا	أُطْلُبَا	تَطْلُبَانِ	طَلَبْتُمَا	أَنْتُمَا	
تُطْلَبْنَ	طُلِبْتُنَّ	أُطْلُبْنَ	تَطْلُبْنَ	طَلَبْتُنَّ	أَنْتُنَّ	
يُطْلَبُ	طُلِبَ		يَطْلُبُ	طَلَبَ	هُوَ	اَلْغَائِبُ 3 남
يُطْلَبَانِ	طُلِبَا		يَطْلُبَانِ	طَلَبَا	هُمَا	
يُطْلَبُونَ	طُلِبُوا		يَطْلُبُونَ	طَلَبُوا	هُمْ	
تُطْلَبُ	طُلِبَتْ		تَطْلُبُ	طَلَبَتْ	هِيَ	اَلْغَائِبَةُ 3 여
تُطْلَبَانِ	طُلِبَتَا		تَطْلُبَانِ	طَلَبَتَا	هُمَا	
يُطْلَبْنَ	طُلِبْنَ		يَطْلُبْنَ	طَلَبْنَ	هُنَّ	

뜻풀이

- (누구 또는 무엇을) 찾다, 찾아보다
- (어디로) 가다, 출발하다
- (누구 또는 무엇을) 보러 가다
- (무엇을) 요청하다, 신청하다
- 누구에게(من 또는 إلى) 무엇을 요구하다
- 누구 또는 무엇에게(من) 무엇을 원하다, 바라다
- 누가(إلى) 무엇 하는 것을(أن) 원하다
- 누구에게(إلى) 간청하다, 청하다
- 누구 또는 무엇에게(من) 무엇을 요청하다, 주문하다
- (누구 또는 무엇을) 추구하다, 찾다
- 공부하다

예문

طَلَبْنَا مِنْهَا خِدْمَةً.

우리는 그녀에게 부탁을 들어줄 것을 요청했다.

أُطْلُبْ قَهْوَةً مِنَ النَّادِلِ.

종업원에게 커피를 주문해라.

طَلَبَ مِنِّي أَنْ آتِيَ مُبَكِّرًا.

그는 우리가 일찍 올 것을 요구했다.

طَلَبَتْ لِي فِنْجَانًا مِنَ الْقَهْوَةِ.

그녀는 나에게 커피 한 잔을 주문했다.

إِنَّهُمْ لَنْ يُسَاعِدُوكَ حَتَّى وَلَوْ طَلَبْتَ مِنْهُمْ.

당신이 그들에게 요청하더라도 그들은 당신을 돕지 않을 것이다.

طَلَبَ مِين سُو مِنْ مُوَظَّفِ الْبَرِيدِ طَابَعًا جَوِّيًا.

민수는 우체국 직원에게 항공 우표를 요구했다.

ظ

ظَلَّ	اَلْمَصْدَرُ 동명사	اَلْفَاعِلُ 능동분사	اَلْمَفْعُولُ 수동분사
	ظَلّ، ظُلُول	ظَالّ	مَظْلُول

اَلضَّمَائِرُ 인칭 대명사		اَلْمَعْلُومُ 능동 اَلْمَاضِي 완료	اَلْمُضَارِعُ 미완료	اَلْأَمْرُ 명령	اَلْمَجْهُولُ 수동 اَلْمَاضِي 완료	اَلْمُضَارِعُ 미완료
اَلْمُتَكَلِّمُ 1인칭	أَنَا	ظَلَلْتُ	أَظَلُّ		ظُلِلْتُ	أُظَلُّ
	نَحْنُ	ظَلَلْنَا	نَظَلُّ		ظُلِلْنَا	نُظَلُّ
اَلْمُخَاطَبُ 2 남	أَنْتَ	ظَلَلْتَ	تَظَلُّ	ظَلَّ	ظُلِلْتَ	تُظَلُّ
	أَنْتُمَا	ظَلَلْتُمَا	تَظَلَّانِ	ظَلَّا	ظُلِلْتُمَا	تُظَلَّانِ
	أَنْتُمْ	ظَلَلْتُمْ	تَظَلُّونَ	ظَلُّوا	ظُلِلْتُمْ	تُظَلُّونَ
اَلْمُخَاطَبَةُ 2 여	أَنْتِ	ظَلَلْتِ	تَظَلِّينَ	ظَلِّي	ظُلِلْتِ	تُظَلِّينَ
	أَنْتُمَا	ظَلَلْتُمَا	تَظَلَّانِ	ظَلَّا	ظُلِلْتُمَا	تُظَلَّانِ
	أَنْتُنَّ	ظَلَلْتُنَّ	تَظْلَلْنَ	اِظْلَلْنَ	ظُلِلْتُنَّ	تُظْلَلْنَ
اَلْغَائِبُ 3 남	هُوَ	ظَلَّ	يَظَلُّ		ظُلَّ	يُظَلُّ
	هُمَا	ظَلَّا	يَظَلَّانِ		ظُلَّا	يُظَلَّانِ
	هُمْ	ظَلُّوا	يَظَلُّونَ		ظُلُّوا	يُظَلُّونَ
اَلْغَائِبَةُ 3 여	هِيَ	ظَلَّتْ	تَظَلُّ		ظُلَّتْ	تُظَلُّ
	هُمَا	ظَلَّتَا	تَظَلَّانِ		ظُلَّتَا	تُظَلَّانِ
	هُنَّ	ظَلَلْنَ	يَظْلَلْنَ		ظُلِلْنَ	يُظْلَلْنَ

뜻풀이

술부가 목적격일 때

- 계속 어떤 상태로 있다
- 장소 또는 상황에(في) 남아있다, 존재하다

미완료 동사나 분사와 함께

- (무엇을) 계속하다, 지속하다

예문

ظَلَّ وَاقِفًا / صَامِتًا

계속 서 있다 / 침묵하다

ظَلَّ عَلَى مَوْقِفِهِ

자신의 의견을 고집하다, 입장을 고수하다

ظَلَّ يَتْبَعُهَا.

그가 계속 그녀를 따라다닌다.

ظَلَّتْ فِي بَيْتِ وَالِدِهَا حتَّى تَزَوَّجَتْ.

그녀는 결혼할 때까지 아버지의 집에 머물렀다.

بِالرَّغْمِ مِنَ الرُّكُودِ الِاقْتِصَادِيِّ ظَلَّتِ الْمَبِيعَاتُ عَالِيَةً.

경기 침체에도 불구하고 판매는 계속 잘 되었다.

ظَلَلْتُ فِي الْمَنْزِلِ أَمْسِ لِأَنَّنِي كُنْتُ مُصَابًا بِبَرْدٍ شَدِيدٍ.

나는 심한 감기에 걸렸기 때문에 어제 집에 계속 있었다.

수동분사 اَلْمَفْعُولُ	능동분사 اَلْفَاعِلُ	동명사 اَلْمَصْدَرُ	ظَنَّ
مَظْنُون	ظَانّ	ظَنّ	

수동 اَلْمَجْهُولُ		능동 اَلْمَعْلُومُ			اَلضَّمَائِرُ 인칭 대명사	
اَلْمُضَارِعُ 미완료	اَلْمَاضِي 완료	اَلْأَمْرُ 명령	اَلْمُضَارِعُ 미완료	اَلْمَاضِي 완료		
أُظَنُّ	ظُنِنْتُ		أَظُنُّ	ظَنَنْتُ	أَنَا	اَلْمُتَكَلِّمُ 1인칭
نُظَنُّ	ظُنِنَّا		نَظُنُّ	ظَنَنَّا	نَحْنُ	
تُظَنُّ	ظُنِنْتَ	ظُنَّ	تَظُنُّ	ظَنَنْتَ	أَنْتَ	اَلْمُخَاطَبُ 2남
تُظَنَّانِ	ظُنِنْتُمَا	ظُنَّا	تَظُنَّانِ	ظَنَنْتُمَا	أَنْتُمَا	
تُظَنُّونَ	ظُنِنْتُمْ	ظُنُّوا	تَظُنُّونَ	ظَنَنْتُمْ	أَنْتُمْ	
تُظَنِّينَ	ظُنِنْتِ	ظُنِّي	تَظُنِّينَ	ظَنَنْتِ	أَنْتِ	اَلْمُخَاطَبَةُ 2여
تُظَنَّانِ	ظُنِنْتُمَا	ظُنَّا	تَظُنَّانِ	ظَنَنْتُمَا	أَنْتُمَا	
تُظْنَنَّ	ظُنِنْتُنَّ	اُظْنُنَّ	تَظْنُنَّ	ظَنَنْتُنَّ	أَنْتُنَّ	
يُظَنُّ	ظُنَّ		يَظُنُّ	ظَنَّ	هُوَ	اَلْغَائِبُ 3남
يُظَنَّانِ	ظُنَّا		يَظُنَّانِ	ظَنَّا	هُمَا	
يُظَنُّونَ	ظُنُّوا		يَظُنُّونَ	ظَنُّوا	هُمْ	
تُظَنُّ	ظُنَّتْ		تَظُنُّ	ظَنَّتْ	هِيَ	اَلْغَائِبَةُ 3여
تُظَنَّانِ	ظُنَّتَا		تَظُنَّانِ	ظَنَّتَا	هُمَا	
يُظْنَنَّ	ظُنِنَّ		يَظْنُنَّ	ظَنَنَّ	هُنَّ	

뜻풀이

- 생각하다, 추정하다
- (무엇을) (무엇이라고) 여기다
- 누구를([목] 또는 بِ) 의심하다, 수상하게 여기다

예문

ظَنَّ بِهِ الْغَبَاءَ

누구를 멍청하다 생각하다

ظَنَنْتُهُ يَفْعَلُ ذَلِكَ.

나는 그가 그것을 할 수 있다고 여겼다.

ظَنَّ أَنَّ مِفْتَاحَهُ ضَائِعٌ.

그는 열쇠가 없어졌다고 생각했다.

ظَنُّوا أَنَّ الْمَرِيضَ مَاتَ.

그들은 환자가 죽었다고 생각했다.

ظَنَّ أَنَّهُ قَدْ وَجَدَ مَكَانَ النُّقُودِ.

그는 자신이 돈의 위치를 찾았다고 생각했다.

ظَنُّوا أَنَّ أَبَاهُمْ كَانَ مَيِّتًا وَلَكِنَّهُمْ اكْتَشَفُوا أَنَّهُ كَانَ حَيًّا.

그들은 아버지께서 돌아가셨다고 생각했지만 그가 살아있었음을 발견했다.

수동분사 اَلْمَفْعُولُ	능동분사 اَلْفَاعِلُ	동명사 اَلْمَصْدَرُ	ظَهَرَ
مَظْهُور	ظَاهِر	ظُهُور	

수동 اَلْمَجْهُولُ		능동 اَلْمَعْلُومُ			اَلضَّمَائِرُ 인칭 대명사	
اَلْمُضَارِعُ 미완료	اَلْمَاضِي 완료	اَلْأَمْرُ 명령	اَلْمُضَارِعُ 미완료	اَلْمَاضِي 완료		
أُظْهَرُ	ظُهِرْتُ		أَظْهَرُ	ظَهَرْتُ	أَنَا	اَلْمُتَكَلِّمُ 1인칭
نُظْهَرُ	ظُهِرْنَا		نَظْهَرُ	ظَهَرْنَا	نَحْنُ	
تُظْهَرُ	ظُهِرْتَ	اِظْهَرْ	تَظْهَرُ	ظَهَرْتَ	أَنْتَ	اَلْمُخَاطَبُ 2 남
تُظْهَرَانِ	ظُهِرْتُمَا	اِظْهَرَا	تَظْهَرَانِ	ظَهَرْتُمَا	أَنْتُمَا	
تُظْهَرُونَ	ظُهِرْتُمْ	اِظْهَرُوا	تَظْهَرُونَ	ظَهَرْتُمْ	أَنْتُمْ	
تُظْهَرِينَ	ظُهِرْتِ	اِظْهَرِي	تَظْهَرِينَ	ظَهَرْتِ	أَنْتِ	اَلْمُخَاطَبَةُ 2 여
تُظْهَرَانِ	ظُهِرْتُمَا	اِظْهَرَا	تَظْهَرَانِ	ظَهَرْتُمَا	أَنْتُمَا	
تُظْهَرْنَ	ظُهِرْتُنَّ	اِظْهَرْنَ	تَظْهَرْنَ	ظَهَرْتُنَّ	أَنْتُنَّ	
يُظْهَرُ	ظُهِرَ		يَظْهَرُ	ظَهَرَ	هُوَ	اَلْغَائِبُ 3 남
يُظْهَرَانِ	ظُهِرَا		يَظْهَرَانِ	ظَهَرَا	هُمَا	
يُظْهَرُونَ	ظُهِرُوا		يَظْهَرُونَ	ظَهَرُوا	هُمْ	
تُظْهَرُ	ظُهِرَتْ		تَظْهَرُ	ظَهَرَتْ	هِيَ	اَلْغَائِبَةُ 3 여
تُظْهَرَانِ	ظُهِرَتَا		تَظْهَرَانِ	ظَهَرَتَا	هُمَا	
يُظْهَرْنَ	ظُهِرْنَ		يَظْهَرْنَ	ظَهَرْنَ	هُنَّ	

뜻풀이

- 나타나다, 보이기 시작하다, 발현하다
- 누구에게(لـ) 명백해지다, 확실히 보이다
- (질병이) 발생하다
- (배우가) 무대에 등장하다
- (책이나 잡지 등이) 등장하다, 출판되다
- 어떤 원인이나 이유 때문에(من) (어떤 결과가) 생기다, 발생하다, 유발되다
- (무엇을) 오르다, 올라가다
- 누구를(على) 이기다, 격파하다, 압도하다
- 무엇을(على) 접하다, 알게 되다, 배우다

예문

ظَهَرَ الْمَلِكُ عَلَى شُرْفَتِهِ.

왕이 발코니에 모습을 드러냈다.

لَا أَدْرِي مِنْ أَيْنَ ظَهَرَ السَّائِقُ الْآخَرُ.

다른 운전기사가 어디에서 나타났는지 나는 모른다.

ظَهَرَتْ مُشْكِلَةُ الْجُوعِ مُنْذُ سَنَوَاتٍ عَدِيدَةٍ.

기아 문제는 수 년전부터 나타났다.

مَا شَاءَ اللهُ، يَظْهَرُ أَنَّكَ فَهِمْتَ التَّعْلِيمَاتِ جَيِّدًا.

와, 당신은 지시를 잘 이해한 것 같습니다.

هَذَا الرَّجُلُ مُمَثِّلٌ، فَقَدْ ظَهَرَ فِي كَثِيرٍ مِنَ الْأَفْلَامِ.

이 남자는 배우이고 많은 영화에 출연했다.

وَيَجْلِسُ عَلَى الْكُرْسِيِّ حَتَّى يَظْهَرَ رَقْمُهُ عَلَى اللَّوْحَةِ الْإِلِكْتْرُونِيَّةِ.

그는 전광판에 자신의 번호가 나올 때까지 의자에 앉아 있었다.

ع

اَلْمَفْعُولُ 수동분사	اَلْفَاعِلُ 능동분사	اَلْمَصْدَرُ 동명사	عَادَ
مَعُود	عَائِد	عَوْد، عَوْدَة، مَعَاد، عِيَادَة	

اَلْمَجْهُولُ 수동		اَلْمَعْلُومُ 능동			اَلضَّمَائِرُ 인칭 대명사	
اَلْمُضَارِعُ 미완료	اَلْمَاضِي 완료	اَلْأَمْرُ 명령	اَلْمُضَارِعُ 미완료	اَلْمَاضِي 완료		
			أَعُودُ	عُدْتُ	أَنَا	اَلْمُتَكَلِّمُ 1인칭
			نَعُودُ	عُدْنَا	نَحْنُ	
		عُدْ	تَعُودُ	عُدْتَ	أَنْتَ	اَلْمُخَاطَبُ 2 남
		عُودَا	تَعُودَانِ	عُدْتُمَا	أَنْتُمَا	
		عُودُوا	تَعُودُونَ	عُدْتُمْ	أَنْتُمْ	
		عُودِي	تَعُودِينَ	عُدْتِ	أَنْتِ	اَلْمُخَاطَبَةُ 2 여
		عُودَا	تَعُودَانِ	عُدْتُمَا	أَنْتُمَا	
		عُدْنَ	تَعُدْنَ	عُدْتُنَّ	أَنْتُنَّ	
يُعَادُ	عِيدَ		يَعُودُ	عَادَ	هُوَ	اَلْغَائِبُ 3 남
			يَعُودَانِ	عَادَا	هُمَا	
			يَعُودُونَ	عَادُوا	هُمْ	
			تَعُودُ	عَادَتْ	هِيَ	اَلْغَائِبَةُ 3 여
			تَعُودَانِ	عَادَتَا	هُمَا	
			يَعُدْنَ	عُدْنَ	هُنَّ	

뜻풀이

동명사가 عَوْد، عَوْدَة، مَعَاد 인 경우

- 어디로(لـ 또는 إلى) 돌아가다, 되돌아가다
- 어디로(إلى) 거슬러 올라가다
- (이익 등이) 무엇으로(على) 돌아가다, (이익이 돌아가서) 무엇을(على) 높이다, 더하다
- 무엇과(على) 관련되다
- 누구의(إلى) 몫으로 돌아가다, 누구의(إلى) 영역에 들어가다
- 누구 또는 무엇에게(لـ 또는 إلى) 속하다
- 무엇을(عن) 포기하다, 단념하다
- 누구 또는 무엇을(بـ) 어디로(إلى) 돌려보내다, 되돌려 놓다
- 누구에게(على) 무엇을(بـ) 낳다, 야기하다, 수반하다
- [목적격의 서술 형용사나 명사와 함께] 무엇이 되다, 무엇으로 변하다
- [미완료 동사나 إلى 와 함께] 무엇을 재개하다, 다시 시작하다
- [부정문에서 미완료 동사와 함께] 더 이상 무엇을 하지 않다
- [정동사와 함께] 무엇을 다시 하다

동명사가 عِيَادَة인 경우

- (의사가) 왕진하다
- (환자를) 치료하다

예문

عَادَ إِلَى نَفْسِهِ

의식을 되찾다; 자신을 되돌아보다

عَادَ بِالنَّفْعِ عَلَى

이익(수익)을 누구에게 돌려주다

لَمْ يَعُدْ هُنَاكَ بَدِيلٌ

다른 대안이 없다, 남아있지 않다

لَمْ يَعُدْ بِقَادِرٍ عَلَى

더 이상 무엇을(على) 할 수 없었다

لَمْ يَعُدْ لَهُ طَاقَةٌ بِهِ

그는 더 이상 그것에 대해 어떠한 힘도 가지고 있지 않았다

مَاذَا يَعُودُ عَلَيْكُمْ إِذَا

만약 무엇이라면 그것이 너에게 무슨 이익을 가져오겠느냐?

لَمْ أَعُدْ أَنْ أَسْتَطِيعَ صَبْرًا

난 더 이상 참을 수 없었다

عَادَتِ الْمِيَاهُ إِلَى مَجَارِيهَا

사태가 다시 정상으로 돌아오다

عَادُوا عَلَى أَعْقَابِهِمْ / عَادَ إِلَى الظُّهُورِ

다시 나타나다

سَأَعُودُ بَعْدَ لَحْظَةٍ.

나는 잠시 뒤에 돌아올 것이다.

لَا يَعُودُ يَنْظُرُ إِلَيْهَا.

그는 더 이상 그녀를 보지 않는다.

عَادَ الطَّبِيبُ الْمَرِيضَ.

의사는 환자에게 왕진갔다.

لَمْ يَعُدْنَ مِنَ السُّوقِ بَعْدُ.

그녀들이 아직 시장에서 돌아오지 않았다.

لَيْتَ الزَّمَنَ يَعُودُ إِلَى الْوَرَاءِ.

시간을 뒤로 돌릴 수 있다면 좋을 것같다.

عَادَتْ هَذِهِ الْكَاتِبَةُ مِنْ سَفَرِهَا.

이 여성 작가는 여행에서 돌아왔다.

يَعُودُ تَارِيخُنَا إِلَى الْعُصُورِ الْوُسْطَى.

우리의 역사는 중세 시대까지 거슬러 올라간다.

لَا تَضْغَطْ عَلَيْهِ، فَسَيَعُودُ إِلَى رُشْدِهِ قَرِيبًا.

그를 압박하지 마라. 그는 곧 원래대로 돌아올 것이다.

لَنْ تَعُودَ الطَّبِيعَةُ جَمِيلَةً بِقَدْرِ مَا كَانَتْ دَائِمًا.

자연은 항상 그러했던 것처럼 아름답게 돌아오지는 않을 것이다.

لَقَدْ عُدْتُ إِلَى حَيَوِيَّتِي وَمَرَحِي بِفَضْلِ تَأْثِيرِ إِرَادَتِهَا الْقَوِيَّةِ.

그녀의 강한 의지의 영향 덕분에 나는 다시 활기차고 행복해졌다.

لَكِنْ أَهَمُّ مِنْ ذَلِكَ هُوَ أَنْ يُعَادَ النَّظَرُ فَوْرًا فِي كُلِّ الْقَوَانِينِ الْخَاصَّةِ بِالْمَرْأَةِ.

하지만 그것보다 중요한 것은 여성에 관한 모든 법을 곧바로 재고해 보는 것이다.

اَلْقِسْمُ الْأَوَّلُ يَعُودُ إِلَى مَا قَبْلَ التَّارِيخِ، وَيُغَطِّي حَتَّى الْقَرْنِ الرَّابِعِ بَعْدَ الْمِيلَادِ.

첫 번째 부분은 기원전까지 거슬러 올라가서 기원후 4세기까지 다루고 있다.

수동분사 اَلْمَفْعُولُ	능동분사 اَلْفَاعِلُ	동명사 اَلْمَصْدَرُ	عَاشَ
مَعِيش، مُعَاش	عَائِش	عَيْش، عِيشَة، مَعِيش، مَعِيشَة، مَعَاش	

수동 اَلْمَجْهُولُ		능동 اَلْمَعْلُومُ			اَلضَّمَائِرُ 인칭 대명사	
اَلْمُضَارِعُ 미완료	اَلْمَاضِي 완료	اَلْأَمْرُ 명령	اَلْمُضَارِعُ 미완료	اَلْمَاضِي 완료		
			أَعِيشُ	عِشْتُ	أَنَا	اَلْمُتَكَلِّمُ 1인칭
			نَعِيشُ	عِشْنَا	نَحْنُ	
		عِشْ	تَعِيشُ	عِشْتَ	أَنْتَ	اَلْمُخَاطَبُ 2 남
		عِيشَا	تَعِيشَانِ	عِشْتُمَا	أَنْتُمَا	
		عِيشُوا	تَعِيشُونَ	عِشْتُمْ	أَنْتُمْ	
		عِيشِي	تَعِيشِينَ	عِشْتِ	أَنْتِ	اَلْمُخَاطَبَةُ 2 여
		عِيشَا	تَعِيشَانِ	عِشْتُمَا	أَنْتُمَا	
		عِشْنَ	تَعِشْنَ	عِشْتُنَّ	أَنْتُنَّ	
يُعَاشُ	عِيشَ		يَعِيشُ	عَاشَ	هُوَ	اَلْغَائِبُ 3 남
			يَعِيشَانِ	عَاشَا	هُمَا	
			يَعِيشُونَ	عَاشُوا	هُمْ	
			تَعِيشُ	عَاشَتْ	هِيَ	اَلْغَائِبَةُ 3 여
			تَعِيشَانِ	عَاشَتَا	هُمَا	
			يَعِشْنَ	عِشْنَ	هُنَّ	

뜻풀이

- 살다, 살아 있다
- (세월을) 보내다, 지나오다, 겪다

예문

عَاشَ أَزْمَةً / مُغَامَرَةً / تَغَيُّرَاتٍ كَبِيرَةً

위기를 / 모험을 / 많은 변화를 겪다

عَاشَ لَيْلَتَهُ عِيْشَةً سَعِيدَةً

행복한 밤을 보내다

لِيَعِشِ الْمَلِكُ / عَاشَ الْمَلِكُ

(왕에게) 만수무강하소서! 만세!

عَاشَتْ مِثْلَ امْرَأَةٍ فَقِيرَةٍ.

그녀는 가난한 여성처럼 살았다.

اَلْبَيْتُ الَّذِي أَعِيشُ فِيهِ الْآنَ اشْتَرَاهُ وَالِدِي.

내가 지금 살고 있는 집은 나의 아버지가 산 것이다.

وَقَدْ عَاشَتْ فِي تِلْكَ الشَّقَّةِ لِمُدَّةِ ثَلَاثِينَ سَنَةً.

그녀는 그 아파트에서 30년 동안 살았다.

عَاصَرَ	اَلْمَصْدَرُ 동명사	اَلْفَاعِلُ 능동분사	اَلْمَفْعُولُ 수동분사
	مُعَاصَرَة	مُعَاصِر	مُعَاصَر

اَلضَّمَائِرُ 인칭 대명사		اَلْمَعْلُومُ 능동 اَلْمَاضِي 완료	اَلْمُضَارِعُ 미완료	اَلْأَمْرُ 명령	اَلْمَجْهُولُ 수동 اَلْمَاضِي 완료	اَلْمُضَارِعُ 미완료
اَلْمُتَكَلِّمُ 1인칭	أَنَا	عَاصَرْتُ	أُعَاصِرُ			
	نَحْنُ	عَاصَرْنَا	نُعَاصِرُ			
اَلْمُخَاطَبُ 2 남	أَنْتَ	عَاصَرْتَ	تُعَاصِرُ	عَاصِرْ		
	أَنْتُمَا	عَاصَرْتُمَا	تُعَاصِرَانِ	عَاصِرَا		
	أَنْتُمْ	عَاصَرْتُمْ	تُعَاصِرُونَ	عَاصِرُوا		
اَلْمُخَاطَبَةُ 2 여	أَنْتِ	عَاصَرْتِ	تُعَاصِرِينَ	عَاصِرِي		
	أَنْتُمَا	عَاصَرْتُمَا	تُعَاصِرَانِ	عَاصِرَا		
	أَنْتُنَّ	عَاصَرْتُنَّ	تُعَاصِرْنَ	عَاصِرْنَ		
اَلْغَائِبُ 3 남	هُوَ	عَاصَرَ	يُعَاصِرُ		عُوصِرَ	يُعَاصَرُ
	هُمَا	عَاصَرَا	يُعَاصِرَانِ			
	هُمْ	عَاصَرُوا	يُعَاصِرُونَ			
اَلْغَائِبَةُ 3 여	هِيَ	عَاصَرَتْ	تُعَاصِرُ			
	هُمَا	عَاصَرَتَا	تُعَاصِرَانِ			
	هُنَّ	عَاصَرْنَ	يُعَاصِرْنَ			

뜻풀이

- (누구와) 같은 시대를 살다, 동시대인이다
- (무엇과) 동시대다, 동시대에 속하다

예문

عَاصَرَ أُدَبَاءَ عَصْرِهِ.

그는 동시대의 문인들과 같은 시기를 살았다.

عَاصَرَتِ الرَّئِيسَ الْكُورِيَّ 'بَارك جُونغ هِي'.

그녀는 한국의 '박정희' 대통령과 같은 시대를 살았다.

أَظُنُّ أَنَّكَ لَمْ تُعَاصِرِ الْكَثِيرَ مِنَ الْحَرَائِقِ.

나는 당신이 많은 화재들을 겪지 않았다고 생각한다.

عَاصَرَتِ الْأَدِيبَ الْمِصْرِيَّ 'نَجِيب مَحْفُوظ'.

그녀는 이집트 문학가 '나집 마흐푸즈'와 동시대에 살았다.

فَتَاةٌ ذَاتُ 8 أَعْوَامٍ تُعَاصِرُ الْقَرْنَ الْحَادِيَ وَالْعِشْرِينَ.

8세의 한 소녀가 21세기에 살고 있다.

عَالَجَ

اَلْمَفْعُولُ 수동분사	اَلْفَاعِلُ 능동분사	اَلْمَصْدَرُ 동명사
مُعَالَج	مُعَالِج	مُعَالَجَة، عِلَاج

اَلْمَجْهُولُ 수동		اَلْمَعْلُومُ 능동			اَلضَّمَائِرُ 인칭 대명사	
اَلْمُضَارِعُ 미완료	اَلْمَاضِي 완료	اَلْأَمْرُ 명령	اَلْمُضَارِعُ 미완료	اَلْمَاضِي 완료		
			أُعَالِجُ	عَالَجْتُ	أَنَا	اَلْمُتَكَلِّمُ 1인칭
			نُعَالِجُ	عَالَجْنَا	نَحْنُ	
		عَالِجْ	تُعَالِجُ	عَالَجْتَ	أَنْتَ	اَلْمُخَاطَبُ 2 남
		عَالِجَا	تُعَالِجَانِ	عَالَجْتُمَا	أَنْتُمَا	
		عَالِجُوا	تُعَالِجُونَ	عَالَجْتُمْ	أَنْتُمْ	
		عَالِجِي	تُعَالِجِينَ	عَالَجْتِ	أَنْتِ	اَلْمُخَاطَبَةُ 2 여
		عَالِجَا	تُعَالِجَانِ	عَالَجْتُمَا	أَنْتُمَا	
		عَالِجْنَ	تُعَالِجْنَ	عَالَجْتُنَّ	أَنْتُنَّ	
يُعَالَجُ	عُولِجَ		يُعَالِجُ	عَالَجَ	هُوَ	اَلْغَائِبُ 3 남
			يُعَالِجَانِ	عَالَجَا	هُمَا	
			يُعَالِجُونَ	عَالَجُوا	هُمْ	
			تُعَالِجُ	عَالَجَتْ	هِيَ	اَلْغَائِبَةُ 3 여
			تُعَالِجَانِ	عَالَجَتَا	هُمَا	
			يُعَالِجْنَ	عَالَجْنَ	هُنَّ	

뜻풀이

- (환자를) 치료하다, (병을) 고치다
- (문제 등을) 처리하다, 논의하다, 다루다
- (누구 또는 무엇에) 관여하다, 관계하다
- (예술 분야의 발전을) 장려하다, 촉진하다
- (무엇에) 전념하다, 몰두하다
- 무엇에([목] 또는 أن) 애쓰다, 노력하다
- (누구를) 촉진하다
- (누구를) 설득하다, 설복하다

예문

عَالَجَ الْعُطْلَ

결함을 고치다

عَالَجَ الْمُشْكِلَةَ

문제를 해결하다

يُعَالِجُ الْمَوْقِفَ

상황을 바로잡다

عَالَجَ هَذَا الدَّوَاءُ الْبَرْدَ الَّذِي أَصَابَنِي.

이 약은 내가 걸렸던 감기를 치료했다.

اَلسِّنُّ الرَّدِيئَةُ يَجِبُ أَنْ تُعَالَجَ فِي الْمُسْتَشْفَى.

아픈 이는 병원에서 치료받아야 한다.

قَدْ عَالَجَ الِاجْتِمَاعُ الثَّانِي مَسَائِلَ مُحَدَّدَةً وَتِقْنِيَّةً جِدًّا.

2차 회의는 매우 제한적이고 기술적인 사안들을 다뤘다.

اَلْمَفْعُولُ 수동분사	اَلْفَاعِلُ 능동분사	اَلْمَصْدَرُ 동명사	عَبَّرَ
مُعَبَّر	مُعَبِّر	تَعْبِير	

اَلْمَجْهُولُ 수동		اَلْمَعْلُومُ 능동			اَلضَّمَائِرُ 인칭 대명사	
اَلْمُضَارِعُ 미완료	اَلْمَاضِي 완료	اَلْأَمْرُ 명령	اَلْمُضَارِعُ 미완료	اَلْمَاضِي 완료		
			أُعَبِّرُ	عَبَّرْتُ	أَنَا	اَلْمُتَكَلِّمُ 1인칭
			نُعَبِّرُ	عَبَّرْنَا	نَحْنُ	
		عَبِّرْ	تُعَبِّرُ	عَبَّرْتَ	أَنْتَ	اَلْمُخَاطَبُ 2 남
		عَبِّرَا	تُعَبِّرَانِ	عَبَّرْتُمَا	أَنْتُمَا	
		عَبِّرُوا	تُعَبِّرُونَ	عَبَّرْتُمْ	أَنْتُمْ	
		عَبِّرِي	تُعَبِّرِينَ	عَبَّرْتِ	أَنْتِ	اَلْمُخَاطَبَةُ 2 여
		عَبِّرَا	تُعَبِّرَانِ	عَبَّرْتُمَا	أَنْتُمَا	
		عَبِّرْنَ	تُعَبِّرْنَ	عَبَّرْتُنَّ	أَنْتُنَّ	
يُعَبَّرُ	عُبِّرَ		يُعَبِّرُ	عَبَّرَ	هُوَ	اَلْغَائِبُ 3 남
			يُعَبِّرَانِ	عَبَّرَا	هُمَا	
			يُعَبِّرُونَ	عَبَّرُوا	هُمْ	
			تُعَبِّرُ	عَبَّرَتْ	هِيَ	اَلْغَائِبَةُ 3 여
			تُعَبِّرَانِ	عَبَّرَتَا	هُمَا	
			يُعَبِّرْنَ	عَبَّرْنَ	هُنَّ	

뜻풀이

- (꿈을) 해석하다, 해몽하다
- (무엇을) 설명하다
- 의견 또는 생각 등을(عن) 주장하다, 확실히 말하다, 표현하다
- 느낌을(عن) 설명하다
- 무엇을(عن) 무엇으로(ب) 지정하다
- (동전의) 무게를 달다

예문

عَبَّرَ الْحُلْمَ / الرُّؤْيَا

꿈을 해석하다, 해몽하다

عَبَّرَ عَنْ عَوَاطِفِهِ.

그는 자신의 감정을 표현했다.

إِنَّهُمْ عَبَّرُوا عَنْ تَحَمُّسِهِمْ لِلْفِكْرَةِ.

그들은 그 생각에 대해 열렬히 반응했다.

عَبَّرَ عَنْ تَفْضِيلِهِ فِي مَوْقِعِ الرَّئِيسِ.

그는 사장직에 대한 호감을 표시했다.

كَانَ الِاجْتِمَاعُ فُرْصَةً طَيِّبَةً لَهَا لِتُعَبِّرَ عَنْ أَحَاسِيسِهَا.

회의는 그녀가 감정을 표현할 수 있는 좋은 기회였다.

يُعَبِّرُ الْإِشْعَارُ بِوُضُوحٍ عَنْ أَنَّ الْمُشْتَرِيَ يَعْتَبِرُ الْعَقْدَ مُنْتَهِيًا.

통지서는 구매자가 계약이 종료된 것으로 간주한다고 명확하게 설명하고 있다.

عَدَّ	اَلْمَصْدَرُ 동명사	اَلْفَاعِلُ 능동분사	اَلْمَفْعُولُ 수동분사
	عَدّ، تَعْدَاد	عَادّ	مَعْدُود

اَلضَّمَائِرُ 인칭 대명사		اَلْمَعْلُومُ 능동			اَلْمَجْهُولُ 수동	
		اَلْمَاضِي 완료	اَلْمُضَارِعُ 미완료	اَلْأَمْرُ 명령	اَلْمَاضِي 완료	اَلْمُضَارِعُ 미완료
اَلْمُتَكَلِّمُ 1인칭	أَنَا	عَدَدْتُ	أَعُدُّ		عُدِدْتُ	أُعَدُّ
	نَحْنُ	عَدَدْنَا	نَعُدُّ		عُدِدْنَا	نُعَدُّ
اَلْمُخَاطَبُ 2남	أَنْتَ	عَدَدْتَ	تَعُدُّ	عُدَّ	عُدِدْتَ	تُعَدُّ
	أَنْتُمَا	عَدَدْتُمَا	تَعُدَّانِ	عُدَّا	عُدِدْتُمَا	تُعَدَّانِ
	أَنْتُمْ	عَدَدْتُمْ	تَعُدُّونَ	عُدُّوا	عُدِدْتُمْ	تُعَدُّونَ
اَلْمُخَاطَبَةُ 2여	أَنْتِ	عَدَدْتِ	تَعُدِّينَ	عُدِّي	عُدِدْتِ	تُعَدِّينَ
	أَنْتُمَا	عَدَدْتُمَا	تَعُدَّانِ	عُدَّا	عُدِدْتُمَا	تُعَدَّانِ
	أَنْتُنَّ	عَدَدْتُنَّ	تَعْدُدْنَ	أُعْدُدْنَ	عُدِدْتُنَّ	تُعْدَدْنَ
اَلْغَائِبُ 3남	هُوَ	عَدَّ	يَعُدُّ		عُدَّ	يُعَدُّ
	هُمَا	عَدَّا	يَعُدَّانِ		عُدَّا	يُعَدَّانِ
	هُمْ	عَدُّوا	يَعُدُّونَ		عُدُّوا	يُعَدُّونَ
اَلْغَائِبَةُ 3여	هِيَ	عَدَّتْ	تَعُدُّ		عُدَّتْ	تُعَدُّ
	هُمَا	عَدَّتَا	تَعُدَّانِ		عُدَّتَا	تُعَدَّانِ
	هُنَّ	عَدَدْنَ	يَعْدُدْنَ		عُدِدْنَ	يُعْدَدْنَ

뜻풀이

- (수를) 세다, 계산하다
- (누구 또는 무엇을) (무리 등의 مِن) 하나로 간주하다, 셈에 넣다
- (무엇을) 열거하다
- (누구 또는 무엇을) (무엇으로) 생각하다, 보다, 여기다
- [수동태 عُدَّ] 무엇이라 여겨지다, (금액 등이) 얼마에(بِ) 달하다, 이르다

예문

يَعُدُّ الثَّوَانِي

촌각을 다투다

عَدَّتْهُ غَبِيًّا.

그녀는 그를 멍청하다고 생각한다.

يُعَدُّ عَلَى الْأَصَابِعِ.

손가락으로 꼽다. (그 수가 적다)

عُدَّ مِنْ عَشَرَةٍ إِلَى عِشْرِينَ.

10부터 20까지 세시오.

عَدَدْتُ الْمَالَ فِي مَكْتَبِ الْمَدِيرِ.

나는 실장 사무실에서 돈을 세었다.

لِمَاذَا تُعَدُّ اللُّغَةُ الْعَرَبِيَّةُ لُغَةً عَالَمِيَّةً؟

왜 아랍어가 세계적인 언어라고 생각되는가?

اَلْمَفْعُولُ 수동분사	اَلْفَاعِلُ 능동분사	اَلْمَصْدَرُ 동명사	عَدَلَ
مَعْدُول	عَادِل	عَدْل، عَدَالَة	

اَلْمَجْهُولُ 수동		اَلْمَعْلُومُ 능동			اَلضَّمَائِرُ 인칭 대명사	
اَلْمُضَارِعُ 미완료	اَلْمَاضِي 완료	اَلْأَمْرُ 명령	اَلْمُضَارِعُ 미완료	اَلْمَاضِي 완료		
أُعْدَلُ	عُدِلْتُ		أَعْدِلُ	عَدَلْتُ	أَنَا	اَلْمُتَكَلِّمُ 1인칭
نُعْدَلُ	عُدِلْنَا		نَعْدِلُ	عَدَلْنَا	نَحْنُ	
تُعْدَلُ	عُدِلْتَ	اِعْدِلْ	تَعْدِلُ	عَدَلْتَ	أَنْتَ	اَلْمُخَاطَبُ 2남
تُعْدَلَانِ	عُدِلْتُمَا	اِعْدِلَا	تَعْدِلَانِ	عَدَلْتُمَا	أَنْتُمَا	
تُعْدَلُونَ	عُدِلْتُمْ	اِعْدِلُوا	تَعْدِلُونَ	عَدَلْتُمْ	أَنْتُمْ	
تُعْدَلِينَ	عُدِلْتِ	اِعْدِلِي	تَعْدِلِينَ	عَدَلْتِ	أَنْتِ	اَلْمُخَاطَبَةُ 2여
تُعْدَلَانِ	عُدِلْتُمَا	اِعْدِلَا	تَعْدِلَانِ	عَدَلْتُمَا	أَنْتُمَا	
تُعْدَلْنَ	عُدِلْتُنَّ	اِعْدِلْنَ	تَعْدِلْنَ	عَدَلْتُنَّ	أَنْتُنَّ	
يُعْدَلُ	عُدِلَ		يَعْدِلُ	عَدَلَ	هُوَ	اَلْغَائِبُ 3남
يُعْدَلَانِ	عُدِلَا		يَعْدِلَانِ	عَدَلَا	هُمَا	
يُعْدَلُونَ	عُدِلُوا		يَعْدِلُونَ	عَدَلُوا	هُمْ	
تُعْدَلُ	عُدِلَتْ		تَعْدِلُ	عَدَلَتْ	هِيَ	اَلْغَائِبَةُ 3여
تُعْدَلَانِ	عُدِلَتَا		تَعْدِلَانِ	عَدَلَتَا	هُمَا	
يُعْدَلْنَ	عُدِلْنَ		يَعْدِلْنَ	عَدَلْنَ	هُنَّ	

뜻풀이

- 정의롭게 행동하다, 공정하게 행동하다
- (누구 또는 무엇과) 똑같다, 동등하다, 대등하다
- (무엇과) 균형을 맞추다, (무엇을) 상쇄하다
- (누구를) 다른 누구와(ب) 같은 선에 맞추다, 동등하게 만들다

예문

عَدَلَ بَيْنَهُمْ

모두 평등하게 대하다, 차별하지 않다

عَدَلْتُ الْأَمْتِعَةَ.

나는 물건들을 (운반하기 쉽게) 가지런히 정렬했다.

عَدَلَ قَوْلُهُ فِعْلَهُ.

그의 말은 행동과 일치했다.

عَدَلَ الْبَائِعُ الْمِيزَانَ.

판매자는 저울의 균형을 맞췄다.

عَدَلَ الْقَاضِي فِي حُكْمِهِ.

판사는 판결에서 공정했다.

يَعْدِلُ لَوْحَ الْخَشَبِ بِالْمِنْجَرِ.

그는 대패로 나무 판자를 평평하게 한다.

عَرَفَ

اَلْمَصْدَرُ 동명사	اَلْفَاعِلُ 능동분사	اَلْمَفْعُولُ 수동분사
مَعْرِفَة، عِرْفَان	عَارِف	مَعْرُوف

اَلضَّمَائِرُ 인칭 대명사		اَلْمَعْلُومُ 능동			اَلْمَجْهُولُ 수동	
		اَلْمَاضِي 완료	اَلْمُضَارِعُ 미완료	اَلْأَمْرُ 명령	اَلْمَاضِي 완료	اَلْمُضَارِعُ 미완료
اَلْمُتَكَلِّمُ 1인칭	أَنَا	عَرَفْتُ	أَعْرِفُ		عُرِفْتُ	أُعْرَفُ
	نَحْنُ	عَرَفْنَا	نَعْرِفُ		عُرِفْنَا	نُعْرَفُ
اَلْمُخَاطَبُ 2 남	أَنْتَ	عَرَفْتَ	تَعْرِفُ	اِعْرِفْ	عُرِفْتَ	تُعْرَفُ
	أَنْتُمَا	عَرَفْتُمَا	تَعْرِفَانِ	اِعْرِفَا	عُرِفْتُمَا	تُعْرَفَانِ
	أَنْتُمْ	عَرَفْتُمْ	تَعْرِفُونَ	اِعْرِفُوا	عُرِفْتُمْ	تُعْرَفُونَ
اَلْمُخَاطَبَةُ 2 여	أَنْتِ	عَرَفْتِ	تَعْرِفِينَ	اِعْرِفِي	عُرِفْتِ	تُعْرَفِينَ
	أَنْتُمَا	عَرَفْتُمَا	تَعْرِفَانِ	اِعْرِفَا	عُرِفْتُمَا	تُعْرَفَانِ
	أَنْتُنَّ	عَرَفْتُنَّ	تَعْرِفْنَ	اِعْرِفْنَ	عُرِفْتُنَّ	تُعْرَفْنَ
اَلْغَائِبُ 3 남	هُوَ	عَرَفَ	يَعْرِفُ		عُرِفَ	يُعْرَفُ
	هُمَا	عَرَفَا	يَعْرِفَانِ		عُرِفَا	يُعْرَفَانِ
	هُمْ	عَرَفُوا	يَعْرِفُونَ		عُرِفُوا	يُعْرَفُونَ
اَلْغَائِبَةُ 3 여	هِيَ	عَرَفَتْ	تَعْرِفُ		عُرِفَتْ	تُعْرَفُ
	هُمَا	عَرَفَتَا	تَعْرِفَانِ		عُرِفَتَا	تُعْرَفَانِ
	هُنَّ	عَرَفْنَ	يَعْرِفْنَ		عُرِفْنَ	يُعْرَفْنَ

뜻풀이

- (누구 또는 무엇을) 알다
- (누구를) 알게 되다, 접하다
- (누구 또는 무엇을) 알아보다, 인지하다
- (무엇을) 인식하고 있다, 알고 있다
- (무엇을) 알아내다, 발견하다
- 무엇을([목] 또는 بِ) 알아주다, 인정하다
- 누구에게(لِ) 무엇을 감사해하다, 고마워하다
- (누구를) 무엇에서([목] 또는 مِن) 구별하다, 식별하다, 알아보다
- [수동태 عُرِفَ] 무엇이란 이름으로(بِ) 알려져 있다

예문

يَعْرِفُ مَعْنَى الثَّوْرَةِ.

그는 혁명의 의미를 안다.

إِنَّنَا نَعْرِفُ مَتَى يَأْتُونَ.

우리는 그들이 언제 오는지 안다.

لَمْ أَكُنْ أَعْرِفُهَا مِنْ قَبْلُ.

나는 전에 그녀를 몰랐다.

هَلْ تَعْرِفِينَ كَيْفَ تَكْتُبِينَ؟

당신(여)은 어떻게 적는지 압니까?

إِنَّهُمْ يَعْرِفُونَ مَتَى يَبْدَؤُونَ.

그들은 언제 시작해야 할지 안다.

لَا أَعْرِفُ سَوَاءً هُوَ عَازِبٌ أَوْ مُتَزَوِّجٌ.

나는 그가 미혼인지 기혼인지 모른다.

اَلْمَفْعُولُ 수동분사	اَلْفَاعِلُ 능동분사	اَلْمَصْدَرُ 동명사	عَصَرَ
مَعْصُور	عَاصِر	عَصْر	

اَلْمَجْهُولُ 수동		اَلْمَعْلُومُ 능동			اَلضَّمَائِرُ 인칭 대명사	
اَلْمُضَارِعُ 미완료	اَلْمَاضِي 완료	اَلْأَمْرُ 명령	اَلْمُضَارِعُ 미완료	اَلْمَاضِي 완료		
أُعْصَرُ	عُصِرْتُ		أَعْصِرُ	عَصَرْتُ	أَنَا	اَلْمُتَكَلِّمُ 1인칭
نُعْصَرُ	عُصِرْنَا		نَعْصِرُ	عَصَرْنَا	نَحْنُ	
تُعْصَرُ	عُصِرْتَ	اِعْصِرْ	تَعْصِرُ	عَصَرْتَ	أَنْتَ	اَلْمُخَاطَبُ 2남
تُعْصَرَانِ	عُصِرْتُمَا	اِعْصِرَا	تَعْصِرَانِ	عَصَرْتُمَا	أَنْتُمَا	
تُعْصَرُونَ	عُصِرْتُمْ	اِعْصِرُوا	تَعْصِرُونَ	عَصَرْتُمْ	أَنْتُمْ	
تُعْصَرِينَ	عُصِرْتِ	اِعْصِرِي	تَعْصِرِينَ	عَصَرْتِ	أَنْتِ	اَلْمُخَاطَبَةُ 2여
تُعْصَرَانِ	عُصِرْتُمَا	اِعْصِرَا	تَعْصِرَانِ	عَصَرْتُمَا	أَنْتُمَا	
تُعْصَرْنَ	عُصِرْتُنَّ	اِعْصِرْنَ	تَعْصِرْنَ	عَصَرْتُنَّ	أَنْتُنَّ	
يُعْصَرُ	عُصِرَ		يَعْصِرُ	عَصَرَ	هُوَ	اَلْغَائِبُ 3남
يُعْصَرَانِ	عُصِرَا		يَعْصِرَانِ	عَصَرَا	هُمَا	
يُعْصَرُونَ	عُصِرُوا		يَعْصِرُونَ	عَصَرُوا	هُمْ	
تُعْصَرُ	عُصِرَتْ		تَعْصِرُ	عَصَرَتْ	هِيَ	اَلْغَائِبَةُ 3여
تُعْصَرَانِ	عُصِرَتَا		تَعْصِرَانِ	عَصَرَتَا	هُمَا	
يُعْصَرْنَ	عُصِرْنَ		يَعْصِرْنَ	عَصَرْنَ	هُنَّ	

뜻풀이

- (포도나 올리브, 오렌지 등을) 짜다, 즙을 짜내다, 압착하다
- (젖은 빨래를) 짜다, 비틀다
- (무엇을) 압축하다

예문

عَصَرْتُ يَدَهُ.

나는 그의 손을 꽉 눌렀다.

عَصَرَ الدُّمَّلَ.

그는 종기를 짰다.

إِنَّهُ يَعْصِرُ الصَّخْرَ.

그는 바위를 쥐어 짜고 있다. (불가능한 일을 하고 있다.)

يَعْصِرُ عَيْنَيْهِ بِسَبَبِ الشَّمْسِ.

그는 햇볕 때문에 실눈을 뜬다.

عَصَرَتِ الثَّوْبَ قَبْلَ نَشْرِهَا تَحْتَ الشَّمْسِ.

그녀는 햇볕에 널기 전에 옷의 물기를 짰다.

فَتَحْتُ الْبَابَ فَانْدَفَعَ يَعْصِرُ نَفْسَهُ بِالدَّاخِلِ.

내가 문을 열고 그는 안에 삐집고 들어가기 시작했다.

عَقَدَ	اَلْمَصْدَرُ 동명사	اَلْفَاعِلُ 능동분사	اَلْمَفْعُولُ 수동분사
	عَقْد	عَاقِد	مَعْقُود

اَلضَّمَائِرُ 인칭 대명사		اَلْمَعْلُومُ 능동			اَلْمَجْهُولُ 수동	
		اَلْمَاضِي 완료	اَلْمُضَارِعُ 미완료	اَلْأَمْرُ 명령	اَلْمَاضِي 완료	اَلْمُضَارِعُ 미완료
اَلْمُتَكَلِّمُ 1인칭	أَنَا	عَقَدْتُ	أَعْقِدُ		عُقِدْتُ	أُعْقَدُ
	نَحْنُ	عَقَدْنَا	نَعْقِدُ		عُقِدْنَا	نُعْقَدُ
اَلْمُخَاطَبُ 2 남	أَنْتَ	عَقَدْتَ	تَعْقِدُ	اِعْقِدْ	عُقِدْتَ	تُعْقَدُ
	أَنْتُمَا	عَقَدْتُمَا	تَعْقِدَانِ	اِعْقِدَا	عُقِدْتُمَا	تُعْقَدَانِ
	أَنْتُمْ	عَقَدْتُمْ	تَعْقِدُونَ	اِعْقِدُوا	عُقِدْتُمْ	تُعْقَدُونَ
اَلْمُخَاطَبَةُ 2 여	أَنْتِ	عَقَدْتِ	تَعْقِدِينَ	اِعْقِدِي	عُقِدْتِ	تُعْقَدِينَ
	أَنْتُمَا	عَقَدْتُمَا	تَعْقِدَانِ	اِعْقِدَا	عُقِدْتُمَا	تُعْقَدَانِ
	أَنْتُنَّ	عَقَدْتُنَّ	تَعْقِدْنَ	اِعْقِدْنَ	عُقِدْتُنَّ	تُعْقَدْنَ
اَلْغَائِبُ 3 남	هُوَ	عَقَدَ	يَعْقِدُ		عُقِدَ	يُعْقَدُ
	هُمَا	عَقَدَا	يَعْقِدَانِ		عُقِدَا	يُعْقَدَانِ
	هُمْ	عَقَدُوا	يَعْقِدُونَ		عُقِدُوا	يُعْقَدُونَ
اَلْغَائِبَةُ 3 여	هِيَ	عَقَدَتْ	تَعْقِدُ		عُقِدَتْ	تُعْقَدُ
	هُمَا	عَقَدَتَا	تَعْقِدَانِ		عُقِدَتَا	تُعْقَدَانِ
	هُنَّ	عَقَدْنَ	يَعْقِدْنَ		عُقِدْنَ	يُعْقَدْنَ

뜻풀이

- (무엇을) 매듭으로 묶다, 매다, 고정시키다
- (팔 또는 손가락 따위를) 단단히 깍지 끼다
- (눈살을) 찌푸리다, 찡그리다
- (시선을) 어디에(بِ) 고정시키다
- (건물을) 아치형으로 만들다
- (회의를) 열다, 소집하다
- (계약을) 맺다
- (돈을) 대출하다, 융자하다

예문

عَقَدَ زَوَاجًا

결혼 계약을 맺다, 결혼하다

عَقَدَ أَمَلًا عَلَى

자신의 바람(소망)을 어디에 걸다

عَقَدَ النِّيَّةَ / الْعَزْمَ (الْعَزِيمَةَ) عَلَى

무엇을(على) 하기로 마음먹다, 결심하다

يَعْقِدُ تَحَالُفًا تِجَارِيًّا

무역 동맹을 맺다

عَقَدَ الْخَوْفُ لِسَانَهُ.

공포에 질려 그의 혀가 굳어버렸다.(말문이 막혀버렸다)

يَجِبُ أَنْ نَعْقِدَ اجْتِمَاعَنَا فِي مَدِينَةٍ قَرِيبَةٍ مِنْ هُنَا.

우리는 회의를 여기서 가까운 도시에서 개최해야 한다.

수동분사 اَلْمَفْعُولُ	능동분사 اَلْفَاعِلُ	동명사 اَلْمَصْدَرُ	عَلَّقَ
مُعَلَّق	مُعَلِّق	تَعْلِيق	

수동 اَلْمَجْهُولُ		능동 اَلْمَعْلُومُ			اَلضَّمَائِرُ 인칭 대명사	
اَلْمُضَارِعُ 미완료	اَلْمَاضِي 완료	اَلْأَمْرُ 명령	اَلْمُضَارِعُ 미완료	اَلْمَاضِي 완료		
			أُعَلِّقُ	عَلَّقْتُ	أَنَا	اَلْمُتَكَلِّمُ 1인칭
			نُعَلِّقُ	عَلَّقْنَا	نَحْنُ	
		عَلِّقْ	تُعَلِّقُ	عَلَّقْتَ	أَنْتَ	اَلْمُخَاطَبُ 2 남
		عَلِّقَا	تُعَلِّقَانِ	عَلَّقْتُمَا	أَنْتُمَا	
		عَلِّقُوا	تُعَلِّقُونَ	عَلَّقْتُمْ	أَنْتُمْ	
		عَلِّقِي	تُعَلِّقِينَ	عَلَّقْتِ	أَنْتِ	اَلْمُخَاطَبَةُ 2 여
		عَلِّقَا	تُعَلِّقَانِ	عَلَّقْتُمَا	أَنْتُمَا	
		عَلِّقْنَ	تُعَلِّقْنَ	عَلَّقْتُنَّ	أَنْتُنَّ	
يُعَلَّقُ	عُلِّقَ		يُعَلِّقُ	عَلَّقَ	هُوَ	اَلْغَائِبُ 3 남
			يُعَلِّقَانِ	عَلَّقَا	هُمَا	
			يُعَلِّقُونَ	عَلَّقُوا	هُمْ	
			تُعَلِّقُ	عَلَّقَتْ	هِيَ	اَلْغَائِبَةُ 3 여
			تُعَلِّقَانِ	عَلَّقَتَا	هُمَا	
			يُعَلِّقْنَ	عَلَّقْنَ	هُنَّ	

뜻풀이

- (무엇을) 어디에(على 또는 ب) 걸다, 매달다
- (무엇을) 어디에(على 또는 ب) 붙이다, 묶다, 고정시키다
- (무엇을 정하지 못하고) 계속 미루다
- (무엇을) 무엇에(ب 또는 على) 좌우되도록 만들다, 의존하게 하다
- 무엇을(على) 논평하다
- 무엇에(على) 주석을 달다, 해설을 달다
- (무엇을) 기록하다, 메모하다

예문

عَلَّقَ الْمُحَادَثَاتِ

회담을 보류하다

عَلَّقَ الْآمَالَ عَلَى

희망을 걸다

عَلَّقَ أَهَمِيَّةً (خُطُورَةً) عَلَى

무엇을 중시하다

عَلَّقَ الصُّورَةَ عَلَى الْحَائِطِ.

그는 벽에 사진을 붙였다.

عَلَّقَتِ الْمُعَلِّمَةُ عَلَى كَلَامِ طُلَّابِهَا.

여 선생님은 학생들의 말을 비평했다.

نُعَلِّقُ أَضْوَاءً مُلَوَّنَةً حَوْلَ الْبَيْتِ لِلْحَفْلَةِ.

우리는 파티를 위해 집 주변에 여러 색깔의 전구를 건다.

수동분사 اَلْمَفْعُولُ	능동분사 اَلْفَاعِلُ	동명사 اَلْمَصْدَرُ	عَلَّمَ
مُعَلَّم	مُعَلِّم	تَعْلِيم	

수동 اَلْمَجْهُولُ		능동 اَلْمَعْلُومُ			اَلضَّمَائِرُ 인칭 대명사	
اَلْمُضَارِعُ 미완료	اَلْمَاضِي 완료	اَلْأَمْرُ 명령	اَلْمُضَارِعُ 미완료	اَلْمَاضِي 완료		
			أُعَلِّمُ	عَلَّمْتُ	أَنَا	اَلْمُتَكَلِّمُ 1인칭
			نُعَلِّمُ	عَلَّمْنَا	نَحْنُ	
		عَلِّمْ	تُعَلِّمُ	عَلَّمْتَ	أَنْتَ	اَلْمُخَاطَبُ 2남
		عَلِّمَا	تُعَلِّمَانِ	عَلَّمْتُمَا	أَنْتُمَا	
		عَلِّمُوا	تُعَلِّمُونَ	عَلَّمْتُمْ	أَنْتُمْ	
		عَلِّمِي	تُعَلِّمِينَ	عَلَّمْتِ	أَنْتِ	اَلْمُخَاطَبَةُ 2여
		عَلِّمَا	تُعَلِّمَانِ	عَلَّمْتُمَا	أَنْتُمَا	
		عَلِّمْنَ	تُعَلِّمْنَ	عَلَّمْتُنَّ	أَنْتُنَّ	
يُعَلَّمُ	عُلِّمَ		يُعَلِّمُ	عَلَّمَ	هُوَ	اَلْغَائِبُ 3남
			يُعَلِّمَانِ	عَلَّمَا	هُمَا	
			يُعَلِّمُونَ	عَلَّمُوا	هُمْ	
			تُعَلِّمُ	عَلَّمَتْ	هِيَ	اَلْغَائِبَةُ 3여
			تُعَلِّمَانِ	عَلَّمَتَا	هُمَا	
			يُعَلِّمْنَ	عَلَّمْنَ	هُنَّ	

뜻풀이

- (누구에게) 무엇을([목] 또는 ب) 가르치다, 알려주다
- (누구를) 교육하다, 훈련시키다, 단련시키다
- (표지나 부호 따위를) 무엇에(على) 붙이다
- (마크 등으로) 무엇을(على) 표시하다, 나타내다

예문

هَلْ عَلَّمْتَهُ مَاذَا يَفْعَلُ أَوَّلًا؟

당신은 그에게 우선 무엇을 해야 하는지 가르쳐주었습니까?

عَلَّمْتُ كَلْبِي بِعَلَامَةٍ فِي رَقَبَتِهِ.

나는 나의 개의 목에 표식을 달았다.

عَلَّمَ الْمُعَلِّمُ عَلَى أَسْمَاءِ الْغَائِبِينَ.

선생님은 결석자들 이름에 표시를 했다.

عَلَّمُوا الْأَطْفَالَ كَيْفَ يَلْعَبُونَ الشِّطْرَنْجَ.

그들은 아이들에게 어떻게 체스를 두어야하는지 가르쳐주었다.

عَلَّمَتْ أَطْفَالَهَا كَيْفَ يَنْبَغِي أَنْ يَتَصَرَّفُوا.

그녀는 자녀들에게 어떻게 행동해야 하는지 가르쳤다.

رَجَاءً عَلِّمُوا الْأَطْفَالَ مَتَى يَعْبُرُونَ الشَّارِعَ.

아이들에게 언제 길을 건너는지 가르쳐 주십시오.

عَلِمَ	اَلْمَصْدَرُ 동명사	اَلْفَاعِلُ 능동분사	اَلْمَفْعُولُ 수동분사
	عِلْم	عَالِم	مَعْلُوم

اَلضَّمَائِرُ 인칭 대명사		اَلْمَعْلُومُ 능동			اَلْمَجْهُولُ 수동	
		اَلْمَاضِي 완료	اَلْمُضَارِعُ 미완료	اَلْأَمْرُ 명령	اَلْمَاضِي 완료	اَلْمُضَارِعُ 미완료
اَلْمُتَكَلِّمُ 1인칭	أَنَا	عَلِمْتُ	أَعْلَمُ		عُلِمْتُ	أُعْلَمُ
	نَحْنُ	عَلِمْنَا	نَعْلَمُ		عُلِمْنَا	نُعْلَمُ
اَلْمُخَاطَبُ 2 남	أَنْتَ	عَلِمْتَ	تَعْلَمُ	اِعْلَمْ	عُلِمْتَ	تُعْلَمُ
	أَنْتُمَا	عَلِمْتُمَا	تَعْلَمَانِ	اِعْلَمَا	عُلِمْتُمَا	تُعْلَمَانِ
	أَنْتُمْ	عَلِمْتُمْ	تَعْلَمُونَ	اِعْلَمُوا	عُلِمْتُمْ	تُعْلَمُونَ
اَلْمُخَاطَبَةُ 2 여	أَنْتِ	عَلِمْتِ	تَعْلَمِينَ	اِعْلَمِي	عُلِمْتِ	تُعْلَمِينَ
	أَنْتُمَا	عَلِمْتُمَا	تَعْلَمَانِ	اِعْلَمَا	عُلِمْتُمَا	تُعْلَمَانِ
	أَنْتُنَّ	عَلِمْتُنَّ	تَعْلَمْنَ	اِعْلَمْنَ	عُلِمْتُنَّ	تُعْلَمْنَ
اَلْغَائِبُ 3 남	هُوَ	عَلِمَ	يَعْلَمُ		عُلِمَ	يُعْلَمُ
	هُمَا	عَلِمَا	يَعْلَمَانِ		عُلِمَا	يُعْلَمَانِ
	هُمْ	عَلِمُوا	يَعْلَمُونَ		عُلِمُوا	يُعْلَمُونَ
اَلْغَائِبَةُ 3 여	هِيَ	عَلِمَتْ	تَعْلَمُ		عُلِمَتْ	تُعْلَمُ
	هُمَا	عَلِمَتَا	تَعْلَمَانِ		عُلِمَتَا	تُعْلَمَانِ
	هُنَّ	عَلِمْنَ	يَعْلَمْنَ		عُلِمْنَ	يُعْلَمْنَ

뜻풀이

- (누구 또는 무엇을) 알다,
- 무엇에 대해([목] 또는 بِ) 알다, 해박하다, 잘 알고 있다
- 어디에서(مِن) 무엇을([목] 또는 بِ) 깨닫다, 알게 되다, 발견하다
- (무엇을) 무엇과(مِن) 구분해내다, 알아보다

예문

عَلِمَ صَدِيقِي الْخَبَرَ.

내 친구는 그 소식을 알았다.

كَمَا تَعْلَمُ، بِلَادِي تُدْعَى سُورِيَا.

너도 알다시피 나의 나라는 시리아라고 불린다.

لَا نَعْلَمُ مَتَى سَتَنْتَهِي هَذِهِ الدَّوْرَةُ.

우리는 이 코스가 언제 끝날지 모른다.

يَسُرُّنِي أَنْ أَعْلَمَ أَنَّ أَبَاكَ قَدْ وَصَلَ بِالسَّلَامَةِ.

나는 너의 아버지가 안전하게 도착한 것을 알게 되어 기쁘다.

عَلِمْتُ أَنَّ الْمَدْرَسَةَ سَتَفْتَحُ أَبْوَابَهَا غَدًا أَوْ بَعْدَ غَدٍ.

나는 학교가 내일 또는 모레에 학교 문을 열 것이라고 알고 있다.

لَوْ كُنْتُ أَعْلَمُ أَنَّكَ قَادِمٌ غَدًا، لَكُنْتُ بَقَيْتُ فِي الْمَنْزِلِ.

내가 네가 내일 온다는 것을 알았으면 집에 남아 있었을 것이다.

اَلْمَفْعُولُ 수동분사	اَلْفَاعِلُ 능동분사	اَلْمَصْدَرُ 동명사	عَمِلَ
مَعْمُول	عَامِل	عَمَل	

اَلْمَجْهُولُ 수동		اَلْمَعْلُومُ 능동			اَلضَّمَائِرُ 인칭 대명사	
اَلْمُضَارِعُ 미완료	اَلْمَاضِي 완료	اَلْأَمْرُ 명령	اَلْمُضَارِعُ 미완료	اَلْمَاضِي 완료		
أُعْمَلُ	عُمِلْتُ		أَعْمَلُ	عَمِلْتُ	أَنَا	اَلْمُتَكَلِّمُ 1인칭
نُعْمَلُ	عُمِلْنَا		نَعْمَلُ	عَمِلْنَا	نَحْنُ	
تُعْمَلُ	عُمِلْتَ	اِعْمَلْ	تَعْمَلُ	عَمِلْتَ	أَنْتَ	اَلْمُخَاطَبُ 2 남
تُعْمَلَانِ	عُمِلْتُمَا	اِعْمَلَا	تَعْمَلَانِ	عَمِلْتُمَا	أَنْتُمَا	
تُعْمَلُونَ	عُمِلْتُمْ	اِعْمَلُوا	تَعْمَلُونَ	عَمِلْتُمْ	أَنْتُمْ	
تُعْمَلِينَ	عُمِلْتِ	اِعْمَلِي	تَعْمَلِينَ	عَمِلْتِ	أَنْتِ	اَلْمُخَاطَبَةُ 2 여
تُعْمَلَانِ	عُمِلْتُمَا	اِعْمَلَا	تَعْمَلَانِ	عَمِلْتُمَا	أَنْتُمَا	
تُعْمَلْنَ	عُمِلْتُنَّ	اِعْمَلْنَ	تَعْمَلْنَ	عَمِلْتُنَّ	أَنْتُنَّ	
يُعْمَلُ	عُمِلَ		يَعْمَلُ	عَمِلَ	هُوَ	اَلْغَائِبُ 3 남
يُعْمَلَانِ	عُمِلَا		يَعْمَلَانِ	عَمِلَا	هُمَا	
يُعْمَلُونَ	عُمِلُوا		يَعْمَلُونَ	عَمِلُوا	هُمْ	
تُعْمَلُ	عُمِلَتْ		تَعْمَلُ	عَمِلَتْ	هِيَ	اَلْغَائِبَةُ 3 여
تُعْمَلَانِ	عُمِلَتَا		تَعْمَلَانِ	عَمِلَتَا	هُمَا	
يُعْمَلْنَ	عُمِلْنَ		يَعْمَلْنَ	عَمِلْنَ	هُنَّ	

뜻풀이

- 일하다, 활동하다
- 특정 분야에서(في) 활동하다
- (무엇을) 만들다, 생산하다, 제작하다
- 무엇에 따라(ب) 행동하다
- 무엇을(ب) 작동시키다, 진척시키다
- 목표 등을 위해(على) 열심히 일하다, 계속하다, 노력하다
- 무엇을(في) 처리하다, 다루다
- 무엇에(في) 작용하다, 영향을 미치다
- <문법> 한 단어가 다른 단어나 구를(في) 지배하다

예문

أَعْمَلُ فِي الْمَكْتَبَةِ.

나는 도서관에서 일한다.

بِالطَّبْعِ عَلَيْنَا أَنْ نَعْمَلَ.

당연히 우리는 일을 해야 한다.

أَلَا يُمْكِنُهُمْ أَنْ يَعْمَلُوا لَيْلًا؟

그들은 밤에 일할 수 없습니까?

إِنَّهُ يَعْمَلُ بِجِدٍّ لِيَكْسِبَ عَيْشَهُ.

그는 생계를 꾸리기 위해 열심히 일한다.

لَدَيْنَا غَسَّالَةٌ ضَجَّاجَةٌ وَلَا تَعْمَلُ جَيِّدًا.

우리에게는 시끄럽고 잘 작동하지 않는 세탁기가 있다.

اَلْكُمْبِيُوتِر الَّذِي تَعْمَلِينَ عَلَيْهِ قَدِيمُ الطِّرَازِ.

네가 일하고 있는 컴퓨터는 구형이다.

اَلْمَفْعُولُ 수동분사	اَلْفَاعِلُ 능동분사	اَلْمَصْدَرُ 동명사	عَيَّنَ
مُعَيَّن	مُعَيِّن	تَعْيِين	

اَلْمَجْهُولُ 수동		اَلْمَعْلُومُ 능동			اَلضَّمَائِرُ 인칭 대명사	
اَلْمُضَارِعُ 미완료	اَلْمَاضِي 완료	اَلْأَمْرُ 명령	اَلْمُضَارِعُ 미완료	اَلْمَاضِي 완료		
			أُعَيِّنُ	عَيَّنْتُ	أَنَا	اَلْمُتَكَلِّمُ 1인칭
			نُعَيِّنُ	عَيَّنَّا	نَحْنُ	
		عَيِّنْ	تُعَيِّنُ	عَيَّنْتَ	أَنْتَ	اَلْمُخَاطَبُ 2 남
		عَيِّنَا	تُعَيِّنَانِ	عَيَّنْتُمَا	أَنْتُمَا	
		عَيِّنُوا	تُعَيِّنُونَ	عَيَّنْتُمْ	أَنْتُمْ	
		عَيِّنِي	تُعَيِّنِينَ	عَيَّنْتِ	أَنْتِ	اَلْمُخَاطَبَةُ 2 여
		عَيِّنَا	تُعَيِّنَانِ	عَيَّنْتُمَا	أَنْتُمَا	
		عَيِّنَّ	تُعَيِّنَّ	عَيَّنْتُنَّ	أَنْتُنَّ	
يُعَيَّنُ	عُيِّنَ		يُعَيِّنُ	عَيَّنَ	هُوَ	اَلْغَائِبُ 3 남
			يُعَيِّنَانِ	عَيَّنَا	هُمَا	
			يُعَيِّنُونَ	عَيَّنُوا	هُمْ	
			تُعَيِّنُ	عَيَّنَتْ	هِيَ	اَلْغَائِبَةُ 3 여
			تُعَيِّنَانِ	عَيَّنَتَا	هُمَا	
			يُعَيِّنَّ	عَيَّنَّ	هُنَّ	

뜻풀이

- (무엇을) 하나하나 구체적으로 다루다, 일일이 열거하다
- (무엇을) 규정하다, 명시하다
- (날짜나 시간 등을) 정하다, 지정하다
- (누구를) 직위 또는 부서 등에([목] 또는 في) 지명하다, 임명하다
- (무엇을) 어떤 목적이나 용도에 맞춰 예 정해두다, 미리 정해 두다
- (무엇을) 누구에게(لِ) 할당하다, 배분하다
- 무엇에(على) 열중하다, 애쓰다, 집중하다

예문

عَيَّنَ سَبَبًا

이유를 제시하다

عَيَّنَ الْهَدَفَ

목표를 설정하다

عَيَّنَ الْمَالَ لَهَا.

그는 자금을 그녀에게 할당했다.

عَيَّنَ لِي نَصِيبِي.

그는 내 몫을 배분해줬다.

عَيَّنَ لَنَا وَقْتَ الْحُضُورِ.

그는 우리에게 출석 시간을 정해줬다.

عَيَّنَتْنِي فِي مَنْصِبِ الْمُدِيرِ.

그녀는 나를 관리자직에 임명했다.

غ

غَسَلَ	اَلْمَصْدَرُ 동명사	اَلْفَاعِلُ 능동분사	اَلْمَفْعُولُ 수동분사
	غَسْل	غَاسِل	مَغْسُول

اَلضَّمَائِرُ 인칭 대명사		اَلْمَعْلُومُ 능동			اَلْمَجْهُولُ 수동	
		اَلْمَاضِي 완료	اَلْمُضَارِعُ 미완료	اَلْأَمْرُ 명령	اَلْمَاضِي 완료	اَلْمُضَارِعُ 미완료
اَلْمُتَكَلِّمُ 1인칭	أَنَا	غَسَلْتُ	أَغْسِلُ		غُسِلْتُ	أُغْسَلُ
	نَحْنُ	غَسَلْنَا	نَغْسِلُ		غُسِلْنَا	نُغْسَلُ
اَلْمُخَاطَبُ 2 남	أَنْتَ	غَسَلْتَ	تَغْسِلُ	اِغْسِلْ	غُسِلْتَ	تُغْسَلُ
	أَنْتُمَا	غَسَلْتُمَا	تَغْسِلَانِ	اِغْسِلَا	غُسِلْتُمَا	تُغْسَلَانِ
	أَنْتُمْ	غَسَلْتُمْ	تَغْسِلُونَ	اِغْسِلُوا	غُسِلْتُمْ	تُغْسَلُونَ
اَلْمُخَاطَبَةُ 2 여	أَنْتِ	غَسَلْتِ	تَغْسِلِينَ	اِغْسِلِي	غُسِلْتِ	تُغْسَلِينَ
	أَنْتُمَا	غَسَلْتُمَا	تَغْسِلَانِ	اِغْسِلَا	غُسِلْتُمَا	تُغْسَلَانِ
	أَنْتُنَّ	غَسَلْتُنَّ	تَغْسِلْنَ	اِغْسِلْنَ	غُسِلْتُنَّ	تُغْسَلْنَ
اَلْغَائِبُ 3 남	هُوَ	غَسَلَ	يَغْسِلُ		غُسِلَ	يُغْسَلُ
	هُمَا	غَسَلَا	يَغْسِلَانِ		غُسِلَا	يُغْسَلَانِ
	هُمْ	غَسَلُوا	يَغْسِلُونَ		غُسِلُوا	يُغْسَلُونَ
اَلْغَائِبَةُ 3 여	هِيَ	غَسَلَتْ	تَغْسِلُ		غُسِلَتْ	تُغْسَلُ
	هُمَا	غَسَلَتَا	تَغْسِلَانِ		غُسِلَتَا	تُغْسَلَانِ
	هُنَّ	غَسَلْنَ	يَغْسِلْنَ		غُسِلْنَ	يُغْسَلْنَ

뜻풀이

- 무엇으로(بِ) (누구를) 씻기다, (무엇을) 씻다
- 무엇으로(بِ) (무엇을) 세탁하다, 세척하다
- (치아, 얼굴 등을) 닦다, 씻다
- 죄 등을(مِن) 씻어내다, 깨끗이 씻어 없애다
- (파도나 바다 등의 물이) (무엇을) 씻다, 적시다

예문

غَسَلَ اللّٰهُ ذَنْبَنَا.

하나님은 우리의 죄를 사하셨다.

اِغْسِلِي يَدَيْكِ وَوَجْهَكِ.

당신(여)의 손과 얼굴을 씻어라.

غَسَلَ يَدَيْهِ مِنَ الْمَوْضُوعِ.

그는 그 문제에서 손을 뗐다.

غَسَلْتُ الْبُقْعَ عَلَى قَمِيصِي.

나는 나의 셔츠에 있는 점을 없앴다.

غَسَلَتْ هَذِهِ الشَّرِكَةُ أَمْوَالَهَا.

이 회사는 자금을 세탁했다.

غُسِلَتِ النَّوَافِذُ بِالصَّابُونِ وَالْمَاءِ.

창문들은 비누와 물로 청소되었다.

اَلْمَفْعُولُ 수동분사	اَلْفَاعِلُ 능동분사	اَلْمَصْدَرُ 동명사	غَفَرَ
مَغْفُور	غَافِر	غَفْر، مَغْفِرَة، غُفْرَان	

اَلْمَجْهُولُ 수동		اَلْمَعْلُومُ 능동			اَلضَّمَائِرُ 인칭 대명사	
اَلْمُضَارِعُ 미완료	اَلْمَاضِي 완료	اَلْأَمْرُ 명령	اَلْمُضَارِعُ 미완료	اَلْمَاضِي 완료		
أُغْفَرُ	غُفِرْتُ		أَغْفِرُ	غَفَرْتُ	أَنَا	اَلْمُتَكَلِّمُ 1인칭
نُغْفَرُ	غُفِرْنَا		نَغْفِرُ	غَفَرْنَا	نَحْنُ	
تُغْفَرُ	غُفِرْتَ	اِغْفِرْ	تَغْفِرُ	غَفَرْتَ	أَنْتَ	اَلْمُخَاطَبُ 2 남
تُغْفَرَانِ	غُفِرْتُمَا	اِغْفِرَا	تَغْفِرَانِ	غَفَرْتُمَا	أَنْتُمَا	
تُغْفَرُونَ	غُفِرْتُمْ	اِغْفِرُوا	تَغْفِرُونَ	غَفَرْتُمْ	أَنْتُمْ	
تُغْفَرِينَ	غُفِرْتِ	اِغْفِرِي	تَغْفِرِينَ	غَفَرْتِ	أَنْتِ	اَلْمُخَاطَبَةُ 2 여
تُغْفَرَانِ	غُفِرْتُمَا	اِغْفِرَا	تَغْفِرَانِ	غَفَرْتُمَا	أَنْتُمَا	
تُغْفَرْنَ	غُفِرْتُنَّ	اِغْفِرْنَ	تَغْفِرْنَ	غَفَرْتُنَّ	أَنْتُنَّ	
يُغْفَرُ	غُفِرَ		يَغْفِرُ	غَفَرَ	هُوَ	اَلْغَائِبُ 3 남
يُغْفَرَانِ	غُفِرَا		يَغْفِرَانِ	غَفَرَا	هُمَا	
يُغْفَرُونَ	غُفِرُوا		يَغْفِرُونَ	غَفَرُوا	هُمْ	
تُغْفَرُ	غُفِرَتْ		تَغْفِرُ	غَفَرَتْ	هِيَ	اَلْغَائِبَةُ 3 여
تُغْفَرَانِ	غُفِرَتَا		تَغْفِرَانِ	غَفَرَتَا	هُمَا	
يُغْفَرْنَ	غُفِرْنَ		يَغْفِرْنَ	غَفَرْنَ	هُنَّ	

뜻풀이

- 누구를(لـ) 용서하다, 누구의(لـ) 죄를 용서하다
- 무엇에 대해(لـ) (누구를) 사면하다
- (무엇을) 면제해 주다
- (무엇을) 감추다, 덮다, 가리다

예문

يَا رَبَّنَا اغْفِرْ لَنَا!

신이시여 우리를 용서하세요!

غَفَرْتُ ذَنْبَهُ.

나는 그의 죄를 용서했다.

غَفَرَ خَطِيئَتِي.

그는 나의 실수를 용서했다.

لَنْ يَغْفِرَ التَّارِيخُ لَهُمْ.

역사는 그들을 용서치 않을 것이다.

غَفَرَ الشَّيْبَ بِالْخِضَابِ.

그는 흰 머리를 염색약으로 감췄다.

غَفَرْنَا لَهُ لِأَنَّهُ دَفَعَ دَيْنَهُ لِلْمُجْتَمَعِ.

우리는 그가 사회에 빚을 갚았기 때문에 그를 용서했다.

수동분사 اَلْمَفْعُولُ	능동분사 اَلْفَاعِلُ	동명사 اَلْمَصْدَرُ	غَيَّرَ
مُغَيَّر	مُغَيِّر	تَغْيِير	

수동 اَلْمَجْهُولُ		능동 اَلْمَعْلُومُ			اَلضَّمَائِرُ 인칭 대명사	
اَلْمُضَارِعُ 미완료	اَلْمَاضِي 완료	اَلْأَمْرُ 명령	اَلْمُضَارِعُ 미완료	اَلْمَاضِي 완료		
			أُغَيِّرُ	غَيَّرْتُ	أَنَا	اَلْمُتَكَلِّمُ 1인칭
			نُغَيِّرُ	غَيَّرْنَا	نَحْنُ	
		غَيِّرْ	تُغَيِّرُ	غَيَّرْتَ	أَنْتَ	اَلْمُخَاطَبُ 2 남
		غَيِّرَا	تُغَيِّرَانِ	غَيَّرْتُمَا	أَنْتُمَا	
		غَيِّرُوا	تُغَيِّرُونَ	غَيَّرْتُمْ	أَنْتُمْ	
		غَيِّرِي	تُغَيِّرِينَ	غَيَّرْتِ	أَنْتِ	اَلْمُخَاطَبَةُ 2 여
		غَيِّرَا	تُغَيِّرَانِ	غَيَّرْتُمَا	أَنْتُمَا	
		غَيِّرْنَ	تُغَيِّرْنَ	غَيَّرْتُنَّ	أَنْتُنَّ	
يُغَيَّرُ	غُيِّرَ		يُغَيِّرُ	غَيَّرَ	هُوَ	اَلْغَائِبُ 3 남
			يُغَيِّرَانِ	غَيَّرَا	هُمَا	
			يُغَيِّرُونَ	غَيَّرُوا	هُمْ	
			تُغَيِّرُ	غَيَّرَتْ	هِيَ	اَلْغَائِبَةُ 3 여
			تُغَيِّرَانِ	غَيَّرَتَا	هُمَا	
			يُغَيِّرْنَ	غَيَّرْنَ	هُنَّ	

뜻풀이

• 무엇을([목] 또는 من) 바꾸다, 변형시키다, 변경하다

예문

غَيَّرَ سُلُوكَهُ / الْحَدِيثَ / مَسَارَهُ

태도 / 말 / 방향을 바꾸다

غَيَّرَ مَوْقِفَهُ / رَأْيَهُ مِنْ مَسْأَلَةٍ (قَضِيَّةٍ)، ،،

문제(사안)에 대한 생각이나 입장을 바꾸다

مَنْ يُغَيِّرُ النُّقُودَ؟

누가 돈을 환전해 주나요?

غَيِّرِ الْمِلَايَاتِ وَرَتِّبِ السَّرِيرَ.

시트를 갈고 침대를 정돈해라.

يُمْكِنُنَا أَنْ نُغَيِّرَ طُرُقَ إِنْتَاجِ الْمُنْتَجَاتِ.

우리는 제품 생산 방법을 바꿀 수 있다.

غَيَّرَتِ التِّكْنُولُوجِيَا الْحَدِيثَةُ طَرِيقَةَ حَيَاتِنَا.

현대 기술은 우리 삶의 방식을 바꿨다.

ف

اَلْمَفْعُولُ 수동분사	اَلْفَاعِلُ 능동분사	اَلْمَصْدَرُ 동명사	فَاتَحَ
مُفَاتَح	مُفَاتِح	مُفَاتَحَة	

اَلْمَجْهُولُ 수동		اَلْمَعْلُومُ 능동			اَلضَّمَائِرُ 인칭 대명사	
اَلْمُضَارِعُ 미완료	اَلْمَاضِي 완료	اَلْأَمْرُ 명령	اَلْمُضَارِعُ 미완료	اَلْمَاضِي 완료		
			أُفَاتِحُ	فَاتَحْتُ	أَنَا	اَلْمُتَكَلِّمُ 1인칭
			نُفَاتِحُ	فَاتَحْنَا	نَحْنُ	
		فَاتِحْ	تُفَاتِحُ	فَاتَحْتَ	أَنْتَ	اَلْمُخَاطَبُ 2 남
		فَاتِحَا	تُفَاتِحَانِ	فَاتَحْتُمَا	أَنْتُمَا	
		فَاتِحُوا	تُفَاتِحُونَ	فَاتَحْتُمْ	أَنْتُمْ	
		فَاتِحِي	تُفَاتِحِينَ	فَاتَحْتِ	أَنْتِ	اَلْمُخَاطَبَةُ 2 여
		فَاتِحَا	تُفَاتِحَانِ	فَاتَحْتُمَا	أَنْتُمَا	
		فَاتِحْنَ	تُفَاتِحْنَ	فَاتَحْتُنَّ	أَنْتُنَّ	
يُفَاتَحُ	فُوتِحَ		يُفَاتِحُ	فَاتَحَ	هُوَ	اَلْغَائِبُ 3 남
			يُفَاتِحَانِ	فَاتَحَا	هُمَا	
			يُفَاتِحُونَ	فَاتَحُوا	هُمْ	
			تُفَاتِحُ	فَاتَحَتْ	هِيَ	اَلْغَائِبَةُ 3 여
			تُفَاتِحَانِ	فَاتَحَتَا	هُمَا	
			يُفَاتِحْنَ	فَاتَحْنَ	هُنَّ	

뜻풀이

- (누구에게) 말을 걸다
- (누구와) 무엇에 관한(في) 대화를 시작하다
- 누구에게 무엇을([목] 또는 بـ) 밝히다, 폭로하다, 알려주다
- 특정 문제와 관련되어(في) (누구를) 접촉하다, (다가가서) 말을 하다

예문

فَاتَحَتْ خَصْمَهَا.

그녀는 상대방을 고소했다.

فَاتَحْتُهُ فِي قَضِيَّتِهِ.

나는 그의 문제에 관해 그와 대화를 시작했다.

لَمْ يُفَاتِحْ أَحَدًا بِالْحَدِيثِ.

그는 아무에게도 다가가 말을 걸지 않았다.

لِمَاذَا لَمْ تُفَاتِحْنِي بِالْأَمْرِ؟

왜 너는 나에게 와서 말하지 않았니?

اَلَّذِي وَعَدْتَ أَنْ تُفَاتِحَهُ فِيهِ

네가 그에게 폭로하기로 약속했던 것

سَوْفَ يُفَاتِحُنِي فِي هَذِهِ الْمَسْأَلَةِ.

그는 이 문제에 있어 나와 대화를 시작할 것이다.

فَتَحَ	اَلْمَصْدَرُ 동명사	اَلْفَاعِلُ 능동분사	اَلْمَفْعُولُ 수동분사
	فَتْح	فَاتِح	مَفْتُوح

اَلضَّمَائِرُ 인칭 대명사		اَلْمَعْلُومُ 능동			اَلْمَجْهُولُ 수동	
		اَلْمَاضِي 완료	اَلْمُضَارِعُ 미완료	اَلْأَمْرُ 명령	اَلْمَاضِي 완료	اَلْمُضَارِعُ 미완료
اَلْمُتَكَلِّمُ 1인칭	أَنَا	فَتَحْتُ	أَفْتَحُ		فُتِحْتُ	أُفْتَحُ
	نَحْنُ	فَتَحْنَا	نَفْتَحُ		فُتِحْنَا	نُفْتَحُ
اَلْمُخَاطَبُ 2 남	أَنْتَ	فَتَحْتَ	تَفْتَحُ	اِفْتَحْ	فُتِحْتَ	تُفْتَحُ
	أَنْتُمَا	فَتَحْتُمَا	تَفْتَحَانِ	اِفْتَحَا	فُتِحْتُمَا	تُفْتَحَانِ
	أَنْتُمْ	فَتَحْتُمْ	تَفْتَحُونَ	اِفْتَحُوا	فُتِحْتُمْ	تُفْتَحُونَ
اَلْمُخَاطَبَةُ 2 여	أَنْتِ	فَتَحْتِ	تَفْتَحِينَ	اِفْتَحِي	فُتِحْتِ	تُفْتَحِينَ
	أَنْتُمَا	فَتَحْتُمَا	تَفْتَحَانِ	اِفْتَحَا	فُتِحْتُمَا	تُفْتَحَانِ
	أَنْتُنَّ	فَتَحْتُنَّ	تَفْتَحْنَ	اِفْتَحْنَ	فُتِحْتُنَّ	تُفْتَحْنَ
اَلْغَائِبُ 3 남	هُوَ	فَتَحَ	يَفْتَحُ		فُتِحَ	يُفْتَحُ
	هُمَا	فَتَحَا	يَفْتَحَانِ		فُتِحَا	يُفْتَحَانِ
	هُمْ	فَتَحُوا	يَفْتَحُونَ		فُتِحُوا	يُفْتَحُونَ
اَلْغَائِبَةُ 3 여	هِيَ	فَتَحَتْ	تَفْتَحُ		فُتِحَتْ	تُفْتَحُ
	هُمَا	فَتَحَتَا	تَفْتَحَانِ		فُتِحَتَا	تُفْتَحَانِ
	هُنَّ	فَتَحْنَ	يَفْتَحْنَ		فُتِحْنَ	يُفْتَحْنَ

뜻풀이

- (무엇을) 열다
- (수도꼭지를) 틀다
- (기계 스위치를) 켜다
- (수로 또는 운하를) 파다, 만들다
- (길을) 내다, 개통하다
- (글이나 말 등을) 시작하다
- (무엇을) 점령하다, 정복하다
- (무엇을) 누구에게(على) 폭로하다, 밝히다
- (하나님이) (성공이나 승리, 재물의 길을) 누구에게(على) 열어주다, (성공이나 승리, 재물 등을) 누구에게(على) 부여하다
- (하나님이) 누구에게(على) 무엇을([목] 또는 ب) 불어넣다, 고취하다
- <문법> 아랍어 자음을 ـَ (a)모음으로 발음하다

예문

فَتَحَ الْبَخْتَ

점을 치다

فَتَحَ الشَّهِيَّةَ

식욕을 돋우다

فَتَحَ أُذْنَيْهِ

귀를 쫑긋 세우다, 귀 기울이다

فَتَحَ الطَّرِيقَ

길을 개통하다, 길을 열다

فَتَحَ عَيْنَيْهِ جَيِّدًا

주목하다, 눈여겨 보다

فَتَحَ صَفْحَةً جَدِيدَةً

새로운 장을 열다

فَتَحَ عَيْنَيْهِ عَلَى آخِرِهِمَا

눈을 크게 뜨다

نَفْتَحُ الْمِلَفَّاتِ.

우리는 파일을 연다.

سَأَفْتَحُ الْبَابَ.

내가 문을 열 것이다.

اِفْتَحْ لَهُ الْبَابَ.

그를 위해 문을 열어라.

فَقَدْ فَتَحَ الْمُسْلِمُ الْأَنْدَلُسَ.

무슬림은 안달루시아를 정복했다.

يَذْهَبُ إِلَى الْمَصْرِفِ لِيَفْتَحَ حِسَابًا.

그는 계좌를 개설하기 위해 은행에 간다.

سَتَفْتَحُ الْجَامِعَةُ هُنَا أَبْوَابَهَا بَعْدَ شَهْرٍ.

이곳의 대학은 한 달 뒤에 문을 열 것이다.

أَخِيرًا فَتَحْتُ الْعُلْبَةَ بِاسْتِخْدَامِ مِفَكٍّ.

마침내 나는 드라이버로 깡통을 땄다.

اِفْتَحِ النَّافِذَةَ قَلِيلًا وَلَيْسَ عَلَى الْآخِرِ.

창문을 완전히 다 열지 말고 조금만 열어라.

لَوْ كُنْتِ سَمِعْتِ الْجَرْسَ لَفَتَحْتِ البَابَ.

종소리를 들었다면, 너(여)는 문을 열었을 텐데.

فَتَحَتِ الْبَنَاتُ الْبَابَ ونَظَرْنَ إِلَى الطَّائِرَةِ.

그 소녀들은 문을 열고 비행기를 보았다.

يَفْتَحُ يُوسُفُ عَيْنَهُ الْيُمْنَى وَعَيْنَهُ الْيُسْرَى.

유수프는 그의 오른쪽 눈과 왼쪽 눈을 뜬다.

لَا يَفْتَحُ الْمَصْرِفُ أَبْوَابَهُ قَبْلَ السَّاعَةِ التَّاسِعَةِ.

은행은 9시 전에 문을 열지 않는다.

فَتَحَ الْمُوَرِّدُ خِطَابَ الِاعْتِمَادِ فِي الْمَصْرِفِ.

수입업자는 은행에서 신용장을 개설했다.

فَتَحَ ثَلَاثِينَ مَدْرَسَةً لِلُّغَاتِ الْأَجْنَبِيَّةِ فِي الْبِلَادِ.

그는 외국어를 위한 30개의 학교를 열었다

لَقَدْ فَتَحَ كِتَابُهُ عَيْنَيَّ عَلَى جَمَالِ النَّبَاتَاتِ الْمَحَلِّيَّةِ.

그의 책은 현지 식물의 아름다움에 대해 나의 눈을 뜨게 만들었다.

نَهَضْتُ مِنْ فِرَاشِي وَفَتَحْتُ الْمِذْيَاعَ لِأَسْمَعَ الْأَخْبَارَ.

나는 침대에서 일어나서 뉴스를 듣기 위해 라디오를 켰다.

بَدَأَ يَفْتَحُ سَيْلًا مِنَ الِانْتِقَادَاتِ عَلَى تَصَرُّفِي العَنِيفِ.

그는 나의 폭력적인 행동에 대해 비난을 퍼붓기 시작했다.

수동분사 اَلْمَفْعُولُ	능동분사 اَلْفَاعِلُ	동명사 اَلْمَصْدَرُ	فَتَّشَ
مُفَتَّش	مُفَتِّش	تَفْتِيش	

수동 اَلْمَجْهُولُ		능동 اَلْمَعْلُومُ			اَلضَّمَائِرُ 인칭 대명사	
اَلْمُضَارِعُ 미완료	اَلْمَاضِي 완료	اَلْأَمْرُ 명령	اَلْمُضَارِعُ 미완료	اَلْمَاضِي 완료		
			أُفَتِّشُ	فَتَّشْتُ	أَنَا	اَلْمُتَكَلِّمُ 1인칭
			نُفَتِّشُ	فَتَّشْنَا	نَحْنُ	
		فَتِّشْ	تُفَتِّشُ	فَتَّشْتَ	أَنْتَ	اَلْمُخَاطَبُ 2 남
		فَتِّشَا	تُفَتِّشَانِ	فَتَّشْتُمَا	أَنْتُمَا	
		فَتِّشُوا	تُفَتِّشُونَ	فَتَّشْتُمْ	أَنْتُمْ	
		فَتِّشِي	تُفَتِّشِينَ	فَتَّشْتِ	أَنْتِ	اَلْمُخَاطَبَةُ 2 여
		فَتِّشَا	تُفَتِّشَانِ	فَتَّشْتُمَا	أَنْتُمَا	
		فَتِّشْنَ	تُفَتِّشْنَ	فَتَّشْتُنَّ	أَنْتُنَّ	
يُفَتَّشُ	فُتِّشَ		يُفَتِّشُ	فَتَّشَ	هُوَ	اَلْغَائِبُ 3 남
			يُفَتِّشَانِ	فَتَّشَا	هُمَا	
			يُفَتِّشُونَ	فَتَّشُوا	هُمْ	
			تُفَتِّشُ	فَتَّشَتْ	هِيَ	اَلْغَائِبَةُ 3 여
			تُفَتِّشَانِ	فَتَّشَتَا	هُمَا	
			يُفَتِّشْنَ	فَتَّشْنَ	هُنَّ	

뜻풀이

• (무엇을) 자세히 검토하다, 세심히 살피다
• (무엇을) 찾아보다, 조사하다
• 무엇을(عن) 묻다, 알아보다, 찾다
• (누구를) 감독하다, 통제하다
• 무엇을([목] 또는 على) 감독하다, 단속하다, 관리하다

예문

فَتَّشَ الْحَقِيبَةَ

가방을 조사하다

فَتَّشَ عَنِ الْكِتَابِ

책을 알아보다

فَتَّشَ عَنِ الْحَقِيقَةِ / السَّعَادَةِ

진실 / 행복을 찾다

يُفَتِّشُ الْمُرَاقِبُ إِنْتَاجَ الْمَصْنَعِ.

감독관은 공장의 생산을 검사한다.

فَتَّشْتُ كُلَّ زَوَايَا الْغُرْفَةِ بَحْثًا عَمَّا ضَاعَ مِنْهُ.

나는 잃어버린 것을 찾느라 방구석을 샅샅이 살폈다.

فَتَّشَ الْمُفَتِّشُ الْبَضَائِعَ الْمُصَدَّرَةَ قَبْلَ شَحْنِهَا.

검사관은 수출 물품을 선적 전에 검사했다.

수동분사 اَلْمَفْعُولُ	능동분사 اَلْفَاعِلُ	동명사 اَلْمَصْدَرُ	فَحَصَ
مَفْحُوص	فَاحِص	فَحْص	

수동 اَلْمَجْهُولُ		능동 اَلْمَعْلُومُ			اَلضَّمَائِرُ 인칭 대명사	
اَلْمُضَارِعُ 미완료	اَلْمَاضِي 완료	اَلْأَمْرُ 명령	اَلْمُضَارِعُ 미완료	اَلْمَاضِي 완료		
أُفْحَصُ	فُحِصْتُ		أَفْحَصُ	فَحَصْتُ	أَنَا	اَلْمُتَكَلِّمُ 1인칭
نُفْحَصُ	فُحِصْنَا		نَفْحَصُ	فَحَصْنَا	نَحْنُ	
تُفْحَصُ	فُحِصْتَ	اِفْحَصْ	تَفْحَصُ	فَحَصْتَ	أَنْتَ	اَلْمُخَاطَبُ 2남
تُفْحَصَانِ	فُحِصْتُمَا	اِفْحَصَا	تَفْحَصَانِ	فَحَصْتُمَا	أَنْتُمَا	
تُفْحَصُونَ	فُحِصْتُمْ	اِفْحَصُوا	تَفْحَصُونَ	فَحَصْتُمْ	أَنْتُمْ	
تُفْحَصِينَ	فُحِصْتِ	اِفْحَصِي	تَفْحَصِينَ	فَحَصْتِ	أَنْتِ	اَلْمُخَاطَبَةُ 2여
تُفْحَصَانِ	فُحِصْتُمَا	اِفْحَصَا	تَفْحَصَانِ	فَحَصْتُمَا	أَنْتُمَا	
تُفْحَصْنَ	فُحِصْتُنَّ	اِفْحَصْنَ	تَفْحَصْنَ	فَحَصْتُنَّ	أَنْتُنَّ	
يُفْحَصُ	فُحِصَ		يَفْحَصُ	فَحَصَ	هُوَ	اَلْغَائِبُ 3남
يُفْحَصَانِ	فُحِصَا		يَفْحَصَانِ	فَحَصَا	هُمَا	
يُفْحَصُونَ	فُحِصُوا		يَفْحَصُونَ	فَحَصُوا	هُمْ	
تُفْحَصُ	فُحِصَتْ		تَفْحَصُ	فَحَصَتْ	هِيَ	اَلْغَائِبَةُ 3여
تُفْحَصَانِ	فُحِصَتَا		تَفْحَصَانِ	فَحَصَتَا	هُمَا	
يُفْحَصْنَ	فُحِصْنَ		يَفْحَصْنَ	فَحَصْنَ	هُنَّ	

뜻풀이

- (땅을) 살짝 파다, 긁다
- (누구를) 검진하다
- (누구 또는 무엇을) 검사하다, 조사하다
- 무엇에 관해(عن) 묻다, 알아보다, 찾아보다

예문

فَحَصَ الشَّكْوَى

불만 사항을 조사하다

فَحَصَ الْبِضَاعَةَ

물품을 검사하다

فَحَصَ عَنِ الْحَقِيقَةِ

진실을 조사하다

فَحَصَ الطَّبِيبُ الْمَرِيضَ.

의사가 환자를 검진했다.

فَحَصَتِ الدَّجَاجَةُ التُّرَابَ.

닭은 흙을 파헤쳤다.

فَحَصَ الفَنِّيُّ السَّيَّارَةَ بِدِقَّةٍ.

기술자는 자동차를 자세히 검사했다.

수동분사 اَلْمَفْعُولُ	능동분사 اَلْفَاعِلُ	동명사 اَلْمَصْدَرُ	فَرَضَ
مَفْرُوض	فَارِض	فَرْض	

수동 اَلْمَجْهُولُ		능동 اَلْمَعْلُومُ			اَلضَّمَائِرُ 인칭 대명사	
اَلْمُضَارِعُ 미완료	اَلْمَاضِي 완료	اَلْأَمْرُ 명령	اَلْمُضَارِعُ 미완료	اَلْمَاضِي 완료		
أُفْرَضُ	فُرِضْتُ		أَفْرِضُ	فَرَضْتُ	أَنَا	اَلْمُتَكَلِّمُ 1인칭
نُفْرَضُ	فُرِضْنَا		نَفْرِضُ	فَرَضْنَا	نَحْنُ	
تُفْرَضُ	فُرِضْتَ	اِفْرِضْ	تَفْرِضُ	فَرَضْتَ	أَنْتَ	اَلْمُخَاطَبُ 2 남
تُفْرَضَانِ	فُرِضْتُمَا	اِفْرِضَا	تَفْرِضَانِ	فَرَضْتُمَا	أَنْتُمَا	
تُفْرَضُونَ	فُرِضْتُمْ	اِفْرِضُوا	تَفْرِضُونَ	فَرَضْتُمْ	أَنْتُمْ	
تُفْرَضِينَ	فُرِضْتِ	اِفْرِضِي	تَفْرِضِينَ	فَرَضْتِ	أَنْتِ	اَلْمُخَاطَبَةُ 2 여
تُفْرَضَانِ	فُرِضْتُمَا	اِفْرِضَا	تَفْرِضَانِ	فَرَضْتُمَا	أَنْتُمَا	
تُفْرَضْنَ	فُرِضْتُنَّ	اِفْرِضْنَ	تَفْرِضْنَ	فَرَضْتُنَّ	أَنْتُنَّ	
يُفْرَضُ	فُرِضَ		يَفْرِضُ	فَرَضَ	هُوَ	اَلْغَائِبُ 3 남
يُفْرَضَانِ	فُرِضَا		يَفْرِضَانِ	فَرَضَا	هُمَا	
يُفْرَضُونَ	فُرِضُوا		يَفْرِضُونَ	فَرَضُوا	هُمْ	
تُفْرَضُ	فُرِضَتْ		تَفْرِضُ	فَرَضَتْ	هِيَ	اَلْغَائِبَةُ 3 여
تُفْرَضَانِ	فُرِضَتَا		تَفْرِضَانِ	فَرَضَتَا	هُمَا	
يُفْرَضْنَ	فُرِضْنَ		يَفْرِضْنَ	فَرَضْنَ	هُنَّ	

뜻풀이

- (금액 등을) 누구의 채무로(ل 또는 على) 미리 정하다
- 누구에게(ل) (돈과 같은 것 등을) 할당하다, 배분하다, 나누다
- 누구에게(على) (무엇을) 명령하다, 지시하다, 의무로서 지우다
- 무엇을(على) 봉쇄하다
- (근거도 없이 무엇을 당연한 것이라고) 추정하다, 가정하다, 억측하다
- 무엇을(أن) 당연시하다

예문

فَرَضَ الضَّرِيبَةَ عَلَيْهِ

세금을 부과하다

فَرَضَ أَحْكَامًا عُرْفِيَّةً

계엄령을 내리다

فَرَضَ إِرَادَتَهُ عَلَى غَيْرِهِ

타인에게 자기 뜻을 강요하다

فَرَضَ عُقُوبَاتٍ اقْتِصَادِيَّةً

경제적 제재를 가하다

أَفْرِضُ عَلَيْهِ رَأْيِي.

나는 그에게 나의 의견을 강요한다.

فَرَضَتِ الشُّرْطَةُ حَظْرَ التَّجَوُّلِ بَعْدَ الْمَغْرِبِ.

경찰은 일몰 후 통행금지를 명령했다.

수동분사 اَلْمَفْعُولُ	능동분사 اَلْفَاعِلُ	동명사 اَلْمَصْدَرُ	فَضَّلَ
مُفَضَّل	مُفَضِّل	تَفْضِيل	

수동 اَلْمَجْهُولُ		능동 اَلْمَعْلُومُ			اَلضَّمَائِرُ 인칭 대명사	
اَلْمُضَارِعُ 미완료	اَلْمَاضِي 완료	اَلْأَمْرُ 명령	اَلْمُضَارِعُ 미완료	اَلْمَاضِي 완료		
			أُفَضِّلُ	فَضَّلْتُ	أَنَا	اَلْمُتَكَلِّمُ 1인칭
			نُفَضِّلُ	فَضَّلْنَا	نَحْنُ	
		فَضِّلْ	تُفَضِّلُ	فَضَّلْتَ	أَنْتَ	اَلْمُخَاطَبُ 2 남
		فَضِّلَا	تُفَضِّلَانِ	فَضَّلْتُمَا	أَنْتُمَا	
		فَضِّلُوا	تُفَضِّلُونَ	فَضَّلْتُمْ	أَنْتُمْ	
		فَضِّلِي	تُفَضِّلِينَ	فَضَّلْتِ	أَنْتِ	اَلْمُخَاطَبَةُ 2 여
		فَضِّلَا	تُفَضِّلَانِ	فَضَّلْتُمَا	أَنْتُمَا	
		فَضِّلْنَ	تُفَضِّلْنَ	فَضَّلْتُنَّ	أَنْتُنَّ	
يُفَضَّلُ	فُضِّلَ		يُفَضِّلُ	فَضَّلَ	هُوَ	اَلْغَائِبُ 3 남
			يُفَضِّلَانِ	فَضَّلَا	هُمَا	
			يُفَضِّلُونَ	فَضَّلُوا	هُمْ	
			تُفَضِّلُ	فَضَّلَتْ	هِيَ	اَلْغَائِبَةُ 3 여
			تُفَضِّلَانِ	فَضَّلَتَا	هُمَا	
			يُفَضِّلْنَ	فَضَّلْنَ	هُنَّ	

뜻풀이

- (누구를) 누구보다(على) 더 좋아하다,
- (무엇을) 무엇보다(على) 더 선호하다
- (누구 또는 무엇에게) 특혜를(على) 주다

예문

فَضَّلْتُهُ عَلَى غَيْرِهِ.

나는 다른 사람보다 그를 더 선호한다.

مَا اللَّوْنُ الَّذِي تُفَضِّلُهُ؟

선호하시는 색은 무엇인가요?

فَضَّلَ الْعَمَلَ عَلَى النُّزْهَةِ.

그는 쉬는 것보다 일하는 것을 선호한다.

بَعْضُ النَّاسِ يُفَضِّلُونَ كُتُبًا عَنْ مَوْضُوعٍ مُعَيَّنٍ.

몇몇 사람들은 특정한 주제에 관한 책들을 선호한다.

يُفَضِّلُ نَاسٌ آخَرُونَ أَنْ يَقْرَؤُوا كُتُبًا أَدَبِيَّةً وَرِوَايَاتٍ.

어떤 사람들은 문학이나 소설을 읽는 것을 선호한다.

هَلْ تُرِيدُ الذَّهَابَ إِلَى الْحَفْلَةِ أَمْ تُفَضِّلُ الْبَقَاءَ فِي الْمَنْزِلِ؟

당신은 파티에 가고 싶습니까? 아니면 집에 있고 싶습니까?

수동분사 اَلْمَفْعُولُ	능동분사 اَلْفَاعِلُ	동명사 اَلْمَصْدَرُ	فَعَلَ
مَفْعُول	فَاعِل	فَعْل، فِعْل	

수동 اَلْمَجْهُولُ		능동 اَلْمَعْلُومُ			اَلضَّمَائِرُ 인칭 대명사	
اَلْمُضَارِعُ 미완료	اَلْمَاضِي 완료	اَلْأَمْرُ 명령	اَلْمُضَارِعُ 미완료	اَلْمَاضِي 완료		
أُفْعَلُ	فُعِلْتُ		أَفْعَلُ	فَعَلْتُ	أَنَا	اَلْمُتَكَلِّمُ 1인칭
نُفْعَلُ	فُعِلْنَا		نَفْعَلُ	فَعَلْنَا	نَحْنُ	
تُفْعَلُ	فُعِلْتَ	اِفْعَلْ	تَفْعَلُ	فَعَلْتَ	أَنْتَ	اَلْمُخَاطَبُ 2 남
تُفْعَلَانِ	فُعِلْتُمَا	اِفْعَلَا	تَفْعَلَانِ	فَعَلْتُمَا	أَنْتُمَا	
تُفْعَلُونَ	فُعِلْتُمْ	اِفْعَلُوا	تَفْعَلُونَ	فَعَلْتُمْ	أَنْتُمْ	
تُفْعَلِينَ	فُعِلْتِ	اِفْعَلِي	تَفْعَلِينَ	فَعَلْتِ	أَنْتِ	اَلْمُخَاطَبَةُ 2 여
تُفْعَلَانِ	فُعِلْتُمَا	اِفْعَلَا	تَفْعَلَانِ	فَعَلْتُمَا	أَنْتُمَا	
تُفْعَلْنَ	فُعِلْتُنَّ	اِفْعَلْنَ	تَفْعَلْنَ	فَعَلْتُنَّ	أَنْتُنَّ	
يُفْعَلُ	فُعِلَ		يَفْعَلُ	فَعَلَ	هُوَ	اَلْغَائِبُ 3 남
يُفْعَلَانِ	فُعِلَا		يَفْعَلَانِ	فَعَلَا	هُمَا	
يُفْعَلُونَ	فُعِلُوا		يَفْعَلُونَ	فَعَلُوا	هُمْ	
تُفْعَلُ	فُعِلَتْ		تَفْعَلُ	فَعَلَتْ	هِيَ	اَلْغَائِبَةُ 3 여
تُفْعَلَانِ	فُعِلَتَا		تَفْعَلَانِ	فَعَلَتَا	هُمَا	
يُفْعَلْنَ	فُعِلْنَ		يَفْعَلْنَ	فَعَلْنَ	هُنَّ	

뜻풀이

- (무엇을) 하다
- 행동하다
- (어떤 활동을) 하다, 실행하다
- 누구 또는 무엇에(ب 또는 في) 영향을 미치다
- (누구에게) 무엇을(ب) 하다, 무엇을(في) 어떻게 하다

예문

فَعَلَ فِيهِ فِعْلًا كَرِيهًا

누구에게 나쁜 영향을 미치다

أَخْبَرْتَنِي مَاذَا أَفْعَلُ.

너는 나에게 무엇을 해야 하는지 알려주었다.

مَاذَا تَفْعَلُ هَذِهِ الْأَيَّامَ؟

요즘 무엇을 합니까?

إِنَّهُ لَا يَعْرِفُ مَاذَا يَفْعَلُ.

그는 무엇을 해야 하는지 모른다.

يُرِيدُونَ أَنْ يَفْعَلُوا نَفْسَ الشَّيْءِ.

그들은 똑같은 것을 하길 원한다.

هَلِ الطُّلَّابُ يَفْعَلُونَ كَمَا يَقُولُ مُدَرِّسُوهُمْ؟

학생들이 선생님들이 말한 대로 하나요?

فَقَدَ	اَلْمَصْدَرُ 동명사	اَلْفَاعِلُ 능동분사	اَلْمَفْعُولُ 수동분사
	فَقْد، فِقْدَان، فُقْدَان	فَاقِد	مَفْقُود

اَلضَّمَائِرُ 인칭 대명사		اَلْمَعْلُومُ 능동			اَلْمَجْهُولُ 수동	
		اَلْمَاضِي 완료	اَلْمُضَارِعُ 미완료	اَلْأَمْرُ 명령	اَلْمَاضِي 완료	اَلْمُضَارِعُ 미완료
اَلْمُتَكَلِّمُ 1인칭	أَنَا	فَقَدْتُ	أَفْقِدُ		فُقِدْتُ	أُفْقَدُ
	نَحْنُ	فَقَدْنَا	نَفْقِدُ		فُقِدْنَا	نُفْقَدُ
اَلْمُخَاطَبُ 2남	أَنْتَ	فَقَدْتَ	تَفْقِدُ	اِفْقِدْ	فُقِدْتَ	تُفْقَدُ
	أَنْتُمَا	فَقَدْتُمَا	تَفْقِدَانِ	اِفْقِدَا	فُقِدْتُمَا	تُفْقَدَانِ
	أَنْتُمْ	فَقَدْتُمْ	تَفْقِدُونَ	اِفْقِدُوا	فُقِدْتُمْ	تُفْقَدُونَ
اَلْمُخَاطَبَةُ 2여	أَنْتِ	فَقَدْتِ	تَفْقِدِينَ	اِفْقِدِي	فُقِدْتِ	تُفْقَدِينَ
	أَنْتُمَا	فَقَدْتُمَا	تَفْقِدَانِ	اِفْقِدَا	فُقِدْتُمَا	تُفْقَدَانِ
	أَنْتُنَّ	فَقَدْتُنَّ	تَفْقِدْنَ	اِفْقِدْنَ	فُقِدْتُنَّ	تُفْقَدْنَ
اَلْغَائِبُ 3남	هُوَ	فَقَدَ	يَفْقِدُ		فُقِدَ	يُفْقَدُ
	هُمَا	فَقَدَا	يَفْقِدَانِ		فُقِدَا	يُفْقَدَانِ
	هُمْ	فَقَدُوا	يَفْقِدُونَ		فُقِدُوا	يُفْقَدُونَ
اَلْغَائِبَةُ 3여	هِيَ	فَقَدَتْ	تَفْقِدُ		فُقِدَتْ	تُفْقَدُ
	هُمَا	فَقَدَتَا	تَفْقِدَانِ		فُقِدَتَا	تُفْقَدَانِ
	هُنَّ	فَقَدْنَ	يَفْقِدْنَ		فُقِدْنَ	يُفْقَدْنَ

뜻풀이

- (누구 또는 무엇을) 찾지 못하다, 잃어버리다
- (누구를) 여의다
- (무엇을) 잘못 두다, 두고 잊어버리다, 잃어버리다
- (기회 등을) 놓치다

예문

فَقَدَ حَيَاتَهُ / مَالَهُ

목숨 / 재산을 잃다.

فَقَدَ عَقْلَهُ / وَعْيَهُ / صَبْرَهُ

이성 / 의식 / 인내심을 잃다

فَقَدَ بَصَرَهُ / ذَاكِرَتَهُ / شَهِيَّتَهُ

시력 / 기억력 / 식욕을 잃다

لَا تَفْقِدْ أَعْصَابَكَ وَتَغْضَبْ.

이성을 잃고 화내지 마라.

إِنَّهُمْ فَقَدُوا الْأَمَلَ وَوَصَلُوا إِلَى طَرِيقٍ مَسْدُودٍ.

그들은 희망을 잃고 막다른 길에 이르렀다.

فَقَدَتْ سَيْطَرَتَهَا عَلَى أَعْصَابِهَا عِنْدَمَا أَبْلَغْتُهَا الْخَبَرَ.

내가 그 소식을 그녀에게 전해졌을 때 그녀는 이성을 잃었다.

فَكَّرَ	اَلْمَصْدَرُ 동명사	اَلْفَاعِلُ 능동분사	اَلْمَفْعُولُ 수동분사
	تَفْكِير	مُفَكِّر	مُفَكَّر

اَلضَّمَائِرُ 인칭 대명사		اَلْمَعْلُومُ 능동			اَلْمَجْهُولُ 수동	
		اَلْمَاضِي 완료	اَلْمُضَارِعُ 미완료	اَلْأَمْرُ 명령	اَلْمَاضِي 완료	اَلْمُضَارِعُ 미완료
اَلْمُتَكَلِّمُ 1인칭	أَنَا	فَكَّرْتُ	أُفَكِّرُ			
	نَحْنُ	فَكَّرْنَا	نُفَكِّرُ			
اَلْمُخَاطَبُ 2 남	أَنْتَ	فَكَّرْتَ	تُفَكِّرُ	فَكِّرْ		
	أَنْتُمَا	فَكَّرْتُمَا	تُفَكِّرَانِ	فَكِّرَا		
	أَنْتُمْ	فَكَّرْتُمْ	تُفَكِّرُونَ	فَكِّرُوا		
اَلْمُخَاطَبَةُ 2 여	أَنْتِ	فَكَّرْتِ	تُفَكِّرِينَ	فَكِّرِي		
	أَنْتُمَا	فَكَّرْتُمَا	تُفَكِّرَانِ	فَكِّرَا		
	أَنْتُنَّ	فَكَّرْتُنَّ	تُفَكِّرْنَ	فَكِّرْنَ		
اَلْغَائِبُ 3 남	هُوَ	فَكَّرَ	يُفَكِّرُ		فُكِّرَ	يُفَكَّرُ
	هُمَا	فَكَّرَا	يُفَكِّرَانِ			
	هُمْ	فَكَّرُوا	يُفَكِّرُونَ			
اَلْغَائِبَةُ 3 여	هِيَ	فَكَّرَتْ	تُفَكِّرُ			
	هُمَا	فَكَّرَتَا	تُفَكِّرَانِ			
	هُنَّ	فَكَّرْنَ	يُفَكِّرْنَ			

뜻풀이

- 무엇에 대해(في) 깊이 생각하다, 숙고하다,
- 무엇을(في 또는 ب) 생각하다, 떠올리다
- (누구에게) 무엇을([목] 또는 في) 생각나게 하다, 상기시키다

예문

فَكَّرَتْنِي بِمَوْعِدِي.

그녀는 나에게 약속을 상기시켰다.

يُفَكِّرُ فِي نَفْسِهِ فَقَطْ.

그는 단지 자신만을 생각한다.

إِنَّهُ لَا يُفَكِّرُ قَبْلَ أَنْ يَتَكَلَّمَ.

그는 말하기 전에 생각하지 않는다.

لَقَدْ فَكَّرْتُ فِي تَرْكِ وَظِيفَتِي.

나는 직장을 관둘 생각을 했었다.

فَكَّرَتْ طَوِيلًا فِي قَائِمَةِ الطَّعَامِ.

그녀는 메뉴를 오랜 시간 생각했다.

هَذِهِ الْمَسْأَلَةُ تَجْعَلُ وَالِدِي يُفَكِّرُ كَثِيرًا.

이 문제는 나의 아버지가 많은 생각을 하도록 만들었다.

فَهَّمَ

수동분사 اَلْمَفْعُولُ	능동분사 اَلْفَاعِلُ	동명사 اَلْمَصْدَرُ
مُفَهَّم	مُفَهِّم	تَفْهِيم

수동 اَلْمَجْهُولُ		능동 اَلْمَعْلُومُ			اَلضَّمَائِرُ 인칭 대명사	
اَلْمُضَارِعُ 미완료	اَلْمَاضِي 완료	اَلْأَمْرُ 명령	اَلْمُضَارِعُ 미완료	اَلْمَاضِي 완료		
			أُفَهِّمُ	فَهَّمْتُ	أَنَا	اَلْمُتَكَلِّمُ 1인칭
			نُفَهِّمُ	فَهَّمْنَا	نَحْنُ	
		فَهِّمْ	تُفَهِّمُ	فَهَّمْتَ	أَنْتَ	اَلْمُخَاطَبُ 2 남
		فَهِّمَا	تُفَهِّمَانِ	فَهَّمْتُمَا	أَنْتُمَا	
		فَهِّمُوا	تُفَهِّمُونَ	فَهَّمْتُمْ	أَنْتُمْ	
		فَهِّمِي	تُفَهِّمِينَ	فَهَّمْتِ	أَنْتِ	اَلْمُخَاطَبَةُ 2 여
		فَهِّمَا	تُفَهِّمَانِ	فَهَّمْتُمَا	أَنْتُمَا	
		فَهِّمْنَ	تُفَهِّمْنَ	فَهَّمْتُنَّ	أَنْتُنَّ	
يُفَهَّمُ	فُهِّمَ		يُفَهِّمُ	فَهَّمَ	هُوَ	اَلْغَائِبُ 3 남
			يُفَهِّمَانِ	فَهَّمَا	هُمَا	
			يُفَهِّمُونَ	فَهَّمُوا	هُمْ	
			تُفَهِّمُ	فَهَّمَتْ	هِيَ	اَلْغَائِبَةُ 3 여
			تُفَهِّمَانِ	فَهَّمَتَا	هُمَا	
			يُفَهِّمْنَ	فَهَّمْنَ	هُنَّ	

뜻풀이

• (누구에게) (무엇을) 이해시키다

• (누구에게) (무엇을) 가르치다, 알려주다

예문

فَهَّمَهُ الدَّرْسَ

단원을 가르쳐주다

فَهَّمَهُ الْقَضِيَّةَ / الْمَوْقِفَ

문제를 / 입장을 이해시키다, 알려주다

هَلْ فَهَّمَكَ مَا حَدَثَ حَوْلَهُ؟

그가 당신에게 주변에서 벌어졌던 일을 알려주었나요?

مِنَ الصَّعْبِ أَنْ أُفَهِّمَهَا آرَائِي.

내가 그녀에게 나의 생각을 이해시키는 것은 어려운 일이다.

مِنَ الْمُهِمِّ أَنَّكَ تُفَهِّمُ النَّاسَ نِيَّتَكَ.

당신이 사람들에게 당신의 의도를 이해시키는 것은 중요한 일이다.

حَاوَلَ الْمُعَلِّمُ أَنْ يُفَهِّمَ طُلَّابَهُ طَرِيقَةَ حَلِّ الْمَسْأَلَةِ الْحِسَابِيَّةِ.

선생님은 그의 학생들에게 연산 문제 풀이 방법을 가르치려고 노력했다.

수동분사 اَلْمَفْعُولُ	능동분사 اَلْفَاعِلُ	동명사 اَلْمَصْدَرُ	فَهِمَ
مَفْهُوم	فَاهِم	فَهْم	

수동 اَلْمَجْهُولُ		능동 اَلْمَعْلُومُ			اَلضَّمَائِرُ 인칭 대명사	
اَلْمُضَارِعُ 미완료	اَلْمَاضِي 완료	اَلْأَمْرُ 명령	اَلْمُضَارِعُ 미완료	اَلْمَاضِي 완료		
أُفْهَمُ	فُهِمْتُ		أَفْهَمُ	فَهِمْتُ	أَنَا	اَلْمُتَكَلِّمُ 1인칭
نُفْهَمُ	فُهِمْنَا		نَفْهَمُ	فَهِمْنَا	نَحْنُ	
تُفْهَمُ	فُهِمْتَ	اِفْهَمْ	تَفْهَمُ	فَهِمْتَ	أَنْتَ	اَلْمُخَاطَبُ 2남
تُفْهَمَانِ	فُهِمْتُمَا	اِفْهَمَا	تَفْهَمَانِ	فَهِمْتُمَا	أَنْتُمَا	
تُفْهَمُونَ	فُهِمْتُمْ	اِفْهَمُوا	تَفْهَمُونَ	فَهِمْتُمْ	أَنْتُمْ	
تُفْهَمِينَ	فُهِمْتِ	اِفْهَمِي	تَفْهَمِينَ	فَهِمْتِ	أَنْتِ	اَلْمُخَاطَبَةُ 2여
تُفْهَمَانِ	فُهِمْتُمَا	اِفْهَمَا	تَفْهَمَانِ	فَهِمْتُمَا	أَنْتُمَا	
تُفْهَمْنَ	فُهِمْتُنَّ	اِفْهَمْنَ	تَفْهَمْنَ	فَهِمْتُنَّ	أَنْتُنَّ	
يُفْهَمُ	فُهِمَ		يَفْهَمُ	فَهِمَ	هُوَ	اَلْغَائِبُ 3남
يُفْهَمَانِ	فُهِمَا		يَفْهَمَانِ	فَهِمَا	هُمَا	
يُفْهَمُونَ	فُهِمُوا		يَفْهَمُونَ	فَهِمُوا	هُمْ	
تُفْهَمُ	فُهِمَتْ		تَفْهَمُ	فَهِمَتْ	هِيَ	اَلْغَائِبَةُ 3여
تُفْهَمَانِ	فُهِمَتَا		تَفْهَمَانِ	فَهِمَتَا	هُمَا	
يُفْهَمْنَ	فُهِمْنَ		يَفْهَمْنَ	فَهِمْنَ	هُنَّ	

뜻풀이

- (무엇을) 이해하다, 깨닫다
- (무엇을) 알아차리다, 인지하다
- 누구 또는 무엇으로부터(مِن) (무엇을) 듣다, 알게 되다
- 누구를(عن) 이해하다, 누가 말하는 내용의 의미를 이해하다

예문

فَهِمَ الْمَوْقِفَ / الدَّرْسَ / الْقَضِيَّةَ

상황 / 단원 / 문제를 이해하다

حَاوِلْ أَنْ تَفْهَمَ مَا قُلْتُ.

내가 말한 것을 이해하려고 해봐라.

قَدْ يَفْهَمُونَ وَيُحَاوِلُونَ مُسَاعَدَتَكَ.

그들은 아마 이해하고 너를 도우려 할 것이다.

لَمْ يَفْهَمْ أَيَّ شَيْءٍ مِنْ هَذَا الدَّرْسِ.

그는 이 단원에서 어떠한 것도 이해하지 못했다.

فَهِمَ الطُّلَّابُ بِسُرْعَةٍ مَا سَيَقْبَلُهُ الْمُعَلِّمُ.

학생들은 선생님이 용인할 만 한 것을 빠르게 이해했다.

مَعَ أَنَّنِي لَا أُوَافِقُهَا الرَّأْيَ، أَفْهَمُ وِجْهَةَ نَظَرِهَا.

나는 그녀의 의견에 동의하지 않지만 그녀의 관점을 이해한다.

ق

اَلْمَفْعُولُ 수동분사	اَلْفَاعِلُ 능동분사	اَلْمَصْدَرُ 동명사	قَابَلَ
مُقَابَل	مُقَابِل	مُقَابَلَة	

اَلْمَجْهُولُ 수동		اَلْمَعْلُومُ 능동			اَلضَّمَائِرُ 인칭 대명사	
اَلْمُضَارِعُ 미완료	اَلْمَاضِي 완료	اَلْأَمْرُ 명령	اَلْمُضَارِعُ 미완료	اَلْمَاضِي 완료		
			أُقَابِلُ	قَابَلْتُ	أَنَا	اَلْمُتَكَلِّمُ 1인칭
			نُقَابِلُ	قَابَلْنَا	نَحْنُ	
		قَابِلْ	تُقَابِلُ	قَابَلْتَ	أَنْتَ	اَلْمُخَاطَبُ 2 남
		قَابِلَا	تُقَابِلَانِ	قَابَلْتُمَا	أَنْتُمَا	
		قَابِلُوا	تُقَابِلُونَ	قَابَلْتُمْ	أَنْتُمْ	
		قَابِلِي	تُقَابِلِينَ	قَابَلْتِ	أَنْتِ	اَلْمُخَاطَبَةُ 2 여
		قَابِلَا	تُقَابِلَانِ	قَابَلْتُمَا	أَنْتُمَا	
		قَابِلْنَ	تُقَابِلْنَ	قَابَلْتُنَّ	أَنْتُنَّ	
يُقَابَلُ	قُوبِلَ		يُقَابِلُ	قَابَلَ	هُوَ	اَلْغَائِبُ 3 남
			يُقَابِلَانِ	قَابَلَا	هُمَا	
			يُقَابِلُونَ	قَابَلُوا	هُمْ	
			تُقَابِلُ	قَابَلَتْ	هِيَ	اَلْغَائِبَةُ 3 여
			تُقَابِلَانِ	قَابَلَتَا	هُمَا	
			يُقَابِلْنَ	قَابَلْنَ	هُنَّ	

뜻풀이

- (누구 또는 무엇과) 맞은 편에 서다, 서있다, 마주보다
- (누구를) 마주하다, 직면하다
- (좋지 않은 상황 등과) 무엇으로(ب) 맞서다, 대항하다
- (누구를) 만나다, 조우하다, 우연히 마주치다
- (누구를) 방문하다, 누구에게 들르다
- 같이 만나다, 모이다
- (누구와) 면접하다
- (누구를) 맞이하다, 접견하다
- (무엇을) 무엇으로(ب) 돌려주다, 되갚다
- (무엇을) 무엇과(على 또는 ب) 비교하다, 대조하다

예문

قَابَلَهُ بِالْمِثْلِ

받은 대로 돌려주다

قَابَلَ بَيْنَ نَصَّيْنِ

두 글을 비교하다

قَابَلَهُ بِالْحَقَائِقِ

사실로 맞서다

قَابَلَ الْمَسْؤُولَ

책임자와 대화하다

قَابَلَ السَّيِّئَةَ بِالْحَسَنَةِ

악의를 선의로 되갚아주다

قَابَلَهُ الشَّيءَ بِالشَّيءِ

맞서다, 대립하다

قَابَلَهُ عَلَى الرَّحْبِ وَالسَّعَةِ

다정하게 만나다

قَابَلْتُ ابْنَتَيْهِ.

나는 그의 두 딸을 만났다.

قَابَلْتُهُ بِلُطْفٍ.

나는 친절하게 그를 만났다.

قَابَلْتُ صَدِيقِي الْأَفْضَلَ خَالِدًا.

나는 최고의 친구 칼리드를 만났다.

مَنْ سَيُقَابِلُ كَمَالٌ فِي الْمَحَطَّةِ؟

카말은 역에서 누구를 만날 것입니까?

يَأْمَلُ أَنْ يُقَابِلَ وَالِدَهُ فِي الْمَطَارِ.

그는 공항에서 아버지를 만나기를 바란다.

ذَاتَ صَبَاحٍ قَابَلْتُ رَجُلًا كَانَ يَبِيعُ تُفَّاحًا.

어느 아침 나는 사과를 팔던 남자를 만났다.

تَذَكَّرَتْ أَنَّهَا قَابَلَتْهُ فِي الْقَاهِرَةِ قَبْلَ 3 سَنَوَاتٍ.

그녀는 3년전에 카이로에서 그를 만났다는 것을 기억했다.

إِنَّهُ أَسْوَأُ شَخْصٍ قَابَلْتُهُ فِي حَيَاتِي.

그는 내가 살면서 만난 최악의 사람이다.

قَابَلَ أَحَدَ الطُّلَّابِ فَجَرَى بَيْنَهُمَا الْحِوَارُ.

그는 학생 한 명을 만났고 둘 사이에 대화가 이뤄졌다.

لَمْ أُقَابِلْ أَحَدًا يَسْتَمْتِعُ بِالْحَلْوَيَاتِ مِثْلَكَ.

나는 너처럼 디저트를 좋아하는 사람은 본 적이 없다.

هَلِ السَّائِحُ الَّذِي سَتُقَابِلُهُ غَدًا يَتَكَلَّمُ الْإِنْكِلِيزِيَّةَ؟

당신이 내일 만날 관광객은 영어를 합니까?

الطَّالِبَاتُ اللَّوَاتِي قَابَلْنَ رَئِيسَ الْجُمْهُورِيَّةِ صَدِيقَاتِي.

대통령을 만났던 여학생들은 나의 친구들이다.

قَابَلَ أُسْرَتَهُ بَعْدَ غِيَابٍ لِمُدَّةِ 20 عَامًا وَكَانَ اللِّقَاءُ مُثِيرًا.

그는 20년 만에 가족을 만났고, 그 상봉 장면은 감동적이었다.

قَابَلَ الرَّئِيسُ الْوَزِيرَ وَقَدْ تَأَكَّدَ الرَّئِيسُ مِنْ أَهَمِّيَّةِ الْمُشْكِلَةِ.

대통령은 문제의 중요성을 인식하고 장관을 면담했다.

수동분사 اَلْمَفْعُولُ	능동분사 اَلْفَاعِلُ	동명사 اَلْمَصْدَرُ	قَادَ
مَقُود	قَائِد	قَوْد، قِيَاد، قِيَادَة، قَيْد	

수동 اَلْمَجْهُولُ		능동 اَلْمَعْلُومُ			اَلضَّمَائِرُ 인칭 대명사	
اَلْمُضَارِعُ 미완료	اَلْمَاضِي 완료	اَلْأَمْرُ 명령	اَلْمُضَارِعُ 미완료	اَلْمَاضِي 완료		
			أَقُودُ	قُدْتُ	أَنَا	اَلْمُتَكَلِّمُ 1인칭
			نَقُودُ	قُدْنَا	نَحْنُ	
		قُدْ	تَقُودُ	قُدْتَ	أَنْتَ	اَلْمُخَاطَبُ 2 남
		قُودَا	تَقُودَانِ	قُدْتُمَا	أَنْتُمَا	
		قُودُوا	تَقُودُونَ	قُدْتُمْ	أَنْتُمْ	
		قُودِي	تَقُودِينَ	قُدْتِ	أَنْتِ	اَلْمُخَاطَبَةُ 2 여
		قُودَا	تَقُودَانِ	قُدْتُمَا	أَنْتُمَا	
		قُدْنَ	تَقُدْنَ	قُدْتُنَّ	أَنْتُنَّ	
يُقَادُ	قِيدَ		يَقُودُ	قَادَ	هُوَ	اَلْغَائِبُ 3 남
			يَقُودَانِ	قَادَا	هُمَا	
			يَقُودُونَ	قَادُوا	هُمْ	
			تَقُودُ	قَادَتْ	هِيَ	اَلْغَائِبَةُ 3 여
			تَقُودَانِ	قَادَتَا	هُمَا	
			يَقُدْنَ	قُدْنَ	هُنَّ	

뜻풀이

- (소 등을) 고삐로 이끌다
- (무엇을) 안내하다, 인도하다
- (자가용을) 운전하다
- (비행기를) 조정하다
- (관현악단 또는 합창단을) 지휘하다, 이끌다

예문

قَادَ الْفَرَسَ / الْحِمَارَ بِالْحَبْلِ

말 / 당나귀를 밧줄로 끌다

قَادَ الْفِرْقَةَ الْمُوسِيقِيَّةَ / الْجَيْشَ

악단 / 군대를 지휘하다

قَادَهَا إِلَى الْخَرَابِ.

그는 그녀를 파멸로 이끌었다.

أَتَعَلَّمُ أَنْ أَقُودَ السَّيَّارَةَ.

나는 자동차 운전하는 것을 배우고 있다.

قَادَ الْمُجْرِمَ إِلَى السِّجْنِ.

그는 범죄자를 감옥으로 데려갔다.

إِنَّهَا تَقُودُنِي إِلَى الْجُنُونِ.

그녀는 나를 미치게 만든다.

수동분사 اَلْمَفْعُولُ	능동분사 اَلْفَاعِلُ	동명사 اَلْمَصْدَرُ	قَاسَ
مَقُوس	قَائِس	قَيْس، قِيَاس	

수동 اَلْمَجْهُولُ		능동 اَلْمَعْلُومُ			اَلضَّمَائِرُ 인칭 대명사	
اَلْمُضَارِعُ 미완료	اَلْمَاضِي 완료	اَلْأَمْرُ 명령	اَلْمُضَارِعُ 미완료	اَلْمَاضِي 완료		
			أَقِيسُ	قِسْتُ	أَنَا	اَلْمُتَكَلِّمُ 1인칭
			نَقِيسُ	قِسْنَا	نَحْنُ	
		قِسْ	تَقِيسُ	قِسْتَ	أَنْتَ	اَلْمُخَاطَبُ 2 남
		قِيسَا	تَقِيسَانِ	قِسْتُمَا	أَنْتُمَا	
		قِيسُوا	تَقِيسُونَ	قِسْتُمْ	أَنْتُمْ	
		قِيسِي	تَقِيسِينَ	قِسْتِ	أَنْتِ	اَلْمُخَاطَبَةُ 2 여
		قِيسَا	تَقِيسَانِ	قِسْتُمَا	أَنْتُمَا	
		قِسْنَ	تَقِسْنَ	قِسْتُنَّ	أَنْتُنَّ	
يُقَاسُ	قِيسَ		يَقِيسُ	قَاسَ	هُوَ	اَلْغَائِبُ 3 남
			يَقِيسَانِ	قَاسَا	هُمَا	
			يَقِيسُونَ	قَاسُوا	هُمْ	
			تَقِيسُ	قَاسَتْ	هِيَ	اَلْغَائِبَةُ 3 여
			تَقِيسَانِ	قَاسَتَا	هُمَا	
			يَقِسْنَ	قِسْنَ	هُنَّ	

뜻풀이

- (무엇을) 재다, 측정하다, 저울에 달다
- (옷을) 입어보다
- (무엇을) 다른 것과(ب 또는 على) 비교하다, 저울질하다
- (무엇을) 다른 것과(ب 또는 على 또는 إلى) 균형을 맞추다

예문

قَاسَ الْأَرْضَ

땅을 재다

يَقِيسُ الرَّأْيَ الْعَامَّ.

그는 여론을 알아보고 있다.

قَاسَ الثَّوْبَ بِالْمِتْرِ.

그는 옷의 치수를 쟀다.

قَاسَ الطَّبِيبُ غَوْرَ الْجُرْحِ.

의사는 상처의 깊이를 가늠했다.

قَاسَ طُولَ الْقُمَاشِ بِالْأَمْتَارِ.

그는 원단의 길이를 자로 쟀다.

يَقِيسُ الْمَسَافَةَ الِاقْتِصَادِيَّةَ بَيْنَ الْمَجْمُوعَتَيْنِ.

그는 두 집단 간의 경제적 격차를 측정한다.

수동분사 اَلْمَفْعُولُ	능동분사 اَلْفَاعِلُ	동명사 اَلْمَصْدَرُ	قَالَ
مَقُول	قَائِل	قَوْل	

수동 اَلْمَجْهُولُ		능동 اَلْمَعْلُومُ			اَلضَّمَائِرُ 인칭 대명사	
اَلْمُضَارِعُ 미완료	اَلْمَاضِي 완료	اَلْأَمْرُ 명령	اَلْمُضَارِعُ 미완료	اَلْمَاضِي 완료		
			أَقُولُ	قُلْتُ	أَنَا	اَلْمُتَكَلِّمُ 1인칭
			نَقُولُ	قُلْنَا	نَحْنُ	
		قُلْ	تَقُولُ	قُلْتَ	أَنْتَ	اَلْمُخَاطَبُ 2 남
		قُولَا	تَقُولَانِ	قُلْتُمَا	أَنْتُمَا	
		قُولُوا	تَقُولُونَ	قُلْتُمْ	أَنْتُمْ	
		قُولِي	تَقُولِينَ	قُلْتِ	أَنْتِ	اَلْمُخَاطَبَةُ 2 여
		قُولَا	تَقُولَانِ	قُلْتُمَا	أَنْتُمَا	
		قُلْنَ	تَقُلْنَ	قُلْتُنَّ	أَنْتُنَّ	
يُقَالُ	قِيلَ		يَقُولُ	قَالَ	هُوَ	اَلْغَائِبُ 3 남
			يَقُولَانِ	قَالَا	هُمَا	
			يَقُولُونَ	قَالُوا	هُمْ	
			تَقُولُ	قَالَتْ	هِيَ	اَلْغَائِبَةُ 3 여
			تَقُولَانِ	قَالَتَا	هُمَا	
			يَقُلْنَ	قُلْنَ	هُنَّ	

뜻풀이

- (무엇을) 말하다, 누구에게(لـ) 말하다, 무엇에 관하여([목] 또는 عن) 얘기하다
- 소리 내어 말하다, 말로 하다
- 무엇을(عن) 처리하다, 다루다
- 무엇을(ب) 표명하다, 주장하다
- 무엇을(ب) 지지하다, 옹호하다
- 누구를(على) 안 좋게 말하다, 험담하다
- 누구에게(على) 거짓말하다
- (시 등을) 작성하다

예문

أَقُولُ الْحَقِيقَةَ.

나는 진실을 말한다.

قَالَ لِي "كُنْ حِذْرًا!"

"조심해!"라고 그가 나에게 말했다.

قُلْ لِي كَمْ عُمْرُكَ؟

몇 살인지 나에게 말해라.

يُقَالُ إِنَّهُ سَيَتَزَوَّجُ ثَانِيَةً.

그가 재혼을 할 것이라고 한다.

قَالَتْ لِي إِنَّهَا سَتَرَانَا غَدًا.

그녀는 내일 우리를 볼 것이라고 나에게 말했다.

إِنَّهُ لَا يَعْرِفُ مَا الَّذِي يَقُولُهُ.

그는 자신이 무슨 말을 하는지 모른다.

قَامَ	اَلْمَصْدَرُ 동명사	اَلْفَاعِلُ 능동분사	اَلْمَفْعُولُ 수동분사
	قَوْم	قَائِم	مَقُوم

اَلضَّمَائِرُ 인칭 대명사		اَلْمَعْلُومُ 능동			اَلْمَجْهُولُ 수동	
		اَلْمَاضِي 완료	اَلْمُضَارِعُ 미완료	اَلْأَمْرُ 명령	اَلْمَاضِي 완료	اَلْمُضَارِعُ 미완료
اَلْمُتَكَلِّمُ 1인칭	أَنَا	قُمْتُ	أَقُومُ			
	نَحْنُ	قُمْنَا	نَقُومُ			
اَلْمُخَاطَبُ 2남	أَنْتَ	قُمْتَ	تَقُومُ	قُمْ		
	أَنْتُمَا	قُمْتُمَا	تَقُومَانِ	قُومَا		
	أَنْتُمْ	قُمْتُمْ	تَقُومُونَ	قُومُوا		
اَلْمُخَاطَبَةُ 2여	أَنْتِ	قُمْتِ	تَقُومِينَ	قُومِي		
	أَنْتُمَا	قُمْتُمَا	تَقُومَانِ	قُومَا		
	أَنْتُنَّ	قُمْتُنَّ	تَقُمْنَ	قُمْنَ		
اَلْغَائِبُ 3남	هُوَ	قَامَ	يَقُومُ		قِيمَ	يُقَامُ
	هُمَا	قَامَا	يَقُومَانِ			
	هُمْ	قَامُوا	يَقُومُونَ			
اَلْغَائِبَةُ 3여	هِيَ	قَامَتْ	تَقُومُ			
	هُمَا	قَامَتَا	تَقُومَانِ			
	هُنَّ	قُمْنَ	يَقُمْنَ			

뜻풀이

- 일어서다
- (목소리, 소음 바람 등이) 일다, 커지다, 거세지다
- 누구에게(على) 맞서다, 대항하다, 저항하다
- 누구를 위해(ل) 일어서다
- 소생하다, 부활하다
- 발생하다, 생기다
- 시작하다
- (기차가) 출발하다, (비행기가) 이륙하다
- 어디로(إلى) 가다, 출발하다, 떠나다
- 서다, 서 있다, 선 채로 있다, 존재하다, 위치하다,
- 어디에(ب) 있다, 위치하다
- 무엇에(على) 기반을 두다, 입각하다
- 무엇 하기를(يفعل) 시작하다
- 무엇을(ب) 행하다, 이행하다, 실행하다, 진행하다, 집행하다
- 무엇을(ب) 지원하다, 지지하다, 옹호하다
- 무엇을(على) 담당하다, 맡다, 관리하다; 돌보다, 신경 쓰다, 주의하다
- 무엇을(على) 보관하다, 유지하다
- (책 등에서) 무엇을(على) 주제로 다루다
- (값이) 얼마(ب)하다, 어느 정도의(ب) 가치가 있다

예문

قَامَ بِدَوْرٍ

역할을 하다

قَامَ الْحَقُّ

진실이 밝혀지다

قَامَ بِذَاتِهِ

독립적이다, 스스로 존재하다

قَامَ الْقِطَارُ

기차가 출발하다

قَامَ بِوَعْدِهِ

약속을 지키다

قَامَ مَقَامَهُ

누구를 대신하다

قَامَ فِي وَجْهِهِ

누구에게 저항하다, 맞서다

قَامَ فِي طَرِيقِهِ

훼방놓다, 방해하다

قَامَ مِنْهُ مَقَامُهُ

누구의 자리를 누구로 대체시키다

قَامَ بِالْوَاجِبِ عَلَيْهِ

의무를 다하다

قَامَ الْبُرْهَانُ عَلَى

누구에게 증거를 제공하다

قَامَ بِأَعْبَاءِ الْحُكْمِ

권력을 장악하다

لَا تَقُومُ لِلْأَعْدَاءِ قَائِمَةٌ

적들에 대한 저항이 없다

قَامَتِ الْحَرْبُ عَلَى سَاقٍ

전쟁이 격해지다

قَامَ الْوَلَدُ.

그 소년은 일어섰다.

قَامَ النَّهَارُ.

한 낮이 되었다.

قُمْتُ بِدَفْعِ الْمَبْلَغِ.

나는 그 금액을 지불했다.

قُومُوا أَنْتُمْ أَنْفُسُكُمْ.

일어서십시오!

قَامَ الْوَلَدُ مِنْ نَوْمِهِ.

그 소년은 잠에서 깨어났다.

قَامَ يُخَطِّطُ لِمَشْرُوعِهِ.

그는 프로젝트를 위해 계획을 세우기 시작했다.

قَامَ بِالتَّدَابِيرِ اللَّازِمَةِ.

그는 필수 조치들을 취했다.

تَفْكِيرُهُ لَا يَقُومُ عَلَى مَنْطِقٍ.

그의 생각은 논리를 기반으로 하지 않는다.

أَخْبَرُونَا أَنْ نَقُومَ بِالْعَمَلِ مَجَّانًا.

그들은 우리가 무료로 일할 것이라고 우리에게 알려주었다.

قَامَ الْمُدِيرُ الْمَالِيُّ بِمَهَامِّ مَنْصِبِهِ.

재무 관리자는 자기의 직무를 수행했다.

قَاوَمَ	اَلْمَصْدَرُ 동명사	اَلْفَاعِلُ 능동분사	اَلْمَفْعُولُ 수동분사
	مُقَاوَمَة	مُقَاوِم	مُقَاوَم

اَلضَّمَائِرُ 인칭 대명사		اَلْمَعْلُومُ 능동			اَلْمَجْهُولُ 수동	
		اَلْمَاضِي 완료	اَلْمُضَارِعُ 미완료	اَلْأَمْرُ 명령	اَلْمَاضِي 완료	اَلْمُضَارِعُ 미완료
اَلْمُتَكَلِّمُ 1인칭	أَنَا	قَاوَمْتُ	أُقَاوِمُ			
	نَحْنُ	قَاوَمْنَا	نُقَاوِمُ			
اَلْمُخَاطَبُ 2 남	أَنْتَ	قَاوَمْتَ	تُقَاوِمُ	قَاوِمْ		
	أَنْتُمَا	قَاوَمْتُمَا	تُقَاوِمَانِ	قَاوِمَا		
	أَنْتُمْ	قَاوَمْتُمْ	تُقَاوِمُونَ	قَاوِمُوا		
اَلْمُخَاطَبَةُ 2 여	أَنْتِ	قَاوَمْتِ	تُقَاوِمِينَ	قَاوِمِي		
	أَنْتُمَا	قَاوَمْتُمَا	تُقَاوِمَانِ	قَاوِمَا		
	أَنْتُنَّ	قَاوَمْتُنَّ	تُقَاوِمْنَ	قَاوِمْنَ		
اَلْغَائِبُ 3 남	هُوَ	قَاوَمَ	يُقَاوِمُ		قُووِمَ	يُقَاوَمُ
	هُمَا	قَاوَمَا	يُقَاوِمَانِ			
	هُمْ	قَاوَمُوا	يُقَاوِمُونَ			
اَلْغَائِبَةُ 3 여	هِيَ	قَاوَمَتْ	تُقَاوِمُ			
	هُمَا	قَاوَمَتَا	تُقَاوِمَانِ			
	هُنَّ	قَاوَمْنَ	يُقَاوِمْنَ			

뜻풀이

- (누구와) 맞서다, 저항하다
- (무엇과) 싸우다, 전투하다
- (누구에게) 무엇 때문에(في) 반론을 제기하다, 논쟁하다
- (누구를) 견뎌내다
- (누구와) 똑같다, 동등하다

예문

قَاوَمَ الْبَرْدَ / الظُّلْمَ / الْحَرِيقَ

추위 / 어둠 / 화마와 싸우다

قَاوَمَ الْحَاكِمَ الْمُسْتَبِدَّ

폭군과 싸우다

ظَلَّ يُقَاوِمُ الْمَرَضَ.

그는 여전히 병마와 싸우고 있다.

إِنَّ سِحْرَهَا لَا يُقَاوَمُ.

그녀의 매력에는 저항할 수 없다.

قَاوَمُوا أَعْدَاءَ بِلَادِهِمْ.

그들은 외적들과 맞서 싸우다.

قَاوَمَتِ الرِّيَاحُ سَيْرَ السَّفِينَةِ.

바람이 배의 항해를 방해한다.

قَبِلَ	اَلْمَصْدَرُ 동명사	اَلْفَاعِلُ 능동분사	اَلْمَفْعُولُ 수동분사
	قَبُول، قُبُول	قَابِل	مَقْبُول

اَلضَّمَائِرُ 인칭 대명사		اَلْمَعْلُومُ 능동			اَلْمَجْهُولُ 수동	
		اَلْمَاضِي 완료	اَلْمُضَارِعُ 미완료	اَلْأَمْرُ 명령	اَلْمَاضِي 완료	اَلْمُضَارِعُ 미완료
اَلْمُتَكَلِّمُ 1인칭	أَنَا	قَبِلْتُ	أَقْبَلُ		قُبِلْتُ	أُقْبَلُ
	نَحْنُ	قَبِلْنَا	نَقْبَلُ		قُبِلْنَا	نُقْبَلُ
اَلْمُخَاطَبُ 2 남	أَنْتَ	قَبِلْتَ	تَقْبَلُ	اِقْبَلْ	قُبِلْتَ	تُقْبَلُ
	أَنْتُمَا	قَبِلْتُمَا	تَقْبَلَانِ	اِقْبَلَا	قُبِلْتُمَا	تُقْبَلَانِ
	أَنْتُمْ	قَبِلْتُمْ	تَقْبَلُونَ	اِقْبَلُوا	قُبِلْتُمْ	تُقْبَلُونَ
اَلْمُخَاطَبَةُ 2 여	أَنْتِ	قَبِلْتِ	تَقْبَلِينَ	اِقْبَلِي	قُبِلْتِ	تُقْبَلِينَ
	أَنْتُمَا	قَبِلْتُمَا	تَقْبَلَانِ	اِقْبَلَا	قُبِلْتُمَا	تُقْبَلَانِ
	أَنْتُنَّ	قَبِلْتُنَّ	تَقْبَلْنَ	اِقْبَلْنَ	قُبِلْتُنَّ	تُقْبَلْنَ
اَلْغَائِبُ 3 남	هُوَ	قَبِلَ	يَقْبَلُ		قُبِلَ	يُقْبَلُ
	هُمَا	قَبِلَا	يَقْبَلَانِ		قُبِلَا	يُقْبَلَانِ
	هُمْ	قَبِلُوا	يَقْبَلُونَ		قُبِلُوا	يُقْبَلُونَ
اَلْغَائِبَةُ 3 여	هِيَ	قَبِلَتْ	تَقْبَلُ		قُبِلَتْ	تُقْبَلُ
	هُمَا	قَبِلَتَا	تَقْبَلَانِ		قُبِلَتَا	تُقْبَلَانِ
	هُنَّ	قَبِلْنَ	يَقْبَلْنَ		قُبِلْنَ	يُقْبَلْنَ

뜻풀이

- (누구를) 받아들이다, 반갑게 맞이하다
- (누구를) 친절하게 영접하다,
- 무엇을([목] 또는 بِ) 받아들이다, 수락하다
- 무엇을([목] 또는 بِ) 동의하다, 찬성하다, 승인하다
- (안좋은 상황 따위를) 견디다, 참다
- (누구 또는 무엇이) 무엇임을(فِي) 인정하다
- (무엇을) 허락하다, 할 수 있도록 하다
- 누구를(مِن) 따르다, 복종하다, 순종하다

예문

قَبِلَ الْكَلَامَ

그말에 동의하다, 신뢰하다

أَسْعَارٌ لَا تَقْبَلُ الْمُنَافَسَةَ

(경쟁을 용납치 않은) 저렴한 가격

قُبِلَتِ الشُّرُوطُ.

조건들이 받아들여졌다.

كَيْفَ تَقْبَلِينَ ذَلِكَ؟

당신(여)은 어떻게 그것을 받아드릴 것인가요?

لَا يَقْبَلُ الْهَدَايَا إِلَّا فِي الْمُنَاسَبَاتِ.

그는 특별한 날을 제외하고는 선물을 받지 않는다.

قَرَّرَتْ أَنْ تَقْبَلَ عَرْضَ الْعَمَلِ فِي عُمَانَ.

그녀는 오만에서 일자리 제의를 받아들이기로 (결정)했다.

قَتَلَ	اَلْمَصْدَرُ 동명사	اَلْفَاعِلُ 능동분사	اَلْمَفْعُولُ 수동분사
	قَتْل	قَاتِل	مَقْتُول

اَلضَّمَائِرُ 인칭 대명사		اَلْمَعْلُومُ 능동			اَلْمَجْهُولُ 수동	
		اَلْمَاضِي 완료	اَلْمُضَارِعُ 미완료	اَلْأَمْرُ 명령	اَلْمَاضِي 완료	اَلْمُضَارِعُ 미완료
اَلْمُتَكَلِّمُ 1인칭	أَنَا	قَتَلْتُ	أَقْتُلُ		قُتِلْتُ	أُقْتَلُ
	نَحْنُ	قَتَلْنَا	نَقْتُلُ		قُتِلْنَا	نُقْتَلُ
اَلْمُخَاطَبُ 2 남	أَنْتَ	قَتَلْتَ	تَقْتُلُ	أُقْتُلْ	قُتِلْتَ	تُقْتَلُ
	أَنْتُمَا	قَتَلْتُمَا	تَقْتُلَانِ	أُقْتُلَا	قُتِلْتُمَا	تُقْتَلَانِ
	أَنْتُمْ	قَتَلْتُمْ	تَقْتُلُونَ	أُقْتُلُوا	قُتِلْتُمْ	تُقْتَلُونَ
اَلْمُخَاطَبَةُ 2 여	أَنْتِ	قَتَلْتِ	تَقْتُلِينَ	أُقْتُلِي	قُتِلْتِ	تُقْتَلِينَ
	أَنْتُمَا	قَتَلْتُمَا	تَقْتُلَانِ	أُقْتُلَا	قُتِلْتُمَا	تُقْتَلَانِ
	أَنْتُنَّ	قَتَلْتُنَّ	تَقْتُلْنَ	أُقْتُلْنَ	قُتِلْتُنَّ	تُقْتَلْنَ
اَلْغَائِبُ 3 남	هُوَ	قَتَلَ	يَقْتُلُ		قُتِلَ	يُقْتَلُ
	هُمَا	قَتَلَا	يَقْتُلَانِ		قُتِلَا	يُقْتَلَانِ
	هُمْ	قَتَلُوا	يَقْتُلُونَ		قُتِلُوا	يُقْتَلُونَ
اَلْغَائِبَةُ 3 여	هِيَ	قَتَلَتْ	تَقْتُلُ		قُتِلَتْ	تُقْتَلُ
	هُمَا	قَتَلَتَا	تَقْتُلَانِ		قُتِلَتَا	تُقْتَلَانِ
	هُنَّ	قَتَلْنَ	يَقْتُلْنَ		قُتِلْنَ	يُقْتَلْنَ

뜻풀이

- (누구를) 죽이다, 살인하다, 살해하다
- (추위나 배고픔 따위를) 완화하다, 경감시키다
- (액체에) 무엇을(بِ) 섞다, (무엇을) 희석하다
- (기술 등을) 완전히 익히다, 통달하다

예문

قَتَلَ الْجُوعَ

허기를 달래다

قَتَلَ الْعَطَشَ

갈증을 풀다

قَتَلَهُ خُبْرًا (عِلْمًا، دَرْسًا، بَحثًا)

무엇에 숙달하다, 정통하다

قُتِلَ الْمَوْضُوعُ بَحْثًا.

그 주제는 이미 많이 연구되었다.

إِنَّ بَعْضَ الْبَرَامِجِ تَقْتُلُ وَقْتَنَا الثَّمِينَ.

몇몇 프로그램은 우리의 귀중한 시간을 허비한다.

إِنْ لَمْ أَرَ السَّيَّارَةَ الْقَادِمَةَ، كَانَ مِنَ الْمُمْكِنِ أَنْ أُقْتَلَ.

만약 내가 다가오는 자동차를 보지 못했다면 나는 죽었을 수도 있다.

수동분사 اَلْمَفْعُولُ	능동분사 اَلْفَاعِلُ	동명사 اَلْمَصْدَرُ	قَدِرَ
مَقْدُور	قَادِر	قَدَر	

수동 اَلْمَجْهُولُ		능동 اَلْمَعْلُومُ			اَلضَّمَائِرُ 인칭 대명사	
اَلْمُضَارِعُ 미완료	اَلْمَاضِي 완료	اَلْأَمْرُ 명령	اَلْمُضَارِعُ 미완료	اَلْمَاضِي 완료		
أُقْدَرُ	قُدِرْتُ		أَقْدَرُ	قَدِرْتُ	أَنَا	اَلْمُتَكَلِّمُ 1인칭
نُقْدَرُ	قُدِرْنَا		نَقْدَرُ	قَدِرْنَا	نَحْنُ	
تُقْدَرُ	قُدِرْتَ	اِقْدَرْ	تَقْدَرُ	قَدِرْتَ	أَنْتَ	اَلْمُخَاطَبُ 2남
تُقْدَرَانِ	قُدِرْتُمَا	اِقْدَرَا	تَقْدَرَانِ	قَدِرْتُمَا	أَنْتُمَا	
تُقْدَرُونَ	قُدِرْتُمْ	اِقْدَرُوا	تَقْدَرُونَ	قَدِرْتُمْ	أَنْتُمْ	
تُقْدَرِينَ	قُدِرْتِ	اِقْدَرِي	تَقْدَرِينَ	قَدِرْتِ	أَنْتِ	اَلْمُخَاطَبَةُ 2여
تُقْدَرَانِ	قُدِرْتُمَا	اِقْدَرَا	تَقْدَرَانِ	قَدِرْتُمَا	أَنْتُمَا	
تُقْدَرْنَ	قُدِرْتُنَّ	اِقْدَرْنَ	تَقْدَرْنَ	قَدِرْتُنَّ	أَنْتُنَّ	
يُقْدَرُ	قُدِرَ		يَقْدَرُ	قَدِرَ	هُوَ	اَلْغَائِبُ 3남
يُقْدَرَانِ	قُدِرَا		يَقْدَرَانِ	قَدِرَا	هُمَا	
يُقْدَرُونَ	قُدِرُوا		يَقْدَرُونَ	قَدِرُوا	هُمْ	
تُقْدَرُ	قُدِرَتْ		تَقْدَرُ	قَدِرَتْ	هِيَ	اَلْغَائِبَةُ 3여
تُقْدَرَانِ	قُدِرَتَا		تَقْدَرَانِ	قَدِرَتَا	هُمَا	
يُقْدَرْنَ	قُدِرْنَ		يَقْدَرْنَ	قَدِرْنَ	هُنَّ	

뜻풀이

- (힘이나 능력을) 소유하다, 가지고 있다
- 무엇을(على) 지배하다, 마음대로 하다
- 무엇과(على) 맞먹다, 필적하다
- 무엇을(على 또는 أن) 할 수 있다, 하는 것이 가능하다

예문

قَدِرَ عَلَى عَدُوِّهِ

적을 지배하다

قَدِرَ عَلَى الصِّعَابِ

어려움을 해결할 수 있다

قَدِرَ عَلَى إِنْجَازِ الْعَمَلِ

일을 성사시킬 수 있다

قَدِرَ عَلَى الصُّعُودِ إِلَى الْجَبَلِ

산을 오를 수 있다

هَلْ تَقْدَرُ أَنْ تَكْتُبَ بِطَاقَةَ الْوُصُولِ بِاللُّغَةِ الْعَرَبِيَّةِ؟

당신은 아랍어로 입국 카드를 작성할 수 있나요?

حَاوَلْتُ أَنْ أَكُونَ مُدَرِّسًا لِعِدَّةِ سَنَوَاتٍ وَلَكِنْ لَمْ أَقْدَرْ عَلَى ذَلِكَ.

나는 몇 년 간 선생님이 되려고 노력했지만 될 수 없었다.

수동분사 اَلْمَفْعُولُ	능동분사 اَلْفَاعِلُ	동명사 اَلْمَصْدَرُ	قَدَّمَ
مُقَدَّم	مُقَدِّم	تَقْدِيم	

수동 اَلْمَجْهُولُ		능동 اَلْمَعْلُومُ			اَلضَّمَائِرُ 인칭 대명사	
اَلْمُضَارِعُ 미완료	اَلْمَاضِي 완료	اَلْأَمْرُ 명령	اَلْمُضَارِعُ 미완료	اَلْمَاضِي 완료		
			أُقَدِّمُ	قَدَّمْتُ	أَنَا	اَلْمُتَكَلِّمُ 1인칭
			نُقَدِّمُ	قَدَّمْنَا	نَحْنُ	
		قَدِّمْ	تُقَدِّمُ	قَدَّمْتَ	أَنْتَ	اَلْمُخَاطَبُ 2 남
		قَدِّمَا	تُقَدِّمَانِ	قَدَّمْتُمَا	أَنْتُمَا	
		قَدِّمُوا	تُقَدِّمُونَ	قَدَّمْتُمْ	أَنْتُمْ	
		قَدِّمِي	تُقَدِّمِينَ	قَدَّمْتِ	أَنْتِ	اَلْمُخَاطَبَةُ 2 여
		قَدِّمَا	تُقَدِّمَانِ	قَدَّمْتُمَا	أَنْتُمَا	
		قَدِّمْنَ	تُقَدِّمْنَ	قَدَّمْتُنَّ	أَنْتُنَّ	
يُقَدَّمُ	قُدِّمَ		يُقَدِّمُ	قَدَّمَ	هُوَ	اَلْغَائِبُ 3 남
			يُقَدِّمَانِ	قَدَّمَا	هُمَا	
			يُقَدِّمُونَ	قَدَّمُوا	هُمْ	
			تُقَدِّمُ	قَدَّمَتْ	هِيَ	اَلْغَائِبَةُ 3 여
			تُقَدِّمَانِ	قَدَّمَتَا	هُمَا	
			يُقَدِّمْنَ	قَدَّمْنَ	هُنَّ	

뜻풀이

- (누구 또는 무엇을) 앞서게 하다
- (누구 또는 무엇을) 미리 보내다
- 책의 서문으로(ل) 무엇을 쓰다
- (누구 또는 무엇에게) 우선권을 주다, (누구 또는 무엇을) 누구보다(على) 우위에 두다
- (누구 또는 무엇을) 다른 것보다([목] 또는 على) 선호하다
- <튀니지> (누구를) 누구의(على) 후견인으로 정하다
- 무엇을 위해(ل) (무엇을) 준비하다, 대비하다
- 무엇을(ل) 준비하다, 제공하다
- (무엇을) 누구에게(ل 또는 إلى) 제시하다, 제의하다, 발표하다
- (무엇을) 누구에게(ل 또는 إلى) 넘기다, 제출하다, 맡기다
- (무엇을) 누구에게(ل 또는 إلى) 선물하다
- 공연하다
- (음식을) 제공하다, 차려 주다
- 누구 또는 무엇에게(ل) (도움 또는 지원 등을) 주다
- (책 등을) 누구에게(ل 또는 إلى) 헌정하다, 바치다
- (보고서나 신청서 등을) 제출하다, 접수하다
- 어디에(ل 또는 إلى) 불만을 접수하다, 고소장을 제출하다
- (누구를) 법정 등에(أمام 또는 إلى) 부르다, 소환하다
- (누구를) 누구에게(ل 또는 إلى) 소개하다
- (시계가) 빠르다
- (질문에) 답하다, (시험을) 치르다

예문

قَدَّمَ خِدْمَةً

봉사하다

قَدَّمَ خُطْوَةً

한 발자국 나아가다

قَدَّمَ الْكِتَابَ

책에 서문을 쓰다

قَدَّمَ لَهُ الثَّمَنَ

누구에게 가격을 제시하다

قَدَّمَ الشُّكْرَ لَهُ

누구에게 감사하다

يُقَدِّمُ اسْتِقَالَتَهُ

사직서를 제출하다

قَدَّمَهُ بَيْنَ يَدَيْهِ

무엇을 다른 무엇보다 먼저 보내다, 미리 보내다

مَا قَدَّمْتُ وَمَا أَخَّرْتُ

내가 이 때까지 저지른 것들

قَدَّمَ احْتِجَاجًا شَدِيدًا

강하게 저항하다

قَدَّمَ نَفْسَهُ إِلَى الشُّرْطَةِ

경찰에 자수하다

قَدَّمَ تَقْرِيرًا مُوجَزًا عَنْ

요약 보고하다

قَدَّمَ رِجْلًا وَيُؤَخِّرُ أُخْرَى

결정을 못하다, 망설이다

أَوَّلًا ، أُحِبُّ أَنْ أُقَدِّمَ نَفْسِي.

우선 나는 나를 소개하고 싶어요.

قُدِّمَتِ الْقَهْوَةُ إِلَى الضُّيُوفِ.

손님들에게는 커피가 제공된다.

قَدَّمَ هَانِي لِي نَصِيحَةً طَيِّبَةً.

하니는 나에게 좋은 충고를 해 주었다.

قَدَّمُوا طَلَبًا لِيَعْمَلُوا فِي جَرِيدَةِ "الْحَيَاةُ".

그들은 '하야트' 신문에 일하기 위해 신청서를 제출했다.

اِمْلَأْ بِطَاقَةَ الْوُصُولِ وَقَدِّمْهَا مَعَ الْجَوَازِ لِلْمُوَظَّفِ.

입국 카드를 작성하고 여권과 함께 직원에게 제출하시오.

الطَّبِيبَاتُ يُقَدِّمْنَ الْخَدَمَاتِ الْكَثِيرَةَ لِلْمُجْتَمَعِ اللُّبْنَانِيِّ.

그 여의사들은 레바논 사회에 크게 공헌했다.

إِنَّهُ وَاقِعِيٌّ وَيُمْكِنُ أَنْ يُقَدِّمَ حُلُولًا لِلْعَدِيدِ مِنَ الْمُشْكِلَاتِ.

그는 현실적이고 많은 문제들에 해결책을 제공할 수 있다.

ظَلَّ يُرَاجِعُ كُلَّ أَعْمَالِهَا وَيُقَدِّمُ آرَاءَهُ إِلَى الْأُسْتَاذِ هَادِي.

그는 그녀의 모든 업무를 검토했고 하디 교수에게 자신의 의견을 말했다.

قَدِمَ

اَلْمَصْدَرُ 동명사	اَلْفَاعِلُ 능동분사	اَلْمَفْعُولُ 수동분사
قُدُوم، قِدْمَان، مَقْدَم	قَادِم	مَقْدُوم

اَلضَّمَائِرُ 인칭 대명사		اَلْمَعْلُومُ 능동			اَلْمَجْهُولُ 수동	
		اَلْمَاضِي 완료	اَلْمُضَارِعُ 미완료	اَلْأَمْرُ 명령	اَلْمَاضِي 완료	اَلْمُضَارِعُ 미완료
اَلْمُتَكَلِّمُ 1인칭	أَنَا	قَدِمْتُ	أَقْدَمُ		قُدِمْتُ	أُقْدَمُ
	نَحْنُ	قَدِمْنَا	نَقْدَمُ		قُدِمْنَا	نُقْدَمُ
اَلْمُخَاطَبُ 2남	أَنْتَ	قَدِمْتَ	تَقْدَمُ	اِقْدَمْ	قُدِمْتَ	تُقْدَمُ
	أَنْتُمَا	قَدِمْتُمَا	تَقْدَمَانِ	اِقْدَمَا	قُدِمْتُمَا	تُقْدَمَانِ
	أَنْتُمْ	قَدِمْتُمْ	تَقْدَمُونَ	اِقْدَمُوا	قُدِمْتُمْ	تُقْدَمُونَ
اَلْمُخَاطَبَةُ 2여	أَنْتِ	قَدِمْتِ	تَقْدَمِينَ	اِقْدَمِي	قُدِمْتِ	تُقْدَمِينَ
	أَنْتُمَا	قَدِمْتُمَا	تَقْدَمَانِ	اِقْدَمَا	قُدِمْتُمَا	تُقْدَمَانِ
	أَنْتُنَّ	قَدِمْتُنَّ	تَقْدَمْنَ	اِقْدَمْنَ	قُدِمْتُنَّ	تُقْدَمْنَ
اَلْغَائِبُ 3남	هُوَ	قَدِمَ	يَقْدَمُ		قُدِمَ	يُقْدَمُ
	هُمَا	قَدِمَا	يَقْدَمَانِ		قُدِمَا	يُقْدَمَانِ
	هُمْ	قَدِمُوا	يَقْدَمُونَ		قُدِمُوا	يُقْدَمُونَ
اَلْغَائِبَةُ 3여	هِيَ	قَدِمَتْ	تَقْدَمُ		قُدِمَتْ	تُقْدَمُ
	هُمَا	قَدِمَتَا	تَقْدَمَانِ		قُدِمَتَا	تُقْدَمَانِ
	هُنَّ	قَدِمْنَ	يَقْدَمْنَ		قُدِمْنَ	يُقْدَمْنَ

뜻풀이

- (어디에) 도착하다, 오다
- 누구에게([목] 또는 على 또는 إلى) 이르다, 닿다
- (어디에) 다다르다, 당도하다
- 뻔뻔스럽게도 무엇을(على) 하다, 무엇할 정도로(على) 뻔뻔하다

예문

قَدِمَ وَطَنَهُ

조국에 오다

قَدِمَ الْمَدِينَةَ

도시에 들어서다

قَدِمَ مِنْ سَفَرِهِ

여행에서 돌아오다

قَدِمَ عَلَى الْأَمْرِ

무엇에 접근하다

قَدِمَ عَلَى الْعَيْبِ.

그는 뻔뻔하게 나쁜 짓을 했다.

قَدِمَتْ عَلَى رُكُوبِ الْمَخَاطِرِ.

그녀는 감히 위험에 뛰어들었다.

قَرَأَ

قَرَأَ	اَلْمَصْدَرُ 동명사	اَلْفَاعِلُ 능동분사	اَلْمَفْعُولُ 수동분사
	قِرَاءَة	قَارِئ	مَقْرُوء

اَلضَّمَائِرُ 인칭 대명사		اَلْمَعْلُومُ 능동			اَلْمَجْهُولُ 수동	
		اَلْمَاضِي 완료	اَلْمُضَارِعُ 미완료	اَلْأَمْرُ 명령	اَلْمَاضِي 완료	اَلْمُضَارِعُ 미완료
اَلْمُتَكَلِّمُ 1인칭	أَنَا	قَرَأْتُ	أَقْرَأُ		قُرِئْتُ	أُقْرَأُ
	نَحْنُ	قَرَأْنَا	نَقْرَأُ		قُرِئْنَا	نُقْرَأُ
اَلْمُخَاطَبُ 2 남	أَنْتَ	قَرَأْتَ	تَقْرَأُ	اِقْرَأْ	قُرِئْتَ	تُقْرَأُ
	أَنْتُمَا	قَرَأْتُمَا	تَقْرَآنِ	اِقْرَآ	قُرِئْتُمَا	تُقْرَآنِ
	أَنْتُمْ	قَرَأْتُمْ	تَقْرَؤُونَ	اِقْرَؤُوا	قُرِئْتُمْ	تُقْرَؤُونَ
اَلْمُخَاطَبَةُ 2 여	أَنْتِ	قَرَأْتِ	تَقْرَئِينَ	اِقْرَئِي	قُرِئْتِ	تُقْرَئِينَ
	أَنْتُمَا	قَرَأْتُمَا	تَقْرَآنِ	اِقْرَآ	قُرِئْتُمَا	تُقْرَآنِ
	أَنْتُنَّ	قَرَأْتُنَّ	تَقْرَأْنَ	اِقْرَأْنَ	قُرِئْتُنَّ	تُقْرَأْنَ
اَلْغَائِبُ 3 남	هُوَ	قَرَأَ	يَقْرَأُ		قُرِئَ	يُقْرَأُ
	هُمَا	قَرَآ	يَقْرَآنِ		قُرِئَا	يُقْرَآنِ
	هُمْ	قَرَؤُوا	يَقْرَؤُونَ		قُرِئُوا	يُقْرَؤُونَ
اَلْغَائِبَةُ 3 여	هِيَ	قَرَأَتْ	تَقْرَأُ		قُرِئَتْ	تُقْرَأُ
	هُمَا	قَرَأَتَا	تَقْرَآنِ		قُرِئَتَا	تُقْرَآنِ
	هُنَّ	قَرَأْنَ	يَقْرَأْنَ		قُرِئْنَ	يُقْرَأْنَ

뜻풀이

- (무엇, 특히 꾸란을) 암송하다, 낭독하다
- (무엇을) 누구에게(على) 읽어주다, 낭송하다
- (무엇을) 읽다
- (무엇을) 숙독하다, 정독하다
- 누구 아래서(على) 공부하다, 연구하다

예문

مَاذَا تَقْرَئِينَ الْآنَ؟

당신(여)은 지금 무엇을 읽고 있습니까?

إِنَّنَا نَقْرَأُ كُتُبًا جَيِّدَةً.

우리는 좋은 책을 읽는다.

هَلِ الْكِتَابُ الَّذِي تَقْرَؤُهُ مُمْتِعٌ؟

당신이 읽고 있는 책은 재미있습니까?

اِعْتَادَ أَنْ يَقْرَأَ الصُّحُفَ الْيَوْمِيَّةَ.

그는 습관적으로 일간지를 읽었다.

قَرَأْتُ عَلَامَاتِ الْغَضَبِ عَلَى وَجْهِهِ.

나는 그의 얼굴에서 화난 기색을 보았다.

يَجِبُ أَنْ يُشَجَّعَ الْأَطْفَالُ أَنْ يَقْرَؤُوا فِي سِنٍّ مُبَكِّرَةٍ.

아이들이 어릴 때부터 책을 읽도록 장려해야 한다.

قَرَّرَ	동명사 اَلْمَصْدَرُ	능동분사 اَلْفَاعِلُ	수동분사 اَلْمَفْعُولُ
	تَقْرِير	مُقَرِّر	مُقَرَّر

اَلضَّمَائِرُ 인칭 대명사		능동 اَلْمَعْلُومُ			수동 اَلْمَجْهُولُ	
		اَلْمَاضِي 완료	اَلْمُضَارِعُ 미완료	اَلْأَمْرُ 명령	اَلْمَاضِي 완료	اَلْمُضَارِعُ 미완료
اَلْمُتَكَلِّمُ 1인칭	أَنَا	قَرَّرْتُ	أُقَرِّرُ			
	نَحْنُ	قَرَّرْنَا	نُقَرِّرُ			
اَلْمُخَاطَبُ 2 남	أَنْتَ	قَرَّرْتَ	تُقَرِّرُ	قَرِّرْ		
	أَنْتُمَا	قَرَّرْتُمَا	تُقَرِّرَانِ	قَرِّرَا		
	أَنْتُمْ	قَرَّرْتُمْ	تُقَرِّرُونَ	قَرِّرُوا		
اَلْمُخَاطَبَةُ 2 여	أَنْتِ	قَرَّرْتِ	تُقَرِّرِينَ	قَرِّرِي		
	أَنْتُمَا	قَرَّرْتُمَا	تُقَرِّرَانِ	قَرِّرَا		
	أَنْتُنَّ	قَرَّرْتُنَّ	تُقَرِّرْنَ	قَرِّرْنَ		
اَلْغَائِبُ 3 남	هُوَ	قَرَّرَ	يُقَرِّرُ		قُرِّرَ	يُقَرَّرُ
	هُمَا	قَرَّرَا	يُقَرِّرَانِ			
	هُمْ	قَرَّرُوا	يُقَرِّرُونَ			
اَلْغَائِبَةُ 3 여	هِيَ	قَرَّرَتْ	تُقَرِّرُ			
	هُمَا	قَرَّرَتَا	تُقَرِّرَانِ			
	هُنَّ	قَرَّرْنَ	يُقَرِّرْنَ			

뜻풀이

- (누구를) 어디에(في) 정착시키다
- (무엇을) 어디에(في) 세우다, 설립하다
- (무엇을) 정하다, 결정하다, 규정하다
- (무엇을) 결심하다, 마음먹다
- (무엇을) 확인하다, 확증하다
- (무엇을) 이야기하다, 말하다
- 무엇에 대해(عن) 기사를 쓰다, 보고서를 작성하다
- 성명하다, 성명서를 발표하다
- (누구에게) 무엇을(على 또는 ب) 자백하도록 강요하다, 시인하게 하다

예문

قَرَّرْتُهُ فِي بَيْتِي.

나는 그를 내 집에 머무르게 했다.

قَرَّرَ الشُّرْطِيُّ الْمُجْرِمَ.

경관은 범인을 확증했다.

سَنُقَرِّرُ ذَلِكَ فِيمَا بَعْدُ.

우리는 나중에 그것을 결정할 것이다.

قَرَّرَ الْخَيْمَةَ فِي الْمَرْعَى.

그는 목초지에 천막을 쳤다.

قَرَّرُوا أَنْ يَذْهَبُوا هُنَاكَ ثَانِيَةً.

그들은 그곳에 다시 가기로 했다.

قَرَّرَتْ قُبُولَ عَرْضِ الْعَمَلِ فِي عُمَانَ.

그녀는 오만에서 일자리 제의를 받아들이기로 결심했다.

수동분사 اَلْمَفْعُولُ	능동분사 اَلْفَاعِلُ	동명사 اَلْمَصْدَرُ	قَضَى
مَقْضِيّ	قَاضٍ	قَضَاء	

수동 اَلْمَجْهُولُ		능동 اَلْمَعْلُومُ			اَلضَّمَائِرُ 인칭 대명사	
اَلْمُضَارِعُ 미완료	اَلْمَاضِي 완료	اَلْأَمْرُ 명령	اَلْمُضَارِعُ 미완료	اَلْمَاضِي 완료		
			أَقْضِي	قَضَيْتُ	أَنَا	اَلْمُتَكَلِّمُ 1인칭
			نَقْضِي	قَضَيْنَا	نَحْنُ	
		اِقْضِ	تَقْضِي	قَضَيْتَ	أَنْتَ	اَلْمُخَاطَبُ 2 남
		اِقْضِيَا	تَقْضِيَانِ	قَضَيْتُمَا	أَنْتُمَا	
		اِقْضُوا	تَقْضُونَ	قَضَيْتُمْ	أَنْتُمْ	
		اِقْضِي	تَقْضِينَ	قَضَيْتِ	أَنْتِ	اَلْمُخَاطَبَةُ 2 여
		اِقْضِيَا	تَقْضِيَانِ	قَضَيْتُمَا	أَنْتُمَا	
		اِقْضِينَ	تَقْضِينَ	قَضَيْتُنَّ	أَنْتُنَّ	
يُقْضَى	قُضِيَ		يَقْضِي	قَضَى	هُوَ	اَلْغَائِبُ 3 남
			يَقْضِيَانِ	قَضَيَا	هُمَا	
			يَقْضُونَ	قَضَوْا	هُمْ	
			تَقْضِي	قَضَتْ	هِيَ	اَلْغَائِبَةُ 3 여
			تَقْضِيَانِ	قَضَتَا	هُمَا	
			يَقْضِينَ	قَضَيْنَ	هُنَّ	

뜻풀이

- (논쟁 등을) 끝내다, 해결하다, 합의를 보다, 완료하다
- (무엇을) 실행하다, 실시하다
- (무엇을) 달성하다, 충족하다, 이루다
- (요청 등에) 답하다.
- (부채를) 갚다
- (시간을) 보내다, 지내다
- 무엇을(ب 또는 بأن) 결정하다
- (신이) 예정하다, 미리 운명짓다
- 누구에게(ل 또는 على) 판결을 내리다
- 누구에게(على) 무엇을(ب) 선고하다
- 누구에게(على) 무엇을(ب) 강요하다, 강제하다
- 무엇을(ب) 필요로 하다, 요구하다
- 누구 또는 무엇을(على) 제거하다, 근절하다
- 누구를(على) 죽이다, 무엇을(على) 없애다, 폐지하다
- 무엇을(على) 저지하다, 방해하다

예문

قَضَى أَجَلَهُ

죽다

قَضَى الْعَجَبَ مِنْ

무엇에 깜짝 놀라다

قُضِيَ الْأَمْرُ

주사위는 이미 던져졌다(돌이킬 수 없다)

إِنَّنَا نَقْضِي وَقْتَ فَرَاغِنَا.

우리는 여가 시간을 함께 보낸다.

قَضَيْنَا عُطْلَةً طَوِيلَةً السَّنَةَ الْمَاضِيَةَ.

우리는 작년에 긴 휴가를 보냈다.

수동분사 اَلْمَفْعُولُ	능동분사 اَلْفَاعِلُ	동명사 اَلْمَصْدَرُ	قَطَعَ
مَقْطُوع	قَاطِع	قَطْع	

수동 اَلْمَجْهُولُ		능동 اَلْمَعْلُومُ			اَلضَّمَائِرُ 인칭 대명사	
اَلْمُضَارِعُ 미완료	اَلْمَاضِي 완료	اَلْأَمْرُ 명령	اَلْمُضَارِعُ 미완료	اَلْمَاضِي 완료		
أُقْطَعُ	قُطِعْتُ		أَقْطَعُ	قَطَعْتُ	أَنَا	اَلْمُتَكَلِّمُ 1인칭
نُقْطَعُ	قُطِعْنَا		نَقْطَعُ	قَطَعْنَا	نَحْنُ	
تُقْطَعُ	قُطِعْتَ	اِقْطَعْ	تَقْطَعُ	قَطَعْتَ	أَنْتَ	اَلْمُخَاطَبُ 2 남
تُقْطَعَانِ	قُطِعْتُمَا	اِقْطَعَا	تَقْطَعَانِ	قَطَعْتُمَا	أَنْتُمَا	
تُقْطَعُونَ	قُطِعْتُمْ	اِقْطَعُوا	تَقْطَعُونَ	قَطَعْتُمْ	أَنْتُمْ	
تُقْطَعِينَ	قُطِعْتِ	اِقْطَعِي	تَقْطَعِينَ	قَطَعْتِ	أَنْتِ	اَلْمُخَاطَبَةُ 2 여
تُقْطَعَانِ	قُطِعْتُمَا	اِقْطَعَا	تَقْطَعَانِ	قَطَعْتُمَا	أَنْتُمَا	
تُقْطَعْنَ	قُطِعْتُنَّ	اِقْطَعْنَ	تَقْطَعْنَ	قَطَعْتُنَّ	أَنْتُنَّ	
يُقْطَعُ	قُطِعَ		يَقْطَعُ	قَطَعَ	هُوَ	اَلْغَائِبُ 3 남
يُقْطَعَانِ	قُطِعَا		يَقْطَعَانِ	قَطَعَا	هُمَا	
يُقْطَعُونَ	قُطِعُوا		يَقْطَعُونَ	قَطَعُوا	هُمْ	
تُقْطَعُ	قُطِعَتْ		تَقْطَعُ	قَطَعَتْ	هِيَ	اَلْغَائِبَةُ 3 여
تُقْطَعَانِ	قُطِعَتَا		تَقْطَعَانِ	قَطَعَتَا	هُمَا	
يُقْطَعْنَ	قُطِعُوا		يَقْطَعْنَ	قَطَعْنَ	هُنَّ	

뜻풀이

- (무엇을) 자르다, 잘라내다, 반으로 자르다
- (무엇을) 갈가리 찢어버리다, 떼어내다, 분리시키다
- (나무를) 쓰러뜨리다, 넘어뜨리다
- (누구와의 관계를) 끊다
- (누구의 발언 등을) 갑자기 중단시키다, 중간에 자르다
- (전류의) 연결을 끊다, 공급을 끊다
- 누가 무엇을 하는 것을(عن) 막다, 방해하다, 금하다, 허용치 않다
- <기독교> (누구를) 파문하다, 제명하다
- 누구에게(في) 강렬한 인상을 주다, 깊은 인상을 남기다
- (강, 바다, 국경 등을) 가로질러 가다, 건너다
- (언급된 거리를) 가다, 이동하다
- (위험, 고난, 역경 등을) 이겨 내다, 견뎌 내다, 극복하다
- 무엇을 하면서(في) 시간을 보내다
- (음식 등을) 섭취하다, 먹다
- 무엇을([목] 또는 ب) 결정하다
- 무엇을(ب 또는 بأن) 단언하다, 확언하다, 확신을 가지고 말하다
- 무엇을(بأن) 입증하다, 증명하다
- [수동태 قُطِعَ] 쪼개지다, 분리되다, 잘리다

예문

قَطَعَ الْوَرَقَ

종이를 찢다

قَطَعَ الثَّمَنَ

값을 매기다, 가격을 정하다

قَطَعَ دَوْرًا

시기를 겪다, 단계를 겪다

قَطَعَ الرَّحِمَ

혈연 관계를 끊다

قَطَعَ أَشْوَاطًا

진행하다, 전진하다

قَطَعَ لِسَانَهُ / فِي قَوْلِهِ

침묵시키다 / 말을 끊다

قَطَعَ عَهْدًا

계약을 하다; 누구와(لـ) 맹세를 하다

قَطَعَ أَنْفَاسَهُ

숨을 참다

قَطَعَ الصُّوفَ

양털을 깎다

قَطَعَ عَلَيْهِ الطَّرِيقَ

누구의 앞길을 막다, 방해하다; 노상강도 짓을 저지르다

قَطَعَ تَذْكِرَةً (بِطَاقَةً)

티켓을 사다, 표를 끊다

قَطَعَ الْأَمَلَ (الرَّجَاءَ)

희망을 접다, 절망하다

قَطَعَ الْعَلَاقَاتِ الدِّبْلُومَاسِيَّةَ

외교관계를 끊다

قَطَعَ شَوْطًا كَبِيرًا(بَعِيدًا) فِي التَّقَدُّمِ(فِي الرُّقِيِّ)

비약적인 발전을 하다, 크게 전진하다

قَطَعَ عَلَى نَفْسِهِ عَهْدًا بِ (الْوَعْدَ علَى نَفْسِهِ بِ)

무엇을 맹세하다, 굳게 서약하다

أَيَّةَ مَسَافَةٍ قَطَعُوا؟

그들은 얼마나 갔나요?

لَا تَقْطَعُوا الْأَشْجَارَ.

나무를 베지 마라.

قَطَعَتُ الرَّجُلَ بِالسَّوْطِ.

나는 그 남자를 채찍으로 때렸다.

قَطَعَ اللُّصُوصُ الطُّرُقَ لَيْلًا.

도둑들은 밤에 노상강도 짓을 했다.

قَطَعْتُ الْقَارَّةَ الْأَمْرِيكِيَّةَ طُولًا.

나는 미 대륙을 종단했다.

اِقْطَعْ سَبْعَةَ أَمْتَارٍ مِنْ هَذَا الْقُمَاشِ.

이 원단 7미터를 잘라주세요.

اَلسِّكِّينُ الَّتِي تَقْطَعِينَ اللَّحْمَ بِهَا حَادَّةٌ جِدًّا.

네가 고기를 썰고 있는 그 칼은 매우 날카롭다.

اِقْطَعِ الشَّارِعَ، وَسَتَجِدُ الْمَكْتَبَ عَلَى يَمِينِكَ.

길을 건너세요. 그럼 오른편으로 사무실이 보일겁니다.

قَطَعَتِ الصُّورَةَ وَأَلْصَقَتْهَا عَلَى قِطْعَةٍ مِنَ الْوَرَقِ.

그녀는 사진을 잘라서 종이 조각에 붙였다.

수동분사 اَلْمَفْعُولُ	능동분사 اَلْفَاعِلُ	동명사 اَلْمَصْدَرُ	قَلَّ
مَقْلول	قَالٌّ	قِلّ، قُلّ، قِلَّة	

수동 اَلْمَجْهُولُ		능동 اَلْمَعْلُومُ			اَلضَّمَائِرُ 인칭 대명사	
اَلْمُضَارِعُ 미완료	اَلْمَاضِي 완료	اَلْأَمْرُ 명령	اَلْمُضَارِعُ 미완료	اَلْمَاضِي 완료		
أُقَلُّ	قُلِلْتُ		أَقِلُّ	قَلَلْتُ	أَنَا	اَلْمُتَكَلِّمُ 1인칭
نُقَلُّ	قُلِلْنَا		نَقِلُّ	قَلَلْنَا	نَحْنُ	
تُقَلُّ	قُلِلْتَ	قِلَّ	تَقِلُّ	قَلَلْتَ	أَنْتَ	اَلْمُخَاطَبُ 2 남
تُقَلَّانِ	قُلِلْتُمَا	قِلَّا	تَقِلَّانِ	قَلَلْتُمَا	أَنْتُمَا	
تُقَلُّونَ	قُلِلْتُمْ	قِلُّوا	تَقِلُّونَ	قَلَلْتُمْ	أَنْتُمْ	
تُقَلِّينَ	قُلِلْتِ	قِلِّي	تَقِلِّينَ	قَلَلْتِ	أَنْتِ	اَلْمُخَاطَبَةُ 2 여
تُقَلَّانِ	قُلِلْتُمَا	قِلَّا	تَقِلَّانِ	قَلَلْتُمَا	أَنْتُمَا	
تُقْلَلْنَ	قُلِلْتُنَّ	اِقْلِلْنَ	تَقْلِلْنَ	قَلَلْتُنَّ	أَنْتُنَّ	
يُقَلُّ	قُلَّ		يَقِلُّ	قَلَّ	هُوَ	اَلْغَائِبُ 3 남
يُقَلَّانِ	قُلَّا		يَقِلَّانِ	قَلَّا	هُمَا	
يُقَلُّونَ	قُلُّوا		يَقِلُّونَ	قَلُّوا	هُمْ	
تُقَلُّ	قُلَّتْ		تَقِلُّ	قَلَّتْ	هِيَ	اَلْغَائِبَةُ 3 여
تُقَلَّانِ	قُلَّتَا		تَقِلَّانِ	قَلَّتَا	هُمَا	
يُقْلَلْنَ	قُلِلْنَ		يَقْلِلْنَ	قَلَلْنَ	هُنَّ	

뜻풀이

- (수나 양이) 작다, 적다, 미미하다, 거의 없다, 별로 없다
- 부족하다, 적다, 모자라다
- 드물게 일어나다, 어쩌다 한 번 발생하다
- 줄다, 감소하다
- 무엇보다(عن) 더 줄어들다, 더 작아(적어)지다
- 누구보다(عن) 못하다, 열등하다, 하위다

예문

قَلَّ صَبْرُهُ

인내심이 바닥나다

قَلَّ جِسْمُهُ

체격이 왜소하다

إِلَّا مَا قَلَّ وَنَدَرَ

오직 몇 개만 예외로 두고

قَلَّ الْحَلِيبُ / الْمَطَرُ

젖이 / 비가 부족하다

قَلَّ نَشَاطُهُ بَعْدَ أَنْ مَرِضَ بِدَاءِ الْقَلْبِ.

심장병을 앓은 후부터 그의 활동은 감소했다.

أَرْجُو أَنْ يَقِلَّ الاِزْدِحَامُ عِنْدَمَا تَنْتَهِي خُطَّةُ بِنَاءِ الطَّرِيقِ السَّرِيعِ.

나는 고속도로 건설 프로젝트가 종료될 때 혼잡함이 줄어들기를 원한다.

ك

كَانَ	اَلْمَصْدَرُ 동명사	اَلْفَاعِلُ 능동분사	اَلْمَفْعُولُ 수동분사
	كَوْن ، كِيَان ، كَيْنُونَة	كَائِن	مَكُون

اَلضَّمَائِرُ 인칭 대명사		اَلْمَعْلُومُ 능동			اَلْمَجْهُولُ 수동	
		اَلْمَاضِي 완료	اَلْمُضَارِعُ 미완료	اَلْأَمْرُ 명령	اَلْمَاضِي 완료	اَلْمُضَارِعُ 미완료
اَلْمُتَكَلِّمُ 1인칭	أَنَا	كُنْتُ	أَكُونُ			
	نَحْنُ	كُنَّا	نَكُونُ			
اَلْمُخَاطَبُ 2 남	أَنْتَ	كُنْتَ	تَكُونُ	كُنْ		
	أَنْتُمَا	كُنْتُمَا	تَكُونَانِ	كُونَا		
	أَنْتُمْ	كُنْتُمْ	تَكُونُونَ	كُونُوا		
اَلْمُخَاطَبَةُ 2 여	أَنْتِ	كُنْتِ	تَكُونِينَ	كُونِي		
	أَنْتُمَا	كُنْتُمَا	تَكُونَانِ	كُونَا		
	أَنْتُنَّ	كُنْتُنَّ	تَكُنَّ	كُنَّ		
اَلْغَائِبُ 3 남	هُوَ	كَانَ	يَكُونُ		كِينَ	يُكَانُ
	هُمَا	كَانَا	يَكُونَانِ			
	هُمْ	كَانُوا	يَكُونُونَ			
اَلْغَائِبَةُ 3 여	هِيَ	كَانَتْ	تَكُونُ			
	هُمَا	كَانَتَا	تَكُونَانِ			
	هُنَّ	كُنَّ	يَكُنَّ			

뜻풀이

- (누구 또는 무엇) 이다, 있다, 존재하다
- 일어나다, 생기다, 발생하다
- [목적격 술부와 함께] 무엇이었다
- [완료 동사와 함께 대과거를 표현함] (무엇을) 했었다
- [미완료 동사와 함께 과거의 진행형을 표현함] (무엇을) 하곤 했다, 하는 중이었다
- 누구에게(لـ) 속하다, 누구의(لـ) 소유다
- 무엇에(لـ) 적합하다, 적격이다
- 누구에게(من) 속하다, 관련되다
- 누구의(على) 의무다, 누가 무엇을 해야만 하다
- 누구의(إلى) 몫이다, 누구의 차지다, 누구에게 배정되다

예문

لَمْ يَكُنْ لِـ (مَا كَانَ لِـ)

그는 무엇에(لـ) 적합하지 않다(않았다)

لَمْ أَكُنْ فِي الْبَيْتِ.

나는 집에 없었다.

كُنْتُ مُخْرِجًا سِينَمَائِيًّا.

나는 영화 감독이었다.

لَمْ أَكُنْ أَعْرِفُهَا مِنْ قَبْلُ.

나는 전에 그녀를 몰랐다.

هَلْ كُنْتَ سَعِيدًا فِي الْحَفْلَةِ؟

당신은 파티에서 즐거웠습니까?

كَانَ هُنَاكَ تَعْدِيلٌ فِي الْقَانُونِ.

법이 개정되었다.

كَبَرَ	اَلْمَصْدَرُ 동명사	اَلْفَاعِلُ 능동분사	اَلْمَفْعُولُ 수동분사
	كَبْر	كَابِر	مَكْبُور

اَلضَّمَائِرُ 인칭 대명사		اَلْمَعْلُومُ 능동			اَلْمَجْهُولُ 수동	
		اَلْمَاضِي 완료	اَلْمُضَارِعُ 미완료	اَلْأَمْرُ 명령	اَلْمَاضِي 완료	اَلْمُضَارِعُ 미완료
اَلْمُتَكَلِّمُ 1인칭	أَنَا	كَبَرْتُ	أَكْبُرُ			
	نَحْنُ	كَبَرْنَا	نَكْبُرُ			
اَلْمُخَاطَبُ 2 남	أَنْتَ	كَبَرْتَ	تَكْبُرُ	أُكْبُرْ		
	أَنْتُمَا	كَبَرْتُمَا	تَكْبُرَانِ	أُكْبُرَا		
	أَنْتُمْ	كَبَرْتُمْ	تَكْبُرُونَ	أُكْبُرُوا		
اَلْمُخَاطَبَةُ 2 여	أَنْتِ	كَبَرْتِ	تَكْبُرِينَ	أُكْبُرِي		
	أَنْتُمَا	كَبَرْتُمَا	تَكْبُرَانِ	أُكْبُرَا		
	أَنْتُنَّ	كَبَرْتُنَّ	تَكْبُرْنَ	أُكْبُرْنَ		
اَلْغَائِبُ 3 남	هُوَ	كَبَرَ	يَكْبُرُ		كُبِرَ	يُكْبَرُ
	هُمَا	كَبَرَا	يَكْبُرَانِ			
	هُمْ	كَبَرُوا	يَكْبُرُونَ			
اَلْغَائِبَةُ 3 여	هِيَ	كَبَرَتْ	تَكْبُرُ			
	هُمَا	كَبَرَتَا	تَكْبُرَانِ			
	هُنَّ	كَبَرْنَ	يَكْبُرْنَ			

뜻풀이

- (누구보다) 나이가 더 많다
- (누구보다) 나이가 몇 살(بِ) 더 많다

예문

كَبَرْتُهُ فِي السِّنِّ.

내가 그보다 더 나이가 많다.

يَكْبُرُنِي بِسَنَتَيْنِ.

그는 나보다 두 살 더 많다.

كُلَّمَا يَكْبُرُ الْإِنْسَانُ تَزْدَادُ خِبْرَاتُهُ بِالْحَيَاةِ.

인간은 나이가 들수록 인생의 경험이 늘어난다.

لَقَدْ كَبَرْتَ عَنِ الْمَرَّةِ الْأَخِيرَةِ الَّتِي رَأَيْتُكَ فِيهَا.

너는 지난 번에 봤을 때보다 컸다.

تَقِلُّ قُدْرَاتُ التَّخَيُّلِ عِنْدَ النَّاسِ عِنْدَمَا يَكْبُرُونَ فِي السِّنِّ.

사람들의 상상력은 나이가 들면 줄어든다.

تَمُرُّ الدِّيدَانُ عَادَةً بِأَرْبَعِ مَرَاحِلَ مِنَ النَّضْجِ إِلَى أَنْ تَكْبُرَ.

벌레들은 보통 성장하는 데 4개의 단계를 거친다.

اَلْمَفْعُولُ 수동분사	اَلْفَاعِلُ 능동분사	اَلْمَصْدَرُ 동명사	كَبُرَ
مَكْبُور	كَابِر	كُبْر، كِبَر، كَبَارَة	

اَلْمَجْهُولُ 수동		اَلْمَعْلُومُ 능동			اَلضَّمَائِرُ 인칭 대명사	
اَلْمُضَارِعُ 미완료	اَلْمَاضِي 완료	اَلْأَمْرُ 명령	اَلْمُضَارِعُ 미완료	اَلْمَاضِي 완료		
			أَكْبُرُ	كَبُرْتُ	أَنَا	اَلْمُتَكَلِّمُ 1인칭
			نَكْبُرُ	كَبُرْنَا	نَحْنُ	
		اُكْبُرْ	تَكْبُرُ	كَبُرْتَ	أَنْتَ	اَلْمُخَاطَبُ 2 남
		اُكْبُرَا	تَكْبُرَانِ	كَبُرْتُمَا	أَنْتُمَا	
		اُكْبُرُوا	تَكْبُرُونَ	كَبُرْتُمْ	أَنْتُمْ	
		اُكْبُرِي	تَكْبُرِينَ	كَبُرْتِ	أَنْتِ	اَلْمُخَاطَبَةُ 2 여
		اُكْبُرَا	تَكْبُرَانِ	كَبُرْتُمَا	أَنْتُمَا	
		اُكْبُرْنَ	تَكْبُرْنَ	كَبُرْتُنَّ	أَنْتُنَّ	
يُكْبَرُ	كُبِرَ		يَكْبُرُ	كَبُرَ	هُوَ	اَلْغَائِبُ 3 남
			يَكْبُرَانِ	كَبُرَا	هُمَا	
			يَكْبُرُونَ	كَبُرُوا	هُمْ	
			تَكْبُرُ	كَبُرَتْ	هِيَ	اَلْغَائِبَةُ 3 여
			تَكْبُرَانِ	كَبُرَتَا	هُمَا	
			يَكْبُرْنَ	كَبُرْنَ	هُنَّ	

뜻풀이

- (형태나 수량, 규모 따위가) 크다
- 커지다, 증가하다, 늘다
- 유명해지다, 중요해지다
- 무엇에게(عن) 너무 크다
- 무엇을(عن) 업신여기다, 무시하다
- 너무 억압적이다, 고통스럽다, 부담스러워지다
- 누구에게(على) 너무 어려워지다, 너무 힘들어지다

예문

كَبُرَتْ نَفْسُهُ

용기를 얻다, 용감해지다

كَبُرَ حَجْمُ الْمُسَاعَدَةِ لِلْفُقَرَاءِ.

빈민을 위한 후원의 규모가 늘었다.

كَبُرَ عَلَيْهِ أَنْ يَطْلُبَ الصَّفْحَ.

용서를 구하는 것은 그에게 어려운 일이었다.

عِنْدَمَا يَكْبُرُ الذُّكُورُ يَتْرُكُونَ أُمَّهُمْ.

남자는 성장하면 그들의 어머니를 떠난다.

لَا نُرِيدُ أَنْ يَكْبُرَ أَوْلَادُنَا فِي عَالَمٍ مُلَوَّثٍ.

우리는 우리 아이들이 오염된 세계에서 자라길 원하지 않는다

كَبُرَ الْجَيْشُ الْعَرَبِيُّ لِيَبْلُغَ 20 أَلْفِ رَجُلٍ.

아랍군은 2만명까지 증가했다.

수동분사 اَلْمَفْعُولُ	능동분사 اَلْفَاعِلُ	동명사 اَلْمَصْدَرُ	كَتَبَ
مَكْتُوب	كَاتِب	كَتْب، كِتْبَة، كِتَابَة	

수동 اَلْمَجْهُولُ		능동 اَلْمَعْلُومُ			اَلضَّمَائِرُ 인칭 대명사	
اَلْمُضَارِعُ 미완료	اَلْمَاضِي 완료	اَلْأَمْرُ 명령	اَلْمُضَارِعُ 미완료	اَلْمَاضِي 완료		
أُكْتَبُ	كُتِبْتُ		أَكْتُبُ	كَتَبْتُ	أَنَا	اَلْمُتَكَلِّمُ 1인칭
نُكْتَبُ	كُتِبْنَا		نَكْتُبُ	كَتَبْنَا	نَحْنُ	
تُكْتَبُ	كُتِبْتَ	اُكْتُبْ	تَكْتُبُ	كَتَبْتَ	أَنْتَ	اَلْمُخَاطَبُ 2 남
تُكْتَبَانِ	كُتِبْتُمَا	اُكْتُبَا	تَكْتُبَانِ	كَتَبْتُمَا	أَنْتُمَا	
تُكْتَبُونَ	كُتِبْتُمْ	اُكْتُبُوا	تَكْتُبُونَ	كَتَبْتُمْ	أَنْتُمْ	
تُكْتَبِينَ	كُتِبْتِ	اُكْتُبِي	تَكْتُبِينَ	كَتَبْتِ	أَنْتِ	اَلْمُخَاطَبَةُ 2 여
تُكْتَبَانِ	كُتِبْتُمَا	اُكْتُبَا	تَكْتُبَانِ	كَتَبْتُمَا	أَنْتُمَا	
تُكْتَبْنَ	كُتِبْتُنَّ	اُكْتُبْنَ	تَكْتُبْنَ	كَتَبْتُنَّ	أَنْتُنَّ	
يُكْتَبُ	كُتِبَ		يَكْتُبُ	كَتَبَ	هُوَ	اَلْغَائِبُ 3 남
يُكْتَبَانِ	كُتِبَا		يَكْتُبَانِ	كَتَبَا	هُمَا	
يُكْتَبُونَ	كُتِبُوا		يَكْتُبُونَ	كَتَبُوا	هُمْ	
تُكْتَبُ	كُتِبَتْ		تَكْتُبُ	كَتَبَتْ	هِيَ	اَلْغَائِبَةُ 3 여
تُكْتَبَانِ	كُتِبَتَا		تَكْتُبَانِ	كَتَبَتَا	هُمَا	
يُكْتَبْنَ	كُتِبْنَ		يَكْتُبْنَ	كَتَبْنَ	هُنَّ	

뜻풀이

- (무엇을) 쓰다, 적다, (글로) 기록하다, 기술하다
- (글 등을) 작성하다
- (유산 등을) 유언장에 적어 누구에게(لـ) 물려주다
- 무엇을 지시하는(بـ) 서면 지령서를 주다
- (무엇을) 누구에게(على) 지령하다, 지시하다
- (신이) (누구에게) 무엇을(على 또는 لـ) 예정하다, 미리 안배하다
- [수동태 كُتِبَ] 누가(لـ) 무엇을 할 운명이다

예문

كَتَبَ عَلَى نَفْسِهِ أَنْ

무엇을(أن) 결심하다, 각오하다

كَتَبَ الْوَلَدُ فَرْضَهُ.

소년은 그의 숙제를 했다.

أَيْنَ كَتَبْتَ عُنْوَانَهُ؟

당신은 어디에 그의 주소를 썼습니까?

هُمْ كَتَبُوا، وَنَحْنُ رَسَمْنَا.

그들은 글을 쓰고, 우리는 그림을 그렸다.

اَلْأُمِّيُّ لَا يَقْرَأُ وَلَا يَكْتُبُ.

문맹은 읽고 쓰지 않는다.

لَمْ يَكْتُبْ لِي أَبَدًا مُنْذُ أَنْ غَادَرَ كُورِيَا.

그는 한국을 떠난 후 나에게 (편지를) 한 통도 쓰지 않았다.

كَرَّرَ	동명사 اَلْمَصْدَرُ	능동분사 اَلْفَاعِلُ	수동분사 اَلْمَفْعُولُ
	تَكْرِير	مُكَرِّر	مُكَرَّر

인칭 대명사 اَلضَّمَائِرُ		능동 اَلْمَعْلُومُ 완료 اَلْمَاضِي	능동 اَلْمَعْلُومُ 미완료 اَلْمُضَارِعُ	능동 اَلْمَعْلُومُ 명령 اَلْأَمْرُ	수동 اَلْمَجْهُولُ 완료 اَلْمَاضِي	수동 اَلْمَجْهُولُ 미완료 اَلْمُضَارِعُ
اَلْمُتَكَلِّمُ 1인칭	أَنَا	كَرَّرْتُ	أُكَرِّرُ			
	نَحْنُ	كَرَّرْنَا	نُكَرِّرُ			
اَلْمُخَاطَبُ 2 남	أَنْتَ	كَرَّرْتَ	تُكَرِّرُ	كَرِّرْ		
	أَنْتُمَا	كَرَّرْتُمَا	تُكَرِّرَانِ	كَرِّرَا		
	أَنْتُمْ	كَرَّرْتُمْ	تُكَرِّرُونَ	كَرِّرُوا		
اَلْمُخَاطَبَةُ 2 여	أَنْتِ	كَرَّرْتِ	تُكَرِّرِينَ	كَرِّرِي		
	أَنْتُمَا	كَرَّرْتُمَا	تُكَرِّرَانِ	كَرِّرَا		
	أَنْتُنَّ	كَرَّرْتُنَّ	تُكَرِّرْنَ	كَرِّرْنَ		
اَلْغَائِبُ 3 남	هُوَ	كَرَّرَ	يُكَرِّرُ		كُرِّرَ	يُكَرَّرُ
	هُمَا	كَرَّرَا	يُكَرِّرَانِ			
	هُمْ	كَرَّرُوا	يُكَرِّرُونَ			
اَلْغَائِبَةُ 3 여	هِيَ	كَرَّرَتْ	تُكَرِّرُ			
	هُمَا	كَرَّرَتَا	تُكَرِّرَانِ			
	هُنَّ	كَرَّرْنَ	يُكَرِّرْنَ			

뜻풀이

- (무엇을) 반복하다, 되풀이하다
- 누구에게(على) 질문을 반복해서 묻다, 여러 번 계속 묻다
- (무엇을) 맑게 하다, 정화하다, 여과하다, 정류하다
- (설탕 등을) 정제하다, 정련하다

예문

كَرَّرَ السُّكَّرَ.

그는 설탕을 정제했다.

يُكَرِّرُ أَفْكَارَهُ.

그는 생각을 반복한다.

كَرَّرَتْ سُؤَالَهَا مَرَّتَيْنِ.

그녀는 두 차례 질문을 반복했다.

طَلَبْتُ مِنْهَا أَنْ تُكَرِّرَ مَا قَالَتْهُ.

나는 그녀에게 그녀가 한 말을 반복해달라고 부탁했다.

لَا يَزَالُ يُكَرِّرُ نَفْسَ النُّكْتَةِ مَرَّاتٍ وَمَرَّاتٍ.

그는 여전히 여러 번 같은 농담을 했다.

كَرَّرَتْ شَرِكَةُ الْبِتْرُولِ النَّفْطَ فِي مِصْفَاتِهَا.

석유 회사는 원유를 자신의 정유소에서 정유했다.

كَسَرَ	동명사 اَلْمَصْدَرُ	능동분사 اَلْفَاعِلُ	수동분사 اَلْمَفْعُولُ
	كَسْر	كَاسِر	مَكْسُور

اَلضَّمَائِرُ 인칭 대명사		능동 اَلْمَعْلُومُ			수동 اَلْمَجْهُولُ	
		اَلْمَاضِي 완료	اَلْمُضَارِعُ 미완료	اَلْأَمْرُ 명령	اَلْمَاضِي 완료	اَلْمُضَارِعُ 미완료
اَلْمُتَكَلِّمُ 1인칭	أَنَا	كَسَرْتُ	أَكْسِرُ		كُسِرْتُ	أُكْسَرُ
	نَحْنُ	كَسَرْنَا	نَكْسِرُ		كُسِرْنَا	نُكْسَرُ
اَلْمُخَاطَبُ 2 남	أَنْتَ	كَسَرْتَ	تَكْسِرُ	اِكْسِرْ	كُسِرْتَ	تُكْسَرُ
	أَنْتُمَا	كَسَرْتُمَا	تَكْسِرَانِ	اِكْسِرَا	كُسِرْتُمَا	تُكْسَرَانِ
	أَنْتُمْ	كَسَرْتُمْ	تَكْسِرُونَ	اِكْسِرُوا	كُسِرْتُمْ	تُكْسَرُونَ
اَلْمُخَاطَبَةُ 2 여	أَنْتِ	كَسَرْتِ	تَكْسِرِينَ	اِكْسِرِي	كُسِرْتِ	تُكْسَرِينَ
	أَنْتُمَا	كَسَرْتُمَا	تَكْسِرَانِ	اِكْسِرَا	كُسِرْتُمَا	تُكْسَرَانِ
	أَنْتُنَّ	كَسَرْتُنَّ	تَكْسِرْنَ	اِكْسِرْنَ	كُسِرْتُنَّ	تُكْسَرْنَ
اَلْغَائِبُ 3 남	هُوَ	كَسَرَ	يَكْسِرُ		كُسِرَ	يُكْسَرُ
	هُمَا	كَسَرَا	يَكْسِرَانِ		كُسِرَا	يُكْسَرَانِ
	هُمْ	كَسَرُوا	يَكْسِرُونَ		كُسِرُوا	يُكْسَرُونَ
اَلْغَائِبَةُ 3 여	هِيَ	كَسَرَتْ	تَكْسِرُ		كُسِرَتْ	تُكْسَرُ
	هُمَا	كَسَرَتَا	تَكْسِرَانِ		كُسِرَتَا	تُكْسَرَانِ
	هُنَّ	كَسَرْنَ	يَكْسِرْنَ		كُسِرْنَ	يُكْسَرْنَ

뜻풀이

- (무엇을) 깨다, 깨뜨리다, 부수다, 조각 내다
- (문 등을) 부수고 열다, 억지로 열다
- (세력이나 저항 등을) 깨다, 무찌르다
- (법적 의무를) 어기다, 위반하다
- (군대를) 섬멸하다
- <문법> 무엇을 ـِ모음으로 발음하다

예문

كَسَرَ الْقَانُونَ

법을 어기다, 위반하다

كَسَرَتِ الرِّيحُ

바람이 멎다, 잠잠해지다

كَسَرَ الْعَطَشَ

목을 축이다, 갈증을 해소하다

كَسَرَ الرَّقْمَ الْعَالَمِيَّ

세계 기록을 깨다

كَسَرَ الزُّجَاجَ / الشِّعْرَ / الصَّمْتَ

유리 / 시의 운율 / 침묵을 깨다

كُسِرَتْ رِجْلُ سَالِمٍ الْبَارِحَةَ وَأُخِذَ إِلَى الْمُسْتَشْفَى الْوَطَنِيِّ.

어제 살림의 다리가 부러져서 그는 국립 병원으로 옮겨졌다.

اَلْمَفْعُولُ 수동분사	اَلْفَاعِلُ 능동분사	اَلْمَصْدَرُ 동명사	كَشَفَ
مَكْشُوف	كَاشِف	كَشْف	

اَلْمَجْهُولُ 수동		اَلْمَعْلُومُ 능동			اَلضَّمَائِرُ 인칭 대명사	
اَلْمُضَارِعُ 미완료	اَلْمَاضِي 완료	اَلْأَمْرُ 명령	اَلْمُضَارِعُ 미완료	اَلْمَاضِي 완료		
أُكْشَفُ	كُشِفْتُ		أَكْشِفُ	كَشَفْتُ	أَنَا	اَلْمُتَكَلِّمُ 1인칭
نُكْشَفُ	كُشِفْنَا		نَكْشِفُ	كَشَفْنَا	نَحْنُ	
تُكْشَفُ	كُشِفْتَ	اِكْشِفْ	تَكْشِفُ	كَشَفْتَ	أَنْتَ	اَلْمُخَاطَبُ 2남
تُكْشَفَانِ	كُشِفْتُمَا	اِكْشِفَا	تَكْشِفَانِ	كَشَفْتُمَا	أَنْتُمَا	
تُكْشَفُونَ	كُشِفْتُمْ	اِكْشِفُوا	تَكْشِفُونَ	كَشَفْتُمْ	أَنْتُمْ	
تُكْشَفِينَ	كُشِفْتِ	اِكْشِفِي	تَكْشِفِينَ	كَشَفْتِ	أَنْتِ	اَلْمُخَاطَبَةُ 2여
تُكْشَفَانِ	كُشِفْتُمَا	اِكْشِفَا	تَكْشِفَانِ	كَشَفْتُمَا	أَنْتُمَا	
تُكْشَفْنَ	كُشِفْتُنَّ	اِكْشِفْنَ	تَكْشِفْنَ	كَشَفْتُنَّ	أَنْتُنَّ	
يُكْشَفُ	كُشِفَ		يَكْشِفُ	كَشَفَ	هُوَ	اَلْغَائِبُ 3남
يُكْشَفَانِ	كُشِفَا		يَكْشِفَانِ	كَشَفَا	هُمَا	
يُكْشَفُونَ	كُشِفُوا		يَكْشِفُونَ	كَشَفُوا	هُمْ	
تُكْشَفُ	كُشِفَتْ		تَكْشِفُ	كَشَفَتْ	هِيَ	اَلْغَائِبَةُ 3여
تُكْشَفَانِ	كُشِفَتَا		تَكْشِفَانِ	كَشَفَتَا	هُمَا	
يُكْشَفْنَ	كُشِفْنَ		يَكْشِفْنَ	كَشَفْنَ	هُنَّ	

뜻풀이

- (커튼이나 베일 등을) 무엇에서(من) 벗기다, 치우다
- 무엇을([목] 또는 عن) 알아내다, 밝히다
- 무엇을([목] 또는 عن) 해결하다
- 무엇을([목] 또는 عن) 보여주다, 입증하다, 흑막을 걷어내다
- 무엇을([목] 또는 عن) 폭로하다, 드러내다
- 무엇을(عن) 조사하다
- 누구를(على) 검진하다

예문

كَشَفَ عَمَّا فِي قَلْبِهِ

속마음을 보여주다, 의중을 드러내다

كَشَفَ عَلَى الْمَرِيضِ

환자를 진찰하다

كَشَفَ أَسْرَارَهُ / الْحَقِيقَةَ / الْمُؤَامَرَةَ / الْقِنَاعَ عَنْ

비밀 / 진실 / 음모 / 정체를 밝히다

اِكْشِفْ صَدْرَكَ مِنْ فَضْلِكَ.

가슴을 드러내(보여) 주세요.

فَشِلْنَا فِي أَنْ نَكْشِفَ كُلَّ الْمَوْضُوعَاتِ.

우리는 모든 주제들을 밝히는 데 실패했다.

لَقَدْ كَشَفَ عَنْ تَصْمِيمِهِ لِلْمَتْحَفِ الْجَدِيدِ.

그는 새 박물관 디자인을 공개했다.

수동분사 اَلْمَفْعُولُ	능동분사 اَلْفَاعِلُ	동명사 اَلْمَصْدَرُ	كَوَّنَ
مُكَوَّن	مُكَوِّن	تَكْوِين	

수동 اَلْمَجْهُولُ		능동 اَلْمَعْلُومُ			اَلضَّمَائِرُ 인칭 대명사	
اَلْمُضَارِعُ 미완료	اَلْمَاضِي 완료	اَلْأَمْرُ 명령	اَلْمُضَارِعُ 미완료	اَلْمَاضِي 완료		
			أُكَوِّنُ	كَوَّنْتُ	أَنَا	اَلْمُتَكَلِّمُ 1인칭
			نُكَوِّنُ	كَوَّنَّا	نَحْنُ	
		كَوِّنْ	تُكَوِّنُ	كَوَّنْتَ	أَنْتَ	اَلْمُخَاطَبُ 2 남
		كَوِّنَا	تُكَوِّنَانِ	كَوَّنْتُمَا	أَنْتُمَا	
		كَوِّنُوا	تُكَوِّنُونَ	كَوَّنْتُمْ	أَنْتُمْ	
		كَوِّنِي	تُكَوِّنِينَ	كَوَّنْتِ	أَنْتِ	اَلْمُخَاطَبَةُ 2 여
		كَوِّنَا	تُكَوِّنَانِ	كَوَّنْتُمَا	أَنْتُمَا	
		كَوِّنَّ	تُكَوِّنَّ	كَوَّنْتُنَّ	أَنْتُنَّ	
يُكَوَّنُ	كُوِّنَ		يُكَوِّنُ	كَوَّنَ	هُوَ	اَلْغَائِبُ 3 남
			يُكَوِّنَانِ	كَوَّنَا	هُمَا	
			يُكَوِّنُونَ	كَوَّنُوا	هُمْ	
			تُكَوِّنُ	كَوَّنَتْ	هِيَ	اَلْغَائِبَةُ 3 여
			تُكَوِّنَانِ	كَوَّنَتَا	هُمَا	
			يُكَوِّنَّ	كَوَّنَّ	هُنَّ	

뜻풀이

- (무엇을) 만들다, 낳다, 생산하다, 창조하다
- (무엇을) 형성하다

예문

كَوَّنَ اللهُ الْكَوْنَ.

신은 우주를 창조하셨다.

كَوَّنَ التِّلْمِيذُ جُمْلَةً مُفِيدَةً.

그 학생은 유익한 문장을 구성했다.

كَوَّنْتُ فِكْرَةً عَنِ الْمَوْضُوعِ.

나는 그 주제에 대해 아이디어를 냈다.

كَوَّنَ ثَرْوَةً مِنْ بَيْعِ التُّحَفِ.

그는 골동품을 팔아 부를 형성했다.

كَوَّنَ الْمُدَرِّبُ فَرِيقًا مِنَ اللَّاعِبِينَ.

감독은 선수단을 꾸렸다.

لَقَدْ كَوَّنَ سُمْعَةً هَائِلَةً فِي تَدْرِيسِ الرِّيَاضِيَّاتِ.

그는 수학 교육에서 엄청난 명성을 쌓았다.

ل

수동분사 اَلْمَفْعُولُ	능동분사 اَلْفَاعِلُ	동명사 اَلْمَصْدَرُ	لَبِسَ
مَلْبُوس	لَابِس	لُبْس	

수동 اَلْمَجْهُولُ		능동 اَلْمَعْلُومُ			اَلضَّمَائِرُ 인칭 대명사	
اَلْمُضَارِعُ 미완료	اَلْمَاضِي 완료	اَلْأَمْرُ 명령	اَلْمُضَارِعُ 미완료	اَلْمَاضِي 완료		
أُلْبَسُ	لُبِسْتُ		أَلْبَسُ	لَبِسْتُ	أَنَا	اَلْمُتَكَلِّمُ 1인칭
نُلْبَسُ	لُبِسْنَا		نَلْبَسُ	لَبِسْنَا	نَحْنُ	
تُلْبَسُ	لُبِسْتَ	اِلْبَسْ	تَلْبَسُ	لَبِسْتَ	أَنْتَ	اَلْمُخَاطَبُ 2 남
تُلْبَسَانِ	لُبِسْتُمَا	اِلْبَسَا	تَلْبَسَانِ	لَبِسْتُمَا	أَنْتُمَا	
تُلْبَسُونَ	لُبِسْتُمْ	اِلْبَسُوا	تَلْبَسُونَ	لَبِسْتُمْ	أَنْتُمْ	
تُلْبَسِينَ	لُبِسْتِ	اِلْبَسِي	تَلْبَسِينَ	لَبِسْتِ	أَنْتِ	اَلْمُخَاطَبَةُ 2 여
تُلْبَسَانِ	لُبِسْتُمَا	اِلْبَسَا	تَلْبَسَانِ	لَبِسْتُمَا	أَنْتُمَا	
تُلْبَسْنَ	لُبِسْتُنَّ	اِلْبَسْنَ	تَلْبَسْنَ	لَبِسْتُنَّ	أَنْتُنَّ	
يُلْبَسُ	لُبِسَ		يَلْبَسُ	لَبِسَ	هُوَ	اَلْغَائِبُ 3 남
يُلْبَسَانِ	لُبِسَا		يَلْبَسَانِ	لَبِسَا	هُمَا	
يُلْبَسُونَ	لُبِسُوا		يَلْبَسُونَ	لَبِسُوا	هُمْ	
تُلْبَسُ	لُبِسَتْ		تَلْبَسُ	لَبِسَتْ	هِيَ	اَلْغَائِبَةُ 3 여
تُلْبَسَانِ	لُبِسَتَا		تَلْبَسَانِ	لَبِسَتَا	هُمَا	
يُلْبَسْنَ	لُبِسْنَ		يَلْبَسْنَ	لَبِسْنَ	هُنَّ	

뜻풀이

- (옷을) 입다, 걸치다, (신발이나 양말 등을) 신다
- (무엇을) 갖춰 입다

예문

إِنَّهُ لَا يَعْرِفُ مَاذَا يَلْبَسُ.

그는 무엇을 입어야 할지 모른다.

فِي الْبَيْتِ لَبِسَ الْقُمْصَانَ.

집에서 그는 셔츠를 입었다.

نَلْبَسُ مَلَابِسَ دَافِئَةً فِي الشِّتَاءِ.

우리는 겨울에 따뜻한 옷을 입는다.

أَسْتَطِيعُ أَنْ أَرَى أَنَّ الْمُدِيرَ يَلْبَسُ نَظَّارَةً.

나는 실장이 안경을 쓰고 있는 것을 볼 수 있다.

اَلْمِعْطَفُ كَبِيرٌ كِفَايَةً بِالنِّسْبَةِ لِابْنِي لِيَلْبَسَهُ.

이 코트는 내 아들이 입을 만큼 충분히 크다.

هَذَا الْقَمِيصُ قَدِيمٌ جِدًّا بِالنِّسْبَةِ لِي لِأَنْ أَلْبَسَهُ فِي الْمَكْتَبِ.

이 셔츠는 내가 사무실에서 입기에 너무 오래됐다.

اَلْمَفْعُولُ 수동분사	اَلْفَاعِلُ 능동분사	اَلْمَصْدَرُ 동명사	لَعِبَ
مَلْعُوب	لَاعِب	لُعْب، لِعْب، لَعِب، تَلْعَاب	

اَلْمَجْهُولُ 수동		اَلْمَعْلُومُ 능동			اَلضَّمَائِرُ 인칭 대명사	
اَلْمُضَارِعُ 미완료	اَلْمَاضِي 완료	اَلْأَمْرُ 명령	اَلْمُضَارِعُ 미완료	اَلْمَاضِي 완료		
أُلْعَبُ	لُعِبْتُ		أَلْعَبُ	لَعِبْتُ	أَنَا	اَلْمُتَكَلِّمُ 1인칭
نُلْعَبُ	لُعِبْنَا		نَلْعَبُ	لَعِبْنَا	نَحْنُ	
تُلْعَبُ	لُعِبْتَ	اِلْعَبْ	تَلْعَبُ	لَعِبْتَ	أَنْتَ	اَلْمُخَاطَبُ 2 남
تُلْعَبَانِ	لُعِبْتُمَا	اِلْعَبَا	تَلْعَبَانِ	لَعِبْتُمَا	أَنْتُمَا	
تُلْعَبُونَ	لُعِبْتُمْ	اِلْعَبُوا	تَلْعَبُونَ	لَعِبْتُمْ	أَنْتُمْ	
تُلْعَبِينَ	لُعِبْتِ	اِلْعَبِي	تَلْعَبِينَ	لَعِبْتِ	أَنْتِ	اَلْمُخَاطَبَةُ 2 여
تُلْعَبَانِ	لُعِبْتُمَا	اِلْعَبَا	تَلْعَبَانِ	لَعِبْتُمَا	أَنْتُمَا	
تُلْعَبْنَ	لُعِبْتُنَّ	اِلْعَبْنَ	تَلْعَبْنَ	لَعِبْتُنَّ	أَنْتُنَّ	
يُلْعَبُ	لُعِبَ		يَلْعَبُ	لَعِبَ	هُوَ	اَلْغَائِبُ 3 남
يُلْعَبَانِ	لُعِبَا		يَلْعَبَانِ	لَعِبَا	هُمَا	
يُلْعَبُونَ	لُعِبُوا		يَلْعَبُونَ	لَعِبُوا	هُمْ	
تُلْعَبُ	لُعِبَتْ		تَلْعَبُ	لَعِبَتْ	هِيَ	اَلْغَائِبَةُ 3 여
تُلْعَبَانِ	لُعِبَتَا		تَلْعَبَانِ	لَعِبَتَا	هُمَا	
يُلْعَبْنَ	لُعِبْنَ		يَلْعَبْنَ	لَعِبْنَ	هُنَّ	

뜻풀이

- 인형 등을(بـ) 가지고 놀다, 장난치다
- 악기를(على) 연주하다
- 누구 또는 무엇을(بـ) 데리고 놀다, 희롱하다
- 누구를(على) 속이다, 사기를 치다

예문

لَعِبَ دَوْرًا

역할을 맡다

لَعِبَ الْأَوْرَاقَ / بِالشَّطْرَنْجِ

카드 게임 / 체스 게임을 하다

لَعِبَ الْمُوسِيقَى

음악을 연주하다

أَيْنَ يَلْعَبُونَ كُرَةَ الْقَدَمِ؟

어디에서 그들이 축구를 합니까?

اَلْوَلَدُ فِي الْمَدْرَسَةِ يَلْعَبُ.

학교에 있는 소년은 놀고 있다.

أَلْعَبُ كُرَةَ الْمِضْرَبِ مُنْذُ طُفُولَتِي.

나는 어릴 때부터 테니스를 쳤다.

لَيْسَ	اَلْمَصْدَرُ 동명사	اَلْفَاعِلُ 능동분사	اَلْمَفْعُولُ 수동분사
	-	-	-

اَلضَّمَائِرُ 인칭 대명사		اَلْمَعْلُومُ 능동			اَلْمَجْهُولُ 수동	
		اَلْمَاضِي 완료	اَلْمُضَارِعُ 미완료	اَلْأَمْرُ 명령	اَلْمَاضِي 완료	اَلْمُضَارِعُ 미완료
اَلْمُتَكَلِّمُ 1인칭	أَنَا	لَسْتُ				
	نَحْنُ	لَسْنَا				
اَلْمُخَاطَبُ 2 남	أَنْتَ	لَسْتَ				
	أَنْتُمَا	لَسْتُمَا				
	أَنْتُمْ	لَسْتُمْ				
اَلْمُخَاطَبَةُ 2 여	أَنْتِ	لَسْتِ				
	أَنْتُمَا	لَسْتُمَا				
	أَنْتُنَّ	لَسْتُنَّ				
اَلْغَائِبُ 3 남	هُوَ	لَيْسَ				
	هُمَا	لَيْسَا				
	هُمْ	لَيْسُوا				
اَلْغَائِبَةُ 3 여	هِيَ	لَيْسَتْ				
	هُمَا	لَيْسَتَا				
	هُنَّ	لَسْنَ				

뜻풀이

- ~이 아니다 (술어는 목적격이거나 전치사 ب와 함께)
- 존재하지 않다
- (부정어 لَا의 강조) 아니다

예문

أَلَسْتُمْ طُلَّابًا هُنَا؟

너희들은 여기 학생이 아니냐?

الْمُدِيرُونَ لَيْسُوا أَجَانِبَ.

관리자들은 외국인들이 아니다.

هَذِهِ لَيْسَتِ الْوَثِيقَةَ الَّتِي نُرِيدُهَا.

이것은 우리가 원하는 문서가 아니다.

لَيْسَ حَلُّ مُشْكِلَةِ الشَّرْقِ الْأَوْسَطِ سَهْلًا.

중동 문제 해결은 쉽지 않다.

لَيْسَ عِنْدِي أَدْنَى فِكْرَةٍ عَنْ سَبَبِ غَضَبِهِ مِنِّي.

그가 나에게 왜 화가 났는지 이유를 전혀 모르겠다.

لَا بُدَّ أَنْ أُنْهِيَ هَذَا الْعَمَلَ، لَيْسَ أَمَامِي أَيُّ اخْتِيَارٍ.

나는 이 일을 끝내야만 한다. 다른 선택지가 없다.

ㅁ

مَدَحَ

اَلْمَصْدَرُ 동명사	اَلْفَاعِلُ 능동분사	اَلْمَفْعُولُ 수동분사
مَدْح، مِدْحَة	مَادِح	مَمْدُوح

اَلضَّمَائِرُ 인칭 대명사		اَلْمَعْلُومُ 능동			اَلْمَجْهُولُ 수동	
		اَلْمَاضِي 완료	اَلْمُضَارِعُ 미완료	اَلْأَمْرُ 명령	اَلْمَاضِي 완료	اَلْمُضَارِعُ 미완료
اَلْمُتَكَلِّمُ 1인칭	أَنَا	مَدَحْتُ	أَمْدَحُ		مُدِحْتُ	أُمْدَحُ
	نَحْنُ	مَدَحْنَا	نَمْدَحُ		مُدِحْنَا	نُمْدَحُ
اَلْمُخَاطَبُ 2 남	أَنْتَ	مَدَحْتَ	تَمْدَحُ	اِمْدَحْ	مُدِحْتَ	تُمْدَحُ
	أَنْتُمَا	مَدَحْتُمَا	تَمْدَحَانِ	اِمْدَحَا	مُدِحْتُمَا	تُمْدَحَانِ
	أَنْتُمْ	مَدَحْتُمْ	تَمْدَحُونَ	اِمْدَحُوا	مُدِحْتُمْ	تُمْدَحُونَ
اَلْمُخَاطَبَةُ 2 여	أَنْتِ	مَدَحْتِ	تَمْدَحِينَ	اِمْدَحِي	مُدِحْتِ	تُمْدَحِينَ
	أَنْتُمَا	مَدَحْتُمَا	تَمْدَحَانِ	اِمْدَحَا	مُدِحْتُمَا	تُمْدَحَانِ
	أَنْتُنَّ	مَدَحْتُنَّ	تَمْدَحْنَ	اِمْدَحْنَ	مُدِحْتُنَّ	تُمْدَحْنَ
اَلْغَائِبُ 3 남	هُوَ	مَدَحَ	يَمْدَحُ		مُدِحَ	يُمْدَحُ
	هُمَا	مَدَحَا	يَمْدَحَانِ		مُدِحَا	يُمْدَحَانِ
	هُمْ	مَدَحُوا	يَمْدَحُونَ		مُدِحُوا	يُمْدَحُونَ
اَلْغَائِبَةُ 3 여	هِيَ	مَدَحَتْ	تَمْدَحُ		مُدِحَتْ	تُمْدَحُ
	هُمَا	مَدَحَتَا	تَمْدَحَانِ		مُدِحَتَا	تُمْدَحَانِ
	هُنَّ	مَدَحْنَ	يَمْدَحْنَ		مُدِحْنَ	يُمْدَحْنَ

뜻풀이

- (누구를) 칭찬하다, 찬미하다
- (누구를) 기리는 시를 쓰다, (누구를) 시로 찬양하다

예문

مَدَحَ سُلُوكَ صَدِيقِهِ.

그는 친구의 행동을 칭찬했다

مَدَحَ الشَّاعِرُ الْمَلِكَ.

시인은 왕을 칭송했다

إِذَا مُدِحَ الْفَاسِقُ غَضِبَ اللهُ.

불신자가 칭찬받는다면 하나님이 노하실 것이다.

لَا يَجِبُ أَنْ نَمْدَحَ أَنْفُسَنَا أَبَدًا.

우리는 절대 자만해서는 안된다.

مَدَحَ الْقَاضِي أَعْمَالَهُ الشُّجَاعَةَ.

판사는 그의 용기 있는 행동을 칭찬했다.

يَمْدَحُ الْمُدِيرُ الْعَامُّ أَدَاءَ قِسْمِ الْمَبِيعَاتِ أَمَامَ جَمِيعِ الْمُدَرَاءِ وَالْمُوَظَّفِينَ.

사장님은 모든 임직원 앞에서 영업부의 실적을 칭찬한다.

اَلْمَفْعُولُ 수동분사	اَلْفَاعِلُ 능동분사	اَلْمَصْدَرُ 동명사	مَرَّ
مَمْرُور	مَارّ	مُرّ، مَرّ، مُرُور، مَمَرّ	

اَلْمَجْهُولُ 수동		اَلْمَعْلُومُ 능동			اَلضَّمَائِرُ 인칭 대명사	
اَلْمُضَارِعُ 미완료	اَلْمَاضِي 완료	اَلْأَمْرُ 명령	اَلْمُضَارِعُ 미완료	اَلْمَاضِي 완료		
أُمَرُّ	مُرِرْتُ		أَمُرُّ	مَرَرْتُ	أَنَا	اَلْمُتَكَلِّمُ 1인칭
نُمَرُّ	مُرِرْنَا		نَمُرُّ	مَرَرْنَا	نَحْنُ	
تُمَرُّ	مُرِرْتَ	مُرَّ	تَمُرُّ	مَرَرْتَ	أَنْتَ	اَلْمُخَاطَبُ 2 남
تُمَرَّانِ	مُرِرْتُمَا	مُرَّا	تَمُرَّانِ	مَرَرْتُمَا	أَنْتُمَا	
تُمَرُّونَ	مُرِرْتُمْ	مُرُّوا	تَمُرُّونَ	مَرَرْتُمْ	أَنْتُمْ	
تُمَرِّينَ	مُرِرْتِ	مُرِّي	تَمُرِّينَ	مَرَرْتِ	أَنْتِ	اَلْمُخَاطَبَةُ 2 여
تُمَرَّانِ	مُرِرْتُمَا	مُرَّا	تَمُرَّانِ	مَرَرْتُمَا	أَنْتُمَا	
تُمْرَرْنَ	مُرِرْتُنَّ	اُمْرُرْنَ	تَمْرُرْنَ	مَرَرْتُنَّ	أَنْتُنَّ	
يُمَرُّ	مُرَّ		يَمُرُّ	مَرَّ	هُوَ	اَلْغَائِبُ 3 남
يُمَرَّانِ	مُرَّا		يَمُرَّانِ	مَرَّا	هُمَا	
يُمَرُّونَ	مُرُّوا		يَمُرُّونَ	مَرُّوا	هُمْ	
تُمَرُّ	مُرَّتْ		تَمُرُّ	مَرَّتْ	هِيَ	اَلْغَائِبَةُ 3 여
تُمَرَّانِ	مُرَّتَا		تَمُرَّانِ	مَرَّتَا	هُمَا	
يُمْرَرْنَ	مُرِرْنَ		يَمْرُرْنَ	مَرَرْنَ	هُنَّ	

뜻풀이

- 누구 또는 무엇을(ب 또는 على) 지나가다, 통과하다, 경유하다
- <군대> 누구의 앞을(أمام) 열병행진하다
- (시간이) 지나다, 흐르다, 흘러가다
- 무엇을 따라(ب 또는 على) 가다, 오다, 걷다
- 어디를 지나(ب 또는 على 또는 من) 걷다, 이동하다, 나아가다
- 장소, 나라, 방 등을(من) 가로지르다, 가로질러 가다
- 통과하다, 흐르다
- 경계, 구역 등을(في) 넘어 가다, 건너다, 가로지르다, 횡단하다
- 시기, 단계 등을(ب) 거치다, 겪다
- 경계, 선, 산 등을(على) 넘다, 넘어 가다
- (비행기가) 무엇 위로(فوق) 날다, 날아 가다, 비행하다
- 가다, 떠나다
- 무엇을(يفعل) 계속하다, 지속하다

예문

مَرَّ بِالِامْتِحَانِ

시험을 통과하다

مَرَّ عَلَيْهِ بِبَصَرِهِ

무엇을 빠르게 훑어보다

مَرَرْتُ بِصُعُوبَاتٍ كَثِيرَةٍ.

나는 많은 어려움들을 겪었다.

مَرَّتِ الْمُوَظَّفَةُ بِمَرَاحِلَ مُتَعَدِّدَةٍ.

그 여직원은 여러 단계를 거쳤다.

مَرَّ مِنْ نِقَاطِ التَّفْتِيشِ الْأَمْنِيِّ بِالسَّلَامَةِ.

그는 검문소를 무사히 통과했다.

تَمُرُّ الْفُصُولُ : الرَّبِيعُ، وَالصَّيْفُ، وَالْخَرِيفُ، وَالشِّتَاءُ.

계절이 지나간다: 봄, 여름, 가을 그리고 겨울.

수동분사 اَلْمَفْعُولُ	능동분사 اَلْفَاعِلُ	동명사 اَلْمَصْدَرُ	مَشَى
مَمْشِيّ	مَاشٍ	مَشْي	

수동 اَلْمَجْهُولُ		능동 اَلْمَعْلُومُ			اَلضَّمَائِرُ 인칭 대명사	
اَلْمُضَارِعُ 미완료	اَلْمَاضِي 완료	اَلْأَمْرُ 명령	اَلْمُضَارِعُ 미완료	اَلْمَاضِي 완료		
			أَمْشِي	مَشَيْتُ	أَنَا	اَلْمُتَكَلِّمُ 1인칭
			نَمْشِي	مَشَيْنَا	نَحْنُ	
		اِمْشِ	تَمْشِي	مَشَيْتَ	أَنْتَ	اَلْمُخَاطَبُ 2 남
		اِمْشِيَا	تَمْشِيَانِ	مَشَيْتُمَا	أَنْتُمَا	
		اِمْشُوا	تَمْشُونَ	مَشَيْتُمْ	أَنْتُمْ	
		اِمْشِي	تَمْشِينَ	مَشَيْتِ	أَنْتِ	اَلْمُخَاطَبَةُ 2 여
		اِمْشِيَا	تَمْشِيَانِ	مَشَيْتُمَا	أَنْتُمَا	
		اِمْشِينَ	تَمْشِينَ	مَشَيْتُنَّ	أَنْتُنَّ	
يُمْشَى	مُشِيَ		يَمْشِي	مَشَى	هُوَ	اَلْغَائِبُ 3 남
			يَمْشِيَانِ	مَشَيَا	هُمَا	
			يَمْشُونَ	مَشَوْا	هُمْ	
			تَمْشِي	مَشَتْ	هِيَ	اَلْغَائِبَةُ 3 여
			تَمْشِيَانِ	مَشَتَا	هُمَا	
			يَمْشِينَ	مَشَيْنَ	هُنَّ	

뜻풀이

- 걷다, 걸어서 가다, 도보로 이동하다
- 성큼성큼 걷다, 활보하다
- (일 등이) 진행되다, 진척되다, 나아가다
- 행진하다

예문

مَشَى مُسْرِعًا / بِخَطَوَاتٍ سَرِيعَةٍ

급하게 / 잰 걸음으로 걷다

مَشَتْ بِبُطْءٍ إِلَى الْمَطْبَخِ.

그녀는 천천히 부엌으로 걸어갔다.

مَشَى الْإِنْسَانُ عَلَى الْقَمَرِ.

인류가 달 위를 걸었다.

تَعِبْنَا بَعْدَ أَنْ مَشَيْنَا سَاعَتَيْنِ.

우리는 두 시간을 걸은 후에 지쳤다.

رَأَيْتُ هَاتَيْنِ الِابْنَتَيْنِ تَمْشِيَانِ عَلَى الطَّرِيقِ.

나는 길을 걸어가는 두 소녀를 보았다.

إِنَّهُ يَمْشِي خَمْسَةَ أَمْيَالٍ فِي الْيَوْمِ لِأَنَّهُ لَا يُرِيدُ أَنْ يَبْقَى بَدِينًا.

그는 계속 뚱뚱해지는 것이 싫어서 하루에 5마일을 걷는다.

수동분사 اَلْمَفْعُولُ	능동분사 اَلْفَاعِلُ	동명사 اَلْمَصْدَرُ	مَلَأَ
مَمْلُوء	مَالِئ	مَلْء، مَلْأَة، مِلْأَة	

수동 اَلْمَجْهُولُ		능동 اَلْمَعْلُومُ			اَلضَّمَائِرُ 인칭 대명사	
اَلْمُضَارِعُ 미완료	اَلْمَاضِي 완료	اَلْأَمْرُ 명령	اَلْمُضَارِعُ 미완료	اَلْمَاضِي 완료		
أُمْلَأُ	مُلِئْتُ		أَمْلَأُ	مَلَأْتُ	أَنَا	اَلْمُتَكَلِّمُ 1인칭
نُمْلَأُ	مُلِئْنَا		نَمْلَأُ	مَلَأْنَا	نَحْنُ	
تُمْلَأُ	مُلِئْتَ	اِمْلَأْ	تَمْلَأُ	مَلَأْتَ	أَنْتَ	اَلْمُخَاطَبُ 2남
تُمْلَآنِ	مُلِئْتُمَا	اِمْلَآ	تَمْلَآنِ	مَلَأْتُمَا	أَنْتُمَا	
تُمْلَؤُونَ	مُلِئْتُمْ	اِمْلَؤُوا	تَمْلَؤُونَ	مَلَأْتُمْ	أَنْتُمْ	
تُمْلَئِينَ	مُلِئْتِ	اِمْلَئِي	تَمْلَئِينَ	مَلَأْتِ	أَنْتِ	اَلْمُخَاطَبَةُ 2여
تُمْلَآنِ	مُلِئْتُمَا	اِمْلَآ	تَمْلَآنِ	مَلَأْتُمَا	أَنْتُمَا	
تُمْلَأْنَ	مُلِئْتُنَّ	اِمْلَأْنَ	تَمْلَأْنَ	مَلَأْتُنَّ	أَنْتُنَّ	
يُمْلَأُ	مُلِئَ		يَمْلَأُ	مَلَأَ	هُوَ	اَلْغَائِبُ 3남
يُمْلَآنِ	مُلِئَا		يَمْلَآنِ	مَلَآ	هُمَا	
يُمْلَؤُونَ	مُلِئُوا		يَمْلَؤُونَ	مَلَؤُوا	هُمْ	
تُمْلَأُ	مُلِئَتْ		تَمْلَأُ	مَلَأَتْ	هِيَ	اَلْغَائِبَةُ 3여
تُمْلَآنِ	مُلِئَتَا		تَمْلَآنِ	مَلَأَتَا	هُمَا	
يُمْلَأْنَ	مُلِئْنَ		يَمْلَأْنَ	مَلَأْنَ	هُنَّ	

뜻풀이

- (무엇을) 무엇으로([목] 또는 من 또는 ب) 채우다
- (서식이나 용지 등을) 채우다, 기입하다
- (자리를) 채우다, 차지하다
- (결원 또는 공석을) 채우다

예문

مَلَأَ الْعَيْنَ

만족시키다, 기쁘게 하다

مَلَأَ الْكَأْسَ

잔을 채우다

مَلَأَ الْجَوَّ بِالضَّجِيجِ

시끄럽게 하다, 소란스럽게 하다

مَلَأَ الْفَضَاءَ بِالشَّكْوَى

불평불만들을 터뜨리다, 투덜거리다

مَلَأَتِ السَّيَّارَاتُ الشَّوَارِعَ.

자동차들이 거리를 채우고 있다.

كَيْفَ يَجِبُ أَنْ أَمْلَأَ هَذِهِ الإِسْتِمَارَةَ؟

이 질문지를 어떻게 채워야 합니까?

اَلْمَفْعُولُ 수동분사	اَلْفَاعِلُ 능동분사	اَلْمَصْدَرُ 동명사	مَنَحَ
مَمْنُوح	مَانِح	مَنْح	

اَلْمَجْهُولُ 수동		اَلْمَعْلُومُ 능동			اَلضَّمَائِرُ 인칭 대명사	
اَلْمُضَارِعُ 미완료	اَلْمَاضِي 완료	اَلْأَمْرُ 명령	اَلْمُضَارِعُ 미완료	اَلْمَاضِي 완료		
أُمْنَحُ	مُنِحْتُ		أَمْنَحُ	مَنَحْتُ	أَنَا	اَلْمُتَكَلِّمُ 1인칭
نُمْنَحُ	مُنِحْنَا		نَمْنَحُ	مَنَحْنَا	نَحْنُ	
تُمْنَحُ	مُنِحْتَ	اِمْنَحْ	تَمْنَحُ	مَنَحْتَ	أَنْتَ	اَلْمُخَاطَبُ 2 남
تُمْنَحَانِ	مُنِحْتُمَا	اِمْنَحَا	تَمْنَحَانِ	مَنَحْتُمَا	أَنْتُمَا	
تُمْنَحُونَ	مُنِحْتُمْ	اِمْنَحُوا	تَمْنَحُونَ	مَنَحْتُمْ	أَنْتُمْ	
تُمْنَحِينَ	مُنِحْتِ	اِمْنَحِي	تَمْنَحِينَ	مَنَحْتِ	أَنْتِ	اَلْمُخَاطَبَةُ 2 여
تُمْنَحَانِ	مُنِحْتُمَا	اِمْنَحَا	تَمْنَحَانِ	مَنَحْتُمَا	أَنْتُمَا	
تُمْنَحْنَ	مُنِحْتُنَّ	اِمْنَحْنَ	تَمْنَحْنَ	مَنَحْتُنَّ	أَنْتُنَّ	
يُمْنَحُ	مُنِحَ		يَمْنَحُ	مَنَحَ	هُوَ	اَلْغَائِبُ 3 남
يُمْنَحَانِ	مُنِحَا		يَمْنَحَانِ	مَنَحَا	هُمَا	
يُمْنَحُونَ	مُنِحُوا		يَمْنَحُونَ	مَنَحُوا	هُمْ	
تُمْنَحُ	مُنِحَتْ		تَمْنَحُ	مَنَحَتْ	هِيَ	اَلْغَائِبَةُ 3 여
تُمْنَحَانِ	مُنِحَتَا		تَمْنَحَانِ	مَنَحَتَا	هُمَا	
يُمْنَحْنَ	مُنِحْنَ		يَمْنَحْنَ	مَنَحْنَ	هُنَّ	

뜻풀이

• (누구에게) (무엇을) 주다, 수여하다, 부여하다

예문

مَنَحَهُ عَفْوًا

관용을 베풀다

مَنَحَهُ سُلْطَةً / تَفْوِيضًا مُطْلَقًا

권한(권력) / 전권을 부여하다

مَنَحَهُ مُهْلَةً جَدِيدَةً

새로운 유예기간을 제공하다

مَنَحَ الْمُعَلِّمُ التِّلْمِيذَ جَائِزَةً.

선생님이 학생에게 상을 수여했다.

مُنِحَتِ النِّسَاءُ حَقَّ التَّصْوِيتِ.

여성에게 투표권이 부여되었다.

مُنِحَ الْفِيلْمُ جَائِزَةَ الْأَسَدِ الذَّهَبِيَّةِ فِي مِهْرَجَانِ الْأَفْلَامِ بِالْبُنْدُقِيَّةِ.

그 영화는 베니스 영화제에서 황금 사자상을 수상했다.

اَلْمَفْعُولُ 수동분사	اَلْفَاعِلُ 능동분사	اَلْمَصْدَرُ 동명사	مَنَعَ
مَمْنُوع	مَانِع	مَنْع	

اَلْمَجْهُولُ 수동		اَلْمَعْلُومُ 능동			اَلضَّمَائِرُ 인칭 대명사	
اَلْمُضَارِعُ 미완료	اَلْمَاضِي 완료	اَلْأَمْرُ 명령	اَلْمُضَارِعُ 미완료	اَلْمَاضِي 완료		
أُمْنَعُ	مُنِعْتُ		أَمْنَعُ	مَنَعْتُ	أَنَا	اَلْمُتَكَلِّمُ 1인칭
نُمْنَعُ	مُنِعْنَا		نَمْنَعُ	مَنَعْنَا	نَحْنُ	
تُمْنَعُ	مُنِعْتَ	اِمْنَعْ	تَمْنَعُ	مَنَعْتَ	أَنْتَ	اَلْمُخَاطَبُ 2남
تُمْنَعَانِ	مُنِعْتُمَا	اِمْنَعَا	تَمْنَعَانِ	مَنَعْتُمَا	أَنْتُمَا	
تُمْنَعُونَ	مُنِعْتُمْ	اِمْنَعُوا	تَمْنَعُونَ	مَنَعْتُمْ	أَنْتُمْ	
تُمْنَعِينَ	مُنِعْتِ	اِمْنَعِي	تَمْنَعِينَ	مَنَعْتِ	أَنْتِ	اَلْمُخَاطَبَةُ 2여
تُمْنَعَانِ	مُنِعْتُمَا	اِمْنَعَا	تَمْنَعَانِ	مَنَعْتُمَا	أَنْتُمَا	
تُمْنَعْنَ	مُنِعْتُنَّ	اِمْنَعْنَ	تَمْنَعْنَ	مَنَعْتُنَّ	أَنْتُنَّ	
يُمْنَعُ	مُنِعَ		يَمْنَعُ	مَنَعَ	هُوَ	اَلْغَائِبُ 3남
يُمْنَعَانِ	مُنِعَا		يَمْنَعَانِ	مَنَعَا	هُمَا	
يُمْنَعُونَ	مُنِعُوا		يَمْنَعُونَ	مَنَعُوا	هُمْ	
تُمْنَعُ	مُنِعَتْ		تَمْنَعُ	مَنَعَتْ	هِيَ	اَلْغَائِبَةُ 3여
تُمْنَعَانِ	مُنِعَتَا		تَمْنَعَانِ	مَنَعَتَا	هُمَا	
يُمْنَعْنَ	مُنِعْنَ		يَمْنَعْنَ	مَنَعْنَ	هُنَّ	

뜻풀이

- (무엇을) 막다, 방해하다
- (누가) 무엇 하는 것을(عن 또는 من) 막다, 제지하다, 만류하다
- (누구의 통행을) 금하다, 막다, 차단하다
- (누구에게서) 무엇을([목] 또는 عن 또는 من) 빼앗다, 박탈하다
- (누구에게) 무엇을([목] 또는 عن 또는 من) 금지시키다
- (부탁이나 요구 등을) 거절하다
- 누구에게([목] 또는 عن) 무엇 하기를 거부하다
- 누구에 대해(على) 무엇 하는 것을 그만하다, 중단하다
- 누구에게서(عن) (무엇을) 막아내다, 물리치다, 멀리 하다
- 무엇으로부터(عن) (누구 또는 무엇을) 보호하다, 지키다, 방어하다

예문

مَنَعَ الْكَلِمَةَ مِنَ الصَّرْفِ

단어의 격변화를 하지 않다

مَنَعَهُ مِنَ السَّفَرِ / التَّجَوُّلِ

누구의 여행 / 통행을 금지하다

مَنَعَ اللّٰهُ الْخَمْرَ.

신은 술을 금지하셨다.

مَنَعَ الرَّجُلُ جَارَهُ.

그 남자는 이웃을 지켰다.

يَمْنَعُ زَوْجَتَهُ عَنِ الْعَمَلِ.

그는 아내가 일하는 것을 금지했다.

مُنِعْتُ مِنْ حُضُورِ الاِجْتِمَاعِ.

나는 회의 참석이 금지됐다.

수동분사 اَلْمَفْعُولُ	능동분사 اَلْفَاعِلُ	동명사 اَلْمَصْدَرُ	مَيَّزَ
مُمَيَّز	مُمَيِّز	تَمْيِيز	

수동 اَلْمَجْهُولُ		능동 اَلْمَعْلُومُ			اَلضَّمَائِرُ 인칭 대명사	
اَلْمُضَارِعُ 미완료	اَلْمَاضِي 완료	اَلْأَمْرُ 명령	اَلْمُضَارِعُ 미완료	اَلْمَاضِي 완료		
			أُمَيِّزُ	مَيَّزْتُ	أَنَا	اَلْمُتَكَلِّمُ 1인칭
			نُمَيِّزُ	مَيَّزْنَا	نَحْنُ	
		مَيِّزْ	تُمَيِّزُ	مَيَّزْتَ	أَنْتَ	اَلْمُخَاطَبُ 2 남
		مَيِّزَا	تُمَيِّزَانِ	مَيَّزْتُمَا	أَنْتُمَا	
		مَيِّزُوا	تُمَيِّزُونَ	مَيَّزْتُمْ	أَنْتُمْ	
		مَيِّزِي	تُمَيِّزِينَ	مَيَّزْتِ	أَنْتِ	اَلْمُخَاطَبَةُ 2 여
		مَيِّزَا	تُمَيِّزَانِ	مَيَّزْتُمَا	أَنْتُمَا	
		مَيِّزْنَ	تُمَيِّزْنَ	مَيَّزْتُنَّ	أَنْتُنَّ	
يُمَيَّزُ	مُيِّزَ		يُمَيِّزُ	مَيَّزَ	هُوَ	اَلْغَائِبُ 3 남
			يُمَيِّزَانِ	مَيَّزَا	هُمَا	
			يُمَيِّزُونَ	مَيَّزُوا	هُمْ	
			تُمَيِّزُ	مَيَّزَتْ	هِيَ	اَلْغَائِبَةُ 3 여
			تُمَيِّزَانِ	مَيَّزَتَا	هُمَا	
			يُمَيِّزْنَ	مَيَّزْنَ	هُنَّ	

뜻풀이

- 누구 가운데서(عن، على 또는 على) (누구를) 가려내다, 식별하다, 구별 짓다
- 누구보다(عن) (누구를) 선호하다, 편들다, 편애하다, 총애하다
- 무엇보다(عن) (무엇을) 선호하다, 더 좋아하다
- (누구 또는 무엇을) 구별하다, 선발하다, 선정하다, 뽑아내다
- (누구에게) 특전을 주다, 특혜를 주다
- (누구를) 무엇과([목] 또는 عن) 구별하다, 구분 짓다, 분간하다, 식별하다
- 무엇과 무엇을(بين) 구별해 주다, 구분 지어주다

예문

مَيَّزَ الْأَشْكَالَ بِوُضُوحٍ.

그는 형태를 명확하게 식별했다.

أُمَيِّزُ أَخِي عَنْ أُخْتِي لِي.

나는 누나보다 형을 더 좋아한다.

مَيَّزَتْ بَيْنَ الْوَاقِعِ وَالْخَيَالِ.

그녀는 현실과 상상을 구분했다.

لَا شَكَّ فِي أَنَّ الْأَغْنِيَاءَ يُمَيَّزُونَ.

부자들이 특혜를 받는 것은 의심할 여지가 없다.

شَعْرُهَا الْقَصِيرُ مَيَّزَ عُيُونَهَا الْوَاسِعَةَ.

그녀의 짧은 머리가 그녀의 큰 눈을 두드러지게 한다.

كَيْفَ يُمْكِنُكَ أَنْ تُمَيِّزَ لَوْنَ عَيْنَيْهِ وَلَوْ لَمْ تَلْتَقِهِ قَطُّ؟

당신은 그를 만난 적이 한 번도 없는데 어떻게 그의 눈 색깔을 구별합니까?

ن

수동분사 اَلْمَفْعُولُ	능동분사 اَلْفَاعِلُ	동명사 اَلْمَصْدَرُ	نَادَى
مُنَادًى	مُنَادٍ	مُنَادَاة	

수동 اَلْمَجْهُولُ		능동 اَلْمَعْلُومُ			اَلضَّمَائِرُ 인칭 대명사	
اَلْمُضَارِعُ 미완료	اَلْمَاضِي 완료	اَلْأَمْرُ 명령	اَلْمُضَارِعُ 미완료	اَلْمَاضِي 완료		
			أُنَادِي	نَادَيْتُ	أَنَا	اَلْمُتَكَلِّمُ 1인칭
			نُنَادِي	نَادَيْنَا	نَحْنُ	
		نَادِ	تُنَادِي	نَادَيْتَ	أَنْتَ	اَلْمُخَاطَبُ 2 남
		نَادِيَا	تُنَادِيَانِ	نَادَيْتُمَا	أَنْتُمَا	
		نَادُوا	تُنَادُونَ	نَادَيْتُمْ	أَنْتُمْ	
		نَادِي	تُنَادِينَ	نَادَيْتِ	أَنْتِ	اَلْمُخَاطَبَةُ 2 여
		نَادِيَا	تُنَادِيَانِ	نَادَيْتُمَا	أَنْتُمَا	
		نَادِينَ	تُنَادِينَ	نَادَيْتُنَّ	أَنْتُنَّ	
يُنَادَى	نُودِيَ		يُنَادِي	نَادَى	هُوَ	اَلْغَائِبُ 3 남
			يُنَادِيَانِ	نَادَيَا	هُمَا	
			يُنَادُونَ	نَادَوْا	هُمْ	
			تُنَادِي	نَادَتْ	هِيَ	اَلْغَائِبَةُ 3 여
			تُنَادِيَانِ	نَادَتَا	هُمَا	
			يُنَادِينَ	نَادَيْنَ	هُنَّ	

뜻풀이

- 소리치다, 외치다
- 누구를([목] 또는 ب 또는 على) 부르다, 누구를([목] 또는 على) 호출하다
- (누구를) 큰소리로 부르다, 외치다
- (누구를) 무엇에(ب) 부르다, 초대하다
- 무엇을(ب) 발표하다, 공표하다, 선포하다
- 무엇을(ب) 강조하다
- (라디오 등에서) 방송으로 알리다
- 무엇을(على) 돌아다니면서 팔다, 행상하다

예문

نَادَى الْهِلَالُ

초생달이 보이다

نُودِيَ بِهِ رَئِيسًا

대통령으로 선출되다

نَادَى إِلَى الصَّلَاةِ

아잔하다, 기도 시간을 알리다

نَادَى بِالِاسْتِقْلَالِ / بِالْحَلِّ السِّيَاسِيِّ

독립 / 정치적 해결을 외치다

نَادَى صَدِيقَهُ.

그는 친구를 불렀다.

نَادَى عَلى تَلَامِيذِ الْفَصْلِ.

그는 교실의 학생들을 불렀다

نَاسَبَ	اَلْمَصْدَرُ 동명사	اَلْفَاعِلُ 능동분사	اَلْمَفْعُولُ 수동분사
	مُنَاسَبَة	مُنَاسِب	مُنَاسَب

اَلضَّمَائِرُ 인칭 대명사		اَلْمَعْلُومُ 능동			اَلْمَجْهُولُ 수동	
		اَلْمَاضِي 완료	اَلْمُضَارِعُ 미완료	اَلْأَمْرُ 명령	اَلْمَاضِي 완료	اَلْمُضَارِعُ 미완료
اَلْمُتَكَلِّمُ 1인칭	أَنَا	نَاسَبْتُ	أُنَاسِبُ			
	نَحْنُ	نَاسَبْنَا	نُنَاسِبُ			
اَلْمُخَاطَبُ 2 남	أَنْتَ	نَاسَبْتَ	تُنَاسِبُ	نَاسِبْ		
	أَنْتُمَا	نَاسَبْتُمَا	تُنَاسِبَانِ	نَاسِبَا		
	أَنْتُمْ	نَاسَبْتُمْ	تُنَاسِبُونَ	نَاسِبُوا		
اَلْمُخَاطَبَةُ 2 여	أَنْتِ	نَاسَبْتِ	تُنَاسِبِينَ	نَاسِبِي		
	أَنْتُمَا	نَاسَبْتُمَا	تُنَاسِبَانِ	نَاسِبَا		
	أَنْتُنَّ	نَاسَبْتُنَّ	تُنَاسِبْنَ	نَاسِبْنَ		
اَلْغَائِبُ 3 남	هُوَ	نَاسَبَ	يُنَاسِبُ		نُوسِبَ	يُنَاسَبُ
	هُمَا	نَاسَبَا	يُنَاسِبَانِ			
	هُمْ	نَاسَبُوا	يُنَاسِبُونَ			
اَلْغَائِبَةُ 3 여	هِيَ	نَاسَبَتْ	تُنَاسِبُ			
	هُمَا	نَاسَبَتَا	تُنَاسِبَانِ			
	هُنَّ	نَاسَبْنَ	يُنَاسِبْنَ			

뜻풀이

- (누구와) 동등한 관계를 가지다, 같은 위치에 서 있다
- (누구 또는 무엇과) 일치하다, 부합하다, 상응하다
- (누구 또는 무엇에) 적합하다, 맞다, 걸맞다
- (누구 또는 무엇과) 조화를 이루다, 어울리다
- (누구 또는 무엇과) 닮다, 비슷하다, 유사하다
- (누구 또는 무엇에) 따르다, 일치하다, 부합하다, 맞다
- (누구와) 인척 관계이다, 가족이 되다, 사돈 관계를 맺다

예문

نَاسَبْتُ عَائِلَةً مَعْرُوفَةً.

나는 유명한 가문과 인척이 되었다.

اَلشَّعْرُ الْقَصِيرُ يُنَاسِبُهَا.

짧은 머리가 그녀에게 어울린다.

يُنَاسِبُ جَوُّ الْجَبَلِ رِحْلَتَنَا.

산의 날씨가 우리의 여행에 적당하다.

لَا أَعْتَقِدُ أَنَّنِي أُنَاسِبُ مِهْنَةً طِبِّيَّةً.

나는 의료직에 맞지 않는다고 생각한다.

يُنَاسِبُ أَجْرُ الْعَامِلِ عَدَدَ سَاعَاتِ الْعَمَلِ.

노동자 임금이 노동 시간에 합당하다.

اَلْجَاكِتُ الْأَزْرَقُ لَا يُنَاسِبُ هَذَا الْبَنْطَلُونَ.

파란색 자켓은 이 바지와 어울리지 않는다

نَاقَشَ	اَلْمَصْدَرُ 동명사	اَلْفَاعِلُ 능동분사	اَلْمَفْعُولُ 수동분사
	مُنَاقَشَة	مُنَاقِش	مُنَاقَش

اَلضَّمَائِرُ 인칭 대명사		اَلْمَعْلُومُ 능동			اَلْمَجْهُولُ 수동	
		اَلْمَاضِي 완료	اَلْمُضَارِعُ 미완료	اَلْأَمْرُ 명령	اَلْمَاضِي 완료	اَلْمُضَارِعُ 미완료
اَلْمُتَكَلِّمُ 1인칭	أَنَا	نَاقَشْتُ	أُنَاقِشُ			
	نَحْنُ	نَاقَشْنَا	نُنَاقِشُ			
اَلْمُخَاطَبُ 2 남	أَنْتَ	نَاقَشْتَ	تُنَاقِشُ	نَاقِشْ		
	أَنْتُمَا	نَاقَشْتُمَا	تُنَاقِشَانِ	نَاقِشَا		
	أَنْتُمْ	نَاقَشْتُمْ	تُنَاقِشُونَ	نَاقِشُوا		
اَلْمُخَاطَبَةُ 2 여	أَنْتِ	نَاقَشْتِ	تُنَاقِشِينَ	نَاقِشِي		
	أَنْتُمَا	نَاقَشْتُمَا	تُنَاقِشَانِ	نَاقِشَا		
	أَنْتُنَّ	نَاقَشْتُنَّ	تُنَاقِشْنَ	نَاقِشْنَ		
اَلْغَائِبُ 3 남	هُوَ	نَاقَشَ	يُنَاقِشُ		نُوقِشَ	يُنَاقَشُ
	هُمَا	نَاقَشَا	يُنَاقِشَانِ			
	هُمْ	نَاقَشُوا	يُنَاقِشُونَ			
اَلْغَائِبَةُ 3 여	هِيَ	نَاقَشَتْ	تُنَاقِشُ			
	هُمَا	نَاقَشَتَا	تُنَاقِشَانِ			
	هُنَّ	نَاقَشْنَ	يُنَاقِشْنَ			

뜻풀이

- (누구와) 논쟁하다
- (무엇을) 논의하다, 토론하다
- (무엇을) 반박하다, (무엇에) 이의 제기하다
- <법> (누구의) 진술을 듣다, (누구를) 심문하다

예문

نَاقَشَهَا آرَاءَهُ.

그는 그녀와 자신의 의견들을 논의했다.

لِنُنَاقِشْ أَهَمَّ مَوْضُوعٍ.

우리 중요한 문제를 논의하자.

يُنَاقِشُ الْمَجْلِسُ الْمِيزَانِيَّةَ.

의회는 예산을 심의한다.

نَاقَشْتُ مَعَهُ قَضِيَّةً هَامَّةً.

나는 그와 한 건의 중요한 사안을 토론했다.

نَاقَشُوا الْمُشْكِلَةَ لِمُدَّةِ سَاعَةٍ.

그들은 한 시간 동안 그 문제를 논의했다.

مَعَ مَنْ نَاقَشْتَ هَذِهِ الْمُشْكِلَةَ؟

당신은 이 문제에 대해 누구와 토론하나요?

اَلْمَفْعُولُ 수동분사	اَلْفَاعِلُ 능동분사	اَلْمَصْدَرُ 동명사	نَامَ
مَنُوم	نَامٍ	نَوْم، مَنَام	

اَلْمَجْهُولُ 수동		اَلْمَعْلُومُ 능동			اَلضَّمَائِرُ 인칭 대명사	
اَلْمُضَارِعُ 미완료	اَلْمَاضِي 완료	اَلْأَمْرُ 명령	اَلْمُضَارِعُ 미완료	اَلْمَاضِي 완료		
			أَنَامُ	نِمْتُ	أَنَا	اَلْمُتَكَلِّمُ 1인칭
			نَنَامُ	نِمْنَا	نَحْنُ	
		نَمْ	تَنَامُ	نِمْتَ	أَنْتَ	اَلْمُخَاطَبُ 2 남
		نَامَا	تَنَامَانِ	نِمْتُمَا	أَنْتُمَا	
		نَامُوا	تَنَامُونَ	نِمْتُمْ	أَنْتُمْ	
		نَامِي	تَنَامِينَ	نِمْتِ	أَنْتِ	اَلْمُخَاطَبَةُ 2 여
		نَامَا	تَنَامَانِ	نِمْتُمَا	أَنْتُمَا	
		نَمْنَ	تَنَمْنَ	نِمْتُنَّ	أَنْتُنَّ	
يُنَامُ	نِيمَ		يَنَامُ	نَامَ	هُوَ	اَلْغَائِبُ 3 남
			يَنَامَانِ	نَامَا	هُمَا	
			يَنَامُونَ	نَامُوا	هُمْ	
			تَنَامُ	نَامَتْ	هِيَ	اَلْغَائِبَةُ 3 여
			تَنَامَانِ	نَامَتَا	هُمَا	
			يَنَمْنَ	نِمْنَ	هُنَّ	

뜻풀이

- 잠을 자다, 잠에 들다, 자러 가다
- (바람이나 바다 등이) 진정되다, 잔잔하다
- (시장이) 한산하다, 조용하다
- (팔다리) 감각이 없다, 마비되다
- 무엇을(عن) 간과하다, 잊고 넘어가다
- 무엇에(إلى) 찬성하다, 동의하다, 수긍하다
- 누구를(إلى) 믿다

예문

نَامَتِ الرِّيحُ

바람이 잦아들다

نَامَ عَنْ حَاجَتِهِ

요구를 간과하다

نَامَ نَوْمَتَهُ الْأَبَدِيَّةَ

사망하다, 영면하다

مَا نَامَتِ السَّمَاءُ اللَّيْلَةَ مَطَرًا وَبَرْقًا.

밤에 하늘이 비와 번개로 시끄러웠다.

لَقَدْ غَلَبَنِي النُّعَاسُ، الْآنَ أُرِيدُ أَنْ أَنَامَ.

졸립니다, 지금 자고 싶습니다.

مَنْ يُعَانُونَ مِنْ آلَامِ الظَّهْرِ يَنَامُونَ عَادَةً عَلَى الْأَرْضِ.

허리 통증으로 고생하는 사람들은 대부분 바닥에서 잔다.

수동분사 اَلْمَفْعُولُ	능동분사 اَلْفَاعِلُ	동명사 اَلْمَصْدَرُ	نَجَحَ
مَنْجُوح	نَاجِح	نَجْح، نُجْح، نَجَاح	

수동 اَلْمَجْهُولُ		능동 اَلْمَعْلُومُ			اَلضَّمَائِرُ 인칭 대명사	
اَلْمُضَارِعُ 미완료	اَلْمَاضِي 완료	اَلْأَمْرُ 명령	اَلْمُضَارِعُ 미완료	اَلْمَاضِي 완료		
أُنْجَحُ	نُجِحْتُ		أَنْجَحُ	نَجَحْتُ	أَنَا	اَلْمُتَكَلِّمُ 1인칭
نُنْجَحُ	نُجِحْنَا		نَنْجَحُ	نَجَحْنَا	نَحْنُ	
تُنْجَحُ	نُجِحْتَ	اِنْجَحْ	تَنْجَحُ	نَجَحْتَ	أَنْتَ	اَلْمُخَاطَبُ 2남
تُنْجَحَانِ	نُجِحْتُمَا	اِنْجَحَا	تَنْجَحَانِ	نَجَحْتُمَا	أَنْتُمَا	
تُنْجَحُونَ	نُجِحْتُمْ	اِنْجَحُوا	تَنْجَحُونَ	نَجَحْتُمْ	أَنْتُمْ	
تُنْجَحِينَ	نُجِحْتِ	اِنْجَحِي	تَنْجَحِينَ	نَجَحْتِ	أَنْتِ	اَلْمُخَاطَبَةُ 2여
تُنْجَحَانِ	نُجِحْتُمَا	اِنْجَحَا	تَنْجَحَانِ	نَجَحْتُمَا	أَنْتُمَا	
تُنْجَحْنَ	نُجِحْتُنَّ	اِنْجَحْنَ	تَنْجَحْنَ	نَجَحْتُنَّ	أَنْتُنَّ	
يُنْجَحُ	نُجِحَ		يَنْجَحُ	نَجَحَ	هُوَ	اَلْغَائِبُ 3남
يُنْجَحَانِ	نُجِحَا		يَنْجَحَانِ	نَجَحَا	هُمَا	
يُنْجَحُونَ	نُجِحُوا		يَنْجَحُونَ	نَجَحُوا	هُمْ	
تُنْجَحُ	نُجِحَتْ		تَنْجَحُ	نَجَحَتْ	هِيَ	اَلْغَائِبَةُ 3여
تُنْجَحَانِ	نُجِحَتَا		تَنْجَحَانِ	نَجَحَتَا	هُمَا	
يُنْجَحْنَ	نُجِحْنَ		يَنْجَحْنَ	نَجَحْنَ	هُنَّ	

뜻풀이

- (무엇이) 잘 되다, 바라던 대로 되다, 좋은 결과가 나오다
- 발전하다, 향상하다
- 무엇에(في) 성공하다
- 시험에(في الامتحان) 통과하다

예문

نَجَحْتُ وَلَكِنَّ رَفِيقِي فَشِلَ.

나는 성공했지만 나의 동료는 실패했다.

أَدْرُسُ لِأَنْجَحَ فِي امْتِحَانَاتِي.

나는 시험들을 통과하기 위해 공부한다.

لَوْ دَرَسْتَ جَيِّدًا، لَكُنْتَ نَجَحْتَ.

네가 공부를 잘 하면 성공할 것이다.

لَا يَنْجَحُ التَّلَامِيذُ إِلَّا الْمُجْتَهِدِينَ.

성실한 학생들만이 성공한다.

إِنْ لَمْ يَنْجَحُوا فِي امْتِحَانِهِمْ، تَحْزَنُ الْمُعَلِّمَةُ.

그들이 시험에 통과하지 못한다면 선생님(여)은 슬플 것이다.

إِنَّ الصَّدِيقَ الْجَيِّدَ يُرِيدُكَ أَنْ تَنْجَحَ فِي الْحَيَاةِ.

좋은 친구는 네가 살면서 성공하기를 바란다.

수동분사 اَلْمَفْعُولُ	능동분사 اَلْفَاعِلُ	동명사 اَلْمَصْدَرُ	نَزَّلَ
مُنَزَّل	مُنَزِّل	تَنْزِيل	

수동 اَلْمَجْهُولُ		능동 اَلْمَعْلُومُ			اَلضَّمَائِرُ 인칭 대명사	
اَلْمُضَارِعُ 미완료	اَلْمَاضِي 완료	اَلْأَمْرُ 명령	اَلْمُضَارِعُ 미완료	اَلْمَاضِي 완료		
			أُنَزِّلُ	نَزَّلْتُ	أَنَا	اَلْمُتَكَلِّمُ 1인칭
			نُنَزِّلُ	نَزَّلْنَا	نَحْنُ	
		نَزِّلْ	تُنَزِّلُ	نَزَّلْتَ	أَنْتَ	اَلْمُخَاطَبُ 2 남
		نَزِّلَا	تُنَزِّلَانِ	نَزَّلْتُمَا	أَنْتُمَا	
		نَزِّلُوا	تُنَزِّلُونَ	نَزَّلْتُمْ	أَنْتُمْ	
		نَزِّلِي	تُنَزِّلِينَ	نَزَّلْتِ	أَنْتِ	اَلْمُخَاطَبَةُ 2 여
		نَزِّلَا	تُنَزِّلَانِ	نَزَّلْتُمَا	أَنْتُمَا	
		نَزِّلْنَ	تُنَزِّلْنَ	نَزَّلْتُنَّ	أَنْتُنَّ	
يُنَزَّلُ	نُزِّلَ		يُنَزِّلُ	نَزَّلَ	هُوَ	اَلْغَائِبُ 3 남
			يُنَزِّلَانِ	نَزَّلَا	هُمَا	
			يُنَزِّلُونَ	نَزَّلُوا	هُمْ	
			تُنَزِّلُ	نَزَّلَتْ	هِيَ	اَلْغَائِبَةُ 3 여
			تُنَزِّلَانِ	نَزَّلَتَا	هُمَا	
			يُنَزِّلْنَ	نَزَّلْنَ	هُنَّ	

뜻풀이

- (누구 또는 무엇을) 내려오게 하다
- (누구를) 내리다, 끌어내리다
- (커튼 등을) 내리다, 떨어뜨리다, 낮추다
- (계시 등을) 예언자에게(على) 내리다, 주다, 전하다
- (짐 등을) 내리다, 내려 놓다
- 무엇을([목] 또는 من) 줄이다, 축소하다, 낮추다
- (돛, 깃발 등을) 내리다, 끌어내리다
- (누구를) 어디에서(عن) 해고하다, 물러나게 하다, 해직하다
- (누구를) 왕위에서(عن العرش) 끌어내리다, 폐위시키다
- (누구를) 숙박시키다, 묵게 하다
- (수, 양 등을) 무엇에서(من) 빼다, 제하다
- 무엇에(في) 무늬를 새겨 넣다, 상감 장식을 하다

예문

نَزَّلَ اللهُ الْمَطَرَ.

신은 비를 내리게 했다.

نَزَّلْتُهُ مِنْ فَوْقِ الْفَرْشِ.

나는 그를 침대 위에서 내려오게 했다.

نُزِّلَ الْمَلِكُ عَنِ الْعَرْشِ.

왕은 폐위되었다.

نَزَّلَتِ الْأُمُّ وَلَدَهَا مِنْ فَوْقِ الدَّرَّاجَةِ.

엄마는 아들을 자전거에서 내리게 했다.

نَزَّلَهَا الْمَجْلِسُ الْإِدَارِيُّ عَنْ مَنْصِبِهَا.

이사회는 그녀를 직위 해제했다.

يُنَزِّلُ التُّجَّارُ الْأَسْعَارَ فِي فَتْرَةِ الرُّكُودِ الِاقْتِصَادِيِّ.

상인들은 불황기에 가격을 내린다.

اَلْمَفْعُولُ 수동분사	اَلْفَاعِلُ 능동분사	اَلْمَصْدَرُ 동명사	نَزَلَ
مَنْزُول	نَازِل	نُزُول	

اَلْمَجْهُولُ 수동		اَلْمَعْلُومُ 능동			اَلضَّمَائِرُ 인칭 대명사	
اَلْمُضَارِعُ 미완료	اَلْمَاضِي 완료	اَلْأَمْرُ 명령	اَلْمُضَارِعُ 미완료	اَلْمَاضِي 완료		
أُنْزَلُ	نُزِلْتُ		أَنْزِلُ	نَزَلْتُ	أَنَا	اَلْمُتَكَلِّمُ 1인칭
نُنْزَلُ	نُزِلْنَا		نَنْزِلُ	نَزَلْنَا	نَحْنُ	
تُنْزَلُ	نُزِلْتَ	اِنْزِلْ	تَنْزِلُ	نَزَلْتَ	أَنْتَ	اَلْمُخَاطَبُ 2남
تُنْزَلَانِ	نُزِلْتُمَا	اِنْزِلَا	تَنْزِلَانِ	نَزَلْتُمَا	أَنْتُمَا	
تُنْزَلُونَ	نُزِلْتُمْ	اِنْزِلُوا	تَنْزِلُونَ	نَزَلْتُمْ	أَنْتُمْ	
تُنْزَلِينَ	نُزِلْتِ	اِنْزِلِي	تَنْزِلِينَ	نَزَلْتِ	أَنْتِ	اَلْمُخَاطَبَةُ 2여
تُنْزَلَانِ	نُزِلْتُمَا	اِنْزِلَا	تَنْزِلَانِ	نَزَلْتُمَا	أَنْتُمَا	
تُنْزَلْنَ	نُزِلْتُنَّ	اِنْزِلْنَ	تَنْزِلْنَ	نَزَلْتُنَّ	أَنْتُنَّ	
يُنْزَلُ	نُزِلَ		يَنْزِلُ	نَزَلَ	هُوَ	اَلْغَائِبُ 3남
يُنْزَلَانِ	نُزِلَا		يَنْزِلَانِ	نَزَلَا	هُمَا	
يُنْزَلُونَ	نُزِلُوا		يَنْزِلُونَ	نَزَلُوا	هُمْ	
تُنْزَلُ	نُزِلَتْ		تَنْزِلُ	نَزَلَتْ	هِيَ	اَلْغَائِبَةُ 3여
تُنْزَلَانِ	نُزِلَتَا		تَنْزِلَانِ	نَزَلَتَا	هُمَا	
يُنْزَلْنَ	نُزِلْنَ		يَنْزِلْنَ	نَزَلْنَ	هُنَّ	

뜻풀이

- (눈 또는 비 등이) 내리다
- 차량이나 배에서(من) 내리다, 산에서(من) 내려 오다
- (비행기가) 착륙하다
- (꾸란이) 계시되다
- (가격이) 감소하다, 떨어지다
- (수위가) 떨어지다, 내리다
- 감소하다, 약해지다, 누그러지다
- (어디에서) 살다, 거주하다, 하숙하다
- 누구의 집에(ب 또는 على 또는 عند) 머무르다, 묵다
- (스포츠에서) 경기를 시작하다, 경기장에 들어서다
- 누구의 간청을(على) 들어주다, 승낙하다
- 누구를 위해(ل) 무엇을(عن) 포기하다, 단념하다
- (직위 따위를) 사임하다, 그만두다, 물러나다
- (불행 또는 형벌 등이) 누구에게(ب) 내리다, 닥치다
- 누구를(على) 공격하다, 덮치다,
- 무엇을(على) 착수하다, 시작하다
- 누구 또는 무엇을(ب) 어디로(إلى) 데려오다, 가져오다, 이끌다

예문

نَزَلَ مَنْزِلًا

(장소 또는 직위를) 차지하다

نَزَلَ بِالسُّلَّمِ

계단으로 내려오다

نَزَلَ الْمَطَرُ

비가 내리다

نَزَلَ السُّوقَ

시장에 가다

نَزَلَ إِلَى الْبَرِّ

하선하다

نَزَلَتِ الْأَسْعَارُ

가격이 떨어지다

نَزَلَ عَنِ الْحَقِّ

권리를 포기하다

نَزَلَ عِنْدَ إِرَادَتِهِ.

누가 하자는 대로 따르다

نَزَلَ عَنْ رَغْبَتِهِ / طَلَبِهِ

누구의 바람 / 요구를 충족시키다

نَزَلَ مَنْزِلَهُ اللَّائِقَ

(누구의) 자리를 차지하다

نَزَلَ مَنْزِلَةَ فُلَانٍ

누구의 역할을 하다

نَزَلَ بِهِ الْمَرَضُ

병에 걸리다

نَزَلَ إِلَى الشَّارِعِ

거리로 나서다

نَزَلَتْ بِهِ الْكَوَارِثُ

재난이 닥치다

نَزَلَ مِنْ أَعْلَى الْجَبَلِ

하산하다

اِنْزِلْ أَنْتَ وَأَرْكَبُ أَنَا.

네가 내려라, 내가 탈 거야.

يَنْزِلُ بِهِ الضَّيْفُ الْآنَ.

지금 손님이 그와 함께 있다.

سَتَنْزِلُونَ أَمَامَ الْبَنْكِ الْقَطَرِيِّ.

너희들은 카타르 은행 앞에서 내릴 것이다.

أَنْزِلُ مِنَ الْبَاصِ فِي مَرْكَزِ الْمَدِينَةِ.

나는 도시 중심에서 버스에서 내린다.

عَلَيْنَا أَنْ نَنْزِلَ وَنَسِيرَ نَحْوَ الطَّائِرَةِ.

우리는 내려서 비행기로 가야 합니다.

اِنْزِلْ مِنْ هَذَا السُّلَّمِ وَاذْهَبْ نَحْوَ الْيَمِينِ.

이 계단을 내려가서 오른쪽으로 가세요.

수동분사 اَلْمَفْعُولُ	능동분사 اَلْفَاعِلُ	동명사 اَلْمَصْدَرُ	نَسِيَ
مَنْسِيّ	نَاسٍ	نَسْي، نِسْيَان	

수동 اَلْمَجْهُولُ		능동 اَلْمَعْلُومُ			اَلضَّمَائِرُ 인칭 대명사	
اَلْمُضَارِعُ 미완료	اَلْمَاضِي 완료	اَلْأَمْرُ 명령	اَلْمُضَارِعُ 미완료	اَلْمَاضِي 완료		
			أَنْسَى	نَسِيتُ	أَنَا	اَلْمُتَكَلِّمُ 1인칭
			نَنْسَى	نَسِينَا	نَحْنُ	
		اِنْسَ	تَنْسَى	نَسِيتَ	أَنْتَ	اَلْمُخَاطَبُ 2 남
		اِنْسَيَا	تَنْسَيَانِ	نَسِيتُمَا	أَنْتُمَا	
		اِنْسَوْا	تَنْسَوْنَ	نَسِيتُمْ	أَنْتُمْ	
		اِنْسَيْ	تَنْسَيْنَ	نَسِيتِ	أَنْتِ	اَلْمُخَاطَبَةُ 2 여
		اِنْسَيَا	تَنْسَيَانِ	نَسِيتُمَا	أَنْتُمَا	
		اِنْسَيْنَ	تَنْسَيْنَ	نَسِيتُنَّ	أَنْتُنَّ	
يُنْسَى	نُسِيَ		يَنْسَى	نَسِيَ	هُوَ	اَلْغَائِبُ 3 남
			يَنْسَيَانِ	نَسِيَا	هُمَا	
			يَنْسَوْنَ	نَسُوا	هُمْ	
			تَنْسَى	نَسِيَتْ	هِيَ	اَلْغَائِبَةُ 3 여
			تَنْسَيَانِ	نَسِيَتَا	هُمَا	
			يَنْسَيْنَ	نَسِينَ	هُنَّ	

뜻풀이

- (무엇을) 잊다, 망각하다

예문

نَسِيتُ اسْمَهُ.

나는 그의 이름을 잊었다.

نَسِيَ الْمِحْفَظَةَ.

그는 지갑을 잊었다.

لَا تَنْسَانِي مِنْ دَعْوَاتِكَ.

기도할 때 나를 잊지 마. (나를 위해 기도해 줘.)

لِنَنْسَ أَحْزَانَنَا، نَشْرَبْ قَلِيلًا.

우리 슬픔을 잊자, 조금만 마시자.

نَسِيتُ هَدِيَّةَ شَقِيقَتِي فِي السَّيَّارَةِ.

나는 차에 있는 여동생의 선물을 잊어버렸다.

نَسِيَتْ سَمَارَةُ أَنْ تُسْقِيَ الْأَزْهَارَ وَلِهَذَا مَاتَتْ.

사마라는 꽃에 물주는 것을 잊었고, 그래서 꽃들이 죽었다.

نَشَرَ	동명사 اَلْمَصْدَرُ	능동분사 اَلْفَاعِلُ	수동분사 اَلْمَفْعُولُ
	نَشْر	نَاشِر	مَنْشُور

اَلضَّمَائِرُ 인칭 대명사		능동 اَلْمَعْلُومُ			수동 اَلْمَجْهُولُ	
		اَلْمَاضِي 완료	اَلْمُضَارِعُ 미완료	اَلْأَمْرُ 명령	اَلْمَاضِي 완료	اَلْمُضَارِعُ 미완료
اَلْمُتَكَلِّمُ 1인칭	أَنَا	نَشَرْتُ	أَنْشُرُ		نُشِرْتُ	أُنْشَرُ
	نَحْنُ	نَشَرْنَا	نَنْشُرُ		نُشِرْنَا	نُنْشَرُ
اَلْمُخَاطَبُ 2 남	أَنْتَ	نَشَرْتَ	تَنْشُرُ	أُنْشُرْ	نُشِرْتَ	تُنْشَرُ
	أَنْتُمَا	نَشَرْتُمَا	تَنْشُرَانِ	أُنْشُرَا	نُشِرْتُمَا	تُنْشَرَانِ
	أَنْتُمْ	نَشَرْتُمْ	تَنْشُرُونَ	أُنْشُرُوا	نُشِرْتُمْ	تُنْشَرُونَ
اَلْمُخَاطَبَةُ 2 여	أَنْتِ	نَشَرْتِ	تَنْشُرِينَ	أُنْشُرِي	نُشِرْتِ	تُنْشَرِينَ
	أَنْتُمَا	نَشَرْتُمَا	تَنْشُرَانِ	أُنْشُرَا	نُشِرْتُمَا	تُنْشَرَانِ
	أَنْتُنَّ	نَشَرْتُنَّ	تَنْشُرْنَ	أُنْشُرْنَ	نُشِرْتُنَّ	تُنْشَرْنَ
اَلْغَائِبُ 3 남	هُوَ	نَشَرَ	يَنْشُرُ		نُشِرَ	يُنْشَرُ
	هُمَا	نَشَرَا	يَنْشُرَانِ		نُشِرَا	يُنْشَرَانِ
	هُمْ	نَشَرُوا	يَنْشُرُونَ		نُشِرُوا	يُنْشَرُونَ
اَلْغَائِبَةُ 3 여	هِيَ	نَشَرَتْ	تَنْشُرُ		نُشِرَتْ	تُنْشَرُ
	هُمَا	نَشَرَتَا	تَنْشُرَانِ		نُشِرَتَا	تُنْشَرَانِ
	هُنَّ	نَشَرْنَ	يَنْشُرْنَ		نُشِرْنَ	يُنْشَرْنَ

뜻풀이

- (무엇을) 펼치다, 펴다
- (깃발을) 올리다, 높이 달다
- (열이나 향기 등을) 내다, 내뿜다
- (무엇을) 광고하다, 선전하다
- (책을) 출판하다, 발행하다
- (무엇을) 전파하다, 선전하다, 퍼뜨리다

예문

يَنْشُرُ الْخَشَبَ

대패질 하다

نَشَرَ خَبَرًا بَيْنَ النَّاسِ

사람들 사이에 소식을 퍼뜨리다

تُنْشَرُ الْمَجَلَّةُ كُلَّ شَهْرٍ.

이 잡지는 매월 발행된다.

أَنْشَأَ الزَّارِعُ يَنْشُرُ بُذُورَهُ.

농부가 씨를 뿌리기 시작했다.

نَشَرَتِ الثَّوْبَ عَلَى الْحَبْلِ.

그녀는 옷을 줄에 널었다.

نَشَرَ الْعَدُوُّ جَيْشَهُ فِي أَنْحَاءِ جَبْهَةِ الْقِتَالِ.

적은 군대를 전선 전역에 배치했다.

اَلْمَفْعُولُ 수동분사	اَلْفَاعِلُ 능동분사	اَلْمَصْدَرُ 동명사	نَطَقَ
مَنْطُوق	نَاطِق	نُطْق، نُطُوق، مَنْطِق	

اَلْمَجْهُولُ 수동		اَلْمَعْلُومُ 능동			اَلضَّمَائِرُ 인칭 대명사	
اَلْمُضَارِعُ 미완료	اَلْمَاضِي 완료	اَلْأَمْرُ 명령	اَلْمُضَارِعُ 미완료	اَلْمَاضِي 완료		
أُنْطَقُ	نُطِقْتُ		أَنْطِقُ	نَطَقْتُ	أَنَا	اَلْمُتَكَلِّمُ 1인칭
نُنْطَقُ	نُطِقْنَا		نَنْطِقُ	نَطَقْنَا	نَحْنُ	
تُنْطَقُ	نُطِقْتَ	اِنْطِقْ	تَنْطِقُ	نَطَقْتَ	أَنْتَ	اَلْمُخَاطَبُ 2 남
تُنْطَقَانِ	نُطِقْتُمَا	اِنْطِقَا	تَنْطِقَانِ	نَطَقْتُمَا	أَنْتُمَا	
تُنْطَقُونَ	نُطِقْتُمْ	اِنْطِقُوا	تَنْطِقُونَ	نَطَقْتُمْ	أَنْتُمْ	
تُنْطَقِينَ	نُطِقْتِ	اِنْطِقِي	تَنْطِقِينَ	نَطَقْتِ	أَنْتِ	اَلْمُخَاطَبَةُ 2 여
تُنْطَقَانِ	نُطِقْتُمَا	اِنْطِقَا	تَنْطِقَانِ	نَطَقْتُمَا	أَنْتُمَا	
تُنْطَقْنَ	نُطِقْتُنَّ	اِنْطِقْنَ	تَنْطِقْنَ	نَطَقْتُنَّ	أَنْتُنَّ	
يُنْطَقُ	نُطِقَ		يَنْطِقُ	نَطَقَ	هُوَ	اَلْغَائِبُ 3 남
يُنْطَقَانِ	نُطِقَا		يَنْطِقَانِ	نَطَقَا	هُمَا	
يُنْطَقُونَ	نُطِقُوا		يَنْطِقُونَ	نَطَقُوا	هُمْ	
تُنْطَقُ	نُطِقَتْ		تَنْطِقُ	نَطَقَتْ	هِيَ	اَلْغَائِبَةُ 3 여
تُنْطَقَانِ	نُطِقَتَا		تَنْطِقَانِ	نَطَقَتَا	هُمَا	
يُنْطَقْنَ	نُطِقْنَ		يَنْطِقْنَ	نَطَقْنَ	هُنَّ	

뜻풀이

- 똑똑히 발음하다, 명확하게 말하다
- 무엇을(بِ) 발음하다
- 소리, 단어 등을(بِ) 입 밖에 내다, 말하다

예문

نَطَقَ بِكَلِمَةٍ

한 마디 하다, 단어를 발음하다

لَا تَنْطِقُ الْفَتَيَاتُ بِهَكَذَا.

젊은 여성들은 이렇게 말하지 않는다.

لَا تَنْطِقْ حَتَّى تِلْكَ الْكَلِمَةِ.

심지어 그런 말도 하지 마시오!

لَمْ يَنْطِقْ أَيَّ كَلِمَةٍ إِنْجِلِيزِيَّةٍ.

그는 영어를 한 마디도 하지 않았다.

نَطَقَ الْقَاضِي بِالْحُكْمِ النِّهَائِيِّ.

판사는 최종 판결을 선고했다.

هَلْ تَسْتَطِيعُ أَنْ تَنْطِقَ هَذِهِ الْكَلِمَةَ؟

너는 이 단어를 똑똑히 발음할 수 있니?

الْمَفْعُولُ 수동분사	الْفَاعِلُ 능동분사	الْمَصْدَرُ 동명사	نَظَرَ
مَنْظُور	نَاظِر	نَظَر، مَنْظَر	

الْمَجْهُولُ 수동		الْمَعْلُومُ 능동			الضَّمَائِرُ 인칭 대명사	
الْمُضَارِعُ 미완료	الْمَاضِي 완료	الْأَمْرُ 명령	الْمُضَارِعُ 미완료	الْمَاضِي 완료		
أُنْظَرُ	نُظِرْتُ		أَنْظُرُ	نَظَرْتُ	أَنَا	الْمُتَكَلِّمُ 1인칭
نُنْظَرُ	نُظِرْنَا		نَنْظُرُ	نَظَرْنَا	نَحْنُ	
تُنْظَرُ	نُظِرْتَ	أُنْظُرْ	تَنْظُرُ	نَظَرْتَ	أَنْتَ	الْمُخَاطَبُ 2남
تُنْظَرَانِ	نُظِرْتُمَا	أُنْظُرَا	تَنْظُرَانِ	نَظَرْتُمَا	أَنْتُمَا	
تُنْظَرُونَ	نُظِرْتُمْ	أُنْظُرُوا	تَنْظُرُونَ	نَظَرْتُمْ	أَنْتُمْ	
تُنْظَرِينَ	نُظِرْتِ	أُنْظُرِي	تَنْظُرِينَ	نَظَرْتِ	أَنْتِ	الْمُخَاطَبَةُ 2여
تُنْظَرَانِ	نُظِرْتُمَا	أُنْظُرَا	تَنْظُرَانِ	نَظَرْتُمَا	أَنْتُمَا	
تُنْظَرْنَ	نُظِرْتُنَّ	أُنْظُرْنَ	تَنْظُرْنَ	نَظَرْتُنَّ	أَنْتُنَّ	
يُنْظَرُ	نُظِرَ		يَنْظُرُ	نَظَرَ	هُوَ	الْغَائِبُ 3남
يُنْظَرَانِ	نُظِرَا		يَنْظُرَانِ	نَظَرَا	هُمَا	
يُنْظَرُونَ	نُظِرُوا		يَنْظُرُونَ	نَظَرُوا	هُمْ	
تُنْظَرُ	نُظِرَتْ		تَنْظُرُ	نَظَرَتْ	هِيَ	الْغَائِبَةُ 3여
تُنْظَرَانِ	نُظِرَتَا		تَنْظُرَانِ	نَظَرَتَا	هُمَا	
يُنْظَرْنَ	نُظِرْنَ		يَنْظُرْنَ	نَظَرْنَ	هُنَّ	

뜻풀이

- (눈으로) 인지하다, 보다
- (무엇을) 쳐다보다, 누구를([목] 또는 إلى) 응시하다
- (무엇에) 주의하다, 누구를([목] 또는 إلى) 주목하다
- (무엇을) 기대하다
- 무엇을([목] 또는 في) 하고자 생각하다, 예상하다
- 무엇을(إلى) 계획하다, 마음먹다
- 무엇에(إلى) 주의를 기울이다, 전념하다
- 사건을(في) 심문하다, 심리하다
- 원고와 피고 사이에서(بين) 결정을 내리다, 판결을 내리다
- 누구를(ل) 돌보다, 보살피다

예문

نَظَرَ لِلْيَتِيمِ

고아를 돌보다

نَظَرَ الدَّيْنَ

채무를 유예하다

لِلْأَمَامِ أُنْظُرْ

<군대> (구령) 바로!

نَظَرَ إِلَيْهِ شَزَرًا

누구를 곁눈질로 보다

أُنْظُرْ بَعْدَهُ / ظَهْرَهُ

하단 참조 / 반대쪽 참조

نَظَرَ فِي طَلَبِ فُلَانٍ

누구의 신청서를 처리하다

نَظَرَ بَعْضُهُمْ إِلَى بَعْضٍ

서로 쳐다보다

نَظَرَ الْقَضِيَّةَ (فِي الْقَضِيَّةِ)

<법> 소송을 심리하다

نَظَرَ مِنْ فُرْجَةِ الْمِفْتَاحِ (فُوَّهَةِ الْمِفْتَاحِ)

열쇠 구멍으로 엿보다

اَلْآنَ أُنْظُرْ.

지금 보세요.

دَارِي تَنْظُرُ دَارَهُ.

내 집이 그의 집을 마주보고 있다.

أُنْظُرْ فِي هَذَا الْأَمْرِ.

이 문제를 보아라.

إِنَّنَا نَنْظُرُ مِنَ النَّافِذَةِ.

우리는 창문으로 (밖을) 보고 있다.

لَا تَنْظُرُوا فِي هَذَا الْأَمْرِ.

이 일을 검토하지 마라.

أُنْظُرْ إِلَى الْغُيُومِ الَّتِي تَقْتَرِبُ.

저기 다가오는 구름을 보아라.

هَذَا الرَّجُلُ يَنْظُرُ إِلَيْكَ بِرَغْبَةٍ عَارِمَةٍ.

그 남자는 당신을 열렬하게 바라보고 있다.

نَظَرَتْ إِلَيَّ وَالدُّمُوعُ تَسْقُطُ مِنْ عَيْنَيْهَا.

그녀는 나를 보았고, 그녀의 눈에서 눈물이 떨어졌다.

مُدِيرُو الشَّرِكَةِ سَيَنْظُرُونَ فِي الطَّلَبَاتِ.

회사 관리자들은 그 지원서들을 검토할 것이다.

نَظَرْنَا إِلَيْهِ كَمَا لَوْ كَانَ مِنْ كَوْكَبٍ آخَرَ.

우리는 그가 마치 다른 행성에서 온 것처럼 바라보았다.

ذَاتَ صَبَاحٍ نَظَرْتُ مِنَ النَّافِذَةِ وَرَأَيْتُ حَادِثَ سَيَّارَةٍ.

어느 아침 나는 창문으로 자동차 사고를 보았다.

أُنْظُرُوا كَيْفَ تَتَحَرَّكُ الْأَشْجَارُ وَتَتَمَايَلُ يَمِينًا وَشِمَالًا.

저 나무들이 어떻게 움직이는지 보렴, 좌우로 기울어지고 있어.

نَظَّفَ

اَلْمَصْدَرُ 동명사	اَلْفَاعِلُ 능동분사	اَلْمَفْعُولُ 수동분사
تَنْظِيف	مُنَظِّف	مُنَظَّف

اَلضَّمَائِرُ 인칭 대명사		اَلْمَعْلُومُ 능동			اَلْمَجْهُولُ 수동	
		اَلْمَاضِي 완료	اَلْمُضَارِعُ 미완료	اَلْأَمْرُ 명령	اَلْمَاضِي 완료	اَلْمُضَارِعُ 미완료
اَلْمُتَكَلِّمُ 1인칭	أَنَا	نَظَّفْتُ	أُنَظِّفُ			
	نَحْنُ	نَظَّفْنَا	نُنَظِّفُ			
اَلْمُخَاطَبُ 2 남	أَنْتَ	نَظَّفْتَ	تُنَظِّفُ	نَظِّفْ		
	أَنْتُمَا	نَظَّفْتُمَا	تُنَظِّفَانِ	نَظِّفَا		
	أَنْتُمْ	نَظَّفْتُمْ	تُنَظِّفُونَ	نَظِّفُوا		
اَلْمُخَاطَبَةُ 2 여	أَنْتِ	نَظَّفْتِ	تُنَظِّفِينَ	نَظِّفِي		
	أَنْتُمَا	نَظَّفْتُمَا	تُنَظِّفَانِ	نَظِّفَا		
	أَنْتُنَّ	نَظَّفْتُنَّ	تُنَظِّفْنَ	نَظِّفْنَ		
اَلْغَائِبُ 3 남	هُوَ	نَظَّفَ	يُنَظِّفُ		نُظِّفَ	يُنَظَّفُ
	هُمَا	نَظَّفَا	يُنَظِّفَانِ			
	هُمْ	نَظَّفُوا	يُنَظِّفُونَ			
اَلْغَائِبَةُ 3 여	هِيَ	نَظَّفَتْ	تُنَظِّفُ			
	هُمَا	نَظَّفَتَا	تُنَظِّفَانِ			
	هُنَّ	نَظَّفْنَ	يُنَظِّفْنَ			

뜻풀이

- (무엇을) 치우다, 청소하다, 깨끗이 하다
- (윤이 나도록) (무엇을) 닦다, 광을 내다

예문

نَظَّفَ قَلْبَهُ.

그는 마음을 바로 잡았다.

نَظِّفْ مَائِدَةَ الْعَشَاءِ.

저녁 식탁을 정리해라.

نَظَّفَتِ الْمُمَرِّضَةُ الْجُرْحَ.

(여)간호사는 상처를 소독했다.

هَلْ تُنَظَّفُ الشَّوَارِعُ بِانْتِظَامٍ؟

길거리는 주기적으로 청소됩니까?

إِنَّهَا تُنَظِّفُ الْمَنْزِلَ وَتُحَضِّرُ الْوَجَبَاتِ.

그녀는 집을 청소하고 식사를 준비한다.

اَلْقِطُّ حَيَوَانٌ نَظِيفٌ، وَيُنَظِّفُ نَفْسَهُ بِلِسَانِهِ.

고양이는 깨끗한 동물이고, 혀로 스스로를 깨끗이 한다.

نَظَّمَ	اَلْمَصْدَرُ 동명사	اَلْفَاعِلُ 능동분사	اَلْمَفْعُولُ 수동분사
	تَنْظِيم	مُنَظِّم	مُنَظَّم

인칭	اَلضَّمَائِرُ 인칭 대명사	اَلْمَعْلُومُ 능동: اَلْمَاضِي 완료	اَلْمَعْلُومُ 능동: اَلْمُضَارِعُ 미완료	اَلْمَعْلُومُ 능동: اَلْأَمْرُ 명령	اَلْمَجْهُولُ 수동: اَلْمَاضِي 완료	اَلْمَجْهُولُ 수동: اَلْمُضَارِعُ 미완료
اَلْمُتَكَلِّمُ 1인칭	أَنَا	نَظَّمْتُ	أُنَظِّمُ			
	نَحْنُ	نَظَّمْنَا	نُنَظِّمُ			
اَلْمُخَاطَبُ 2 남	أَنْتَ	نَظَّمْتَ	تُنَظِّمُ	نَظِّمْ		
	أَنْتُمَا	نَظَّمْتُمَا	تُنَظِّمَانِ	نَظِّمَا		
	أَنْتُمْ	نَظَّمْتُمْ	تُنَظِّمُونَ	نَظِّمُوا		
اَلْمُخَاطَبَةُ 2 여	أَنْتِ	نَظَّمْتِ	تُنَظِّمِينَ	نَظِّمِي		
	أَنْتُمَا	نَظَّمْتُمَا	تُنَظِّمَانِ	نَظِّمَا		
	أَنْتُنَّ	نَظَّمْتُنَّ	تُنَظِّمْنَ	نَظِّمْنَ		
اَلْغَائِبُ 3 남	هُوَ	نَظَّمَ	يُنَظِّمُ		نُظِّمَ	يُنَظَّمُ
	هُمَا	نَظَّمَا	يُنَظِّمَانِ			
	هُمْ	نَظَّمُوا	يُنَظِّمُونَ			
اَلْغَائِبَةُ 3 여	هِيَ	نَظَّمَتْ	تُنَظِّمُ			
	هُمَا	نَظَّمَتَا	تُنَظِّمَانِ			
	هُنَّ	نَظَّمْنَ	يُنَظِّمْنَ			

뜻풀이

- (무엇을) 정리하다, 정돈하다
- (무엇을) 조직하다, 편성하다, 편제하다
- (세부 사항 등을) 정리하다, 결정하다
- <기술> (무엇을) 조정하다, 조절하다
- (악기를) 조율하다

예문

نَظَّمَ الشِّعْرَ.

그는 시를 지었다.

نَظَّمَ اجْتِمَاعًا.

그는 회의를 준비했다.

نَظَّمَتِ اللُّؤْلُؤَ.

그녀는 진주알을 꿰었다.

نَظَّمَ الْكَاتِبُ الْكِتَابَ.

작가는 책을 목차에 따라 편집했다.

لَقَدْ نَظَّمَ كُلَّ شَيْءٍ خَاصٍّ بِالْحَفْلِ.

그는 파티와 관련된 모든 것을 준비했다.

نَظَّمَتِ الْمَدْرَسَةُ رِحْلَةً دِرَاسِيَّةً لِلتَّلَامِيذِ.

학교는 학생들의 수학여행을 편성했다.

نَقَلَ

اَلْمَفْعُولُ 수동분사	اَلْفَاعِلُ 능동분사	اَلْمَصْدَرُ 동명사
مَنْقُول	نَاقِل	نَقْل

اَلْمَجْهُولُ 수동		اَلْمَعْلُومُ 능동			اَلضَّمَائِرُ 인칭 대명사	
اَلْمُضَارِعُ 미완료	اَلْمَاضِي 완료	اَلْأَمْرُ 명령	اَلْمُضَارِعُ 미완료	اَلْمَاضِي 완료		
أُنْقَلُ	نُقِلْتُ		أَنْقُلُ	نَقَلْتُ	أَنَا	اَلْمُتَكَلِّمُ 1인칭
نُنْقَلُ	نُقِلْنَا		نَنْقُلُ	نَقَلْنَا	نَحْنُ	
تُنْقَلُ	نُقِلْتَ	اُنْقُلْ	تَنْقُلُ	نَقَلْتَ	أَنْتَ	اَلْمُخَاطَبُ 2 남
تُنْقَلَانِ	نُقِلْتُمَا	اُنْقُلَا	تَنْقُلَانِ	نَقَلْتُمَا	أَنْتُمَا	
تُنْقَلُونَ	نُقِلْتُمْ	اُنْقُلُوا	تَنْقُلُونَ	نَقَلْتُمْ	أَنْتُمْ	
تُنْقَلِينَ	نُقِلْتِ	اُنْقُلِي	تَنْقُلِينَ	نَقَلْتِ	أَنْتِ	اَلْمُخَاطَبَةُ 2 여
تُنْقَلَانِ	نُقِلْتُمَا	اُنْقُلَا	تَنْقُلَانِ	نَقَلْتُمَا	أَنْتُمَا	
تُنْقَلْنَ	نُقِلْتُنَّ	اُنْقُلْنَ	تَنْقُلْنَ	نَقَلْتُنَّ	أَنْتُنَّ	
يُنْقَلُ	نُقِلَ		يَنْقُلُ	نَقَلَ	هُوَ	اَلْغَائِبُ 3 남
يُنْقَلَانِ	نُقِلَا		يَنْقُلَانِ	نَقَلَا	هُمَا	
يُنْقَلُونَ	نُقِلُوا		يَنْقُلُونَ	نَقَلُوا	هُمْ	
تُنْقَلُ	نُقِلَتْ		تَنْقُلُ	نَقَلَتْ	هِيَ	اَلْغَائِبَةُ 3 여
تُنْقَلَانِ	نُقِلَتَا		تَنْقُلَانِ	نَقَلَتَا	هُمَا	
يُنْقَلْنَ	نُقِلْنَ		يَنْقُلْنَ	نَقَلْنَ	هُنَّ	

뜻풀이

- (무엇을) (제자리에서) 이동시키다, 움직이다
- (무엇을) 어디로(إلى) 옮기다
- (누구 또는 무엇을) 어디에서(من) 어디로(إلى) 이동시키다
- (무엇을) 누구에게(إلى) 전하다, 전달하다, 배달하다
- (공무원 등을) 어디로(إلى) 발령을 내다
- 자동차 기어를(على) 변속하다, 바꾸다
- 한 언어에서(من) 다른 언어로(إلى) 바꾸다, 번역하다, 통역하다
- 정보원 또는 출처에서(عن) (무엇을) 누구에게(إلى) 전하다, 보도하다
- 어디에서(من) (무엇을) 베끼다, 복사하다
- 고대 필사본을(عن 또는 على) 복사본으로 옮기다, 옮겨 적다
- 작가 또는 작품을(عن) 인용하다
- (회계에서) 물품 또는 목록을 적다, 입력하다
- (질병을) 누구에게(إلى) 옮기다
- (권리를) 누구에게(إلى) 위임하다, 양도하다

예문

نَقَلَ الْمِلْكِيَّةَ

소유권을 이전하다

نَقَلَ جَرِيحًا

부상자를 후송하다

نَقَلَ السُّلْطَةَ

권력을 이양하다

نَقَلَ الْخَبَرَ عَنْ قَوْلِهِ

그의 말을 빌어 소식을 전하다

نُقِلَ عَنْهُ قَوْلُهُ

언급되다

نَنْقُلُ إِلَيْكُمْ كُلَّ الْأَخْبَارِ.

여러분들에게 우리는 모든 소식을 전합니다.

دَعْنِي أَنْقُلُ لَكَ مَا قَالَهُ تَمَامًا.

그가 말한 것을 그대로 제가 당신에게 말할 수 있도록 해 주세요.

اَلْحَشْرَاتُ الضَّارَّةُ تَنْقُلُ الْأَمْرَاضَ.

해충들은 질병을 옮긴다.

نَقَلَ الْبَرِيطَانِيُّونَ هَذَا النِّظَامَ إِلَى الْهِنْدِ.

영국인들은 이 제도를 인도로 가져왔다.

نَقَلَتِ الشَّرِكَةُ الْمُوَظَّفَ إِلَى مَدِينَةٍ صَغِيرَةٍ.

회사는 직원을 작은 도시로 발령냈다.

نُقِلَ السَّائِقُ إِلَى الْمُسْتَشْفَى وَهُوَ غَائِبٌ عَنِ الْوَعْيِ.

운전자는 의식을 잃은 채 병원으로 옮겨졌다.

وَصَلَتْ سَيَّارَةُ الْإِسْعَافِ وَنَقَلَتِ الْمَرْأَةَ إِلَى الْمُسْتَشْفَى.

구급차가 도착했고 여성을 병원으로 이송했다.

مَاذَا نَقَلَتِ الْحُكُومَةُ الْمِصْرِيَّةُ مِنْ مِنْطَقَةِ السَّدِّ الْعَالِيِّ؟

이집트 정부는 하이댐 지역으로부터 무엇을 이전했나요?

إِنَّ الْمُبِيدَاتِ الْحَشَرِيَّةَ تُنْقَلُ بِوَاسِطَةِ مَاءِ النَّهْرِ أَوِ الْمَطَرِ.

살충제는 강물이나 비를 통해서 옮겨진다.

تَأْتِي السَّيَّارَةُ صَبَاحًا إِلَى الْبَيْتِ لِتَنْقُلَ الصَّبِيَّ إِلَى الْمَدْرَسَةِ.

소년을 학교에 데려다주기 위해 자동차가 아침에 집으로 온다.

نَقَلَتِ الْحُكُومَةُ الْمِصْرِيَّةُ بَعْضَ الْآثَارِ التَّارِيخِيَّةِ الْقَدِيمَةِ مِنْ مِنْطَقَةِ السَّدِّ إِلَى مَكَانٍ جَدِيدٍ.

이집트 정부는 일부 고대 유적들을 댐 지역으로부터 새로운 곳으로 이전했다.

수동분사 اَلْمَفْعُولُ	능동분사 اَلْفَاعِلُ	동명사 اَلْمَصْدَرُ	نَهَضَ
مَنْهُوض	نَاهِض	نَهْض، نُهُوض	

수동 اَلْمَجْهُولُ		능동 اَلْمَعْلُومُ			اَلضَّمَائِرُ 인칭 대명사	
اَلْمُضَارِعُ 미완료	اَلْمَاضِي 완료	اَلْأَمْرُ 명령	اَلْمُضَارِعُ 미완료	اَلْمَاضِي 완료		
أُنْهَضُ	نُهِضْتُ		أَنْهَضُ	نَهَضْتُ	أَنَا	اَلْمُتَكَلِّمُ 1인칭
نُنْهَضُ	نُهِضْنَا		نَنْهَضُ	نَهَضْنَا	نَحْنُ	
تُنْهَضُ	نُهِضْتَ	اِنْهَضْ	تَنْهَضُ	نَهَضْتَ	أَنْتَ	اَلْمُخَاطَبُ 2남
تُنْهَضَانِ	نُهِضْتُمَا	اِنْهَضَا	تَنْهَضَانِ	نَهَضْتُمَا	أَنْتُمَا	
تُنْهَضُونَ	نُهِضْتُمْ	اِنْهَضُوا	تَنْهَضُونَ	نَهَضْتُمْ	أَنْتُمْ	
تُنْهَضِينَ	نُهِضْتِ	اِنْهَضِي	تَنْهَضِينَ	نَهَضْتِ	أَنْتِ	اَلْمُخَاطَبَةُ 2여
تُنْهَضَانِ	نُهِضْتُمَا	اِنْهَضَا	تَنْهَضَانِ	نَهَضْتُمَا	أَنْتُمَا	
تُنْهَضْنَ	نُهِضْتُنَّ	اِنْهَضْنَ	تَنْهَضْنَ	نَهَضْتُنَّ	أَنْتُنَّ	
يُنْهَضُ	نُهِضَ		يَنْهَضُ	نَهَضَ	هُوَ	اَلْغَائِبُ 3남
يُنْهَضَانِ	نُهِضَا		يَنْهَضَانِ	نَهَضَا	هُمَا	
يُنْهَضُونَ	نُهِضُوا		يَنْهَضُونَ	نَهَضُوا	هُمْ	
تُنْهَضُ	نُهِضَتْ		تَنْهَضُ	نَهَضَتْ	هِيَ	اَلْغَائِبَةُ 3여
تُنْهَضَانِ	نُهِضَتَا		تَنْهَضَانِ	نَهَضَتَا	هُمَا	
يُنْهَضْنَ	نُهِضْنَ		يَنْهَضْنَ	نَهَضْنَ	هُنَّ	

뜻풀이

- 자리 또는 침대에서(عن) 일어나다
- (비행기가) 이륙하다
- 누구 또는 무엇에게(إلى) 갑자기 달려들다, 덮치다
- 누구 또는 무엇을(بـ) 올리다, 끌어올리다, 들다
- 무엇을(بـ) 계속하다, 속행하다
- 책임 등을(بـ) 지다, 부담하다, 맡다
- 무엇을(بـ) 진전시키다, 조성하다, 촉진하다
- 누구 또는 무엇을(بـ) 지지하다
- 누구에게(على) 대항하다, 들고 일어나다, 반기를 들다
- 임무 등을(لـ) 준비하다, 대비하다
- 무엇을(لـ) 시작하다, 착수하다
- (논거가) 적절하다, 관련 있다

예문

نَهَضَ بِحِمْلٍ / بِالْعِبْءِ

무거운 짐을 지다, 부담을 떠맡다

نَهَضَ بِالْأَمْرِ

권력을 잡다

نَهَضَ الطَّائِرُ

새가 날려고 날개를 펴다

نَهَضَ بِالْمَسْؤُولِيَّةِ / بِالْخَسَائِرِ وَالضَّحَايَا

책임을 지다 / 손해와 희생을 기꺼이 책임지다

اِنْهَضِي الْآنَ.

(여성에게) 지금 일어나라.

يَا دَانِيَةُ، حَانَ الْوَقْتُ أَنْ تَنْهَضِي.

다니아, 일어날 시간이다.

٥

수동분사 اَلْمَفْعُولُ	능동분사 اَلْفَاعِلُ	동명사 اَلْمَصْدَرُ	هَزَمَ
مَهْزُوم، هَزِيم	هَازِم	هَزْم، هَزِيمَة	

수동 اَلْمَجْهُولُ		능동 اَلْمَعْلُومُ			اَلضَّمَائِرُ 인칭 대명사	
اَلْمُضَارِعُ 미완료	اَلْمَاضِي 완료	اَلْأَمْرُ 명령	اَلْمُضَارِعُ 미완료	اَلْمَاضِي 완료		
أُهْزَمُ	هُزِمْتُ		أَهْزِمُ	هَزَمْتُ	أَنَا	اَلْمُتَكَلِّمُ 1인칭
نُهْزَمُ	هُزِمْنَا		نَهْزِمُ	هَزَمْنَا	نَحْنُ	
تُهْزَمُ	هُزِمْتَ	اِهْزِمْ	تَهْزِمُ	هَزَمْتَ	أَنْتَ	اَلْمُخَاطَبُ 2남
تُهْزَمَانِ	هُزِمْتُمَا	اِهْزِمَا	تَهْزِمَانِ	هَزَمْتُمَا	أَنْتُمَا	
تُهْزَمُونَ	هُزِمْتُمْ	اِهْزِمُوا	تَهْزِمُونَ	هَزَمْتُمْ	أَنْتُمْ	
تُهْزَمِينَ	هُزِمْتِ	اِهْزِمِي	تَهْزِمِينَ	هَزَمْتِ	أَنْتِ	اَلْمُخَاطَبَةُ 2여
تُهْزَمَانِ	هُزِمْتُمَا	اِهْزِمَا	تَهْزِمَانِ	هَزَمْتُمَا	أَنْتُمَا	
تُهْزَمْنَ	هُزِمْتُنَّ	اِهْزِمْنَ	تَهْزِمْنَ	هَزَمْتُنَّ	أَنْتُنَّ	
يُهْزَمُ	هُزِمَ		يَهْزِمُ	هَزَمَ	هُوَ	اَلْغَائِبُ 3남
يُهْزَمَانِ	هُزِمَا		يَهْزِمَانِ	هَزَمَا	هُمَا	
يُهْزَمُونَ	هُزِمُوا		يَهْزِمُونَ	هَزَمُوا	هُمْ	
تُهْزَمُ	هُزِمَتْ		تَهْزِمُ	هَزَمَتْ	هِيَ	اَلْغَائِبَةُ 3여
تُهْزَمَانِ	هُزِمَتَا		تَهْزِمَانِ	هَزَمَتَا	هُمَا	
يُهْزَمْنَ	هُزِمْنَ		يَهْزِمْنَ	هَزَمْنَ	هُنَّ	

뜻풀이

- (적을) 섬멸하다, 궤멸시키다
- (상대방을) 제압하다, 무력화시키다
- (스포츠에서) (누구를) 이기다

예문

هَزَمَ اللَّيْلُ

동이 트다, 밤이 물러가다

هَزَمَ الْبِئْرَ

우물을 파다

هَزَمَ الرَّعْدُ

천둥이 치다

هُزِمَ أَمَامَهُ

(스포츠에서) 누구에게 지다, 완패하다

هُزِمْتُ فِعْلًا.

나는 좌절했다.

لَمْ نَهْزِمِ الْفَرِيقَ الْمِصْرِيَّ أَبَدًا.

우리는 한번도 이집트 팀을 이긴 적이 없다.

و

وَاصَلَ	اَلْمَصْدَرُ 동명사	اَلْفَاعِلُ 능동분사	اَلْمَفْعُولُ 수동분사
	مُوَاصَلَة	مُوَاصِل	مُوَاصَل

اَلضَّمَائِرُ 인칭 대명사		اَلْمَعْلُومُ 능동			اَلْمَجْهُولُ 수동	
		اَلْمَاضِي 완료	اَلْمُضَارِعُ 미완료	اَلْأَمْرُ 명령	اَلْمَاضِي 완료	اَلْمُضَارِعُ 미완료
اَلْمُتَكَلِّمُ 1인칭	أَنَا	وَاصَلْتُ	أُوَاصِلُ			
	نَحْنُ	وَاصَلْنَا	نُوَاصِلُ			
اَلْمُخَاطَبُ 2 남	أَنْتَ	وَاصَلْتَ	تُوَاصِلُ	وَاصِلْ		
	أَنْتُمَا	وَاصَلْتُمَا	تُوَاصِلَانِ	وَاصِلَا		
	أَنْتُمْ	وَاصَلْتُمْ	تُوَاصِلُونَ	وَاصِلُوا		
اَلْمُخَاطَبَةُ 2 여	أَنْتِ	وَاصَلْتِ	تُوَاصِلِينَ	وَاصِلِي		
	أَنْتُمَا	وَاصَلْتُمَا	تُوَاصِلَانِ	وَاصِلَا		
	أَنْتُنَّ	وَاصَلْتُنَّ	تُوَاصِلْنَ	وَاصِلْنَ		
اَلْغَائِبُ 3 남	هُوَ	وَاصَلَ	يُوَاصِلُ		وُوصِلَ	يُوَاصَلُ
	هُمَا	وَاصَلَا	يُوَاصِلَانِ			
	هُمْ	وَاصَلُوا	يُوَاصِلُونَ			
اَلْغَائِبَةُ 3 여	هِيَ	وَاصَلَتْ	تُوَاصِلُ			
	هُمَا	وَاصَلَتَا	تُوَاصِلَانِ			
	هُنَّ	وَاصَلْنَ	يُوَاصِلْنَ			

뜻풀이

- 무엇을([목] 또는 في) 계속하다, 지속하다, 속행하다
- 무엇을([목] 또는 في) 고수하다, 꾸준히 하다
- (무엇과) 연결되다, 관계가 있다
- (누구와) 친한 친구다, (누구와) 친밀한 관계를 유지하다
- 여자와(ها) 성관계를 갖다, 성교하다

예문

وَاصَلَ اللَّيْلَ بِالنَّهَارِ

밤낮으로 일하다

وَاصَلَ سِيَاسَةً عُدْوَانِيَّةً

적대적 정책을 고수하다

وَاصَلَ جَهْدَهُ (سَعْيَهُ) فِي

무엇을 위해(في) 끊임없이 노력하다

وَاصَلَ الْعَمَلَ / الصِّيَامَ / الْكَذِبَ

일 / 단식 / 거짓말을 계속하다

وَاصَلَ الْعُمَّالُ إِضْرَابَهُمْ.

노동자들은 파업을 계속했다.

وَاصِلْ بِهَذَا الْمَسَارِ، وَسَوْفَ نَمْلِكُ الْعَالَمَ.

이 길을 계속 고수하라, 우리는 세상을 가질 것이다.

수동분사 اَلْمَفْعُولُ	능동분사 اَلْفَاعِلُ	동명사 اَلْمَصْدَرُ	وَجَبَ
مَوْجُوب	وَاجِب	وُجُوب	

수동 اَلْمَجْهُولُ		능동 اَلْمَعْلُومُ			اَلضَّمَائِرُ 인칭 대명사	
اَلْمُضَارِعُ 미완료	اَلْمَاضِي 완료	اَلْأَمْرُ 명령	اَلْمُضَارِعُ 미완료	اَلْمَاضِي 완료		
			أَجِبُ	وَجَبْتُ	أَنَا	اَلْمُتَكَلِّمُ 1인칭
			نَجِبُ	وَجَبْنَا	نَحْنُ	
		جِبْ	تَجِبُ	وَجَبْتَ	أَنْتَ	اَلْمُخَاطَبُ 2 남
		جِبَا	تَجِبَانِ	وَجَبْتُمَا	أَنْتُمَا	
		جِبُوا	تَجِبُونَ	وَجَبْتُمْ	أَنْتُمْ	
		جِبِي	تَجِبِينَ	وَجَبْتِ	أَنْتِ	اَلْمُخَاطَبَةُ 2 여
		جِبَا	تَجِبَانِ	وَجَبْتُمَا	أَنْتُمَا	
		جِبْنَ	تَجِبْنَ	وَجَبْتُنَّ	أَنْتُنَّ	
يُوجَبُ	وُجِبَ		يَجِبُ	وَجَبَ	هُوَ	اَلْغَائِبُ 3 남
			يَجِبَانِ	وَجَبَا	هُمَا	
			يَجِبُونَ	وَجَبُوا	هُمْ	
			تَجِبُ	وَجَبَتْ	هِيَ	اَلْغَائِبَةُ 3 여
			تَجِبَانِ	وَجَبَتَا	هُمَا	
			يَجِبْنَ	وَجَبْنَ	هُنَّ	

뜻풀이

- (무엇이) 필수적이다, 꼭 필요하다, 필요 불가결하다
- 누구에게(على) 강요되다, 누구의(على) 의무다

예문

يَجِبُ أَنْ أَتَوَقَّفَ الْآنَ.

나는 여기서 멈춰야 한다.

وَجَبَ الصَّوْمُ عَلَى الْمُسْلِمِ.

단식은 무슬림들의 의무이다.

يَجِبُ أَنْ نُنْفِقَ نُقُودَنَا بِحِكْمَةٍ.

우리는 우리의 돈을 지혜롭게 써야 한다.

يَجِبُ أَلَّا تُعَامَلَ النِّسَاءُ بِخُشُونَةٍ.

여성들이 거칠게 대해져서는 안된다.

يَجِبُ أَنْ نَعْمَلَ لِنُعِيلَ أَنْفُسَنَا وَعَائِلَاتِنَا.

우리는 우리 자신과 가족을 부양하기 위해서 일해야 한다.

يَجِبُ أَنْ يُعَلَّمَ الْأَطْفَالُ الْآدَابَ الْحَسَنَةَ.

아이들은 예절을 배워야 한다.

수동분사 اَلْمَفْعُولُ	능동분사 اَلْفَاعِلُ	동명사 اَلْمَصْدَرُ	وَجَدَ
مَوْجُود	وَاجِد	وُجُود	

수동 اَلْمَجْهُولُ		능동 اَلْمَعْلُومُ			인칭 대명사 اَلضَّمَائِرُ	
اَلْمُضَارِعُ 미완료	اَلْمَاضِي 완료	اَلْأَمْرُ 명령	اَلْمُضَارِعُ 미완료	اَلْمَاضِي 완료		
			أَجِدُ	وَجَدْتُ	أَنَا	اَلْمُتَكَلِّمُ 1인칭
			نَجِدُ	وَجَدْنَا	نَحْنُ	
		جِدْ	تَجِدُ	وَجَدْتَ	أَنْتَ	اَلْمُخَاطَبُ 2 남
		جِدَا	تَجِدَانِ	وَجَدْتُمَا	أَنْتُمَا	
		جِدُوا	تَجِدُونَ	وَجَدْتُمْ	أَنْتُمْ	
		جِدِي	تَجِدِينَ	وَجَدْتِ	أَنْتِ	اَلْمُخَاطَبَةُ 2 여
		جِدَا	تَجِدَانِ	وَجَدْتُمَا	أَنْتُمَا	
		جِدْنَ	تَجِدْنَ	وَجَدْتُنَّ	أَنْتُنَّ	
يُوجَدُ	وُجِدَ		يَجِدُ	وَجَدَ	هُوَ	اَلْغَائِبُ 3 남
			يَجِدَانِ	وَجَدَا	هُمَا	
			يَجِدُونَ	وَجَدُوا	هُمْ	
			تَجِدُ	وَجَدَتْ	هِيَ	اَلْغَائِبَةُ 3 여
			تَجِدَانِ	وَجَدَتَا	هُمَا	
			يَجِدْنَ	وَجَدْنَ	هُنَّ	

뜻풀이

- (무엇을) 찾다, 발견하다
- (무엇을) 우연히 떠올리다, 불현듯 생각해내다
- (무엇을) 얻다, 획득하다
- (무엇을) 핑계 등으로서 날조하다, 지어내다
- (무엇을) 좋거나 또는 나쁘다 여기다, 생각하다
- [수동태 وُجِدَ] (무엇이) 존재하다, 있다

예문

يُوجَدُ (هُنَاكَ) رَجُلَانِ.

두 남자가 있다.

وَجَدْتُ كَلَامَهُ صَادِقًا.

나는 그의 말이 진실되다고 생각한다.

تُوجَدُ أَزْهَارٌ فِي الْحَقْلِ.

들판에 꽃이 있다.

لَقَدْ وَجَدَتْ نُقُودَهَا ثَانِيَةً.

그녀는 다시 돈을 찾았다.

اِقْطَعِ الشَّارِعَ، وَسَتَجِدُ الْمَكْتَبَ عَلَى يَمِينِكَ.

길을 건너세요, 왼쪽으로 사무실이 보일 겁니다.

مِنَ الصَّعْبِ جِدًّا أَنْ تَجِدَ تَاكْسِي أَثْنَاءَ سَاعَةِ الزِّحَامِ.

교통체증 시간에 택시를 잡는 것은 무척 어렵다.

수동분사 اَلْمَفْعُولُ	능동분사 اَلْفَاعِلُ	동명사 اَلْمَصْدَرُ	وَدَّ
مَوْدُود	وَادٌّ	وَدّ، وُدّ، وِدّ، وَدَاد، وُدَاد، مَوَدَّة	

수동 اَلْمَجْهُولُ		능동 اَلْمَعْلُومُ			اَلضَّمَائِرُ 인칭 대명사	
اَلْمُضَارِعُ 미완료	اَلْمَاضِي 완료	اَلْأَمْرُ 명령	اَلْمُضَارِعُ 미완료	اَلْمَاضِي 완료		
أُوَدُّ	وُدِدْتُ		أَوَدُّ	وَدَدْتُ	أَنَا	اَلْمُتَكَلِّمُ 1인칭
نُوَدُّ	وُدِدْنَا		نَوَدُّ	وَدَدْنَا	نَحْنُ	
تُوَدُّ	وُدِدْتَ	وَدَّ	تَوَدُّ	وَدَدْتَ	أَنْتَ	اَلْمُخَاطَبُ 2남
تُوَدَّانِ	وُدِدْتُمَا	وَدَّا	تَوَدَّانِ	وَدَدْتُمَا	أَنْتُمَا	
تُوَدُّونَ	وُدِدْتُمْ	وَدُّوا	تَوَدُّونَ	وَدَدْتُمْ	أَنْتُمْ	
تُوَدِّينَ	وُدِدْتِ	وَدِّي	تَوَدِّينَ	وَدَدْتِ	أَنْتِ	اَلْمُخَاطَبَةُ 2여
تُوَدَّانِ	وُدِدْتُمَا	وَدَّا	تَوَدَّانِ	وَدَدْتُمَا	أَنْتُمَا	
تُوْدَدْنَ	وُدِدْتُنَّ	اِوْدَدْنَ	تَوْدَدْنَ	وَدَدْتُنَّ	أَنْتُنَّ	
يُوَدُّ	وُدَّ		يَوَدُّ	وَدَّ	هُوَ	اَلْغَائِبُ 3남
يُوَدَّانِ	وُدَّا		يَوَدَّانِ	وَدَّا	هُمَا	
يُوَدُّونَ	وُدُّوا		يَوَدُّونَ	وَدُّوا	هُمْ	
تُوَدُّ	وُدَّتْ		تَوَدُّ	وَدَّتْ	هِيَ	اَلْغَائِبَةُ 3여
تُوَدَّانِ	وُدَّتَا		تَوَدَّانِ	وَدَّتَا	هُمَا	
يُوْدَدْنَ	وُدِدْنَ		يَوْدَدْنَ	وَدَدْنَ	هُنَّ	

뜻풀이

- (누구 또는 무엇을) 좋아하다, 사랑하다
- (무엇을) 바라다, 원하다
- (무엇이) 무엇이기를(أن 또는 لو 또는 لو أن) 바라다, 원하다

예문

وَدَّ نَفْسَهُ بَعِيدًا عَنْ

무엇에서(عن) 멀리 떨어지길 원하다

وَدَدْتُ لَوْ كَانَ غَنِيًّا.

난 그가 부자이길 바랐다.

أَوَدُّ أَنْ يَسُودَ الْعَدْلُ بَيْنَ النَّاسِ.

나는 정의가 사람들 사이에 퍼지길 바란다.

وَدَدْتُ لَوْ أَقْضِي الصَّيْفَ فِي الْجَبَلِ.

난 산에서 여름을 보낸다면 좋겠어.

مَنْ يَوَدُّ الْمُغَادَرَةَ الْآنَ يُمْكِنُهُ أَنْ يُغَادِرَ الْمَكَانَ.

지금 떠나고 싶은 사람은 떠나도 된다

كُنَّا نَوَدُّ الذَّهَابَ إِلَى الْبَحْرِ، لَكِنَّ الطَّقْسَ رَدِيءٌ.

우리는 바다에 가고 싶지만 날씨가 나쁘다.

وَزَنَ	اَلْمَصْدَرُ 동명사	اَلْفَاعِلُ 능동분사	اَلْمَفْعُولُ 수동분사
	وَزْن، زِنَة	وَازِن	مَوْزُون

اَلضَّمَائِرُ 인칭 대명사		اَلْمَعْلُومُ 능동			اَلْمَجْهُولُ 수동	
		اَلْمَاضِي 완료	اَلْمُضَارِعُ 미완료	اَلْأَمْرُ 명령	اَلْمَاضِي 완료	اَلْمُضَارِعُ 미완료
اَلْمُتَكَلِّمُ 1인칭	أَنَا	وَزَنْتُ	أَزِنُ			
	نَحْنُ	وَزَنَّا	نَزِنُ			
اَلْمُخَاطَبُ 2 남	أَنْتَ	وَزَنْتَ	تَزِنُ	زِنْ		
	أَنْتُمَا	وَزَنْتُمَا	تَزِنَانِ	زِنَا		
	أَنْتُمْ	وَزَنْتُمْ	تَزِنُونَ	زِنُوا		
اَلْمُخَاطَبَةُ 2 여	أَنْتِ	وَزَنْتِ	تَزِنِينَ	زِنِي		
	أَنْتُمَا	وَزَنْتُمَا	تَزِنَانِ	زِنَا		
	أَنْتُنَّ	وَزَنْتُنَّ	تَزِنَّ	زِنَّ		
اَلْغَائِبُ 3 남	هُوَ	وَزَنَ	يَزِنُ		وُزِنَ	يُوزَنُ
	هُمَا	وَزَنَا	يَزِنَانِ			
	هُمْ	وَزَنُوا	يَزِنُونَ			
اَلْغَائِبَةُ 3 여	هِيَ	وَزَنَتْ	تَزِنُ			
	هُمَا	وَزَنَتَا	تَزِنَانِ			
	هُنَّ	وَزَنَّ	يَزِنَّ			

뜻풀이

- (무엇의) 무게를 재다, 무게를 달다
- (두 개를) 같게 하다, 동등하게 하다, 균등하게 하다
- 누구에게(ل) (무엇을) 무게 단위로 팔다
- (결정을 내리기 전) (무엇을) 신중히 따져보다, 저울질하다, 비교 검토하다

예문

وَزَنَ الشِّعْرَ

시의 운율을 맞게 하다

وَزَنَ الْمَوْقِفَ

상황를 신중히 따지다

وَزَنَ بِضَاعَةً

상품의 무게를 재다

وَزَنَ الدَّرَاهِمَ لَهُ

디르함으로 지불하다

هَذَا لَا يَزِنُ أَكْثَرَ مِنْ 500 غِرَامٍ.

이것은 무게가 500그램 이상 나가지 않는다.

إِنَّ حَيَاةَ الْفَرْدِ تَزِنُ أَقَلَّ مِنْ رِيشَةٍ.

사람의 삶이 깃털 하나보다 가볍다.

اَلْمَفْعُولُ 수동분사	اَلْفَاعِلُ 능동분사	اَلْمَصْدَرُ 동명사	وَصَفَ
مَوْصُوف	وَاصِف	وَصْف	

اَلْمَجْهُولُ 수동		اَلْمَعْلُومُ 능동			اَلضَّمَائِرُ 인칭 대명사	
اَلْمُضَارِعُ 미완료	اَلْمَاضِي 완료	اَلْأَمْرُ 명령	اَلْمُضَارِعُ 미완료	اَلْمَاضِي 완료		
			أَصِفُ	وَصَفْتُ	أَنَا	اَلْمُتَكَلِّمُ 1인칭
			نَصِفُ	وَصَفْنَا	نَحْنُ	
		صِفْ	تَصِفُ	وَصَفْتَ	أَنْتَ	اَلْمُخَاطَبُ 2 남
		صِفَا	تَصِفَانِ	وَصَفْتُمَا	أَنْتُمَا	
		صِفُوا	تَصِفُونَ	وَصَفْتُمْ	أَنْتُمْ	
		صِفِي	تَصِفِينَ	وَصَفْتِ	أَنْتِ	اَلْمُخَاطَبَةُ 2 여
		صِفَا	تَصِفَانِ	وَصَفْتُمَا	أَنْتُمَا	
		صِفْنَ	تَصِفْنَ	وَصَفْتُنَّ	أَنْتُنَّ	
يُوصَفُ	وُصِفَ		يَصِفُ	وَصَفَ	هُوَ	اَلْغَائِبُ 3 남
			يَصِفَانِ	وَصَفَا	هُمَا	
			يَصِفُونَ	وَصَفُوا	هُمْ	
			تَصِفُ	وَصَفَتْ	هِيَ	اَلْغَائِبَةُ 3 여
			تَصِفَانِ	وَصَفَتَا	هُمَا	
			يَصِفْنَ	وَصَفْنَ	هُنَّ	

뜻풀이

- (누구 또는 무엇을) 서술하다, 묘사하다
- (누구 또는 무엇의) 특성을 나타내다, 성격을 묘사하다
- (누구를) 칭찬하다, 찬양하다, 찬미하다
- (성질, 특성 따위가 بـ) 누구에게 있다고 생각하다, 간주하다, 믿다
- 누구에게(لـ) 처방전을 써주다, 처방을 내리다, 처방하다

예문

لَا يُوصَفُ

형언할 수 없는, 이루 말 할 수 없는; 별 특징이 없는

وَصَفَ الْخَبَرَ.

그는 소식을 말했다.

وَصَفَتْهُ بِالشَّجَاعَةِ.

그녀는 그가 용감하다고 생각했다.

عَجَزَ أَنْ يَصِفَ شُعُورَهُ.

그는 그의 느낌을 설명할 수 없었다.

وَصَفَ لِي بَيْتَهُ بِالتَّفْصِيلِ.

그는 나에게 자신의 집을 상세히 묘사했다.

وَصَفَ الطَّبِيبُ الدَّوَاءَ لِلْمَرِيضِ.

의사는 환자에게 처방했다.

اَلْمَفْعُولُ 수동분사	اَلْفَاعِلُ 능동분사	اَلْمَصْدَرُ 동명사	وَصَلَ
مَوْصُول	وَاصِل	وَصْل، صِلَة، وُصُول	

اَلْمَجْهُولُ 수동		اَلْمَعْلُومُ 능동			اَلضَّمَائِرُ 인칭 대명사	
اَلْمُضَارِعُ 미완료	اَلْمَاضِي 완료	اَلْأَمْرُ 명령	اَلْمُضَارِعُ 미완료	اَلْمَاضِي 완료		
			أَصِلُ	وَصَلْتُ	أَنَا	اَلْمُتَكَلِّمُ 1인칭
			نَصِلُ	وَصَلْنَا	نَحْنُ	
		صِلْ	تَصِلُ	وَصَلْتَ	أَنْتَ	اَلْمُخَاطَبُ 2 남
		صِلَا	تَصِلَانِ	وَصَلْتُمَا	أَنْتُمَا	
		صِلُوا	تَصِلُونَ	وَصَلْتُمْ	أَنْتُمْ	
		صِلِي	تَصِلِينَ	وَصَلْتِ	أَنْتِ	اَلْمُخَاطَبَةُ 2 여
		صِلَا	تَصِلَانِ	وَصَلْتُمَا	أَنْتُمَا	
		صِلْنَ	تَصِلْنَ	وَصَلْتُنَّ	أَنْتُنَّ	
يُصَلُ	وُصِلَ		يَصِلُ	وَصَلَ	هُوَ	اَلْغَائِبُ 3 남
			يَصِلَانِ	وَصَلَا	هُمَا	
			يَصِلُونَ	وَصَلُوا	هُمْ	
			تَصِلُ	وَصَلَتْ	هِيَ	اَلْغَائِبَةُ 3 여
			تَصِلَانِ	وَصَلَتَا	هُمَا	
			يَصِلْنَ	وَصَلْنَ	هُنَّ	

뜻풀이

동명사가 وَصْل، صِلَة 인 경우

- (무엇을) 무엇과(بِ) 잇다, 연결하다, 결합하다
- 무엇과(بين) 무엇 사이(و) 관계를 맺다, 수립하다
- (누구에게) 무엇을(بِ) 주다, 수여하다

동명사가 وُصُول 인 경우

- 어디에(إلى) 도착하다 , 성공을 이루다, (성과에 대한) 공로를 인정받다
- (누구에게) 이르다, 무엇에([목] 또는 إلى) 닿다, 다다르다
- (금액 등이) 얼마에([목] 또는 إلى) 달하다
- 어떤 단계에(إلى) 이르다, 도달하다
- 누구에게([목] 또는 إلى) 무엇을(بِ) 전하다, 전달하다

예문

وَصَلَهُ الْخَبَرُ

소식을 듣다 (소식이 전해지다)

وَصَلَ قِطَعَ الْآلَةِ

기계 부품을 조립하다

وَصَلَنِي خِطَابٌ.

나에게 편지가 왔다.

لَمْ يَصِلِ الْمُدِيرُ بَعْدُ.

운영자가 아직 도착하지 않았다.

وَصَلَ الرَّجُلُ بَيْنَ الطَّرَفَيْنِ.

그 남자는 양측을 연결했다.

وَصَلَ إِلَى الصَّفْحَةِ الْحَاسِمَةِ.

그것은 결정적인 단계에 이르렀다.

수동분사 اَلْمَفْعُولُ	능동분사 اَلْفَاعِلُ	동명사 اَلْمَصْدَرُ	وَضَعَ
مَوْضُوع	وَاضِع	وَضْع	

수동 اَلْمَجْهُولُ		능동 اَلْمَعْلُومُ			اَلضَّمَائِرُ 인칭 대명사	
اَلْمُضَارِعُ 미완료	اَلْمَاضِي 완료	اَلْأَمْرُ 명령	اَلْمُضَارِعُ 미완료	اَلْمَاضِي 완료		
			أَضَعُ	وَضَعْتُ	أَنَا	اَلْمُتَكَلِّمُ 1인칭
			نَضَعُ	وَضَعْنَا	نَحْنُ	
		ضَعْ	تَضَعُ	وَضَعْتَ	أَنْتَ	اَلْمُخَاطَبُ 2 남
		ضَعَا	تَضَعَانِ	وَضَعْتُمَا	أَنْتُمَا	
		ضَعُوا	تَضَعُونَ	وَضَعْتُمْ	أَنْتُمْ	
		ضَعِي	تَضَعِينَ	وَضَعْتِ	أَنْتِ	اَلْمُخَاطَبَةُ 2 여
		ضَعَا	تَضَعَانِ	وَضَعْتُمَا	أَنْتُمَا	
		ضَعْنَ	تَضَعْنَ	وَضَعْتُنَّ	أَنْتُنَّ	
يُوضَعُ	وُضِعَ		يَضَعُ	وَضَعَ	هُوَ	اَلْغَائِبُ 3 남
			يَضَعَانِ	وَضَعَا	هُمَا	
			يَضَعُونَ	وَضَعُوا	هُمْ	
			تَضَعُ	وَضَعَتْ	هِيَ	اَلْغَائِبَةُ 3 여
			تَضَعَانِ	وَضَعَتَا	هُمَا	
			يَضَعْنَ	وَضَعْنَ	هُنَّ	

뜻풀이

- (무엇을)(바닥 따위에) 놓다, 내려놓다, 두다
- (무엇을) 세우다, 똑바로 놓다, 일으키다
- (무엇을) 어디에(في) 박다, 고정시키다, 붙이다
- (무엇을) 누구에게(على) 지우다, 과하다, 부과하다
- (부담, 책임, 굴레 등을) 누구에게서(عن) 덜어 주다, 해방시키다
- (무엇을) 발명하다, 고안하다, 궁리하다
- (무엇을) (종이 등에) 적어 놓다
- (책 등을) 적다, 작성하다, 새로 쓰다
- (새로운 낱말이나 어구 등을) 만들다
- 누구를([목] 또는 من) 나쁘게 말하다, 헐뜯다, 모욕하다

예문

وَضَعَ أَسَاسًا / مَشْرُوعًا / نُظُمًا

기초 / 계획 / 규칙을 세우다

وَضَعَ ثِقَتَهُ فِي

신뢰하다

وَضَعَ اقْتِرَاحَاتٍ

건의하다, 제안하다

وَضَعَ السِّلَاحَ

무기를 버리다

وَضَعَهُ فِي جَيْبِهِ

주머니에 넣다

وَضَعَهُ فِي حِسَابِهِ

무엇을 고려하다, 참작하다

وَضَعَ خَتْمًا عَلَى

어디에(على) 도장을 찍다

وَضَعَ يَدَهُ عَلَى

무엇을 잡다, 소유하다

وَضَعَهُ تَحْتَ يَدِهِ

무엇을 누구의 통제하에 놓다

وَضَعَهُ جَانِبًا (عَلَى جَانِبٍ)

무엇을 옆에 치워놓다, 뒤로 미루다

وَضَعَهُ فِي مُقَدَّمَةِ اهْتِمَامِهِ

무엇을 최우선으로 하다

وَضَعَ الْفِكْرَةَ مَوْضِعَ الْفِعْلِ

생각을 행동으로 옮기다, 실천하다

وَضَعَهُ فِي غَيْرِ مَوْضِعِهِ

무엇을 잘못 두다, 제자리가 아닌 곳에 두다

وَضَعَ الْمِصْبَاحَ عَلَى الْأَرْضِ بِجَانِبِهِ.

그는 램프를 옆 바닥에 내려 놓았다.

يَضَعُ رَأْسَهُ بَيْنَ يَدَيْهِ الْآنَ.

그는 지금 두 손으로 머리를 감싸고 있다.

وَضَعَتْ إِبْرِيقًا عَلَى الْمِنْضَدَةِ.

그녀는 탁자에 주전자를 올려놓았다.

اِنْحَنَى وَوَضَعَ الْمِفْتَاحَ فِي فَتْحَتِهِ.

그는 몸을 구부리고 열쇠를 구멍에 넣었다.

يَضَعُ هَذَا الْجِيلُ الْبِيئَةَ فِي بُؤْرَةِ اهْتِمَامِهِ.

이 세대는 환경을 관심의 중심에 둔다.

نَسِيَتْ دَانِيَةُ أَنْ تَضَعَ مِلْحًا فِي الشُّورْبَةِ.

다니야는 수프에 소금을 넣는 것을 잊어버렸다.

وَضَعَ خُطُوطًا تَحْتَ كُلِّ النِّقَاطِ الرَّئِيسِيَّةِ.

그는 모든 주요 사안에 밑줄을 그었다.

دَائِمًا تَضَعُنِي بِالْمَرْتَبَةِ الثَّانِيَةِ فِي الاِعْتِبَارِ.

그녀는 항상 나를 두 번째 선택지로 생각한다.

قَدْ وَضَعَتْ مُعْظَمُ الْحُكُومَاتِ قَوَانِينَ لِهَذِهِ الْغَايَةِ.

대부분의 정부가 이 목표를 위해 법을 제정하였다.

فِي الْعَامِ الْمَاضِي وَضَعَتِ الشَّرِكَةُ مِيزَانِيَّةَ تَقَشُّفٍ.

작년에 회사는 긴축 예산을 편성했다.

اَلْمَفْعُولُ 수동분사	اَلْفَاعِلُ 능동분사	اَلْمَصْدَرُ 동명사	وَعَدَ
مَوْعُود	وَاعِد	وَعْد	

اَلْمَجْهُولُ 수동		اَلْمَعْلُومُ 능동			اَلضَّمَائِرُ 인칭 대명사	
اَلْمُضَارِعُ 미완료	اَلْمَاضِي 완료	اَلْأَمْرُ 명령	اَلْمُضَارِعُ 미완료	اَلْمَاضِي 완료		
			أَعِدُ	وَعَدْتُ	أَنَا	اَلْمُتَكَلِّمُ 1인칭
			نَعِدُ	وَعَدْنَا	نَحْنُ	
		عِدْ	تَعِدُ	وَعَدْتَ	أَنْتَ	اَلْمُخَاطَبُ 2 남
		عِدَا	تَعِدَانِ	وَعَدْتُمَا	أَنْتُمَا	
		عِدُوا	تَعِدُونَ	وَعَدْتُمْ	أَنْتُمْ	
		عِدِي	تَعِدِينَ	وَعَدْتِ	أَنْتِ	اَلْمُخَاطَبَةُ 2 여
		عِدَا	تَعِدَانِ	وَعَدْتُمَا	أَنْتُمَا	
		عِدْنَ	تَعِدْنَ	وَعَدْتُنَّ	أَنْتُنَّ	
يُوعَدُ	وُعِدَ		يَعِدُ	وَعَدَ	هُوَ	اَلْغَائِبُ 3 남
			يَعِدَانِ	وَعَدَا	هُمَا	
			يَعِدُونَ	وَعَدُوا	هُمْ	
			تَعِدُ	وَعَدَتْ	هِيَ	اَلْغَائِبَةُ 3 여
			تَعِدَانِ	وَعَدَتَا	هُمَا	
			يَعِدْنَ	وَعَدْنَ	هُنَّ	

뜻풀이

- (누구에게) 무엇을([목] 또는 ب) 약속하다, 위협하다
- (누구에게) 무엇을 하겠다고(ب) 협박하다

예문

وَعَدَ بِالْقَمَرِ

불가능을 약속하다, 불가능을 시도하다

وَعَدَ بِشَرَفِهِ

자신의 명예를 걸고 맹세하다

وَعَدَهُ بِجَائِزَةٍ

상을 약속하다

وَعَدَهُ بِالْعِقَابِ

벌주겠다고 협박하다

وَعَدَ نَفْسَهُ بِأَنْ

무엇을(بأن) 마음 속으로 맹세하다, 굳게 다짐하다

وَعَدَ خَصْمَهُ شَرًّا

상대에게 악담을 하다, 협박하다

وَعَدَهُ بِتَحْقِيقِ مَطَالِبِهِ

요청을 들어준다고 약속하다

وَعَدَنِي وَعْدًا أَكِيدًا.

그는 나에게 확실한 약속을 했다.

وَعَدَتْهَا جَدَّتُهَا بِهَدِيَّةٍ غَالِيَةٍ.

그녀의 할머니는 그녀에게 비싼 선물을 약속했다.

هَلْ تَعِدُنِي بِأَنْ تَتَعَلَّمَ الْعَرَبِيَّةَ؟

당신은 아랍어를 배우겠다고 나에게 약속합니까?

جَعَلَنِي أَعِدُهُ أَنْ أُقْرِضَهُ النُّقُودَ.

그는 내가 돈을 빌려주기로 약속하게 만들었다.

وَعَدَنِي الْمُوَظَّفُ بِأَنْ يَكْتُبَ لِي.

직원은 (편지를) 쓰겠다고 나에게 약속했다.

يَعِدُ الْوَزِيرُ بِإِجْرَاءِ تَحْقِيقٍ فِي الْأَمْرِ.

장관은 문제에 대한 조사를 착수할 것을 약속한다.

سَيَعِدُ بِأَيِّ شَيْءٍ لِيَحْصُلَ عَلَى مَا يُرِيدُ.

그는 자신이 원하는 것을 얻기 위해 너에게 무엇이든 약속할 것이다.

عِدْنِي بِأَلَّا تَغِيبَ عَنِ الْمُحَاضَرَةِ مَرَّةً أُخْرَى.

다시는 강의에 결석하지 않겠다고 약속해라.

وَعَدَنِي أَحَدُ أَصْدِقَائِي بِالذَّهَابِ إِلَى الْمَكْتَبَةِ مَعًا.

내 친구 중 한 명이 함께 도서관에 가겠다고 약속했다.

أَعِدُكَ أَنْ أُخْبِرَ الْمَزِيدَ فِي الْمَرَّةِ الْقَادِمَةِ الَّتِي أَكْتُبُ لَكَ فِيهَا.

다음에 내가 너에게 (편지를) 쓸 때, 더 많이 알려주겠다고 약속한다.

وَعَدَ بِأَنْ يُسَاعِدَنِي فِي حَلِّ الْمُشْكِلَةِ، إِلَّا أَنَّهُ تَخَلَّفَ عَنِ الْمَسْؤُولِيَّةِ فِي اللَّحْظَةِ الْأَخِيرَةِ.

그는 문제 해결에 도움을 줄 것을 약속했지만 마지막 순간에 책임을 회피했다.

وَفَّرَ	اَلْمَصْدَرُ 동명사	اَلْفَاعِلُ 능동분사	اَلْمَفْعُولُ 수동분사
	تَوْفِير	مُوَفِّر	مُوَفَّر

اَلضَّمَائِرُ 인칭 대명사		اَلْمَعْلُومُ 능동			اَلْمَجْهُولُ 수동	
		اَلْمَاضِي 완료	اَلْمُضَارِعُ 미완료	اَلْأَمْرُ 명령	اَلْمَاضِي 완료	اَلْمُضَارِعُ 미완료
اَلْمُتَكَلِّمُ 1인칭	أَنَا	وَفَّرْتُ	أُوَفِّرُ			
	نَحْنُ	وَفَّرْنَا	نُوَفِّرُ			
اَلْمُخَاطَبُ 2 남	أَنْتَ	وَفَّرْتَ	تُوَفِّرُ	وَفِّرْ		
	أَنْتُمَا	وَفَّرْتُمَا	تُوَفِّرَانِ	وَفِّرَا		
	أَنْتُمْ	وَفَّرْتُمْ	تُوَفِّرُونَ	وَفِّرُوا		
اَلْمُخَاطَبَةُ 2 여	أَنْتِ	وَفَّرْتِ	تُوَفِّرِينَ	وَفِّرِي		
	أَنْتُمَا	وَفَّرْتُمَا	تُوَفِّرَانِ	وَفِّرَا		
	أَنْتُنَّ	وَفَّرْتُنَّ	تُوَفِّرْنَ	وَفِّرْنَ		
اَلْغَائِبُ 3 남	هُوَ	وَفَّرَ	يُوَفِّرُ		وُفِّرَ	يُوَفَّرُ
	هُمَا	وَفَّرَا	يُوَفِّرَانِ			
	هُمْ	وَفَّرُوا	يُوَفِّرُونَ			
اَلْغَائِبَةُ 3 여	هِيَ	وَفَّرَتْ	تُوَفِّرُ			
	هُمَا	وَفَّرَتَا	تُوَفِّرَانِ			
	هُنَّ	وَفَّرْنَ	يُوَفِّرْنَ			

뜻풀이

- (무엇을) 늘리다, 증가시키다
- (무엇을) 누구에게(ل) 풍족하게 주다
- (재정적 수단이나 가능성, 도움 등을) 누가(ل) 사용 가능하도록 만들다
- (건강이나 보호, 안전 등을) 제공하다, 보장하다
- (미래 발전 또는 무엇의 존속 등을) 보장하다, 장담하다
- (조건 등을) 만족하다, 충족시키다
- (증거를) 제공하다
- (무엇을) 아끼다, 절약하다, 돈을 저축하다
- 누구의(على) 비용을 아끼다

예문

وَفَّرَ الشُّغْلَ لَهُ / طَعَامَهُ لَهُ

누구에게(ل) 일자리를 / 음식을 제공하다

وَفَّرَتْ عَلَيْهَا مَصَارِيفَ كَثِيرَةً.

그녀는 비용을 아꼈다.

يَجِبُ أَنْ أُوَفِّرَ تَكَالِيفَ السَّفَرِ.

나는 여행 경비를 절약해야 한다.

سَيُوَفِّرُ لِي فُرَصَ عَمَلٍ جَدِيدَةً.

그는 나에게 새로운 취업 기회를 제공할 것이다.

مَشُوا إِلَى السِّينَمَا وَوَفَّرُوا ثَمَنَ الْبَاصِ.

그들은 영화관까지 걸어갔고 버스 값을 아꼈다.

يُوَفِّرُ الضَّمَانَاتِ اللَّازِمَةَ لِلْحُصُولِ عَلَى قَرْضٍ مَصْرِفِيٍّ.

그는 은행 대출을 얻기 위해 필요한 담보를 확보할 것이다.

وَقَّعَ

اَلْمَصْدَرُ 동명사	اَلْفَاعِلُ 능동분사	اَلْمَفْعُولُ 수동분사
تَوْقِيع	مُوَقِّع	مُوَقَّع

اَلضَّمَائِرُ 인칭 대명사		اَلْمَعْلُومُ 능동			اَلْمَجْهُولُ 수동	
		اَلْمَاضِي 완료	اَلْمُضَارِعُ 미완료	اَلْأَمْرُ 명령	اَلْمَاضِي 완료	اَلْمُضَارِعُ 미완료
اَلْمُتَكَلِّمُ 1인칭	أَنَا	وَقَّعْتُ	أُوَقِّعُ			
	نَحْنُ	وَقَّعْنَا	نُوَقِّعُ			
اَلْمُخَاطَبُ 2남	أَنْتَ	وَقَّعْتَ	تُوَقِّعُ	وَقِّعْ		
	أَنْتُمَا	وَقَّعْتُمَا	تُوَقِّعَانِ	وَقِّعَا		
	أَنْتُمْ	وَقَّعْتُمْ	تُوَقِّعُونَ	وَقِّعُوا		
اَلْمُخَاطَبَةُ 2여	أَنْتِ	وَقَّعْتِ	تُوَقِّعِينَ	وَقِّعِي		
	أَنْتُمَا	وَقَّعْتُمَا	تُوَقِّعَانِ	وَقِّعَا		
	أَنْتُنَّ	وَقَّعْتُنَّ	تُوَقِّعْنَ	وَقِّعْنَ		
اَلْغَائِبُ 3남	هُوَ	وَقَّعَ	يُوَقِّعُ		وُقِّعَ	يُوَقَّعُ
	هُمَا	وَقَّعَا	يُوَقِّعَانِ			
	هُمْ	وَقَّعُوا	يُوَقِّعُونَ			
اَلْغَائِبَةُ 3여	هِيَ	وَقَّعَتْ	تُوَقِّعُ			
	هُمَا	وَقَّعَتَا	تُوَقِّعَانِ			
	هُنَّ	وَقَّعْنَ	يُوَقِّعْنَ			

뜻풀이

- (누구 또는 무엇을) 떨어지게 하다, 떨구다
- (누구 또는 무엇을) 넘어뜨리다, 꺼꾸러뜨리다, 떨어뜨리다
- (무엇을) 실행하다, 수행하다
- (무엇을) 어디에(في 또는 على) 입력하다, 기입하다
- (무엇에) 서명하다, 사인하다
- (벌 등을) 누구에게(في) 주다, 과하다
- 악기를(على) 연주하다
- 누구 사이에(بين) 불화를 일으키다

예문

وَقَّعَ نَفْسَهُ

항복하다, 단념하다

وَقَّعَ بَيْنَ النَّاسِ

사람들 사이에 불화를 일으키다

وَقَّعَ حَجْزًا عَلَى

무엇을 압류하다, 차압하다

وَقَّعَ عَلَى الْآلَةِ الْمُوسِيقِيَّةِ

악기를 연주하다

مَنْ يَنْبَغِي أَنْ يُوَقِّعَ الْوَثِيقَةَ؟

이 문서에 누가 서명해야만 합니까?

وَقَّعَتِ الْأَطْرَافُ عَقْدًا فِي مَا بَيْنَهَا.

당사자들은 그들 사이의 계약에 서명했다.

수동분사 اَلْمَفْعُولُ	능동분사 اَلْفَاعِلُ	동명사 اَلْمَصْدَرُ	وَقَعَ
مَوْقُوع	وَاقِع	وُقُوع	

수동 اَلْمَجْهُولُ		능동 اَلْمَعْلُومُ			اَلضَّمَائِرُ 인칭 대명사	
اَلْمُضَارِعُ 미완료	اَلْمَاضِي 완료	اَلْأَمْرُ 명령	اَلْمُضَارِعُ 미완료	اَلْمَاضِي 완료		
			أَقَعُ	وَقَعْتُ	أَنَا	اَلْمُتَكَلِّمُ 1인칭
			نَقَعُ	وَقَعْنَا	نَحْنُ	
		قَعْ	تَقَعُ	وَقَعْتَ	أَنْتَ	اَلْمُخَاطَبُ 2 남
		قَعَا	تَقَعَانِ	وَقَعْتُمَا	أَنْتُمَا	
		قَعُوا	تَقَعُونَ	وَقَعْتُمْ	أَنْتُمْ	
		قَعِي	تَقَعِينَ	وَقَعْتِ	أَنْتِ	اَلْمُخَاطَبَةُ 2 여
		قَعَا	تَقَعَانِ	وَقَعْتُمَا	أَنْتُمَا	
		قَعْنَ	تَقَعْنَ	وَقَعْتُنَّ	أَنْتُنَّ	
يُوقَعُ	وُقِعَ		يَقَعُ	وَقَعَ	هُوَ	اَلْغَائِبُ 3 남
			يَقَعَانِ	وَقَعَا	هُمَا	
			يَقَعُونَ	وَقَعُوا	هُمْ	
			تَقَعُ	وَقَعَتْ	هِيَ	اَلْغَائِبَةُ 3 여
			تَقَعَانِ	وَقَعَتَا	هُمَا	
			يَقَعْنَ	وَقَعْنَ	هُنَّ	

뜻풀이

- (무엇이) 떨어지다, 빠지다, 내리다
- 일어나다, 생기다, 발생하다
- 누구에게(ل) 일어나다, 닥치다
- 어느 상황에(في) 빠지다
- 어디에(إلى) 다다르다, 이르다
- 누구와(على) 만나다, 조우하다
- (새가) 어디에(على) 내려앉다
- 여자와(على) 성관계를 맺다, 성교하다
- 무엇으로(في) 이루어지다, 구성되다
- <지리> (어디에) 위치하다

예문

وَقَعَ فِي خَطَأٍ

실수를 하다

وَقَعَ فِي الْفَخِّ

함정에 빠지다

وَقَعَ بِأَيْدِيهِمْ

그들의 수중에 들어오다

وَقَعَتْ حَرْبٌ

전쟁이 발발하다

وَقَعَ مَوْقِعَهُ

누구를 대신하다

وَقَعَ فِي الْحُبِّ

사랑에 빠지다

وَقَعَ فِي قَبْضَتِهِ

누구의 손아귀에 놓이다, 누구의 조종을 받다

وَقَعَ عَلَى الْأَرْضِ

(땅에) 넘어지다, 쓰러지다

وَقَعَ مِنْ قَلْبِهِ فِي مَكَانٍ

무엇을 마음에 새기다; 무엇을 돌보다, 무엇에 정성을 들이다

وَقَعَ الْقَلَمُ مِنْ يَدِي.

연필이 내 손에서 떨어졌다.

وَقَعَتْ فِي حُبِّهِ.

그녀는 그와 사랑에 빠졌다.

وَقَعَتْ فِي (مِنْ) نَفْسِهِ.

그녀가 그를 홀렸다

وَقَعَ الطَّيْرُ عَلَى الشَّجَرَةِ.

새가 나무 위에 내려 앉았다.

وَقَعَ مِنْ آذَانِهِمْ مَوْقِعًا غَرِيبًا.

(무엇이) 그들에게 이상하게 들렸다

وَقَعَ الْكَلْبُ مِنَ السَّطْحِ وَقُتِلَ.

강아지가 땅에 떨어져 죽었다.

هَلْ وَقَعْتَ وَأُصِبْتَ شَدِيدًا؟

당신은 넘어져서 심하게 다쳤나요?

إِنَّ الطُّيُورَ عَلَى أَشْكَالِهَا تَقَعُ.

날개가 같은 새들이 함께 모인다. (유유상종)

وَقَعَ فِي حُبِّهَا مِنَ النَّظْرَةِ الْأُولَى.

그는 그녀에게 첫눈에 반했다.

لَمْ يَقَعْ نَظَرِي إِلَّا عَلَى ثَوْبٍ أَخْضَرَ.

나의 시선은 오직 녹색 옷에만 머물렀다.

وَقَعَتْ لَهُ حَادِثَةٌ لَكِنَّ إِصَابَتَهُ بَسِيطَةٌ.

그에게 사고가 일어났지만 그의 부상은 경미하다.

يَقَعُ الْبَنْكُ الْمَرْكَزِيُّ فِي وَسَطِ الْمَدِينَةِ.

중앙은행은 도심에 위치한다.

لَيْسَ مِنَ الْمُهِمِّ أَنْ تَقَعَ فِي خَطَأٍ بَسِيطٍ.

네가 사소한 실수를 저지른 것은 중요하지 않다.

وَقَفَ

اَلْمَصْدَرُ 동명사	اَلْفَاعِلُ 능동분사	اَلْمَفْعُولُ 수동분사
وَقْف، وُقُوف	وَاقِف	مَوْقُوف

اَلضَّمَائِرُ 인칭 대명사		اَلْمَعْلُومُ 능동			اَلْمَجْهُولُ 수동	
		اَلْمَاضِي 완료	اَلْمُضَارِعُ 미완료	اَلْأَمْرُ 명령	اَلْمَاضِي 완료	اَلْمُضَارِعُ 미완료
اَلْمُتَكَلِّمُ 1인칭	أَنَا	وَقَفْتُ	أَقِفُ			
	نَحْنُ	وَقَفْنَا	نَقِفُ			
اَلْمُخَاطَبُ 2 남	أَنْتَ	وَقَفْتَ	تَقِفُ	قِفْ		
	أَنْتُمَا	وَقَفْتُمَا	تَقِفَانِ	قِفَا		
	أَنْتُمْ	وَقَفْتُمْ	تَقِفُونَ	قِفُوا		
اَلْمُخَاطَبَةُ 2 여	أَنْتِ	وَقَفْتِ	تَقِفِينَ	قِفِي		
	أَنْتُمَا	وَقَفْتُمَا	تَقِفَانِ	قِفَا		
	أَنْتُنَّ	وَقَفْتُنَّ	تَقِفْنَ	قِفْنَ		
اَلْغَائِبُ 3 남	هُوَ	وَقَفَ	يَقِفُ		وُقِفَ	يُوقَفُ
	هُمَا	وَقَفَا	يَقِفَانِ			
	هُمْ	وَقَفُوا	يَقِفُونَ			
اَلْغَائِبَةُ 3 여	هِيَ	وَقَفَتْ	تَقِفُ			
	هُمَا	وَقَفَتَا	تَقِفَانِ			
	هُنَّ	وَقَفْنَ	يَقِفْنَ			

뜻풀이

동명사가 وُقُوف، وَقْف 인 경우

- 서다, 멈추다, 정지하다
- 어디 위에(فوق) 서있다, 무엇의 길 위에(دون) 서다
- 어디에서(على 또는 عند) 묵다, 머무르다
- 어디까지(عِنْدَ 또는 إلى) 도달하다, 이르다
- 잠시 멈추다, 정지하다
- 무엇을(في) 망설이다, 주저하다
- <문법> 단어를 격 모음 없이 발음하다
- 일어나다, 서다, 똑바로 서다
- (머리카락이) 쭈뼛쭈뼛 서다
- 저항하다, 버티다, 거스르다
- 누구를(مع) 지지하다, 옹호하다, 누구의(مع) 편을 들다
- [분사와 함께] 계속 무엇을 하다, 무엇을 지속하다

동명사가 وُقُوف인 경우

- 무엇에(على) 열중하다, 전념하다
- 무엇에(على)흥미를가지다,관심을가지다
- 무엇을(على) 읽다
- 무엇을(على)조사하다,알아보다,알아내다
- 무엇을(على) 알다, 파악하다, 이해하다

동명사가 وَقْف인 경우

- (누구 또는 무엇을) 멈추다, 세우다, 정지시키다
- (무엇을) 끝내다, 종결시키다
- 누가([목] 또는 ب) 무엇 하는 것을(عن 또는 دون) 방해하다, 막다, 저지하다
- (무엇을) 누구로부터(عن 또는 دون) 저지하다, 제지하다
- (무엇을) 무엇에게(على) 의존하게 하다
- [수동태 وُقِفَ] 무엇에(على) 의지하다, 무엇에(على) 따라 결정되다
- (누구에게) 무엇을(على) 알리다, 전하다, 알려주다
- (종교적 이유로) 누구에게(على) (무엇을) 주다, 기부하다, 바치다, 와끄프를 행하다
- 어떤 목적을 위해(ل) (무엇을) 배정하다, 지정하다
- 무엇에(ل) 전념하다, 몰두하다(نفسه)

예문

قِفْ

(명령) 멈춰!

وَقَفَ حَائِرًا

어찌할 바를 모르다, 당황하다

وَقَفَ وَقْفًا

자세를 취하다

وَقَفَ أَمَامَهُ

무엇을 막다, 제지하다, 끝내다

وَقَفَ مَوْقِفًا لِ

무엇에 대해 어떤 태도를 취하다

وَقَفَهُ عَنِ الْعَمَلِ

누구를 (직무에서) 정직시키다

وَقَفَ سَدًّا دُونَ

무엇을 방해하다, 훼방 놓다

وَقَفَ إِلَى جَانِبِهِ

누구의 곁에 있다, 누구의 편에 서다

وَقَفَ بَعِيدًا / جَانِبًا

멀리 서다 / 곁에 서다

وَقَفَ عَلَى قَدَمَيْهِ

발로 딛고 일어서다, 자신의 책임을 지다

وَقَفَ عَلَى الْحِيَادِ

중립을 유지하다

وَقَفَ عَلَى بَابِ فُلَانٍ

누구의 도움에 의지하다

وَقَفَ عَلَى سَاقِ الْجِدِّ لِ

각고의 노력을 하다

وَقَفَ عَلَى شَفِيرِ الْهَلَاكِ

소멸하기 직전이다

هُنَاكَ رَجُلٌ بِالْخَارِجِ يَقِفُ عُرْيَانًا.

바깥에 알몸으로 서 있는 남자가 있다.

لَا تَقِفْ حَتَّى تَتَوَقَّفَ الْحَافِلَةُ تَمَامًا.

버스가 완전히 멈출 때까지 일어서지 마라.

لَمْ تَقِفِ السَّيَّارَةُ لِأَنَّ الْفَرَامِلَ لَا تَعْمَلُ.

브레이크가 고장 나서 자동차가 멈추질 않았다.

يَقِفُونَ صُفُوفًا فِي انْتِظَارِ السَّمَاحِ لَهُمْ بِدُخُولِ بَلَدٍ.

그들은 입국 허가를 기다리며 줄 서 있다.

وَقَفَ عَلَى الرَّصِيفِ يَنْتَظِرُ أَنْ تَتَوَقَّفَ حَرَكَةُ الْمُرُورِ.

그는 교통이 멈추기를 기다리며 길가에 서 있다.

يَجِبُ أَنْ تُغَادِرَ حَالًا، فَأَنْتَ تَقِفُ عَلَى أَرَاضِيَّ الْخَاصَّةِ.

당신은 바로 떠나야 한다. 당신은 나의 사유지 위에 서 있다.

اَلْمَفْعُولُ 수동분사	اَلْفَاعِلُ 능동분사	اَلْمَصْدَرُ 동명사	وَلَدَ
مَوْلُود	وَالِد	وِلَادَة، وِلَاد، مَوْلِد	

اَلْمَجْهُولُ 수동		اَلْمَعْلُومُ 능동			اَلضَّمَائِرُ 인칭 대명사	
اَلْمُضَارِعُ 미완료	اَلْمَاضِي 완료	اَلْأَمْرُ 명령	اَلْمُضَارِعُ 미완료	اَلْمَاضِي 완료		
			أَلِدُ	وَلَدْتُ	أَنَا	اَلْمُتَكَلِّمُ 1인칭
			نَلِدُ	وَلَدْنَا	نَحْنُ	
		لِدْ	تَلِدُ	وَلَدْتَ	أَنْتَ	اَلْمُخَاطَبُ 2 남
		لِدَا	تَلِدَانِ	وَلَدْتُمَا	أَنْتُمَا	
		لِدُوا	تَلِدُونَ	وَلَدْتُمْ	أَنْتُمْ	
		لِدِي	تَلِدِينَ	وَلَدْتِ	أَنْتِ	اَلْمُخَاطَبَةُ 2 여
		لِدَا	تَلِدَانِ	وَلَدْتُمَا	أَنْتُمَا	
		لِدْنَ	تَلِدْنَ	وَلَدْتُنَّ	أَنْتُنَّ	
يُولَدُ	وُلِدَ		يَلِدُ	وَلَدَ	هُوَ	اَلْغَائِبُ 3 남
			يَلِدَانِ	وَلَدَا	هُمَا	
			يَلِدُونَ	وَلَدُوا	هُمْ	
			تَلِدُ	وَلَدَتْ	هِيَ	اَلْغَائِبَةُ 3 여
			تَلِدَانِ	وَلَدَتَا	هُمَا	
			يَلِدْنَ	وَلَدْنَ	هُنَّ	

뜻풀이

- (아이를) 출산하다
- (가축이) 새끼를 낳다
- (무엇을) 만들어내다, 생산하다, 낳다

예문

وَلَدَتْ مِنْهُ

여성에게서 아이를 보다, 자식이 있다

وَلَدَتِ الْأُنْثَى

여성이 출산을 하다

أَيْنَ وَمَتَى وُلِدْتَ؟

당신은 어디서 그리고 언제 태어났습니까?

لَقَدْ وُلِدْتُ فِي دِمَشْقَ.

저는 다마스쿠스에서 태어났습니다.

وَلَدَتِ الْأَرْضُ النَّبَاتَ.

대지는 식물을 생산한다.

وُلِدَتْ زَوْجَتِي فِي الْمَمْلَكَةِ الْعَرَبِيَّةِ السُّعُودِيَّةِ قَبْلَ أَرْبَعِينَ عَامًا.

나의 아내는 40년 전에 사우디아라비아에서 태어났다.

ي

اَلْمَفْعُولُ 수동분사	اَلْفَاعِلُ 능동분사	اَلْمَصْدَرُ 동명사	يَقِظَ
-	يَقِظ	يَقَظ، يَقَاظَة، يَقَظَة	

اَلْمَجْهُولُ 수동		اَلْمَعْلُومُ 능동			اَلضَّمَائِرُ 인칭 대명사	
اَلْمُضَارِعُ 미완료	اَلْمَاضِي 완료	اَلْأَمْرُ 명령	اَلْمُضَارِعُ 미완료	اَلْمَاضِي 완료		
			أَيْقَظُ	يَقِظْتُ	أَنَا	اَلْمُتَكَلِّمُ 1인칭
			نَيْقَظُ	يَقِظْنَا	نَحْنُ	
		اِيْقَظْ	تَيْقَظُ	يَقِظْتَ	أَنْتَ	اَلْمُخَاطَبُ 2 남
		اِيْقَظَا	تَيْقَظَانِ	يَقِظْتُمَا	أَنْتُمَا	
		اِيْقَظُوا	تَيْقَظُونَ	يَقِظْتُمْ	أَنْتُمْ	
		اِيْقَظِي	تَيْقَظِينَ	يَقِظْتِ	أَنْتِ	اَلْمُخَاطَبَةُ 2 여
		اِيْقَظَا	تَيْقَظَانِ	يَقِظْتُمَا	أَنْتُمَا	
		اِيْقَظْنَ	تَيْقَظْنَ	يَقِظْتُنَّ	أَنْتُنَّ	
			يَيْقَظُ	يَقِظَ	هُوَ	اَلْغَائِبُ 3 남
			يَيْقَظَانِ	يَقِظَا	هُمَا	
			يَيْقَظُونَ	يَقِظُوا	هُمْ	
			تَيْقَظُ	يَقِظَتْ	هِيَ	اَلْغَائِبَةُ 3 여
			تَيْقَظَانِ	يَقِظَتَا	هُمَا	
			يَيْقَظْنَ	يَقِظْنَ	هُنَّ	

뜻풀이

- (잠을 자지 않고) 깨어 있다, 눈을 뜨고 있다
- (잠에서) 깨다, 깨어나다
- 경계하다, 조심하다, 긴장을 늦추지 않다

예문

يَقِظَ الْوَلَدُ لِأُمُورِهِ.

그 소년은 자기 일 때문에 긴장을 늦추지 않았다.

يَقِظْتُ لِمَسْؤُولِيَّتِي.

나는 책임감 때문에 깨어 있었다.

يَقِظَتْ بَعْدَ نَوْمٍ عَمِيقٍ.

그녀는 깊은 잠에서 깨어났다.

إِنَّهُ مَاهِرٌ وَيَيْقَظُ دَائِمًا.

그는 능숙하고 항상 조심한다.

هُمَا يَيْقَظَانِ لِكُلِّ التَّفَاصِيلِ.

둘은 모든 세부 사항에 주의한다.

يَقِظَ الْقَاضِي إِلَى أَسْرَارِ الْقَضِيَّةِ.

판사는 사건의 비밀에 주목했다.

낱말 색인

참고 문헌

Akram Mumin (2010). *Dictionary of Common Errors in English*, Maktaba Ibn Sina, Cairo.

Akram Mumin (2017). *1000 Words You Need to Know*, Maktaba Ibn Sina, Cairo.

ALECSO (1987). *al-Kitāb al-Asāsī part 1*, Part One.

Ibrahim Shams al-Din (2006). *Marjaʿ al-Tullāb fi Taṣrīf al-Afʿāl*, Dar al-Kutub al-Ilmiyah, Beirut.

Imad Hamuda & Nura al-Sharabi Hamuda (2005). *A Guide to English Slang and Street Talk*, Dar el-Fakr, Damascus.

J M. Cowan (1994). *The Hans Wehr Dictionary of Modern Written Arabic*, Spoken Language Services, Inc. Urbana.

Jane Wightwick & Mahmoud Gaafar (2019). *Arabic Verb Tenses*, McGraw-Hill, N.Y.

Mohammad El-Batal (2009). *A Dictionary of Transemes In Contemporary Arab Media*, Egyptian International Publishing Co. Cairo.

Mohammed Saadeddin (2009). *A Learner's Guidebook to English Composition*, Arab Scientific Publishers, Inc. Beirut.

Nada Melhem & Maya Sfeir(2012). *Modern Translation English-Arabic*, Arabic-English, Dar El-Machreq, Beirut.

Nasiruddin Khattab (2014). *Modern Arabic made easy*, Maktaba Dar-us-Salam, Riyadh.

Peter F. Abboud & Ernest N. McCarus (1983). *Elementary Modern Standard Arabic(EMSA) Part One*, Cambridge University Press.

Samar Attar (1991). *Modern Arabic-An Introductory Course for Foreign Students*, Packard Publishing Ltd, West Sussex.

https://www.almaany.com/

하루에 한 개씩 365일에 끝내는

아랍어 동사 학습 사전

초판 1쇄 2024년 5월 3일
초판 2쇄 2024년 8월 8일

편저자 김동환
발행인 박연관
기획 신선호
편집장 장혜정
도서편집 박미현
디자인 최재영
인사행정 이근영 김지은
재무회계 김문규
사전·마케팅 이지현
캐릭터 김세원
발행처 한국외국어대학교 지식출판콘텐츠원
02450 서울특별시 동대문구 이문로 107
전화 02)2173-2494~7
FAX 02)2173-3363
홈페이지 http://press.hufs.ac.kr
전자우편 press@hufs.ac.kr
출판등록 제6-6호(1969. 4. 30)
인쇄 · 제본 주)파일투프린트 02)2285-0620

ISBN 979-11-7199-241-6 [13490] **정가** 38,000원

* 잘못된 책은 교환하여 드립니다.

HUiNE은 한국외국어대학교출판부의 어학도서, 사회과학도서, 지역학 도서 Sub Brand이다. 한국외대의 영문명인 HUFS, 현명한 국제전문가 양성(International+Intelligent)의 의미를 담고 있으며, 휴인(携引)의 뜻인 '이끌다, 끌고 나가다'라는 의미처럼 출판계를 이끄는 리더로서, 혁신의 이미지를 담고 있다.